本书由国家自然科学基金重大应急项目"金融市场风险防范和化解研究——完善货币政策传导机制 防范流动性风险"（项目批准号：71850009）的经费资助出版

破译流动性风险

Deciphering the Liquidity Risk

王国刚　罗煜　主编

中国社会科学出版社

图书在版编目（CIP）数据

破译流动性风险/王国刚，罗煜主编. —北京：中国社会科学出版社，2022.8
ISBN 978-7-5227-0626-9

Ⅰ.①破… Ⅱ.①王… ②罗… Ⅲ.①资本流动—金融风险—风险管理—研究 Ⅳ.①F831.7

中国版本图书馆 CIP 数据核字（2022）第 134734 号

出 版 人	赵剑英
责任编辑	张玉霞 刘晓红
责任校对	周晓东
责任印制	戴 宽
出　　版	中国社会科学出版社
社　　址	北京鼓楼西大街甲 158 号
邮　　编	100720
网　　址	http://www.csspw.cn
发 行 部	010-84083685
门 市 部	010-84029450
经　　销	新华书店及其他书店
印　　刷	北京君升印刷有限公司
装　　订	廊坊市广阳区广增装订厂
版　　次	2022 年 8 月第 1 版
印　　次	2022 年 8 月第 1 次印刷
开　　本	710×1000　1/16
印　　张	38.25
插　　页	2
字　　数	611 千字
定　　价	199.00 元

凡购买中国社会科学出版社图书，如有质量问题请与本社营销中心联系调换
电话：010-84083683
版权所有　侵权必究

序

本书是我主持的国家自然科学基金重大应急项目"金融市场风险防范和化解研究——完善货币政策传导机制 防范流动性风险"（项目批准号：71850009）的研究成果。该项目的起止年月为2019年1月至2021年12月。

本项目紧密结合中国经济金融运行进程，以"完善货币政策传导机制，防范流动性风险"为研讨的主要抓手，以防范和化解金融市场风险为主要目标。在克服新冠肺炎病毒疫情冲击，课题组研讨会、专题论坛和国内外调研难以按计划展开等诸多困难的条件下，课题组成员不辞辛劳想方设法通过举办研讨会、开展实地调研、进行理论与实证分析等一系列方式，分别就流动性及流动性风险的内涵界定，流动性风险的形成、累积和传导机制，中国金融市场的流动性风险评估，化解中国系统性金融风险的政策措施，完善货币政策调控传导机制，健全金融监管和促进国内国际"双循环"等内容进行了深入研究。主要成果包括：第一，系统梳理了马克思的金融理论，结合中国实践进程，提出了相应的深化金融供给侧结构性改革的思路和政策建议。第二，从马克思货币流通理论和流动性分层的角度，以资金流向为基点，梳理了流动性及相关风险的内涵界定，提出了新的认识。第三，进一步研究了金融周期、资本无序扩张、实体企业杠杆率上升及银行间流动性危机等因素在流动性风险形成和传导中发挥的作用，并通过评估发现中国银行业内部金融风险和外汇风险不容忽视。第四，以马克思的商业信用理论为指导，提出了发展以商业信用机制为基础的横向金融系统，是弥补金融体系短板、提高货币政策有效性、构建"双循环"新发展格局、防范化解金融风险的重要途径。第五，以中华人民共和国成立70年和党的百年华诞为节点，深入研究了中华人民共和国70年和党的百年历程中的金融发展，探讨了金融发展的内在机理和成功经验。第六，此项自然科学基金项目以对策研究为重心，力争能够为经济金融实践提供有分量的智库报告，鉴于此，在3年的研究中，结合国情和"十四五"规划，提出了一系列深化金融改革、防范金融风险、强化金融监管等政策建议。课题组基于研究成果向上级部门报送了20余篇智库报告，课题组成员10多次受邀出席省部级政府部门的内部会议并建言献策。迄今，课题组成员已在《经济研究》《管理世界》《金融研究》等国内外权威期刊发表40多篇论文，出版2本专著。

本书各章的作者分别为：第一章王国刚和相倚天，第二章王国刚和相倚天，第三章王国刚、潘登和方明浩，第四章王国刚和罗煜，第五章王国刚、方明浩和潘登，第六章王国刚，第七章王国刚，第八章王国刚和胡坤，第九章王国刚和罗煜，第十章罗煜、甘静芸和何青，第十一章罗煜、张祎和朱文宇，第十二章钱宗鑫、王芳和孙挺，第十三章杜巨澜、何青和张策，第十四章至第十八章王国刚。

本项目从申请立项、研究到结题的过程中，得到了中国人民大学的领导、科研处、财政金融学院领导的大力支持，得到了国家外汇管理局、中国工商银行现代金融研究院两家合作单位领导和同人的鼎力协助，得到了课题组成员的通力合作和共同努力，特致感谢！

本书在出版过程中，得到了中国社会科学出版社领导和本书责任编辑刘晓红的大力支持，特致感谢！

金融风险贯穿于所有的金融活动中。只要还有金融产品、金融交易和金融市场，就必然有与其相伴生的金融风险。金融风险可以防范化解，但不可消灭（除非对应的金融活动不存在了）。守住不发生系统性金融风险是各项金融活动的底线，事关国家安全、经济安全和金融安全。随着金融改革和金融发展的进一步深化，新的金融风险还将产生，也还需要有新的举措予以防范化解。从这个角度看，我们的初步研究还存在诸多不成熟和不完善之处，敬请各位同人和读者提出批评意见。

王国刚
2022年6月1日于北京

目　　录

第一篇　流动性风险与货币创造

第一章　从资金流向看流动性的内涵和机理 …………………… 3
第一节　马克思的商品流通和货币流通理论 ………………… 5
第二节　凯恩斯的"流动性"多元内涵及缺陷 ……………… 8
第三节　金融市场流动性的多重含义 ………………………… 13
第四节　实体企业的融资流动性 ……………………………… 22
第五节　商业银行的流动性 …………………………………… 26
第六节　宏观层面的流动性 …………………………………… 33
第七节　流动性内涵和机理中逻辑辨析 ……………………… 35

第二章　从资金流量看流动性风险的指向 …………………… 41
第一节　凯恩斯的流动性风险指向 …………………………… 41
第二节　金融市场流动性风险的内涵 ………………………… 44
第三节　企业的融资流动性风险度量 ………………………… 48
第四节　商业银行流动性风险的界定与特征 ………………… 51
第五节　宏观流动性风险中的资金 …………………………… 56
第六节　防范流动性风险的真实含义和指向 ………………… 57

第三章　从资产负债表机理看信用货币创造 ………………… 64
第一节　问题的提出 …………………………………………… 64

第二节　从资产负债表机理看信用货币创造的理论逻辑 ……… 70
　　第三节　从商业银行的四式记账流程看"银行贷款"中的
　　　　　　实践逻辑 …………………………………………………… 77
　　第四节　从央行四式记账流程看基础货币中的货币创造
　　　　　　逻辑 …………………………………………………………… 87
　　第五节　从"货币资产"看货币特性 ……………………………… 94

第四章　从双层存款乘数框架看货币乘数 ……………………………… 99
　　第一节　经典货币乘数理论发展脉络回顾 …………………… 101
　　第二节　双层存款乘数框架下的货币乘数机理 ……………… 105
　　第三节　双层存款乘数框架下的实践逻辑 …………………… 115
　　第四节　法定存款准备金率的误区 ……………………………… 120
　　第五节　双层存款乘数框架下的货币乘数计量 ……………… 128
　　第六节　结论 …………………………………………………………… 134

第五章　从货币机理看 Libra 的内生矛盾 …………………………… 136
　　第一节　论题的由来 ………………………………………………… 136
　　第二节　Libra 计划的八大特点 ………………………………… 138
　　第三节　Libra 计划的货币机制矛盾 …………………………… 143
　　第四节　Libra 计划的基金机制矛盾 …………………………… 147
　　第五节　Libra 计划的治理机制矛盾 …………………………… 149
　　第六节　Libra 计划的中国应对 ………………………………… 153

第二篇　经济运行与防范金融风险

第六章　优化金融供给结构　防范流动性风险 …………………… 159
　　第一节　经济金融运行中的三对"两难选择" ……………… 160
　　第二节　资金紧缺条件下的流动性风险 ……………………… 164
　　第三节　资金、资本和信用的内在机理 ……………………… 171
　　第四节　优化金融供给侧结构的政策举措 …………………… 178

第七章 激活商业信用机制 推进国内经济大循环畅通 …… 184

第一节 国内经济大循环的三个层次、基本条件和
保障机制 …… 184
第二节 货款拖欠引致的微循环不畅 …… 187
第三节 激活商业信用机制 深化金融供给侧结构性改革 …… 189

第八章 国内经济大循环的理论要点、实践堵点和破解之点 …… 191

第一节 国内经济大循环的理论逻辑 …… 191
第二节 实体企业微循环中的商业信用机制 …… 203
第三节 中国经济金融实践中的商业信用机制缺失 …… 210
第四节 激活商业信用机制与破解微循环堵点之策 …… 218

第九章 国内大循环中的实体经济横向金融系统 …… 224

第一节 经济大循环基本理论的逻辑要点 …… 224
第二节 实体经济循环中的内源融资 …… 231
第三节 商业信用机制和横向金融体系 …… 240
第四节 以纵向金融系统替代横向金融系统的弊端 …… 247
第五节 发展横向金融系统的对策建议 …… 258

第三篇 金融运行与防范金融风险

第十章 中国金融形势的动态特征与演变机理分析：1996—2016 年 …… 265

第一节 引言 …… 265
第二节 文献回顾 …… 268
第三节 中国金融形势指数的编制方法 …… 272
第四节 中国金融形势的动态特征 …… 277
第五节 金融形势影响因子的动态变化 …… 281
第六节 结论 …… 287

第十一章　基于银行流动性管理视角的宏观审慎与货币政策协调研究 ……… 289

- 第一节　引言 ……… 289
- 第二节　文献回顾 ……… 292
- 第三节　理论模型 ……… 296
- 第四节　实证研究 ……… 302
- 第五节　结论与建议 ……… 317

第十二章　金融周期对房地产价格的影响
——基于SV-TVP-VAR模型的实证研究 ……… 319

- 第一节　引言 ……… 319
- 第二节　文献综述 ……… 322
- 第三节　金融周期与房地产价格：理论分析和经验事实 ……… 324
- 第四节　数据处理与模型构建 ……… 327
- 第五节　实证分析 ……… 332
- 第六节　稳健性检验 ……… 339
- 第七节　结论和政策建议 ……… 341

第十三章　中国的风险分担与产业专业化 ……… 343

- 第一节　引言 ……… 343
- 第二节　理论与假设 ……… 348
- 第三节　数据、度量与统计 ……… 353
- 第四节　实证结果 ……… 360
- 第五节　稳健性检验 ……… 373
- 第六节　事前和事后风险分担渠道的性质 ……… 381
- 第七节　结论 ……… 388

第四篇　金融发展中的政策建议

第十四章　深化利率改革与防范金融风险 ……… 393

- 第一节　负利率的实践逻辑和理论思考 ……… 393

第二节　PPI 上行未必传导形成通货膨胀 …………………… 401
第三节　深化利率市场化改革和推进资本账户开放 …………… 405

第十五章　金融助力实体经济发展 …………………………… 414

第一节　中国金融发展的"三位一体"机制 …………………… 414
第二节　推进经济回升需激活横向金融机制 …………………… 422
第三节　简议防疫、复产的货币金融政策 ……………………… 427
第四节　提振实体经济：赤字国债的落脚点 …………………… 434

第十六章　完善直接金融机制 ………………………………… 440

第一节　弥补横向金融短板 ……………………………………… 440
第二节　完善资本制度　抑制资本无序扩张 …………………… 445
第三节　以公司债券盘活定期存款 ……………………………… 452

第十七章　完善国际金融机制 ………………………………… 460

第一节　全球金融治理的中国方案之理念、规则和取向 ……… 460
第二节　外汇储备增加并不必然引致货币发行量增大 ………… 466
第三节　美国债务危局与中国应对之策 ………………………… 473

第十八章　"十四五"时期构建现代金融体系 ……………… 486

第一节　"十三五"时期中国金融发展成就斐然 ……………… 486
第二节　"十四五"时期健全现代金融体系之点论 …………… 494
第三节　"十四五"时期我国面临的金融风险和化解之策 …… 501

附　录 …………………………………………………………… 508

参考文献 ………………………………………………………… 561

第一篇　流动性风险与货币创造

第一章
从资金流向看流动性的内涵和机理

"流动性"是主流金融领域中的一个基本概念。从理论上说，货币供求、货币政策、金融市场、社会再生产、产业资本循环、金融投资、国际资本流动和风险防范机制等均与流动性关联；从实践上看，货币政策调控机制和传导机制、金融市场行情变化、企业内源融资和外源融资、投资收益评估、风险压力测试、监管指标选择和化解系统性金融风险等也都与流动性相连。在更广的经济领域内，商品货币均衡、物价波动和通胀通缩、GDP 增长率、储蓄与投资、经济周期、国际资本流动、国际收支平衡等都与流动性紧密相连。在学说史上，20 世纪 30 年代凯恩斯提出了"流动性偏好"范畴以后，"流动性"就成为宏观经济学、货币银行学和主流金融理论的一个基础性概念。但如此重要的一个概念却长期缺乏基本共识，处于众说纷纭、莫衷一是的混乱境地。2007 年，兰德尔·克罗兹勒（Randall S. Kroszner，2007）撰文指出：在过去六个月里，有 2795 篇文章分别论及了流动性，但对"流动性"却有着 2795 种不同的界定。与罗格·弗格森（Roger W. Ferguson）2005 年所说的流动性并非是一个精确的概念[①]相比，克罗兹勒揭示的学术界在"流动性"界定中分歧更加突出。

中国人民银行在《2006 年第三季度货币政策执行报告》中认为："流动性的本意是指某种资产转换为支付清偿手段的难易程度，由于现金不用转换为别的资产就可直接用于购买，因此被认为是流动性最强的

---

① 参见 Roger W. Ferguson, "Asset Prices and Monetary Liquidity", https://www.federalreserve.gov/boarddocs/speeches/2005/20050527/default.htm.

资产。由此推而广之，可以产生市场流动性和宏观流动性的概念。某个具体市场的流动性可以理解为在几乎不影响价格的情况下迅速达成交易的能力，这往往与市场交易量、交易成本、交易时间等因素有关。而在宏观经济层面上，我们常把流动性直接理解为不同统计口径的货币信贷总量。居民和企业在商业银行的存款，乃至银行承兑汇票、短期国债、政策性金融债、货币市场基金等其他一些高流动性资产，都可以根据分析的需要而纳入不同的宏观流动性范畴。"[①] 据此，流动性有五层含义：一是现金，它"被认为是流动性最强的资产"；二是存款，即"居民和企业在商业银行的存款"，它们被纳入了广义货币统计范畴；三是货币信贷总量，即"把流动性直接理解为不同统计口径的货币信贷总量"；四是金融资产，即"银行承兑汇票、短期国债、政策性金融债、货币市场基金等其他一些高流动性资产"都可纳入流动性范畴；五是资产变现能力，即"某种资产转换为支付清偿手段的难易程度"。由于在市场经济中，一切可交易的对象都有着流动（即交易）需求同时又分别属于对应经济主体的资产，所以，按照这种界定，流动性既涵盖了经济金融运行中的所有货币资产、金融资产和非金融资产（如实物资产、无形资产等），也涵盖了已进入交易的资产和未进入（但今后将进入）交易的资产，因此，流动性是涵盖国民经济各主体所有资产的总概念。但如此一来，"流动性"也就失去了作为金融理论中一个独立存在的基础性概念的意义（即它可以是任何资产也就意味着它不是＝任何具体资产）。

《新帕尔格雷夫金融学大辞典》认为："流动性是一种高度复杂的现象，其具体形式深受金融机构及其实际活动变化的影响，这些变化在近几十年里异常之快。对流动性的分析要求从微观和宏观两个角度进行，且有导致结构错误这种非同寻常的重大危险。流动性的概念化，需要从事前和事后两个角度进行，人们公认后一种仅有助于统计估算，而前一种则与交易者持有的财富和支出决定有较密切的关系。"[②] 它对流

[①] 引自中国人民银行《2006年第三季度货币政策执行报告》，《专栏1：流动性与中央银行的流动性管理》。

[②] ［英］约翰·伊特韦尔等：《新帕尔格雷夫经济学大辞典》第三卷，经济科学出版社1992年版，第229页。

动性做了三个方面的界定：一是从资产到期日的角度。在这个层面，货币是一种到期日为零的资产，因此最具"流动性"特点。二是从便利性的角度，即考察货币余额存量与产出流量的比例，通过"流动性"与产出的比例关系来进行衡量。三是从金融力角度，从整个经济体资产负债表出发定义"流动性"。其中，金融力指的是人们持有的、以市值衡量的对政府债权以及对其他私人实体部门债权，也就是说，"流动性"是使一种金融产品便利地转换为另一个金融产品的工具。在这种界定中，货币（如"货币余额存量"）属于流动性范畴，商品和金融产品等不属于流动性范畴（否则，流动性与产出的比例关系建立不合逻辑，流动性也不是"使一种金融产品便利地转换为另一个金融产品的工具"），但同时它又通过"资产到期日"给商品和金融产品进入"流动性"范畴留下了后门。

从实践角度看，2006年"全球流动性过剩"的说法风靡国际舆论，明显影响了国际金融市场走势；2007年中国的《政府工作报告》中明确提出要"综合运用多种货币政策工具，合理调控货币信贷总量，有效缓解银行资金流动性过剩问题"[1]，由此，缓解流动性过剩成为一项重要的政策举措；2008年美国金融危机爆发，在"现金为王"的背景下，破解流动性紧缺成为美联储的政策重心之一；2010年9月12日，《巴塞尔协议Ⅲ》出台，将杠杆比率、流动杠杆比率等引入监控指标，以降低银行系统的流动性风险。这表明，流动性已成为经济金融实践中的一个重要抓手。

"流动性"内涵的混乱，凸显了对其进行正本清源梳理的理论价值和实践意义。毫无疑问，在经济金融运行中，究竟何为"流动性"？需要从本源上予以探究和界定。

第一节 马克思的商品流通和货币流通理论

物资资料生产是人类各种经济活动的基本点。市场经济源于物物交

---

[1] 温家宝：《政府工作报告——2007年3月5日在第十届全国人民代表大会第五次会议上》，中华人民共和国中央人民政府网站 http://www.gov.cn/gongbao/content/2007/content_595132.htm。

换。货币产生以后，物物交换转变为以货币为媒介的商品流通。就每次交易的价格而言，等量货币媒介着等量商品交易，商品流通推进着货币流通，货币流通也推进着商品流通。马克思在阐述货币职能中将"货币"与"商品流通"视为等价范畴。① 以 W 代表商品、G 代表货币，则商品流通表现为 W—G—W—G…，货币流通表现为 G—W—G—W…就此而言，无论是"货币"还是"商品"似乎均属流通范畴。如果不是停留在名称（即"商品"）上，而是深入具体的商品交易中，就可发现同一商品的持续多次流通是缺乏经济意义的，也是与实践状况不符的。商品流通的实际状况是 W_1—G—W_2—G…（其中，W_1、W_2 等为使用价值不同的商品），即同一货币与使用价值不同的商品交易，推进了商品流通。在这个过程中，对具体商品而言，一旦与货币交易后就退出了流通领域，即"商品一旦到达它充当使用价值的地方，就从商品交换领域转入消费领域"，② 因此，并不存在它的连续性（或持续性）交易和由这种连续性交易所界定的"流通性"。在市场经济中，商品销售即"商品价值从商品体跳到金体上"，是商品的惊险跳跃，"这个跳跃如果不成功，摔坏的不是商品，但一定是商品占有者"。③ 因此，实体企业（即是商品生产者，下同）特别关注商品的销售进度和货款的回流状况，但这并不足以证明同一商品在流通中处于不断交易（从一个买家转手到另一个买家手中）从而有着持续的流通性。

与商品流通不同，在交易中，同一货币一次又一次媒介着使用价值不同的商品交易，表现为 G—W_1—G—W_2…，"商品流通直接赋予货币的运动形式，就是货币不断地离开起点，就是货币从一个商品占有者手里转到另一个商品占有者手里。或者说，就是货币流通"。更准确地说，"货币流通表示同一个过程的不断的、单调的重复。商品总是在卖者方面，货币总是作为购买手段在买者方面。货币作为购买手段执行职能，是在它实现商品的价格的时候。而货币在实现商品的价格的时候，把商品从卖者手里转到买者手里，同时自己也从买者手里离开，到了卖

---

① ［德］马克思：《资本论》第一卷，人民出版社 2004 年版，第 124—126 页。
② ［德］马克思：《资本论》第一卷，人民出版社 2004 年版，第 125 页。
③ ［德］马克思：《资本论》第一卷，人民出版社 2004 年版，第 127 页。

者手里，以便再去同另一个商品重复同样的过程"。① 货币与不同商品的连续性交易，表现出了它所具有的流通性。货币之所以具有购买力和流动性，按照马克思的解释，其内在机理是，货币作为人类抽象劳动的价值凝结物，代表着社会权利，"货币是一切权力的权利"。② 商品与货币的交换过程，同时也就是生产商品的私人劳动得到社会承认的过程。这一交换如果不成功，则生产商品的私人劳动不能转换为社会劳动，生产者的再生产就将难以为继。

值得一提的是，受持币者意愿、使用货币所需条件和制度约束等因素的制约，货币所具有的流通性也存在差异。在贵金属货币条件下，处于窖藏状态的金银币不直接具有流通性，在零售小额交易中大额货币（如英镑）的使用常常受到限制，非官方铸制的金银在正规场合下难以购物，因此，它们的流通性程度有着明显差异。在信用货币条件下，定期存款并不直接具有流通性，在使用电子货币的场合纸币受到限制，在使用纸币的场合电子货币受到限制。显然，并非所有的货币都具有流通性。

在实践中，各种具有支付功能的金融工具（不论其是否纳入货币统计范畴）在一定范围内发挥着货币功能，也都有着流通性。马克思指出："商业信用，即从事再生产的资本家相互提供的信用。这是信用制度的基础。它的代表是汇票，是一种有一定支付期限的债券，是一种延期支付的证书。"③ 商业信用的金融工具载体由商业本票和商业承兑汇票等构成（简称"汇票"）。"随着商业和只是着眼于流通而进行生产的资本主义生产方式的发展，信用制度的这个自然基础也在扩大、普遍化、发展。大体说来，货币在这里只是充当支付手段，也就是说，商品不是为了取得货币而卖，而是为取得定期支付的凭据而卖。为了简便起见，我们可以把这种支付凭据概括为票据这个总的范畴。这种票据直到它们期满，支付日到来之前，本身又会作为支付手段来流通；它们形成真正的商业货币。就这种票据由于债权和债务的平衡而最后相互抵消

---

① ［德］马克思：《资本论》第一卷，人民出版社2004年版，第137页。
② ［德］马克思：《资本论》第一卷，人民出版社2004年版，第825页。
③ ［德］马克思：《资本论》第三卷，人民出版社2004年版，第542页。

来说，它们是绝对地作为货币来执行职能的，因为在这种情况下，它们已无须最后转化为货币了。就像生产者和商人的这种相互预付形成信用的真正基础一样，这种预付所用的流通工具，票据，也形成真正的信用货币如银行券等等的基础。真正的信用货币不是以货币流通（不管是金属货币还是国家纸币）为基础，而是以票据流通为基础"。[①] 与此类似，在电子技术条件下，各种一卡通等虽不计入货币统计范畴，但在一定范围内却具有流通性。

从商品流通中可以看到，"流通性"有着三个主要特征：第一，它的直接载体是货币和具有货币功能的金融工具（如商业票据等，下同）。第二，它反映的是货币和这些金融工具所具有的购买力（或支付能力，下同）。第三，在商品交易中，它持续地与不同商品交换而表现出流通性。在商品交易前，它通常由买方持有，表现为买方的需求；在商品交易中由买方支付给卖方，它是在购物中持续地由买方支付给卖方的等价流量，因此，有着明显的"流向"界定。

第二节　凯恩斯的"流动性"多元内涵及缺陷

从学说史角度看，"流动性"（liquidity）一词何时进入金融领域不得而知。希克斯（1962）查寻后认为："如果翻看一本关于货币和金融领域的较早的实用书籍，似乎很难找到使用'流动性'一词，它似乎最早出现于20世纪30年代的《麦克米伦报告》（*Macmillan Report*）（1931年公开出版）和凯恩斯的主要著作中。"

20世纪30年代初，由美国引发的全球经济危机爆发，为了选择应对举措，英国政府指派以国会议员麦克米伦（Macmillan）为首的"金融产业委员会"（凯恩斯为该委员会委员）对英国的金融业和工商业展开调查。1931年该委员会向国会提交的调查报告（即《麦克米伦报告》）指出，在英国金融制度存在着对中小企业融资壁垒现象（后称"麦克米伦缺口"）。该调查报告的第7章《黄金和黄金的分布》认为，黄金产量不足可能会导致其他商品相对于黄金的价格下跌。黄金产量天

[①] ［德］马克思：《资本论》第三卷，人民出版社2004年版，第450—451页。

然分布不均,而贸易不平衡更是加剧了这种不均。如果没有明确的干预措施,由于黄金供应不足而导致的价格下跌无疑将在未来发生。"在国际贸易中,使用资源换取包括黄金在内的流动性债权(liquid claim)的偏好对价格的影响与原始社会中的囤积行为是一样的"。流动性囤积(liquidity excessive)的后果比黄金短缺更严重。要改变黄金分布的不均是很难的。该报告提出一个大胆的建议,即持有黄金储备主要不是为了支持国内购买力,而是为了满足国际贸易平衡的不足(即建议英国放弃金本位)。该报告第9章《国际投资专题》强调:"流动性(liquidity)再次成为一个不利因素(drawback)——(居民)不愿冒险储蓄是加深大萧条的重要原因,其影响不亚于企业不愿借贷和扩张。"① 在这个报告中,"流动性"指的是以黄金为载体的国际货币,"流动性囤积"即为黄金囤积,"流动性债权"是国际贸易中买方未付货款所形成的卖方债权。

20世纪30年代,凯恩斯将"流动性"一词引入了主流经济学,先后在《货币论》(1930)和《通论》(1936)等著作中使用了流动性的概念,其内涵主要有四个:其一,无损失的变现能力。在《货币论》中论及以何种方式投放贷款时,凯恩斯认为银行可以在承兑汇票和通知贷款、直接投资、给客户透支等方式中选择,"一般来说,与直接投资相比,给客户透支可以取得较大收益;而与承兑汇票、通知贷款相比,直接投资更有利可图。但是上述收益顺序并不是不可变的。从另一个方面来说,承兑汇票和通知贷款比直接投资较为可靠地兑换成现金而不遭受任何损失;而直接投资比透支更具流动性。……总之,这种变化受前面所提及的收益性和流动性的影响。例如,当银行家感到投机活动和商业繁荣将要达到一个危险阶段时,他们将倍加关注其流动性低的资产的安全性问题,并设法将这部分资产转为具有较高流动性的资产"。② 在此,在凯恩斯提出的"流动性"立足于银行贷款的本息回流,强调应重视贷款资产的变现性(即承兑汇票、直接投资和透支等形成的资产

---

① J. C. Stamp, "The Report of the Macmillan Committee", *The Economic Journal*, Vol. 41, No. 163, 1931, pp. 424–435.
② [英]约翰·梅纳德·凯恩斯:《货币论》,载[英]约翰·梅纳德·凯恩斯《凯恩斯文集》中卷,中国社会科学出版社2013年版,第212页。

在不遭受任何损失的条件下转变为货币资产的难易程度差别)。这些分析与其对"银行资产转换的可能性"界定是一致的。其二,货币需求。在《通论》中论及个人消费偏好时,凯恩斯对大众的灵活偏好心理做了分类界定,认为:"对灵活偏好的三种分类可以这样定义:(1)交易动机,即个人或企业在当前交易中对货币的需求;(2)谨慎动机,即由与总资产的一部分等值的未来货币的安全需求引起的货币需求;(3)投机动机,即希望从比市场关于未来情况知道更多从而获利引起的货币需求。如果我们考虑资本边际效率,对高度组织的资本市场的需求会带给我们一个两难抉择,因为在不存在资本市场的情况下,出于谨慎动机的流动性偏好会上升,而如果有组织的资本市场存在,由投机动机引起的灵活偏好又会大幅度波动"。[1] 在论及储蓄动机时,凯恩斯认为:"流动性动机——持有流动性资源以应付紧急情况、困难及萧条"是政府部门、大公司等的一个重要储蓄动机。[2] 在这些论述中,"流动性"主要表现为对货币的需求,因此,被后人纳入凯恩斯的货币需求理论范畴。其三,资产的适销性(marketability)。《通论》在论及利率与货币关系时,凯恩斯提出了"流动性保险金"概念,认为:"他们所愿意支付的数额(用自身来衡量),为获得方便和安全的潜在处理权(除去利润或这项资产的持有成本)所支付的数额,我们称之为流动性保险金",并认为:"不同商品在其内部均可具有不同等级的流动性保险金,比如货币在安全管理方面就能带来不同的持有成本,但本质的区别在于货币和其他非货币资产之间,货币的流动性保险金超过它的持有成本,而其他资产的持有成本超过流动性保险金",[3] "流动性和持有成本是同等重要的,只有前者相对于后者较高时,货币的独特性才存在"。[4] 一些文献在引用了凯恩斯的这段话后,将"流动性"的含义延伸解释为资产的

---

[1] [英]约翰·梅纳德·凯恩斯:《就业、利息和货币通论》,载[英]约翰·梅纳德·凯恩斯《凯恩斯文集》上卷,中国社会科学出版社2013年版,第72页。
[2] [英]约翰·梅纳德·凯恩斯:《就业、利息和货币通论》,载[英]约翰·梅纳德·凯恩斯:《凯恩斯文集》上卷,中国社会科学出版社2013年版,第45页。
[3] [英]约翰·梅纳德·凯恩斯:《就业、利息和货币通论》,载[英]约翰·梅纳德·凯恩斯:《凯恩斯文集》上卷,中国社会科学出版社2013年版,第95页。
[4] [英]约翰·梅纳德·凯恩斯:《就业、利息和货币通论》,载[英]约翰·梅纳德·凯恩斯:《凯恩斯文集》上卷,中国社会科学出版社2013年版,第101页。

适销性。阿恩特（Arndt，1947）认为，流动性是资产的类货币性（the degree of moneyness），即与普遍接受的支付工具的近似程度或易于转换为货币的程度。赫舒拉发（Hirshleifer，1971）进一步认为，资产在使用过程中并非一定要转换为货币，他将流动性界定为"资产能够在一定时间内转换为可用于即时消费或再投资的形式的能力"。其四，流动性内涵不确定。凯恩斯认为："并不存在流动性的绝对标准，存在的只是流动性的相对标准——在估计不同财富持有形式的相对吸引力时，账目中必须考虑的一项变动的保险金额，在考虑利润和持有成本的基础上做这种考虑。是什么带来流动性是很模糊的观念，且不同时期会发生变化，依赖于社会习惯和制度"。① 不难看出，在凯恩斯的理论中"流动性"并非是一个可以清晰准确界定的概念。不仅如此，他的"流动性"范畴中还存在着一系列重要缺陷。

第一，未能说清"无损失"（without loss）的确切含义。凯恩斯之后，一些经济学家试图修补这一不足，但均无功而返。卡尔多（1939）认为，凯恩斯的"流动性"在某种意义上与"完美可销售性"（perfect marketability）概念非常接近，即商品可以在任何时间以相同价格或几乎相同的价格出售的性质，因此，它可理解为具有完全流动性的资产存在一个价值基准，但这在现实中是不存在的。布隆芬布纳（Bronfenbrenner，1945）将"无损失"的特点描述为商品的"完美流动性"，指的是商品持有人（出售商品后）确定可获得扣除通胀因素后的商品货币成本与商品在使用过程中的折旧的差额。这种变现结果虽然可以使持有人免受实际价格下跌的损失，但却没有考虑到持有人在持有期间获得的其他回报（值得注意的是，布隆芬布纳给出的定义中流动性的对象是商品而非债券等金融资产）。希克斯（Hicks，1962）则将"没有损失"解释为，"在短期内变现的价格与在较长时间内变现的价格几乎相同"。

第二，逻辑矛盾。哈耶斯（Hayes，2018）认为："如果将流动性定义为资产转换为货币的难易程度（下文简称"可转换性"，converti-

---

① ［英］约翰·梅纳德·凯恩斯：《就业、利息和货币通论》，载［英］约翰·梅纳德·凯恩斯：《凯恩斯文集》上卷，中国社会科学出版社2013年版，第101页。

bility），那么'货币的流动性'则看起来是同义语的反复"，在《通论》中，凯恩斯重点讨论了货币的流动性，同时又提到了"在农业经济时代，土地是最具流动性的资产"，但土地的可转换性显然较低。维多利亚·希克（Victoria Chick，1983）指出："不仅要按当前价格计算即时可转换性，还要按未来价格计算即时可转换性。如果资产作为价值存储而持有，则其流动性取决于其在未来日期的价格。资产的流动性程度可以根据其未来价格的不确定性来确定"。鉴此，哈耶斯得出结论，凯恩斯所说的流动性（liquidity）和可转换性（convertibility）是两个相互独立的概念，凯恩斯在《通论》中的流动性应定义为"相对于长期期望状态变化的价值的稳定性"。

第三，不同语境中的"流动性"差异甚大。一些经济学家认为，在凯恩斯理论中，"流动性偏好"（liquidity preference）和"流动性"是两个不同的概念。Culham（2020）认为："流动性偏好描述的是投资者在货币、期限很短的类货币资产和具有资本不确定性的长期资产（这类资产向货币等交易媒介的转换率依赖于市场流动性）三者之间的选择"。公众愿意放弃利息收入而持有短期价格受保护的资产，是因为长期资产投资的资本和价格，取决于市场流动性，所以，存在不确定性。投资者对资产的流动性偏好，实质是对资本（或本金）安全性的偏好。市场流动性（market liquidity）与流动性偏好理论中的"流动性"不同，市场流动性高并不表示资产的未来价格或收益具有的不确定性较低，较低的不确定性事实上正是流动性偏好的本质。例如，交易所买卖的股票通常具有较高的市场流动性，但价格波动也较高。流动性偏好可以视为对安全资产（如货币或类货币资产）的需求，指的是投资者倾向于避免具有资本不确定性的资产，而转向具有价格保护功能的资产，而不仅限于货币的资产（Ricks，2016）。

第四，"流动性"内涵不能满足分析的需要。凯恩斯认为："财富所有者在任何时刻用以表达他们对流动性的感觉的偏好是确定的，可以满足我们分析经济系统行为的需要。"[①] 但实际上，他给出的流动性定

[①] [英]约翰·梅纳德·凯恩斯：《就业、利息和货币通论》，载[英]约翰·梅纳德·凯恩斯：《凯恩斯文集》上卷，中国社会科学出版社2013年版，第101—102页。

义并不能满足经济金融分析的需要,如何使资产流动性的概念更加贴近实际交易情景从而利于研究分析成为学者面临的重要挑战。Grossman 和 Miller(1988)明确指出,凯恩斯给出的流动性概念难以用数学语言准确描述,例如,芝加哥交易所的国债期货市场肯定比本地住宅市场流动性更高。但是二者的流动性具体差多少?它们之间的决定性区别是什么?国债期货市场的公开报价模式是否是其巨大流动性的来源或则还有其他原因?同时,"资产变现的难易程度"的说法也无法应用于真实交易场景。资产在变现(包括转变为法定货币或者其他类货币资产)过程中,资产的原持有者付出的交易成本(即成交价低于市场现有报价的部分)、完成交易的时间均受到交易量的影响,这种影响的大小无法体现在一单位资产上。

第三节 金融市场流动性的多重含义

20 世纪 70 年代以后,随着美国金融创新的展开,资本市场高歌猛进,由此,凯恩斯提出的流动性概念在沉寂了 30 多年以后再次被诸多经济学家热议,基于金融资产交易的需要,市场流动性(market liquidity)概念应运而生①。在研讨初期,西方学者并不直接定义市场流动性的内涵,而主要是通过描述金融市场中的流动性特征来间接界定市场流动性,这种描述大致可分为定性描述和定量描述两类。

在定性描述方面,Black(1971)认为,金融市场具有以下三个特征也就具有了流动性:一是想要立即买入或者卖出少量资产的报价总是存在的,且买卖双方报价差距很小;二是在没有其他信息的条件下,投资者可以以接近市场现行价格的水平在较长的时间内买卖大量证券;三是投资者即刻买卖大量证券需要支付额外的成本(溢价买入或者折价卖出),成本高低与交易量大小正相关。Myers 和 Rajan(1998)做了更加简洁的描述,流动性好的资产需满足以下条件:资产易于估值(value)且潜在买方没有理由去怀疑资产的质量(suspect a "lemon");资

---

① 鉴于金融资产流动性不具有操作层面的意义,故将对资产流动性的度量方法放在市场流动性中一起讨论。

产拥有众多不受财富约束（wealth-constrained）的潜在买方；资产拥有发达的机构来推动询价和交易。从这些定性分析看，"流动性"的含义已从"货币"转向了金融资产的"变现性"，或者说，从金融资产的买方转向了金融资产的卖方。由于货币在质上是同一的，只有量的区别，所以，以货币界定的场合，流动性的含义是清晰的；但各种金融资产在质上有着种种差异，难以在量上统一计算，由此，流动性的含义就必然千差万别了。

在以金融资产变现性界定流动性的基础上，一些学者进一步研讨了不同类型金融市场中出现的流动性差异。市场微观结构理论（Market Microstructure Theory）从交易中价格形成机制和市场结构角度展开分析，试图对市场流动性差异背后的逻辑做出理论解释。在金融交易中，瓦尔拉斯认为"拍卖者"假设①在现实中并不成立，与此相反，买卖双方之间因供求时间上不完全同步而产生的"脱节"（gap）却是真实存在的（例如，如果所有买者都在周一到达市场，而所有卖者都在周二到达市场，即使买卖双方对资产基准价值的估计是一致的，交易也无法达成）。为市场提供流动性的做市商（或称中介，intermediary）可以解决买卖双方供求时间不一致的问题，他们将帮助买卖双方达成交易（例如，在星期一向买方出售，在星期二从卖方购买资产），并从买卖价格的价差中赚取收益（Demsetz，1968）。市场微观结构理论的代表人物 O'Hara（2003）则认为，流动性指的是买卖双方的匹配度（Liquidity refers to the matching of buyers and sellers）。基于流动性的买卖价差是交易者的交易成本，类似于投资者承担的税款。如果这些成本足够大，它们会因降低净资产收益率而对资产价格产生负面影响，而通过引入更有效的交易机制来降低这些成本则会对资产价格产生直接的积极影响。在这些文献中，流动性成为金融资产"成交"的代名词，资金供给方（即买方）和资金需求方（即卖方）从而使资金流向进一步模糊了。

在金融资产定性界定的基础上，一些学者从资产定价等角度展开了"流动性"的定量刻画。Lippman 和 McCall（1986）认为，"资产的流

---

① 瓦尔拉斯的拍卖者假设，即在拍卖人最终喊出能使市场供求相等的价格以前，参与交易的人只能报出他们愿意出售和购买的数量，但不能据此进行实际交易。只有在拍卖人喊出的价格恰好使供求相等时，交易各方才可以实际成交。

动性是在最优（价格）策略下出售资产预期所需的时间"，更确切地说，资产流动性可以表示为完成交易所需的时间和变现价格的函数。其中，并未考虑到交易量对交易时间和交易成本的影响。Kyle（1985）从连续拍卖场景出发，将市场流动性分为三个维度：一是市场紧密度（tightness），即在短时间内改变头寸所要支付的成本，通常以买卖价差度量（做市商在做市服务方面的竞争越激烈，则买卖价差可能越小，市场紧密度越高）；二是市场深度（depth），即使资产价格发生给定幅度的变动所需要的交易量；三是市场恢复力（resiliency），即资产价格在遭遇一个随机的、受不充分信息引导的冲击后回到均衡状态的速度。此外，还可以包括市场宽度（breadth），即卖方最低报价与买方最高报价之差。在 Kyle 的基础上，Moorthy（2003）将市场流动性分解为时间、价格、交易量三个分量形成流动性曲面，以此来反映资产的市场流动性状况。① 这些认识在实践面表现为，BIS（1999）将具有流动性的市场描述为"交易者能够很快地执行大额交易，且对现有市场价格影响很小"的市场；IMF（2008）在《金融稳定报告》中将市场流动性定义为资产持有人将资产变现且不对价格造成显著影响的难易程度。Holden 等（2014）总结到，市场流动性（也称市场的交易流动性，transactional liquidity）可以简要解释为"能够在短时间内以低成本交易大量证券的能力"。在这些场合，"流动性"成为度量金融资产卖方在金融资产"变现"能力的概念，其流向是从卖方流向买方，与资金的流向正好相反，结果是在研讨金融资产流动性中资金供给者（买方）的诉求和行为特点被忽视了。

　　资金（即货币资产）是金融资产交易的媒介和价格度量的基础。由于金融市场中各种金融资产变现性之间存在很强的相互影响，所以，一旦将市场流动性界定为金融资产变现性，受各种金融资产差异性的制约，要准确度量金融资产的流动性也就困难重重；如果再将金融资产卖方对收益的期待（或预期）纳入其中，则流动性的含义就更加难以捉摸了。以股票和债券这两类金融市场中最具代表性的资产为例，各种度

---

① 需要说明的是，流动性曲面的三个维度为：①时间：以给定价格完成给定交易量的交易所需时间；②价格：在给定交易时间内完成给定交易量的交易所花费的交易成本，通常以买卖价差表示；③交易量：在给定时间内以给定价格可进行的最大交易量。

量流动性的方法差别甚大。

一 股票市场的流动性度量

从股票市场的流动性看,根据测算流动性所使用的数据频率,可将流动性指标分为基于低频(日度或月度)交易数据的流动性指标和基于高频(日内逐笔)数据的流动性指标两大类(Goyenko et al., 2009)。

从基于高频数据的流动性指标看,相关文献大多以买卖报价差(bid-ask spread)作为度量市场流动性的主要指标。其基本界定是,在给定时间内,最低卖方报价和最高买方报价之差。在这些文献中,国内外学者基于逐笔交易和报价高频数据(TAQ)所计算的买卖报价差的度量方式主要有四种:一是绝对报价价差,即最高买价和最低卖价之间的差;二是绝对有效价差,即交易价格和最优买卖报价中间值之差的绝对值的两倍;三是相对报价价差,即绝对报价价差除以最优买卖报价的中间值;四是相对有效价差,即绝对有效价差除以最优买卖报价的中间值。在这四种方法中,一些人认为,相对买卖价差克服了股票价格高低对指标的干扰,因而,更加合理(张峥等,2013;Chung and Zhang, 2014;Fong et al., 2017)。但给定时间内的买卖报价差只体现了流动性的价格维度,要反映真实的市场流动性状况,必须同时考虑交易时间和交易量,由此,日度买卖报价差由日内各时间间隔内的买卖价差以成交额加权平均后得到。在计量分析中,买卖报价差指标的局限性有三个:其一,中国交易数据的可得性较差,国外文献中通常使用逐笔交易数据计算日内买卖价差(Goyenko et al., 2009),但中国只能得到 5 分钟内的交易数据(张峥等,2013);其二,这一指标不能反映连续的卖单或买单对价格造成的冲击,而市场价格对连续卖单或买单的反应正是市场流动性的直接体现;其三,买卖价差主要受交易成本、存货成本和信息不对称的影响。中国的股票交易以散户交易为主,没有采用美国的做市商连续交易制度,交易机制的差异使这一指标可能不适用中国市场。类似的指标还有市场深度,即在当期买卖报价下可以完成的最大成交量,也存在相同缺陷。后续研究拓展了买卖报价差指标,使其在不可获得日内高频交易数据的情形下也能估计流动性水平。例如,Goyenko 等(2009)和 Holden(2009)提出的有效指针(effective ticks);Corwin 和

Schultz（2012）的买价（最高价）和卖价（最低价）比值法；Abdi 和 Ranaldo（2017）提出的基于股票收盘价、日内最高价和最低价的数据计算的价差指标（即日内收盘价的对数值，日内最高价对数值和最低价对数值之差）。

从基于低频数据的流动性指标看，海外学者提出了价格效应和反转效应。价格效应（price impact）是指股票交易量对股票价格变动的影响（Kyle，1985）。他们认为，在没有成交量时，股票的价格变化完全受基本面驱动；在交易量放大的驱动下，股票价格变化则主要受买卖压力的影响（Vayanos and Wang，2013）。基于此，他们提出了一系列度量价格效应的指标：其一，Amivest 公司提出的度量市场深度的 Amivest 比率，其界定是股价每变动一单位所需要的成交量，即成交量与价格变动的比率。但这一指标有着一个缺陷，即由于大盘股的成交量较大，基于此计算的数值必然显著高于小盘股，难以比较大盘股和小盘股之间的流动性差异（Marsh and Rock，1986）。Hui-Heubel 比率对此进行了修正，将公司规模纳入其中，即分子为当日成交价格的振幅，分母为一段时间内成交量与收盘价的平均值和流通股总数之比。其二，从股市交易中的换手率对股价波动的影响入手，提出了 Martin 比率，即股票换手率和价格波动幅度之比。它与早期度量价格效应的方法（如 Dubofsky and Groth，1984）的区别在于，使用 20 个交易日内日度收益率的绝对值之和与成交量之和的比值来度量流动性。其三，Amihud（2002）提出了非流动性指标 $ILLQ_{iy}$[①]。该指标越高，单位成交金额对价格的冲击就越大，股票流动性也就越低，反之亦然。中国股市中存在着与海外不同的特点（如涨跌停板制度限制等），这决定了各种价格效应的指标难以直接用于中国股市，鉴于此中国学者基于中国股市机制提出了自己的认识。刘海龙和仲黎明（2006）将 Hui-Heubel 比率调整为有效流速指标，即股票的日换手率与日内价格振幅之比；熊海芳和齐玉录（2019）

[①] $ILLQ_{iy} = 1/D_{iy} \sum_{d=1}^{D_{iy}} \left(\frac{|R_{iyd}|}{VOLD_{iyd}} \right)$（其中，$R_{iyd}$ 和 $VOLD_{iyd}$ 分别为股票 i 在第 y 年第 d 天的收益率和成交额，D_{iy} 为股票 i 在第 y 年的总交易天数，$|R_{iyd}|/VOLD_{iyd}$ 衡量了每日成交额所引起股票价格变动百分比的绝对值）。

在纳入涨跌停板等中国股市的特殊制度后，提出了改进版的流动性指标。

反转效应（price reversal effect）是股市价格效应的一种特殊情形。De Bondt 和 Thaler（1985）发现股票具有均值回复的特征，过去表现较好的股票在未来表现较差，过去表现较差的股票在未来表现较好。Pastor 和 Stambaugh（2003）认为流动性差的股票对信息可能存在过度反应，后续的反转效应表现得更为明显。一般来说，在同等成交量的情况下，股票的流动性越好，其收益的反转程度越小。①

如果一项资产主要由对冲基金等高换手率的投资者持有，那么，潜在购买者完成交易的搜寻成本就会低得多，其流动性也就更好。基于这一观点，Mahanti 等（2008）提出了潜在流动性指标，即持有某项资产的所有投资者的换手率的加权平均值，这一指标尤其适用于债券等流动性较差的资产。除此之外，还有成交量、换手率，零收益率天数 LOT（Lesmond et al., 1999）及在此基础上改进的 FTH（Fong et al., 2019）等其他基于交易行为的流动性指标。

价格效应和反转效应从不同角度反映了市场流动性，二者有着互补关系（Vayanos and Wang，2013）。从形式上看，计算反转效应更简单，内在机理是：其一，计算价格效应需要更多的交易订单数据；其二，价格效应不能说明成交量是价格变动的原因，因为价格变化或者其他公共信息也可能导致成交量放大；其三，即使价格变动完全由成交量驱动，价格效应需要完全识别出流动性需求者所执行的交易，但在计算过程中，通常使用的根据成交价与最优买卖报价中间值的大小区分卖单和买单的方法可能存在错误。例如，由于做空制度的规定，卖空交易（short sales）的成交价通常会高于现行的市场价，使其被分类为买单，可能导致低估卖空交易的价格效应（Asquith et al., 2010）。做市商的

---

① 他们采用如下方程式计算个股的流动性：$r^e_{i,d+1,t} = \theta_{i,t} + \phi_{i,t} r_{i,d,t} + \gamma_{i,t} sign(r^e_{i,d,t}) \cdot v_{i,d,t} + \epsilon_{i,d+1,t}$。式中，$v_{i,d,t}$ 表示该股票 i 在第 t 月第 d 天的成交量，$r^e_{i,d,t}$ 与 $r^e_{i,d+1,t}$ 分别为股票 i 在第 t 月第 d 天的收益率和第 $d+1$ 天的超额收益率。其中，$r^e_{i,d,t} = r_{i,d,t} - r_{m,d,t}$（$r_{m,d,t}$ 为根据流通市值加权的市场收益率）。$sign$ 为符号函数，当 $r^e_{i,d,t}$ 为正值、零和负值时分别取 1、0 和 -1。股票在第 t 月的流动性指标等于 $\gamma_{i,t}$ 估计值的绝对值。对单只股票流动性指标进行平均即可得到整个股票市场的流动性。

交易数据使准确识别卖单或买单成为可能。Hendershott 和 Menkveld（2011）、Edwards 等（2007）使用做市商的交易数据和存货信息分别研究了股票和债券市场的流动性。估计价格效应的困难反映了一个重要的理论问题，即价格效应不仅包括了交易量导致的价格暂时性变动（反转效应主要反映这一影响），还包括交易所传递的信息造成的价格的永久性变动。正如 Kyle（1985）所指出的那样，在做市商是完全竞争且风险中性的条件下，反转效应本当为零。但即便如此，市场也并不具有完全流动性，正的价格效应恰恰反映了反转指标所没有反映出的非流动性。

二　债券市场流动性

债券市场与股票市场有着明显差异。债券交易通常分散在场外市场中，一般很难获得逐笔交易的数据，由此，基于高频交易数据的日内流动性指标不适用于债券市场，如有效报价差等。学者度量债券流动性的思路主要有两种：一是寻找新的流动性度量方法；二是套用基于低频交易数据的股票市场流动性指标（李焰和曹晋文，2005；时文朝，2008）。虽然也有学者利用债券市场披露的特定时段内的高频数据计算买卖报价差来度量债券市场流动性（Bessembinder et al., 2006；Goldstein et al., 2007；Edwards et al., 2007 等），但这一方法的适用性受到数据可得性的制约。长期以来，学术界和实务界对债券市场流动性的度量方法没有达成共识，指标选择的差异性很大。

Fleming（2001）较早对美国国债市场的流动性度量指标作了系统的归纳，主要包括度量市场深度的指标，如日内最高价和最低价之差、日内最优买卖报价时的报单量或成交量、价格效应等，此外，还涉及成交量、换手率、主动买单与主动卖单的成交额之差等其他指标。但这些指标难以实时反映债券市场的流动性，因此，实践中常用新券和老券的到期收益率之差来衡量债券的流动性。内在机理是，在新券和老券的收益现金流相同的条件下，二者的收益率差异主要源于流动性差异——新债的流动性越好，市场价格越高，到期收益率越低，但这可能受到市场微观结构的影响。

Bao 等（2011）认为，市场非流动性成因在于市场存在摩擦。假定这些摩擦源自交易成本和资本流动的限制等因素且其影响是暂时性的，那么，可以将债券的净价分解为基本面决定的价值和市场非流动造成的短期扰动项两部分，后者与前者独立且是随机游走的，基于此，可以定义市场非流动性的指标 γ 将由非流动性因素引起的价格短期波动部分从观察到的债券价格中分离出来，$\gamma = -Cov(\Delta p_t, \Delta p_{t+1})$，其中 $\Delta p_t = p_t - p_{t-1}$。以投资级公司债券为样本，发现该方法比买卖报价差、交易天数占比等指标能更好地解释流动性对债券收益率的影响。

Schestag 等（2016）详细地比较了债券市场上的流动性度量指标在时间和截面两个维度上的一致性。他们从交易成本角度来定义债券市场的流动性，先基于美国公司债券市场的高频（逐笔）交易数据[①]改进或重新检验了 8 个债券流动性度量指标[②]，以此为基准，同基于低频的日度交易数据构建的流动性指标进行对比，发现后者可以较好地反映债券市场的真实流动性水平，这些指标计算方法与股票市场流动性度量指标基本一致，不再赘述。其中，Corwin 和 Schultz（2012）、Hasbrouck（2009）和 Roll（1984）[③] 提出的以 High-Low spread 为基础的三种指标最为有效，但价格效应指标与基准的一致性较差。B. Nieto（2018）更进一步，在理论上放松了 Corwin 和 Schultz（2012）指标给定的交易在日度上连续且波动率与时间成比例的假设，使其更适用于通常不连续交易的债券市场。

三 股票和债券市场流动性的联动

股票市场和债券市场流动性的联系非常密切。尽管股票收益率和债券收益率之间无条件相关性很低（Campbell and Ammer，1993），但是二者的方差却呈现高度相关性（Fleming et al.，2003）。Chordia 等（2005）首次证实了股票市场流动性和债券市场流动性之间存在显著的联动关系，且指出这可能是市场交易行为导致的资金跨市场流动的影

[①] 美国公司债权市场要求强制披露 18 个月之前的所有场外交易数据，因此可以得到逐笔交易的详细信息，包括交易的性质（买单、卖单或交易商主动交易）。

[②] 这些指标包括 P_PI_Roll、P_PI_Gibbs、P_PI_EffectiveTick、P_PI_FHT、P_PI_HighLow、P_PI_Spread_BGN、P_PI_Spread_CBBT 和 P_PI_Spread_Mean。

[③] Roll（1984）提出的流动性指标公式为 $S = 2\sqrt{-Cov(\Delta p_t, \Delta p_{t-1})}$，Hasbrouck（2009）在其基础上进行了完善；Corwin 和 Schultz（2012）也基于 High-Low spread 构建指标，具体计算公式为：$S = \dfrac{2(e^\alpha - 1)}{e^\alpha + 1}$，其中 α 是一个由股票的最高和最低价格计算的参数。

响，如一个负面信息冲击可能导致投资者为追求安全（fight to quality）而抛售股票买入债券；反之，当股价大幅上涨时可能吸引投资者将资金由债市转入股市，即二者之间存在相互影响。但这也可能是因为两个市场的流动性都受到某些共同因素的影响，如做市商的存货风险、货币政策的松紧等。Goyenko 和 Ukhov（2009）进一步分析二者之间的双向因果关系，证明了资金跨市场流动确实存在；股票市场流动性对货币政策放松的反应存在滞后性，而债券市场流动性则会立即反应，因此，债券市场流动性是货币政策传导到股票市场流动性的中介。但他们在论证传导过程时，并未严格排除可能存在的货币政策影响股票市场流动性的其他渠道。王茵田和文志瑛（2010）使用相同的方法研究发现中国股票市场和债券市场之间的流动性关系也支持 Goyenko 和 Ukhov（2009）的结论。

在股票市场和债券市场等金融市场中，在买入证券（股票、债券等）之前，买方（即投资者）拟投资的资金通常存放于存款账户中，与其他用途的存款融为一体，难以直接表现为购买证券的资金量；只有在证券成交时，买方才按照成交额支付所需资金（即流动性），因此，以成交量（或相似指标，如成交价、换手率等）计算金融市场的流动性似乎无可厚非。但这种计量方法有三个问题需要厘清：一是谁提供了流动性？在证券交易中，买方提供了资金、买入证券，使卖方的证券得以卖出。如果买方不买入证券（从而不提供资金）则卖方的证券就将滞留于手中，因此，不是证券（或金融资产）自身具有流动性，而是资金具有流动性。二是成交量能够提供哪些信息？证券成交是买卖双方共同行为的结果，具体情形相当复杂。成交量增加、成交价提高、成交频率加快等几乎都可以证明流动性增加；反之，几乎亦可证明流动性减少（或紧缺）。但在一些条件下，这些指标又常常难以与资金的多少（或松紧）直接挂钩。以股市为例，总成交量增加可以在成交价下跌时发生，成交价上升可以在成交量减少时发生，换手率提高既可以在成交价上行时发生也可以在成交价下行时发生，如此等等。由此，从入市资金数量增减看，成交量、成交价、换手率等指标的变化只能作为度量的参考性信息，难以作为直接的度量指标。实际上，只要是成交量放大、成交价上行（乃至股指上行），根据价量一致的原理，都可以直接判断为流动性增加或流动性宽裕；反之，则可直接判断为流动性紧缺；但在价量不一致时，就难以直接判断流动性宽裕还是紧缺了。三是流动性高低能够保障收益率吗？在股市交易中，买方不可能拥有卖方的持股成本和收益率预期等信息，也不可能考虑到卖方售股的收益率高低，他们只能从"利己"角度抉择买入价和买入量。从交易价格看，买入价越低，买方未来售股的风险越小、收益率可能越高，因此，将售股收益率预期带入流动性范畴，虽符合卖方的意愿，但却与买方的意愿相违背；同时，也不符合股市行情的波动式走势。

第四节　实体企业的融资流动性

交易是市场经济的核心和基本现象。无论是商品还是金融资产，"流动"总是通过交易完成的，由此，从经济主体角度来看，也就有了微观主体（企业）的流动性、商业银行的流动性和宏观流动性等。凯恩斯在《通论》中曾论及个人和企业的货币需求。在现实中，流动性（或现金流）状况直接关切着企业的财务状况、再生产循环乃至破产风险，许多学者对此进行了研究。微观主体流动性的理论分析以探讨金融市场流动性为基础[①]，与后者相比，学者集中地聚焦探讨微观主体的流动性的时间相对较晚，大量的文献问世于2008年美国金融危机之后，研讨的重心在于商业银行和企业因流动性问题而破产等问题。主要涉及三方面问题：

第一，企业的融资流动性。Williamson（2008）认为，微观主体流动性是经济主体将其财产转化为商品、服务或者其他资产的能力。Nikolaou（2009）指出，流动性的内涵有两个要点：其一，流动性是一个流量概念，即金融体系中的资金流；其二，流动性同时也包含实现资金流的能力。鉴于此，他们认为，微观主体流动性关注的是微观主体在未来一段时间内资金流入和资金流出的匹配程度。微观主体在一定时期内资金流入的途径主要有三个：一是企业自身的经营所得，通过销售产品

[①] 企业短期内出售持有的金融资产或固定资产获取资金的能力取决于标的资产的市场流动性状况，因此，分析微观主体流动性的情况需要考虑其持有资产的市场流动性。

和服务获得资金；二是将持有的证券类资产或变现能力较强的其他资产（如土地、房产、通用设备等）出售以换取资金；三是增加新的负债或者权益来获得资金，包括向银行等金融中介借贷或发行新的证券（股票或债券）等。其中，第一种渠道由企业的经营能力与经济行业状况决定，第二种渠道则受到金融市场流动性的显著影响，第三种渠道则与企业状况、市场流动性和宏观流动性密切相关。在金融学研究中，学者通常只关注后两种渠道，并且将其称为融资流动性（funding liquidity），在公司财务领域则被称为短期偿债能力，有的文献直接将两者等同，把微观主体的流动性定义为融资流动性。

现有研究中对融资流动性的内涵认知大体一致。虽然关于其内涵的描述有所差别，但均在微观企业和金融机构层面，从资产负债表出发关注其持有资产的市场流动性水平和获得额外流动性的能力。萨托里斯和希尔（1994）认为，如果资产能很快地以最小的价值损失和最低的交易成本转化为现金，则称该资产具有流动性；如果一个企业能偿还到期债务，则称它具有流动性。但他们并未明确提出融资流动性的概念。Borio（2000）、Strahan（2008）、Brunnermeier 和 Pedersen（2009）认为，微观主体的流动性指的是企业等微观经济主体能够及时地以合理的价格获取资金的能力，也称为融资流动性，它具体表现为一个机构为了满足到期债务的付款义务，通过出售资产或进行外部融资获得新资金的能力。Nyborg 和 Strebulaev（2004）认为，当金融机构或市场参与者在金融市场中获得融资的成本升高即意味着市场的融资流动性更差。巴塞尔委员会 BCBS（2008）将融资流动性界定为银行满足其负债或对到期债务进行结算的能力。

在国内的研究中，彭兴韵（2007）认为，在资产期限结构视角下流动性可划分为内部流动性和外部流动性，前者指一个经济主体的资产到期日曲线的截距和斜率，后者指一个经济主体的内部流动性不足时，由另一家有多余流动性的企业或银行以及政府的相应机构（如中央银行）来提供的流动性。孙彬等（2010）认为，融资流动性主要指缺乏资金的金融机构通过各种融资途径（内部或外部）获取资金的难易程度。李研妮和冉茂盛（2012）将融资流动性定义为企业短期内获得资金的能力，在实践中应从现金流角度理解它，即一家实体企业的现金流入至少应大于或等于流出。吴恒煜等（2013）认为，融资流动性风险是指融资约束发生作用时的风险，即要求交易商在任何时候都能为其持有的证券头寸提供融资。吴卫星等（2015）将融资流动性界定为金融机构通过同业借款或质押式回购的方式获得流动性的能力。

第二，融资流动性的度量。企业资产可分为存量资产和增量资产，由此，融资流动性的度量也主要从这两个角度展开。

一些学者认为，存量融资流动性是指，企业通过出售自身资产获得资金的难易程度和所要承担的流动性折价。在企业存量资产由证券类资产构成的条件下，存量流动性与金融市场流动性的内涵相一致。但在分析企业持有的其他各种类型资产（如实物资产）中，他们提出了不同的度量方法。Shleifer 和 Vishny（1992）、Sibilkov（2009）从市场价值角度构建了公司资产流动性的测度指标，认为企业资产在二手市场的销售价值反映了公司资产的流动性；Schlingemann 等（2002）认为，企业所处行业的资产流动性可由行业资产交易强度衡量，即行业年度资产交易总额除以行业年度总资产来衡量。在此基础上，王春峰等（2012）提出，企业资产流动性应为企业资产占行业总资产的比例乘以行业资产流动性。Gopalan 等（2012）则采用赋值法，对企业持有的不同类型资产进行赋值来反映企业的资产流动性水平（即存量融资流动性），这些资产被分为现金及现金类资产、非现金类流动资产、固定资产，相应的权重依次为 1、0.75 和 0.5。何光辉和杨咸月（2012）将企业的流动性定义为流动资产与流动负债的比率；胡泽等（2013）直接用经营性现金流和货币资金度量了企业的存量融资流动性水平。在这些文献中，一些学者将企业的现金资产和非现金资产均视为流动性的组成部分，另一些学者则只关注企业的现金流量表，即只将现金类资产视作企业的流动性。Ajello（2016）通过现金流量表，用经营性现金流净额与资本、股利支出的差值来反映企业的流动性水平；Kim 等（1998）把企业持有的现金量与总资产的比率视作企业的流动性水平；Opler 等（1999）使用企业持有的现金及现金类资产价值与除现金、现金类资产以外的总资产的价值之比来衡量企业的流动性水平。

增量融资流动性，通常指企业从外部获得额外资金的难易程度和融资成本。大部分文献使用单一指标测度企业的增量融资流动性，但也有一些文献将多个指标通过某种权重组合在一起，综合地测度企业的增量融资流动性。Adrian 和 Shin（2010）将金融部门资产负债表规模的变化率作为流动性指标，用以反映企业外部融资的规模；胡聪慧和刘学良（2017）选取美国 TED 信用利差、Baa 级债券信用利差、股市买卖价差、股市做市商收益及商业银行股价为指标体系并运用主成分分析加权构建融资流动性测度，其更接近于描述一个微观主体的增量融资流动性；张力菠（2009）利用系统动力学模型，以极为微观的角度仿真模拟企业的现金流运动状况，以此来分析企业的现金流缺口。

第三，企业的现金管理。在企业日常经营中现金管理至关重要，同时，现金管理会影响到企业持有的现金类资产数量，对企业的存量融资流动性产生直接影响。企业现金管理，通常指企业对所持有现金数量进行管理的机制和方法。在企业现金管理研讨中，学者大多探寻企业持有现金的最优水平及其影响因素。主要有权衡理论、优序融资理论、啄食理论等。Opler 等（1999）、Bates（2009）均通过实证发现企业持有的现金水平围绕着某一个数值波动并呈现出向该值收敛的趋势，认为这一数值就是最优现金持有量，同时预防性动机将使企业持有超额现金，即企业进行外部融资需要时间和额外成本，为避免错过投资机会或无法满足额外流动性需求而违约，企业需要持有一定数量的现金或现金类资产。Dittmar 等（2003）认为，现金来源于企业的经营收益和利润水平，利润率高的企业才会持有更多的现金。Jensen（1986）根据委托代理理论认为，最优现金持有量应该使股东价值最大化，但企业管理者通常会持有超过这一数量的现金。Scott（1995）指出，企业所处的制度环境会影响企业的现金持有，如法律环境、政治制度、经济主体态度等。Dittmar 和 Duchin（2010）则从企业的内部制度角度研讨了制度因素对企业现金持有调整速度的影响，度量了企业的公司治理水平，证明了治理水平越高的企业调整现金持有量的速度越快。Ozkan 和 Ozkan（2004）从公司治理的多个方面研究了企业制度因素对现金持有的影响，包括信息不对称、企业股权结构特征等。

宏观经济的不确定性也会对企业现金持有产生影响。Campell 等（2011）认为，宏观经济中存在的难以预期的外部冲击会迫使企业持有一定数量的现金以使财务具有足够弹性。Baum 等（2008）将宏观经济的不确定性与企业个体风险分开，证明了随着宏观经济不确定性的增加，企业最优现金持有量也呈上升趋势。值得注意的是，除此之外，企业的融资约束，即是增量融资流动性的一种体现，宏观经济中的货币总量等其他流动性概念都会对企业现金管理产生影响。

从实体企业融资流动性的研究成果看，各个学者从各自研究的角度探讨了"融资流动性"，但由于研究的具体对象、内容和角度不同，对融资流动性的界定、场景、度量和效应等的分析也不尽相同，其中既包含了实物资产、无形资产和证券资产的变现性，也包含了企业获得银行贷款、发行证券（债券和股票等）的增量融资，还包含了企业拥有的资金量与流动资产的比率（即流动性比率）等。但他们有一个共同点，即研究中着重考虑到了资金需求方的期待，忽视了资金供给方的意愿，未能从资金供给方的意愿深入研讨卖方资产变现性或发行证券（或申请贷款）应满足的相关条件和市场机制。

第五节 商业银行的流动性

商业银行是重要的微观主体，有着创造派生货币的功能，在一国经济中是资金的主要供给者，它们的经营运作直接影响着市场流动性和企业流动性，因此，有着专门研讨的必要。在2008年的美国金融危机中，许多商业银行因流动性不足而陷入困境，严重威胁着金融体系的稳定，鉴于此，商业银行的流动性和流动性风险的管理问题引起了监管层和政策制定者的高度关注。商业银行流动性研讨主要涉及五个方面问题：

第一，商业银行流动性的界定。从学理上说，商业银行的流动性概念与企业的流动性大致相同，但因商业银行业务的特殊性和在金融体系中举足轻重的地位，它的某些具体内容和度量方法与企业的流动性有所差异。Tirole（2011）认为，商业银行的资金需求可以通过两个渠道来解决：一是市场流动性（Market liquidity），即通过出售现有金融资产获得资金，包括出售易变现的短期国库券或将其作为抵押在回购市场上获得贷款等。二是融资流动性（Funding liquidity），包括吸收新的存款、发行长期债权、发行优先股或其他证券等。其中，市场流动性强弱取决于金融资产的持有动机，融资流动性强弱则取决于经济环境、存款人意向、证券交易的难易程度以及其他金融机构的救助等。Nikolaou（2009）和Chiaramonte（2018）认为，银行流动性还应包括中央银行流动性，即中央银行供给基础货币的取向和数量，如中央银行通过公开市场操作、再贷款、调整准备金率等政策工具调控基础货币供给的意向。Huang等（2008）使用银行间同业利率来反映商业银行的融资流动性水平；Frank等（2007）、孙彬等（2010）、吴卫星等（2015）均使用三个月银行间同业拆借利率与三个月期国债收益率的差值作为商业银行增量融资流动性的测度指标；彭建刚等（2015）分析融资流动性对商业银行资产配置的影响，认为商业银行需要考虑零售融资成本，使用存款年化平均成本率来作为商业银行融资流动性度量的一部分。

第二，商业银行的流动性创造（Liquidity Creation）。商业银行的流动性创造能力是近十年来银行领域的重要研究方向之一，流动性创造是商业银行的一项最基本职能。商业银行通过以流动性较好的负债（存款）来为流动性较差的资产（贷款）融资来创造流动性（Jiang et al., 2019）。根据这个思路，Deep和Schaefer（2004）构建了简易的流动性转化指标：（流动资产-流动负债）/总资产。在此基础上，Berger和Bouwman（2009）提出了度量商业银行流动创造能力的指标。其主要计算步骤是：首先，根据流动性程度高低分别将资产端和负债端的科目分为流动性、半流动性和非流动性三组；其次，对应赋以0.5、0和-0.5的权重后，加总后得到资产端和负债端的流动性；最后，用负债端创造的流动性扣除资产端吸收的流动性，得出商业银行的流动性创造水平。为保证指标在规模不同的各商业银行之间的可比性，通常把流动性创造水平除以总资产来进行标准化处理。这一方法还可以具体细分为表内流动性创造和表外流动性创造（孙莎等，2014；邓向荣和张嘉明，2018）；同业流动性创造和非同业流动性创造（郭晔等，2018）。

第三，商业银行流动性的度量。Brunnermeier等（2014）提出，流动性错配指数（Liquidity Mismatch Index，LMI）可以作为商业银行流动性风险的代理变量，用于衡量商业银行资产的市场流动性和负债的融资流动性之间的错配程度。流动性错配指数采用降维方式将商业银行资产和负债两部分信息进行综合，以衡量商业银行总体的流动性风险水平，相比此前的流动性风险缺口分析具有一定优势。

在构建流动性错配指数的过程中，Brunnermeier 等（2014）将商业银行的行为分为 2 期。其中，第 0 期为事前期，商业银行在这一期从事风险和流动性决策，确定负债结构和资产结构；第 1 期出现状态 $\omega \in \Omega$。在这一给定状态 ω 下，商业银行 i 的流动性错配指数定义为：$\Lambda_\omega^i = \Lambda_\omega^{A,i} - \Lambda_\omega^{L,i}$（其中，$\Lambda_\omega^{A,i}$ 和 $\Lambda_\omega^{L,i}$ 分别表示资产的市场流动性和负债的融资流动性），有 $\Lambda_\omega^{A,i} = \sum_j \lambda_\omega^j * A_\omega^j$ 和 $\Lambda_\omega^{L,i} = \sum_j \lambda_\omega^{j<0} \times L_\omega^{j<0}$，其中，$A_\omega^j$ 代表商业银行在 ω 状态下资产方某项资产 j 的余额，$L_\omega^{j<0}$ 代表商业银行在 ω 状态下负债方某项负债 j 的余额（$L_\omega^{j<0}<0$），λ_ω^j 和 $\lambda_\omega^{j<0}$ 则分别代表 t 时刻资产的市场流动性和负债的融资流动性对应的权重，$\lambda_\omega^j \in [0, 1]$，$\lambda_\omega^{j<0} \in [-1, 0]$。在 Brunnermeier 等（2014）的基础上，为消除商业银行规模不同造成的流动性风险计算结果出现的异质性，Banerjee（2012）考虑了商业银行资产负债规模差异，选择净稳定资金比率（Net Stable Funding Ratio，NSFR）作为权重计算的标准，采用静态权重法计算流动性权重，分别计算资产的市场流动性和负债的融资流动性。

Bai 等（2018）指出，使用静态方法来度量资产流动性的结果很可能发生误导，因为资产的流动性是内生的——当资产持有者陷入流动性困境而被迫抛售资产时，将引致资产价格下跌，资产持有者遭受的损失会侵蚀其资本金，又使资产持有者的流动性状况进一步恶化[①]（Allen and Gale，2004；Brunnermeier et al.，2013），所以，具有时变和前瞻特点的流动性错配指标更加可靠（裘翔，2015）。

在 Brunnermeier 等（2011）和 Banerjee（2012）的基础上，高磊等（2018）改进了绝对流动性错配指数的计算方法并计算了相对流动性错配指数。他们界定单家商业银行相对流动性剩余指标为 $s_i(t) = \dfrac{MLA_i(t)}{FLL_i(t)} = RLMI_i(t)$，其中，$MLA_i(t)$ 表示银行 i 在 t 时刻的市场流动性，$FLL_i(t)$ 表示银行 i 在 t 时刻的融资流动性，因此，$RLMI_i(t)$ 表示 t 时刻银行 i 的相对流动性错配指数，相应的银行体系相对流动性

---

① 需要注意的是，这里隐含的前提条件是抛售者卖出资产数量是巨大的，其抛售的量会显著地影响该资产的价格。更确切地说，流动性危机的扩散，更多的是源于最初的抛售所引起的市场恐慌在投资者之间的传染，从而导致更大规模抛售，以致资产价格单边下行。

剩余指标为 $S(t) = \dfrac{\sum_i MLA_i(t)}{\sum_i FLL_i(t)} = RMLI(t)$。权重的选取方法包括静态权重法和动态权重法。静态权重法选择巴塞尔Ⅲ提出的关于流动性风险指标净稳定资金比率作为计算权重的标准；动态权重法对于数据的要求标准较高。

此外，常用的商业银行流动性风险监管指标还包括流动性覆盖率、净稳定资金比率、流动性比例、流动性匹配率和优质流动性资产充足率[①]（中国银监会，2015）、存贷比、银行间市场拆借利率（Bonfim and Kim，2012）等。

第四，商业银行的流动性风险。银行获得流动性的渠道主要包括股权融资、吸收存款、出售现有金融资产（包括信贷资产证券化等）、向其他银行拆借资金和向中央银行申请贷款等，商业银行的资金流出渠道主要包括发放贷款、同业拆出、购买证券和储户取款等。中国银监会对单家商业银行的流动性风险界定是，"无法以合理成本及时获得充足资金，用于偿付到期债务、履行其他支付义务和满足正常业务开展的其他资金需求的风险"[②]。按照资产和负债的方式分类，商业银行的流动性包括资产的市场流动性和负债的融资流动性两类。资产的市场流动性，指商业银行将其资产变现且不发生损失的能力；负债的融资流动性，指商业银行在时间不受约束条件下以较低成本获取资金的能力。

商业银行流动性风险主要源自它们吸收的存款转为贷款的业务模式，即存款期限较短而贷款期限较长造成的期限错配（Choudhry，2011）。在通常情况下商业银行的存款与贷款之间必然发生期限错配，内在机理是，商业银行的一个主要金融职能就是引导资金实现跨期配置（Gorton and Pennacchi，1990）；另外，贷款期限越长，商业银行可获得的存贷款息差就可能越大，这有利于银行的经营利润增加。但存贷款的期限错配同时意味着银行承担的流动性风险扩大（Bianchi and Bigio，

[①] 具体计算方法，参见银监会 2015 年发布的《商业银行流动性管理指引（征求意见稿）》。

[②] 中国银监会在 2015 年的《商业银行流动性风险管理办法（试行）》中对流动性风险的定义。

2022）。

传统银行理论将流动性风险聚焦于银行的负债端，认为在存款保险制度实施之前，存款人挤兑是商业银行面临的最主要的流动性风险（Diamond and Dybvig，1983）。但现实中，商业银行的经营运作同时面临负债端（存款人取出存款）和资产端（借款人不充分履行贷款承诺）的流动性风险。Kashyap 等（2002）认为，吸收活期存款和发放贷款均要求商业银行预留准备金以应对随时可能出现的取款和贷款需求，但只要存款人和贷款人的流动性需求不是高度相关的，同时从事两类业务就可以"节约"部分准备金，即二者存在"协同效应"。Gatev 等（2007）的实证结果支持了"协同效应"的假说。Gatev 和 Strahan（2006）进一步研究发现，在市场流动性紧张时，商业银行存款的安全性（包括存款保险制度和中央银行的最后贷款人职能等一系列措施建立起银行安全网，可以有效地保障储户的利益）反而会吸引更多资金流入银行，由此，活期存款降低了银行贷款带来的流动性风险。Acharya 和 Mora（2015）的研究认为，在 2008 年的美国金融危机中，商业银行确实面临着资产端和负债端的双重流动性压力。在资产端，贷款人加快使用已获得的贷款额度；在负债端，存款减少，存贷比下降，这使商业银行被迫提高存款利率来争夺存款（那些对外发放更多贷款的银行提升存款利率的幅度更大），但提高存款利率所增加的存款远远不能弥补商业银行的存贷款差额，最终导致了银行贷款供给的减少。

此外，银行间市场流动性对商业银行流动性状况也有重要影响（Allen and Gale，2017）。银行间市场既是商业银行之间调剂资金的渠道，也是中央银行展开公开市场操作的场所，它将商业银行体系的流动性和中央银行的货币政策联系起来。Goodfriend 和 King（1988）认为，银行间市场可以有效地推进流动性在商业银行之间的重新配置，中央银行只需要通过公开市场操作保证流动性总量的供给充足即可。但 Flannery（1996）、Freixas 和 Jorge（2008）、Freixas 等（2011）认为，商业银行之间的信息不对称、单个银行的"搭便车"行为等市场摩擦将阻碍银行间市场的有效性，中央银行的最后贷款人职能不可或缺。2007—2008 年美国金融危机，许多国家都出现过的银行间市场"冻结"现象为这一观点提供了经验证据。大多数银行遭遇流动性危机的主因在于，银行间市场等资金批发市场的流动性供给中断和融资流动性枯竭,并非存款人的挤兑(Huang and Ratnovski,2011;Borio,2010)。Gale 和 Yorulmazer(2013)、Heider 等(2015)通过构建理论模型证明,商业银行在危机中囤积流动性(hoarding liquidity)的动机主要有两点:一是预防性动机,即未来自己遭受流动性冲击、未来获得现金的成本要高于现在持有的非流动资产所获得的收益;二是投机性动机,如果未来的流动性需求高而非流动资产的价格低,则可以使用现金购入遭受流动性冲击的商业银行所出售的折价资产,以获得比直接向这些银行提供流动性更高的收益。这种囤积行为导致了银行间市场的低效率,由此,中央银行必须履行其最后贷款人职能[①]。Allen 等(2009)和 Freixas 等(2011)强调,中央银行在危机中介入,可以降低银行间市场的利率波动性(银行体系中流动性的代理变量),维持银行间市场的低利率相当于为商业银行流动性提供了保险,使商业银行不会选择储藏流动性,以保证银行间市场正常发挥配置风险的作用。

2008 年美国金融危机以后,商业银行流动性风险备受监管层的关注,监管趋势由针对单个商业银行的微观审慎政策向涵盖整个银行体系的宏观审慎政策扩展。"同群效应"可能导致商业银行风险承担行为的趋同,进而引发银行体系的流动性风险(Farhi and Tirole,2012)。Krugman(2000)、Rothbard(2003)认为,政府对实体经济和金融市场存在过度管制,这使经济结构出现扭曲,此外货币政策过度宽松使金融机构间出现了流动性风险。与货币主义学派观点对立的是,Kindleberger(2000)认为,凯恩斯主义框架下货币的流动性需求是货币需求的一部分,但由于货币供需存在均衡,金融机构流动性需求可以通过有效的金融市场加以出清,因此,金融机构不应出现流动性风险,货币主义学派主张下货币政策失误是造成流动性风险的主要原因。

国内学者也尝试对商业银行流动性风险问题加以分析。姚长辉(1997)将流动性风险出现的原因归为商业银行营利性和流动性之间的矛盾。王飞(2011)则认为,商业银行资产流动性风险和筹资风险形

---

① 中央银行的最后贷款人职能最早有英国经济学家白芝浩(Bagehot)在 1873 年的著作《伦巴第街》中提出。参见 Bagehot, W., *Lombard Street: A Description of the Money Market*, London: HS King & Company, 1873.

成的流动性螺旋使流动性风险的波动性增加。刘献中（2010）认为，商业银行资产负债表结构和资产规模造成了流动性风险。高士英等（2016）认为，货币市场基金和互联网基金的出现，加大了商业银行流动性的不确定性。

第五，资产证券化与商业银行流动性风险。已有研究认为，商业银行进行资产证券化的动机主要包括：增加商业银行流动性、增强盈利能力、将风险由表内转移至表外。资产证券化具有明显的顺周期性，在资产价格高涨时起到推波助澜的作用，在资产价格下跌时资产证券化市场价格急剧下跌，可能导致流动性紧缺。资产证券化既增加了银行的风险承担能力，也导致了潜在的系统性金融风险；资产证券化可能引致过度信用创造，诱发金融机构贷款监督机制弱化，冲击一国金融政策。

Altunbas等（2010）通过对欧元区银行大样本数据分析，论证了资产证券化可以为商业银行扩张信贷提供支持，但认为扩张信贷同时也需要考量经济周期和银行自身风险。Purnanandam（2011）认为，商业银行利用资产证券化获得了更多流动性，增加了高于平均违约风险的贷款。Cebenoyan和Strahan（2004）研究表明，扩张信贷规模、增加经营利润是商业银行进行资产证券化的一个主要动机。商业银行倾向于增加风险较高贷款，通过增加杠杆率提高破产概率，同时，能够出售贷款的商业银行会持有更高比例的风险资产（即对于进行资产证券化的商业银行，增加风险资产是自我选择行为）。郭红玉等（2018）认为，商业银行通过资产证券化行为降低了表内流动性的缓冲；如果银行因资产证券化产生持续不断的流动性预期，则流动性用于支持发放风险贷款符合银行利润最大化的目标。高磊等（2019）强调，资产证券化发行通过增加商业银行风险贷款而使流动性风险溢出。

商业银行经常获得短期融资并提供长期贷款，因此，相较于资产端，负债更早到期，它对融资的依赖性较强。商业银行的经营基于其所能承受的与流动性风险密切相关的信用风险，它的贷款组合中信用风险越大，就越难将贷款出售获得融资。Wagner（2007）指出，资产证券化提高贷款流动性主要出于事前激励，是商业银行为增加利润进行的自我选择，因此，可能引致更大的风险。

资产证券化会因增加风险贷款而提高商业银行流动性风险。Wu和

Yang（2008）认为，资产证券化快速发展成为商业银行的一个主要的融资来源。资产证券化鼓励银行投放更高风险贷款；若该部分贷款被证券化，则商业银行需根据监管要求自持劣后产品，因此，会增加它的风险。Ambrose 等（2005）认为，商业银行倾向于将低风险贷款证券化，同时保留高风险资产，这种维持证券化信用的做法将引致银行流动性风险上升。

从上述五个方面看，国内外学者对商业银行流动性的界定基本是一致的，即主要界定为资金。商业银行吸收的存款是存款人的货币资产，发放的贷款是商业银行的货币资产，借款人获得贷款后在记入负债的同时也记入了货币资产，因此，均属资金范畴。在这个过程中，商业银行通过"存款创造贷款、贷款创造存款"持续创造着货币资产。这与从金融市场和实体企业角度将金融资产的变现性界定为流动性，有着根本性区别，也更加符合"流动性"的本意和功能。

第六节 宏观层面的流动性

对于宏观层面的流动性，国内外诸多文献都对其进行了探讨。最常见的是不同统计口径的货币信贷总量。国外学者中，罗格·弗格森（Roger W. Ferguson，2005）指出，流动性并非一个精确的概念，在狭义上，流动性可以用中央银行的货币来度量；在广义上，它反映了货币乘数对金融体系的影响；有时流动性也可由政策利率水平来衡量。国内学者中，卜永祥（2007）认为，"流动性"是金融资产变为即期支付的能力，主要体现在变为现金的能力上，因此，有的学者直接将其定义为资产中现金或其等价物的比例，使用具有即期支付能力的现金及活期存款构成的狭义货币对流动性进行了讨论。流动性主要表现为流通中的现金（M_0）和狭义货币供应量（M_1）。许小年（2007）则认为，世界各国多用狭义货币（M_1）、广义货币（M_2）等指标衡量流动性。

对于主要从货币角度界定流动性，一些学者提出了质疑。斯文森（Svensson，2003）认为，在完善的金融市场中，货币供应量并未包含独立信息。这是因为无风险名义利率可以包含所有的货币市场均衡信息，如果根据货币总量是否偏离了名义值来推断流动性过剩，那就无法获得其中的额外信息。彭兴韵（2007）认为，使用不同口径的货币和资金总量来定义整个经济体中的流动性具有以下两方面问题：一个国家的货币统计口径不同，由此便会产生不同的流动性，而对于某一时点，作为一种状态的流动性应该是唯一的。此外，由这个角度定义流动性，容易使人们将流动过剩等同于货币超额供给；反之，也很容易使人们将流动性不足等同于货币供给不足。

在不同统计口径的货币信贷总量的基础之上，货币余额与产出的比率也经常被用来衡量流动性。这种角度是从变通性来定义流动性的，该比率越高，流动性也就越高；反之，则流动性越低。较高的流动性将会促进产出的增加；反之，则会抑制产出的扩张，甚至造成紧缩。许小年（2007）用 M_2 与 GDP 的比值作为参考指标。根据他的计算，2006 年年末，中国 M_2 与 GDP 比值为 1.65，但日本仅为 1.43，美国仅为 0.53。韩汉君（2007）认为，流动性过剩即是货币当局货币发行过多，货币总量增长过快，商业银行等机构资金来源充沛，居民储蓄迅速增加，体现为货币增长率超过 GDP 增长率。但也有人对这种观点提出了质疑。彭兴韵（2007）认为，这类从便通性视角界定流动性的方法，没有超越货币的定义，这类定义忽视了流动性概念中的"金融"特性，与戈德史密斯（1994）提出的金融相关比率，剑桥方程式中的马歇尔提出的 k，以及费雪方程式中货币流通速度的倒数在出发点上并没有显著不同。

除此之外，也有文献从所有资产的角度去考察宏观流动性。并将该种方法称为金融力（PF）。在该定义中，金融力是人们持有的、以市价值衡量的对政府债权（g）以及其他私人部门的债权（c）。由于除资产外，经济体当中一定量的负债 I 是必要的，因此，在实际的金融力计算中应扣除这部分负债。同时，由于交易者愿意持有占其收入流量一定比例的债务，这种倾向会增加金融力。因此，用 Y 表示收入，w 表示债务对收入的比率，则使用金融力来定义的流动性最终可以表示为：$PF = g+c-(I-wY)$。对于这种定义，也有人提出了异议。彭兴韵（2007）认为，它忽略了不同剩余期限资产以及具有不同发行人的金融工具间的风险差异。根据该定义，剩余期限 3 个月的政府债券与剩余期限 10 年的政府债券金融力相同，因而，流动性也相同。因此，这种衡量流动性的方法是有缺陷的。

实际上从宏观流动性的视角来看，其变化不仅会反映在中央银行资产负债表中负债方基础货币的变化，还反映在银行体系中的流动性变化，以及在金融市场上多重因素的综合变化。因此，不能把宏观流动性完全割裂开进行讨论。

从上述对宏观层面的流动性内涵探讨中可见，虽然国内外学者在对"流动性"内涵的界定上有所差别，但是，将货币资产界定为流动性却是各方共识。区别有二：一是流动性过剩是否属于货币超额供给？二是流动性中的"金融"属性是什么？对前一个问题的破解涉及"流动性过剩"的含义和表现。迄今，国内外有关流动性过剩的所指基本上强调的是资金过剩，几乎没有归结为债券、股票等金融资产过剩的；在现实中，流动性过剩常常表现为资金充裕、资金供给泛滥等，并无表现为债券、股票等的供给过剩，因此，将流动性过剩解释为货币供给过多并无矛盾之处。对后一个问题的破解涉及"金融"的含义。金融是以资产权力和利益为基础为了获得这些资产权利的未来收益所进行的交易，交易中买方提供货币资产、卖方出售相关资产的权利，双方是资产权利的交易，这本身就是金融活动，由此，将"流动性"界定为货币资产与它的金融属性并不矛盾。退一步说，如果将金融界定为资源在时空中的跨期配置，那么，这种跨时空的功能最初也来自货币资产，不来自债券、股票等证券产品。一个简单的事实是，债券、股票等金融产品的发行人，如果不是通过发行证券获得了资金、再通过运用这些资金展开经营运作中的资源配置和获取收益来支持债券、股票等金融产品的收益率，那么，债券、股票等金融资产将一文不值，也就谈不上它们的金融属性了。

第七节 流动性内涵和机理中逻辑辨析

从上述各角度的文献中不难看到，在经济金融理论和实务层面很少有哪个概念像"流动性"这般混乱。从学理上说，如果一个概念有着太多的内涵（以致近乎每个学者都可以从自己的研究角度出发予以界定并否弃他人的界定），不易于界定和达成共识，那么，它的科学性和适用性就将随着内涵的增加而降低。实际上，自凯恩斯提出的"流动性"就是一个含混不清的概念，此后，诸多经济学家从各自研究视角对"流动性"的界定更是五花八门。其中的逻辑错误至少有三个：

第一，概念混乱。一些人从资产的变现性、可交易性、适销性、变通性等角度研讨了"流动性"，一些人进一步将流动性扩展到微观主体的"融资"范畴。实物资产或金融资产（除货币资产外，下同）都有着三个主要特点：一是它们的性质千差万别。且不说实物资产的性质差别极大，就是金融资产也因它们问世的契约条件而各不相同，因此，它们在量上是难以直接比较的。例如，面值100元的5年期年利率5%的债券与某个上市公司的100股股票之间很难直接比较它们收益率高低、可交易性强弱等。二是它们分别由意向不同的主体持有。以债券为例，有的持有人期望持有到期获得本息收益，有的持有人期望在到期日之前通过债券市场交易获得差价收益，有的持有人期望通过回购方式卖出（既获得融资又保住一部分利率收益），有的持有人则将债券类资产作为资产组合中的底层资产，如此等等。三是获得收益。各种资产是相关经济主体获得收益的载体和依据，不仅各个资产的持有人对收益水平有着不同的期待，而且每种资产在不同的市场价格变化中也有不同的收益水平。例如，同一种股票在每日的交易中有着不同的成交价格。试图将这三个特点合为一体地纳入"流动性"概念之中，不免使这一概念的内涵杂乱且不合逻辑。

第二，流向相反。"流动"中必有"流向"，缺乏持续的流向也就失去了"流动"的内涵。一个简单的事实是，无论哪个主体的实物资产或金融资产在该主体持有且不愿卖出的条件下，是不可流通的；在该主体有意愿卖出但无人购买的条件下，也处于不可流通（或非流动）状态。在形式上"$F \to M \to F \to M \to F \cdots$"（其中，M代表货币、F代表金融资产）似乎是成立的，但从实质上看，它又是不成立的。一种具体的金融资产（如某种公司债券）持有人持续地进行将这种债券卖出后再买入、买入后再卖出的操作，或许可能找到可以佐证的个案，但缺乏最基本的理论价值。要使这一公式具有理论价值并与现实中的操作相符合，卖出和买入的金融资产就不应是同一种，只能是质上有着明显差异的不同种金融资产，即"$F_1 \to M \to F_2 \to M \to F_3 \cdots$"（其中，$F_1$、$F_2$、$F_3$

等分别代表不同种的金融资产），如此一来，"流动"也就清楚了。在这个过程中，任一金融资产的持有者在卖出（或买入）持有的金融资产后，这一特定品种和特定数量的金融资产就暂时地退出了流通，即"不流动"了。即便是T+0交割方式，也几乎没有哪个投资者在一天内持续多次地卖出和买入同一种股票（或其他同一金融产品）。[①]显然，对该持有人所持有的特定品种特定数量的金融资产而言，并无"流动"一说。它的所谓"流动"就是卖出变现或可交易性。与此相反，在这个过程中，货币资产（或具有支付功能的金融产品，如商业票据等）通过与不同的金融资产交易持续地从一个主体手中流到另一个主体手中，因此，真正"流动"的不是金融资产，而是货币资产（即资金）。

在金融市场中，金融资产的卖出方既是金融产品的供给方又是资金的需求方，金融资产的买入方既是金融资产的需求方又是资金的供给方。金融资产买入方用于购买某只特定股票（或债券等）的资金数量，在该股票（或债券等）成交之前，是难以估算的。即便是在20世纪90年代中国购股者需要在证券营业部开立资金账户（即实行资金专门账户）的条件下，成交之前，也难以准确估算某个确定的日期内买入方用于购买某只特定的股票的资金量。[②]在此背景下，借助"成交量"指标估算金融市场中的流动性（即资金）数量状况，是个没有办法的办法。但它并不足以证明金融资产本身是持续流动的（从而具有流动性）。毫无疑问，金融资产的持有者有着卖出金融资产以收回本金、获得差价收益的内在需求，但这种需求只有在资金持有者买入金融资产的条件下才能成为现实，因此，不可能单方面成为流动性的内在动机。资金持有者买入金融资产的过程即是他们向金融市场交易提供流动性的过程。显然，在研讨金融市场流动性中，忽视资金持有者的意愿和动态，仅以成交量等指标来反映卖出方的"流动性"，是有失偏颇的。

实体企业的流动性来源于商品销售和银行贷款、发行债券和股票

[①] 2022年1月14日，美联储副主席查德·克拉里达因2020年2月下旬卖出一只股票基金的三天后又买入该基金的丑闻暴露而辞职。参见《美联储副主席涉交易丑闻辞职》，《参考消息》2022年1月12日。

[②] 除了需要对客户资金状况保密外，另一个重要原因是，客户将资金存放于"资金账户"中并不直接意味着当天（或未来的某个确定时间）必然用于购买股票，更不直接意味着必然用于购买某只特定的股票。

等。它们共同的特点是,实体企业作为卖方卖出了商品、债券和股票等,获得了由买方提供的资金。如果缺乏买方提供的资金,实体企业的商品和各种证券的发行都难以"流动"。银行贷款以资金的形式贷放,因而具有流动性。如果这些贷款以实物形式贷放,就将缺乏流动性。显然,在研讨实体企业的流动性中,不深入探讨资金持有者的意愿(如对商品性状、金融资产质量和可交易性等),仅局限于分析实体企业对资金的需求,是远远不足的,由此得出的结论也是不全面和不充分的。另外,在这些场合,一些文献实际上研讨的并非实体企业的流动性,而是实体企业如何获得流动性。其暗含着,流动性的载体依然是"资金",并非商品、债券或股票等。

商业银行的资金需求主要通过吸收存款、出售金融资产(如债券、票据等)和发行证券(如股票、债券等)来获得,无论是它的市场流动性还是融资流动性,最终都表现为资金的流入;此外,银行间拆借、从央行获得再贷款、信贷资产证券化以及出售非金融资产等所获得的流动性,最终也表现为资金的流入。另外,在商业银行的资产运用中,无论是贷款、购买债券和票据还是存放央行账户、银行间拆借以及购买办公所需条件(如设备、办公楼等)均表现为资金流出;同样,客户转款、提款等也表现为资金流出。因此,从资金流向看,商业银行的流动性是清晰的,也是容易把握的。

第三,总量膨胀。在宏观经济层面上,除了将不同统计口径的货币信贷总量纳入流动性范畴外,又将居民和企业在商业银行的存款乃至银行承兑汇票、短期国债、政策性金融债、货币市场基金等所谓"一些高流动性资产"再纳入不同的宏观流动性范畴,不仅存在着一系列内在逻辑矛盾,而且将使货币政策的宏观调控陷入混乱。

逻辑矛盾主要有三个:一是"高流动性资产"难以界定。何为"高流动性"?是每日换手交易一次还是每二日换手交易一次或是更长一段时间换手交易一次,恐难有准确的界定。与"高流动性"对应的是"低流动性",那么,"低流动性"又如何界定?一旦有了这些概念,某种资产的流动性高低就在很大程度上由主观意愿选择了。关键的问题不在于每种资产的流动性高低,而在于资产流动性高低是由资产的特性所引致的还是由交易中买入方的买入行为(从而资金从买方流向卖方)

所引致的？在买方不追捧的条件下，成交量低迷，相关金融资产是很难呈现"高流动性"特点的。不论是债券、股票还是金融衍生品的交易都呈现过高成交量和低成交量的情形，这说明了流动性高低的关键不在于资产本身而在于买方投资买入的意向。二是"高流动性"为什么只是一些金融资产的交易特点？诸多商品（如米面、蔬菜、水果等）几乎每天都在交易中，它们属于卖方的资产范畴，为什么不能纳入"高流动性"资产范畴，是否仅仅因为它们不属于金融资产范畴？如果答案是肯定的，则"流动性"范畴仅限于金融领域有何依据？须知，资金（即货币资产）是覆盖各种商品、劳务和金融资产的，货币政策的调控也不仅局限于金融领域。如果答案是否定的，则将各种商品也纳入"流动性"范畴，那么，除了不可交易的物质（如阳光、空气等）外，还有什么不属于"流动性"之列？三是货币政策作为宏观调控政策，是一项仅调控金融市场和金融交易的政策还是覆盖经济金融运行中各项（包括商品、劳务和金融产品）交易的政策？如果是前者，仅在金融领域中研讨"流动性"或许有其道理；但如果是后者，则"流动性"就应覆盖经济金融活动的各类交易，由此将流动性的研讨局限于金融领域就是不充分和不完整的。但一旦将各种非金融资产纳入"流动性"范畴，以货币和金融资产界定的"宏观流动性"也就难以成立了。

在以资金界定流动性的条件下，货币政策通过调控货币供应量（和具有支付功能的金融工具，如商业票据等）影响各种价格（商品价格、利率、汇率等）进而影响各类市场的供求关系和均衡状态。在此过程中，流动性起着交易媒介的作用，与交易主体是否盈利并无直接关系，也无保障交易主体获利的功能。正如商品交易中等价交换并不意味着商品卖出者必然获得利润一样，在金融资产的交易中买方并不承担必须使卖方获得差价收益的任何义务（更谈不上，要使卖方获得预期的或如意的差价收益）。一旦将以获利为目标的金融资产纳入流动性范畴，以本金不损失或预期收益率不减少等来界定流动性，流动性的概念中也就增加了逐利的内涵，由此，作为交易媒介的流动性与交易对象对流动性的需求（即变现性等）也就相混了，再将这种界定带入货币政策的宏观调控范畴，在"维护币值稳定"的调控目标中加上了保障金融资产持有者获得满意的（或预期的）收益，不仅将使央行调控失去基准和公允,而且将打乱宏观经济理论中的商品均衡和货币均衡。

从中国的各层次货币供应量看,在现实中,"流动性"既大于 M_1(狭义货币)又小于 M_2(广义货币)。流动性大于 M_1 的成因在于,除了流通中货币和机构的活期存款外,在电子化的条件下,居民储蓄存款中的活期存款、财政存款、证券公司客户保证金等也都有着支付功能,因此,以 M_1 界定流动性太窄。流动性小于 M_2 的成因在于,M_2 中包含着城乡居民的定期存款、非金融企业的定期存款等,2021 年 12 月,这两项定期存款数额达到了 1123685.88 亿元,占 "各项存款" 的 48.38% 和 M_2 的 47.16%。定期存款在存期内是不可用于交易支付的,不具有流动性,因此,必须从以货币供应量衡量的流动性中扣除。但另一方面,在经济金融运行中也还有一系列不在货币供应量统计范畴中而在一定范围内具有支付功能的流动性资产,它们包括银行承兑汇票和商业承兑汇票、各种类型的校园一卡通、交通卡(如公交卡、高速公路卡等)、由商业银行托管的各种基金(如证券投资基金)、各种购物卡和商业机构的购物券以及各种兑换券(如航空公司的里程积累等)等。这些资产发挥着货币的支付功能,在一定范围内起着交易媒介的作用,因此,具有流动性。它们的存在和扩展使 "流动性" 范畴突破了货币供应量的限制。

从国际范围看,一国的法定货币在其他国家通常不能作为货币使用(除非该国将他国货币界定为本国的法定货币,如美元等),因此,不具有流动性。同理,建立在一国货币基础上的各种衍生性支付工具在他国也不具有流动性。在国际范围内,国际货币媒介推动着商品、劳务和金融产品交易,具有国际间的流动性。国际市场中交易的商品、金融产品等价格波动受到诸多因素影响,但不论交易价格如何波动,流动性都是由买方提供的。这是美联储调整货币政策取向、力度和节奏等具有很强的国际影响力的基础性成因。

第二章
从资金流量看流动性风险的指向

流动性风险是与"流动性"密切关联的概念,通常指微观经济主体(个人、企业、金融机构等)或宏观经济整体的流动性不足时,将面临(或陷入)无法偿付到期债务本息的困境。流动性风险能够在金融体系中不断传染放大,带来系统性金融风险(Diamond and Dybvig, 1983; Allen and Gale, 2000; Diamond and Rajan, 2001; Hausken and Plumpler, 2002)。2008年美国金融危机之后,由于银行间流动性枯竭所导致的连锁反应(Brunnermeier, 2009; 易宪容和王国刚, 2010; Gale and Yorulmazer, 2013),使监管机构和学者更加重视流动性风险的危险性和破坏性。然而,在已有的流动性风险研究中,许多文献并不明确讨论或定义流动性风险的内涵,只是基于论文主题的需要选择度量流动性风险的指标,加之流动性本身内涵的混乱,流动性风险的概念就更加众说纷纭、莫衷一是。由于流动性风险在学术研究和实践中均备受关注,但其内涵并无共识且直接影响着实践中防范机制设计和选择,因此,有必要在厘清流动性内涵的基础上,进一步厘清流动性风险的内涵。

从已有文献看,流动性大致可分为凯恩斯的流动性概念、市场流动性、企业的融资流动性、商业银行流动性和宏观流动性五种类型,与此对应,流动性风险的内涵和度量方法也可从这五个方面展开。

第一节 凯恩斯的流动性风险指向

凯恩斯的流动性概念有着变现能力、货币需求、资产适销性等多重含义。他认为流动性难以清晰界定，也就没有进一步讨论流动性风险的内涵。但如果将他的理论进行延伸推论，则可看出他对流动性风险的认识。

首先，从凯恩斯于1930年发表的《货币论》中看，他分析了人们持有银行货币的三种形式：一是收入存款，以满足个人在收入日期至支出日期内的支出，即由私人从其收入中支出或从其存款中支出。二是营业存款，即商人、工业家或投机者为营业目的而存款。成因是收入和支出的安排难以同时发生，需要保持一个边际数额以备不时之需。三是储蓄存款，即为了储蓄（或投资）目的而持有的存款。前两者存款形式为活期存款，主要用于日常的支付。他认为，活期存款数额会受到透支的影响。第三种存款形式通常为定期存款，主要用于投资。此后，他对营业存款周转按照企业交易量的性质分为三类：一是由生产分工而产生的交易，包括企业家对各生产要素的支付所形成的收入存款，上一加工程序（如提炼、制造、运输或分配）的责任者和下一加工程序的责任者、组装不同构件的责任者之间的交易；二是资本品或商品的投机交易；三是金融交易，如国库券的回收和换新或投资的变动。由"交易的营业存款和收入存款所构成的整体称为工业循环"，为了进行交易而持有的营业存款和储蓄存款"统统称作金融循环"。相对而言，"工业循环"交易量在社会货币收入总量（周转量）中的占比与生产交易过程密切相关，主要受当期产品货币价值的影响；"金融循环"与生产和消费引起的交易过程关联较小，主要受投机情绪影响，极易发生变化[1]。由此，可以从生产交易的"工业循环"和金融交易的"金融循环"两个角度理解流动性风险产生的原因。

从工业循环看，当商品生产受到负面冲击时（这种冲击可能来自自然因素，如疾病疫情和自然灾害等，也可能来自不适当的货币政策等人为因素），直接受到影响的是各要素持有者的收入水平，名义的货币收入冲击引致经济主体缺乏足够的货币来履行债务，生产供应链上厂商之间的债务拖欠、违约增加，从而出现流动性风险。

---

[1] ［英］约翰·梅纳德·凯恩斯：《货币论》（上卷），载李春荣、崔人元主译《凯恩斯文集》中卷，中国社会科学出版社2013年版，第24—25页。

从金融循环看，金融市场的交易在普遍一致的预期作用下，很容易产生流动性风险。当利率上升时，预期金融资产的回报率上升，人们对金融资产的需求急剧增加，对货币的需求就会减少；但当利率水平在高位出现突然下降的趋势时，对货币等安全资产的需求会迅速增加。如果此时高风险的金融资产在抛售过程中缺乏足够的货币支持其交易，金融市场便会出现流动性风险，将引致金融资产出现较严重的折价损失。

其次，从他在1936年出版的《就业、利息和货币通论》看，他提出了"流动性陷阱"的相关概念（希克斯在1937年对这一理论做了进一步完善），认为"利率下降到一定水平后，流动性偏好可能会变得几乎无限，因为所有人都倾向于持有现金，而不是持有利率如此低的债券"。

流动性陷阱理论指出，经济运行中的利率波动存在着下限约束。在这一约束水平上，利率已无法进一步下降，中央银行即使继续加大货币供给，也不可能缓解经济运行对货币数量的需求，由此，流动性陷阱可以视为一种"绝对"意义上的流动性不足，但能否归于流动性风险范畴尚可继续研讨。因为这种风险是对于中央银行而言的，其货币政策会变得无效，经济可能由此陷入衰退；但对于经济活动中的微观主体来说，无限的货币需求并不代表真实的交易行为，反而是宏观经济衰退更可能增加它们的流动性风险。此后的研究认为，流动性陷阱的发生有着一定的条件。Krugman等（1998）认为，日本经济的长期停滞与流动性陷阱有关，但流动性陷阱发生的原因在于市场相信央行维持物价稳定的能力和决心；央行"信誉"使市场预期当前的货币扩张会伴随着未来的货币紧缩，因此，并不会在当前扩大投资。Eggertsson和Woodford（2003）也持有相似观点，认为央行应该有多个货币政策工具，才能有效避免流动性陷阱。不难看出，流动性陷阱理论研讨的是宏观层面的流动性风险。

从上述文献来看，凯恩斯关于流动性的界定均意指经济金融运行中资金（即货币资产）松紧状况。他虽并未明确提出流动性风险的概念，但对其流动性理论延伸推论后可以发现，他的理论中实际上已经含有了市场流动性风险、融资流动性风险和宏观层面流动性风险等的相关内容，这为流动性风险的研究打下了基础。

第二节 金融市场流动性风险的内涵

金融市场的流动性风险（以下简称"市场流动性风险"）主要研讨了三方面问题：一是市场流动性风险的内涵；二是市场流动性风险的度量；三是影响市场流动性风险的主要因素。

第一，市场流动性风险的内涵。市场流动性风险，是指金融市场由于缺乏资金或资金不足导致市场参与者交易成本上升或交易困难从而产生潜在损失的可能性，是证券市场投资者（尤其是机构投资者）面临的主要风险之一，本质上是一种交易风险（王明涛和庄雅明，2011；王明涛和何浔丽，2010）。不难看出，市场流动性风险是与市场流动性概念相对应的，它并非指资金（买方）在金融市场交易中面临的风险，而是指由于金融市场中资金流量的多少具有不确定性，将给金融产品的卖方带来的交易价格变化和由此引致的风险（姚亚伟等，2012）。

Chan 等（1995）认为，流动性风险与卖方自身的预期和交易需求有关，卖方在交易时通常有自己预期的流动性基准；当资产流动性低于该基准时（称为流动性不足），无法完全满足卖方需求，便会产生流动性风险。从这一概念出发，在相同时点上，不同的卖方对某个资产的流动性风险水平会有差异性的评估，这取决于其自身预期的流动性基准，它的作用类似于偏矩计量方法中的目标收益率（Harlow and Rao, 1989），具体而言，当资产流动性总是优于卖方的预期时，即使流动性水平产生波动，其总能满足卖方的交易需要，不会有流动性风险；但是，当资产流动性迫近或者低于卖方的流动性基准时，此时的流动性波动就会给卖方造成损失，引致流动性风险（王明涛和庄雅明，2011）。

Bangia 等（1999）进一步将市场流动性风险分为外生流动性风险和内生流动性风险。前者是指由市场系统性因素造成，市场所有资产都具有的难以避免的流动性风险，后者则指在某个资产上，由特定交易行为所带来的流动性风险。交易行为包括交易规模和报价深度两个方面，如果交易规模大于报价深度，则会造成内生流动性风险，反之则没有，同时内生流动性风险与交易规模和报价深度的差距成正比。姚亚伟等（2012）却认为，外生流动性风险指投资者外部冲击造成的资产流动性的下降，它可能仅仅只影响部分资产，但仍属于不可控的系统性风险。内生流动性风险是指投资者在进行投资组合再平衡操作时，由于自身交易速度或交易规模等原因，使交易不能按照事前期望的价格成交的风险，它在一定程度上是可控的。万孝园和杨朝军（2017）则将市场流动性风险分成两个组成部分：一是单个资产收益率对市场流动性冲击的反应。当市场流动性受到冲击时，会传导并影响单个资产的价格。二是市场收益率对单个资产流动性的影响程度。投资者不仅偏好流动性好的资产，而且偏好流动性对市场收益率敏感度低的资产。

在流动性风险是系统性风险的前提下，根据资产定价理论，风险厌恶的投资者会对流动性风险要求风险补偿，即资产的流动性溢价，在一段时期内流动性差的资产会有更高的收益率，现有研究支持了这一观点（李研妮和冉茂盛，2012；Amihud，2002；Amihud and Mendelson，1989；Acharya and Pedersen，2005）。此外，与流动性水平相比，股票流动性风险对股票横截面水平的收益具有更强的解释作用（Lou and Sadka，2011）。

在市场流动性风险来源方面，赵威等（2008）结合现代市场微观结构理论和动态博弈理论指出，信息非对称性会导致一级市场的流动性风险，发行前私有信息出现的可能性、量值、分布及投资者间看法差异形成了股票发行中主要的流动性风险因素。这些流动性风险将引致IPO抑价。Pastor和Stambaugh（2003）通过实证分析发现，市场流动性风险在多数情况下是较低的且稳定的，而持续上升的或水平较高的流动性风险非常罕见。流动性风险的持续上升来源于市场流动性的螺旋式下降和迅速枯竭，市场或资产流动性状况的恶化会降低投资者的融资流动性水平，这又会进一步降低市场或资产的流动性，造成短时间内的流动性枯竭（Brunnermeier and Pedersen，2005，2009）。投资者的同质化预期是另一个重要因素，当投资者交易行为转变为一致卖方时，由于缺少买方，市场流动性大幅下降，甚至可能造成抛售现象，最终导致流动性黑洞（Lowenstein，2001），而投资者行为的变化往往又是由政策、事件、信息等外生冲击导致的（Persaud，2002）。

一些学者探讨了市场流动性风险对企业以及宏观金融经济的影响。易建平等（2013）以2000—2010年中国A股上市公司为研究样本，研究发现股票市场流动性风险与企业财务杠杆成反比,该类风险对债务融资成本的影响大于股权融资成本,但不会改变企业优先选择内源融资方式的决策。Hoggarth 等(2002)、Ferguson 等(2007)认为流动性风险会损害金融系统整体的稳定性,如果流动性风险在金融系统中不断累积,甚至会造成金融危机和经济危机。

第二,市场流动性风险的度量。如果说市场流动性风险是市场缺乏流动性或流动性不足,给市场参与者带来额外交易成本或交易损失的风险,那么,用于衡量市场流动性的指标也就是衡量市场流动性风险的指标。在这种思路下,市场流动性越高,市场流动性风险就越低。

Amihud(2002)提出了计算个股流动性的非流动性指标。Amihud 非流动性指标的计算公式为 $ILLIQ_{it} = |R_{it}|/V_{it}$(其中,下标 t 表示交易日期,而下表 i 表示个股标识。R_{it} 是股票 i 在交易日 t 的收益率,而 V_{it} 是股票 i 在交易日 t 的交易额)。据此,个股流动性越好,其单日交易额越高,Amihud 非流动性指标的数额便越低。

许睿等(2004)将 Amihud 非流动性指标中的交易额替换为换手率,提出了经换手率调整的非流动性指标计算公式:$ILLIQ_{it} = |R_{it}|/H_{it}$(其中,分子 R_{it} 仍是股票 i 在交易日 t 的收益率,而 H_{it} 是股票 i 在交易日 t 的换手率)。与 Amihud 非流动性指标相比,经换手率调整的非流动性指标没有量纲,更易比较。

在经换手率调整的非流动性指标基础上,彭小林(2012)进一步提出了,关于股票市场的非流动性指标计算公式:$ILLIQ_{mt} = \frac{1}{n} \sum |R_{it}|/H_{it}$(其中,$n$ 是交易日 t 进行交易的个股数量,$ILLIQ_{mt}$ 是交易日 t 的市场非流动性)。周芳和张维(2011)认为,由于换手率的数据容易得到,且能够反映交易的即时性,所以,可以直接用换手率来度量个股的流动性,计算公式为:$TURN_t = VOL_t/LNS_t$(其中,VOL_t 是股票在月份 t 的交易量,而 LNS_t 是该股在月份 t 的流通股数)。为弥补换手率无法反映交易对价格的影响这一缺陷,他们对 Amihud 的非流动性指标计算公式进行了改进,提出了经价格调整的非流动性指标计算公式:$ILLIQ_t = [(HP_t - LP_t)/OP_t]/DVOL \times 10^8$(其中,$HP_t$ 是个股在月份 t 的最高价,LP_t 是个股在月份 t 的最低价,OP_t 是个股在月份 t 的开盘价,

$DVOL_t$ 是个股在月份 t 的交易额)。与此同时,王明涛和庄雅明(2011)也对 Amihud 的非流动性指标内涵做了改进。他们指出,Amihud 指标中的收益率使用两日之间的收盘价得到,这种计算方法包含了与交易因素无关、由收盘之后和开盘之前非交易时间内公布的新信息导致的价格变化,因此使用换手率代替 Amihud 非流动性指标中的交易额,使用价格振幅代替 Amihud 非流动性指标中的收益率是更为恰当的。他们提出的调整后的 Amihud 非流动性指标计算公式为:$ILLIQ_t = AP_t/Turnover_t$〔其中,$Turnover_t$ 是交易日 t 的换手率,AP_t 是交易日 t 的价格振幅,即(当日最高价-当日最低价)/当日开盘价〕。

如果说市场流动性风险是金融资产交易中由流动性水平偏离其均值的不可预测的变化所带来的风险,那么,考虑了市场流动性水平方差的衡量指标就可计算出市场流动性风险。这种思路引申出了以"在险价值(VaR)"度量市场流动性风险的方法。经流动性风险调整后的在险价值,可视为一个投资组合的潜在损失,通过考虑交易对价格的冲击成本、买卖价差的波动或因流动性不足而造成的变现延迟时间等因素,可将市场流动性风险因子引入 VaR 模型当中。Bangia 等(1999)在 VaR 模型的基础上进一步发展出了 La-VaR 模型。他们在 VaR 模型的架构上增加了以买卖价差衡量的资产流动性因子,借此计算出包含资产的市场流动性风险的在险价值。假设某资产当前的中间价格为 S_0,资产的对数收益率为 r_t,那么,包含市场流动性风险的头寸为 1 单位资产的在险价值为 $La\text{-}VaR = S_0[1-\exp(\mu-Z_C\sigma)]0.5(\varepsilon+\gamma\sigma_\varepsilon)$,其中,置信水平为 C,ε 是相对价差的期望值,σ_ε 是相对价差的标准差,γ 是相对价差的刻度因子。

第三,影响市场流动性风险的主要因素。Baks 和 Kramer(1999)认为,宏观流动性会显著影响市场流动性。Chordia 等(2005)通过实证研究发现,危机时期货币政策扩张会提高市场流动性,但在非危机时期货币政策松紧与市场流动性的关系并不明显。中国学者发现宏观流动性对市场流动性的影响在中国同样存在。丁焕强和陶永诚(2011)使用中国的时间序列数据证明,除市场因素外,宏观经济因素和货币政策因素也会明显影响市场流动性风险水平。但是,储小俊和刘思峰(2008)的研究发现货币政策的松紧变化和中国股市的流动性水平之间没有显著的相关性，因此市场流动性风险与宏观货币供给无关。

徐晓光等（2017）认为，投资者准入门槛会影响市场内投资者的数量，从而影响市场流动性。在某些相对不成熟的新兴证券市场，监管部门为了保护投资者，会设置较高的投资门槛，导致合格投资者数量不足，市场面资金紧张会造成该市场流动性减弱。此外，能够满足投资门槛的主要是机构投资者，而相较于"散户"，机构投资者的交易频率相对较低。王灵芝和杨朝军（2009）认为，投资者情绪和市场预期至关重要。短期价格波动会改变交易者的风险厌恶程度和对市场的预期，进而影响他们的交易行为，带来流动性风险。此外，市场情绪和预期也会造成"羊群效应"，增加流动性风险。此外，投资者"羊群效应"也会影响市场流动性风险。"羊群效应"指投资者在受到他人投资行为的影响下，忽视自己的信息，纷纷模仿他人的交易行为，进行相同股票的交易或相似的交易策略，导致整个市场的投资行为趋同。

从上述三方面的市场流动性风险文献中可以看出，市场流动性风险主要指的是在金融产品交易中由买方投入的资金数量多少所引致的金融产品价格波动（从而交易量、交易额、换手率等变动）给卖方带来的损失的不确定性。在直接关系上，这些风险的承担方不是买方而是卖方。这决定了各种可能影响资金数量变动的因素都可能成为引致市场流动性风险的因素，其中包括货币政策调控的取向、松紧力度和节奏等，也包括资金持有者对市场未来走势的认知程度、投资意愿和操作方式等。

第三节 企业的融资流动性风险度量

在微观主体（以下简称"企业"）的流动性风险中，已有的文献集中研讨了企业的融资流动性风险。其中，企业融资流动性是指企业短期内通过出售资产或外部融资的方式来获得资金以满足支付需要的能力，与此对应，企业的融资流动性风险主要表现为企业短期内难以通过这两种方式获得足够支付资金的风险。对此研究集中在企业融资流动性风险的内涵和度量两个方面。

第一，企业融资流动性风险的内涵。在已有研究中，部分文献并不专门区分融资流动性和融资流动性风险（Borio，2000；Brunnermeier and Pedersen，2009；吴卫星、蒋涛和吴锟，2015）。成因是，如果企业的融资流动性较低，在其他条件不变的情况下，其流动性风险必然相对较高。但 Drehmann 和 Nikolaou（2013）认为，这两者存在着明显差异，不应混为一谈。他们提出，融资流动性是一个时点概念和 0—1 的离散变量，即微观主体只有在规定时间内是否完全偿付债务两种状态，与此相比，融资流动性风险是一个连续变量，反映了微观主体违约的概率。从实践看，融资流动性与融资流动性风险既相关联又相区别，融资流动性风险通常与企业的风险敞口息息相关。如果企业短期内要偿付的债务数量较少，那么，即使企业的融资成本较高或者持有资产的流动性较差，债务违约的概率也不会显著上升，它与融资流动性本身有明显差异。一些国内研究也明确区分了两者（李少昆等，2017；易卓睿和李振，2021）。

融资流动性风险的类似概念最初由 Bagehot（1873）涉及，他从银行角度切入，认为银行在经营过程中要避免无法偿还货币市场债务的情形发生，并将这种风险与银行的债务违约现象相关联，强调银行保留准备金的重要性。此后，Holmstrom 和 Tirole（1998）在分析银行的流动性管理行为时指出，当收入和支出的现金流存在缺口时，银行流动性风险就会上升，由此，流动性风险指银行无法履行现金支出义务的风险。

融资流动性风险这一概念虽被频繁使用，但直到 Banks（2004）才给予了明确定义。他认为，融资流动性风险是指经济主体因无法在需要时获得合适数量的资金而产生的损失风险。这一概念考虑到了损失的规模。之后，Matz 和 Neu（2006）将银行被认为在一期或多期内没有足够现金满足支付义务的情况称为银行流动性风险。IMF（2008）则将融资流动性风险界定为，金融中介机构无力偿还债务。这些研究虽然研讨了融资流动性风险的内涵，但并未充分说明这些界定的依据。Drehmann 和 Nikolaou（2013）重新梳理现有研究的逻辑，认为融资流动性风险指银行在特定期限内无法立即清偿债务的概率，其中要点有两点：一是必须限定时期，因为企业或银行筹措资金需要时间并且债务有到期日的限定；二是必须反映企业和银行违约的可能性，或者违约的概率。

此后，对融资流动性风险进行界定的文献大多都与 Drehmann 和 Nikolaou（2013）的定义相同或类似（Khan et al.，2016；Dahir et al.，2017；Gallitschke et al.，2017）。然而，无论是研究还是实践，除了关注违约的概率外，还应分析违约行为给融资流动性不足的企业（特别是银行）带来的损失价值，这也属于风险的范畴，因此，也有文献把流动性冲击下银行的期望损失看作融资流动性风险，由此，既反映了银行发生债务违约的概率，又体现了一旦违约发生银行所要付出的成本（d'Avernas et al.，2020）。

第二，融资流动性风险的度量。由于融资流动性风险的研究大多以商业银行为对象，所以，融资流动性风险的度量方法一般只针对银行的相关指标。度量方法大致可分为两类：一类是同时考虑银行多个方面的指标状况，通过构建多种流动性比率来综合评估融资流动性风险（Matz and Neu，2006；Banks，2004）；另一类则更加贴近融资流动性风险的内涵，寻求用合适的单一指标作为风险的代理变量（Brunnermeier and Pedersen，2009；Acharya and Naqvi，2012；Drehmann and Nikolaou，2013；李少昆等，2017）。

第一类评估体系通常涉及银行的多个财务指标。如 Banks（2004）从资产负债表角度罗列了近 20 个指标，包括"*Gross Working Capital = Current Assets + Current Liabilities*、*Average Payables Maturity（days）=（365 * Average Payables）/Purchases*、*Capital Expenditure Coverage = Operating Cash Flow/Capital Expenditures*"等。这些指标非常繁杂，每一个都与融资流动性风险有关，但又只能反映其某个方面的状况。如果分析银行整体的融资流动性风险就必须进行降维操作，此时又要确定每个指标的权重数值，增加了工作量并降低了综合指标的可靠性。

第二类方法所选取的单一指标取决于文献对融资流动性风险的定义。Brunnermeier 和 Pedersen（2009）将融资流动性风险视为银行融资流动性的波动情况，对两者的概念并未明确区分，因此，在采用 3 个月银行间同业拆借利率与相同期限国债收益率的差值作为融资流动性度量的基础上，进一步将银行融资流动性的月度标准差当作融资流动性风险的代理变量。Drehmann 和 Nikolaou（2013）关注银行发生违约的概率。他们认为，如果银行面临较高的违约可能性，为避免这种情况，银行就会以更高的价格向央行借入更多的资金，因此，央行公开市场操作中的竞价数据能够间接反映融资流动性风险，其公式为：

$$AB_{b,i,t} = [bid\_rate_{b,i,t} - E(marginal\_rate_t)] \times volume_{b,i,t}$$
$$if\ bid\_rate_{b,i,t} > E(marginal\_rate_t) \quad (2.1)$$

在式（2.1）中，$bid\_rate_{b,i,t}$ 和 $volume_{b,i,t}$ 分别为银行从央行借入资金的价格和数量，而 $E(marginal\_rate_t)$ 则为央行资金的期望边际利率。Acharya 和 Naqvi（2012）对融资流动性的定义与前者相似，但他们认为，存款数量反映了银行的融资流动性风险，因为银行会为存款保留一定比例的准备金，存款越多，准备金规模越大，银行就越不容易发生债务违约，因此，选择了存款数量作为融资流动性风险的代理变量。

虽然第二类方法使用单一指标，但是，这些指标均与融资流动性风险界定密切相关，比指标体系更加具体和有针对性，同时考虑到了概念的区别。特别地，Drehmann 和 Nikolaou（2013）的指标较为准确，然而在中国的金融实践中，2020 年只有 49 家商业银行具备一级交易商资格，风险较高的中小银行无法直接从央行借入流动性，并且竞价数据难以公开获得，使该指标的实际可操作性不强。

第四节 商业银行流动性风险的界定与特征

由于商业银行经营方式的特殊性，流动性风险与其伴随而生。从风险类型上而言，商业银行的流动性风险与前文的融资流动性风险概念有许多重叠，甚至可以视为后者的一种典型情况。但由于商业银行业务的特殊性，流动性风险的内涵更加复杂，需要进行单独的分析。

第一，商业银行流动性风险的界定。在理论探究和实践过程中，商业银行流动性风险受到学术界、实务界和监管部门的高度关注，国际金融组织和监管部门就此出台了一系列规定，对商业银行流动性风险做出了界定。表 2.1 列示了一些具有代表性的商业银行流动性风险界定及其出处：

表 2.1　商业银行流动性风险的代表性概念

出处	界定内容
Diamond 和 Dybvig（1983）	银行挤兑风险

续表

出处	界定内容
Cade（1997）	当银行债务或承付款项到期时缺少足够结算现金的可能性
巴塞尔委员会《银行机构流动性管理的稳健做法》（2000）	商业银行无法提供足额资金来应付资产增加需求，或履行到期债务的相关风险
中国银监会2015年《商业银行流动性风险管理办法（试行）》	无法以合理成本及时获得充足资金，用于偿付到期债务、履行其他支付义务和满足正常业务开展的其他资金需求的风险

从这些界定中可以看出，商业银行流动性风险定义的最终落脚点都是无法偿付债务、履行支付义务，因而，可以说明流动性风险是决定商业银行能否正常经营的最重要风险。不同定义之间的区别主要集中在偿付债务、履行支付义务的资金来源之上，早期的定义中未对该资金进行详述，后续的定义中对资金来源进行了分析，强调"合理成本"，这表明商业银行流动性风险不仅与其资金来源（融资流动性）有关，也与资产变现时的市场流动性有关。

在对于商业银行流动性风险进行的丰富讨论中，学者总结出了两个特点：一是间接性、综合性。商业银行流动性的风险是间接的、综合性的风险。一旦银行发生了风险，无论是信用风险、利率风险还是操作性风险，最终都会转化为流动性风险问题（Brunnermeier and Yogo，2009）。Matz和Neu（2006）认为，流动性风险是一种间接风险，因为在其他金融风险出现一个或多个峰值后，流动性风险会增加。二是外溢性。流动性风险在银行间具有溢出效应，最终影响整个银行体系，造成银行系统性风险。Brunnermeier（2009）认为，金融危机期间短债引起的流动性风险在市场参与者之间大范围传染。

第二，商业银行流动性风险的成因。早在19世纪80年代学者就已关注到商业银行经营运作中面临着流动性风险（Bagehot，1873），但传统银行理论将商业银行流动性风险的焦点集中于银行的负债端。这是因为，在存款保险制度实施之前，存款人随机的提款行为会为商业银行带来较大的流动性风险，极端情况下甚至会引发提款挤兑。这种银行挤兑的风险也被认为是商业银行的融资流动性风险（Diamond and Dybvig，1983）。随着商业银行融资渠道的增加，商业银行面临着更多融资渠道资金紧缺带来的流动性风险（Huang and Ratnovski，2011）。此后，一些学者研讨了资产负债表外的贷款承诺给商业银行带来的流动性风险。Cornett 等（2011）发现，2008 年美国金融危机期间造成商业银行流动性风险暴露的主要原因是贷款承诺。

商业银行的流动性风险包含融资流动性风险与市场流动性风险。从融资流动性风险看，当商业银行因存款人提款或集中性的贷款承诺导致流动性不足时，可以出售贷款或将贷款用作抵押品（Bhattacharya and Thakor，1993；Diamond and Rajan，2001）予以缓解。但当市场流动性变得稀缺时，此类销售会变得更加困难，同时，短时间迅速出售资产也将压低资产价格，使银行资产缩水，从而使获得资金的机会更加受限（Nikolaou，2009）。Brunnermeier 和 Pedersen（2009）以及 Brunnermeier（2009）认为，在某些条件下，商业银行的市场流动性风险和融资流动性风险可能会相互加强。

一些学者从资产负债的整体视角分析商业银行流动性风险产生的原因。商业银行流动性风险主要源自银行通过吸收存款为贷款融资的业务模式，即存款期限短而贷款期限较长造成的期限错配。正常情况下，商业银行的存、贷款业务必然导致期限错配。因为银行等金融中介的一项主要职能就是引导和推进资金的跨期配置（Gorton and Pennacchi，1990）。贷款期限越长，银行可获得的存贷款息差扩大，利润增加，但期限错配更严重也意味着商业银行要承担更大的流动性风险（Bianchi and Bigio，2022）。Shin（2008）研究了流动性风险的资产负债表传染路径，当商业银行过多地依靠存款资金经营业务，杠杆率较高时，存款业务规模的波动将引致流动性风险。

资产证券化是商业银行增加资金的一个重要机制，Wu 和 Yang（2008）认为，资产证券化快速发展成为商业银行融资主要来源之一，但资产证券化会鼓励商业银行投放更高风险贷款。若该部分贷款被证券化，则商业银行需根据监管要求自持劣后产品，因此，会增加商业银行风险。Ambrose 等（2005）认为，商业银行倾向于将低风险贷款证券化，同时保留高风险资产，这种维持证券化信用的做法将引致银行流动性风险上升。高磊等（2019）研究表明，资产证券化的展开，通过增加商业银行风险贷款将使流动性风险溢出。资产证券化会因为增加风险贷款提高商业银行流动性风险。

银行间市场流动性也会对商业银行流动性产生重要影响（Allen and Gale，2017）。银行间市场是商业银行之间调剂资金的渠道。2007—2008年美国金融危机期间，许多国家都出现过的银行间市场"冻结"现象，说明大多数商业银行遭遇流动性危机的主因在于银行间市场等资金批发市场的流动性供给中断和融资流动性的枯竭，并非存款人的挤兑（Huang and Ratnovski，2011；Bonfim and Kim，2012；Borio，2010）。

从宏观层面看，货币主义学派强调，货币政策失误是造成流动性风险的主要原因。Krugman（2000）、Rothbard（2003）认为，货币政策过度宽松使金融机构出现了流动性风险。但后凯恩斯学派对此并不赞同。Kindleberger（2000）认为，凯恩斯主义框架下货币的流动性需求是货币需求的一部分。由于货币供需存在均衡，金融机构流动性需求可以通过有效的金融市场加以出清，因此，金融机构不应出现流动性风险。其次，在关于通货膨胀与商业银行流动性风险的关系上，Vodova（2011）调查了捷克共和国银行的流动性决定因素，认为通货膨胀对流动性风险有重要影响。但Horvath等（2014）的研究认为，通货膨胀率对银行流动资产的影响不显著。Moussa（2015）的研究发现，通货膨胀率的变化与银行流动性呈负相关。

第三，商业银行流动性风险的度量。传统度量商业银行流动性风险的指标主要有流动性比率、存贷比、核心存款比率、流动性缺口等。基于传统指标的度量，根据不同资产分类和权重来测度不同的比率，其中，常用的商业银行流动性风险监管指标还包括流动性覆盖率、净稳定资金比例、流动性匹配率和优质流动性资产充足率（中国银监会，2015）、存贷比、银行间市场拆借利率（Bonfim and Kim，2012）等。

Andrén等（2005）在风险暴露的CFaR模型基础上引入宏观因子变量测算现金流，并进一步利用VaR方法估计企业的流动性风险。此后，Yan等（2014）将该方法用以度量商业银行的融资性流动性风险。Garleanu and Pederson（2007）在VaR的基础上度量了商业银行流动性风险。刘晓星和王金定（2010）、任庆华等（2013）利用预期损失ES测度法对商业银行流动性风险进行了度量。这些度量方法各有不足，难以有效反映商业银行的流动性状况。Brunnermeier等（2011）首次提出了流动性错配指数（Liquidity Mismatch Index，LMI），以衡量商业银行资产的市场流动性和负债的融资流动性之间的错配程度。流动性错配指数采用降维方式将商业银行资产和负债两部分信息进行综合，可以衡量商业银行总体的流动性风险水平，因此，相比于传统的流动性风险缺口分析具有一定优势。

在构建流动性错配指数的过程中，Brunnermeier 等（2011）将商业银行的行为分为两期。其中，第 0 期为事前期，商业银行在这一期从事风险和流动性决策，确定负债结构和资产结构；第 1 期出现状态 $\omega \in \Omega$，在这一给定状态 ω 下商业银行 i 的流动性错配指数定义为：$\Lambda_\omega^i = \Lambda_\omega^{A,i} - \Lambda_\omega^{L,i}$，其中，$\Lambda_\omega^{A,i}$ 和 $\Lambda_\omega^{L,i}$ 分别表示资产的市场流动性和负债的融资流动性，有 $\Lambda_\omega^{A,i} = \sum_j \lambda_\omega^j \times A_\omega^j$ 和 $\Lambda_\omega^{L,i} = \sum_j \lambda_\omega^{j<0} \times L_\omega^{j<0}$；$A_\omega^j$ 代表商业银行在 ω 状态下资产方某项资产 j 的余额，$L_\omega^{j<0}$ 代表商业银行在 ω 状态下负债方某项负债 j 的余额（$L_\omega^{j<0}<0$），λ_ω^j 和 $\lambda_\omega^{j<0}$ 则分别代表 t 时刻资产的市场流动性和负债的融资流动性对应的权重，$\lambda_\omega^j \in [0,1]$，$\lambda_\omega^{j<0} \in [-1,0]$。为消除银行规模不同造成的流动性风险计算结果出现的异质性，Banerjee（2012）在 Brunnermeier 等（2011）的基础上，考虑了银行资产负债规模差异，选择净稳定资金比率（NSFR）作为权重计算的标准，采用静态权重法计算流动性权重，分别计算资产的市场流动性和负债的融资流动性。

在 Brunnermeier 等（2011）和 Banerjee（2012）的基础上，高磊等（2018）改进了绝对流动性错配指数的计算方法，计算了相对流动性错配指数。他们将单家商业银行相对流动性剩余指标界定为：$s_i(t) = \dfrac{MLA_i(t)}{FLL_i(t)} = RLMI_i(t)$，其中，$MLA_i(t)$ 表示银行 i 在 t 时刻的市场流动性，$FLL_i(t)$ 表示银行 i 在 t 时刻的融资流动性，因此，$RLMI_i(t)$ 表示 t 时刻银行 i 的相对流动性错配指数，相应的银行体系相对流动性剩余指标为 $S(t) = \dfrac{\sum_I MLA_i(t)}{\sum_I FLL_i(t)} = RMLI(t)$。权重的选取方法包括静态权重法和动态权重法。静态权重法选择巴塞尔Ⅲ提出的关于流动性风险指标净稳定资金比例（Net Stable Funding Ratio，NSFR）作为计算权重的标准；而动态权重法对于数据的要求标准较高。

第五节　宏观流动性风险中的资金

宏观层面流动性风险主要是指，流动性过剩和流动性不足可能会引发的金融风险问题。它的主要影响因素是货币，鉴于此，国内外文献对宏观层面流动性风险的研究主要聚焦于货币供给量。

第一，货币供给量是否会导致宏观流动性风险？有学者认为，流动性过剩会增加发生通货膨胀的可能性。钱小安（2007）认为，流动性是否过剩可以通过"M2/GDP"的比值进行判断，货币供应过快增长将引致流动性过剩进而引发通货膨胀；周立（2011）基于2000年第一季度到2011年第一季度的CPI、M2和GDP数据，实证分析了2010年7月以后的通货膨胀是由流动性过剩导致的。但另有一些学者认为，货币供给量增加不一定会导致宏观流动性风险，"中国货币之谜"——高货币供给和低通货膨胀之间的矛盾，一直以来是学术界争论的宏观问题，许多学者运用不同的方法从不同视角对这一问题进行论证和解释（李斌，2004；李健，2007；李炳和袁威，2015；罗富政等，2019），进一步证明了货币供给量不一定会导致通货膨胀。此外，也有学者认为，流动性过剩会导致金融市场过热。杨晓兰（2010）利用实验数据证明了流动性过剩会导致资产价格泡沫；张旭（2011）运用构建理论模型的方法证明了市场流动性过剩会导致资产价格上升；王佳佳（2011）认为，形成资产泡沫的表层原因是流动性过剩。

第二，如何度量宏观层面流动性过剩？不同的学者提出了各自的度量方式。马克思认为贵金属货币的流通总量取决于流通中商品价格总额和同一货币的流通速度，纸币的流通总量应与流通中所需贵金属货币量相适应；如果纸币的流通总量超过了流通中所需的贵金属货币量，就会出现通货膨胀。20世纪20年代以后，费雪和庇古分别提出了"费雪方程式"和"剑桥方程式"，解释了货币供给数量、货币流通速度和商品价格等变量之间的关系，货币供给数量和货币流通速度都会影响到宏观流动性。20世纪30年代以后，凯恩斯提出，政府可以通过货币政策决定货币供给数量；弗里德曼提出的现代货币数量论观点对货币供给量影响宏观流动性风险做出了巨大贡献，诠释了通货膨胀的产生是因为货币供给量大于商品数量。Chen（2008）认为，可以用货币存量衡量流动性；齐红倩和李民强（2013）采用货币存量的方式度量流动性，以货币供给增长率与实际GDP增长率和CPI之和的差额、货币供给对名义GDP的比值两个指标检验流动性过剩；张明（2007）运用狭义货币、广义货币、国内信贷与GDP的比率这三个指标度量流动性过剩。

第三，宏观层面流动性过剩的原因。针对中国的情况，在国际收支结构失衡方面，樊雪志和梁金修（2007）认为，外汇储备的增长导致了流动性过剩，最终形成了房地产和资本市场的泡沫。周力和潭曙娟（2007）认为，高额的外汇储备引致了流动性过剩。蔡如海和沈伟基（2008）认为，宏观层面的流动性过剩主要是因为存在内外经济失衡引致的汇率维持压力、全球流动性过剩问题和居民总体上的高储蓄率等问题。计承江（2008）认为，货币供给与需求结构失衡、国际收支结构失衡、储蓄与消费和消费与投资结构失衡、国民收入分配结构失衡等是宏观层面的流动性过剩的原因。

第六节 防范流动性风险的真实含义和指向

从流动性风险的文献梳理中可以看出，学者对"流动性"的认知有着高度的共识，即"流动性"指的是资金（即货币资产）。这与局限于流动性范畴中研讨"流动性"时学者的认识千差万别形成了明显反差。由于在流动性风险中，流动性的指向为资金，它在质上是同质的，只有量的差别，所以，研讨的重心就放在了资金流量的变化及其对金融市场、实体企业、商业银行和宏观经济的影响等方面。

流动性风险并非指在经济运行中资金本身面临的风险（如在通货膨胀条件下，货币贬值引致的购买力下降风险），它的真实含义有三个：一是指相关经济主体（如实体企业、商业银行、投资者等）因可支配的资金紧缺所引致支付风险及其他风险；二是指相关经济主体在出售商品和金融产品过程中，由买方投入市场的资金流量变化引致价格波动，使卖方面临损失的可能性（或损失程度）；三是在宏观经济面上由资金过多（如流动性过剩）所引致的通货膨胀（或资金紧缺所引致的通货紧缩)、宏观经济失衡等风险。

交易是市场活动的核心环节,没有交易就不可能有市场和市场经济。要实现交易,就必然要有卖方和买方,其中,卖方提供商品、劳务或金融产品等,买方提供资金。在交易中,买方的买入行为使资金在从买方流向卖方的同时推进了卖方的商品、劳务或金融产品向买方的流动。马克思曾说道:商品销售是私人劳动转化为社会劳动的关键,货币是社会劳动的代表,持有货币也就持有了与各种商品相交换的社会权利,"商品价值从商品体跳到金体上",是商品的惊险跳跃,"这个跳跃如果不成功,摔坏的不是商品,但一定是商品占有者"①。商品的销售过程就是商品的流通过程,商品销售不畅或低于生产者预期价格销售就表现为商品生产者的流动性风险(即内源融资风险)。毋庸置疑,买方是否购买商品和以何种价格购买商品,对商品生产者有着决定性意义,由此,商品生产者必须密切关注买方的需求及其变化,尽力使自己生产的商品能够满足买方的需求。第一次产业革命以来的 200 多年历史中,密切关注买方需求变化、以销定产成为所有商品生产者遵循的一项基本原则。在市场竞争中,既持续地通过运用高新技术、改良生产工艺、强化管理、提高效率等机制降低成本,向买方提供质优价廉的商品,又千方百计地开发和扩展买方对新商品的需求和新的消费方式。商品交易的这些内在机理同样适用于金融产品的交易,鉴于此,金融理论和金融实践理应深入细致地研讨金融交易中的买方需求,使每种金融产品、每笔金融交易和每个金融市场能够尽可能地充分满足买方的多元需求。但将研究重心放在探究买方需求内容变化(从而给卖方提供化解流动性风险的可选择方案)的国内外文献寥若晨星,与此相比,从卖方角度出发,强调卖方所持金融资产在变现性中的流动性风险、金融市场在资金紧缺条件下的卖方交易成本上升或产生潜在损失可能性的文献则汗牛充栋。

从债券市场看,国内外学者倾向于将卖方在交易中未能如愿获得预期收益率归结为流动性风险。但从买方看,债券的首要难点在于发行时票面利率的内涵界定。"债券发行利率=基准利率(无风险利率)+风

---

① [德] 马克思:《资本论》第一卷,人民出版社 2004 年版,第 127 页。

险溢价"似乎已属教科书中的常识,然而,"风险溢价"是一个含混不清的范畴,它包含了流动性风险、违约风险、偿还期限风险和税收风险等,这些风险在"风险溢价"中分别占比和占比依据等如何界定并不清楚。不仅如此,即便是其中的某一风险的具体内涵也不清楚。例如,违约风险是指债券发行人不能偿付到期债券本息的风险,但"不能偿付"的具体界定是什么?如果是延期支付本息,那么,延期多少时间?如果是不再支付本息,那么,这一风险在"风险溢价"中是否足以容纳?2018年以后,在中国债券市场中企业债券(又称"信用债")的违约事件和违约率快速增加,债券持有人强烈要求发债公司兑付本息(否则,将诉诸法庭,对债务人进行破产处置)。在此背景下,一些学者认为,信用债中的"风险溢价"已包含了"违约风险",应打破刚性兑付,债券持有人要求发债公司不违反兑付本息的承诺缺乏理论依据。随着违约率的上升,债券市场的买方投资购债愈加谨慎,不仅引致了债券市场的成交量下跌,而且引致了流动性风险加大、债市价格下行,债券持有人出售债券的变现难度增加,信用债的发行难度也大大提高。在此类案例中,流动性风险的成因既不在于货币政策等宏观面因素,也不在于买方手中缺乏资金,而在于发债人未能有效保障持债人的合法权益,使资金持有者不愿将资金投入债市。一个突出的现象是,2021年年底,非金融企业的存款余额696695亿元中定期存款达到441578.32亿元(占比63.38%),明显大于企业债券余额29.93万亿元。

从股票市场看,进入21世纪以后,中国股市的监管部门就一再强调要保护投资者合法权益(尤其是中小投资者合法权益),出台了诸多举措,但20多年来股票交易市场依然呈现"牛短熊长"的长期低迷走势。2000—2021年,中国的GDP从10.03万亿元增加到了114.37万亿元,住户存款余额从6.43万亿元(其中,定期存款4.61万亿元)增加到了102.50万亿元(其中,定期存款68.21万亿元),非金融企业存款余额从4.41万亿元增加到了69.67万亿元,规模以上工业企业利润总额从4393.5亿元增加到68465.0亿元(2020年数),A股上市公司数量从1088家增加到了4100多家,但上证指数仅从2073.48点上升到3639.78点(远低于2007年10月16日的6124.04点)。如此大的反差,与片面强调发股公司融资的政策导向密切关联。在A股市场中,

"股市投资有风险，风险自担"本是提醒投资者慎重入市的警言，却成了一些上市公司将发股上市视为无成本融资的理念，由此，长期以来在投资者中形成了A股是一个"圈钱"市场的共识。在交易市场中，从20世纪90年代的"割肉"到如今的"割韭菜"都反映了众多投资者屡屡亏损的状态，但A股却流行着"10人投资，7人亏损，2人持平，1人盈利"的所谓常态规律。一些人认为，A股市场个人投资者过多是中国股市的一大弊端，主张应减少散户、提高机构投资者的占比。但不论是宏观经济学三部门模型还是中国股市20年发展历史都证明，经济运行中的资金主要是由居民部门提供的。一旦失去个人投资者，无韭菜可割，按照"7人亏损、2人持平、1人盈利"的惯性推演，A股市场将处于严重缺乏投资者（及其带入市场的投资资金）的境地，机构投资者将成为"割韭菜"的主要对象。一些人对A股市场中个人投资者追涨杀跌的操作方式颇有微词，时常以非理性投资予以诟病；但从理论逻辑和实践逻辑看，对大多数个人投资者来说，追涨杀跌的操作方式却是交易成本较低、成功概率较高的操作方式，与此相反，追跌杀涨则屡屡使个人投资者陷入套牢的境地。

入市资金数量直接影响着债市、股市和其他金融市场的流动性风险和行情走势，由此，中国金融市场是否缺乏资金是卖方和监管部门尤其关注的问题。银行业理财登记托管中心组织编写了《中国银行业理财市场年度报告（2021年）》披露，银行理财的资产规模达到了29万亿元（同比增长12.14%），其中，保本型理财产品规模已由资管新规发布前的4万亿元压降至零，净值型产品存续余额26.96万亿元（占比92.97%，较资管新规发布前增加23.89万亿元），同业型理财产品规模降至541亿元（较资管新规发布前下降97.52%）；2021年全年累计发行理财产品4.76万只、募集理财资金122.19万亿元，给投资者带来了近1万亿元的理财收益[①]。这从实践面证明了，中国金融市场并不缺乏资金来源，也不存在买方由于手中资金不足引致的流动性风险。实际上，金融市场的流动性风险来源于城乡居民手持巨额资金却并无足够的金融投资意愿，因此，真正的难点在于，如何有效激励和保障城乡居民

---

① 资料来源：http://bank.jrj.com.cn/2022/02/27102734484627.shtml.

将消费剩余资金投入金融市场。

不论是商品交易还是金融产品交易，资金均来自买方。买方的持续购买推动了交易对象的持续流动，买方投入购买的资金数量直接影响着交易价格高低、卖方的变现性预期的实现程度和市场行情走势，由此，充分保障买方权益、调动买方资金入市应成为金融市场机制设计、政策取向和防范流动性风险的关键所在。毫无疑问，卖方也曾是买方。在金融产品交易中，如果经常性地面临难以如愿卖出手持金融资产的情形，投资者追加资金买入金融产品的投资行为就将更加谨慎（甚至将退出买入者的行列）。买入前先考虑如何退出，早已是买方权衡投资行为的一项理智规则。以此来看，防范金融市场流动性风险的关键不在于一味强调卖方能否如愿卖出手持金融资产，而在于如何有效地调动买方手中资金入市买入金融产品。

要调动买方（尤其是城乡居民）将手中的资金从存款转为投入金融市场，在防范流动性风险中，必须将资金供给者对金融资产的需求特征作为研讨重心，其中至少包括：

第一，金融交易的法治化。资金供给者作为金融产品的买方，在入市投资前通常有着自己的预期。在法治环境基本稳定的条件下，虽然经济金融运行中的各种因素持续变化，投资者的预期还是容易形成的，金融市场中的流动性风险成因、程度和化解举措等比较清晰。如果法治不健全，屡屡运用政策机制调控金融市场，使多空双方博弈中可借助政策变动来实现自己预期的惯性操作，那么，不仅将打乱众多投资者的已有预期，强化他们对政策调控的依赖程度，而且可能将金融监管部门拉入多方阵营或空方阵营，成为下场踢球的"黑马"和化解流动性风险中可借以套利的变量。要实现金融交易的市场化，必须贯彻法无禁止即可为法治理念，制定并落实金融交易的负面清单，打消资金持有者入市交易的后顾之忧，将化解流动性风险交由多空双方各自破解。

第二，满足买方合法需求。买方作为资金持有者，在投资购买金融产品中，既有着收益性要求又有着资金顺畅回流的要求。从收益性看，在各种金融产品权衡选择中，他们通常不仅对比名义收益率的高低，而且关注实际可得的收益多少、收益率波动状况等。资金回流直接关系着本金安全。在大多数场合下，与收益性相比，他们对本金的顺畅回流更加重视。现实生活中,中国城乡居民将巨额资金存放于银行账户中和购买理财产品,首要看重的是本金安全;股市中的追涨杀跌也与本金安全相关。投资有风险已是买方的共识。虽然他们在内心上依然存有"保本"的要求,但一旦投资亏损,也只能自我承受。20世纪90年代初曾出现的投资亏损以静坐乃至示威方式要求监管部门干预的现象早已成为历史。在金融市场屡屡暴雷(黑天鹅、灰犀牛事件不时发生)的背景下,"用脚投票"、不入市投资成为多数人的倾向性选择,由此,货币政策再宽松、宏观面上资金再充裕,只能表现为存款余额的快速增加,股市、债市等依然难有起色。毋庸赘言,坚决且及时打击各种违法违规行为,建立风清气正的市场环境,完善市场出清机制,应属于化解流动性风险的范畴。

第三,切实维护信息公开披露。金融市场贯彻着"公开、公平、公正"的原则,其中,信息公开披露是最基本的要求。资本市场有效性理论建立在价格能够充分反映信息的基础上,多空双方各自预期的形成和相互博弈也以信息公开为基础。如果信息公开不充分,相关信息不透明,就难免使买方望而却步,由买方投入市场的资金不足所引致的流动性风险也就容易发生。在中国A股市场中,信息公开主要集中于法律制度、上市公司、交易信息等方面,一些事关买卖双方利益的重要信息通过行政渠道传递,并不选择公开披露的方式告知股市的所有参与者。1999年5月,中国证监会组织证券公司和基金管理公司拉起了"5·19"行情,没有将具体的信息及时向市场投资者公开披露;2004年9月底,中国证监会出台了文件,要求证券公司将集合理财并入表内,触发了新一轮股市下行行情,但此文件也只通过行政渠道下发给了证券公司;2007年10月以后,在股市高涨的背景下,中国证监会暂停了人民币证券投资基金的发行、要求证券公司自营的净资本按照市值计算,引致股市流动性突然收紧,股指急速下行,但这些关键性信息并未及时公开披露。一朝被蛇咬十年怕井绳的效应,必然使买方投资入市愈加谨慎,A股市场的流动性风险也随之增加。

货币供应量多少受到货币政策松紧的影响。一些学者由此论证了金融市场流动性风险与货币政策(从而宏观流动性)之间的因果联系,但在中国实践中这些认识难以得到验证。进入21世纪以来,A股市场多轮上行走势并非都与货币政策放松相连接，长期下行走势也不见得与货币政策紧缩相关联。2006—2007年，上证指数从1100点上行到6124点、每日成交量从几百亿元增加到4000多亿元的同时，央行密集出台的提高法定存准率和提高存贷款利率的紧缩措施达到前所未有的程度。股市上行的内在机理是，进入股市的资金多少取决于买方的资金实力，并不直接由货币政策决定。2007年10月储蓄存款余额为163883.16亿元，与3月的172402.56亿元相比，净减少8519.4亿元；此外，2006年同期储蓄存款净增加5214.36亿元。如果2007年3—10月也增加这些数额的储蓄存款，那么，二者相加，城乡居民在这一时间内投入股市的资金达到1.3万亿元以上。2020年以来，货币政策持续放宽，储蓄存款突破了100万亿元，但A股市场却在3300点左右窄幅徘徊。这进一步证实了，金融市场的流动性风险主因不在于货币政策、宏观流动性的松紧，而在于买方持有的资金实力和他们投资于金融市场的意愿。

第三章

从资产负债表机理看信用货币创造

第一节 问题的提出

信用货币创造的内在机理是货币经济学的一个基础理论问题。它不仅涉及货币银行学的主体框架和许多基本理论的确立,而且涉及宏观经济学中的市场均衡理论(从而商品均衡与货币均衡理论)的基础。孙国峰(2001)对黄达等建立在综合平衡论基础上的信用货币创造理论进行了批评,同时,也对建立在宏观经济均衡基础上的主流货币银行理论提出了挑战。他认为基于"存款创造贷款"原理的"货币创造和银行运行的概念和理论存在着根本性的错误","该理论的推导过程基于存款、贷款、存款准备金等概念,是错误的大综合";应"从最基本的银行贷款的会计分录入手,提出和阐明信用货币制度下的货币创造和银行运行的理论"(即"贷款创造存款"),颠覆传统的货币创造和银行运行理论。孙国峰(2019)又认为"'贷款创造存款'理论(Loan Creates Deposit,LCD)由孙国峰(1996)提出,并由孙国峰(2001)全面阐述,指银行通过资产扩张创造存款货币",对斯密、熊彼特、明斯基以及后凯恩斯学派的传统货币理论以及现代货币理论进行了批判,提出了"货币的核心功能不是交易媒介和价值储藏手段,而是组织生产。货币的本质不是一般等价物,而是作为无限跨期价值尺度的一般性债务"。为了节省篇幅,我们以下将这两篇文章简称为"孙文",仅标注年份。

"贷款创造存款"并非现代命题，其起源可追溯到信用创造学说的先驱约翰·劳（John Law）在1705年发表的《论货币和贸易：兼向国家供应货币的建议》一书。在实行贵金属本位的背景下，约翰·劳认为金银等贵金属并不是最好的货币载体，以土地、公债、股票等为支撑所发行的纸币是最理想的货币；由于纸币（银行券）是由银行信用担保发行的，所以，银行提供信用就可以创造货币和创造资本。1715年，约翰·劳频频向法国新政府建言，建立一家银行清理历史遗留的旧债。1716年5月，约翰·劳建立银行的提议得到批准。6月，法国通用银行开业，这实际上是一家存款银行（不具有贷款业务的功能），它通过发行银行券将支付手段扩展到了巴黎和里昂之外，一度刺激了工业和贸易的繁荣。此后几年，约翰·劳的事业飞黄腾达，先后创办了皇家银行、西方公司，涉足烟草专营、铸币厂和包税等业务，还担任了法国财政部部长之职。但好景不长，在发行银行券过程中，约翰·劳逐渐解除了贵金属储备资产对其数量的制约联系，导致信用货币量的急剧增加。高通胀动摇着人们的信心，越来越多的人重新开始使用贵金属货币。直到1720年随着密西西比泡沫的破灭，银行券停止兑现，在事业破产的同时，约翰·劳的理论也破产了。约翰·劳被免职，逃亡于比利时。此后100多年，信用创造理论销声匿迹。

1844年英国出台了《英格兰银行条例》（又称"比尔条例"），在贯彻李嘉图通货原理的基础上，确立了中央银行的基本理念与基本制度，强调货币中性（这在后来成为西方主流货币理论的一个重要基础），要求纸币发行必须有等额的贵金属作为准备金（即在金库中必须有相应数量的黄金和白银作为保证）。但实践进程很快就突破了这一规定，1847年10月30日，英格兰银行的贵金属准备减少到了160万英镑，存款高达1300万英镑，引致英格兰银行陷入支付危机。最终的解决方案是，政府财政出手救助。对此，马克思（2004）说道："英格兰银行不用它的地库内金属储藏作准备金而发行银行券时，它创造了一些价值符号，它们不仅是流通手段，而且对英格兰银行来说，它们还按没有准备金的银行券的票面总额，形成了追加的——虽然是虚拟的——资本,并且这一追加的资本,会为它提供追加的利润。"这一机制延伸到各家商业银行,也就有了商业银行的信用创造,"在这里,我们看到各银行创造信用和资本的方法:1.发行本行的银行券;2.签发以21天为期在伦敦兑付的汇票,但在签发汇票时,立即收进现金;3.付出已经贴现的汇票,这种汇票之所以有信用能力,至少对有关地区来说,首先是并且主要是因为有了银行的背书。"①1870年以后,第二次产业革命在欧美国家快速展开。电力、化学、造船、汽车、飞机、钢铁、电话电报等诸多重工业和通信业的发展急需巨额资金支持,如果囿于贵金属货币的界定,将银行券发行限制在等额的贵金属准备的基础上,势必限制这些实体产业的发展,也不利于各国之间展开的产业竞争。H. D. 麦克鲁德(Henry Dunning Macleod)早在1866年就出版了 *The Theory and Practice of Banking*,提出了银行贷款创造存款的观点②。并在随后40多年时间内出版了11本专著,从理论、历史和实践等角度系统地阐述和论证了"贷款创造存款"的原理③。在第二次产业革命背景下,麦克鲁德的理论适应了产业扩张过程中对货币的大量需求,其代表作 *The Theory of Credit* (1889)得到了政府和学者的广泛重视。他对"货币""信用"等基

---

① [德]马克思:《资本论》第三卷,人民出版社2004年版,第614—615页。

② Macleod原文(此处引用的是1905年第六版)为:"In modern times private bankers discontinued issuing notes, and merely created Credits in their customers' favour to be drawn against by Cheques. These Credits are in banking language termed Deposits. Now many persons seeing a material Bank Note, which is only a Right recorded on paper, are willing to admit that a Bank Note is cash. But, from the want of a little reflection, they feel a difficulty with regard to what they see as Deposits. They admit that a Bank Note is an 'Issue', and 'Currency', but they fail to see that a Bank Credit is exactly in the same sense equally an 'Issue', 'Currency', and 'Circulation' (Macleod, 1905, Vol. 2, p. 310)." "Sir Robert Peel was quite mistaken in supposing that bankers only make advances out of bona fide capital. This is so fully set forth in the chapter on the Theory of Banking, that we need only to remind our readers that all banking advances are made, in the first instance, by creating credit (Macleod, 1905, Vol. 2, p. 370)."

③ 例如,Macleod在 *The Theory of Credit* (1889)中提出银行的本质是根据需求创造并发行有支付功能的信用,是信用的制造厂。原文为:"Thus we see that the very essence and nature of a Bank and a Banker: is to create and issue Credit payable on demand: and this Credit is intended to Circulate and perform all the purposes of money. A Bank is, therefore, not an office for 'borrowing' and 'lending' money: but it is a Manufactory of Credit (Macleod, 1989, Vol. 2, p. 364)." 其主要作品包括: *The Theory and Practice of Banking* (1856), *The Elements of Banking* (1876), *The Theory of Credit* (1889), *Credit* (1901)等。

本概念进行了考证、界定和分析，认为银行按照需求创造和发行信用货币，银行转账存款的过程就是信用创造的过程；凡是具有交换手段（或购买力）职能之物都是货币，因此，信用就是财富，就是货币，但它比贵金属货币更重要；银行创造信用的目的在于追求利润，为此，信用也是资本；银行及银行业者的本质是信用的创造和发行，不是借款人和贷款人的媒介者，所以，银行就是金矿；在创造的信用数量上，信用的膨胀倍数主要由存款准备金率决定。麦克鲁德的信用创造理论，在一定程度上适应了运用银行券扩展银行信用的实践需求，一度流行于欧美各国。

1920年，德国金融学家Albert Hahn发表了*Economic Theory of Bank Credit*一书，在麦克鲁德的基础上，进一步发展了信用创造理论。他强调信用就是货币，支票或存款凭证等债权凭证实为货币本身；银行的授信业务先于受信业务，不是先有了存款随后才能放款，而是先有了贷款随后才创造出存款；资本不来自储蓄而来自信用创造，信用扩张可以促使商品生产的绝对量大幅增加；银行可以无限地创造信用，商业银行与发行银行（如央行）有着内在连锁机制，一旦出现流动性问题，发行银行将施以援手，所以，商业银行可以从货币数量限制的桎梏中解放出来，自由地创造信用，央行是"信用的无限宝库"。

19世纪70年代以后，主流经济学开始深入探讨一般均衡价格中的货币数量问题，以揭示在既定总收入条件下的货币数量。1911年，欧文·费雪发表了《货币购买力》一书，提出了著名的交易方程式：$MV=PT$（式中，M代表一定时期流通中所需货币数量，V代表一定时期内货币平均周转次数，P代表商品和劳务的价格加权平均数，T代表商品和劳务的交易数量）。1917年，A. C. 庇古发表了《货币的价值》一文，提出了剑桥方程式：$M=kPy$（式中，y代表实际收入，P代表价格水平，Py代表名义收入，k代表人们持有的现金量占名义收入的比率），认为全社会的货币需求量，既取决于商品交易中所需的货币量，也取决于人们手中持有的货币存量（即储藏货币）。这些理论都对"贷款创造存款"的信用创造理论中的缺陷进行了批评。20世纪30年代，凯恩斯的宏观经济理论问世，提出了货币均衡观点，强调货币均衡与商品均衡的协调机制。1937年，在一般均衡理论基础上，希克斯和汉森进一步提出了"IS-LM模型"。在这个过程中，信用创造理论中的信用创造资本（实应为"资金"）、贷款具有创造存款的功能、货币乘数、信用创造具有促进生产和交易扩展的功能等理论被西方宏观经济学和货币银行学所吸收，但银行的授信业务先于受信业务、银行可以无限地创造信用等认识则未能进入主流经济学和主流金融学范畴，沦为另类。

对于这些未被主流经济学和金融学所吸收的部分，有许多著名经济学家对其提出了批驳或评论。例如，Stiglitz和Walsh（2006）认为虽然存款的创造过程看似无中生有，但实际是真实发生的过程。通过电子化方式创建记录来创建存款要明确存款的创造规则，使系统能够以原始存款增加额的数倍扩展存款。Hanson等（2015）认为一家银行的规模取决于它的存款经营权，也就是以存款为前提。银行的资产中贷款与证券的比例差异非常大，其原因是贷款虽然对银行非常重要，但银行的规模不必因贷款机会而受到限制，而是取决于如何最好地投资存款。

在中国，刘絜敖（1983）概括性地介绍了信用创造学说的主要代表人物及其理论主张，中肯地指出了他们的理论缺陷，批判了他们的理论错误。盛松成（1985）概括了信用媒介学说与信用创造学说之争的主要内容，以及信用创造学说的历史意义和对货币银行理论发展的影响，提出"银行贷款并非存款的转型，而是银行的信用创造。贷款决不受存款的限制。银行以一定的存款准备金为基础，便可贷出数倍于存款的金额。这就是现代商业银行创造派生存款理论的最初思想"。在此基础上发展的货币乘数公式，已成为所有西方货币银行学的构成内容。丁孜山（1992）简要介绍了信用媒介学说和信用创造学说各自的主张和特点，认为"既不能忽视存款的必要性，又要充分认识和肯定贷款的重要意义"，二者不可偏废。

由上简述可见：第一，"贷款创造存款"的观点，从约翰·劳算起已有400多年的历史，从H. D. 麦克鲁德算起也有140多年的历史，因此，它并非由孙文首次提出，也不是由孙文首次论证的[①]。第二，在 20 世纪 30 年代以后，信用创造理论中贷款先于存款、银行可以无限地创造信用等认识未能进入主流经济学范畴的主要成因在于，这些说法既不符合货币均衡与商品均衡乃至宏观经济均衡的内在机理，也不符合已有的经济金融实践。第三，在中国改革开放之后，在银行业发展过程中，信用创造理论得到了比较系统的介绍和研讨，因此，对从事货币银行学（或金融学）教学研究的学者和相关实务工作的人员来说，这些理论并不陌生。

"存款创造贷款、贷款创造存款"原理是世界各国货币银行学的一个重要的基础理论，它不仅深植于宏观经济学，而且是国际货币基金组织编撰的《货币与金融统计手册》和各国央行（包括中国人民银行）展开货币政策调控的理论基础。孙文立足于批判主流货币银行学中的信用创造理论，认为在信用货币创造中并不存在"存款创造贷款"这一前提，只存在"贷款创造存款"（即一切信用货币都是由贷款创造的，简称"LCD"），将 100 多年来未被主流货币银行学接纳的信用创造理论内容（如银行可以无中生有地运用贷款创造存款，可以无限制地创造信用等）加以扩展，并且运用了资产负债表的复式记账方法予以论

[①] 值得一提的是，孙国峰（2019）认为，他所提出的 LCD 理论已逐渐成为国际共识并列举了一些外文文献予以证明，但诸如 Ryan-Collins 等（2011）、McLeay 等（2014a，2014b）、Werner（2014a，2014b）、Jakab 和 Kumhof（2015）和 Li 等（2017）等文从未提及孙国峰的相关研究，且这些文献遭到了不少学者的质疑和批评，其中就包括 Goodhart（2017）。孙文提及"Goodhart（2017）认为，贷款创造存款理论现在已逐渐成为共识"，实际上曲解了原文含义和写作意图。作者在摘要的第一句话列举了过去两个世纪以来货币供给决定理论的四种主要方法，分别为（1）存款创造贷款；（2）基础货币乘数；（3）信贷对应法；（4）贷款创造存款。紧接其后，作者指出"这四种方法都是被批判的，特别是过去常常作为标准学术模型的（2）和正在成为共识方法的（4）"[相应原文为"During the last two centuries there have been four main approaches to analysing the determination of the money supply, to wit: (1) Deposits cause Loans, (2) The Monetary Base Multiplier, (3) The Credit Counterparts Approach and (4) Loans cause Deposits. All four approaches are criticized, especially (2) which used to be the standard academic model, and (4) which is now taking over as the consensus approach (Goodhart, 2017, p. 33)."]。而孙文仅从下半句得出结论，却忽视了上半句。同时，作者在正文中多次强调"贷款创造存款，因而商业银行决定货币供给"这一理论是不完全正确的（原文为"partially true"或"partial approach"）、值得怀疑的（原文为"sceptical"或"to be treated sceptically"）。此外，Li 等（2017）则是在前面几篇文献理论基础上所做的研究，同样不足以支持孙文所提的 LCD 理论。

证，试图闯出一条与主流货币理论相反的理论之路。如果这种与主流货币理论相悖的探索，能够符合理论逻辑和实践逻辑（包括历史逻辑）也还属"难能可贵"范畴，但可惜的是，孙文的论证存在着逻辑错误。有鉴于此，本书从资产负债表角度对孙文中的信用货币创造机制进行商讨，指出其中的理论缺陷和实践差误。

第二节 从资产负债表机理看信用货币创造的理论逻辑

资产负债表是现代财务制度的基础性表格，它以复式记账方式反映对应企业在一定时间内（通常为各会计年度的期初和期末）的资产、负债和所有者权益等主要财务指标的总额和基本结构。资产负债表最初诞生于19世纪90年代的美国，华尔街的银行和经纪行在普及和完善中起到了主要作用（约翰·S. 戈登，2005，第196页）。其中，复式记账法出现于15世纪的意大利，与单式记账法相比，它更容易发现财务会计活动中的错误，同时能够更加全面简洁地反映企业动态运行中复杂的财务状况。资产负债表的出现是财务会计领域的一场革命，在此基础上，1954年以后又发展了"现金流量表"，形成了现代财务会计活动中系统完整的表格体系。此外，基于复式记账法原则，Copeland（1949）从资金流量角度出发，较早地提出对国民账户体系（System of National Accounts, SNA）下资产负债表使用四式记账法（Quadruple-entry Book-keeping），使不同机构单位和部门之间的资金交互作用能够得到记录和分析，从而保证了账户记录的一致性。

由于各家企业（包括商业银行等金融机构）的具体情况差别较大，它们各自资产负债表的具体科目有所不同，但最基本的科目（如一级科目）大致相同。为了分析的聚焦，我们在表3.1中仅列举实体企业资产负债表中的一级科目和一些二级科目，从中可以看出，资产负债表贯彻着以下五个机理：

第一，资产负债表右列与左列的内在关系。首先，在资产负债表中，右列表明的是资金来源，左列表明的是资金使用。资产总计=（负债+所有者权益）总计，表明资金使用数额必须等于资金来源数额。这种恒等式在资产负债表的制作完成的任何一个确定时点上都应成立，或者说，不应在任何一个确定的时点出现"资产总计＞（负债+所有者权益）总计"或者"资产总计＜（负债+所有者权益）总计"的情形。其次，不论从时间顺序还是从流程看，都是先有资金来源后有资金使用（即资产来自"负债+所有者权益"的使用），既不可出现无源之水，也不可出现本末倒置，否则，将发生财务造假或资产虚假的现象，因此，必须遵守由时间顺序界定的因果逻辑。再次，不论是各类负债还是各类资产都有着明确的时间边界，资产负债表也有着明确的时间界定，并不存在"无限跨期"的可能性。最后，资产负债表的制作必须贯彻"账表实"相一致的原则，达到账实相符、账证相符、账账相符和账表相符，因此，不论是右列的各个科目还是左列的各个科目都不可出现一分一厘的差错。

表 3.1　　　　　　　　企业资产负债表简表（年月日）　　　　　　　单位：元

资产	金额	负债和所有者权益	金额
流动资产		流动负债	
货币资产		短期借款	
交易性金融资产		交易性金融负债	
应收账款		应付账款	
存货		预收账款	
其他流动资产		其他流动负债	
非流动资产		非流动负债	
可供出售金融资产		长期借款	
持有至到期投资			
长期股权投资		所有者权益	
固定资产		实收资本（或股本）	
无形资产		资本公积金	
		未分配利润	
资产总计		负债和所有者权益总计	

资料来源：笔者根据 A 股非金融类上市公司年报整理而成。

在现实运作中，商业银行经营运作的资金均主要来源于资本（即"所有者权益"）、客户存款、发行债券、同业拆借等，就此而言，"存款创造贷款"中的"存款"一词只是"资金来源"的代称；同理，它们的资金使用主要途径包括存入央行、向客户放贷、购买债券等，由此，"存款创造贷款"中的"贷款"一词只是"资金使用"的代称。孙国峰（2001）认为："在货币银行理论的思路里，在贷款和存款之间，在空间上总要隔一个资金（或'钱'），在时间上总要分个先后。因此在推理上，总要分析是资产引出了负债，还是负债引出了资产，使本来简单的事实变成了'鸡生蛋还是蛋生鸡'的纠缠不清的难题"。这一认识不仅明显与资产负债表的上述原理相悖，而且与财务人员编制资产负债表的实践也不相符。另一方面，他认为："银行资产负债表的特征是资产创造负债，其他经济主体资产负债表的特征是负债创造资产"。这一认识背离了资产负债表基本原理，没有论证为什么商业银行资产负债表的内在逻辑与实体企业资产负债表的内在逻辑相反，但它为无中生有地"创造"资产提供了一种说辞，与所有商业银行财务制度和商业银行财务人员的实际操作规程不相符合，给财务造假打开了方便之门。

第二，资产负债表以"实收资本"为起点。任何一家企业（商业银行也不例外）的设立均以在工商行政部门的注册为基本手续，其中，注册资本形成了企业的最初"资产"（即企业承担负债之前的资产），是企业资产负债表中第一笔记入的款项。注册资本可以实物形式存在，但在绝大多数场合以货币形式出现。对此，马克思曾精辟地指出："资本主义的商品生产，——无论是社会地考察还是个别地考察，——要求货币形式的资本或货币资本作为每一个新开办的企业的第一推动力和持续的动力。"[①] 从复式记账看，在注册资本记入资产负债表右列的"所有者权益"之下，左列的"流动资产"中的"货币资产"也就相应地记入了注册资本的数额。如果舍去企业办理工商登记手续等的成本支出，此时，"货币资产"数额应等于"实收资本"。

在孙文的分析中始终缺乏"注册资本"或"所有者权益"的范畴，

---

① ［德］马克思：《资本论》第二卷，人民出版社 2004 年版，第 393 页。

也就失去了研讨资产负债表的逻辑起点。他认为:"资本的约束作用并非天然,而是由金融监管外生给定的"。但银行的信用创造依赖于公众对银行体系的信心,资本的要求根植于货币创造的原理之中。在资本为零的条件下,商业银行从一开始就是不可能设立的,也就不可能合法地展开任何业务活动(包括贷款业务)。世界各国对银行的注册资本都有严格的要求。在中国,《中华人民共和国商业银行法》第十三条明确规定了设立各类商业银行必须实缴的注册资本数额;在美国,美国联邦存款保险公司根据每个新设银行的申请提案,综合评估业务复杂性等要素以设定最低资本要求;在欧洲,欧洲央行需要在银行设立的准备阶段,对银行资产负债表(尤其是资本数额)进行严格审查。

第三,资本对负债有着内在的约束机制。实体企业在经营运作中,引致负债的成因主要有三个:一是与上下游企业货物交易中的赊买赊卖,这形成了实体企业的"应付账款"和"预收账款"等科目;二是从银行获得贷款或通过发行商业票据、公司债券等获得债务性资金,这形成了"短期借款""交易性金融负债"和"长期借款"等科目;三是应付而未付的职工工薪、应缴纳而未缴纳的税收款项以及其他应付而未付的款项,这也形成了"其他流动负债"。在实体企业承担的各类负债中,有两个问题需要特别关注:其一,实体企业凭什么获得负债(或者说,债权人凭什么给企业放债)?须知,放债给企业的债权人在通常条件下并非该企业的"熟人"(且不说在市场机制中,即便是"熟人"也要贯彻"亲兄弟明算账"原则)。内在机理是,"资本"担保着债务的偿还,即资本是债务的抵押品,是保障债务到期偿付的物质基础。实体企业不能按时偿付到期债务本息,就将进入破产程序。在破产中,首先破的是由"资本"形成的资产。其二,实体企业负债的数量边界如何界定?既然资本是保障偿付债务本息的物质基础,那么,实体企业的负债规模就将由资本规模决定。对一家"所有者权益"为1亿元的实体企业来说,在正常条件下,它能够承担的负债规模要超过3亿元(即资产负债率达到75%)是很困难的。

按照孙文的逻辑,既然商业银行可以无限地发放贷款且不受约束,那么,再讨论"负债"也就失去了最基本的经济金融意义。内在逻辑是,再大数额的负债以及不能到期清偿的负债都可以被后期无限量的持续贷款所覆盖。

第四,"资产"由多种形态构成。它既包括"流动资产"中的"货币资产""交易性金融资产""存货"等,也包括"非流动资产"中的"可供出售金融资产""长期股权投资"和"固定资产"等,因此,"货币资产"只是"资产"中的一种形态,其数额也只是"资产"的一部分。"货币资产"如果由"银行存款"构成,则反映了企业对银行的债权(银行为企业的债务人),但它在企业经营运作中的经济金融性质实际上是未定的。在购买原材料、零部件和设备等场合,"货币资产"转化为企业经营运作中的实物资产,它们大致属于企业排他性使用范畴,并不直接与其他经济主体之间发生产权关系。在购买债券等"交易性金融资产"或"可供出售金融资产"的场合,"货币资产"转化为债权性资产,由此,引致债权债务关系发生。在投资入股或购买股票等场合,"货币资产"转化为股权性资产,企业成为股票发行机构的股东,可以行使股东权利。不难看出,在各类资产中"货币资产"有着特殊功能。在通常条件下,"货币资产"是企业资产的最初形式,它由注册资本构成。在企业营运过程中,其他各类资产大多是"货币资产"的转化形态,它们的价值量大小主要取决于分次投入的"货币资产"的数额。最后,在企业各类资产中"货币资产"具有调节资产结构的功能。"存货"等各类资产在产品销售、证券卖出后又将从实物资产或证券资产转化为"货币资产",因此,在"负债和所有者权益"不变(从而资产存量不变)的条件下,"货币资产"的具体数额是能够发生变化的。

在孙文的分析中,商业银行"资产"仅剩"贷款"一项,资产结构和各类资产彼此间的调整不见了,由此,在资产存量难以满足其逻辑推论之后,只好设想了一个无中生有的资产增量方案,即商业银行创造贷款的无限性。

第五,"资产"和"负债+所有者权益"反映着相关主体之间不同性质的经济联系。从"实收资本"看,它是股东投资于企业的资本性资金。股东的性质、股权结构、股本数额等直接决定了企业的性质(如国有控股、民营或中外合资等)、企业的组织方式(如股份有限公司、有限责任公司、独资公司等)、企业的规模(如大中型企业、小微企业等）、企业的公司治理结构等，同时，实收资本的数额也决定了企业的信用能力和可承债的规模。从债务看，任何企业的债务都是债权人的资产构成部分，它有着明确的数额、期限和约束条款等限制，按时偿付到期本息是债务人必须承担的法律义务；通过"债务—资产"的链接，众多企业、个人和其他机构连接成为一个庞大的经济金融网络运行系统。从"资产"看，"应收账款""存货""固定资产"和"无形资产"等反映着企业经营运作（将各年的这些科目数据进行对比，可以看出该企业的经营运作走势）和企业与上游机构、下游机构之间的商业交易情形；"货币资产"反映着企业与银行之间的债权债务关系；"交易性金融资产""可供出售金融资产"和"长期股权投资"等反映着该企业与其他企业（或经济主体）之间的"资产—债务""资产—股权"等金融关系。

资产负债表的这些内在机理透视了企业经营运作的整体情况，各个科目之间存在着相互联系和相互制约的机制效应，因此，应从整体上把握资产负债机制，不应简单地将其中几个科目单独抽出，忽视其他科目的机制作用，更不应因这些忽视而步入认知的误区。

为业务特点决定，商业银行等金融机构的资产负债表具体科目（尤其是二级、三级科目）与实体企业有着较大差别，但从表3.2中可见，它们的基本原理和内置机理是相同的，因此，上述资产负债表的五个机理同样适用于商业银行等金融机构。

表 3.2　　　　　商业银行资产负债表简表（年月日）　　　单位：百万元

资产	金额	负债和所有者权益	金额
流动资产		流动负债	
现金及存放中央银行款项		向中央银行借款	
存放同业款项		同业存放款项	
拆出资金		拆入资金	
衍生金融资产		金融负债	
买入返售款项		卖出回购款项	
客户贷款及垫款		存款证	
金融投资		客户存款	
		已发行债务证券	
非流动资产		其他负债	

续表

资产	金额	负债和所有者权益	金额
长期股权投资			
固定资产		股东权益	
在建工程		股本	
递延所得税资产		其他权益工具	
其他资产		资本公积	
		未分配利润	
资产合计		负债和所有者权益合计	

资料来源：笔者根据中国工商银行股份有限公司年报整理而成。

孙文对资产负债表的内在理论逻辑缺乏充分认识，也就难免发生论证失误。我们且举两个例子予以说明：

例3-1：孙国峰（2001）在运用资产负债表推导信用货币创造机理时，先是列示了货币银行学教科书中常用的4个表格。其中，表1的要点为"客户在银行A存入100元现金，银行A按20%比例缴存法定准备金"。表2的要点为"银行A对客户放贷款80元，客户提现后购买在银行B开户的客户的商品，存款划入银行B"，"以后经过无数类似的递减回合"。随后他说道："第一步的资产负债表在逻辑上没有错。"承认前提就必须承认结果，这是一个基本的理论逻辑。既然以"客户在银行A存入100元现金"为逻辑起点，也就意味着孙国峰承认了信用货币创造始于"存款"。但在将4个表格列示之后，孙国峰突然说道："货币创造并不涉及货币银行理论描述的第一步，即表1"，由此，毫无依据地否定了表1的理论逻辑，把"贷款"置于无源之水的境地，将"存款→贷款→存款→贷款……"的逻辑路线修改为"贷款→存款→贷款→存款……"，推演出了所谓的"贷款创造存款"理论并对主流货币理论展开了批判。与这种移花接木的技巧相似，在哲学史上也曾有人做过尝试，即将"实践→认识→再实践→再认识……"的逻辑路线修改为"认识→实践→再认识→再实践……"，结果是否定了唯物主义认识论，推出了唯心主义的先验论。

例3-2：孙国峰（2019）在使用资产负债表分析最初货币创造的产生时，假设一群人来到荒岛且没有携带任何物品，其中一个人宣布自己是银行并开始发放贷款，在贷款的同时完成了存款创造，并认为此时的存款就是货币。在这一构想中，孙文完全没有考虑"资本"在信用中的基础作用。如果"没有携带任何物品"的人可以凭空宣布"自己是银行"，则到此荒岛上的所有人都可以做出如此的宣布，推而广之，全社会的所有人都可以宣布"自己是银行"，由此，没有借款人，也就没有银行可言了。在资产负债表中，"所有者权益"位于右列一级科目的最底端，有着两个含义：一是表明"资本"是企业（包括金融机构）设立后的基础性资金来源。二是表明"资本"是其他各项资金来源的基础，企业的信用能力最初是由"资本"提供的。一个人要想宣布"自己是银行"并取信于众人，首先，必须"亮出"足以取信于人的资本数额，由此，到荒岛上时，他就不可能"没有携带任何物品"，否则就没有可信的放贷资本；其次，他以银行名义贷放给他人的款项，最初来源于他的资本且受资本数额的制约（即不可能大于资本数额）。这样一来，"贷款"就不再是"无中生有"了，银行贷放的资金（即"货币资产"）来源于资本。

第三节 从商业银行的四式记账流程看"银行贷款"中的实践逻辑

在商业银行运行中，"贷款"既是资产方的一个科目也是一个业务行为还是业务活动的一个流程。在审贷流程，商业银行既需要审核申请人的资质和还贷能力等，也需要查询自己是否有足够的可贷资金。在这个流程中，"贷款"（作为一个名词）可以只是借贷双方在协商各方面条件后所签署的一个合同文本，但"贷款"（作为一个动词，即"贷放款项"）则需要看这笔款项的流程是否符合财务活动的最基本机理（至少不能造假）。对放贷方（银行）而言，放贷的一个基本前提是，有款可贷（即它的资产方"货币资产"中有足以满足这笔贷款的数额）。国际货币基金组织指出："贷款是金融资产，它在债权人将资金直接贷给债务人时发生，并以不可流通的文件为证据。"（国际货币基金组织，2000）在无款可贷且无法借入场合，贷款协议只是一纸空文（借款方甚至可以依据贷款合同对贷款方提出违约诉讼）。在"货币资产"数额小于拟发放贷款数额的场合，商业银行既可以通过出售商业票据、证券类金融资产等获得资金，也可以通过同业拆借获得资金，还可以向央行申请再贷款获得资金，但所有这些举措获得的资金都首先进入了该商业银行的"货币资产"科目。与工商企业资产方的"货币资产"存放于它们在商业银行的存款账户相类似，商业银行的"货币资产"存放于它在央行的存款账户（即表3.2中的"现金及存放中央银行款项"科目中的数额减去"现金"的剩余部分）。马克思曾明确指出："对银行来说具有最重要意义的始终是存款"。① 主流货币银行理论认为："存款创造贷款、贷款创造存款。"这一表述的实际含义是，商业银行发放贷款的前提是它的资产方有款可贷，它在央行存款账户中存款数额是制约它发放贷款数额的基本机制；从款项划拨角度看，"贷款"只是签署了一个划款的合同，在实施贷款行为中，款项要从商业银行在央行的存款账户划到客户在商业银行的存款账户，因此，它的流程实际上是"存款创造存款"。

孙国峰（2001）认为："银行的贷款创造货币的行为只受存款准备金的制约，而与银行持有的存款余额无关。因此银行对资金缺少者的贷款行为不受银行和资金富余者之间的关系制约。同时，资金富余者的存款资产也不是所谓'银行发放贷款的资金来源'，而全部是由银行对资金缺少者发放贷款形成的。银行只能对资金缺少者发放贷款，由此形成的存款通过资金缺少者购买商品或劳务的支付行为散布于社会，才形成了资金富余者持有的存款资产"。商业银行"其贷款能力是无限大的，贷款规模只受到客户需求的限制"。尽管孙文运用资产负债表复式记账方法进行了推论，但推论过程存在着相互矛盾之处，有待厘清。

与一般意义上的资产负债表所使用的复式记账法不同，这里SNA资产负债表使用的四式记账法，因为"任何涉及货币流动的交易都会涉及交易双方，复式记账法不适用于社会账户体系，而应采用四式记账法"。（Copeland，1949）四式记账法就是垂直复式记账法和水平复式记账法的同时应用，意味着每一笔交易在交易双方各记录两次，即每个单位内部要纵向一致，两个单位之间要横向一致。换言之，一个主体的负债一定对应着另外一个主体的资产，且资产负债表总是借方

---

① ［德］马克思：《资本论》第三卷，人民出版社2004年版，第454页。

和贷方一起变化，所以一笔交易需要记四笔账。如此一来，复式记账法的"借"和"贷"概念便被国民账户体系中的"来源"和"运用"所替代。从四式记账法的原理上来看，只要将以下讨论的银行资产负债表记账流程单独拿出来，便可与孙文所使用的垂直复式记账法流程进行对比。为了能够清晰地反映商业银行资产负债表的记账流程，我们分五种情形展开研讨，同时，为了分析的简洁明了，我们暂且舍去法定存款准备金因素的影响，由此能够更清楚地看到货币创造的内在机理：

第一种情形：银行 A 为新设银行（即该银行尚无吸收存款）。假定银行 A 的注册资本为 200 元，则有初始记账：①资本金 200 元→②货币资产 200 元→存入该银行在央行的存款账户。这些程序走完后，该银行在资产负债表的右列"负债"（传统复式记账法下，等式右端等于"负债+所有者权益"，本书按照 SNA 方法简化为负债）有了 200 元的股本，左列有了 200 元资产。在发放贷款的场合，该银行与客户签署了 100 元贷款协议，随后流程如下：③从在中央银行的存款账户中划出 100 元存款转为贷款→银行 A 的"货币资产"减少为 100 元，同时"贷款"增加 100 元（资产总额不变，还是 200 元）→④客户（借款人）将 100 元的借款存入它在银行 A 的存款账户→⑤银行 A 的"负债"增加 100 元→⑥银行 A 在贷款资产 100 元的条件下，"货币资产"回到 200 元，由此，资产总额从 200 元增加到 300 元。这一流程以简化的资产负债表进行四式记账将如表 3.3 至 3.5 表所示。

表 3.3　　　银行 A 和客户资产负债表简表（年月日）　　　单位：元

银行 A			
资产	金额	负债①	金额
②现金及存放中央银行款项	200	①股本	200
合计	200	合计	200
客户			
资产	金额	负债	金额

---

① 按照 SNA 体系划分，在资产负债表中将债权和股权均简化为债权处理。

表 3.4　　　　银行 A 和客户资产负债表简表（年月日）　　　单位：元

银行 A			
资产	金额	负债	金额
②现金及存放中央银行款项	100	①股本	200
③客户贷款	100		
合计	200	合计	200

客户			
资产	金额	负债和所有者权益	金额
④银行存款	+100	③银行贷款	+100
合计	100	合计	100

表 3.5　　　　银行 A 和客户资产负债表简表（年月日）　　　单位：元

银行 A			
资产	金额	负债	金额
⑥现金及存放中央银行款项	100+100	⑤客户存款	+100
③客户贷款	100		
		①股本	200
合计	300	合计	300

客户			
资产	金额	负债	金额
④银行存款	100	③银行贷款	100
合计	100	合计	100

表3.3至表3.5的变化中，银行A资产负债表右列的"客户存款"增加100元是引致左列资产合计从200元增加到300元的主因，因此，资产负债表中"资产＝负债"的恒等式成立。假定"客户存款"仅为60元，则资产方的"现金及存放中央银行款项"就仅增加了60元。由此，在银行A的资产负债表中，不论是"负债"还是"资产"都仅为260元，即恒等式依然成立。但在孙文中，银行A的"负债"最初为零，只是在资产方有了"100元贷款"后才有了"100元存款"。在此条件下，"资产＝负债"将是一种偶发性现象。一旦发生客户将一部分存款提现或者将一部分存款用于支付货款或者将一部分存款转入他在其

他银行的存款账户,就将发生"资产>负债+所有者权益"的情形。由此,孙国峰(2001)所说"银行的贷款行为本身就是一个复式记账法的自身平衡行为,贷款的同时客户在这家银行的存款也相应增加"也就不存在了。

此外,传统银行持有许多流动性不强的资产,如长期证券和贷款,这些资产可能会在短期产生价格的大幅波动,银行需要通过股本进行缓冲(Hanson et al.,2015)。并且,由于银行资产价值下降造成的损失由股本承担,虽在股本权益清零之前不会影响银行偿还储户的能力,但银行需要有大量的股本作为保障,否则,储户不会愿意将钱存入银行。显然,资本金规模将限制银行的贷款能力,并非孙国峰(2019)所说的"其贷款能力是无限大的,贷款规模只受到客户需求的限制"。

第二种情形:银行A账上无款(即它在央行的存款为零)。在此条件下,它若要发放贷款,就需要从央行(或其他银行)借款,但不论向谁借款,都需要有足够的资产转为抵押品。银行以负债为中心,银行价值中的重要部分来自获得存款等安全负债的能力(Gorton and Pennacchi,1990)。这些转为抵押品的资产主要由两类资金来源形成:资本金和负债金(主要由吸收存款和发行债券等形成),由此决定了资本和负债在先、借款放贷在后的逻辑顺序。其次,银行A从银行B(或其他银行)借入的款项,在逻辑顺序上,是先进入了它在央行的存款账户,然后,再以贷款的名义(假定"贷款"协议已签)进入客户B在银行A的存款账户,由此,银行A在资产方多了一个"贷款"、在负债方多了一个"存款",似乎是用贷款创造了存款,但从划款程序看依然是"用存款创造了存款"并且是以银行A的前期资产(数量和质量)为基础。这一流程简化的资产负债表表示(见表3.6至表3.9)。

表3.6　　　　　　银行A资产负债表简表(年月日)　　　　　　单位:元

A银行			
资产	金额	负债	金额
现金及存放中央银行款项	0		
客户A贷款	200	股本	200
合计	200	合计	200

表 3.7   银行 A 和客户 B 资产负债表简表（年月日）   单位：元

银行 A			
资产	金额	负债	金额
②现金及存放中央银行款项	+100	①向中央银行借款（或拆入资金）	+100
客户 A 贷款	200	股本	200
合计	300	合计	300
客户 B			
资产	金额	负债	金额

表 3.8   银行 A 资产负债表简表（年月日）   单位：元

A 银行			
资产	金额	负债	金额
②现金及存放中央银行款项	0	①向中央银行借款（或拆入资金）	100
客户 A 贷款	200		
③客户 B 贷款	100	股本	200
合计	300	合计	300
客户 B			
资产	金额	负债	金额
④银行 A 存款	+60	③银行 A 贷款	+100
⑤其他资产	+40		
合计	100	合计	100

表 3.9   银行 A 资产负债表简表（年月日）   单位：元

A 银行			
资产	金额	负债	金额
⑦现金及存放中央银行款项	+60	①向中央银行借款（或拆入资金）	100
客户 A 贷款	200	⑥客户 B 存款	+60
③客户 B 贷款	100	股本	200
合计	360	合计	360

续表

客户 B			
资产	金额	负债	金额
④银行 A 存款	60	③银行 A 贷款	100
⑤其他资产	40		
合计	100	合计	100

不难看出，银行 A 在"现金及存放中央银行款项"科目中的资金为零时，它是不可能向客户 B 发放贷款的。要破解既要发放贷款又缺乏资金的矛盾，它只能通过借款路径获得债务性资金（同时，增加了它在中央银行的存款账户中的资金）。当它向客户 B 贷款时，贷款资金是从它"存放中央银行款项"中划出的，这一过程是"存款创造贷款"的过程；随后，客户 B 将由贷款获得的资金的一部分（如 60 元）再存入银行 A，使银行 A "现金及存放中央银行款项"科目又增加了 60 元（"资产合计"增加到 360 元），这一过程是"贷款创造存款"的过程。但如果将两个过程连接起来看，贷款实际上只是办了一个手续（签了"贷款合同"），划款还是从银行 A 在央行的存款账户划到 B 客户在银行 A 的存款账户，因此，是"存款创造存款"的过程。

第三种情形：初始纸币（信用货币）是否起源于贷款？孙国峰（2001）认为："在信用货币制度下，如果银行的资产只有贷款和存款准备金，那么社会的每一笔存款的起源都是贷款，都是由银行贷款产生后，被非银行公众相互转手，中间或许还经过现金过渡而表现着的。如果我们真的调查每一分钱存款的来源，都会确定地找到对应的那一分钱贷款。"这段话实际上在追溯最初的信用货币来源问题。其理论逻辑是：假定纸币都是由央行发行的，央行不可能将发行的纸币无偿地送给商业银行，只能通过贷款路径将纸币贷放给商业银行，商业银行再通过贷款路径将纸币贷放给相关客户，由此，最初的纸币就是通过贷款投放的，"贷款创造存款"的命题也就成立了。从另一个角度看，与发问"贷款的资金从何而来"相对应，在理论上也可以发问"存款的资金从何而来？"由于不论是纸币还是以支付货币形式存在的信用货币都不可能无偿地流出银行体系，只能来自银行贷款的路径，所以，"贷款创造存款"的命题似乎也是成立的。基于这种理论推论，孙国峰（2001）认为："货币银行理论将存款区分为在理论和现实中都没有意义的'原始存款'和'派生存款'"；"原始存款究竟是指什么？如果是指公众将在他行的存款划转而来，那么银行贷款创造出的存款被客户支付给他人，这笔所谓的派生存款就变成另一家银行的'原始存款'了。如果是指银行吸收的现金，则应认识到：现金的唯一来源是存款，并非所谓的'中央银行把通货投入流通，公众用通货向银行存款'。对银行总体来说，在信用货币体系建立的最初时点，公众并没有现金，只有银行通过贷款或买入资产的方式产生了存款后，公众才能将存款变为现金"。

理论逻辑来自对实践逻辑的总结概括，实践逻辑既包含当今的实践也包含历史的实践，并且当今实践是历史实践的延续和传承。在理论逻辑难以破解难题时，关键是回到历史的起点，从历史逻辑看当初发生了哪些特殊的实践。据此，破解"纸币最初是如何发行的"这一命题的关键不在于理论推演，而在于从史实中探寻结论。

人民币问世于1948年12月1日。当时全国的所有商品、劳务、金融产品（包括银行存贷款）等均无人民币标价，人民币也还不是交易的媒介，处于"无用武之地"的情形中。中国人民银行最初选择的人民币发行政策是兑换（而不是贷款）。兑换主要通过两条路径展开：对老解放区边币的兑换和对新解放区（如北平、天津、上海等）旧币（包括金圆券、银圆券、银元等）的兑换。兑换既包括以人民币换取已在流通的各种纸币和金属货币（如银元），也包括将已有银行存款兑换为人民币存款。在兑换的过程中，运用制度机制规定流通中的各种商品、劳务、金融产品等限期转为人民币标价。这种货币兑换不是贷款，中国人民银行不仅不能收取贷款利息，还要支付兑换手续费。黄达指出："人民币的发行并不等于废弃旧币，旧币将由人民币按照比价完全予以收兑"，"不论是金圆券，也无论是银圆券，都不过是一张废纸。……人民政府所以要用具有真实购买力的人民币来收兑这些废纸，主要是为了减少解放地区上人们的损失，……收兑工作的本身教育了被解放的人们，使他们知道到底哪一个政府才真正是为自己服务的政府"（黄达，1999）。兑换是将人民币与旧币存量按照规定比例进行收进和兑付的过程，由此可见，最初的人民币发行是建立在已有存款的存量基础上，而不是建立在发放贷款的增量基础上。历史是一个延续的过程，民众不可一日无生活无生产无交易，更不用说，在新币未发行之前，包括新政府的所有公务员、军人在内的所有个人、机构、财政都仅持有边币或旧币。在这种条件下，否定或遗弃边币和旧币，就将置新生政权于"毁于一旦"的境地。从这个角度看，孙国峰（2019）认为："几千年来各国改朝换代的时候，首先做的就是撤销所有旧的债务，重新建立新的债务，新政府发行新货币"，是建立在对改朝换代中新旧货币替换的不了解基础上。

如果说对 1948 年以后的第一套人民币发行机制不甚了解的话，那么，对第四套人民币部分券别停止使用并与第五套人民币的兑换机制应当有所了解。2018 年 3 月 22 日，中国人民银行发布公告（〔2018〕第 6 号）：经国务院批准，中国人民银行决定自 2018 年 5 月 1 日起停止第四套人民币部分券别在市场上流通，集中兑换期为 2018 年 5 月 1 日至 2019 年 4 月 30 日，其持有者可在此期间到各银行业金融机构营业网点办理与第五套人民币的兑换。在这个兑换中，增发的第五套人民币不是贷款性增发，而是存量（第四套人民币）兑换性增发，中国人民银行不仅不能向相关银行收取利息，而且应当向相关商业银行等金融机构支付兑换手续费。类似的现象在其他国家也都存在。例如，1960 年 1 月 1 日法国的夏尔·戴高乐将军宣布使用新法郎替代旧法郎时，采取的方法是用旧法郎计算时直接删除两个零（即 1 个新法郎相当于 100 个旧法郎），同时，新法郎在日常交易中直接按照 1∶100 的比例替代旧法郎。在这一过程中，货币发行是一个置换的过程。再如，津巴布韦元曾经恶性通货膨胀。2015 年津巴布韦央行正式宣布废除津巴布韦元，允许公众用 100 万亿元的钞票兑换 0.40 美元。这依然是一个存量置换的过程（戴维·欧瑞尔等，2018，第 124 页和第 103 页）。

纸币作为信用货币的历史可以追溯到贵金属本位制条件下的银行券。欧洲由国家背书的纸币最早出现在 1694 年，由英格兰银行发行。当时英国在比奇角战役中败于法国，急需 1200 万英镑重建海军，在这种情况下由商人出资建立了英格兰银行。该银行为政府提供黄金借贷并获得债务票据，由于这些票据有皇室的许可和支持，很快就作为货币开始流通。可以看到英格兰银行最初发行的货币起源于黄金借贷，通过借出黄金而获得具有政府信用背书的票据,这种票据随着进一步流通扮演着货币的角色。在这种情况下,纸币的发行源于真实的黄金资产,而非不需要资产由一纸借贷合同凭空而来,否则英国政府也不需要由商人出资建立银行来获得贷款资金。

其后金本位(或复本位)条件下所发行的银行券,也都是由具有吸收存款功能的商业银行发行,需要以同等价值量的贵金属货币作为储备,这些商业银行所发行的银行券面值不能超过储备的贵金属货币价值。商业银行的贵金属储备从何而来?资本+负债(存款+借款等)。因此,并非"社会的每一笔存款的起源都是贷款",恰恰相反,每笔贷款都可以找到维持其存在和运行的"存款"。

第四种情形:在正常情况下,每家银行、非银行金融机构和非金融机构的资产负债表均由"资产=负债+所有者权益"构成,只要它们的"所有者权益"不为零,那么,即便"贷款"都消失了,"资产"也不会为零,由此,不论是"货币"还是"存款"都不会为零。从这个角度看,孙国峰(2019)所说的"当全部的贷款都偿还时,全社会的货币也就消失了",并不符合实际状况(查尔斯·P. 金德尔伯格,1992)。

第五种情形:存差与贷差。如果"贷款创造存款"命题能够成立,那么,在经济金融运行中贷款余额大于存款余额应为常态性长期现象。但在中国实践中,存款余额大于贷款余额(即"存差")的现象自1995年以后就一直存在,并且有着持续扩大的趋势。2019年年底,各项存款余额为1928785.33亿元,各项贷款余额为1531123.20亿元,M_2为1986488.82亿元,由此,153万亿元的贷款余额如何创造出了192万亿元的存款和198万亿元的M_2?这种存差现象,不仅在中国存在,在许多发展中国家和一些发达国家中也长期存在。例如,2019年10月,美国境内商业银行各项贷款余额为99318亿美元,各项存款余额为130601亿美元,存差为31283亿美元。它在"存款创造贷款"机制中可以得到合理解释,但在"贷款创造存款"命题中无解。

综上分析,不难看出孙文提出的"贷款凭空创造存款"命题无法得到资产负债表四式记账法的流程支持,在理论逻辑与实践逻辑(包括历史逻辑)一致性方面有待完善。

第四节 从央行四式记账流程看基础货币中的货币创造逻辑

在中央银行诞生之前，商业银行发行银行券需要有足值的贵金属作为兑付的准备金，但此时并无法定存款准备金率，也无"基础货币"概念。18世纪以后，英格兰银行的业务快速扩展。由于英格兰银行的商誉较高，许多中小商业银行借助其进行资金清算和提取现金，自愿将一部分准备金存入英格兰银行，推进了存款准备金制度的形成。1913年，美国《联邦储备法》首次规定，商业银行等金融机构应按照存款余额的一定比例向中央银行缴纳存款准备金，以制约商业银行的存贷款以货币乘数的倍数扩张（以至于无穷大），由此法定存款准备金制度正式问世。20世纪30年代大危机期间及此后，西方发达国家为了提高央行货币政策的调控能力，纷纷建立了法定存款准备金制度。20世纪80年代以后，鉴于这一制度存在着明显的理论缺陷和实践的负效应，一些发达国家（如加拿大等）通过立法程序取消了法定存款准备金制度，一些发达国家（如美国等）虽然名义上尚存这一制度但长期并未实行。在中国，1949年6月以后，中国人民银行就开始实施法定存款准备金制度，要求商业银行、钱庄和信托公司等金融机构向当地人民银行的分行缴纳"存款保证准备金"（刘平，2018）。2003年9月以后，中国人民银行频繁运用法定存款准备金率机制推进货币政策调控目标的实现，大型商业银行的法定存款准备金率在2011年6月一度达到21.5%的高位。

中央银行是商业银行等金融机构的银行，每家商业银行既不可能将货币资产（除现金之外，下同）存在自己的账户上也不可能将货币资产存在其他商业银行的账户上，只能将货币资产存入在央行开立的存款账户，这决定了基础货币有三项基本构成："货币发行+法定存款准备金+超额存款准备金"。为了证明"贷款创造存款"，孙国峰（2019）研讨了中央银行向商业银行放贷中的"存款"创造，认为"银行从中央银行借款（或卖出资产），从而取得在中央银行的存款"，也就是说，商业银行只有从央行获得贷款，才能在央行存款，由此，"贷款创造存款"的源头应追溯到央行资产负债表和贷款流程。对基础货币在存贷款中的效应分析需要按照它的三项构成分别展开：

首先，从"货币发行"看，货币发行是央行的专有权，它位于央行资产负债表的负债方，但需要通过资产方的运作而进入经济金融运行。中国人民银行的最初（如1948年12月1日以后一段时间内）货币发行是一个兑付过程。这一操作，对人民币供给而言是一个增量过程，但对交易中的货币数量而言是一个存量置换过程，不具有直接扩大交易中的货币供给数量的功能。此后，中国人民银行通过向商业银行贷款（或当时中国人民银行直接向工商企业贷款），推进了商业银行在中国人民银行的存款增加（或工商企业在中国人民银行的存款增加）。在中国人民银行资产负债表中"货币发行"处于负债方，本应在资产方有一个"货币资产"科目与它相对应，但在目前公布的中国人民银行资产负债表中没有设置"货币资产"科目，而是将它归入"其他资产"科目，由此，中国人民银行的放款流程就难以在科目上一目了然了。

假定中国人民银行发行货币500元并发放贷款200元，则有初始记账：①"货币发行"500元→②"其他资产"500元。这些程序走完后，中国人民银行的资产负债表右列有了500元的"总负债"，左列有了500元"总资产"。在向"其他存款性公司"发放贷款的场合，中国人民银行与"其他存款性公司"签署了200元贷款协议，随后流程如下：③从中国人民银行的"其他资产"科目中划出200元资金转为贷款（由此，中国人民银行的"其他资产"中减少了200元资金），"对其他存款性公司债权"增加200元（中国人民银行的"总资产"依然为500元），同时商业银行负债端增加200元中央银行借款→④获得中国人民银行贷款的商业银行将200元贷款存入它们在中国人民银行的存款账户，由此，中国人民银行资产负债表的右列增加了200元"金融性公司存款"存款，"总负债"从500元增加到700元→⑤中国人民银行在贷款资产200元的条件下，"其他资产"回到了500元，"总资产"从500元增加到700元。这一流程以简化了的中国人民银行资产负债表示，如表3.10至表3.12所示。

表 3.10　中国人民银行和商业银行资产负债表简表　　单位：元

中国人民银行			
资产	金额	负债	金额
②其他资产	+500	①货币发行	+500
合计	500	合计	500
商业银行			
资产	金额	负债	金额

表 3.11　中国人民银行和商业银行资产负债表简表　　单位：元

中国人民银行			
资产	金额	负债	金额
其他资产	300	货币发行	500
③对其他存款性公司债权	200		
合计	500	合计	500
商业银行			
资产	金额	负债	金额
④现金及存放中央银行款项	+200	③向中央银行借款	+200
合计	200	合计	200

表 3.12　中国人民银行和商业银行资产负债表简表　　单位：元

中国人民银行			
资产	金额	负债	金额
⑤其他资产	300+200	货币发行	500
③对其他存款性公司债权	200	④金融性公司存款	+200
合计	700	合计	700
商业银行			
资产	金额	负债	金额
④现金及存放中央银行款项	200	③向中央借款	200
合计	200	合计	200

在中国人民银行资产负债表中"货币发行"和"金融性公司存款"同属"储备货币"的二级科目，也同属债务性资金来源范畴，对资金使用中的"资产"而言具有基本相同的功效。因此，由"货币发行"500元所支持的"其他资产"放贷200元，实际上就是存款创造贷款的过程，按照贷款合同要求，这笔款从中国人民银行的"其他资产"中划拨到"金融性公司存款"账户，名义上是"贷款创造存款"，实际上是"存款创造存款"的过程。

但这种资金往来中的存量与增量的内在关系，在孙文中不见了，剩下的只是中国人民银行向"其他存款性公司"放贷200元和"金融性公司存款"200元的增量关系（即"贷款创造存款"），容易给人以误导。

其次，从法定存款准备金（以下简称"存准"）来看，这是商业银行按照法定存款准备金率的规定缴纳给中央银行的资金，它存放于商业银行在中央银行的存款账户。假定中国人民银行提高存准率，商业银行缴纳300元存准。随后，中国人民银行发放贷款200元，则中国人民银行资产负债表的复式记账流程是：①"金融性公司存款"+300元→②"其他资产"+300元。这些程序走完后，中国人民银行的资产负债表右列有了800元的"总负债"，左列有了800元"总资产"。在向"其他存款性公司"发放贷款的场合，中国人民银行与"其他存款性公司"签署了200元贷款协议，随后流程如下：③从中国人民银行的"其他资产"科目中划出200元资金转为贷款，由此，中国人民银行的"其他资产"中减少了200元资金，"对其他存款性公司债权"增加200元（中国人民银行的"总资产"依然为800元），同时商业银行负债端增加200元中央银行借款→④获得中国人民银行贷款的商业银行将200元贷款存入它们在中国人民银行的存款账户，由此，中国人民银行资产负债表的右列增加了200元"金融性公司存款"，"总负债"从800元增加到1000元→⑤中国人民银行在贷款资产200元的条件下，"其他资产"回到了800元，"总资产"从800元增加到1000元。这一流程以简化了的中国人民银行资产负债表示（见表3.13至表3.15）。

表 3.13　中国人民银行和商业银行资产负债表简表　　单位：元

中国人民银行

资产	金额	负债	金额
②其他资产	500+300	货币发行	500
		①金融性公司存款	+300
合计	800	合计	800

商业银行

资产	金额	负债	金额

表 3.14　中国人民银行和商业银行资产负债表简表　　单位：元

中国人民银行

资产	金额	负债	金额
②其他资产	600	货币发行	500
③对其他存款性公司债权	200	①金融性公司存款	300
合计	800	合计	800

商业银行

资产	金额	负债	金额
④现金及存放中央银行款项	+200	③向中央银行借款	+200
合计	200	合计	200

表 3.15　中国人民银行和商业银行资产负债表简表　　单位：元

中国人民银行

资产	金额	负债	金额
⑤其他资产	600+200	货币发行	500
③对其他存款性公司债权	200	④金融性公司存款	300+200
合计	1000	合计	1000

商业银行

资产	金额	负债	金额
④现金及存放中央银行款项	200	③向中央银行借款	200
合计	200	合计	200

从表 3.13 至表 3.15 的流程中可以比较直接地看出，中国人民银行

的贷款资金来源于"金融性公司存款",因此这一贷款所引致的"金融性公司存款"增加,实际上是商业银行缴纳的存准资金的延伸,如果将中间环节省略,只看起点和终点的话,它就是"存款创造存款"。

最后,基础货币中的"超额存款准备金"的四式记账流程与央行提高"存准"条件下的流程相似,故不再赘述。

从中国人民银行资产负债表的整体看,不论是"发行货币"还是收取"存准"、吸收超额存款准备金乃至发行央行债券等都是资金来源的重要渠道。央行是银行的银行,商业银行与其他客户之间的存款货币派生机制,在央行与商业银行之间也同理发生。有了资金来源,才能有效地开展贷款、贴现、公开市场操作等"资金使用",进行货币政策的调控,落实货币政策调控目标。但这一切操作都建立在真实资金的基础上,并非以无中生有的"贷款创造存款"为机制。

孙文对商业银行资产负债表的认识差误以及对央行资产负债表的认识差误,还表现在以下三个方面。

第一,商业银行的资产负债关系。孙国峰(2001)认为:"银行不可能将自己的债务变为自己的资产。资产负债表要保持平衡,任何一个主体增加资产的方式有两种,一是减少其他项目的资产,二是增加负债。因此银行增加存款准备金(即增加资产)的方式不外乎出售其他项目的资产或增加负债,对于银行总体来说,只和非银行的中央银行以及非银行公众发生经济交易。第一种增加存款准备金的方式就是向中央银行出售资产,第二种方式就是从中央银行再贷或从非银行公众处吸收现金再存入中央银行"。这段话的表述中有三个问题需要商讨:其一,"银行不可能将自己的债务变为自己的资产",这不符合资产负债表的基本原理,即按照"资产=资本+负债"平衡式,资产中当然包括由负债资金所形成的资产,商业银行只要增加负债就能够增加资产。如果这句话要达意,它应当是"银行不可能将自己的债务变为自己的资本",但孙文在分析中忽视"资本"范畴。如果"银行不可能将自己的债务变为自己的资产",则资产负债表及其机理就不存在了,孙文也没有必要运用资产负债表的复式记账方法研讨所谓的"贷款创造存款"了。其二,"减少其他项目的资产"不是增加资产的路径,也不是保持资产负债表平衡的路径。它只是调整资产结构的路径,在其他条件不变的情况下,它既不会引致资产增加也不会引致资产减少。其三,"银行增加存款准备金(即增加资产)的方式不外乎出售其他项目的资产或增加负债",其中,缺乏增加"资本"的路径,"出售其他项目的资产"不可能增加商业银行整体的存款准备金。

第二,存款与现金的关系。孙国峰(2001)认为:"银行投放的现金大于吸收的现金,银行总体不可能长期从非银行公众处吸收现金,单个银行也不可能长期做到这一点(尽管偶然会出现这种情况),因此银行总体或单个银行增加存款准备金的主要方式就是和中央银行进行交易"。这段话中有两个问题值得商讨:其一,将现金与存款相混。商业银行在央行的存款准备金中的"存款"属于"存款货币"范畴,不是现金;在商业银行账户中"公众存款"也属于"存款货币"范畴,它们通常不是以现金形式存在的,由此,从"银行总体不可能长期从非银行公众处吸收现金"推论出"银行总体不可能长期从非银行公众处吸收存款",这属于概念不清引致的差误,其结论是不成立的。其二,央行是银行的银行,接受商业银行等金融机构的存款是其基本职责之一。商业银行等金融机构获得存款准备金的主要方式是吸收客户(包括工商企业等各类机构、城乡居民和政府财政等)的各类存款,与中央银行之间进行的贷款、贴现等交易大多是调整头寸的一种方式。2019年年底,在中国人民银行资产负债表的"储备货币"科目构成中,"货币发行"仅为82859.05亿元,"金融性公司存款"高达226023.86亿元,"非金融机构存款"为15292.04亿元,同时,在资产方的"对其他存款性公司债权"为117748.86亿元,由此,一个基本的问题是,在与中国人民银行资产方交易仅为117748.86亿元的条件下,商业银行等金融机构如何获得了226023.86亿元的存款准备金?即便将"货币发行"加入其中,也还有25415.95亿元的缺口。

第三,存款与贷款之间的制约机制。孙国峰(2001)认为:"就银行贷款行为本身而言,贷款的同时对应着存款的增加,存款对银行贷款行为没有制约,对银行贷款行为的唯一制约是需要持有存款准备金,而存款准备金只来源于中央银行的资产业务。因此,银行的贷款行为并不直接受存款的约束"。这段话有四个问题需要讨论:其一,"存款"的含义。在商业银行的经营运作中,"存款"一词有着两种含义:一是在商业银行账户上的客户存款;二是商业银行在中央银行账户上的存款。商业银行向客户放贷的数量直接受到它在中央银行账户上存款数量(即超额存款准备金的数量)的制约,因此,简单地说"存款对银行贷款行为没有制约"是不符合商业银行实践的。其二,中央银行向商业银行放款的根据。舍去其他条件不提,中央银行向商业银行放款以商业银行有着对应的资产为抵押(在实践中,SLF、MLF和PSL等均需要商业银行有着对应数额的债券等资产为抵押),由此,商业银行的资产负债表并非处于"0"资产状态,同时,这也意味着商业银行可以通过在金融市场上出售这些债券获得资金,因此,"对银行贷款行为的唯一制约是需要持有存款准备金"是不确实的。其三,中央银行向商业银行放款和商业银行向客户放贷的流程是:中央银行放款给商业银行→这笔款进入商业银行在中央银行的存款账户→商业银行再将这笔款的一部分(或全部)贷放给客户,由此可见,就商业银行的贷款操作看,贷款数额明显受到它在中央银行存款账户中存款数额(即超额存款准备金数额)的限制。其四,既然商业银行对其客户的贷款受到商业银行在中央银行存款账户中的存款数额限制,那么,"对银行贷款行为的唯一制约是需要持有存款准备金"的逻辑结果就是,存款是贷款的前提条件,不是贷款凭空创造存款,而是存款创造贷款。

第五节 从"货币资产"看货币特性

在商业银行资产负债表中每个科目都有着特定含义并有着对应数字。孙文对这些科目的具体内涵把握不到位,引致对货币创造中的一些认识偏差。

一 货币与资产的关系

孙国峰(2001)认为:"在信用货币时代,货币是公众的资产,是银行的债务";"货币是公众持有的一种资产"。这一认识并不符合资产负债表的基本规范。

首先,货币和资产并非同一范畴。在资产负债表中,"货币资产"(即"资金")指的是具有货币功能的资产。它既具有货币功能又属"资产"范畴,这直接意味着"货币≠资产"。其中,资产是货币的载体,"货币"只是这种特定资产所具有的一种特定功能。就货币本身而言,它具有价值尺度、流通手段、支付手段和储藏货币等功能,但它不具有所有权、产权和债权等功能;这些权力和利益属于资产范畴。因此,所谓的"货币是公众的资产"实际上已经将"货币"与"资产"相混了。

其次,货币也是商业银行的资产。"货币资产"位于资产负债表的左列。如果它指的是实体企业(或居民家庭)的存入银行的货币,则它在商业银行资产负债表中的对应科目应为右列负债方的"客户存款"。"客户存款"在客户进行"存款"的时刻,它属于客户的资产;在"存款"手续办理结束后,它记入商业银行的负债但同时也记入商业银行的资产。这部分存款只有记入商业银行的"货币资产"后才能发挥货币的作用,从这个意义上说,"货币"也是商业银行的资产(并非只是公众的资产,也并非只是商业银行的"债务")。另外,如果商业银行将吸收的"客户存款"通过"货币资产"科目存入央行,那么,这笔"客户存款"就转变为央行的负债和商业银行的资产。

最后,货币和资产的流程不同。从流程看,这笔"货币资产"发挥资产创造功能和发挥货币的交易功能是不同的。以 100 元货币资产为例,资产创造过程是:实体企业 A 将 100 元"货币资产"存入→商业银行的负债方增加 100 元"客户存款"→商业银行将这 100 元"客户存款"存入在中央银行的存款账户,由此,商业银行资产方"存放中央银行款项"科目增加了 100 元资金;发挥货币交易功能的过程是:实体企业 A 向实体企业 B 达成购物合同→实体企业 A 向商业银行发出指令,要求其向实体企业 B 支付 60 元→商业银行从其在央行的存款账户中划出 60 元到实体企业 B 的银行账户→商业银行将实体企业 A 的"客户存款"减为 40 元并通知实体企业 A→实体企业 A 的"货币资产"减为 40 元,同时"存货"增加 60 元。在实践中,这两个流程是不可相混的。

二 货币的无限性与有限性

孙国峰(2019)认为,货币的本质是"无限跨期价值尺度的一般性债务"。银行的"贷款能力是无限大的,贷款规模只受到客户需求的限制"。"多家银行的运行类似于一家银行,其贷款能力也是无限大的"。"银行应当是无限存续期的机构","当有了背后是政府的无限存续期的中央银行支持后,银行存款货币就具有无限存续期的特征,可以作为无限跨期价值尺度的一般性债务,可以在未来任何时期清偿其他的债务"。"只有银行没有预算制约,它的资产负债规模在理论上可以无限扩大"。这一系列的"无限"大致涉及了时间、数量和能力等范畴,但与资产负债表的要求并不相符。

首先,从数量看,在任何主体的任何一张资产负债表的任何科目中数字都是具体的、有限的,不存在"无限"的数字,因此,不论是运用银行资产负债表还是运用央行资产负债表都无法证明银行或者央行具有无限大的贷款能力,与此对应,也无法证明银行的资产负债规模可以无限扩大。

其次,从时间看,货币、银行和央行均非人类存在伊始就已存在的经济现象,迄今也尚难证明只要人类还存在,它们就必然存在,因此,货币的"无限跨期"、银行"无限存续"是不符合人类历史发展中最基本的时空观的。另外,任何债务均有着明确的时间界限,即便是永续债也不是可以无限期存续的债券,不论是理论上还是实践中都无法证明"无限跨期"的一般性债务是存在的。

最后,从机构间的机制看,政府并非人类有史以来就存在的,也尚难证明在人类继续存在的历史中它始终存在,由此,即便有着政府的支持,央行也难以"无限存续"(且不说,理论上也还有人在探讨"去央行")。央行的有限存续必然引致货币、银行和债务的有限存续。另外,在无限存续和贷款能力无限大中,政府→央行→银行之间的"支持"并非市场机制,而是行政机制安排。如果孙文研讨的货币创造以行政机制为基础,从研讨的科学性和严谨性出发,则需要专门构建新的体系框架。

三 货币的平等性和不平等性

孙文在分析中强调:"银行和公众在货币面前的地位是不平等的";在货币面前,"中央银行与商业银行的地位也是不平等的,银行的负债是货币,央行的负债是基础货币,不在一个层次上"(孙国峰,2001);在银行信用货币制度下,"基础货币和货币不在一个层次"(孙国峰,2019);"在私人信用货币制度下,发行货币的权威是部落首领或者宗教领袖"。这种"不平等"和"不在一个层次"的表述，与市场机制中公平观、平等观的最基本要求并不一致，在国内外主流的金融学教科书和相关论著中均无提及（也无论证）。

首先，货币贯彻着平等理念。市场机制以介入市场交易的一切主体处于平等地位为基本前提。马克思说："商品是天生的平等派"①，在货币上这种平等机制得到了最为充分的体现。货币是同质的，只有量的区别；为同质性所决定，货币没有等级差别，"正如商品的一切质的差别在货币上都消灭了一样，货币作为激进的平均主义者把一切差别都消灭了"②。由此，在货币面前强调"不平等"是不符合市场经济基本要求的。

其次，"地位是不平等的"语焉不详。孙文强调银行和公众在货币面前的不平等地位，但未阐明是要强调债务人的权利要比债权人的权利更重要，还是要强调银行的货币比公众的货币有着更高的含金量，抑或是要强调货币在银行手中要比在公众手中能够发挥更大的功能？从主流金融学教科书和已有论著看，有三个要点是清楚的：其一，货币功能（如交易媒介、储藏手段等）不论对公众还是对商业银行来说都是一样的，并不存在对某一主体拥有这种功能而另一主体则不具有这一功能的现象。其二，不论是在商品交易场合还是货币借贷场合，交易都是以双方当事人彼此之间的地位平等从而达成的合同关系能够充分反映彼此的意愿为前提的，并不存在交易中的某一方应当拥有某种特权（从而可以强制对手方接受合同）的情形。其三，中国现实中的确存在某些由非市场机制引致的商业银行服务不规范的现象，但它们是需要通过深化改革予以克服的，不能作为理论原理予以确立。无论如何，将商业银行与客户之间的地位不平等作为货币创造的重要条件，既不符合所有的市场经济理论，也不符合法治条件下的市场经济实践。

最后，从基础货币的构成看，它由央行的"货币发行"、商业银行缴存的法定存款准备金和商业银行的超额存款准备金构成，那么，其中哪个部分不属于货币范畴？法定存款准备金和超额存款准备金是商业银

---

① ［德］马克思：《资本论》第一卷，人民出版社2004年版，第104页。
② ［德］马克思：《资本论》第一卷，人民出版社2004年版，第155页。

行经营运作中通过吸收存款方式获得的资金和股东投资形成的资本性资金，它与客户资产账户中的"货币资产"（或"银行存款"）相比，除了资产的主体不同外，其他方面并无实质性差别。从中国货币供应量的统计角度看，央行的"货币发行"属于 M_0 范畴，商业银行吸收的各类存款（包括它们存入银行账户中法定存款准备金和超额存款准备金）则属于 M_1 或 M_2 范畴，因此，存在着货币统计层次的差别。但这是众所周知的事实，牵扯不到中央银行与商业银行的地位不平等问题。从金融监管角度看，央行拥有监管商业银行的职责，商业银行属于被监管对象，因此，二者在金融监管体系中的地位不同，但监管必须依法展开，既尊重市场规律又贯彻法治要求，在这个过程中很难用"地位不平等"予以表述。从资产运作看，央行"货币发行"所形成的资产既可以通过再贷款再贴现等路径贷放给商业银行也可以通过购买债券（如公开市场业务操作）等路径流向商业银行等交易对手方。在这些金融交易中，央行与商业银行的地位是平等的（至少在理论上不能以假定央行强制商业银行接受某项交易为前提）。

第四章

从双层存款乘数框架看货币乘数

货币乘数是指在信用货币体系中通过"存款创造贷款、贷款创造存款"机制所引致的信用货币扩张倍数。货币乘数是货币理论中的核心概念，对它的认知程度不仅直接关系到信用货币创造、信用货币运行和货币政策的有效性，而且关系到宏观经济中的商品均衡和货币均衡、经济增长、就业趋势和物价走势。

已有文献中对货币乘数具有代表性的界定主要有两种：一是"存款派生乘数"（以下简称"存款乘数"）。其简要内涵是，在信用货币体系中，假定没有法定存款准备金率（以下简称"法定存准率"），同时，不考虑存贷款之间的转换频率、时间限制和其他所需条件等因素，那么，任何一笔原始存款都可能转变为无穷大的货币数量。为了限制商业银行系统（以下简称"商行系统"）的存款货币扩张倍数，在引入法定存准机制的条件下，存款乘数的最大值等于法定存准率的倒数。以 K 代表存款乘数、D 代表存款总额（原始存款+派生存款）、R 表示原始存款，以 r 代表法定存准率，则存款乘数的公式可表示为：$K=D/R=1/r$。由此，存款乘数的内涵就界定为：在法定存准限制下存款货币的扩张倍数。二是"基础货币乘数"（以下简称"货币乘数"）。其简要内涵是，由中央银行基础货币所引致的广义货币供应量的扩张（或收缩）的倍数，即货币乘数＝广义货币数量/基础货币。以 K 代表货币乘数、M 代表广义货币数量、B 代表基础货币，则货币乘数的公式可表示为：$K=M/B$。这两个乘数之间存在着密切的内在关联。存款乘数立足于商行系统的信用货币（存款货币）创造过程，如果没有存款派生乘数，则无基础货币乘数。例如，在贵金属货币体系中，不存在信用货币创造,也就不会提出货币乘数。货币乘数是存款乘数的延伸,它立足于央行对货币供应量的调控,货币政策的实施对存款乘数的影响。从实践看,运用法定存准调控货币供应量、以基础货币增减调控货币乘数并由此影响存款乘数,是中国人民银行(以下简称"人行")长期以来实施货币政策的重要抓手。

但不论是存款乘数还是货币乘数,它们的理论逻辑并不严谨,与实践逻辑也不一致。从存款乘数看,首先,对一家新设的商业银行来说,它的第一笔贷款所需资金可能并不来源于存款,而是来自注册资本提供的资金。由此,认为派生存款一定来自原始存款,可能有着以偏概全的误导。其次,对任何一家商业银行(乃至整个商行系统)来说,经过长期运作,究竟哪笔(或哪几笔)存款属于"原始存款"是很难界定的;在某个时间节点,它的存款余额是否均由它的原始存款派生而来也是很难界定的。同时,除了在论及派生存款形成的机理外,要具体计算存款乘数几乎是不可能的。最后,$K=D/r$ 只有在实施了法定存准率的条件下才可能成立。如果法定存准率为零(如加拿大从法律上取消了这一制度),那么,$K=D/r$ 中将因分母 r 为零而数值为无穷大,但现实中,存款乘数不可能无穷大(尽管难以准确计算)。从货币乘数看,首先,基础货币由"货币发行"和"金融性公司存款"(包括法定存准和超额存款准备金)两部分构成。2019 年,人行"储备货币"科目下的"货币发行"和"金融性公司存款"余额分别为 82859.05 亿元和 226023.86 亿元,"金融性公司存款"占"储备货币"324174.95 亿元的比重高达 69.72%。"金融性公司存款"主要来自商行系统经营运作中吸收的各类存款,由此,引发了一个悖论:$K=M/B$ 中,分母 B 的主要构成部分由分子 M 所决定。随着商行系统吸收各类存款的增加(即 M 增大),央行负债中的"金融性公司存款"数额也在增大,再以此为基数计算信用货币的扩张倍数将使货币乘数的数值失真。其次,与商行系统的存贷款机制相同,央行也存在着存款乘数效应。由于央行是银行的银行,央行通过再贷款(和再贴现,下同)等机制将资金投放给商行,这也是信用货币的创造过程,它在直接关系上表现为商行在央行的存款增加(即 B 增加),由此,在其他条件不变(如商行尚未将从央行获得的再贷款资金贷放给客户)的场合,货币乘数 K 的数值将表现为下降。这种信用货币创造增大而货币乘数降低的结果将对货币政策的选择造成误导。

上述简要分析已经显示出已有的货币乘数理论存在着不容小觑的缺陷，其主要原因在于经典理论（包括教科书，下同）中关于货币乘数概念的提出是从单个银行的存款派生乘数直接推广到整个银行体系的货币乘数，存在推演逻辑上的漏洞，其中最关键的问题就是对原始存款的处理。在理论上，法定存准率的变化被认为可以调整货币乘数大小，从而影响货币供应量变化，但是实际中，法定存准率调整对控制货币数量的作用越来越小。其原因就在于商行的存款准备金存入中央银行之后一直在循环运动中，并没有被央行窖藏，而是被央行主动运用对商行乃至整个金融市场进行货币的投放与回笼操作，从而可能诱发新的存款派生过程，而已有的经典理论忽略了对央行—商行层面存款派生机制的考察，这导致在货币政策操作中会高估法定存准率调整的功用。

鉴于此，我们认为有必要重新认识货币乘数，从基础理论层面对该概念的界定、计算方法和适用性进行探讨。本书的主要研究目的是对经典理论书中有关货币乘数的论述进行修补，提出一套基于"中央银行—商业银行双层存款派生乘数"的新货币乘数理论，并给出新货币乘数的计算方法，用以诠释传统货币乘数在实践中缺乏解释力的问题。

第一节 经典货币乘数理论发展脉络回顾

"乘数"概念于1931年由英国经济学家卡恩（R. F. Fahn）引入了经济学范畴。1936年，凯恩斯在《就业、利息和货币通论》中吸收"乘数"概念，提出了"投资乘数"。此后，新古典综合派将"乘数"概念引入货币理论，提出了"货币乘数"。然而，货币乘数的理念可以追溯到更久以前，它是伴随着信用货币制度的产生而出现的。约翰·劳（John Law）在1705年出版的《货币与贸易论——建议向国家供应货币》中认为，在以银行信用为担保的条件下，纸币发行数额可以超过贵金属货币（即发行准备金）的限制。此后，伯克利主教（Bishop Berkeley）、亚历山大·汉密尔顿（Alexander Hamilton）等在实践中发现，银行存款数额可以数倍于现金基础，由此推断银行具有创造存款的能力。彭宁顿（James Pennington）是第一个揭示银行信用创造中乘数机制的学者，他指出银行通过持有部分准备金产生超额储备，随后，利用这些超额储备发放贷款，当贷款资金重新存入银行之后，每单位基础现金所对应的存款规模就增大了。在此基础上，特伦（Robert Torren）认为，银行的超额现金储备可以经过一轮又一轮的存贷款过程不断进行扩张，直到存款准备金率所要求的准备金不能实现。他提出了存款扩张的上限理论，将存款乘数表示为准备金率的倒数（例如，1/10 的准备金率产生的乘数为 10 倍）。在特伦的分析中，银行系统被看作一个整体。乔普林（Joplin，1841）进一步解释了信用货币扩张是如何在银行间实现的。他认为，每家银行将自己的超额准备金贷出，随之被存入其他银行，这种循环一直持续直到超额准备消失，即所有现金都按照一定的准备金比率被银行系统所吸收。

在前人理论的基础上，马歇尔（Alfred Marshall，1923）运用数学方法建立了存款乘数模型。他设银行的准备金率为 $1/n$，A 为原始存款的规模，那么，通过信贷，信用货币可以扩展到 $A \times \left[1 + \frac{n-1}{n} + \left(\frac{n-1}{n} \right)^2 + \cdots \right] = A \times n$，无论该体系是由单一垄断银行还是由许多小型竞争性银行组成，产生的乘数都是相同的。在此，$\frac{n-1}{n}$、$\left(\frac{n-1}{n} \right)^2$ 与通常的 $(1-r)$、$(1-r)^2$ 等术语的含义相同，代表在一定比例准备金率条件下，每一美元存款中银行可贷资金的比例（例如，在存款准备金率 1/5 的条件下，银行可贷资金为存款的 4/5）。马歇尔强调，存款准备金率的决定和由此产生的贷款能力因银行类型而异。小型银行由于其潜在的现金流失风险较大、清算风险也较大，因此，与大型银行或准备金进入中央储备库的银行相比，需要有更高的准备金率。达文波特（H. J. Davenport，1913）进一步对单一垄断银行和多银行系统中竞争性银行的信贷扩张能力进行了区分。封闭经济中的单个垄断银行就能够像一个完整的银行系统一样创造多倍存款，成因是单一垄断银行没有流向其他银行的准备金损失，所有开出的支票都以转存的形式返回本银行，对其扩张能力的唯一限制是它的准备金比率 R，一旦收到 C 美元的新储备，它就可以将存款 D 扩大到 D = (1/R) C 的限额。与此不同，竞争性银行的贷款不一定会被重新转存该银行。由于借款人可以将所获贷款存放在其他银行，由此，增加了竞争对手的准备金。这些银行也将利用超额准备金继续发放贷款进行扩张，最终整个系统将像垄断银行一样将存款扩张到准备金率所允许的限度。

菲利浦斯（Chester A. Phillips）1920年出版了《银行信用》一书，将存款扩张理论推向了高台。在对相关理论进行完整阐述的基础上，他首次系统地对银行体系和单个银行的贷款和存款扩张能力进行了数学方式的描述。从银行体系的信贷扩张看，他假设银行体系规定的准备金率为 r，在吸收存款 C 后，可以立即将存款资金用于贷款，由此，贷款 L 扩大至 $L=\left(\dfrac{1}{r}-1\right)\times C$，贷款资金又存入银行，随之存款 D 扩大至 $D=\dfrac{1}{r}\times C$。由于后者考虑到初始存款以及贷款产生的存款，因此，乘数更大。他认为单个银行的扩张能力不仅取决于其准备金率 r，而且取决于贷款中作为存款而持有的比例 k（这一比例取决于补偿余额要求、借款人账户余额以及在提取支票的同一家银行重新存入支票等因素），因此，对一家准备金率为 r、初始存款为 C 的单家银行来说，假设 k 是发放贷款中能够被重新转存在本银行的一部分，l 是额外部分的贷款，同时，一旦贷款被发放，$(1-k)$ 比例的贷款被提取，最终保有的存款为 $C+kL$；由于存款或者保留在准备金中，或者被贷放出，因此，这部分存款等于贷款 L 加上所需准备金 $r(C+kL)$，即 $C+kL=L+r\times(C+kL)$，从该式可以得到 $L=\dfrac{1-r}{k\times r+1-k}\times C$，存款 $D=\dfrac{1}{k\times r+1-k}\times C$。他进一步将所有单个银行的贷款和存款创造的序列进行求和，证明了各单个银行之间的加总聚合生成了整个银行系统的扩张公式。在此基础上，安格尔（J. W. Angell）和菲采克（K. F. Ficek）考虑到实践中存在诸多限制银行存款扩张能力的因素，进一步完善了菲利浦斯模型：一是在菲利浦斯模型中，单家银行规模并不重要，但安格尔和菲采克强调了单家银行的重要性，并假设转存率与银行规模大小相关；二是他们引入了对银行存款扩张能力有着限制功能的现金流系数。

在存款扩张理论的基础上，米德（J. E. Meade）、弗里德曼（M. Friedman）和施瓦茨（A. J. Schwartz）、卡甘（P. D. Cagan）等进一步将

存款扩张乘数原理推进到广泛的货币乘数 M。其中，弗里德曼和施瓦茨的《美国货币史》对美国自南北战争（1867 年）到 1960 年的近百年货币存量变化展开了研究，认为货币供给量受到高能货币、公众存款/通货的比率、银行存款/准备金的比率三个决定因素的制约。

设 M 为货币供给总量，S 为公众持有的铸币量，S_b 为银行持有的铸币量，S_t 为货币当局持有的铸币量，S′为铸币总量，D 为银行吸收的存款额，A 为货币当局的负债，R 为银行体系的高能储备[①]，则在铸币本位制条件下，全社会铸币总量 S′=S+S_b+S_t，银行体系创造的存款为 D/S_b，公众将其货币余额分为铸币和存款的比例为 D/S（或者 D/M−D），由此，货币存量与其三个决定因素之间的数学关系可以表示为：

$$M = S' \cdot \frac{\dfrac{D}{R}\left(1+\dfrac{D}{S}\right)}{\dfrac{D}{R}+\dfrac{D}{S}} \tag{4.1}$$

在纯信用本位制条件下，各决定因素之间的数学关系，可以通过将式（4.1）中的 S′替换成 A′、S 替换成 A 而直接得到：

$$M = A' \cdot \frac{\dfrac{D}{R}\left(1+\dfrac{D}{A}\right)}{\dfrac{D}{R}+\dfrac{D}{A}} \tag{4.2}$$

在混合铸币与信用本位的一般情况下，货币存量 M=S+D+A，各决定因素之间的数学关系的表达式为：

$$M = S' \cdot \frac{\dfrac{D}{S_b}\left(1+\dfrac{D}{S}+\dfrac{A}{S}\right)}{\dfrac{D}{S_b}+\dfrac{D}{S}+\dfrac{D}{S_b}\cdot\dfrac{S_t}{A+A_b}\left(\dfrac{A}{S}+\dfrac{D}{S}\cdot\dfrac{A_b}{D}\right)} \tag{4.3}$$

弗里德曼和施瓦茨的这些货币理论和货币存量模型进入了主流货币理论，成为此后货币乘数模型的经典范例，为众多国内外教科书所借鉴。

---

① 需要注意的是，他们认为，"高能储备"由银行体系中的现金资产构成，但它并非法定存款准备金。

综上所述，在弗里德曼和施瓦茨之前，经典作家从各自角度探讨了存款乘数，同时，强调了法定存准对存款扩张的调控效应，但他们基本局限于从商行系统角度研讨存款乘数，央行在创造货币中的作用仅限于货币发行和运用法定存准调控货币供应量，没有提出央行的存款乘数问题，也就不可能从商行系统和央行两个层面研讨存款乘数和在此基础上的货币乘数问题。弗里德曼和施瓦茨的研究，将货币存量的创造视野从商行系统扩展到了央行层面，同时，研究了纯信用货币制度条件下的货币创造，但尚未深入地研讨商行系统和央行两个层面的信用货币创造机理和货币乘数。鉴于此，有必要重新梳理和探讨商行系统和央行双层框架下的信用货币创造和货币乘数机理。

第二节 双层存款乘数框架下的货币乘数机理

一 双层银行体系与货币乘数

双层银行体系是双层存款派生机制存在的前提。一个简化的经济体拥有金字塔形的双层银行体系（见图 4.1）。金字塔的底层是实体经济部门（非银行部门），中间层是商业银行，顶层是中央银行。实体部门客户在商业银行开设存款账户，通过该账户与商业银行发生存贷款交易。商业银行在中央银行开设结算账户，商业银行吸收实体部门存款后，将其中一部分存入在央行的结算账户作为准备金，并且通过该账户接受央行对其的再贷款。

中央银行向经济中投放货币的方式有两种：第一种是发行现钞（狭义的"货币发行"）。常见流程是央行先将印好的现钞存放发行库，商业银行用在中央银行的准备金存款来兑换获取，最后通过客户从商业银行提取现钞实现货币流入实体部门。现金回笼的过程与之相反。央行货币发行还有两个细分去向，一部分流到银行体系之外，被称为"流通中的货币"（M_0）；另一部分则留存在商业银行的金库中，被称为"库存现金"（实质是银行的备付金）。因此，货币发行等于流通中的货币和库存现金之和。

中央银行另一种向经济中投放货币的方式是通过再贷款、再贴现、公开市场操作等方式增加商业银行的准备金。商业银行准备金增加，便有更多的可贷资金贷放给客户，后者又将这些资金存放在银行的存款账户上，于是经济中的存款数量增加，即货币存量增加。我们把流通中的货币和实体部门客户存款加总，得到整个经济体的货币供应量。

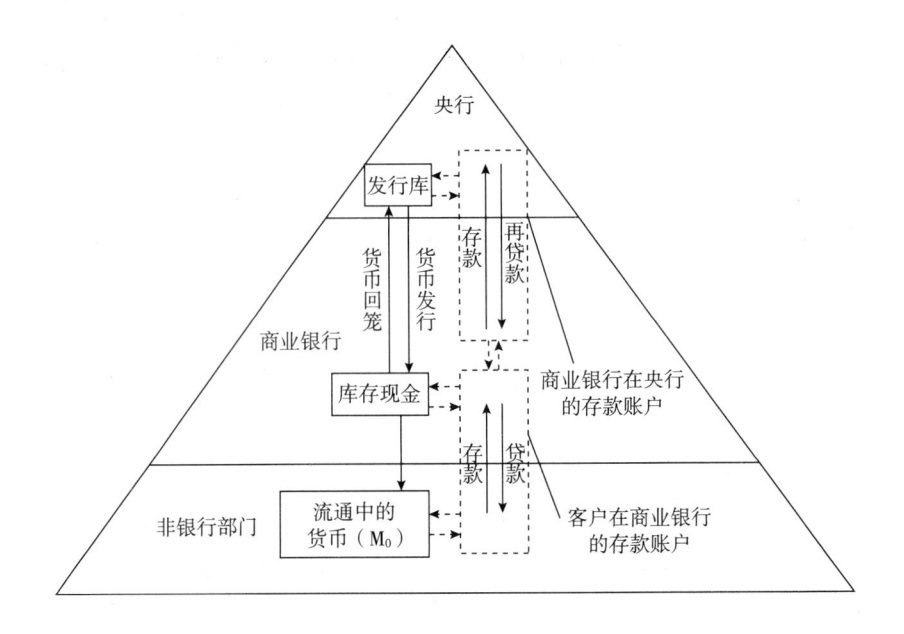

图 4.1　金字塔形的双层银行体系

综上所述，金字塔形的双层银行体系形成了两个不同范畴的货币概念。第一个层级是中央银行和商业银行之间的账户交易形成的，它是离开中央银行流向经济中的货币，包括"货币发行"和"商业银行在央行的准备金存款"两部分，这两部分之和便是我们通常定义的"基础货币"。第二个层级是商业银行和实体部门之间的交易形成的，它是离开银行体系、流向非银行部门的货币，也包括两个部分，即"流通中的货币"和"客户在商业银行的存款"，这两部分之和构成了"货币供应量"。经典理论中货币乘数的计算方法就是这两个不同层级的货币数量之比。货币乘数用公式表达为：

$$m = \frac{D+C}{R+C} = \frac{M}{B} \tag{4.4}$$

在式（4.4）中，m 为货币乘数，D 为派生存款，C 为流通中的现金，R 为商业银行的准备（包括在中央银行的存款和库存现金），M 为货币供应量，B 为基础货币。可以看出，在货币发行不变的条件下，基础货币的数额变化由商行存款的数额变化决定，商行存款数额的变化又由商行吸收的存款数额变化和央行再贷款等数额变化引致（即受到商行—实体部门存款派生和央行—商行存款派生的双重影响），以此为计算货币乘数的分母，用于反映信用货币的扩张倍数，在理论逻辑上缺乏足够说服力。

经典理论中还给出下面的公式

$$m=\frac{D+C}{R+C}=\frac{1+c}{r+e+c} \tag{4.5}$$

在式（4.5）中，c 为现金漏损率，r 为法定存款准备金率，e 为超额存款准备金率。这个公式中，r、c、e 看似固定的参数，给人一种 m 是外生决定的错觉。实际上，除了 r 由央行外生给定外，c 和 e 都是内生的，它们的数值都是当期反推出来的，而不是预设的。如果各期参数变化比较明显，这就使不同时期的货币乘数缺乏可比性。例如，t 期，由于商行获得了央行一笔再贷款而没有使用，导致该期的 e 相对 $t-1$ 期变大，由此算出的 m 将下降。而在 $t+1$ 期，当银行把超额准备贷放出去之后，e 又降低，m 再度上升。这种短期的 m 忽升忽降只能描述一种状态，说明不了信用货币扩张能力的本质问题。并且，由于有多重因素导致 m 的变化，仅从其数值大小变化也无法确定到底是什么原因导致的。

二　商业银行—实体部门之间的存款派生机制

商行创造存款货币流程大致为：吸收客户存款→商行将这些存款存入它们在央行的存款账户→向客户发放贷款→客户将获得的贷款资金存入它们在商行存款账户→商行存款增加→商行将新增存款再存入它们在央行的存款账户→商行再向客户发放贷款……在法定存准率为 0、存款不分活期和定期、无现金漏损（同时，商行不必保留现金准备以满足客户提取现金的需要）、贷款不受客户资质限制等假设下，这一逻辑过程运用资产负债表的复式记账法可表示如下：

在表 4.1 中"存款创造贷款、贷款创造存款"处于敞口状态，它将引致存款乘数无穷大。为了使商行创造的派生存款数值能够收敛，主流货币理论引入法定存准率这一变量。在法定存准率为20%的条件下,派生存款创造数额收敛于400亿元,其流程及其数值变化如表4.2所示。

表4.1　　　　　　　　商业银行资产负债表　　　　　　　单位:亿元

资产		负债和所有者权益*	
在央行的存款	②100	存款	①100*
发放贷款	③100		④100
	⑤100		⑥100
	……		……
合计	100+∞贷款		100+∞存款

注:*为了描述存款货币的创造过程,本表没有列入"所有者权益"及其数值(下同);表中的序号表示派生存款创造流程的顺序和环节。

表4.2　　　　　　　　商业银行资产负债表　　　　　　　单位:亿元

资产		负债和所有者权益	
在央行的存款	②100	存款	①100
发放贷款	③80		④80
	⑤64		⑥64
	⑦51.2		⑧51.2
	……		……
合计	500(在央行存款100+发放贷款400)		500

上述商业银行和实体部门之间的存款派生乘数用数学形式来表达是:

$$K=\frac{派生的客户存款总量}{初始客户存款}=\frac{D}{D_0} \quad (4.6)$$

在式(4.6)中,K为存款派生乘数,D为派生存款总量,D_0是初始客户存款。由于初始存款等于商业银行初始准备金的增加(在没有对外贷款前),因此,$D_0=R_0$,其中R_0为初始准备金。在上文的假设条件下,可计算出$K=1/r$,r为法定存准率。

三　从单个银行的存款派生乘数到银行体系货币乘数的转换逻辑

从微观层面单个银行的存款派生乘数到宏观层面银行体系的货币乘

数,中间存在一个转换逻辑。经典理论忽略了对这个逻辑的讨论,似乎把单个银行的存款派生乘数简单类推,就能得到整个银行体系的货币乘数。事实上,单个银行的存款派生乘数不能简单套用在银行体系上。任何一家银行的一笔新增存款,都可能来自客户在其他银行存款的转入,而模型假设每个银行都不保留超额准备金,且法定存款准备金率都相同。于是,一家银行由于收到了从其他银行转入的存款进而派生的存款量,等于后者回收贷款应对支取而导致的派生存款收缩数量,整个银行体系的总存款量并未改变。[①] 进一步地,银行间的存款互转也不会改变基础货币数量和货币供应总量。只有商行体系之外的资金存入商行体系,才会产生存款派生效果。这些外部资金才构成"原始存款"。它包含两类:一是流通中的现金,来自央行的发行;二是央行通过各种方式提供给商业银行资金,如再贷款、债券买卖、外汇兑换等。如果追根溯源,原始存款实质都来自央行的货币发行。总之,央行在货币创造中起到了最终启动者的角色。

我们通过一个简单模型来说明上述转换逻辑。假定初始状态,经济中只有客户持有的现金 C_0,客户将现金 C_0 存入银行。令现金漏损率为 c,准备金率为 r,参数各期保持不变。经过银行体系的不断派生,最终状态是:存款数量 $D = C_0 \frac{1}{c+r}$,现金数量 $C = C_0 \frac{c}{c+r}$,存款准备金数量 $R = C_0 \frac{r}{c+r}$。可以证明 $B = C + R = C_0$,也即,最终经济中的基础货币数量等于现金原始存款。[②] 银行体系的货币乘数为:

$$m = \frac{D+C}{R+C} = \frac{M}{B} = \frac{M}{C_0} \tag{4.7}$$

[①] 当然,现实中,由于不同银行的派生能力不同,把存款从派生能力小的银行转入派生能力大的银行,会导致货币量的扩大。

[②] 米什金的教材把存款派生乘数称为"简单存款乘数",它等于银行体系存款的变动除以准备金的变动,这里的"准备金的变动"其实就是黄达一书提到的"原始存款"。为什么原始存款等于准备金变动?这里有个隐含的假设条件,即银行体系达到无限次存款派生的均衡状态。在这个状态,准备金的数额等于法定准备金的数额,没有超额准备。在均衡状态,给定的准备金规模对应着均衡时的存款规模,可以看成是该准备金规模派生了如此规模的存款。当法定准备金率下调时,银行体系出现超额准备,于是银行对外贷款,直到新的均衡实现,超额准备金再次为0。无论如何,最终银行体系的准备金数额相对于降准前不变,它恒等于原始存款。但是由于降准,导致派生存款变大,银行体系存款派生能力增强。

从式（4.7）中可以看到，银行体系货币乘数有着和单个银行存款派生乘数相似的表达方式，即原始存款与其派生的总货币量的关系。不过，一旦存款派生不严格按照假设的情况进行，R 和 C 之和就不一定等于 C_0，那么货币乘数就不再体现单个银行"原始存款—派生存款"的派生逻辑，它只能展示出基础货币与货币供应量的比例关系。

四　中央银行—商业银行之间的存款派生乘数

从揭示商行系统创造存款货币的机理、估算存款乘数的最大值（和倍数）等角度看，表 4.1 至表 4.2 的逻辑是严谨的，无可厚非。但这些流程都只反映了实践逻辑的一部分，并非是完整的流程，其中缺失了在创造派生存款中商行与央行之间的流程，主要包括：商行缴纳给央行的法定存准的后续流程、商行在央行存款的后续流程、央行向商行提供再贷款、通过公开市场业务操作向商行购买国债等证券、向商行购买外汇资产等一系列操作。

央行是商行的银行，亦即商行是央行的客户，由此，派生存款创造中商行与其客户之间的存贷款机制和存款乘数效应，在央行与商行之间也是存在的。在央行—商行体系中，商行不能将注册资本和客户存款存放在自己的账户上，按照制度规定，这些资金必须存放于它们在央行的存款账户中；央行获得了商行的存款后，就应在资产方记入同等数额的"本币资产"（例如，中国人民银行应在资产方记入"人民币资产"，美联储应在资产方记入"美元资产"等）。央行资产并非处于冻结状态，在展开货币政策调控中，央行频频动用资产影响商行的可贷资金数量并由此影响经济金融运行中的货币供应量。一旦央行通过资产方的操作，将本币资产转化为对商行的债权（再贷款等），商行在央行的存款数额就将对等地增加。这一流程是：商行向央行存入资金（注册资本和客户存款）→央行负债增加的同时本币资产增加→央行通过再贷款等路径向商行提供资金→商行在央行的存款等额增加。如果舍去商行将从央行再贷款等路径获得的资金再以贷款等路径投放给它们的客户，仅就央行和商行之间的存贷款机制而言，表 4.1 的机理同样适用（由于央行没有缴纳法定存准的问题，所以，表 4.2 不适用），所不同的只是主体转变为"央行"、客户转变为"商行"以及具体科目的名称有所调整，如表 4.3 所示。

表 4.3　　　　　　　　　央行资产负债表　　　　　　单位：亿元

资产		负债和所有者权益	
本币资产	②100	金融性公司存款	①100
发放再贷款	③100		④100
	⑤100		⑥100
	……		……
合计	100+∞ 贷款		100+∞ 存款

央行是纸币发行的银行，享有纸币发行的专有权。在央行—商行体系中，央行发行的纸币数额记为央行的负债，同时，应在资产方记入同等数额的"本币资产"。发行纸币是央行控制货币供应量、实施货币政策调控的重要机制。通过资产方的操作，央行将这些纸币转化为对商行的债权（再贷款等），商行在央行的存款数额就将对等地增加。这一流程是：央行发行纸币→央行负债增加的同时本币资产增加→央行通过再贷款等路径向商行提供资金→商行在央行的存款等额增加。如果仅就央行和商行之间的存贷款机制而言，表 4.3 的机理同样适用，差异仅在于初始科目从"金融性公司存款"转变为"货币发行"，如表 4.4 所示：

表 4.4　　　　　　　　　央行资产负债表　　　　　　单位：亿元

资产		负债和所有者权益	
本币资产	②100	货币发行	①100
发放再贷款	③100	金融性公司存款	④100
	⑤100		⑥100
	……		……
合计	100+∞ 贷款		100+∞ 存款

将表 4.1 与表 4.3（或表 4.4）相连接可以看出，在央行→商行→客户的存贷款机制中，商行在央行的存款账户发挥着转承启合的关键作用。这一存款账户的资金数额，既受到商行从客户方吸收存款数额的影响，也受到商行从央行获得的贷款等数额的影响，还受到商行向客户放贷数额的影响，因此，是货币创造中各种机制的汇合点。在银行体系的资金循环中，它的流程表现为：商行吸收客户存款→商行将吸收的存款

存入在央行的存款账户→央行负债增加的同时本币资产增加→央行通过再贷款等路径向商行提供资金→商行在央行的存款等额增加→商行向客户发放贷款→客户将获得的贷款资金存入它们在商行存款账户→商行吸收的存款数额增加→商行将新增存款再存入它们在央行的存款账户……这一流程的持续循环，在时间延续中将使存款货币创造趋于无穷大。

然而，在实践中，很少见到央行资产负债表中有"本币资产"这个科目。主流理论认为"央行有扩大资产不以负债规模为限制的权力"，"现代货币理论"（MMT）更是断言央行可以"凭空"创造货币。实践中，央行对商业银行再贷款，也并没有经过先发行纸币增加"本币资产"，然后再贷款给商行这些步骤，而是需要在资产端记一笔"对存款性公司债权"，在负债端记一笔"存款性公司存款"，这笔交易就完成了。这也是"贷款创造存款"理论的逻辑起点。但是，通常经济主体（不论是个人、企业还是国家）资金来源是运用的前提，没有资金来源，资产不可能凭空扩大。央行的行为似乎违反了资产负债表的正常逻辑。难道央行是个例外吗？显然，央行作为一个经济主体不应违反经济常识。通过引入"本币资产"，我们可以将这个逻辑捋顺。可以假想：第一步，央行发行货币，但并非真正发行现钞，而是在负债端虚拟一个"（记账式）货币发行"科目，资产端同时虚拟出一个"本币资产"科目；第二步，央行使用这笔本币资产给商业银行放贷，于是央行资产端的"本币资产"变更为"对商业银行债权"；第三步，商业银行把接收到的再贷款存入在央行的存款账户，于是央行又多了一笔"本币资产"；第四步，在央行资产负债表两端，把虚拟的科目删除，相当于这个虚拟科目就是为了给货币循环一个初始的动力。经过这样的处理，中央银行便符合先有资金来源再有资金使用的正常运行逻辑。过程如表 4.5 所示。

表 4.5　　　　中央银行—商业银行之间的存款派生机制　　　　单位：亿元

第一步：央行资产负债表			
资产		负债和所有者权益	
本币资产	②100	（记账式）货币发行	①100
合计	100		100

续表

第二步：央行资产负债表

资产		负债和所有者权益	
对商行债权	③100	（记账式）货币发行	100
合计	100		100

商行资产负债表

资产		负债和所有者权益	
本币资产	④100	对央行的债务	③100
合计	100		100

第三步：央行资产负债表

资产		负债和所有者权益	
对商行债权	100	（记账式）货币发行	100
本币资产	⑥100	商行在央行的存款	⑤100
合计	200		200

商行资产负债表

资产		负债和所有者权益	
在央行的存款	⑤100	对央行的债务	100
合计	100		100

第四步：央行资产负债表

资产		负债和所有者权益	
本币资产	100	（记账式）货币发行	100
对商业银行债权	…	商行在央行的存款	…
合计	∞		∞

用数学形式展示上述过程。商行 A 向央行存入 100 亿元，则央行的储备货币 $R=100$ 亿元，央行的"本币资产"增加了 100 亿元，央行将 100 亿元本币资产再贷款给商行 B，我们将其定义为在央行—商行层面存款派生了一次，令 $n=1$。商行 B 收到 100 亿元再贷款后，继续存

入央行,则 R=200 亿元,央行又有了 100 亿元本币资产。央行可以继续再贷款 100 亿元给商行 C,C 将 100 亿元再存入央行,此时 $n=2$,$R=300$ 亿元。以此类推,央行—商行层面的存款派生乘数为:

$$K=\frac{(n+1)R}{R}=n+1 \tag{4.8}$$

在式(4.8)中,n 是派生的次数。理论上 K 可以无限大,但只要资金到了某个商行后,从准备金账户流向了实体部门,不再延续循环,该派生过程终止,K 就是有限的。此后,这些资金开始启动商行—实体部门层面的存款派生过程。

五 双重存款派生机制与商行准备金的关系

商业银行在中央银行的结算账户是双层存款派生机制的纽带。从构成上看,商业银行的准备金是商业银行一系列可能改变其数额的交易的最终存量结果,这些交易都是通过商业银行在中央银行的结算账户进行的。在商业银行与中央银行的交易中,能够引起准备金余额增加的交易包括:商行的准备金存入,央行从商行购进外汇,央行向商行再贷款、再贴现操作,央行向商行购买债券、逆回购等公开市场操作等;能够引起准备金减小的交易包括:商行提取准备金,商行从央行买入外汇,商行购买央行发行的票据,商行向央行购买债券等金融资产,商行进行回购操作等。商行和央行之间的交易会导致准备金账户的资金流入流出,用央行对商行的流入数额减去商行对央行的流入数额得到一个差额,我们定义其为"央行对商行的资金净投放"。"央行对商行的资金净投放"是央行除了向经济中发行现钞之外,向商业银行体系净发行的货币。

商业银行和实体部门之间的交易也会引起准备金余额的连锁变动。能够引起准备金增加的交易包括:商行吸收客户存款后将其中一部分作为准备金存入央行,商行将从非金融部门获取的资本金存入央行等;能够引起准备金减少的交易包括:由于客户支取存款或对客户贷款等原因引起的商行对准备金的提取。我们将商行与客户之间的交易引起的准备金的变化定义为"客户对商行的资金净流入",它等于实体部门流向商行的资金减去商行流向实体部门的资金。[①]

[①] 由于银行间的资金往来不影响准备金的总量,故不用考虑同业拆借问题。

商行准备金余额由上述两个层次的资金运动情况决定。于是,有如下公式:

$$\text{商行的准备金}(R) = \text{央行对商行的资金净投放} + \text{客户对商行的资金净流入} \qquad (4.9)$$

经典理论认为"基础货币与存款货币是源与流的关系",似乎基础货币相当于经济中的原始存款("源"),经过货币乘数放大,派生出存款货币("流")。然而,在基础货币中,商行的准备金没有原始存款的性质,准备金的数值本身是两个不同层次资金运动的结果。从这个意义上讲,基础货币不是派生存款货币的原因,而是经历双重存款派生之后的结果,派生存款货币的真正源头是央行向经济中总的资金投放净额(等于央行对商行的资金净投放与流通中现金之和),它才具有原始存款的性质。

第三节 双层存款乘数框架下的实践逻辑

一 中国的双层存款乘数实践

(一)双层银行体系建立前

中国人民银行于 1948 年组建成立,一直到 1984 年与中国工商银行分立的 36 年间,它既履行着中央银行的职能也发挥着经营性银行的职能。其间,1953 年以后,中国虽然曾设立了中国农业银行、中国人民建设银行等经营性银行,但它们均属人行领导;1965 年 11 月,中国农业银行第三次并入人行以后,人行成为中国唯一的银行。在信用货币创造中,人行实际上发挥着央行货币创造和商行货币创造的双重功能,由此,两个存款乘数连为一体。从表 4.6 中可见,1952—1984 年,"各项贷款"始终大于"各项存款"(这一现象延续时间实际上为 1949—1993 年),即贷差。贷差额最多的是 1990 年,达到 3568.08 亿元;贷差率(贷差数额/贷款余额)最高的是 1978 年,达到 38.9%。贷款大于存款以有款可贷为前提,在存款资金不能满足贷款需求的条件下,人行运用了发行货币(即"流通中货币")和自有资金等机制来增加可贷资金数额,由此,既将商行的存款乘数和央行的存款乘数连为一体,又将进入存款乘数的资金扩展到了"自有资金"。由于人行集央行职能和商行职能为一身,所以,法定存准率无效。如果按照 $K=1/r$ 计算,则存款乘数为无穷大;同时,人行尚未建立资产负债表制度和"储备货币"范畴,如果按照 $K=M/B$ 计算,则货币乘数或者无法确定,或者只能以"存款货币/流通中货币"的方式计算。以"存款货币/流通中货币"计算,1952—1984 年,货币乘数从 3.42 倍上升到 4.72 倍。从表 4.6 中还可以看出两个要点:一是尽管每年的新增贷款均在人行信贷规模管理的控制范围内,但总体上新增贷款数额还是超出了同期新增存款数额;二是贷款并没有引致等量的派生存款,即便假定"流通中货币"全部漏出,贷款余额依然大于"存款余额+流通中货币"。

表 4.6   中国银行系统的信用货币创造   单位:亿元

年份	各项贷款*	各项存款*	流通中货币*	自有资金
1952	108	93.3	27.3	11
1955	206.6	141.9	40.3	25.9
1960	983.9	468.5	95.9	369.9
1965	656.65	481.65	90.8	106.5
1970	1047.95	702.4	123.6	220.3
1975	1486.98	982.5	182.6	258.1
1980	2478.08	1689.66	346.2	496.9
1984	4746.8	3735.33	792.11	573.17

注:*本表"各项存款余额+流通中货币+自有资金" ≠ "各项贷款余额",因"金融机构人民币信贷收支表"中的"资金来源"方,在 1977 年之前有"其他"科目、1978 年之后增加了"汇兑在途资金""当年结益"等科目;在"资金运用"方,1977 年之前有"黄金占款""外汇占款"等科目,1978 年之后增加了"上缴利润和税金""财政透支和借款""待核销机电产品贷款损失"等科目。

资料来源:苏宁主编、《中国金融统计(1949—2005)》中的对应年份"金融机构人民币信贷收支表",中国金融出版社 2007 年版。

(二)双层银行体系建立后

1992 年 10 月,党的十四大提出经济体制改革的目标是建立社会主义市场经济新体制,由此,中国银行系统迈出了市场化改革步伐。1994 年 10 月 27 日出台了《货币供应量统计和公布暂行办法》,1995 年 3 月

18日全国人大常委会通过了《中华人民共和国中国人民银行法》和5月10日通过了《中华人民共和国商业银行法》，1998年1月1日人行取消了长期实行的信贷规模计划管理机制，在此背景下，中国的银行系统迈入了市场化进程。与表4.6相比，表4.7的背景有了三个变化：其一，人行与商行已分立为相对独立又相互联系的系统，央行创造货币的功能与商行系统创造货币的功能相对分离，由此，央行的存款乘数与商行系统的存款乘数相对分立。其二，2001年12月以后，中国加入世界贸易组织，存贷款市场对外开放步伐加快，由此，贯彻巴塞尔协议要求，实施资本充足率制度，存贷款投放受到存贷比和资本数额的限制。其三，在东南亚金融危机和美国金融危机之后，防范金融风险，强化内控机制，成为央行和商行系统共同的着力点，由此，提高贷款资产质量，增加贷款损失准备，保障流动性比例，成为商行和银行业监管部门的关注指标。

表4.7 中国银行系统的信用货币创造　　　　　　单位：亿元

年份	各项贷款	各项存款	流通中货币*	储备货币	金融性公司存款*	对其他存款性公司债权*	其他资产	M_2
1999	93734.3	108778.90	13455.5	33620.00	28929.20	15373.9		117638.10
2004	177363.49	240525.07	21468.30	58856.11	35672.79	19289.29	9300.05	250802.79
2009	399684.82	597741.10	38245.97	143985.00	102429.20	18692.07	7804.03	610224.52
2014	816770.01	1138644.64	60259.53	294093.02	226941.74	24985.27	11467.50	1228374.81
2019	1531123.20	1928785.33	77189.47	324174.95	226023.86	117748.86	14869.26	1986488.82

注：*1999年"金融性公司存款"的科目为"对金融机构负债"和"准备金存款"；"对其他存款性公司债权"的科目为"对存款货币银行债权"；2004年和2009年"流通中货币"的科目为"流通中现金"；2004年，"对其他存款性公司债权"的科目为"对其他存款性公司债权""对特定存款性机构债权"和"对其他金融性公司债权"；2009年，"对其他存款性公司债权"的科目为"对其他存款性公司债权"和"对其他金融性公司债权"。

资料来源：中国人民银行网站，http://www.pbc.gov.cn/diaochatongjisi/116219/index.html。其中，"各项贷款""各项存款"和"流通中货币"的数据来源于《金融机构人民币信贷收支表》；"储备货币""金融性公司存款""对其他存款性公司债权"和"其他资产"的数据来源于《货币当局资产负债表》。

从表4.7可见，第一，1999—2019年，"各项存款"始终大于"各项贷款"（实际上，1994年以后，"各项存款"就已超过"各项贷款"，原先的贷差转向了"存差"），据此可以推论，贷款所需资金主要来自

"各项存款"，因此，存贷款之间有着商行存款乘数效应。第二，"金融性公司存款"是"储备货币"的主要构成部分，它占"储备货币"的比重虽然从1999年的86.04%下降到2019年的69.72%，但依然居于高位；"金融性公司存款"占"各项存款"的比重从1999年的26.59%下降到2019年的11.71%，在大型银行法定存准率13%、中小银行法定存准率11%的条件下，2019年"金融性公司存款"226023.86亿元，近乎等于法定存准金，鉴于此，商行的超额准备金数额相当有限。第三，2019年"对其他存款性公司债权"117748.86亿元，明显大于"流通中货币"77189.47亿元，这反映了人行提供给商行系统的资金来源并不完全来自流通中货币，而是一部分来自商行在人行的"金融性公司存款"，其内在机制是央行存款乘数。第四，与1999年相比，2019年的"各项存款"增长了16.73倍，若把1999年的存款视为初始存款，则存款派生乘数为16.73，但货币乘数（M_2/储备货币）仅从1999年的3.5增长到了2019年的6.13，即按照$K=M/B$计算的货币乘数难以充分反映存款乘数。

二 美国双层存款乘数实践

中国70多年实践从内在逻辑上证实了货币金融运行中的确存在着商行和央行两个层次的信用货币扩张，与此对应，也就存在这两个层次的存款乘数。换句话说，任一时点上的各项存款余额均应是这两个层次存款乘数共同作用的结果。这种情形，如果仅在中国实践中存在，也许还具有特殊性，但它在其他国家的实践中也是存在的。

表4.8　　　　　　　　美国银行系统的信用货币创造　　　　　单位：亿美元

年份	贷款和租赁	现金资产	商行存款	借款	联邦储备券	央行存款	证券、贷款等	M_2
2000	37034.42	2953.06	37388.81	11703.81	5631.60	304.26	5154.91	49416
2005	52381.02	3165.15	56049.85	16561.16	7592.46	216.66	7442.10	66951
2007	64913.67	3153.89	66766.31	21635.41	7918.01	163.58	8265.51	74905
2008	68908.08	10222.47	72314.49	24322.38	8531.68	12480.34	12262.82	82203
2010	65446.32	11855.56	78440.82	18937.70	9437.49	13187.55	22643.54	88450
2014	76327.68	26808.80	104673.73	17550.00	12987.25	26270.09	44254.60	117479
2015	82444.75	25079.73	108681.32	18867.63	13807.59	25606.70	44155.64	124161

续表

年份	贷款和租赁	现金资产	商行存款	借款	联邦储备券	央行存款	证券、贷款等	M₂
2019	100168.27	18108.04	132267.35	20079.83	17540.66	21125.80	40979.36	154339

资料来源：美联储官网，https://www.federalreserve.gov/。"贷款和租赁""现金资产""商行存款"和"借款"的数据来源于《美国商业银行资产负债表》，数据时点为每年最后一个周末；"联邦储备券""央行存款"和"证券、贷款等"的数据来源于美联储资产负债表；其中，"贷款和租赁"原表中为"银行信贷中的贷款和租赁"，"商行存款"原表中为"存款"，"央行存款"原表中为"存款"，"证券、贷款等"原表中为"证券、溢价、折扣、回购协议和贷款"。

表4.8列示了美国商行系统和美联储2000—2019年资产负债表中的一些重要指标变化情况，从中可以看出：第一，商行系统的存款乘数效应持续发挥。与2000年相比，2008年美国商行系统的存差从354.39亿美元扩大到3406.41亿美元；在实施量化宽松政策的背景下，全美商行系统对实体经济的支持力度并没有同等程度的提高，表现在存贷款上表现为存差进一步扩大。与2008年相比，2014年"商行存款"增长了44.74%、"贷款和租赁"仅增长了10.76%，存差扩大到28346.05亿美元；在退出量化宽松的背景下，全美商行系统对实体经济的支持力度有所提高，但存差进一步扩大。与2014年相比，2019年"商行存款"增长了26.36%、"贷款和租赁"增长了31.23%，存差余额进一步扩大到32099.08亿美元。尽管如此，在全美商行系统中依然存在着存款乘数效应，20年间"商行存款"增长了2.54倍、"贷款和租赁"增长了1.71倍。第二，在基础货币中货币发行占据主体地位。在2008年金融危机爆发之前，"联邦储备券"占"联邦储备券+央行存款"的比重从2000年的94.87%提高到2007年的97.97%，但金融危机爆发后，随着美联储向商行的放款增加，商行在美联储的存款增加，这一比重从2008年的40.60%降低到2014年的33.08%，2015年以后，在退出量化宽松的背景下，这一比重又逐步回升，2019年达到45.36%，但依然远低于金融危机之前的2007年占比。由此可见，美联储量化宽松所运用的资金主要不是来自现金货币增发，而是商行在央行的记账式存款。第三，央行存款乘数明显提高。美联储的"联邦储备券"和"央行存款"主要用于向商行投放再贷款等资金。通过"证券、贷款等"路径投放的资金与"联邦储备券"之比，在金融危机前的2000年为91.53%，

金融危机中从2008年的143.73%上升到2014年的340.75%，退出量化宽松后的2019年依然高达233.62%。显然，在金融危机期间，美联储量化宽松政策的实施，就资金面而言，主要是通过"美联储通过向商行购买证券（和再贷款等）、放出资金→商行将资金存入美联储→美联储再向商行购买证券（和再贷款等）、再提供资金……"的央行存款乘数机制实现的。这一过程从全美商行系统的"现金资产"也可得到证实。第四，以$K=M/B$计算的货币乘数与实践中存款乘数相去甚远。以M_2为例，按照$M_2/$（联邦储备券+央行存款）的方式计算，2000年美国的货币乘数为8.33倍，在实施量化宽松政策过程中从2008年的3.91倍降低到2014年的2.99倍，在退出量化宽松政策过程中又从2015年的3.15倍上升到2019年的3.99倍。这些数值的变化不仅与前述的存款乘数严重不符，也有悖常理。如果选择"$M_2/$联邦储备券"方式计算货币乘数，2000年为8.78倍，在2008年实施量化宽松政策中上升到9.64倍，在2015年实施退出量化宽松政策中下降到8.99倍，2019年又进一步降低到8.80倍，更加贴近存款乘数的变化，也更符合实践逻辑。

综上所述，中美实践都证明信用货币创造中存在着商行系统存款乘数和央行存款乘数，这两个存款乘数交互作用的结果表现为货币乘数。这一实践结果，与货币理论中的存款货币创造、央行是银行的银行等原理也是一致的。

第四节 法定存款准备金率的误区

在信用货币创造理论中，由于商行系统的"存款创造贷款、贷款创造存款"是一个持续不断的过程，如表4.1所示，这将引致货币贬值、价格虚高，给经济金融运行带来严重风险。19世纪30年代以后，为了推进信用货币创造的敞口状态的收敛，超额准备金率、存款准备金率、法定存准率等机制的探究就成为信用货币创造理论的重要内容。1913年，美联储设立伊始就建立了法定存准制度，随后为各国所效仿，更是将法定存准率机制确立为信用货币创造理论中不容置疑的重要支柱。表4.2和表4.3论证了法定存准率的提高有着降低存款乘数的效应、法定存准率的降低有着扩展存款乘数的效应，它的理论逻辑似乎不容置疑。但实际上法定存准率理论存在着多个理论漏洞，在理论和实践上都有着一系列误导。

一　法定存准率调整的实际效果

表 4.9 列示了 2005—2019 年与法定存准率相关的多个指标的变化情况，从中可以看到：

第一，在 2005—2011 年的 7 年间提高法定存准从 7.5% 提高到 21%（以大型金融机构为标的，下同），"金融性公司存款" 从 2004 年的 35672.79 亿元增加到 2011 年的 168791.68 亿元（增加了 3.73 倍）。就此而言，提高法定存准的确有着增加人行锁定法定存准金的功能。同期，"各项存款" 从 2004 年的 240525.07 亿元增加到了 2011 年的 809368.33 亿元（2.37 倍），低于 "金融性公司存款" 的增加幅度，由此，似乎也可证实提高法定存准率有着抑制存款乘数的功能。但 2015—2019 年法定存准率从 20% 下降到 13%，"金融性公司存款" 从 2014 年的 226941.74 亿元减少到 2019 年的 226023.86 亿元（下降了 0.41%），降幅明显小于法定存准率；同期，"各项存款" 从 2014 年的 1138644.64 亿元增加到 2019 年的 1928785.33 亿元（增加了 69.39%），增长率显然低于法定存准率提高的年份。如果从年度比较看，这种反差更加明显。例如，2007 年法定存准率提高了 10 次（从 9% 提高到 14.5%），"金融性公司存款" 增长了 41.18%，但 "各项存款" 还是增长了 16.07%；2018 年法定存准率下降了 4 次（从 17% 降低到 14.5%），可 "金融性公司存款" 仅下降了 3.41%，"各项存款" 仅增长了 8.17%。这些实践结果表明，调整法定存准率对商行系统整体信用货币创造能力有着重要影响的理论结论并不确实可靠。

第二，随着法定存准率提高，"金融性公司存款" 数额也在增加，它们记入了人行资产负债表的负债方，并且是负债方中数额最大的科目（2014 年 338248.79 亿元总负债中占比 67.09%），那么，与它对应的资产方应记入哪个科目？换句话说，这笔巨额资金的去向是破解法定存准率效应的关键所在。在人行资产负债表的资产方并无 "本币资产" 科目，因此，法定存准金不可能直接进入 "人民币资产" 范畴，它的去向只能是购买了其他资产。在资产方各科目中占比最高的当属 "外汇资产"（2014 年 338248.79 亿元总资产中 "外汇资产" 占比为

80.02%），因此，它与"金融性公司存款"之间必然有着内在关联。实践背景是，2005年汇率改革以后，随着贸易顺差扩大、外商投资增加和境内公司到境外发股发债增多，大量外汇流入中国境内，人行面临着对冲外汇的严重压力。央行对冲外汇有着两种机制的选择：一是加大发行本币数额，用本币对冲外汇占款；二是从商行系统中调剂本币资金，用这些资金对冲外汇占款。前一机制难免因本币发行量增大而引致通货膨胀等一系列负面效应的发生（对此，已有诸多经典理论做过分析），后一机制则是他国探讨较少的（经典理论也缺乏这方面的系统研讨）。从表4.9中可见，2005—2019年，"外汇资产"数额远大于"发行货币"，由此可以判断，中国实践中主要不是通过"发行货币"来解决对冲外汇占款的难题；"发行货币"+"金融性公司存款"+"发行债券"的数额大于"外汇资产"，其中，"金融性公司存款"数额占据主体地位〔例如，2014年，金融性公司存款／（发行货币+金融性公司存款+发行债券）为75.47%〕，由此可以判定，人行主要是通过提高法定存准率、增加"金融性公司存款"来对冲外汇占款的。2007年9月6日，人行宣布从9月25日起将法定存准率再提高0.5个百分点（这是当年第7次提高法定存准率）；在此前的9月14日，就出台了《关于以外汇交存人民币存款准备金的通知》，其中规定，从2007年9月25日起，中国工商银行等14家商业银行"在人民币存款准备金率上调时以外汇资金一次性交存人民币存款准备金新增部分"。这实际上指明了，提高法定存准率的目的在于对冲外汇占款。由此，以提高法定存准率收到人行的人民币资金，又在购汇中回流到了商行系统。它的主要流程是：人行提高法定存准率→商行系统增加"金融性公司存款"→人行可用人民币资金增加→人行用人民币资金向商行系统购买外汇→购汇资金流回商行系统在人行的存款账户→"金融性公司存款"增加。这一流程的一个主要结果是，提高法定存准率对商行系统的存款乘数并无"收紧银根"的实质性影响，但它扩张了央行的存款乘数。

第三，2015年以后，随着外汇储备资产的减少（外汇资产从2014年的270681.33亿元减少到2019年的212317.26亿元），人行持续实施降低法定存准率的举措，法定存准率Ⅰ从20%降低到13%。如果法定存准率对商行系统的存款乘数有着至关重要的影响，那么，这一阶段的

"金融性公司存款"应在商行系统加大对客户放款过程中呈现大幅减少趋势,但与2014年的226941.74亿元相比,2016—2018年均超过了这一数额,即便是2019年也相差无几,由此,提出了一个问题:在降低法定存准率中,对应的人民币资金是如何流向商行系统的?从表4.9中看,2015年以后,在法定存准率持续下降的同时,人行"对其他存款性公司债权"数额快速增加,2019年达到122372.25亿元,比2014年的32834.08亿元增加了2.73倍。从理论上说,它的操作流程应与提高法定存准率相反(例如,人行卖出外汇资产、获得人民币资金→人行降低法定存准率、将锁定的法定存准金归还给商行→商行系统的法定存准金减少、"金融性公司存款"中可动用部分增加→商行系统加大对客户的贷款、"金融性公司存款"减少……),但在中国实践中,人行的操作流程是:人行卖出外汇资产、获得人民币资金→人行降低法定存准率→人行通过加大向商行系统的再贷款等操作、将人民币资金"还给"商行系统→与降低法定存准率对应的人民币资金流回到商行系统在人行的存款账户→"金融性公司存款"数额增加或基本不变。在这一流程的操作中,由于"外汇资产"减少的数额基本上转换为"对其他存款性公司债权",所以,央行的存款乘数基本不变,同时,商行系统的存款乘数也基本不变。这一流程的一个主要结果是,降低法定存准率对商行系统的存款乘数并无"放松银根"的实质性影响,只是调整了"金融性公司存款"中的央行锁定数额与商行可动用数额(即超额存款准备金)之间的比例,同时,与提高法定存准率相比,央行的存款乘数效应基本不变。

表4.9 法定存准率调整与中国人民银行资产负债表主要科目的变化

单位:亿元、%

年份	存准率Ⅰ*	存准率Ⅱ*	各项存款*	发行货币	金融性公司存款	发行债券	外汇资产	对其他存款性公司债权*	其他资产
2005	7.5	7.5	287169.52	25853.97	38391.25	20296.00	62139.96	25918.12	11459.57
2006	9	9	335434.10	29138.70	48459.26	29740.58	84360.81	28532.80	11412.84
2007	14.5	14.5	389371.15	32971.58	68415.86	34469.13	115168.71	20898.73	7098.18
2008	15.5	13.5	466203.32	37115.76	92106.57	45779.83	149624.26	20329.28	8027.20
2009	15.5	13.5	597741.10	41555.80	102429.20	42064.21	175154.59	18692.07	7804.03

续表

年份	存准率Ⅰ*	存准率Ⅱ*	各项存款*	发行货币	金融性公司存款	发行债券	外汇资产	对其他存款性公司债权*	其他资产
2010	18.5	16.5	718237.93	48646.02	136665.06	40497.23	206766.71	20811.51	7597.67
2011	21	19	809368.33	55850.07	168791.68	23336.66	232388.73	20891.51	6763.31
2012	20	18	917554.77	60645.97	191699.20	13880.00	236669.93	26739.70	11041.91
2014	20	18	1138644.64	67151.28	226941.74	6522.00	270681.33	32834.08	11467.50
2015	17.5	15.5	1357021.61	69885.95	206491.55	6572.00	248537.59	33282.95	15338.87
2016	17	15	1505863.83	74884.44	234095.17	500.00	219425.26	91063.43	7497.26
2017	17	15	1641044.22	77073.58	243802.28	0	214788.33	108216.97	18174.48
2018	14.5	12.5	1775225.73	79145.50	235511.22	200	212556.68	116160.06	23405.85
2019	13	11	1928785.33	82859.05	226023.86	1020.00	212317.26	122372.25	14869.26

注：*表中"各项存款"源自《金融机构人民币信贷收支表》，其他科目数据源自《货币当局资产负债表》；"对其他存款性公司债权"从2005年至2008年为"对存款货币银行债权"+"对特定存款机构债权"+"对其他金融机构债权"，2009年以后为"对存款货币银行债权"+"对其他金融机构债权"；2005年"金融性公司存款"的名称为"金融机构存款"；"存准率Ⅰ"为大型金融机构法定存款准备金率，"存准率Ⅱ"为中小型金融机构法定存款准备金率。

资料来源：法定存准率数据来自Wind，其他数据来自中国人民银行官网，http://www.pbc.gov.cn/diaochatongjisi/116219/index.html.

二 法定存准率机制的三个缺陷

通过对表4.9的分析可以看到，主流货币理论中的法定存准率机制存在着三个缺陷：其一，法定存准率机制将央行对单家（或若干家商行）的调控效应扩展到整个商行系统，如表4.2和表4.3所示，出现了以偏概全的失误。其二，法定存准率机制着力于运用央行机制调节商行的信用货币创造，没有考虑到央行收取法定存准后的资金运作，造成了一种错觉，似乎在实行法定存准率制度条件下，商行缴纳给央行的资金，在进入它们在央行的存款账户后就消失了。其三，法定存准率机制锚定于央行调控商行在信用货币创造中的存款乘数，忽视了央行在创造信用货币中的存款乘数。

从第一个缺陷看，表4.2和表4.3所揭示的法定存准率机理，在面对单一（或若干家，下同）商行是完全成立的。成因是，央行通过提高法定存准率从单家商行收取的法定存准金，可以通过再贷款等路径将这些资金放给其他家商行，由此，对这家商行来说，提高法定存准率的确有着收紧银根的效应。在表4.9的流程中，由于各家商行吸收的外汇存款从而外汇资产数额不尽相同，人行提高法定存准率收取人民币资金的同时用这些人民币资金向商行系统购买外汇资产。由于中小型商行吸收的外汇存款较少（甚至没有），人民币资金的回流基本无望，所以，它们的存款乘数必然受到法定存准率提高的制约，就此而言，主流货币理论中的法定存准率机制是适用的。但对工、农、中、建等大型商行来说，由于它们吸收外汇存款从而外汇资产较多，回流的人民币资金较多，所以，它们的存款乘数不仅不会受到法定存准率提高的制约，而且可能更加扩张（这弥补了中小型商行存款乘数降低的效应），由此，从商行系统来看，提高法定存准率并无收紧银根的效应。就此而言，主流货币理论中的法定存准率机制是不适用的。与此同理，在降低法定存准率过程中，人行先将外汇资产卖给工、农、中、建等大型商行（大型商行再将外汇资产卖给它们的客户，或大型商行代理客户买入）、获得人民币资金，然后下调法定存准率，大型商行按照法定存准率下调的比例获得返流的人民币资金，但返流的人民币资金小于购买外汇所付出的人民币资金，并无扩大存款乘数的效应；对中小型商行来说，按照降低的法定存准率比例获得了此前被锁定的一部分人民币资金返流，有着放松银根的效应，存款乘数将随之扩张。由此，就商行系统而言，并无放松银根、扩张存款乘数的效应。

从第二个缺陷看，如果表4.2和表4.3所揭示的法定存准率流程能够成立，央行在资产方就应有一个"本币资产"的科目。这一科目的资金数额至少应等于法定存准金（如果加上"发行货币"和商行超额存款准备金，则这一科目中的数额应大于法定存款准备金）。"本币资产"科目的功能是，当法定存准率提高时对应数额的法定存款准备金流入该科目，当法定存准率降低时对应数额的法定存款准备金流出该科目。但是，不论是人行、美联储还是其他国家的央行资产负债表中均罕有此类科目。由此，表4.2和表4.3所描述的法定存准率调整背景下的资金流程是一个半截子流程。它的完整流程（以提高法定存准率为例）应当是：央行提高法定存准率→商行在央行存款账户中的对应数额资金转为法定存款准备金→央行通过再贷款等路径向商行提供资金→商行在央行的存款等额增加→商行向客户发放贷款→客户将获得的贷款资金再存入它们在商行存款账户→商行吸收的存款数额增加→商行将新增存款再存入它们在央行的存款账户并同时将其中的一部分资金按照法定存准率的比例纳入法定存款准备金范畴……由此来看，提高法定存准率并无抑制商行系统创造信用货币的存款乘数效应，但它扩大了央行存款乘数的创造能力，反之亦相反。

从第三个缺陷看，表4.2和表4.3忽视了央行在创造信用货币中程度存款乘数，将商行系统存放在央行存款账户中的资金与央行发行的纸币等量齐观，简单地合并为基础货币（或"储备货币"），并以此为分母计算货币乘数，使货币乘数的数值不能有效反映存款乘数，给货币政策制定和调控措施选择以失真的误导。

表4.10列示了在法定存准率调整中按照 $K=M/B$ 计算的货币乘数，从中可以看出：2006—2012年，随着法定存准率的提高，按照 $K=M/B$ 计算的货币乘数数值从2005年的4.6倍下降到2012年的3.86倍；2015—2019年，随着法定存准率下降，货币乘数的数值从2014年的4.18倍上升到2019年的6.13倍，因此，就货币乘数的走势而言，它与法定存准率的调整似乎大致相仿。但细究其中的变化，则可发现诸多不对称之处：第一，每个百分点法定存准率的效应差别甚大。以法定存准率Ⅰ为例，2006年法定存准率提高了1.5个百分点，货币乘数降低了0.16个百分点；2007年法定存准率提高了5.5个百分点，货币乘数降低了0.47个百分点；2008年法定存准率提高了1个百分点，货币乘数降低了0.29个百分点。反之，2015年法定存准率降低了2.5个百分点，货币乘数上升了0.86个百分点；2016年法定存准率降低了0.5个百分点，货币乘数降低了0.02个百分点；2018年法定存准率降低了2.5个百分点，货币乘数上升了0.27个百分点；2019年法定存准率降低了1.5个百分点，货币乘数上升了0.61个百分点。第二，只要法定存准率不变（即不继续提高或降低），货币乘数就上升（哪怕法定存准率处于高位）。2005年没有提高法定存准率，货币乘数达到4.6倍；2013年和2014年法定存准率在20%的高位（但没有提高或降低），货币乘数就从2012年的3.86倍分别上升到2013年的4.08倍和2014年的4.18倍。这与法定存准率的效应很不一致。第三，与反映存款乘数的相关指标的走势差别甚大。以"各项存款"和 M_2 的年度增长率为

例,在货币乘数下降期间,它们居高不下。2005年法定存准率没有提高,"各项存款"增长了19.39%、M_2增长了18.03%;2006年法定存准率提高了1.5个百分点,"各项存款"增长了16.8%、M_2增长了16.73%;2007年法定存准率提高了5.5个百分点,"各项存款"增长了16.07%、M_2增长了16.73%;在货币乘数上升期间,它们却呈下降趋势。2012—2014年法定存准率基本不变,"各项存款"分别增长了13.36%、13.76%和9.0%,M_2分别增长了14.39%、13.58%和11.01%;2015年和2018年法定存准率都下降了2.5个百分点,"各项存款"分别增长了19.17%和8.17%,M_2分别增长了13.34%和8.07%。货币乘数应能反映商行系统的存款乘数变化,但"各项存款"和M_2的增长率变化在货币乘数上并未得到有效反映。这些不对称印证了法定存准率的无效,也说明了以$K=M/B$计算的货币乘数有着重大偏差。

表4.10　　　　基于"$K=M/B$"的中国货币乘数　　单位:亿元、倍数

年份	存准率Ⅰ	存准率Ⅱ	各项存款	储备货币	发行货币	金融性公司存款	M_2	K
2005	7.5	7.5	287169.52	64343.13	25853.97	38391.25	296040.13	4.60
2006	9	9	335434.10	77757.83	29138.70	48459.26	345577.91	4.44
2007	14.5	14.5	389371.15	101545.40	32971.58	68415.86	403401.30	3.97
2008	15.5	13.5	466203.32	129222.33	37115.76	92106.57	475166.60	3.68
2009	15.5	13.5	597741.10	143985.00	41555.80	102429.20	610224.52	4.24
2010	18.5	16.5	718237.93	185311.08	48646.02	136665.06	725851.79	3.92
2011	21	19	809368.33	224641.76	55850.07	168791.68	851590.90	3.79
2012	20	18	917554.77	252345.17	60645.27	191699.20	974148.80	3.86
2013	20	18	1043846.86	271023.09	64980.93	206042.17	1106524.98	4.08
2014	20	18	1138644.64	294093.02	67151.28	226941.74	1228374.81	4.18
2015	17.5	15.5	1357021.61	276377.49	69885.95	206491.55	1392278.11	5.04
2016	17	15	1505863.83	308979.61	74884.44	234095.17	1550066.67	5.02
2017	17	15	1641044.22	321870.76	77073.58	243802.28	1690235.31	5.25
2018	14.5	12.5	1775225.73	330956.52	79145.50	235511.22	1826744.22	5.52
2019	13	11	1928785.33	324174.95	82859.05	226023.86	1986488.82	6.13

资料来源:Wind数据库。

在信用货币创造中，法定存准率无效并不意味着表4.1的逻辑必然贯穿于实践之中（从而，信用货币创造有着无穷大的趋势）。在现实中，有着一系列因素制约着信用货币创造，其中包括库存现金（2019年年底，商行系统的库存现金为5669.58亿元）、客户偿债能力和贷款用途（包括客户的资信、资产质量和经营运作风险等）、资本充足率、利率水平和利率结构、风险内控和金融监管要求等，因此，存款乘数从而货币乘数不可能趋于无穷大。

第五节　双层存款乘数框架下的货币乘数计量

主流理论中的货币乘数是一个加总乘数，包含了央行—商行和商行—客户双层存款派生过程，并不能清晰地体现央行货币政策操作对存款货币的派生效果。为了更全面地展示货币乘数的价值，我们在传统货币乘数的基础上，设计了新的货币乘数计算方法，从不同角度衡量货币派生的效果。

一　央行基础货币投放乘数

我们借鉴资金流量的思路，考察商行在央行存款账户（以及现金库存）的资金流入和流出，计算央行对商业银行的基础货币净投放。央行基础货币投放乘数考察央行对商行的基础货币投放行为与货币供应量的关系，它侧重于央行—商行层面的资金运动，因而可以用来检验货币政策的效应。该货币乘数形式如下：

$$m' = \frac{D+C}{I+C} \tag{4.10}$$

在式（4.10）中，I是央行对商行的基础货币净投放，C为流通中现金，D是存款货币。式（4.10）分母表示央行向整个经济体净投入的货币总量，是货币派生的原点；分子表示货币供应量。

式（4.5）和式（4.10）的区别在于，传统货币乘数实际上是包含了双层存款乘数的加总货币乘数，央行基础货币投放乘数则只考虑央行的基础货币净投放对货币总量的派生作用。二者联系在于，如果央行没有跟商行之间进行任何交易（包括准备金存款），或者央行—商行的交易使最终的$I=0$，则基础货币投放乘数就等于$m' = \dfrac{M^s}{C}$，其中，M^s为货币供应量；如果恰巧 $I=R$，则央行基础货币投放乘数在数值上等于传统货币乘数。然而通常情况下，两个货币乘数的数值并不一致。由于央行—商行层面派生过程的存在，使整个经济的货币乘数不仅仅取决于商行和实体部门之间的存款派生过程，因而基础货币投放乘数一般也会更大。

我们根据人行资产负债表数据计算了"央行对商行的基础货币净投放"，并在此基础上计算了"央行基础货币投放乘数"。其中，央行对商行的基础货币净投放的计算方法是"中央银行外汇占款+对政府债权+对其他存款性公司债权−其他存款性公司存款−货币当局债券发行−货币当局其他负债"。[①] 如图 4.2 所示，央行基础货币投放乘数与传统货币乘数的变化趋势总体上有一致性，但是也存在明显的差异。央行基础货币投放乘数要大于传统货币乘数，并且在某些年份两者出现较大的偏离。

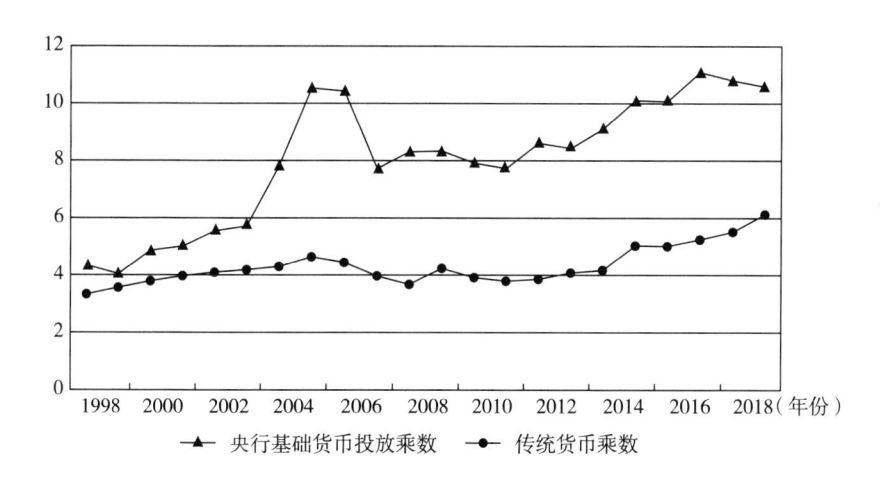

图 4.2 中国的央行基础货币投放乘数和传统货币乘数对比

资料来源：由笔者根据相关资料整理。

美国的情形与中国相比有很大差异。如图 4.3 所示，在 2008 年以

---

① 计算原理参见"五、双重存款派生机制与商行准备金的关系"。本书采用简化的计算方法，假定央行只与商行系统进行外汇买卖、证券买卖和票据买卖，央行"其他负债"均为央行向商业银行的正回购数额。

前,传统方法计算的美国货币乘数较大,因为它的基础货币中几乎为联邦储备券,但是次贷危机后,美联储大量投放基础货币,但是商业银行没有放贷,而是将获得的资金存在了央行里,于是基础货币数量大增,货币供应量没有显著增长,导致传统货币乘数减小。央行基础货币投放乘数非常明显地展示出美联储在2008年释放流动性的行为。在2008年之前,央行基础货币投放乘数要小于传统货币乘数,而在此之后,央行基础货币投放乘数总体上要大于传统货币乘数,直至2018年情况才有所转变。

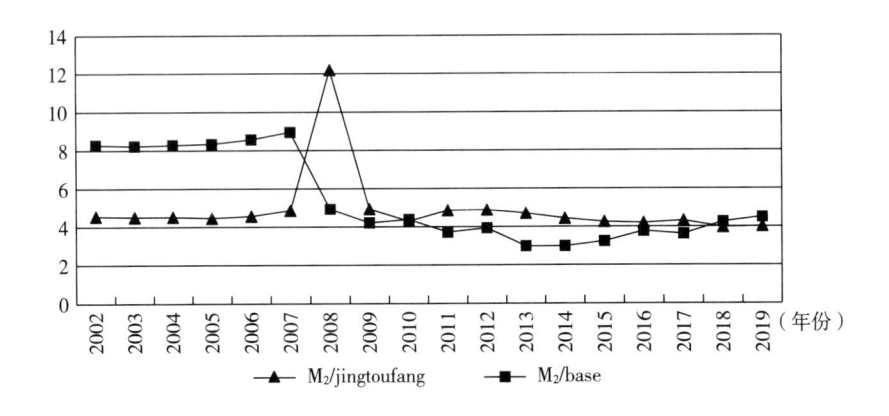

图 4.3 美国的央行基础货币投放乘数和传统货币乘数对比

资料来源:由笔者根据相关资料整理。

二 央行货币净投放乘数

央行对整个经济体的货币投放不仅影响了现金和商业银行的准备金(基础货币),它也会对非银行机构投放货币,通常后者没有存款派生功能。但是央行对非银行机构直接投放的货币最终也会形成整个经济的货币供应总量。因此,考虑到非银行机构从央行获得的货币,我们再构造"央行货币净投放乘数",它考察央行对整个经济的货币净投放与货币供应量的关系,投放的不仅有基础货币,也有非基础货币(给非银行的)。

该乘数的构造来自货币创造的会计视角。央行资产负债表的资产端是其资金运用,除了极少数科目不涉及资金从央行对外流出(如 SDR)

外，其余都可视为央行对整个经济体的货币投放，包括外汇兑换导致的基础货币供给，对银行债权、对非银行债权、对政府债权和对非金融部门债权等。在资产负债表的负债端，有一些科目会实际流入央行，如银行准备金存款、非银行机构存款、政府存款、债券发行收入和其他负债等；有一些科目虽然被记在负债项下，但并没有进入央行，如货币发行，包括公众持有的现金和商行持有的现金。央行的货币净投放等于资产端的资金运用减去负债端能够回流央行的资金来源，即货币发行。

据此，我们构造央行的货币净投放乘数如下：

$$m'' = \frac{M^s}{CI} = \frac{M^s}{C + 库存现金} \tag{4.11}$$

其中，M^s 为货币供应量，CI 为货币发行。式（4.10）和式（4.11）的区别在于，式（4.10）只考虑央行基础货币的投放乘数，不考虑其他非基础货币渠道投放带来的货币供应量增加。式（4.10）的适用条件是，整个经济中，M^s 必须要通过现金发行和商行信贷两个渠道产生，不存在其他渠道导致的货币供应量的增加（如影子银行）。式（4.11）考察所有的央行货币投放和回收渠道，最终经过轧差，只有货币发行这个净投放没有再回到央行货币投放和回收的循环中，相当于中央银行的现金漏损。当货币发行数值趋向于 0 时，说明没有现金漏损，所有的货币投放都参与无限的资金循环中，这时候货币乘数 m'' 无穷大，央行所有的资金来源全部用于资金运用，不需要再发行现钞来增加货币供给，央行对外没有资金的净流出。

图 4.4 展示了 M_1 和 M_2 两个口径的中国人民银行货币净投放乘数，可见该乘数总体上保持增长趋势，特别是 M_2 口径的央行货币净投放乘数增长幅度很快。在人们的现金使用习惯、支付技术、制度机制、货币流通速度基本不变的情况下，央行货币净投放乘数具有跨期的可比性。如果现金漏损的数量有较大变化，则该数值不再适合跨期比较。

三 存量乘数到增量乘数

严格来说，用 $m = \dfrac{M}{B}$ 来计算货币乘数，并不符合对乘数的经典定义。根据凯恩斯等对乘数的定义，乘数更多反映的是增量的概念，而货币乘数的计算公式用的是存量。实际上，教科书上在计算存款派生乘数的时候，用的就是增量的概念，所谓的"初始存款"，本质上是增量的概念，而统计派生的货币总量也是增量，在讨论时原先就没有既定存在的货币量。

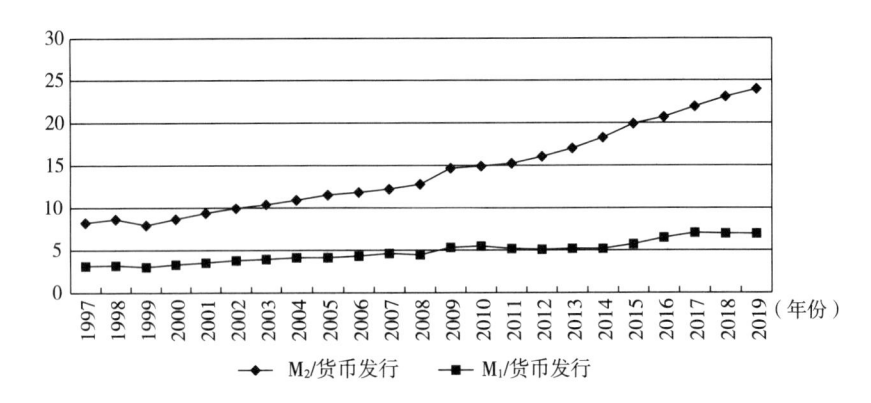

图4.4　中国人民银行的货币净投放乘数

资料来源：由笔者根据相关资料整理。

为了更贴合乘数的原本定义，我们按增量的方法重新计算货币乘数：

$$m''' = \frac{\Delta M}{\Delta B} = \frac{\Delta D + \Delta C}{\Delta R + \Delta C} \tag{4.12}$$

在式（4.12）中，$\Delta C = C_t - C_{t-1}$，$\Delta D = D_t - D_{t-1}$，$\Delta R = R_t - R_{t-1}$。角标 t 标明 t 期和 $t-1$ 期。

进一步地，$R_{t-1} = r_{t-1} D_{t-1} + e_{t-1} D_{t-1}$，其中 r_{t-1} 为法定存款准备金率，e_{t-1} 为超额存款准备金率。

$$R_t = r_t D_t + e_t D_t \tag{4.13}$$

再假定 $C_t = c_t D_t$。

注意，在两期中，法定存款准备率是外生的，两期可以相同也可以不同。而超额准备金率 e 表面上看似乎是银行自己决定的一个数额，也是外生的，其实不然，e 是由一系列因素决定的一个结果，因此，两期很有可能大不相同。

$$m''' = \frac{\Delta M}{\Delta B} = \frac{\Delta D + \Delta C}{\Delta R + \Delta C}$$

$$= \frac{(D_t - D_{t-1}) + (c_t D_t - c_{t-1} D_{t-1})}{[(r_t D_t + e_t D_t) - (r_{t-1} D_{t-1} + e_{t-1} D_{t-1})] + (c_t D_t - c_{t-1} D_{t-1})} \quad (4.14)$$

为简化，假定 $\Delta C = 0$，$r_t = r_{t-1} = r$，$e_t = e_{t-1} = e$，则：

$$m = \frac{\Delta M}{\Delta B} = \frac{\Delta D}{\Delta R} = \frac{(D_t - D_{t-1})}{[(r_t D_t + e_t D_t) - (r_{t-1} D_{t-1} + e_{t-1} D_{t-1})]} = \frac{1}{r + e} \quad (4.15)$$

于是，这个结果就与主流理论中经典模型结果一致了。

如图4.5所示，由于货币净投放的增量可能出现负值，货币总量理论上也可能出现减少，因此，这个增量乘数有可能是负值。正是由于现实中，按增量来定义货币乘数涉及太多不确定的变量，人们采用存量货币的简化形式更容易计算，但经济含义也随之发生改变。

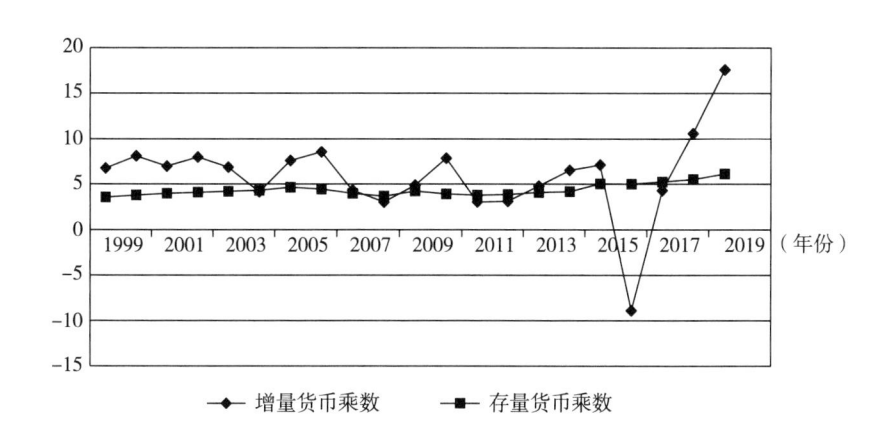

图 4.5 中国的存量货币乘数和增量货币乘数（M_2）

资料来源：由笔者根据相关资料整理。

计算增量乘数的意义在于，在一个较短的时期内，增量乘数理应保持稳定，至少不应骤变。但是一旦出现奇异点，就要特别考察其原因。例如，2015年后，增量货币乘数出现异常波动，这至少可以说明一个问题，即货币供应量的变化不完全由央行的净投放，或者基础货币的变化决定，一定还有其他的原因，如商业银行层面的派生能力，信贷的需求等。

第六节 结论

主流理论对货币乘数有两个口径的界定，一是存款派生乘数，这是由单家银行（或若干家银行）在法定存款准备金率制度下的存款派生机制而推导出的；二是（基础）货币乘数，这是基于存款派生乘数的逻辑，在加总层面由基础货币到货币供应量的派生机制而推导出的。不论是哪种货币乘数，它们的理论逻辑其实并不严谨，与实践逻辑也不一致。主要原因在于货币乘数理论的提出是将法定存准率机制从央行对单家（或若干家商行）的调控效应扩展到整个商行系统，忽略了对央行—商行层面存款派生机制的考察，没有考虑到央行收取法定存准后的资金运作，忽视了央行在创造信用货币中的存款乘数，这导致在货币政策操作中会高估法定存准率调整的功用。

本书提出一套基于"中央银行—商业银行双层存款派生乘数"的新货币乘数理论，用以诠释传统货币乘数在实践中缺乏解释力的问题。我们分析了双层银行体系和货币乘数的关系，分别讨论了商业银行—实体部门层面的存款派生乘数，以及央行—商行层面的存款派生乘数，比较了二者的差异。我们进一步地展示了双层存款乘数框架下的实践逻辑，用中国和美国的实际数据印证双层存款乘数机制的存在性和运行逻辑，并论述法定存款准备金率理论存在的误区。在央行—商行和商行—客户双层存款派生机制的框架下，我们在传统货币乘数的基础上，设计了新的货币乘数计算方法，从不同角度衡量货币派生的效果，包括央行基础货币投放乘数，央行货币净投放乘数，以及增量货币乘数，并将这些新口径的货币乘数和传统货币乘数进行了比较。

需要说明的是，货币乘数高低只反映经济金融运行发展中的货币创造机制和货币结构变化，并无优劣好坏之分。在经济金融发展过程中，随着经济总量和金融总量的扩展，信用货币总量的扩张是一个客观趋势，与此对应，货币结构中履行支付功能的电子货币占比上升也是必然的。在数字经济发展中，如果数字货币在一定程度上取代了纸币，则货币乘数还将进一步提高。另外，从货币供应量角度看，货币乘数高低是权衡货币供应量多少和货币政策松紧的一项重要指标，但它只有与具体的经济增长率、物价上涨率、投资增长率等经济指标和金融市场价格波动、利率水平变化、投资收益率等金融指标相连接中才能做出合适的判断。

第五章

从货币机理看 Libra 的内生矛盾*

第一节 论题的由来

2019年6月17日,美国脸书(Facebook)平台向全球发布了"Libra"加密货币项目白皮书,强调"Libra 的使命是建立一套简单的、无国界的货币和为数十亿人服务的金融基础设施",由此,以"一石激起千层浪"的涟漪效应掀起了一轮轩然大波,再次激活了世界各主要国家金融监管部门(包括货币当局)、商界(包括金融界)和学术界对数字货币的热议,各种观点众说纷纭,莫衷一是。

从金融监管部门看,美国众议院金融服务委员会主席玛克辛·华特斯和一些立法委员会于2019年7月3日向脸书公司的高管发出了一封公开信,认为 Libra 可能引起一系列严重的隐私、交易、国家安全和货币政策问题,它可能与美国的货币政策和美元对抗,因此,要求脸书暂停所有与 Libra 有关的开发工作,同时,要求金融服务委员会及其附属小组委员会举行听证会,弄清 Libra 如何运作并将采取哪些保护措施来保护用户隐私。7月10日,美联储主席鲍威尔向众议院金融服务委员会表示,Libra 进入金融业将带来"许多严肃的问题",在脸书能够详细解释和有效处理相关金融监管议题之前,Libra 不应被允许发行。欧洲议会德国议员 Markus Ferber 认为,Libra 的运作将使脸书成为一家拥

---

* 刊发于《金融评论》2020年第1期。

有超过 20 亿用户的"影子银行",监管机构对此应保持高度警惕,欧盟委员会应着手制定虚拟货币的监管框架。法国财长 Bruno Le Maire 强调指出,Libra 不应被视为传统货币的替代品,主权货币必须掌握在国家手中,而不是迎合私人利益的私人公司手中。欧央行执行董事 Benoit Coeure 认为,监管机构允许企业在监管真空中开发新的金融服务和资产类别是不负责任的。与这些认识不同的是,英国央行行长 Mark Carney 表示,英国央行对脸书推进 Libra 的计划持"开放态度",但并非"大门敞开",一旦脸书通过 Libra 成功吸引用户,它就必须遵守最高标准的监管。IMF 市场部主管 Tobias Adrian 则表示,IMF 更倾向于将 Libra 视为"电子货币"领域的一部分,这一领域规模已相当大,例如,微信和支付宝每年处理的交易量达 18.7 万亿美元。

从学术界看,美国的约瑟夫·E.斯蒂格利茨认为,只有傻子才会把自己的金融福祉托付给脸书,从事 Libra 的活动。哥伦比亚大学法学院教授 Katharina Pistor 强调,脸书推出的 Libra 是一种可以摧毁整个全球经济的加密货币支付系统的计划,该公司承诺一些其自身无法实现的东西(如保护货币的价值),对此,政府必须立刻予以叫停。2019 年 7 月 9 日,在中国外汇研究中心的研讨会上,周小川指出,面对 Libra 可能带来的挑战,我们需要未雨绸缪,使人民币在国际化、全球化竞争中处于有利的地位,更好地服务于我国经济发展和国家经济金融安全。李扬认为,货币是一个国家的主权,大国绝对不会轻易放弃对货币主权的控制。Libra 的币值存在于两套系统中:一套类似于 SDR,将若干币种经某种权重加权来形成资产包;另一套则是将它筹集的资金再投资于一系列传统上由中央银行投资的高流动性资产中,这类似于货币市场基金。Libra 要成为一种货币还需走很远的路。谢平认为,Libra 一旦成功就是一种超主权货币,中国对此应有对策,应积极参加 IMF/BIS 等国际组织关于数字货币的监管活动,禁止人民币与 Libra 的兑换(买卖)。中国人民银行研究局局长王信认为,如果 Libra 能够更多地发挥货币职能,将对各国的货币政策、金融稳定乃至对国际货币体系都有可能产生重大影响。盛松成等撰文认为:Libra 难以成为真正意义上的货币,一旦它投入运作,将对当下货币主权、金融稳定、货币政策、金融监管造成严重负面影响,因此,我们应充分认识数字货币带来的冲击和机会,也应理性思考先进技术与经济制度的关系①。随着时间推移，脸书公司运作 Libra 计划展开过程中的各种变化，对 Libra 的各种认识还将进一步深化。

本书认为，与比特币等相比，Libra 计划虽然更加精巧，但其存在着诸多内在机制矛盾，既不可能成为超主权货币，也不可能成为游离于主权国家法治之外的跨国金融产品；在运用信息技术推进金融发展的过程中，不可忽视主权国家的法律制度、体制机制和市场规律等的内在要求，否则，一味唯技术论就将偏离方向，事与愿违。

第二节　Libra 计划的八大特点

2008 年 11 月 1 日，正当美国金融危机快速发酵之时，中本聪（Satoshi Nakamoto）提出了对数字货币的新设想，通过运用区块链技术，在去中心化的基础上，推出比特币。2009 年以后，比特币风生水起，似乎成为一种突破主权国家法定货币限制的一种超主权货币，又似乎成为一种突破主权国家金融监管的超主权金融产品，引致了各国信息技术界、货币当局、金融界和学术界的高度关注。与比特币相比，脸书推出的 Libra 计划具有 8 个方面的特点：

一　组织

Libra 币是由 Libra 协会推出的。虽然最初由脸书牵头，但 Libra 协会本身是一个独立的非营利性成员制组织，其总部设在瑞士日内瓦。这个协会目前只有 26 个创始成员，而根据"白皮书"提供的前景，它在 2020 年中期可能扩展到 100 个成员。协会的基本功能是协调和提供网络与资产储备的管理框架，牵头进行能够产生社会影响力的资助，为普惠金融提供支持。与此相比，推出比特币的中本聪究竟是一个自然人还是由若干个自然人组成的一个团体或是一个虚拟机构，迄今依然是一个谜。

有组织与无组织的区别主要有三个：第一，行为主体是否可认知。现代市场经济是法制经济，每个主体都应履行对应的法律义务并承担相

---

① 盛松成等：《Libra 项目为何会被叫停》，《中国金融》2019 年第 15 期。

应的法律责任。在行为主体明确的条件下，这些法律界定是清晰的；但在行为主体不清楚的条件下，这些法律适用常常容易落空。第二，主体行为的可追踪性。在主体明确的条件下，相关各方（市场参与者、监管者和媒体等）可通过对主体的行为追踪了解到行为主体的意图、取向和行为轨迹等，可依法要求行为主体披露相关信息，可预期这些行为的各方面效应，如此等等。但在行为主体不清的条件下，这些要求都难以实现。第三，建立信用机制。在行为主体清晰的条件下，通过对主体所拥有的资产进行评估、行为特征进行界定等可以逐步建立相关的信用机制，但在行为主体不清的条件下，资产、行为和信息都难以评估和识别，也就不容易建立对应信用机制。由于有着这些"组织"差别，所以，"白皮书"披露了Libra计划以后，各个国家的各个相关部门对其关注程度和反应及时程度远超过了比特币。

二　宗旨

"白皮书"开篇强调："Libra的使命是建立一套简单的、无国界的货币和为数十亿人服务的金融基础设施"。这一宗旨直接指出了Libra计划的两个目的：一是建立一套无国界的超主权货币；二是建立一套可为数十亿人服务的金融基础设施。2008年美国金融危机以后，鉴于美元走弱，关于超主权货币的研讨就进入了货币当局和学术界的视野，与此相比，"金融基础设施"的内涵相对模糊。它既可以是指支付清算系统（即狭义的金融基础设施），也可以是指包括金融制度体系、金融监管体系、支付清算系统、金融交易登记系统、金融科技体系（包括各种设备和软硬件等）所构成的庞大系统（即广义的金融基础设施）。从"白皮书"披露的信息看，Libra在五年左右时间内要建立的金融基础设施很可能是狭义范畴。

对一个机构而言，宗旨既是努力的方向和预期实现的目标，也是凝聚社会力量（或资源）的旗帜。比特币因缺乏运行宗旨，使人们摸不清它的未来走势，也难以对它做出最基本的预期性判断。

三　性质

比特币由于组织状况不清，也就难以界定它的组织性质。但比特币成为介入各方炒作以获取价差的对象，就此而言，它具有商业价值。脸书是一个商业性机构，由其牵头创设的Libra协会被界定为"独立的非营利性会员制组织"。"白皮书"强调，Libra 协会的成员"将包括分布在不同地理区域的各种企业、非营利组织、多边组织和学术机构。共同负责协会章程定稿，并在完成后成为协会'创始人'"。首批创始成员包括了支付业（如 Mastercard、PayPal、Visa 等）、技术和交易平台（如 Booking Holdings、eBay 等）、电信业（如 Iliad、Vodafone Group）、区块链业（如 Anchorage、Bison Trails）、风险投资业（如 Andreessen Horowitz、Breakthrough Initiatives 等）以及非营利组织、多边组织和学术机构（如 Creative Destruction Lab、Kiva、Mercy Corps 等），由此，Libra 协会更像是一家公益性组织。但从"白皮书"披露的 Libra 协会使命看，它要将"全球货币和金融基础设施"作为一种公共产品来设计和管理，以推进数字货币和金融基础设施的结合，兑现"货币互联网"的承诺，这更像是一种公共性机构。

四 稳值

比特币在问世后的交易价格长期波动不稳。早期时仅为几美元/枚到几十美元/枚，2017 年 12 月曾一度突破了 2 万美元/枚，但随后急速下跌，2019 年 7 月跌到 3000 美元左右/枚。币值是否稳定，不仅直接影响着市场参与者的利益得失，而且直接影响着人们对其的可接受程度（从而影响该货币的市场覆盖面）。脸书在推出 Libra 币的计划中，考虑到了比特币价格不稳引致的种种负面效应，将 Libra 币设计为一种稳值货币。它由一篮子真实的低波动性金融资产提供支撑，这一篮子金融资产主要包括"稳定且信誉良好的中央银行提供的现金和政府货币证券"。由此，与比特币相比，Libra 币有着明确的资产基础，既可能有效地取信于 Libra 币的持有者，又期待着保障币值稳定，避免重蹈比特币价格大起大落的覆辙。

面对着竞争性市场中的价格变化和法定货币在汇率市场中的价格变化，为了增强持有者对 Libra 币的信心，"白皮书"强调指出："用户都可以相信他们持有的任何 Libra 币能够以高于或低于基础储备价值的窄幅价差兑换为法定货币。协会可能会不时根据市场形势的重大变化改变篮子的组成（例如，为了应对其中一个代表地区的经济危机），但目标始终是维持稳定的价值"。稳值并不意味着 Libra 币的币值持久不变，只是它的币值波动处于"窄幅"范围内，同时，持有者在持有 Libra 币和持有法定货币之间进行选择，这使 Libra 币更加具有货币特征。

五　规模

比特币设计为 2100 万枚，随着挖掘进度延伸，获得的困难程度不断增强。面对着不断扩大的商品、劳务和金融产品交易对货币需求的增加，客观上货币数量就应有着持续扩展的功能（如果追溯货币史，黄金退出货币范畴一个主要成因就在于数量的有限性）。这种数量限制是引致比特币不可能成为货币的一个重要成因。"白皮书"说，协会将"根据授权经销商的需求来'制造'和'销毁'Libra 币。用户无须担心协会在系统中引起通货膨胀或使货币贬值。如要制造新的 Libra 币，经销商必须按 1∶1 的比例向储备中转入法定货币。通过与授权经销商合作，协会将自动在需求增加时制造新币，并在需求收缩时销毁它们。由于储备的管理将遵循被动原则，Libra 的任何升值或贬值仅取决于外汇市场的波动"。由此，Libra 币的数量与法定货币直接挂钩，用户在用法定货币购买 Libra 币时，Libra 币的数量对应增加；反之，用户在用 Libra 币兑换为法定货币时，Libra 币的数量对应减少。在这种条件下，Libra 币的数量与用户需求直接对应，既不会过多也不会过少。

六　技术

比特币以区块链技术为加密货币的基础，Libra 币也以区块链加密技术为基础。但与比特币相比，Libra 区块链有了三方面改进：第一，设计和使用了 Move 编程语言。"白皮书"说：Move 是一种新的编程语言。它是从迄今为止发生的与智能合约相关的安全事件中汲取经验而创造的一种编程语言，能从本质上令人更加轻松地编写符合作者意图的代码，从而降低了出现意外漏洞或安全事件的风险。另外，Move 从设计上可防止数字资产被复制。它使将数字资产限制为与真实资产具有相同属性的"资源类型"成为现实：每个资源只有唯一的所有者，资源只能花费一次，并限制创建新资源。Move 将加快 Libra 区块链协议以及在此基础上构建的任何金融创新的演变。第二，使用拜占庭容错（BFT）共识机制。Libra 区块链采用了 BFT 机制来实现所有验证者节点就将要执行的交易及其执行顺序达成一致。这种方法可以在网络中建立信任，即使某些验证者节点（最多三分之一的网络）被破坏或发生故障，BFT 共识协议的设计也能够确保网络正常运行。同时，这类共识协议还可实现高交易处理量、低延迟和更高能效的共识。第三，采用和迭代改善已广泛采用的区块链数据结构。为了保障所存储的交易数据的安全，Libra 区块链中的数据受梅克尔树的保护，它可以侦测到现有数据的任何变化。同时，Libra 区块链是一种单一的数据结构，可长期记录交易历史和状态。这种方式简化了访问区块链的应用程序的工作量，允许它们从任何时间点读取任何数据，并使用统一框架验证该数据的完整性。简言之，Libra 区块链的技术更加安全可靠、快捷便利。

七 成本

在现代信息技术的基础上，"白皮书"强调将以更低的成本更快捷的功效服务于用户，并列举了目前金融服务中存在的一系列高成本现象（例如，发薪日贷款的年化利率可能达到 400% 甚至更高，仅借贷 100 美元的金融服务收费便可高达 30 美元），以彰显 Libra 计划的优势，吸引用户。比特币在这方面则乏善可陈。

八 覆盖面

比特币并无明确的金融服务覆盖面，与此不同，"白皮书"直接宣称：Libra 的使命是为数十亿人服务。它认为，全球仍有 17 亿成年人未接触到金融系统，无法享受传统银行提供的金融服务，而在这些人中，有 10 亿人拥有手机，近 5 亿人可以上网，因此，除了目前脸书所拥有的 27 亿用户外，这些人有可能成为 Libra 的潜在用户。由此，Libra 的用户数覆盖面可达 40 亿以上。在此背景下，Libra 可以高举"普惠金融"的旗帜与传统金融服务相较量。与人口覆盖面相对应，Libra 在地理上的覆盖面可达到几乎所有国家和地区，"白皮书"说道："无论您居住在哪里，从事什么工作或收入怎样，在全球范围内转移资金应该像发送短信或分享照片一样轻松、划算，甚至更安全"。

从这些特点看，Libra 计划的设计充分利用了近 10 年来信息技术进步的成果，充分考虑到了克服比特币在实践中暴露出的种种缺陷，因此，对潜在客户和相关机构有着很强的吸引力。但是，货币金融乃至市场经济并非只是一个技术范畴，它有着国家主权所规定的一系列制度、机制、程序和效应等方面的具体要求，由此，仅仅聚焦于信息技术的发展，很容易忽视各种内生的机制矛盾。

第五章 | 从货币机理看 Libra 的内生矛盾

第三节　Libra 计划的货币机制矛盾

在当今的现实生活中，人们经常面对的货币是一国范围内的法定货币（以下简称"法币"）。它有着 5 个方面的基本规定：第一，由法律规定并由专门机构（通常是中央银行）发行的信用货币。例如，《中华人民共和国中国人民银行法》第 16 条规定："中华人民共和国的法定货币是人民币。以人民币支付中华人民共和国境内的一切公共的和私人的债务，任何单位和个人不得拒收"；第 18 条规定："人民币由中国人民银行统一印制、发行"。这从法律上决定了，任何单位和个人不得印制和发行人民币，也不得印刷和发行人民币的代币票券，以代替人民币在市场上流通，禁止伪造、变造人民币。第二，各种商品、劳务和金融产品均以法币标价并且以法币为交易媒介。货币的基本功能是价值尺度和交易媒介，一国法币的覆盖范围是由其标价并实现交易的商品、劳务和金融产品的空间范围所界定的。这同时也就界定了一国范围内的各种价格体系是法币标识和实现交易的价格体系，一国范围内的市场机制、价格波动、就业（从而工薪收入）、投资（从而利润）、消费、财务活动、税收体系等都以法币为基础。第三，货币政策的独立性和货币政策调控以法币为主要抓手。商业银行有着创造派生货币的功能，在银行信用发挥作用的条件下，它们通过存贷款机制以记账方式创造的货币属于法币范畴，一旦货币供应量过多就将引致通胀、货币供应量过少就将引致通缩，这些情形都不利于经济金融的稳定运行和国民经济的健康可持续发展，由此，央行就必须采取必要的货币政策举措展开对宏观经济运行态势的调控。在开放型经济中，宏观经济均衡既包括运用利率机制促成的国内商品均衡和货币均衡也包括运用汇率机制促进的对外经济均衡。在这些方面的调控中，不论对央行还是对其他经济主体来说，法币都是最基本的政策抓手，由法币所界定的各种价格都是最基本的调控信号。第四，政府财力支持是法币信用的基础。法币作为一国范围内的信用货币，其信用能力得到了政府财力的有力支持。政府财力支持，既包括每年的税收等财政收支的支持，也包括政府资产提供的担保。在政府信用支持下，法币的购买力得到社会各界的认可，使用法币成为社会共识,法币的功能成为公共品。第五,主权特征。法币属于一国主权范畴,直接影响着经济社会生活秩序的稳定、市场运行和各类主体的权益,因此,不仅不容侵犯,而且不容挑战。一个突出的现象是,一旦法币权威和法币覆盖面受到威胁,政府(和央行)就将立即采取法律的、行政的和经济的措施予以制约。

Libra 计划强调,它无意于挑战法币,只是要创造一种全球性的数字原生货币。这种全球性数字货币"能够集世界上最佳货币的特征于一体:稳定性、低通货膨胀率、全球普遍接受和可互换性"。Libra 币的目的在于"帮助满足这些全球需求,以期扩展货币对全球人民的影响"。这种设想事实上就是在挑战各国和地区的法币,也就决定了 Libra 币在实施过程中不仅将遇到来自法币的严重抵抗,而且在货币机制矛盾中预期难以如愿落地。Libra 币的内生矛盾主要表现在五个方面。

第一,缺乏合法性。在各国(或地区)通行法币的背景下,Libra 币作为一种非法币要获得各国(或地区)的央行乃至政府认可,并与法币争夺商品、劳务和金融产品等市场几乎是不可能之事。一个前车之鉴是,比特币号称"超主权货币"已被全球大多数国家禁止,成为一种可用法币(如美元)交易的金融资产。

第二,货币交易功能难以有效发挥。交易媒介是货币的最基本功能。要能够履行交易媒介的功能,货币就首先需要发挥价值尺度(即计价)的功能。各种商品、劳务和金融产品的价值千差万别,这决定了货币要发挥价值尺度的功能,将这些价值表现为不同的价格,就必须有着明确的货币标准。但 Libra 币与比特币相同,都缺乏由货币等分所构成的货币标准。这一瑕疵,虽然容易解决,但也不是无足轻重的;最重要的是,在当今世界格局中,几乎所有的商品、劳务和金融产品都已由各国(或地区)法币标价和由法币作为媒介交易,各国(或地区)之间时常因货物、服务、投资和借贷等引致的国际收支不平衡产生纠纷。Libra 币要挤占这些由法币所构成的市场空间,必然遭到所在国(或地区)的强烈反对。换句话说,不会有任何一国(或地区)的法币拱手让出市场空间,令 Libra 币横行天下,扰乱该国(或地区)的经济运行秩序和社会生活秩序。但如果不挤占这些由法币所覆盖的市场空间,Libra 币又难以再找到足够规模的未由法币发挥作用的市场,因此,

Libra 币必然处于进退两难的选择中。

也许网上购物（包括网上跨境购物）给了 Libra 币以启迪，但有三个要点值得重视：一是网上购物均以法币标价为前提，因此，它的发展通常不会对法币使用造成任何的冲击；二是网上购物（包括网上跨境购物）都遵守着相关国家（或地区）的法律规定，同时使用法币依法纳税（包括关税），因此，它一般不会对法币的使用范围产生负面影响；三是网上购物中的款项支付通常使用法币支付系统，因此，它处于当事国（或地区）的金融监管之下。鉴此，一旦网上购物法币机制受到 Libra 币的冲击，相关当事国（或地区）必然要采取应对举措予以消解。

第三，货币供应量难以增加。首先，法币的供应量建立在银行信用基础上，既由央行发行的货币也由商业银行等金融机构创造的派生货币所构成，其数量一方面要满足各种消费品（包括劳务等）的交易需要和价值贮藏（包括金融产品）需要，另一方面要满足各种资本品交易的需要，再一方面要满足国际交易的需要（对国际货币而言）。Libra 币的发行建立在客户运用法币认购的基础上，为了回避法币的创造机制，在创始成员中不包括商业银行等金融机构，由此，它的供应量最大值只能局限于客户认购数量的范围内。其次，从交易流程看，与法币相比，Libra 币的流通速度可能是相当低的。以 G 代表法币，W 代表商品，L 代表 Libra 币，在法币流通的条件，商品流通的交易流程为"G→W→G→W→…"，即同一枚法币可连续多次地与商品交换，从而，有着较高的流通速度；在 Libra 币流通的条件下，商品流通的交易流程为"G→L→W→L→G"，即客户 A 用法币购买 Libra 币，再用 Libra 币购买商品，出售商品的客户 B 获得 Libra 币以后，将 Libra 币兑换为法币。最后，从货币创造看，"存款创造贷款、贷款创造存款"是法币创造的重要机制。各国实践中，由商业银行等金融机构创造的信用货币数额数倍（乃至数十倍）于央行发行的货币量。2019 年 6 月底，中国的 M_0 为 72580.96 亿元，M_2 为 1921360.19 亿元，M_2/M_0 为 26.47 倍。与此相比，Libra 币的资产池不具有这种货币创造功能，这决定了 Libra 币的数量是难以与商品、劳务和金融产品在数量上的增加相匹配的。

第四，币值稳定难有保障。货币的币值依其购买力而确定。为了维护法币的币值稳定,央行(乃至财政和政府)可以采取货币政策、财政政策、行政机制等诸多举措,但即便如此,法币的币值稳定也还屡屡面临严峻挑战。一个突出实例是,诸多国家(或地区)将每年CPI增长率低于3%列入宏观调控指标范畴。所谓CPI增长率,从币值角度看,实际上就是法币的贬值率。Libra币的币值稳定被寄希望于资产池的价值稳定。"白皮书"指出:"在Libra储备中都有相对应价值的一篮子银行存款和短期政府债券,以此建立人们对其内在价值的信任。Libra储备的目的是维持Libra加密货币的价值稳定,确保其不会随着时间剧烈波动。"首先,这一篮子法币的价值稳定是靠不住的。假定这一篮子法币由美元、欧元、英镑、日元等构成,且不论它们分别在资产池中的权重,就以近年来走势强劲的美元为例:在布雷顿森林体系安排中,1盎司黄金=35美元。1971年8月15日,美国政府单方面宣布美元与黄金脱钩,此后,国际市场中按照美元计价的黄金价格一路上行,到2019年7月3日,1盎司黄金达到1430.2美元(买入价),是35美元的40.86倍。这意味着,与1971年8月15日之前相比,到2019年7月3日,1美元的含金量仅剩2.5美分。其次,在汇率波动中资产池的货币构成难以应对挤兑。在国际市场上汇率每天都在波动,一旦汇市投资者对某一币种(如美元)升值预期强烈,要求用手中持有的Libra币集中兑换此种法币,就可能因资产池中该币种数额不足引致资产池穿仓,Libra币也就失去了币值稳定的基础。再次,以法币购买Libra和以Libra兑换法币之间,法币的币种对称和数量平衡并非常态现象,很可能出现前者的法币(如美元)与后者的法币(如欧元)的不对称,由此,引致Libra币的资产池中法币结构的持续调整,同时,这种调整又处于汇价持续变化之中,导致资产池的价值稳定难以得到保障。最后,不履行保持币值稳定的义务。保持币值稳定是各国(或地区)货币政策的基本目标,但"白皮书"强调"协会不会制定自己的货币政策",这实际上意味着作为Libra币管理者的协会并不承担履行维护Libra币币值稳定的职责。

第五,缺乏足够的财力支撑。货币作为一国(或地区)经济体系中的核心要素,牵连着千家万户的生计和千厂百店的经营,直接影响着政府部门的运转,还关系着各项政策的落实和经济的可持续发展等诸多经济社会问题，鉴于此，一旦法币不稳，政府部门（包括央行）就将采取各种举措尽力予以维护，提升社会各界对法币的信心。与此相比，Libra币虽然有着创始成员提供的有限资金形成的资产池，但这些资金要支撑起规模宏大的"超主权货币"还只能是沧海一粟，难以为力。无数的事实证明，缺乏财政支持的货币只能是软货币，难以成为硬通货。软货币缺乏攻坚入市力度，既难以为社会各界所接受，也难有良好的发展前景。

第四节　Libra计划的基金机制矛盾

"白皮书"说道：Libra协会是一个负责管理Libra储备的实体，掌控着Libra经济的稳定和成长。"只有当授权经销商投入法定资产从协会买入Libra币以完全支持新币时，Libra币才会被制造。只有当授权经销商向协会卖出Libra币以换取抵押资产时，Libra币才会被销毁"。另外，在回答Libra储备金的来源时，"白皮书"又说道："储备金有两种来源：各投资代币的投资者和Libra用户。协会将向创始人支付Libra币奖励，以鼓励用户、商家和开发者使用它们。作为奖励分配的Libra币资金将非公开配售给投资者。对用户而言，如需创造新的Libra币，则必须使用法定货币按1∶1比例购买Libra，并将该法定货币转入储备。因此，储备将随着用户对Libra的需求增加而增加。简言之，对投资者和用户而言，只有一种方法可以创造更多的Libra，即使用法定货币购买更多的Libra并增加储备"；"由于储备资产为低风险、低收益，早期投资者只有在网络取得成功和储备规模大幅增长的情况下才会获得回报"。这些情形与货币市场基金中的资金[①]运作有着三个方面的相似之处：第一，初始资金。货币市场基金的初始资金由发起人投入，而Libra币的初始储备金由创始人提供。第二，客户加入或退出的机制。在货币市场基金中，客户可随时按照公布的资产净值购买基金单位，也

[①] 李扬认为："Libra在发行过程中形成的'资产池'被投资于若干国家的银行存款或高流动性政府债券，反转来，Libra币的价格则由这个资产池的市场价值锚定。在这个意义上，Libra又极为接近货币市场基金"。引自李扬《必须重视Libra的挑战》，《中国外汇》2019年第15期。

可随时按照当时公布的资产净值赎回投资于基金单位的资金；在 Libra 币中，客户可随时运用法币购买 Libra 币或卖出 Libra 币收回法币。第三，投资回报。在货币市场基金运作中，如果基金单位的资产净值增加，则投资者可能获得投资收益；如果基金单位的资产净值为负，则投资者将承担投资损失。在 Libra 币运作中，投资者的回报需要依网络运作取得成功时才能获得。但如果用货币市场基金的机理进行衡量，则可发现 Libra 币运作中存在五个方面的机制矛盾。

一　主体性质不一致

在货币市场基金中，不论是基金管理者还是基金投资者都是以获得盈利为目标的经济主体；但 Libra 协会是一个独立的非营利性成员制组织，由此，它的运作目标与证券投资基金有着实质性区别。

二　投资对象不同

在货币市场基金中，根据基金的市场定位，可投资于货币市场中金融产品（如国债、公司债券等），也可按比例投资于股票等资本市场中的金融产品；但 Libra 协会为了保障 Libra 币能够成为一种数字货币，客户购买 Libra 币的资金局限于购买一篮子法币中的货币和短期国债等金融产品（在较大程度上，具有外汇投资基金的特色），由此，也就严重限制了 Libra 币在国际金融市场中可选择的投资对象。

三　权益不同

在货币市场基金中，基金持有人大会是最高权力机构，它可决定基金的投资对象、基金运作的组织方式、基金管理人的变更、基金的存续和解散等重大事项。在公司型投资基金（如美国的共同基金）中，基金的资金由管理人负责管理，通过公开招标方式委托专业机构进行投资运作；在信托型投资基金中，基金的资金直接由管理人展开投资运作。但不论何种类型，基金资产归基金持有人所有，他们享有基金的投资收益，同时，承担基金投资运作的风险。与此不同，"白皮书"并未就 Libra 计划中的资产归属做出明确说明，也未明确 Libra 储备资产的盈亏做出明确安排，只是说道："由于储备资产为低风险、低收益，早期投资者只有在网络取得成功和储备规模大幅增长的情况下才会获得回报"。这些早期投资者实际上由提供 Libra 币的初始储备金的创始人构成，因此，与客户并无直接关系。换句话说，客户拥有的权益低于这些创始人。

四　缺乏信托机制

货币市场基金中贯彻着信托机制，投资者作为委托人将资金交付给作为受托人的管理者团队进行投资运作，管理者必须忠实于委托人，既不可违反信托协议的规定展开投资运作，应尽力为委托人争取最好的投资收益，同时，应及时完整地向委托人公开披露投资运作的相关信息，接受委托人的监督和咨询。与此不同，Libra 币中储备资产不贯彻信托机制，储备资产的管理者没有义务向 Libra 币的客户公开披露储备资产的相关信息，也不接受客户的监督和咨询。

五　缺乏监管机制

在任何国家（或地区），为了有效保护投资者的权益，货币市场基金都处于金融监管之下，不仅相关金融监管部门依法严格监管着货币市场基金的各方面投资运作和信息披露，而且托管人、金融中介（如律师事务所、会计师事务所、资信评级机构等）和媒体也有着重要的监督作用。与此不同，Libra 协会拟注册于瑞士日内瓦，在直接关系上，它只接受瑞士的金融监管和金融中介、媒体的监督，但它业务的主体部分却跨出了瑞士国界，遍布全球，不接受瑞士金融监管，由此，很容易进入一种无监管的境地。

由上可见，Libra 币运作中的机制安排与货币市场基金的运作机制相去甚远。在这种差异中再嵌入"超主权货币"的内生机制矛盾，使 Libra 币更加深陷金融机制不协调的系统性矛盾之中。但 Libra 币的内在机制矛盾还不仅于此，治理机制矛盾是这一计划实施中必须面对的又一矛盾。

第五节　Libra 计划的治理机制矛盾

治理机制是一个经济主体（如公司等）为实现预期目标依据相关法律规定在机构设置、业务模式、财务关系、权益协调和风险处置等方面所做出的制度安排。"白皮书"对 Libra 币运作中的治理机制做出了一些描述，其中包括设立独立的非营利性成员制组织、Libra 的使命、创始人的义务和责任（如创始人享有相同的权利并承担相同的义务和财务责任)、创立受监管的子公司Calibra(以确保社交数据与金融数据相互分离,同时代表其在Libra网络中构建和运营服务)、技术保障(如Libra将以许可型区块链的形式起步;Libra区块链都将向所有人开放,任何客户都可以使用Libra网络以实现增值)、提供具有稳定性、低通货膨胀率、全球普遍接受和可互换性的数字加密货币(即Libra币)、建立储备资产的安全性保障机制(如Libra储备中的资产将由分布在全球各地且具有投资级信用评价的托管机构持有,以确保资产的安全性和分散性)、Libra币的制造和销毁的机制安排等。从治理机制的系统性、完整性角度看,这些安排过于粗糙简略,存在着诸多内在矛盾。主要表现在:

一 协会定位不清

在经济社会活动中,"协会"有着多种界定,既可以是一个自律组织(如行业协会),也可以是一个松散组织(如联合会等),还可以是一个行使某些行政权的准政府部门(如中国的某些协会)。在美国,《经济学百科全书》指出:行业协会是"一些为达到共同目标而自愿组织起来的同行或商人的团体"。在英国,行业协会应是为保护和增进全体成员的合法利益而由一些独立经营单位所组成的一种组织。在日本,行业协会被认为是"以增进共同利益为目的而组织起来的事业者联合体"。Libra协会属于哪种界定?从"白皮书"披露的信息中难以找到直接的答案。从对比角度看,Libra协会不太可能是一个具有自律特色的行业协会(因国际上迄今尚未成立以数字货币为主要业务内容的行业协会),也不太可能是由政府授权从而拥有某些行政权的协会,更可能的是带有松散特点的联合会,由此,治理机制的建立将面临四个难题:

第一,会员的权利。在股份公司中,股东按照投资入股的数额享有对应的权利、履行对应的义务和承担对应的责任;在会员制组织中,会员按照一人一票制享有投票权、履行义务和承担责任。由于"一人一票"与"一股一票"之间存在着明显的机制差异,所以,会员对增大投资通常缺乏足够的热情,由此,将严重制约储备资产的数额。

第二,会员的义务。在股份公司中,股东出于对股本效益的关心,有着关心公司经营运作成效的天然要求,也就有着履行股东义务的内在动机。在会员制中，出于共同利益，会员可能会关心事业的前景和效果；一旦议决事项与其利益关系不大，会员就可能以各种理由不参加会议；如果议决事项与会员意愿不一致的情形多次发生，一些会员可能退出协会。换句话说，会员制中缺乏足够的约束机制促使会员履行义务。

第三，管理层。在股份公司中，管理层由股东大会选举产生和任免，日常事务主要由董事会、高管人员等负责。即便如此，也还有信息不对称、内部人控制等诸多问题，从而有着20世纪80年代以后的强化公司治理的一系列举措。在会员制中，会员大会是最高权力机构，具体的日常事务还得由高管人员负责处置，但这些高管人员如何产生并拥有哪些权利？"白皮书"中没有披露。

第四，法律规范。迄今，法人机构的法律规范基本局限于一国（或地区）范围内。《公司法》规范着股份公司和有限责任公司的各种行为，美、英、德、法、日等国的协会分别由专门法律予以规范。在此背景下，在瑞士设立的一个Libra协会（即由瑞士专门法律规范的法人机构）如何能够依法直接横行于世界各国和地区，成为一家"超主权"机构？

二 禁止竞争性业务

在美英等发达国家的《公司法》中都明确规定，股东不得与它投资入股的公司之间存在竞争性业务。在Libra协会的会员构成中，有着Mastercard、PayPal、Visa等支付机构。按照"白皮书"披露的计划，Libra币将利用这些支付机构的路径来实现其销售、支付和兑换，由此，难免引致两类情形发生：第一，挤占支付机构的业务空间。Mastercard、PayPal、Visa等支付机构的通道容量是有限的，一旦Libra币的销售、支付和兑换等业务规模扩大，Mastercard、PayPal、Visa等的通道容量必然受到挤占，由此，将严重影响Mastercard、PayPal、Visa等的正常业务活动（且这种影响是难以从Libra协会中获得补偿的）。为了能够保障自己的利益（维护公司股东权益）和公司的未来发展，这些支付机构在业务受到影响的条件下，很可能选择"消极怠工"乃至退出Libra协会。如果这些支付机构退出Libra协会，Libra币就失去了支付通道，Libra计划也就失败了。第二，挑战法币的支付市场。目前世界各国和地区的支付系统均为法币支付系统，它主要由各国央行建立。Mastercard、PayPal、Visa 等支付机构完全依托于这些法币支付系统展开它们各自的支付业务。Libra 币试图借助 Mastercard、PayPal、Visa 等机构在全球的支付能力来挑战法币，与法币争夺市场，一旦相关国家或地区的央行限制或暂停了 Mastercard、PayPal、Visa 等机构在该国或地区的支付业务活动，Libra 币的扩展空间就将受到严重压缩，其发展前景就将陷入堪忧境地。

三 财务安排模糊

财务安排是任何机构治理中不可或缺的内容，但 Libra 计划中缺乏对财务安排的各方面具体内容，从而留下了一系列后期棘手的难题：第一，亏损。经营运作中，财务亏损是时常需要考虑到的现象。Libra 币在运行中，一旦利息收益不足以抵付各项管理费用，就可能出现经营性亏损；一旦资产池中贬值的法币比重上升或短期债券的市场价格走低也可能出现操作性亏损。但在 Libra 计划中缺乏对这些亏损的财务安排。第二，负债。虽然在 Libra 计划中没有借债的安排，但这并不意味着在 Libra 币运行中不会发生负债的情形。一旦 Libra 币的销售额小于客户的兑换额，负债就将发生；一旦某个国家或地区的政府对 Libra 币或协会征收惩罚性税收，负债就将发生。这种情形延续下去，资不抵债并非不可预期。第三，资本。创始成员提供的资金属于什么性质？Libra 计划中没有明确论及。尽管实行会员制，每个会员的权益与其提供的资金数额并不对称，但这不等于这些会员对自己提供的资金数额以及与此相关的权益可以忽略不究。一旦协会经营运作发生亏损或发生负债，资本的规模和效应就将浮出水面。第四，财务信息披露。机构的财务状况应当定期向投资者（或股东）披露，这是最基本的规矩，但"白皮书"对此没有论及。第五，解散处置。任何机构有设立的时间也就有解散的时间。机构解散有着多种成因，但总需要对资产进行清算，由此，财务上从一开始就必须将解散时的资产处置做出制度安排，但 Libra 计划对此丝毫没有论及。

四 运作风险缺失

准确恰当地评估运作风险，是治理机制的重要内容，也是治理机制有的放矢的重要方面。"白皮书"中宣传了 Libra 计划的优势，但没有充分披露这一计划实施中的种种风险。即便暂不考虑在法币运行受到冲击的条件下，各国和地区的央行禁止 Libra 币使用的情形，Libra 币的运作也至少存在三方面严重风险：第一，市场竞争。在市场经济中，每个事业都有着多家机构从事经营运作，竞争也就必然发生。机构的治理机制中必须充分考虑到竞争对手的状况，以寻求合适的治理举措予以应对。在 Libra 计划中缺乏对潜在竞争对手的评估，造成了 Libra 协会的运作处于一种完全垄断的市场格局的错觉。事实上，一旦 Libra 币能够顺畅进入经济金融运行体系，类似于脸书的机构（如谷歌、微软等）也将组成新的联盟，推出与 Libra 币相似的加密数字虚拟货币，由此，Libra 币的市场空间将在竞争中受到压缩。第二，技术风险。"白皮书"对 Libra 币的技术做了较为充分的描述，提出将使用 Move 编程语言来保障 Libra 系统的安全可靠程度。但在信息技术加速发展的背景下，Libra 协会很难保证竞争对手不会有更加先进的信息技术，使 Libra 币的信息技术相形见绌。同理，在各国和地区央行加强对数字货币研究的背景下，Libra 协会也很难保证法币的信息技术不会超过 Libra 币。第三，制度风险。法币的运行是在一系列制度安排下展开的，其中包括法律、经济、政治、社会和文化等诸多因素。这些制度经历了几百年的历史的补充完善，不仅相对成熟，为社会各界所接受，而且通常有着较高的效率。Libra 币的运行要重构这些制度，绝非易事。一旦某项或某个制度出现漏洞引致客户集体提出诉讼，Libra 币运行中的制度风险就将大大凸显；一旦跟不上法币的制度性调整，Libra 币的运行也将面临制度性风险的冲击。

Libra 计划的治理机制矛盾与货币机制矛盾、基金机制矛盾合为一体，实际上已经意味着这一计划的实施将处于困难重重之中，相比后期将付出的代价和引致的纷乱，也许"胎死腹中"是一个可以庆幸的结果。

第六节　Libra 计划的中国应对

Libra 计划是借助现代信息技术快速发展在国际货币体系中掀起的一朵浪花。它虽然引起了各国和地区的热议，但对现存的国际货币体系尚未形成海啸式的冲击。从中国货币金融的发展角度看，在应对中需要注意处理好五个方面的关系。

一 金融体制机制与信息技术进步的关系

现代信息技术进步给货币金融的运行带来了一系列重要效应，其中包括货币载体的变化（从纸币走向了电子货币）、货币支付方式的变化（如互联网支付、手机支付等）、金融业态的变化（如离柜率快速提高）和货币金融效率的提高等。但不应过分夸大信息技术进步的功能，以致忽略体制机制对货币金融发展的决定性作用。进入21世纪以后，在网络经济、互联网金融和金融科技等热浪中都有人提出了"颠覆金融"的观点，甚至认为只要对这些信息科技的新生事物在实践中的野蛮生长提出非议就属大逆不道，但结果是，在过分夸大信息科技功效的泡沫中得到了一次次的教训。

在货币金融发展中，把握并有效运用现代信息技术无疑是重要的。但货币金融体系并非仅由信息技术所构成，即便是金融基础设施也并非仅由支付清算系统的技术因素构成。制度体系、体制机制是金融基础设施的主体性构成部分。在法定货币、法治金融的条件下，制度体系、体制机制的基本要求、稳定运行和完备程度具有决定性意义。一个突出的实例是，在比特币盛行之时，面对比特币对金融运行秩序的冲击和金融监管的挑战，包括中国在内的诸多国家运用体制机制的力量，直接禁止比特币的交易，由此，它对金融的颠覆也就云消雾散。Libra计划虽然构思奇妙，但缺乏相关体制机制的配套保障，也恐只是一枕黄粱。

二 金融创新与去中心化的关系

2008年以后，随着比特币的问世，区块链技术受到人们的关注。因区块链具有去中心化的特点，一些人将其延伸到了货币金融体系，认为法币由央行发行的中心化机制将在区块链技术的运用下瓦解，金融监管由金融监管部门履职的情形也将在区块链技术的拓展中消解。现代信息技术中的去中心化与人类社会管理中的中心化属于两个不同的范畴，但并非一对矛盾。在现代社会，只要有管理机制的存在就必然有中心化的存在，用现代信息技术中的去中心化来否定经济金融运行中管理的必要性，只能得出荒谬的结论。一个可供对比的史实是，20世纪90年代以后，随着家用电脑的发展，一些人预言到众人可在家中操作电脑办公，由此，大型企业将消失，集中办公的现象将成为历史。但时至今日，这一预言依然没有成为现实。

Libra 计划也强调去中心化，但它实际上要"去"的是各国和地区法币形成的货币金融中心，如央行发行法币、商业银行创造派生货币、金融市场交易各种金融产品等，同时，用更大空间中的中心化（如超主权货币）来取代一国范围内中心化，因此，"去中心化"是假，形成围绕 Libra 币机制的新中心是真。

三　完善金融监管与逃避监管的关系

信息技术发展是一个不以人的意志为转移的必然趋势，它不可避免地将引致货币金融运行中诸多运作现象发生新的变化。对此，从金融监管角度看，是任其野蛮生长还是依法监管，需要认真厘清。第一，需要深化货币金融基础理论的研究，从机理角度深入研讨信息技术进步背景下出现的新的金融工具、操作方式和运作业态，看看哪些是符合货币金融机理的（因此，有着良好的发展前景）、哪些属于新条件下的沉渣泛起（因此，应予以严格限制乃至禁止）？在此基础上，以去伪存真、由表及里地落实金融监管。第二，需要充分利用现代信息技术进步的最新成果推进金融监管技术手段的完善，在功能监管的过程中，将各种金融活动（包括非金融机构的金融行为）纳入金融监管范畴，实现金融监管全覆盖。第三，遵循经济金融运行的内在规律和特点，开展金融创新，推进对新生金融业态和金融操作的监管，现代信息技术所推进的货币金融新形态新现象不应在金融监管之外，应做到金融监管的全覆盖。

从近年国际领域中加密货币（实则跨国金融资产）的甚嚣尘上看，尤其是要避免诸如比特币之类的虚拟加密货币成为金融监管之外的大赌场情形发生[①]。

四　依法运作与避免法治真空的关系

现代市场经济是法制经济，各种经济金融活动应在法治框架中展开。以金融创新为名，逃避法治，是各种跨国金融产品和虚拟货币惯用手法，也是各种与此相关的犯罪活动的口实和幌子。2019 年 7 月，韩国政府公布的数据表明，近两年来与加密货币相关的犯罪活动造成了近

---

① 努力埃尔·鲁比尼：《加密货币领域已成为一个不受监管的大赌场》，https：//www.yicai.com/news/100276840.html。

2.7万亿韩元（约合23亿美元）的损失①。在这个过程中，一些机构的"超主权""国际化"金融运作，在很大程度上，是借助现代信息技术的互联互通机制，寻求主权法治之外的非法操作空间。面对信息技术的跨国发展和法治的国别局限性，一方面在一国范围内应进一步完善各项法律和各种法治机制，使其能够跟上信息技术进步的步伐，另一方面应加强各国和地区之间的法治协调，避免在跨国领域出现法治真空。

五　加强国际协调与信息技术国际化的关系

现代信息技术进步是一个国际性现象，它不仅依赖于国际协作和跨国供应链，也不仅仅依托于互联网、大数据、云计算和人工智能等科技的发展，而且以各种名义创造出了几千种跨国交易的"币"（实则为跨国性金融产品），突破了以主权国家（或地区）为特点的法治框架，寻求着一种"无中心、无法治、无监管"的市场环境，给各国和地区的货币金融运行带来了不容小觑的挑战。虽然从主权机制出发，一国政府（或央行等金融监管部门）可以运用权力和法治对这种依托于现代信息技术平台上的跨国性金融活动予以限制乃至禁止，但这还不是根本性举措（即禁得了一时禁不了一世），更不用说，现代信息技术的跨国发展在推进经济金融的全球化进程和区域经济一体化进程中有着无可替代的作用。要弱化和避免这种跨国性经济金融活动的负面效应，有效的机制不是简单的"堵"而是"疏"，由此，强化各国和地区之间的货币金融监管合作就成为公约数较高的选择，也是最有可能建立国际间联合监管长效机制的选择。这种国际货币金融协调合作的具体内容相当广泛，至少应当包括：国际间货币金融监管的信息共享和及时沟通、相关事件和情势的共同研讨、国际规则的共同探究、联合行动的共同磋商、相关风险的共同管控等。

---

① 韩媒：《韩国加密货币犯罪升温　两年经济损失约23亿美元》，https://www.cankaoxiaoxi.com/world/20190727/2386615.shtml.

第二篇　经济运行与防范金融风险

第六章

优化金融供给结构
防范流动性风险*

  2019年2月22日，在主持中央政治局第十三次集体学习时，习近平总书记指出，在深化金融供给侧结构性改革中"要以金融体系结构调整优化为重点，优化融资结构和金融机构体系、市场体系、产品体系，为实体经济发展提供更高质量、更有效率的金融服务"。2019年10月31日，党的十九届四中全会《中共中央关于坚持和完善中国特色社会主义制度　推进国家治理体系和治理能力现代化若干重大问题的决定》中进一步强调：要"加强资本市场基础制度建设，健全具有高度适应性、竞争力、普惠性的现代金融体系，有效防范化解金融风险"。在深化实体经济部门供给侧结构性改革过程中，推出以优化金融体系结构为重点的金融供给侧结构性改革，不仅指明了中国金融改革发展的方向和重心，而且揭示了金融供给侧结构性改革与实体经济部门的供给侧结构性改革之间的相互依赖、相互制约的内在逻辑。

  2016年以来，中国持续推进了实体经济部门的供给侧结构性改革，取得了预期成效。实体经济部门的供给侧结构性改革，不论是"去产能、去库存、去杠杆"还是"降成本、补短板"都离不开金融的支持。在以外源融资为主的条件下，金融部门的资金供给结构对实体经济部门的资产结构从而经营运作结构有着决定性影响，由此，金融部门的资金供给结构和金融产品的供给结构，直接影响着实体经济部门资产结构调

---

  * 刊发于《经济理论与经济管理》2020年第3期。

整和供给侧结构性调整。这一机制决定了实体经济部门要巩固已取得的供给侧结构性改革成果并将其推向深入，就必须有效展开金融层面的供给侧结构性改革。众所周知，实体经济部门是创造物质财富和价值的部门，金融运行中的各项成本和收益均来自实体经济部门创造的价值，因此，只有实体经济部门健康发展了，才有金融部门的可持续发展空间；同时，金融又是一个高风险部门，防范化解金融风险（尤其是守住不发生系统性风险）是金融活动的根本任务，实体经济健康发展是实现这一任务的基础性条件。就此而言，金融供给侧结构性改革也离不开实体经济部门的供给侧结构性改革。毫无疑问，有效协调好金融部门和实体经济部门的两个供给侧结构性改革，对于支持中国经济向高质量发展转变、推进"不平衡不充分"短板问题的解决至关重要。

第一节 经济金融运行中的三对"两难选择"

2018年，根据中央经济工作会议的部署，中国金融进入了"防风险"的三年攻坚期。在加大"去杠杆"力度、扭转资金脱实向虚走势和加快金融整治（尤其是对以P2P为代表的互联网金融整治和资产管理市场秩序整治）进度的背景下，经济金融运行中出现了三对相互关联的"两难选择"。

一 "去杠杆"与"稳增长"之间的矛盾

所谓"杠杆"，在实体经济部门运行中，指的是实体企业的负债。对实体企业而言，债务性资金是把"双刃剑"。一方面实体企业在经营运作中的债务资金形成了不可或缺的资产，它有利于扩大实体企业的经营规模（从而提供就业岗位，创造财富和GDP，增加产品供给）、提高经营运作效益（在资产边际收益率高于贷款利率的条件下，有利于促进股本收益率提高）、推进资产结构调整（包括公司并购、资产重组等）。实体企业的负债主要来自上下游企业之间商业交易中所形成的债务（如"预付款""应收账款""应付账款"等）和金融性借款（如银行贷款、发行债券等）。由于实体企业彼此之间在商业交易中形成的债权债务关系是必然的，要降低由此形成的债务率并非易事，所以，"去杠杆"就主要落实到金融层面。一些人将"去杠杆"简单地理解为降低债务率（在实践中，一些行政部门甚至提出了每年降低1个百分点的企业资产负债率"硬任务"）。2018年，规模以上工业企业的资产总额为113.4万亿元，在资本性资金难以增加的背景下，降低1个百分点的债务率，直接意味着缩减规模以上工业企业的经营运作规模1.13万亿元，由此，不可避免地引致它们所能吸纳的就业规模缩减、所能创造的GDP缩减等连锁效应发生，严重影响到"稳增长"的目标实现。另一方面，在以间接金融为主的条件下，实体企业的债务性资金主要来源于银行贷款。杠杆率上行和债务数额持续增加，使经济金融运行中的债务风险持续增大，一旦发生债务链条断裂，一批实体企业就将陷入债务危机；如果高债务率的趋势难以抑制，就可能演化或扩展为系统性金融风险（甚至引致经济危机和金融危机），严重威胁到经济的可持续发展和"稳增长"目标的实现。鉴于此，在守住不发生系统性金融风险的底线过程中，通过"去杠杆"降低金融风险发生的概率成为政策选择中的不二举措。从社会融资增量规模来看，2018年全国新增融资规模为19.26万亿元，其中银行贷款增加15.67万亿元（同比多增1.83万亿元），非金融企业境内股票融资仅为3606亿元（同比少增5153亿元）；2019年，全国新增融资规模为25.58万亿元，其中人民币贷款增加16.88万亿元（同比多增1.21万亿元），非金融企业境内股票融资仅为3479亿元（同比少增127亿元）。在这种金融供给结构条件下，实体企业的杠杆率难免处于"只升不降"的通道中，结果是金融风险进一步加大。不难看出，如何破解"去杠杆"与"稳增长"之间的矛盾（或者说，如何有效协调好二者关系）已是中国经济金融进一步发展中不可回避的两难选择。

二 资金"脱实向虚"与"脱虚向实"之间的矛盾

2013年以后，在中国经济金融运行中出现了一种反常现象，即资金的脱实向虚。引致资金脱实向虚的一个实践面成因在于，实体企业的资产边际收益率低于金融层面的利率。从表6.1可见，在2014年之前，M_1的每年增量为1万亿元至2万亿元，这与经济增长过程中实体企业的营销规模扩大、固定资产投资增加等大致相仿。但2015年以后，在经济金融的其他变量没有突发性改变的条件下，M_1的年度增量突然放大，其中2015年达到52897.03亿元、2016年达到85603.80亿元、

2017年达到57232.91亿元。这从一个侧面反映了资金脱实向虚的状况。在实践中，金融部门的资金为了规避实体经济部门的风险，大量滞留于金融层面，同时，实体企业的资金也大量涌到金融层面，形成了资金"脱实向虚"的态势。为了提高实体经济部门的盈利水平，2013—2015年，国务院出台了一系列减税减费减息的政策，给实体企业减负3万多亿元，但诸多实体企业的资产边际收益率依然没有达到充分吸引金融层面资金投放的水平。2018年和2019年，国务院分别出台实体经济减负1.3万亿元和2.3万亿元的政策举措，可迄今效果依然有限。从图6.1中可见，规模以上工业企业的利润增长率并无明显回升。多年减税减费减息所给实体企业带来的减负效应并没有在利润增长率上得到充分体现。2019年1—11月，规模以上工业企业的利润增长率为-2.1%。大量资金滞留于金融层面，既给金融运行带来严重风险，也严重制约着实体经济的发展。一个突出的实例是，2019年1—12月，规模以上工业企业的工业增加值增长率降低到了5.7%，全社会固定资产投资增长率仅为5.4%。在美国挑起贸易战的背景下，扩大内需成为中国"稳增长"的一项基本选择。任何国家的内需均由消费需求和投资需求构成。投资需求的大幅下行，既给提高消费需求增长率以严重压力（即只有在消费需求增长的程度能够抵补固定资产投资需求减少的程度的条件下，才能有效保障"稳增长"的目标实现），也给金融运行带来严重的风险。从这个角度看，扭转资金脱实向虚的走势，对稳增长、防风险至关重要。同时，如果资金不能有效改变"脱实向虚"的状况，随着滞留在金融层面的资金继续增加，将使境内游资数额持续扩大，这将不时冲击经济金融的稳定运行，也将给经济金融带来严重的系统性风险。另外，在实体经济部门经营运作效益难以有效提高的条件下，运用行政机制强力要求金融机构将资金投向实体企业，不仅与经济金融内在机理的要求不符，而且很容易使这些资金从优良资产转为不良资产，给后续的经济金融运行带来更加严重的风险隐患，使更多的金融机构陷入经营运作窘迫境地。同时，也容易引致不尊重市场机制的体制复归。显然，如何破解资金的"脱实向虚"和"脱虚向实"之间的矛盾，既引导资金充分投入实体经济部门，又防范由资金效益衰减所引致的金融风险，在政策选择中不是一件容易的事。

表6.1　　　　　　　　中国 M_1 及其增长率　　　　单位：亿元、%

年份	M_0	M_1	M_1 增量	M_1 增长率
2011	50748.46	289847.70	23226.20	8.71
2012	54659.77	308664.23	18816.53	6.49
2013	58574.44	337291.05	28626.82	9.27
2014	60295.53	348056.41	10765.36	3.19
2015	63216.58	400953.44	52897.03	15.20
2016	68303.87	486557.24	85603.80	21.35
2017	70645.60	543790.15	57232.91	11.76
2018	73208.40	551685.91	7895.76	1.45
2019	77189.47	576009.15	24323.24	4.40

资料来源：中国人民银行网站，http：//www.pbc.gov.cn/.

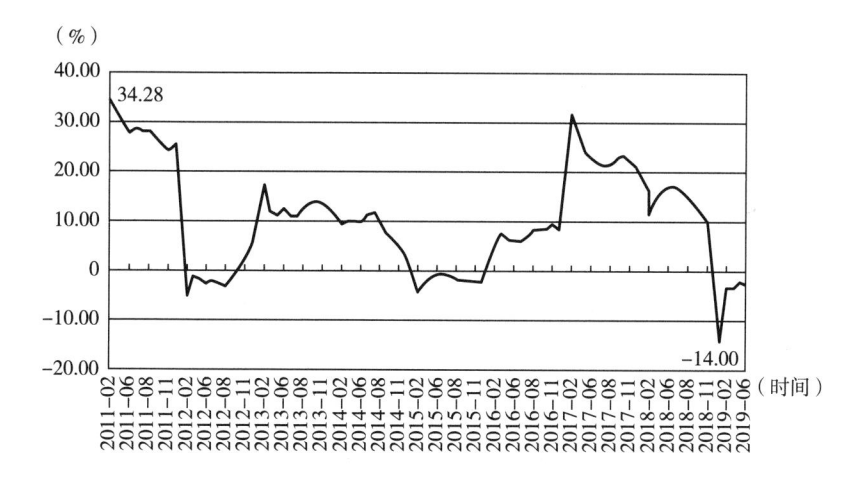

图6.1　规模以上工业企业利润增长率

资料来源：国家统计局，http：//www.stats.gov.cn/.

三　金融整治与防风险之间的矛盾

近年来，中国金融乱象群生，给金融运行和金融发展带来了一系列风险。这些风险一旦集中爆发，就将形成系统性金融风险，甚至引致金融危机。2016年4月以后，国务院和相关金融监管部门果断出手，出台了一系列举措，整治金融乱象。从对P2P、影子银行、资产管理等的整治进程看，"冰冻三尺非一日之寒"。如果操之过急，欲速而不达，非但不能有效化解由金融乱象带来的金融风险，而且在平台公司跑路、资金链断裂等背景下，将引致新的金融风险和社会风险。同时，建立新的机制、路径和流程来替代曾经由P2P、影子银行和资产管理等给实体企业提供的资金，保障经济金融运行中相关方面对资金的需求能够得到满足，也需要时间。鉴于此，完成金融整治的时间表只能一拖再拖，以求尽量小的金融震荡和社会负效应。另一方面，如果金融整治的步速过缓，金融乱象引致的金融风险还将蔓延，这将进一步增大发生系统性金融风险的概率，因此，整治金融乱象的步伐不可过缓。面对这一难题，如何有效安排好整治金融乱象次序、拿捏好整治力度和步速成为需要系统深入研讨的应急课题。

毋庸赘言，这三个"两难选择"相互关联相互制约，有着牵一发而动全身的内在机制，这更增加了化解每对两难选择的难度。对它们处置如何（包括取向、流程、节奏、力度和效应等）、在处置过程中相关制度和监管机制的形成以及处置中的金融创新等都是需要深入探讨的重大论题。

第二节 资金紧缺条件下的流动性风险

在实体企业经营运作中，流动性主要指的是可用资金（即货币资产）和可变现资产。在资产负债表的各项科目中，实体企业既可从"负债和所有者权益"中获得流动性，也可通过调整"资产"获得流动性。从资金来源看，实体企业获得资金路径包括股东投资、银行借款、发行债券、交易对手方的预付款、利润留存（包括资本公积金）等；从资产变现看，实体企业调整资产获得流动性的路径包括减少定期存款、出售存货、减少应收账款、卖出"交易性金融资产"（如债券、股票等）和出售其他资产等。在中国的实践中，实体企业获得资金的主要渠道有六个：股东投资、银行贷款、预付款、发售证券（如债券、股票等）和产成品（或劳务）销售、出售资产（包括实物资产和证券类资产）。流动性的这些变化反映在现金流量表中，因此，对实体企业的流动性状况也可从现金流量表中展开分析。

第六章 | 优化金融供给结构 防范流动性风险

流动性风险的底线现象，是指实体企业缺乏足够的资金清偿到期债务本息引致的财务风险。但在实体企业经营运作中，流动性风险更多的是指账面资金不足以支付各项开支所出现的头寸紧缺状况。它的具体情形大致有三个：一是账面资金不足以满足正常的经营运作展开。例如，缺乏足够的资金购买原材料、支付职工薪酬、缴纳应缴税负等。二是账面资金不足以满足固定资产投资、技术研发、新产品开发和市场拓展等的持续性需要。三是被迫以低于成本价卖出所持有债券、股权（包括股票）等证券类资产，引致资产负债表衰退。引发实体企业流动性风险的因素相当复杂。尽管不同企业的流动性风险成因不尽相同，同一家企业在不同时间、发展的不同阶段以及不同条件下的流动性风险成因也差别甚大，但通过对相关数据的分析，还是能够寻找到多数实体企业流动性紧缺的主要成因。

从表6.2的数据中可以看到：第一，2010—2018年，规模以上工业企业的总资产增长了91.33%，总负债增长了88.39%，但营业收入仅增长了50.41%，利润总额也仅增长了25.07%，由此，以销售产品等经营运作路径获得流动性的能力快速降低，总资产的增长主要来自外源融资，内源融资能力较弱。第二，在流动资产中，"应收账款"和"存货"的占比在2010—2018年间比较稳定（即从46.99%变化为46.93%），但二者的走向却呈相反趋势。其中，"应收账款"占比从2010年的22%上升到2018年的25.88%，"存货"占比从2010年的24.99%下降到2018年的21.05%。"存货"占比下降反映了供给侧结构性改革中"去库存"的成就，但"应收账款"比重上升却反映了企业间拖欠货款的现象加重，以经营销售渠道获得的流动资金趋于吃紧。第三，2016年以后，规模以上工业企业的总资产和流动资产都在增加，但营业收入却从2016年的115.9万亿元下降到2018年的105.0万亿元，降幅达到9.45%；利润总额从2017年的7.49万亿元减少到2018年的6.64万亿元，降幅达到11.44%；与此同时，资产利润率也从2016年的6.62%和2017年的6.67%下降到2018年的5.84%。这些情况表明，规模以上工业企业通过经营运作获得资金的能力在下降，流动性风险在逐年提高。

表6.2　　　　　　　　规模以上工业企业主要财务指标　　　　　　　单位：亿元

年份	总资产	总负债	流动资产	应收账款	存货	营业收入	利润总额
2010	592881.9	340396.4	279227.3	61441.2	69790.1	697744.0	53049.7
2011	675796.9	392644.6	327778.7	70502.0	80583.1	841830.2	61396.3
2012	768421.2	445371.8	368200.7	84043.1	88324.7	929291.5	61910.1
2013	870751.1	505694.3	413490.2	97402.7	97119.2	1038659.5	68378.9
2014	956777.2	547031.4	445742.4	107437.0	102874.4	1107032.5	68154.9
2015	1023398.1	579310.5	469207.3	117246.3	102804.5	1109853.0	66187.1
2016	1085865.9	606641.5	500852.8	126847.2	106962.7	1158998.5	71921.4
2017	1121909.6	628016.3	534080.9	135645.1	113305.5	1133160.8	74916.3
2018	1134382.2	641273.8	554165.1	143418.2	116671.3	1049490.5	66351.4

资料来源：《中国统计年鉴（2019）》，中国统计出版社2019年版。

　　微观面的这些变化，在宏观面上表现得更加明显。从图6.2看，工业企业生产者价格指数（PPI）的同比增长率在2012年3月以后持续下降了54个月；2016年9月，PPI增长率由负转正，达到0.1%，延续到了2019年6月；2019年7月以后，再次陷入下行走势区间。但如果不是把眼界局限于"同比"之中，而是扩展到"累计值"，则可发现自2012年3月至今的90个月内，PPI增长率的累计值就没有回到2012年2月之前的水平。这实际上意味着，在销售同量产品中，工业企业所能够得到的资金依照PPI负增长的程度在减少；同时，在成本不变条件下，工业企业的利润率以快于PPI增幅下降的程度降低，由此，工业企业通过"利润"渠道获得营运资金的路径在持续收窄；同时，资产边际利润率持续降低引致了固定资产投资增长率的快速下落（从2011年的23.8%下降到2018年的5.9%），使为固定资产投资提供资本品的工业企业产品销售难度大大提高，由此，严重影响了资金回流。

　　在货币供应量层面上，从图6.3看，2018年6月以后，M_1增长率就一直低于GDP增长率。M_1主要由实体企业等机构的活期存款构成。M_1增长率连续18个月低于GDP增长率意味着实体企业的流动性趋于吃紧。近年来，中国人民银行以M_2增长率作为货币供应量的主要抓手（即货币政策的中间目标），从图6.3中可以看出，2010年3月以后，M_2增长率始终高于同期的GDP增长率，2019年12月为8.7%，高于GDP

图 6.2 PPI 走势图

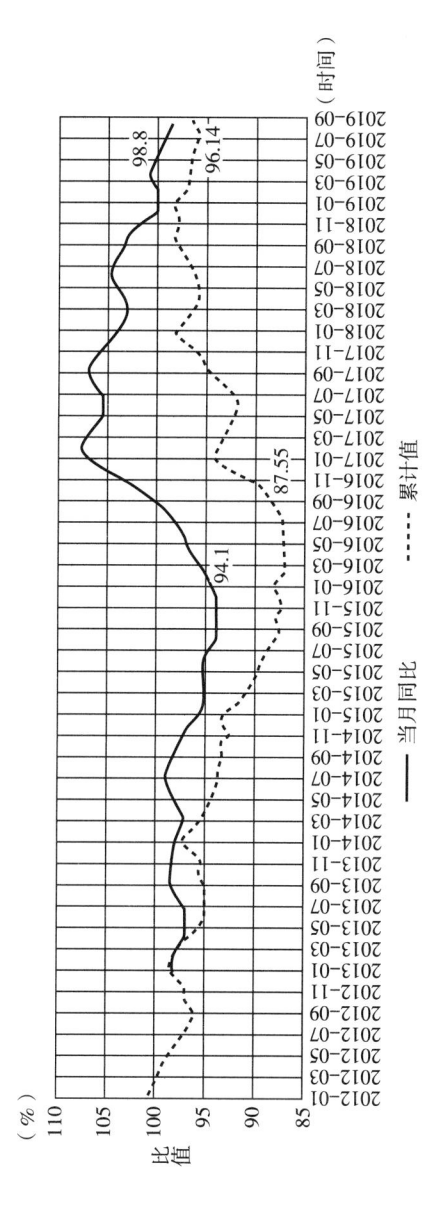

资料来源：国家统计局，http://www.stats.gov.cn/.

增长率（6.0%）2.7个百分点，就此而言，资金供给似乎并不紧张。但如果将物价上涨因素考虑在内，情形就将发生变化。2019年12月CPI增长率为4.5%（11月为4.5%），则M_2增长率低于"GDP增长率+CPI增长率"1.8个百分点。另外，M_2中包含了机构定期存款和储蓄存款中的定期存款（这些定期存款占M_2的比重，在2019年12月为43.86%）。由于定期存款是难以作为支付货币使用的，通常不发挥流动性功能。从图6.4中可见，"M_2-定存"后的资金增长率在2016年1月为19%（远高于GDP增长率），到2019年12月已降到了6.10%，明显低于M_2增长率，与GDP增长率（6%）相差无几。2018年以后，经济金融运行中的流动性紧张，不仅加重了债市、股市等金融市场行情的持续低迷，而且给实体企业经营运作带来了新的风险和挑战，使2020年经济金融运行中不确定程度进一步增加。

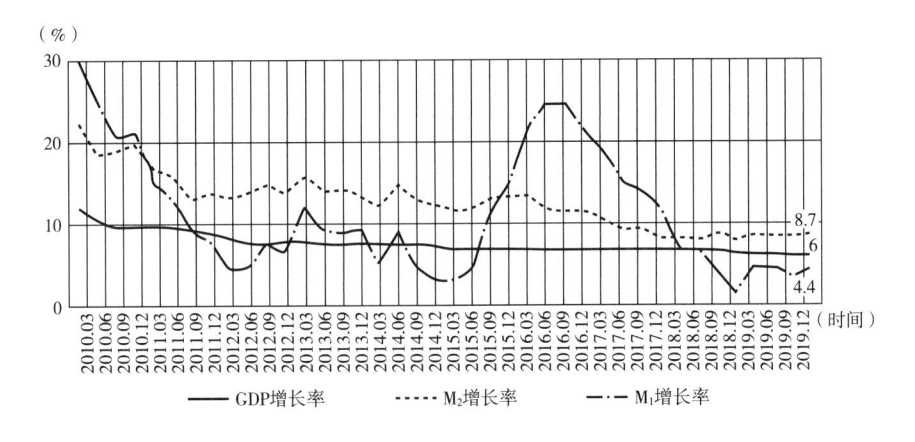

图 6.3 货币供应量与 GDP 增长率

资料来源：中国人民银行网站，http://www.pbc.gov.cn/.

表6.3　　　　　　　　　社会融资存量规模（2014—2019）　　　　　　　单位：万亿元

年份	社会融资规模存量	人民币贷款	外币贷（折合人民币）	委托贷款	信托贷款	未贴现银行承兑汇票	企业债券	非金融企业境内股票	政府债券*
2014	122.86	81.43	3.47	9.33	5.35	6.76	11.69	3.80	
2015	138.28	92.75	3.02	11.01	5.45	5.85	14.63	4.53	
2016	155.99	105.19	2.63	13.20	6.31	3.90	17.92	5.77	

续表

年份	社会融资规模存量	人民币贷款	外币贷款（折合人民币）	委托贷款	信托贷款	未贴现银行承兑汇票	企业债券	非金融企业境内股票	政府债券*
2017	174.64	119.03	2.48	13.97	8.53	4.44	18.37	6.65	
2018	200.75	134.69	2.21	12.36	7.85	3.81	20.13	7.01	7.27
2019	251.41	151.57	2.11	11.44	7.45	3.33	23.56	7.36	37.73

注：*"政府债券"在2018年指"地方政府专项债券"，2019年为加入"国债"，改为"政府债券"。

资料来源：中国人民银行网站，http：//www.pbc.gov.cn/.

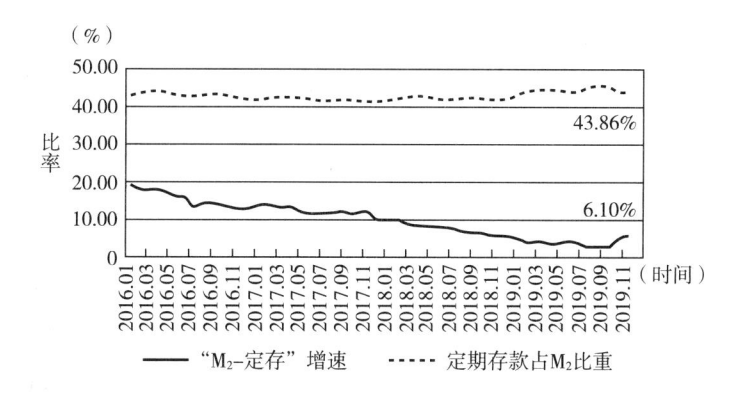

图6.4 "M_2-定存"增长率

资料来源：中国人民银行网站，http：//www.pbc.gov.cn/.

在社会融资规模层面上，从表6.3中可见，与2014年相比，2019年的"社会融资存量规模"增长了104.63%，其中，"人民币贷款"从81.43万亿元增加到151.57万亿元（增长了86.13%），占社会融资存量规模的比重达到60.31%。但在2018—2019年的两年时间内，"外币贷款""委托贷款""信托贷款""未贴现银行承兑汇票"等均呈现出负增长走势。与2017年相比，这些路径的融资余额在2019年减少了5.09万亿元，同时，意味着实体企业融资的渠道趋于收窄。

自20世纪90年代中期以后，"融资难"就不绝于耳。"融资难"的实际含义应当包括融资渠道窄、融资数量少、融资价格高、融资条件严和融资风险大五个方面。进入2018年以后，"融资难"成为严重影响实体企业资金来源（从而制约它们经营运作）的一个主要因素，有着引发新的金融风险危险。在此背景下，2018年7月31日，中央政治局会议明确提出：“要做好稳就业、稳金融、稳外贸、稳外资、稳投资、稳预期工作”，协调好"去杠杆"与防风险的关系，有效保障经济金融运行所需要的流动性。进入2018年第四季度以后，流动性紧张的状况蔓延到了民营企业、小微企业和股票市场，鉴于此，决策面密集出台了一系列举措，防范化解由流动性紧缺引致的经济金融风险。2018年10月20日，习近平总书记在给"万企帮万村"行动中受表彰的民营企业家回信中强调指出："改革开放40年来，民营企业蓬勃发展，民营经济从小到大、由弱变强，在稳定增长、促进创新、增加就业、改善民生等方面发挥了重要作用，成为推动经济社会发展的重要力量。民营经济的历史贡献不可磨灭，民营经济的地位作用不容置疑，任何否定、弱化民营经济的言论和做法都是错误的"。2018年10月22日，国务院常务会议做出了三项决定：一是设立民营企业债券融资支持工具；二是运用市场化方式支持民营企业债券融资（具体操作流程是，由中国人民银行依法向专业机构提供初始资金支持，委托其按照市场化运作、防范风险原则，为经营正常、流动性遇到暂时困难的民营企业发债提供增信支持）；三是对有市场需求的中小金融机构加大再贷款、再贴现支持力度，提高对小微和民营企业金融服务的能力和水平。同日，中国人民银行决定增加再贷款和再贴现额度1500亿元，提高金融机构对小微企业和民营企业的信贷投放力度。2018年10月31日，中共中央政治局在分析前三季度经济形势中指出，当前经济运行稳中有变，经济下行压力有所加大，部分企业经营困难较多，长期积累的风险隐患有所暴露。对此要高度重视，增强预见性，及时采取对策。2018年11月1日上午，在与民营经济代表座谈会上，习近平总书记指出："我国经济发展能够创造中国奇迹，民营经济功不可没"，同时，提出了为民营企业发展纾困的六大举措：减轻企业税费负担，解决民营企业融资难融资贵问题，营造公平竞争环境，完善政策执行方式，构建亲清新型政商关系，保护企业家人身和财产安全。另一方面，2018年10月18日，A股市场在徘徊了几个月后转向下行，上证指数击穿了2500点（最低触及2485.62点，远低于2010年年初的3289.75点），同时，A股依然有着继续下行的较大压力。2018年10月19日股市开盘前，"一行两会"领导接连发声，提出了缓解股市风险的一系列举措，以期稳定股市信心。

此后，决策面陆续出台的措施包括：修改《公司法》，调整股份回购的条件；启动 A 股股权质押纾困方案（各地设立了一批旨在化解股票质押贷款风险的基金，数额达到数千亿元）；允许银行私募理财产品投资于股市；鼓励长期资金入市；保障市场流动性（例如，2018 年 10 月 22 日，证券业协会发布公告，将组织联合 11 家证券公司设立约 1000 亿元总规模的资产管理计划进入股市）。各种政策举措的出台，虽然暂时缓解了经济金融运行中的流动性风险，但"治本"的深层问题依然存在，长治久安的基础并不坚实牢靠，有待深化金融供给侧结构性改革，优化金融产品的供给结构。

第三节 资金、资本和信用的内在机理

在经济金融运行中，资金是流动性最高（从而"最好"）的资产。作为货币资产，资金既有着货币功能也有着资产功能，覆盖了国民经济的各个方面，既连接着金融与实体经济，也连接着商品（包括劳务，下同）交易、财政收支和公益事业。从资金流量表中可以看出资金在各主体和各部门之间的流动状况（包括流向、流量等）和分布格局。如果将各年的资金流量表连接分析，则可看到资金流量的总趋势和资金分布格局的变化趋势。

从用途角度看，资金可分为消费性资金、经营性资金、财政性资金、公益性资金和金融性资金五种类型。在这些类型中，资金主要发挥货币的交易功能和支付功能，具有明显的流动性特征。其资产功能主要表现为归属关系，例如，在缴纳税收的场合，企业将原先归属于自己的资金划汇给税务部门，成为归属于政府财政的收入。由此不难理解，货币、资产和资金等并非"金融"独有的概念，更非金融活动独有的经济现象。因此，流动性和流动性风险也不是金融特有的现象。在不能偿付到期债务本息的场合，实体企业将因流动性不足引发财务风险甚至财务危机；在入不敷出的场合，政府财政将因流动性不足引发财政拮据甚至财政危机；如此等等。就此而言，金融领域中的流动性风险只是各领域流动性风险的一个方面。

从金融角度看，资金可分为资本性资金（或股权性资金，下同）、

债务性资金（或债权性资金，下同）和信托性资金。在实践运作中，信托性资金将进一步分解为资本性资金和债务性资金，由此，资金的金融性质主要分为资本性和债务性两大类。从资产负债表看，各类机构的资金来源由资本性资金和债务性资金构成，这些资金在使用中形成该机构的资产，由此，形成了"资产=负债+资本"的恒等式。不论对一家具体的法人机构（实体企业和金融机构等）还是对整个金融体系而言，这一恒等式中都有三个不可忽视的要点。

第一，资本与债务的内在机制。在经济金融运行中，每个主体所获得的"负债"都是交易对手方的"资产"。在实体企业之间的批发性商业交易中赊买赊卖是常态性现象，由此，信用机制（或债权债务机制）成为市场经济的一个基本机制（换句话说，缺乏信用机制则市场经济无法正常运行）。从债务方角度看，获得一笔债务相当于获得了一笔对等的利益。如果它建立在本息无须偿付的条件下，则这笔利益的获得近乎于无本获益，也就无所谓"债务"（例如，在财政资助的条件下，实体企业获得的利益并非债务）。从债权方角度看，形成债权的过程是利益支出的过程，一旦债务方不能按期偿付债务本息，债权方就将受到对等的利益损失，为此，债权方必须严格查证债务方偿付到期债务本息的能力。虽然这种偿债能力可以用债务方经营运作的现金流予以证实和偿付，可一旦债务方的市场走势发生变化或应收账款难以如期收回，债权方的利益还将受到损失。受此制约，偿付信用本息的法律责任最终落脚到债务方的资本性资金（即"所有者权益"）。在实行无限责任制场合，资本性资金近乎由股东（或合伙人）的全部自有财产构成；在实行有限责任制场合，资本性资金由公司净资产构成。一旦债务人不能偿付到期债务本息，经法庭调解无效，就进入破产程序。破产首先破的不是债务而是资本。因此，资本（或资本性资金）是负债的基础。

从资产负债表的结构看，"所有者权益"位于右列的"负债"下方，这既表明了"资本"的基础性地位也表明了无资本则无力承担负债的内在机理。从公司法规定和工商注册看，"注册资本"都是公司设立的必备条件。在实践过程中，任何公司承担的债务余额都必须与其"所有者权益"的数额相匹配。债权人在放债之前总是要查实交易对手方的资本数额和偿债能力（如现金流状况等）。在正常条件下，一家资本为1亿元的实体企业要承担3亿元以上的债务是比较困难的。与实体企业相比,商业银行等金融机构的负债水平具有特殊性,为存贷业务所决定,它们的负债率可以高达90%以上。一方面任何商业银行等金融机构的设立都有着明确的注册资本界定(并且注册资本数额不得低于相关法律的规定)。中国的《商业银行法》第十三条规定:"设立全国性商业银行的注册资本最低限额为十亿元人民币。设立城市商业银行的注册资本最低限额为一亿元人民币,设立农村商业银行的注册资本最低限额为五千万元人民币。注册资本应当是实缴资本。"另一方面,不论商业银行吸收了多少存款,其发放贷款都必须接受金融监管规则的制约,以防范它们的放贷数额突破资本充足率的制约。

显然,对实体企业和金融机构而言,信用资格、信用能力等都是由它所拥有的资本数额和相关的法律规定赋予的。在经济金融运行中,流动性可分为资本性资金和债务性资金,其中,资本性资金起着基础作用,它的数量和运行态势决定了债务性资金的数量和风险的程度。金融运行中的信用创造表现为债务性资金创造,但它必须建立在资本形成的基础上并且受到资本数量的制约。一旦脱离了资本的约束,信用也就失去了应有的基石,信用风险就将转化为信用危机。在间接金融体系中,银行信用发挥着主导作用,通过"存款创造贷款、贷款创造存款"的货币乘数作用,债务性资金有着持续膨胀的趋势。在此条件下,如果不重视有效发挥资本对债务规模和债务增长率的约束作用,信用膨胀不仅将引致杠杆率的持续升高,而且将为系统性信用风险埋下愈益严重的隐患。

第二,债务的期限结构。从期限角度看,经济金融运行中的资金可分为短期资金、中期资金、长期资金和永久性资金等。短期资金通常为一年以内,中期资金通常为三年至五年,长期资金通常在十年以上,永久性资金则期限不受限制。资本性资金属于永久性资金范畴,其流动性机能不受期限制约;与此不同,各种债务性资金的流动性机能受到偿还期限的严格制约。在经济金融运行中,流动性风险首先表现为对应主体偿付当年到期债务本息的财务能力不足,由此,在债务总额已定的条件下,短期债务所占比重越高则流动性风险越大,需要借新债还旧债的财务活动越频繁。与此相比,中长期债务比重越高,当期财务风险越低,经济金融运行越平稳。在实体企业的资产负债表中，中长期债务位于"流动负债"之下、"所有者权益"之上，这有着三重含义：一是偿债的时间顺序。实体企业需要首先偿付流动负债，此后才是中长期负债，因此，中长期负债的偿付时序在短期负债之后。二是资本性质的程度。中长期债务的资本性质弱于"所有者权益"，但高于"流动负债"，它在一定程度上可以支撑短期债务，对实体企业的中长期发展有着促进功能。三是在时间延续中转为短期负债。随着时间的延续，原先属于中长期负债范畴的债务将逐步地转为短期负债。从理论上说，5年期的负债在第五年必然转为当期应偿付本息的短期债务，但在实践中，为了防范到期一次性支付可能引致的偿付风险，通常选择依期限逐年按比例减少的财务方法（例如，5年期负债，在时间延续中每年将中长期负债数额的20%转为流动负债）。

在经营运作中，实体企业获得的中长期资金主要用于投资以扩大经营运作规模、增强研发能力、提高资产质量、改善资产结构等。在边际资产利润率高于债务利率的条件下，通过运作中长期债务性资金，实体企业不仅能够偿付到期债务本息，而且可能累积丰厚的利润、增加净资产，增强内源性融资的能力。马克思主义经济学认为，在人类发展中，社会再生产本质上是扩大再生产。这一原理落实到实体企业资金运作的角度，就具体化为中长期资金的投资运作。由此，与短期资金相比，中长期资金有着基础性和先导性作用。

实体企业的中长期负债主要来自金融体系。20世纪70年代以后，美国等发达国家在金融创新过程中资本市场快速发展，直接金融在金融体系中所占比重明显上升。一个引人注目的现象是，实体企业的中长期债务资金来源从商业银行等金融机构的中长期贷款转向了发行中长期债券等债务工具。其主要成因包括债券融资成本明显低于同期贷款、发行中长期债券所得资金在使用上比中长期贷款更加自主灵活、实体企业的现金管理普遍展开等。另外，对商业银行等金融机构来说，由于市场变化更加复杂，不确定性明显提高，向实体企业发放中长期贷款的风险凸显，既高于短期贷款又难以充分预测和把握，由此，商业银行等金融机构向实体企业发放中长期贷款的意愿逐步走低。

第三，资产的流动性。从资产面看，实体企业的流动性主要来自三个渠道：一是货物（或劳务，下同）的销售。一般来说，销售越顺畅，实体企业的流动资金越充分；反之，将面临资金紧缺甚至陷入流动资金不足的困境。二是证券类资产销售。在实物资产不变的条件下，实体企业可交易的证券类资产越多，现金管理越有效，则货币资产（在商业银行的存款，尤其是定期存款）越少，资金在金融面上的使用效率越高；在证券价格上行的区间，证券类资产的收益率高于实物资产收益率的概率较高，流动性风险相对较小；反之，不仅证券资产收益率可能低于实物资产收益率，而且可能被迫以低于成本价卖出证券，由此，流动性风险随着证券交易价格的走低而提高。三是实物资产的销售。对一家具体的实体企业（除非属于房地产企业范畴）来说，销售实物资产不是常态性经营活动。在多数情况下，卖出实物资产是一种被迫的无奈之举且对缓解资金紧缺并非总是有效的。因此，在正常经营运作中，实体企业主要通过货物销售和证券销售来调节资金的余缺。

在中国，实体企业介入债券市场等金融市场的渠道较窄、程度较低，经营运作中暂时闲置的资金大多只能以"存款"方式存入商业银行等金融机构，资产面的现金管理几乎不存在。为了争取存款利率收益的提高，一些企业只好将一部分存款以"定期存款"的方式存入银行。从表6.4中可见，与2005年相比，2009年企业"活期存款"增长了1.04倍，同期，企业的"定期存款"增长了2.06倍；与2010年相比，2019年非金融企业"活期存款"增长了0.32倍，同期，非金融企业"定期存款"增长了1.92倍，显然，定期存款的增长率高于活期存款，由此，引致了三个现象的发生：其一，在非金融企业存款余额中，定期存款占比持续提高。从2005年的34.91%上升到2019年的59.26%。其二，由于定期存款在存期内属于不可流动的资产，如果需要动用，就必须将其转为活期存款，所以，定期存款快速增长，直接意味着实体企业资产构成中流动性资产占比降低、非流动性资产占比上升，这引致了实体企业的流动性紧张和经营运作的流动性风险增大。在表6.4中，2011年、2014年和2018年都发生过实体企业活期存款的负增长；2019年活期存款的增长率仅为2.67%，明显低于同期GDP增长率（2019年GDP增长率为6.1%）。其三，实体企业严重缺乏现金管理机制。在货币理论发展史上，货币需求曾被界定为交易需求（包括货币的流通职能和支付职能）和贮藏需求。依据20世纪初的实践变化，凯恩斯基于流动性偏好的理论，提出了新的货币需求函数：$M = M_1 + M_2 = L_1(Y) + L_2(r)$。其中，$M_1$为由交易动机和预防动机所决定的货币需求（它是收入 Y 的函数），M_2为投机性货币需求（它是利率 r 的函数）；L_1、L_2为流动性偏好。在这个模型中，"贮藏货币"不见了，取而代之的是"债券"交易，由此，从实体企业资产运作角度看，现金管理已成为调剂资产流动性的重要机制。但在中国，"定期存款"依然是非金融企业存款的主要构成部分，成为制约实体企业流动性的一个主要成因，同时，也反映了实体企业进入金融市场（尤其是债券市场）交易的程度较低和中国金融市场（尤其是债券市场）发展得不充分。在金融运作中，债券对"定期存款"有着明显的替代性，实体企业持有债券数额的增加必然引致它们以"定期存款"方式持有的资金量减少。由于债券票面利率通常高于存款利率，债券的可交易性高于定期存款，所以，"定期存款"对债券不具有替代性。鉴于此，定期存款的巨额存在（且高速增长）意味着，实体企业既失去了争取较高收益的机会也失去了争取较高的资产流动性的机会，这不仅强化了实体企业对商业银行等金融机构贷款的依赖程度，而且加剧了经济金融运行中的流动性紧缺程度和对应的风险。

表6.4　　　　　　　　　非金融企业存款及增长率　　　　　　单位：亿元、%

年份	活期存款	增长率	定期存款	增长率
2005	66222.96	7.09	35527.59	28.70
2006	77744.82	17.39	41106.84	15.70
2007	91718.37	17.97	62685.53	52.49
2008	97499.04	6.30	80702.58	28.74
2009	134747.32	38.20	108837.62	34.86
2010*	183593.93	36.25	121065.03	11.23
2011	139322.56	-24.12	164181.75	35.61
2012	140862.36	1.10	186531.31	13.61
2013	145522.01	3.30	216033.15	8.59
2014	143311.15	-1.52	235022.70	8.79

续表

年份	活期存款	增长率	定期存款	增长率
2015	174586.41	21.82	255661.02	8.78
2016	215106.82	23.20	287071.63	12.28
2017	237887.75	10.59	304516.83	6.07
2018	236190.12	-0.72	326786.09	7.31
2019	242504.15	2.67	352860.82	7.97

注：＊2009年之前的"非金融企业存款"中不包含"事业单位"，2010年以后包含"事业单位"。

资料来源：中国人民银行网站中的"金融机构人民币信贷收支表""金融机构人民币信贷收支表（按部门）""金融机构本外币信贷收支表"，http://www.pbc.gov.cn/.

在经营运作过程中，各类实体企业通过营业收入、发行股权（包括发行股票）、银行借贷、发行债券以及其他路径获得资金的差异甚大，在不同时点触发暂时闲置资金的缘由不尽相同，是引致"定期存款"巨额发生的一个主要成因。为了提高这些资金的运作收益，多年来，一些实体企业通过"委托贷款""信托贷款"和购买理财产品等路径向资金紧缺的实体企业提供了资金支持。据不完全统计，截至2019年11月中旬，1915家上市公司累计投入理财产品的资金达到3.897万亿元，平均每家为20.35亿元[①]。这说明，在进入金融市场、拓宽资金运作渠道、提高资金使用效率等方面，实体企业有着强烈的内在要求。

由上可见，在中国经济金融运行中，实体企业面临的流动性风险主要不来自短期债务性资金的供给不足，而在于资金来源中资本性资金和中长期债务性资金供给的严重不足，在资金使用中闲置资金（尤其是"定期存款"）进入金融市场（尤其是债券市场）的程度较低，从而实体企业彼此间通过金融市场调剂资金余缺的机制很不充分，这是一种金融供给侧结构性问题。

---

① 郭璐庆：《过半A股公司买理财 有的一手发债一手理财》，《第一财经日报》2019年11月15日第A03版。

第四节 优化金融供给侧结构的政策举措

以银行贷款为主的资金供给结构在实践的延续中不可避免地引致前述三对"两难选择"的发生:其一,在缺乏足够的资本性资金和中长期债务性资金的条件下,实体企业在经营运作中大量使用短期债务性资金,使它们时时面临着短期资金本息的偿付风险,不得不花费大量精力和费用从事借新债还旧债的重复性操作,同时,将短期债务性资金用于中长期投资运作更是加重了偿付到期债务本息的风险。在此背景下,一旦实施"去杠杆"的紧缩信贷政策,实体企业面临着资金链断裂和经营运作拓展的难题,由此,就必然引致"去杠杆"与"稳增长"之间的矛盾。其二,在缺乏多元化资金运作渠道的条件下,资金暂时富余的实体企业难以展开现金管理,将闲置资金通过金融市场路径调剂给资金紧缺企业使用,只能将这些闲置资金存入银行,表现为资金的脱实向虚,由此,在"去杠杆"从而银行信贷紧缩的条件下,资金紧缺的实体企业难以得到新的借贷资金,难免引致资金"脱实向虚"与"脱虚向实"之间的矛盾。其三,由于资金暂时富余的实体企业缺乏多元化金融市场渠道展开现金管理,只好转向依靠"委托贷款""信托贷款"和"理财产品"等有限路径展开资金运作,以争取高于"定期存款"利率的资金收益率,所以,一旦展开金融整治,这些渠道收紧,就难免收紧通过这些渠道向资金紧缺的实体企业供给的资金量,使它们经营运作中流动性风险明显提高,由此,引致金融整治与防风险之间的矛盾。实施宽松的货币政策,加大向经济金融运行注入流动性,难以破解这三对相互关联的"两难选择",甚至有可能引致南辕北辙的效应。内在机理是,通过放松货币政策所投放的资金几乎均来源于商业银行等金融机构的贷款,它们大多为短期借贷资金,在推高实体企业杠杆率的同时,也在加大经济金融运行中的脆弱性和系统性金融风险。

从金融角度看,破解三个"两难选择"的路径是加快直接金融的发展,提高直接金融在金融体系中的比重,推进间接金融为主向直接金融与间接金融相协调的方向转变,为此,需要加大加快三项相互关联政策举措的实施力度。

第一，加大对资金供给者的开放程度。在经济金融运行中，资金供给可分为资金的初始供给和运作供给两个层面。不论在理论上还是在中国实践上，资金的初始供给者都主要由城乡居民构成。以储蓄存款年度净增额为例，2000年为4710.6亿元，2010年为42530.79亿元，2018年和2019年分别高达72270.54亿元和96978.96亿元。对城乡居民而言，消费剩余的资金最初并无金融性质和金融期限的界定。当以投资方式进入实体企业时，这些资金转化为"资本性资金"；当以存款方式进入商业银行等金融机构时，它们转化为"债务性资金"。宏观经济学认为，居民部门是资金的盈余者，企业部门是资金的赤字者，政府部门是资金的平衡者；居民部门将资金投入开厂办店，形成了最初的股权资产，是最初的金融活动。马克思精辟地指出："资本主义的商品生产，——无论是社会地考察还是个别地考察，——要求货币形式的资本或货币资本作为每一个新开办的企业的第一推动力和持续的动力。"[①]由此，从金融角度看，资本性资金是每家实体企业的初始流动性来源。这是资金供给的第一个层面，也是基础性层面。在经营运作中，实体企业彼此之间形成了以产业关联为特征的购销关系。这种购销通常采取赊购赊销机制展开。在交易对手方之间，或者你先供货我后付款，或者你先预付款我后供货，为了防范货与款之间的支付风险和满足经营运作中的资金需求，实体企业之间形成了建立在商品交易基础上的第一种金融信用，即商业信用。它的金融工具主要由商业本票、商业期票和商业承兑汇票等构成。商业信用是直接金融，通过商业票据连接了资金供给方和资金需求方；同时，它又是一种实体企业之间的债权债务机制，资金供给方成为债权人，资金需求方为债务人。这是资金供给的第二个层面。在此基础上，随着第一次产业革命的展开，在经济金融运行中发展了以存贷款为特点的银行信用。此后200多年的历史中，虽然发展了一系列专业化金融机构，但居民部门和企业部门、实体企业之间的金融活动依然占据金融体系的基础性地位，是金融市场的运作主体。

中华人民共和国成立70多年（尤其是改革开放40多年）来，中国金融体系快速发展，取得了举世公认的成就。但迄今为止，它依然是

---

① ［德］马克思：《资本论》第二卷，人民出版社2004年版，第393页。

一个以银行信用为主的间接金融体系,银行业资产占据金融机构资产总额的比重高达 90% 左右。从 20 世纪 50 年代初开始,为了掌控经济金融运行中的资金(并由此把控资本主义工商业的经营运作),我们在制度上和体制机制上就严格限制了这些工商企业之间的资金供给活动,将它们的资金借贷界定为违反财经纪律予以惩治。然而,70 多年过去了,中国实体企业已不再是资本主义工商业,面对以国有企业和民营企业为主体的经济活动,实体企业之间不可展开资金借贷的规则迄今未发生实质性变化。另外,1995 年 5 月 10 日出台的《票据法》第十九条规定:"汇票分为银行汇票和商业汇票"(至于"本票",第七十三条明确规定:"本法所称本票,是指银行本票")。但 20 多年实践中,除了在大型企业的财务公司成员之间发行交易了一些商业票据外,在绝大多数场合,"票据"只是银行承兑汇票的简称。因此,资金供给的第二层面难以运用金融机制而展开,这既给实体企业的经营运作带来诸多困难和风险,也加大了实体企业向商业银行等金融机构借贷的需求,强化了金融运行中的融资难和由信贷扩张引致的各种风险。

党的十八届三中全会的《中共中央关于全面深化改革若干重大问题的决定》指出:要"实行统一的市场准入制度,在制定负面清单基础上,各类市场主体可依法平等进入清单之外领域"。对金融体系而言,最基本的就是,在金融市场准入规则明确的条件下,允许资金供给和资金需求的主要主体(城乡居民和实体企业)直接进入金融市场。所谓直接进入金融市场,至少有三方面的含义:其一,实体企业能够依法自主地发行商业票据、公司债券和股票,改变以审批制(或核准制等)为前提的证券发行机制。其二,公司债券和商业票据的发行对象应主要面向城乡居民和实体企业,改变目前以商业银行等金融机构为主的机制。其三,公司债券和商业票据等证券交易应主要利用网络机制在无形市场中展开,改变目前的集中在有形市场展开的状况。

第二,加快发展资产管理市场。以银行信用为主的金融体系建立在工业经济基础上且主要服务于法人机构,积极吸收各类存款的一个重要目的在于增加贷款,以加速推进工业经济及相关产业的发展,同时,各类审贷的条件也以标准化、规模化和效益界定等为基本要件。随着城乡居民收入水平的提高(2019 年中国人均 GDP 数额突破 1 万美元),中国进入中等收入国家行列，资产管理（或财富管理）已成为金融发展的重点内容，由此，金融服务对象从法人机构向居民家庭扩展，金融运作从存贷款向理财运作扩展，是一个必然的趋势。与此同时，实体企业的暂时闲置资金也将从存款（尤其是定期存款）转向以现金管理（或资金管理），以增强流动性和营利性。

　　资产管理市场的展开有赖于三个机制的确立：其一，信托机制。在资产管理中，委托人将资金交给受托人管理，其中建立在忠实基础上的信托机制是保障委托人权益的最基本机制。受托人应履行忠实于委托人意愿（以信托契约为法定依据）、单立账户（以便于财务管理）、不再承债、资金托管和防范风险等义务。其二，金融产品的多元化。不同的资产管理有着不同的受众群体，他们的金融投资要求不尽相同，由此，要有效地展开各类资产管理，客观上要求由性质、期限、收益、风险、可赎回等条件形成的各种金融产品能够形成从无风险到高风险的光谱序列，以便资产组合的选择和调整。其三，资金有效流入实体经济。在资产管理中，受托人获得委托人交付的资金后，不论购买和交易哪些类型的金融产品，最终这些资金的绝大部分应流入实体企业。毕竟与金融运作相比，只有实体经济是创造财富和创造价值的部门。

　　在资产管理运作中，不论资金是投资于各类债券（包括资产证券化债券等）还是投资于股票（包括优先股）或是投资于商业票据，都是实体企业资金来源的重要组成部分。与此相比，近年来出现的与贷款相连接资产管理（如信托贷款等）则是一种不规范的操作。它更多的是一种银行贷款的补充品，不是银行贷款的替代品，因此，属于影子银行范畴。资产管理要走出影子银行的阴影，就应摆脱对"贷款"的路径依赖，将资金集中投入与金融市场相连接的金融产品（尤其是有着中长期特点的金融产品）交易中，为此，需要落实三项政策举措：一是积极推进持牌制度落地，有效规范资产管理市场中的管理者行为；二是着力推进自2018年起步的资管新规的落地，将资产管理的重心从"贷款"类金融运作转向市场类金融运作；三是加快资产管理市场的对外开放，引入国际先进的资产管理操作机制、经验、流程和方法，增强资产管理市场的竞争，给各类委托人以充分的市场选择空间。

　　第三，深化金融监管体制机制改革。现代市场经济以法治为前提，依法监管是金融发展的基础性条件，没有监管就不可能有现代金融。但如何监管却是一个在理论和实践上都亟待深入研讨的现实论题。流动性（不论是资本性还是债务性抑或是货币性）覆盖国民经济的各个领域各个环节，涉及城乡居民、实体企业、金融机构、政府部门等每个经济主体的利益（在开放型经济中还与国外部门相连接），影响着商品市场（包括劳务市场）、金融市场的各类价格走势。如果事无巨细地将每项活动、每种产品、每个交易和每个行为都纳入金融监管直接管控之中，或者将它们都纳入金融机构的专营范畴内并通过监管金融机构的业务活动将各种金融交易都纳入监管部门的管控之中，势必引致三方面后果：一是在五个手指难以按住八只蚂蚱的条件下，金融监管部门将各项金融活动限制于监管能力所能掌控的范围内，由此，众多经济金融运行中本应展开的金融活动被严格限制甚至列入禁止范畴，严重影响实体经济的正常运作和经营发展。二是在疲于奔命且难以管住各项金融活动之后，放松金融监管程度，使金融监管进入"一管就死，一死就放，一放就乱，一乱就管"的周期性怪圈中循环，给金融运行带来持续性振动，打乱金融运作主体的预期和交易活动，放大金融运作的风险。三是在将监管重心集中于金融机构的条件下，对实体企业等非金融机构的金融活动置于监管之外，不仅将引致金融乱象丛生，金融风险四起，而且将给实体企业经营运作带来更加严重的流动性风险。要避免这些后果的发生和叠加，就应深化金融监管体制机制改革，形成三个基本机制：其一，建立金融市场准入的负面清单制度。在落实依法监管的过程中，出台金融市场准入的负面清单，明确哪些金融活动属于负面清单范畴；在清单之外，贯彻"法无禁止即可为"的理念，给实体企业和城乡居民直接进入金融市场操作、通过金融产品交易调节资产流动性、提高资产配置效率等创造体制机制的条件，将金融市场的交易主体从金融机构拓展到实体企业和城乡居民。其二，建立行为监管机制。在实施负面清单制度过程中，将金融监管重心从金融机构拓展到各类主体的金融活动，统一监管标准、流程、机制，实现金融监管对金融行为的全覆盖，既有效维护实体企业和城乡居民进入金融市场展开金融投资运作的合法权益，又有效防范由监管盲区引致的金融风险。其三，建立监管沙盒机制。实体企业和城乡居民直接进入金融市场交易运作，既是金融体制机制改革的过程，也是金融创新的过程。创新不仅表现在借助金融科技所展开金融产品、金融流程、金融运作和金融形态等方面，而且表现在资产的存量、增量与流量之间的组合变换，期间存在着诸多的试错、调整、补充和完善，由此，需要金融监管部门提供一定程度的保护期限、容错空间和监管弹性。面对金融科技创新所遇到的制度障碍，2015年3月英国金融行为监管局（FCA）提出了"监管沙盒"机制，以实现保护金融科技创新与有效管控风险的双赢目标。

第七章

激活商业信用机制　推进国内经济大循环畅通[*]

中央政治局在2020年7月分析上半年经济形势时，提出了要"加快形成以国内大循环为主体、国内国际双循环相互促进的新发展格局"。党的十九届五中全会《中共中央关于制定国民经济和社会发展第十四个五年规划和二〇三五年远景目标的建议》中将这一表述列入了"十四五"时期经济社会发展指导思想。双循环新发展格局的理论，博大精深、内涵丰富，本章仅从推进国内大循环角度，结合经济实践面情况，略谈一点体会。

第一节　国内经济大循环的三个层次、基本条件和保障机制

在经济学史上，经典作家中马克思系统地研究了经济循环理论。他在毕生研究中提出过三个层面的经济循环理论：一是产业资本循环。在《资本论》第二卷第一篇中，马克思系统阐释了产业资本循环理论。用公式表示为"$G \to W \cdots P \cdots W \to G \to W \cdots\cdots$"，即产业资本家用货币购买生产资料、劳动力进入生产过程，生产出商品，商品卖出去后获得货币，再用货币购买生产资料和劳动力，进入再生产过程。这个循环是单个微观主体就可展开的，所以，可以称为"微循环"。二是两大部类的

---

[*] 刊发于《经济研究》2020年第12期。

第七章 | 激活商业信用机制 推进国内经济大循环畅通

再生产循环。在《资本论》第二卷第三篇中，马克思分析了两大部类的再生产循环，揭示了在简单再生产条件下和扩大再生产条件下两大部类之间的商品交易和比例平衡的内在机理。在这个过程中，马克思实际上研究了三个部门之间的循环，即为生产生产资料的产业提供生产资料的生产部门、为生产消费资料的产业提供生产资料的生产部门、生产消费资料的生产部门。这个循环在产业部门间展开，可以称为"中循环"。三是社会再生产循环。马克思在《〈政治经济学〉导言》中阐释了社会再生产的四环节理论，即生产、消费、分配和交换①（如果从扩大再生产看，还可加上"投资"），与微循环和中循环相比，它加入了消费活动和分配活动等因素，内容更加丰富复杂，可称为"总循环"。

微循环、中循环和总循环是一国的国内经济大循环系统的三个层面。中循环包含着微循环、总循环包含着中循环，环环相扣、环环相接，其中，微循环是中循环和总循环的基础。另一方面，与微循环相比，中循环扩展了各产业部门之间的关联机制和平衡机制；微循环和中循环侧重于产品（和劳务，下同）的供给侧，与此相比，总循环不仅包含了消费需求机制，而且强调了分配机制对比例平衡的反作用。国内经济大循环实际上是一个微循环、中循环和总循环有机联动、相互依存、相互制约而形成动态过程，犹如人体的血液循环系统是由动脉、静脉（包括小静脉、中静脉）和毛细血管等"三层一体"联动的过程。显然，要形成国内大循环为主的经济新格局就必须推进这三个层面循环的有机一体联动。

实体企业是国民经济的细胞组织，是财富和价值的创造者，它们的微循环是否顺畅直接影响着中循环和总循环的质量、数量和效率。经济大循环首先要保证微循环的畅通无阻，这就需要满足三个条件：第一，商品顺利销售。马克思精辟地指出：商品销售是"商品的惊险的跳跃。这个跳跃如果不成功，摔坏的不是商品，但一定是商品占有者"。② 显然，对生产者来说，商品销售对维持微循环具有决定性意义。第二，价值循环的顺利实现。马克思指出："总括起来成为社会资本的各个单个

---

① ［德］马克思：《政治经济学批判》，人民出版社1876年版，第193页。
② ［德］马克思：《资本论》第一卷，人民出版社2004年版，第127页。

资本的循环,也就是说,就社会资本的总体来考察的循环,不仅包括资本的流通,而且也包括一般的商品流通。"① 他分析了固定资产折旧价值通过商品销售回流和固定资产使用价值继续发挥作用之间的差别,揭示了资本周转、流通时间等对价值创造和价值循环的影响等问题。在商品销售后货款难以如期回流的条件下,实体企业难以维持简单再生产,微循环就将出现梗阻或实体企业倒闭。第三,比例平衡。在产业资本的微循环中,马克思强调产业资本要顺畅地展开生产和再生产,就应按比例地分布于货币资本、生产资本和商品资本三个形态之中,以达到它们在时间上的继起和空间上的并存。在两大部类再生产的中循环中,马克思强调第一部类与第二部类的再生产要顺畅展开,它们之间的商品交换在简单再生产条件下要满足Ⅰ(v+m)=Ⅱc的要求,在扩大再生产条件下要满足Ⅰ(v+m)>Ⅱc和Ⅱ[c+(m-m/x)]>Ⅰ(v+m/x)的要求。在实现比例平衡过程中,对生产者而言,商品销售数额和价值回流数额都应如期实现。

实体企业间的商品交易大多属于批发性交易,它们的货款支付与零售场合的"钱货同时两讫"有着极大的差别,通常情况下出现的是货款支付和货物交付之间存在明显的时间分离,由此,如何保证货款如期回流就成为制约微循环顺畅的关键机制。在赊销期间,供货商面临着由货款未回流所引致资金价值损失和资金流断裂等风险。为了克服这些风险,商业信用应运而生。"商业信用,即从事再生产的资本家相互提供的信用。这是信用制度的基础。它的代表是汇票,是一种有一定支付期限的债券,是一种延期支付的证书。"② 马克思进一步指出:"这种票据直到它们期满,支付日到来之前,本身又会作为支付手段来流通;它们形成真正的商业货币。就这种票据由于债权和债务的平衡而最后相互抵消来说,它们是绝对地作为货币来执行职能的,因为在这种情况下,它们已无须最后转化为货币了。就像生产者和商人的这种相互预付形成信用的真正基础一样,这种预付所用的流通工具,票据,也形成真正的信用货币如银行券等等的基础。真正的信用货币不是以货币流通(不管

---

① [德]马克思:《资本论》第二卷,人民出版社2004年版,第390页。
② [德]马克思:《资本论》第三卷,人民出版社2004年版,第542页。

第七章 激活商业信用机制 推进国内经济大循环畅通*

是金属货币还是国家纸币）为基础，而是以票据流通为基础"。① 在实行商业信用制度条件下，购货方在收到货物之后，给供货方开出商业承兑汇票（它由货物价格+赊销期利率所构成）；供货方既可将这一票据持有到期并交由开票者支付货款，也可在票据市场中卖出获得对应数额的资金，还可拿到商业银行进行贴现，由此，能够保障简单再生产顺畅展开对资金的需求。

第二节　货款拖欠引致的微循环不畅

在中国的实践中，商业信用从中华人民共和国成立伊始就列入禁止范畴。1950 年 12 月，政务院财经委员会出台的《货币管理办法》第二十五条规定："各单位彼此间不得发生赊欠，借贷款及其他商业信用关系（如预付订货款项，开发商业期票均属之）"。从此，商业信用基本退出中国经济金融活动。但实体企业间以赊购赊销方式展开商品交易是一个客观机制，在"一五"计划时期，国营企业之间不免也发生着这种信用关系。中国人民银行认为，国营工业之间的商业信用造成了流动资金积压、浪费、财务计划混乱等现象，建议取消这些商业信用代以银行结算。1955 年 5 月 6 日，国务院发出了《批转"中国人民银行关于取消国营工业间以及国营工业和其他国营企业间的商业信用代以银行结算的报告"的通知》，至此商业信用完全退出中国经济实践并由银行信用所替代。改革开放以后，随着市场经济的发展，实体企业间赊购赊销现象逐步扩展，在资产平衡表中也有了"应收账款"和"应付账款"等科目，但以金融工具为载体的商业信用机制恢复却举步维艰。1995 年通过的《票据法》虽然列入了商业承兑汇票，后又几次对其进行修改了，但因条款的规定过于含糊简略和其他复杂原因，迄今在实践中商业承兑汇票等商业信用工具依然寥若晨星。

一个需要特别关注的现象是，2020 年 7 月 5 日，国务院出台了《保障中小企业款项支付条例》。其中，第六条规定："机关、事业单位和大型企业不得要求中小企业接受不合理的付款期限、方式、条件和违

---

① ［德］马克思：《资本论》第三卷，人民出版社 2004 年版，第 450—451 页。

约责任等交易条件，不得违约拖欠中小企业的货物、工程、服务款项"。第八条规定："机关、事业单位从中小企业采购货物、工程、服务，应当自货物、工程、服务交付之日起30日内支付款项；合同另有约定的，付款期限最长不得超过60日"。中小微企业货款被拖欠问题需要由国务院出台文件，足以见它在微循环中已发生的严重程度。但这并非只是近期之事。早在2006年1月，国务院常务会议就审议通过了《关于解决农民工问题的若干意见》。此后10多年间，这一问题并未得到充分缓解。2019年12月，国务院常务会议又通过了《保障农民工工资支付条例》。不难看出，拖欠中小微企业（从而农民工工资）是中国经济微循环中的一个痼疾。

多年来，在研讨中小微企业融资难中，人们常常将注意力盯在银行贷款的数额和便利程度等方面，却忽视了中小微企业货款长期被拖欠这一严重现象。中小微企业的产品主要有三个去向：一是提供给大型企业；二是提供给工程建设；三是销售给消费者。货款拖欠主要发生在前两个场合。货款拖欠的含义是，厂商将货物销售给了大型企业或购买方，但后者并没有将对应款项支付给厂商，其结果是，对供货方来说，被拖欠的货款在财务上计入了"应收账款"。"应收账款"属于中小微企业的资产范畴，但它不属于中小微企业维持简单再生产所能动用的资产。如果没有其他资金介入的话，中小微企业的再生产只能在规模萎缩中展开。一旦一些中小微企业由于货款被拖欠，难以支付工人工薪或购买原材料等生产资料，则被迫破产倒闭，那么，随着法人资格的丧失，它们连打官司的资格都丧失了，由此，被拖欠货款所形成的资产被大型企业或购买方给无偿地占有了。这突出表明中国经济在微循环中存在着严重的堵点和痛点。如果不能有效解决，则国内大循环难以畅通，也难以提高经济效率。

一个矛盾的现象是，2005—2019年，"非金融企业存款"从101750.55亿元增加到595364.97亿元（增长了4.85倍），其中，"活期存款"从66222.96亿元增加到242504.15亿元（增长了2.66倍），"定期存款"从35527.59亿元增加到352860.82亿元（增长了8.93倍）；"定期存款"增长率远高于"活期存款"增长率，它占"非金融企业存款"的比重从34.91%上升到59.26%。进入2020年，在疫情冲击和复工复产条件下，实体企业面临着严峻的经营运作环境，为此，中国人民银行加大了新增贷款的投放量，1—9月，"境内贷款"从2019年年底的1525755.35亿元增加到1687885.76亿元，新增量达到162130.41亿元，其中，"企（事）业单位贷款"从962736.85亿元增加到1068347.26亿元，新增量达到105610.41亿元。与往年相比，新增贷款量大幅增加，但从"非金融企业存款"看却是另一种情形。"活期存款"从2019年年底的242504.15亿元减少到2020年9月的239244.99亿元（净减少3259.16亿元），"定期存款"从2019年年底的352860.82亿元增加到2020年9月的411137.52亿元（净增加58276.7亿元），由此，"定期存款"占"非金融企业存款"比重上升到63.31%。这提出了三个相互关联的问题：其一，"定期存款"是存期内不可动用的资金，实体企业在资金短缺条件下，将如此巨额的资金存放于"定期存款"是为什么？其二，"活期存款"是维系实体企业经营运作的可动用资金，它的数额减少与"定期存款"数额激增形成了反差，由此，实体企业面究竟缺不缺资金？其三，是哪类实体企业将如此巨额的资金（且长期持续）存放在"定期存款"之中？假定这些"定期存款"是大型企业等机构存入的，那么，可能的答案是，非金融企业存款余额在大型企业和中小微企业之间的分布存在着两极分化的现象。如果这一答案能够成立，则前述的中小微企业货款被拖欠是在大型企业等机构有着巨额"定期存款"条件下发生的，由此，更凸显微循环不畅中的机制矛盾。

第三节 激活商业信用机制 深化金融供给侧结构性改革

宏观经济学认为，国民经济的基础性部分由居民部门与厂商部门之间的经济活动构成。居民部门与厂商部门之间、实体企业彼此间的经济金融机制内生于微循环、中循环和总循环之中。商业信用建立在实体企业间的产业关联、技术关联、市场关联和信息关联基础上，贯彻在每一次的商品交易、工程建设、技术合作等活动中，具有内生性、直接金融、高效率、风险小等特点，因此，是实体经济部门中各类企业之间的横向金融体系。商业信用的金融工具主要包括：商业票据（商业本票和商业承兑汇票），提货单，仓单，实体企业间的资金借贷，公司债券等；20世纪80年代以后，又有了应收账款证券化、商业信用卡、供应链金融、互联网金融等新形式。1930年6月7日，英、德、法、日等27个国家在日内瓦签署了《关于汇票及本票印花税法公约》；1988年12月9日，联合国大会通过了《国际汇票和国际本票公约》，显然，发挥商业信用机制在经济金融（包括国际经济金融）活动中的作用是各国普遍的实践行为。在中国，70多年（尤其是改革开放40多年）来，建立了以银行信用为基础的间接金融为主体的金融体系。对实体经济部门而言，这是一个外生的纵向金融体系。商业信用机制缺失，是中国金融体系的突出短板，必须在深化金融供给侧结构性改革中予以弥补。

　　实体经济部门的运行是一个纵横交错且持续循环的立体动态系统。"十四五"时期要形成国内大循环新格局，就必须构建与实体经济部门发展相适应的纵横交错且持续循环的金融体系，由此，应在纵向金融体系已得到比较充分发展的基础上，激活商业信用机制，推进横向金融体系的形成。具体举措包括（但不限于）突破"金融活动是金融机构专有权"的观念，确立金融机制内生于实体企业间的产业活动的理念，将金融活动置于产业循环体系中；修改禁止商业信用的相关制度，逐步放松或取消对商业信用活动的各种限制；以商业承兑汇票为抓手，以大型国有企业、大型民营企业和大型工程项目等为对象，展开试点工作；建立商业承兑汇票的交易市场，运用市场机制保障商业信用机制的成长；加快推进金融监管对象从金融机构向金融行为的转变，实现金融监管对各类市场主体的各种金融活动的全覆盖。

第八章

国内经济大循环的理论要点、实践堵点和破解之点*

2020年年初，新冠肺炎疫情严重冲击了国际产业链供应链的顺畅流通，美国政府发起的美中冲突从贸易向科技、教育、卫生和外交等领域扩展，面对更加复杂严峻的国内外局势，7月30日中共中央政治局会议分析研究了当前经济形势和经济工作，提出："我们遇到的很多问题是中长期的，必须从持久战的角度加以认识，加快形成以国内大循环为主体、国内国际双循环相互促进的新发展格局。"10月29日党的十九届五中全会审议通过了《中共中央关于制定国民经济和社会发展第十四个五年规划和二〇三五年远景目标的建议》，将"加快形成以国内大循环为主体、国内国际双循环相互促进的新发展格局"列入了"十四五"时期经济社会发展的指导思想。从提出的时点、锚定的国内外局势到"十四五"指导思想的定位等角度看，双循环新发展格局立意深远、博大精深、内涵丰富，本章仅从理论逻辑、实践推进角度，略谈浅见。

第一节 国内经济大循环的理论逻辑

在经济学史上，研究经济运行和经济增长的经典作家为数众多，但只有马克思系统地研究了经济循环理论并且深刻揭示了它的内在规律和

---

* 刊发于《金融评论》2021年第1期。

运行机制。在毕生研究中，马克思先后提出过三个层面的经济循环理论。从时间顺序上看，它们分别是社会再生产循环理论、产业资本循环理论和两大部类再生产理论。从逻辑关系上看，产业资本循环理论属于微观经济主体的生产经营活动范畴，可称为"微循环"；两大部类再生产理论属于产业部门再生产循环范畴，可称为"中循环"；社会再生产理论属于全社会经济活动的总体循环范畴，可称为"总循环"。三个层次的经济循环理论分别在《资本论》和《马克思恩格斯全集》第46卷、第48卷、第49卷和第50卷中进行了充分阐述，其主要内容简述如下。

一 产业资本循环理论

在《资本论》第二卷第一篇和《马克思恩格斯全集》第49卷、第50卷中，马克思系统阐释了产业资本循环理论。在《资本论》第二卷第一篇中，马克思在分别阐述了货币资本循环、生产资本循环和商品资本循环的基础上，分析了循环过程的三个公式。在《马克思恩格斯全集》第50卷中，马克思先后分析了资本循环过程中的三个形态，将货币资本循环称为"流通的第一形态"、生产资本循环称为"流通的第二形态"、商品资本循环称为"流通的第三形态"。① 以 G 代表货币资本、P 代表生产资本、W 代表商品资本，则货币资本循环过程可用公式表示为 G—W⋯P⋯W′—G′（即产业资本家用货币购买生产资料、劳动力进入生产过程，生产出商品，商品卖出去后获得货币，再用货币购买生产资料和劳动力，进入再生产过程），生产资本循环可用公式表示为 P⋯W—G′—W′⋯P，商品资本循环可用公式表示为 W′-G′-W⋯P⋯W′；在这三个循环公式中，W′=（W+w），G′=（G+g），w 和 g 为剩余价值。将三种形态的资本循环过程连接起来，则有"G—W⋯P⋯W′—G′, G—W⋯P⋯W′—G′, G—W⋯P⋯等等"。②

马克思指出："如果考察整个过程，那么，它可以从三种不同的循环的观点来看，这三种不同的循环之间具有共同之处，即流通，由于这种流

---

① ［德］马克思：《马克思恩格斯全集》第50卷，人民出版社1975年版，第7—57页。

② ［德］马克思：《资本论》第二卷，人民出版社2004年版，第73页。

第八章 | 国内经济大循环的理论要点、实践堵点和破解之点

通,商品和货币会改变它们的所有者,并且流通的出发点同时始终是流通的复归点,同时它就是资本所经过的形态变化的循环,这种循环包含着在形式上和内容上都与商品形态变化不同的新的规定"。①

在产业资本循环的分析中,马克思强调了四个方面的内容:其一,产业资本循环是价值循环和实物循环的统一。在整个循环中,"资本表现为这样一个价值,它经过一系列相互联系的、互为条件的转化,经过一系列的形态变化,而这些形态变化也就形成总过程的一系列阶段。在这些阶段中,两个属于流通领域,一个属于生产领域。在每个这样的阶段中,资本价值都处在和不同的特殊职能相适应的不同形态上。在这个运动中,预付的价值不仅保存了,而且增长了,它的量增加了。最后,在终结阶段,它回到总过程开始时它原有的形式。因此,这个总过程是循环过程"。② 其二,产业资本循环的总过程是商品生产和商品流通的统一。马克思指出:"在三种形态的每一种当中,过程中的资本的循环都是生产过程和流通过程的统一——不论是生产过程表现为流通过程的媒介,还是流通过程表现为生产过程的媒介"。③ 就再生产的顺利继起而言,商品销售至关重要。"W′的职能是一切商品产品的职能:转化为货币,卖掉,经历流通阶段 W—G。只要现在已经增殖的资本保留商品资本的形态,停滞在市场上,生产过程就会停止。这个资本既不会作为产品形态要素起作用,也不会作为价值要素起作用。由于资本抛弃它的商品形式和采取它的货币形式的速度不同,或者说,由于卖的速度不同,同一个资本价值就会以极不相同的程度作为产品形成要素和价值形成要素起作用,再生产的规模也会以极不相同的程度扩大或缩小"。④ 其三,产业资本在数量上应按比例投放于资本循环的各个阶段,以保证三种形态循环在时间上继起、在空间上并存。"产业资本的连续进行的现实循环,不仅是流通过程和生产过程的统一,而且是它的所有三个循环的统一。但是,它之所以能够成为这种统一,只是由于资本的每个不

---

① [德] 马克思:《马克思恩格斯全集》第49卷,人民出版社1982年版,第257—258页。
② [德] 马克思:《资本论》第二卷,人民出版社2004年版,第60页。
③ [德] 马克思:《马克思恩格斯全集》第50卷,人民出版社1985年版,第53页。
④ [德] 马克思:《资本论》第二卷,人民出版社2004年版,第48页。

同部分能够依次经过相继进行的各个循环阶段,从一个阶段转到另一个阶段,从一种职能形式转到另一种职能形式,因而,只是由于产业资本作为这些部分的整体同时处在各个不同的阶段和职能中,从而同时经过所有这三个循环。在这里,每一个部分的相继进行,是由各部分的并列存在即资本的分割所决定的。因此,在实行分工的工厂体系内,产品不断地处在它的形成过程的各个不同阶段上,同时又不断地由一个生产阶段转到另一个生产阶段。因为单个产业资本代表着一定的量,而这个量又取决于资本家的资金,并且对每个产业部门来说都有一定的最低限量,所以资本的分割必须按一定的比例数字进行。现有资本的量决定生产过程的规模,而生产过程的规模又决定同生产过程并列执行职能的商品资本和货币资本的量。但是,决定生产连续性的并列存在之所以可能,只是由于资本的各部分依次经过各个不同阶段的运动。并列存在本身这是相继进行的结果。例如,如果对资本的一部分来说 W′—G′ 停滞了,商品卖不出去,那么,这一部分的循环就会中断,它的生产资料的补偿就不能进行;作为 W′ 继续从生产过程中出来的各部分,在职能变换中就会被它们的先行部分所阻止。如果这种情况持续一段时间,生产就会受到限制,整个过程就会停止。相继进行一停滞,就使并列存在陷于混乱。在一个阶段上的任何停滞,不仅会使这个停滞的资本部分的总循环,而且会使整个单个资本的总循环发生或大或小的停滞"。① 其四,单个资本的循环也是社会资本的循环。马克思指出:"社会资本——它的运动是各单个资本运动的总合——当然总是处在生产资本、商品资本和货币资本的不同形式上和职能上,因此,它的运动总是三种循环形态的具体统一"。②

二 两大部类的再生产循环

在《资本论》第二卷第三篇和《马克思恩格斯全集》第 48 卷中,马克思通过分析两大部类之间的再生产循环,揭示了"社会总资本的再生产和流通"的内在规律,即在简单再生产条件下和扩大再生产条件下两大部类之间的商品交易和比例平衡的内在机理。他认为要实现社

---

① [德]马克思:《资本论》第二卷,人民出版社 2004 年版,第 119—120 页。
② [德]马克思:《马克思恩格斯全集》第 50 卷,人民出版社 1975 年版,第 57 页。

会总资本的循环，在简单再生产条件下第Ⅰ部类与第Ⅱ部类之间的商品交换应满足Ⅰ（v+m）=Ⅱc的要求，在扩大再生产条件下应满足Ⅰ（v+m）>Ⅱc和Ⅱ［c+（m-m/x）］>Ⅰ（v+m/x）的要求（其中，第Ⅰ部类为生产生产资料的部类，第Ⅱ部类为生产消费资料的部类；c代表不变资本，v代表可变资本，m代表剩余价值）。在这个过程中，马克思实际上研究了三个部门之间的循环，即为生产生产资料的产业提供生产资料的生产部门、为生产消费资料的产业提供生产资料的生产部门、生产消费资料的生产部门[①]。他认为，在简单再生产条件下，第Ⅰ部类中与c价值量相等的生产资料在本部类内部的各企业间交换得到实现，第Ⅱ部类中与v+m价值量相等的消费资料在本部类内部的各企业间交换得到实现，由此，实现两大部类简单再生产的关键在于Ⅰ（v+m）=Ⅱc，即第Ⅰ部类提供给第Ⅱ部类的生产资料应与第Ⅱ部类提供给第Ⅰ部类的消费资料在价值上相等在实物上能够满足再生产需求和消费需求。在扩大再生产条件下，第Ⅰ部类的c依然在本部类的各企业间实现，但第Ⅰ部类提供给第Ⅱ部类的生产资料要大于第Ⅱ部类补偿不变资本所需的数量，以满足两大部类各自扩大再生产对生产资料的需求，即Ⅰ（v+m）>Ⅱc；另外，第Ⅱ部类生产的消费资料在满足两大部类工人和资本家消费后应有剩余，即Ⅱ［c+（m-m/x）］>Ⅰ（v+m/x），以满足两大部类在扩大再生产中新增工人等对消费资料的需求。

在两大部类循环的分析中，马克思强调了三个方面内容：其一，分析的直接对象是W′并以W′实现为重心。"如果我们考察社会资本，即总资本——各单个资本只是它的组成部分，这些部分的运动，既是它们的单个的运动，同时又是总资本运动的不可缺少的环节——在一年内执行职能的结果，也就是说，如果我们考察社会在一年间提供的商品产品，那么必定会看到：社会资本的再生产过程是怎样进行的，这个再生产过程和单个资本的再生产过程相比有哪些不同的特征，二者又有哪些共同的特征。年产品既包括补偿资本的那部分社会产品，即社会再生

[①] 在分析中，马克思又将生产消费资料的部门划分为生产消费资料和生产奢侈消费资料的两大分部类，他指出："年商品生产的第Ⅱ部类是由种类繁多的产业部门构成的，但是，按它们的产品来说，可分成两大分部类"，即消费资料和奢侈消费资料。引自［德］马克思《资本论》第二卷，人民出版社2004年版，第448页。

产，也包括归入消费基金的、由工人和资本家消费的那部分社会产品，也就是说，既包括生产消费，也包括个人消费"，因此，"我们应当分析的是 $W'-\begin{cases}G—W\cdots P\cdots W'\\g—w\end{cases}$ 这个流通公式，在这里，消费必然会起作用；因为起点是 $W'=W+w$，即商品资本，既包含不变资本价值和可变资本价值，也包含剩余价值。所以，它的运动既包括生产消费，也包括个人消费。在 $G—W\cdots P\cdots W'—G'$ 循环和 $P\cdots W'—G'—W\cdots P$ 循环中，资本的运动是起点和终点：这一运动自然也包括消费，因为商品，即产品，必须出售。但是，只要商品已经出售，这个商品以后变成什么，对单个资本的运动是没有关系的。相反地，在 $W'\cdots W'$ 的运动中，正是要通过说明这个总产品 W' 的每一价值部分会变成什么，才能认识社会再生产的条件。在这里，总的再生产过程既包括资本本身的再生产过程，也包括以流通为中介的消费过程"。① 其二，不论是简单再生产还是扩大再生产都必须实现 W' 各部分的价值补偿和实物补偿。马克思明确说道："再生产过程必须从 W' 的各个组成部分的价值补偿和物质补偿的观点来加以考察。在分析单个资本的产品价值时，我们假定，单个资本家通过出售他的商品产品，先把他的资本的组成部分转化为货币，然后，通过在商品市场上再购买各种生产要素，把它们再转化为生产资本。现在，我们已经不能再满足于这个假定了。既然这些生产要素是物质的东西，那它们就同用来和它们交换并由它们来补偿的单个成品一样，是社会资本的组成部分"，由此"直接摆在我们面前的问题是：生产上消费掉的资本，就它的价值来说，怎样由年产品得到补偿？这种补偿的运动怎样同资本家对剩余价值的消费和工人对工资的消费交织在一起"？② 为了考察 W' 的各部分在价值上和实物上的补偿，在《资本论》第二卷第二十章第六节至第十一节中，马克思专门分析了不变资本、可变资本、剩余价值和固定资本等的价值补偿和实物补偿，强调只有在这两种形态的补偿得到实现的条件下，才能保持两大部类再生产的平衡。其三，货币回流到起点是再生产在比例平衡中展开的前提条件。马克思

---

① ［德］马克思：《资本论》第二卷，人民出版社 2004 年版，第 435—436 页。
② ［德］马克思：《资本论》第二卷，人民出版社 2004 年版，第 436 页。

指出:"商品生产者预付在流通中的货币,在商品流通正常进行的情况下,会回到他自己手里",这是一个规律性表现。"对商品流通来说,有两样东西始终是必要的:投入流通的商品和投入流通的货币"。① 从商品零售流程看,"在商品流通中,发生的只是从生产者到批发商、从批发商到零售商的转移,只有零售商才最后出售商品。同样,在货币回流中,发生的是那些流回到资本家手中的货币(如果资本家赊卖,就是资本的回流,如果他按现金出售,就是货币回流,即作为购买手段的货币回流,也就是他的资本以货币的形式回流)从零售商到批发商、从批发商到生产者的转移"。②

三 社会再生产循环

在《〈政治经济学〉导言》中,马克思从方法论入手,批判了英国古典经济学和庸俗经济学在政治经济学一些最基本的理论逻辑上的错误,阐释了社会再生产的四环节理论,即"生产、消费、分配和交换(流通)"③ 的基本内涵和相互间的辩证关系,创立了马克思主义社会再生产理论。与微循环和中循环相比,它的研究角度不同且加入了消费活动和分配活动等因素,所以,内容更加丰富复杂,可称为"总循环"。

从"生产"看,马克思提出了五个要点:一是物质生产是经济学研究的出发点。他说道:"摆在面前的对象,首先是物质生产","在社会中进行生产的个人,——因而,这些个人的一定社会性质的生产,当然是出发点"。④ 与此对应,需要研究"进行生产所必不可缺少的条件"(如生产的基本要素)和"或多或少促进生产的条件","财富的主客观因素越是在更高的程度上具备,财富就越容易创造"。⑤ 二是从事生产

---

① [德]马克思:《资本论》第二卷,人民出版社2004年版,第459页。
② [德]马克思:《马克思恩格斯全集》第48卷,人民出版社1985年版,第237页。
③ [德]马克思:《马克思恩格斯全集》第46卷(上),人民出版社1976年版,第18页。在《资本论》三卷中,马克思的分析大致按照生产、流通和分配的次序展开,"消费"则穿插在其中。不难看出,四环节的排序可以从不同角度进行理解,并无一个确定的排序,但"生产"总是位于排序的第一环节。另外,如果从扩大再生产看,在四环节中还可加上一个"投资"环节。
④ [德]马克思:《马克思恩格斯全集》第46卷(上),人民出版社1979年版,第18页。
⑤ [德]马克思:《马克思恩格斯全集》第46卷(上),人民出版社1979年版,第23—24页。

的个人是社会性的个人。他说道:"我们越往前追溯历史,个人,从而也是进行生产的个人,就越表现为不独立,从属于一个较大的整体……人是最名副其实的政治动物,不仅是一种合群的动物,而且是只有在社会中才能独立的动物。孤立的一个人在社会之外进行生产——这是罕见的事",① 因此,对从事物质资料生产的"人"应从"社会性"中去理解把握。三是生产具有历史性。他说道:"说到生产,总是指在一定社会发展阶段上的生产——社会个人的生产",② 并不存在超越历史的永恒的"生产",同样,在"生产"中也不存在"与历史无关的永恒的自然规律"③ 鉴于此,应从特定的历史阶段的社会性中理解把握"生产"。四是生产是一种对自然的占有关系。他说道:"一切生产都是个人在一定社会形式中并借这种社会形式而进行的对自然的占有",④ 由此,有了所有制关系、生产关系等。五是生产在社会总体活动中展开。他说道:"生产也不只是特殊的生产,而始终是一定的社会体即社会的主体在或广或窄的由各生产部门组成的总体中活动着",⑤ 因此,不可离开这种群体关系谈论"生产"。马克思对"生产"的这些认识,进一步诠释了他在《〈政治经济学批判〉序言》中的经典论断:"人们在自己生活的社会生产中发生一定的、必然的、不以他们的意志为转移的关系,即同他们的物质生产力的一定发展阶段相适合的生产关系"。⑥

从生产和消费的关系看,马克思将唯物辩证法运用到社会再生产的分析中,提出了四个要点:一是生产也是消费。马克思指出:生产是一个"双重的消费,主体的和客体的。第一,个人在生产过程中发展自己的能力,也在生产行为中支出和消耗这种能力,这同自然的生殖是生

---

① [德] 马克思:《马克思恩格斯全集》第46卷(上),人民出版社1979年版,第21页。
② [德] 马克思:《马克思恩格斯全集》第46卷(上),人民出版社1979年版,第22页。
③ [德] 马克思:《马克思恩格斯全集》第46卷(上),人民出版社1979年版,第24页。
④ [德] 马克思:《马克思恩格斯全集》第46卷(上),人民出版社1979年版,第24页。
⑤ [德] 马克思:《马克思恩格斯全集》第46卷(上),人民出版社1979年版,第23页。
⑥ [德] 马克思:《马克思恩格斯全集》第13卷,人民出版社1962年版,第8页。

命力的一种消耗完全一样。第二，生产资料的消费，生产资料被使用、被消耗、一部分（如在燃烧中）重新分解为一般元素。原料的消费也是这样，原料不再保持自己的自然形状和特性，而是丧失了这种自然形状和特性。因此，生产行为本身就它的一切要素来说也是消费行为"。①二是消费也是生产。他指出："消费直接也是生产，正如自然界中的元素和化学物质的消费是植物的生产一样。例如，在吃喝这一种消费形式中，人生产自己的身体，这是明显的事。而对于以这种或那种形式从某一方面来生产人的其他任何消费形式也都可以这样说。消费的生产"。② 除了人的自身生产之外，消费还从两方面生产着"生产"：一方面"因为产品只有在消费中才成为现实的产品，例如，一件衣服由于穿的行为才现实地成为衣服；一间房屋无人居住，事实上就不成其为现实的房屋；因此，产品不同于单纯的自然对象，它在消费中才证实自己是产品，才成为产品。消费是在把产品消灭的时候才使产品最后完成，因为产品之所以是产品，不是它作为物化了的活动，而只是作为活动着的主体的对象"。另一方面，"因为消费创造出新的生产的需要，因而创造出生产的观念上的内在动机，后者是生产的前提。消费创造出生产的动力；它也创造出在生产中作为决定目的的东西而发生作用的对象。如果说，生产在外部提供消费的对象是显而易见的，那么，同样显而易见的是，消费在观念上提出生产的对象，把它作为内心的图像、作为需要、作为动力和目的提出来。消费创造出还是在主观形式上的生产对象。没有需要，就没有生产。而消费则把需要再生产出来"。③ 三是生产"生产"着消费。他指出："生产生产着消费：（1）是由于生产为消费创造材料，（2）是由于生产决定消费的方式，（3）是由于生产通过它起初当作对象生产出来的产品在消费者身上引起需要。因而，它生产出消费

---

① ［德］马克思：《马克思恩格斯全集》第46卷（上），人民出版社1979年版，第27页。
② ［德］马克思：《马克思恩格斯全集》第46卷（上），人民出版社1979年版，第27—28页。
③ ［德］马克思：《马克思恩格斯全集》第46卷（上），人民出版社1979年版，第28—29页。

的对象、消费的方式和消费的动力"。① 四是消费和生产之间存在着同一性。马克思认为，消费和生产之间的同一性有着三个方面的表现：其一，"直接的同一性：生产是消费；消费是生产。消费的生产。生产的消费。政治经济学家把两者都称为生产的消费，可是还作了一个区别。前者表现为再生产；后者表现为生产的消费。关于前者的一切研究是关于生产的劳动或非生产的劳动的研究；关于后者的研究是关于生产的消费或非生产的消费的研究"。其二，"每一方表现为对方的手段；以对方为媒介；这表现为它们的相互依存；这是一个运动，它们通过这个运动彼此发生关系，表现为互不可缺，但又各自处于对方之外。生产为消费创造作为外在对象的材料；消费为生产创造作为内在对象、作为目的的需要。没有生产就没有消费；没有消费就没有生产"。其三，"生产不仅直接是消费，消费不仅直接是生产；生产也不仅是消费的手段，消费也不仅是生产的目的，就是说，每一方都为对方提供对象，生产为消费提供外在对象，消费为生产提供想象的对象；两者的每一方不仅直接就是对方，不仅媒介着对方，而且，两者的每一方由于自己的实现才创造对方，把自己当作对方创造出来。消费完成生产行为，只是由于消费使产品最后完成其为产品，只是由于消费把它消灭，把它的独立的物体形式消耗掉；只是由于消费使得在最初生产行为中发展起来的素质通过反复的需要达到完美的程度；所以，消费不仅是使产品成为产品的最后行为，而且也是使生产者成为生产者的最后行为。另一方面，生产生产出消费，是由于生产创造出消费的一定方式，其次是由于生产把消费的动力、消费能力本身当作需要创造出来。这第三项所说的这个最后的同一性，在经济学中常常是以需求和供给、对象和需要、社会创造的需要和自然需要的关系来说明的"。②

从生产和分配的关系看，在分析生产、消费和分配相互关系中，马克思提出了三个要点：一是生产中包含着生产条件的分配。他指出："在单个的个人面前，分配自然表现为一种社会规律，这种规律决定他

---

① ［德］马克思：《马克思恩格斯全集》第46卷（上），人民出版社1979年版，第29—30页。
② ［德］马克思：《马克思恩格斯全集》第46卷（上），人民出版社1979年版，第30—31页。

第八章 国内经济大循环的理论要点、实践堵点和破解之点

在生产中的地位,他在这个地位上生产,因而分配先于生产","就整个社会来看,分配似乎还从一方面先于生产,并且决定生产,似乎是先于经济的事实。一个征服民族在征服者之间分配土地,因而造成了地产的一定的分配和形式,由此决定了生产。或者,它使被征服的民族成为奴隶,于是使奴隶劳动成为生产的基础。或者,一个民族经过革命把大地产分割成小块土地,从而通过这种新的分配使生产有了一种新的性质。或者,立法使地产永久属于一定的家庭,或者,把劳动[当作]世袭的特权来分配,因而把劳动象等级一样地固定下来。在所有这些历史上有过的情况下,似乎不是生产安排和决定分配,而相反地是分配安排和决定生产",① 但是,"这种决定生产本身的分配究竟和生产处于怎样的关系,这显然是属于生产本身内部的问题。如果有人说,既然生产必须从生产工具的一定的分配出发,至少在这个意义上分配先于生产,成为生产的前提,那么就应该答复他说,生产实际上有它的条件和前提,这些条件和前提构成生产的要素。这些要素最初可能表现为自然发生的东西。通过生产过程本身,它们就从自然发生的东西变成历史的东西,并且对于这一个时期表现为生产的自然前提,对于前一个时期就是生产的历史结果"。② 二是分配位于生产和消费之间。马克思指出:"在社会中,产品一经完成,生产者对产品的关系就是一种外在的关系,产品回到主体,取决于主体对其他个人的关系。他不是直接获得产品。如果说他是在社会中生产,那么直接占有产品也不是他的目的。在生产者和产品之间出现了分配,分配借社会规律决定生产者在产品世界中的份额,因而出现在生产和消费之间"。③ 三是生产决定分配。他指出:"分配的结构完全决定于生产的结构,分配本身是生产的产物,不仅就对象说是如此,而且就形式说也是如此。就对象说,能分配的只是生产的成果,就形式说,

---

① [德]马克思:《马克思恩格斯全集》第 46 卷(上),人民出版社 1979 年版,第 33 页。
② [德]马克思:《马克思恩格斯全集》第 46 卷(上),人民出版社 1979 年版,第 34 页。
③ [德]马克思:《马克思恩格斯全集》第 46 卷(上),人民出版社 1979 年版,第 31—32 页。

参与生产的一定形式决定分配的特定形式，决定参与分配的形式"。①

从生产和交换的关系看，马克思提出了三个要点：一是流通属于交换范畴。他说道："流通本身只是交换的一定要素，或者也是从交换总体上看的交换"，② 因此，流通属于交换范畴。二是交换包含在生产中。他说道："既然交换只是生产和由生产决定的分配同消费之间的媒介要素，而消费本身又表现为生产的一个要素，交换当然也就作为生产的要素包含在生产之内"。③ 他强调："第一，很明显，在生产本身中发生的各种活动和各种能力的交换，直接属于生产，并且从本质上组成生产。第二，这同样适用于产品交换，只要产品交换是用来制造供直接消费的成品的手段。在这个限度内，交换本身是包含在生产之中的行为。第三，所谓实业家之间的交换，从它的组织方面看，既完全决定于生产，而且本身也是生产活动"。④ 三是交换的条件是由生产决定的，因而，生产决定交换。他指出："（1）如果没有分工，不论这种分工是自然发生的或者本身已经是历史的结果，也就没有交换；（2）私人交换以私人生产为前提；（3）交换的深度、广度和方式都是由生产的发展和结构决定的。例如，城乡之间的交换，乡村中的交换，城市中的交换等等。可见，交换就其一切要素来说，或者是直接包含在生产之中，或者是由生产决定"。⑤

在分别研讨了生产和消费、分配和交换的相互关系后，马克思对四个环节之间的机理做了概括总结。他强调："我们得到的结论并不是说，生产、分配、交换、消费是同一的东西，而是说，它们构成一个总体的各个环节、一个统一体内部的差别。生产既支配着与其他要素相对而言的生产自身，也支配着其他要素。过程总是从生产重新开始。交换

---

① ［德］马克思：《马克思恩格斯全集》第 46 卷（上），人民出版社 1979 年版，第 32—33 页。

② ［德］马克思：《马克思恩格斯全集》第 46 卷（上），人民出版社 1979 年版，第 36 页。

③ ［德］马克思：《马克思恩格斯全集》第 46 卷（上），人民出版社 1979 年版，第 36 页。

④ ［德］马克思：《马克思恩格斯全集》第 46 卷（上），人民出版社 1979 年版，第 36 页。

⑤ ［德］马克思：《马克思恩格斯全集》第 46 卷（上），人民出版社 1979 年版，第 36 页。

和消费不能是起支配作用的东西，这是不言而喻的。分配，作为产品的分配，也是这样。而作为生产要素的分配，它本身就是生产的一个要素。因此，一定的生产决定一定的消费、分配、交换和这些不同要素相互间的一定关系。当然，生产就其单方面形式来说也决定于其他要素。例如，当市场扩大，即交换范围扩大时，生产的规模也就增大，生产也就分得更细。随着分配的变动，例如，随着资本的集中，随着城乡人口的不同的分配等等，生产也就发生变动。最后，消费的需要决定着生产。不同要素之间存在着相互作用。每一个有机整体都是这样"。①

四 "三层一体"的国内经济大循环

在一国的国内经济大循环中，微循环、中循环和总循环是一个有机整体。犹如人体的血液循环系统是由动脉、静脉（包括小静脉、中静脉）和毛细血管等"三层一体"联动的系统。其中，微循环相当于人体的细胞组织中的毛细血管，它是中循环和总循环的基础，它的畅通循环状况将影响到中循环和总循环的畅通循环状况；中循环相当于人体的器官组织中的静脉系统，它包含着微循环；总循环相当于人体的器官系统中动脉系统，它包含着中循环。这三个层面的循环，它们环环相扣、环环相接。从内在构成看，与微循环相比，中循环扩展了各产业部门之间的关联机制和平衡机制；微循环和中循环侧重于产品（和劳务，下同）生产和交换的供给侧机制，与此相比，总循环则增加了经济循环中消费需求机制和分配机制对比例平衡、再生产的反作用。国内经济大循环实际上是一个微循环、中循环和总循环有机联动、相互依存、相互制约而形成的动态过程。要形成国内大循环为主的经济新格局就必须推进这三个层面循环的有机一体联动。

第二节 实体企业微循环中的商业信用机制

实体企业是财富和价值的创造者，也是国民经济的细胞组织。它们的微循环是否顺畅直接影响着中循环和总循环的质量、数量和效率。虽

---

① ［德］马克思：《马克思恩格斯全集》第 46 卷（上），人民出版社 1979 年版，第 36—37 页。

然单个实体企业的微循环是否顺畅甚至因微循环不畅引致倒闭，对中循环和总循环不会有多大的影响，但如果一批（或一片）的实体企业微循环不畅，就将引致与它们有着产业关联的其他众多实体企业的微循环不畅甚至出现成片的细胞组织坏死，不仅给中循环和总循环（从而经济增长）带来严重的后果，而且严重影响到"稳就业"目标的实现。要保障经济大循环畅通首先要保障微循环系统的畅通无阻。

商品是否能够顺利销售、货款是否能够如期回流？是保障微循环的关键性条件。马克思曾精辟地指出：商品销售是"商品的惊险的跳跃。这个跳跃如果不成功，摔坏的不是商品，但一定是商品占有者"。[①] 在现实中，受各种条件制约，商品（包括劳务，下同）销售的具体情形相当复杂。对处于产业链供应链中众多实体企业来说，它们彼此间的大宗商品交易，属于批发性交易，不可能采取零售商品交易中"钱货同时两讫"的方式展开；通常的交易方式是，在签署了购销合同以后，或者买方先付款（包括支付预订金）、卖方后供货，或者卖方先供货、买方后付款，由此，赊买赊卖决定了货与款在时间上的分离。在商品供不应求的条件下，卖方处于交易中的优势地位，先付款后供货的情形较容易实行；在商品供过于求的条件下，买方处于交易中的优势地位，先供货后付款的情形较为普遍。货与款在时间上的分离，使得同一的商品销售分成了商品销售与货款汇流的两个阶段，由此，货物供给买方并不直接意味着销售过程的结束，只有在对方将货款完整地如期支付才标志着这笔交易的完成。在没有其他因素介入的条件下，一旦买方延期支付货款就直接意味着卖方的资金回流难以如期实现，从而，它的微循环面临着中断的危机；同样，如果买方不能全部支付货款（即只能按期支付一部分货款），卖方的再生产循环也将面临中断的风险。从最终产品看，产业链中的实体企业之间的关联有着多种结构，以三家企业间的供货方式为例，既有企业 A→企业 B→企业 C 的单一链条式的供销方式，也有企业 A 分别向企业 B、C 等供货的"一对多"供销方式，还有企业 A、企业 B 同时向企业 C 供货的"多对一"方式。如果将产业链中的企业数增加，则供货链条和供货更加复杂。供货（数量、质量、品

---

① ［德］马克思：《资本论》第一卷，人民出版社 2004 年版，第 127 页。

种等）的及时是保障买方的微循环顺畅展开的必要条件，但对卖方来说，则冒着货款是否能够如期全额到账的风险。货款不能如期到账，在威胁卖方再生产顺畅展开的同时，也威胁到它作为买方在购买原材料、零部件、设备等中的支付能力，从而，威胁到在这些交易中卖方的货款能否如期到账和再生产能否顺利展开。显然，货款拖欠有着随产业链供应链延伸而蔓延传递的可能性。在市场经济运行中，如果不能有效破解货款拖欠对单个企业乃至对众多企业微循环造成的风险，则且不说"发展"，就是正常的市场经济运行秩序也难有保障。在此条件下，就更谈不上中循环、总循环的顺畅。

解决问题的办法总是伴随着问题的产生而产生。为了化解由赊销可能给供货商带来的资金流断裂或资金价值损失的风险，在市场实践中，商业信用应运而生。"商业信用，即从事再生产的资本家相互提供的信用。这是信用制度的基础。它的代表是汇票，是一种有一定支付期限的债券，是一种延期支付的证书"。[①] 马克思的这段话实际上对商业信用机制作出了三个相互关联的界定：一是商业信用的内容是"从事再生产的资本家相互提供的信用"，因此，商业信用是从产业链供应链中内生的，它的主体是实体企业（即"从事再生产的资本家"），它的功能是破解赊销所存在的货与款在时间上的分离所出现的矛盾。二是商业信用的地位是"信用制度的基础"，即市场经济的信用制度以商业信用的形成为基础，离开了（或失去了）这个基础，信用制度的形成和建立将缺乏实体经济给予的坚实可靠支撑；另外，信用制度或信用机制的其他内容是以商业信用这一基础性机制的发展为前提的。三是商业信用的工具虽然多种多样，但以商业承兑汇票为代表。它是"一种有一定支付期限的债券"。马克思又说道："这种票据直到它们期满，支付日到来之前，本身又会作为支付手段来流通；它们形成真正的商业货币。就这种票据由于债权和债务的平衡而最后相互抵消来说，它们是绝对地作为货币来执行职能的，因为在这种情况下，它们已无须最后转化为货币了。就像生产者和商人的这种相互预付形成信用的真正基础一样，这种预付所用的流通工具，票据，也形成真正的信用货币如银行券等等的基

---

① ［德］马克思：《资本论》第三卷，人民出版社2004年版，第542页。

础。真正的信用货币不是以货币流通（不管是金属货币还是国家纸币）为基础，而是以票据流通为基础"。① 这段话从两个方面进一步诠释了前一段话的内涵。其一，商业承兑汇票的功能，即它是"真正的商业货币"，但又不是货币本身。其二，商业承兑汇票是信用制度的基础，实际上指的是，它是信用货币从而又是银行信用的基础，即信用货币是以商业汇票的流通为基础的，失去了这一基础，信用货币也就失去与实体经济运行相连接的坚实条件。要完整把握商业信用内涵，应从马克思的这五个方面界定的有机统一中去认知。

以债权债务关系为内涵的信用机制在资本主义以前的社会中就已存在。马克思明确指出："生息资本或高利贷资本（我们可以把古老形式的生息资本叫作高利贷资本），和它的孪生兄弟商人资本一样，是洪水期前的资本形式，它在资本主义生产方式以前很早已经产生，并且出现在极不相同的社会经济形态中"。② 这一时期，以高利贷为代表的生息资本（或货币经营资本）的发展与商人资本的发展紧密相连，它的一个重要特征是，它并不建立在以制造业为代表的实体产业发展的基础上，而是"商业支配着产业"。③ 因此，生息资本并不属于产业资本发展中的一个分支。正如马克思所说："最荒唐的看法莫过于把商人资本——不管它以商品经营资本的形式或货币经营资本的形式出现——看作是产业资本的一个特殊种类，就像采矿业、农业、畜牧业、制造业、运输业等等是由社会分工造成的产业资本的分支部门，从而是产业资本特殊投资领域一样"。④ 鉴于此，"资本作为商人资本而实现的独立的、优先的发展，意味着生产还没有从属于资本，……商人资本的独立发展，是与社会的一般经济发展成反比例的"。⑤ 这种高利贷在向富裕地

---

① ［德］马克思：《资本论》第三卷，人民出版社 2004 年版，第 450—451 页。需要指出的是，在 1975 年版的《资本论》第三卷中，这段话中的"票据"一词翻译为"汇票"（见《资本论》第三卷，第 450—451 页，人民出版社 1975 年版）；在郭大力、王亚南的译本中，这段话中的"票据"也翻译为"汇票"（见郭大力、王亚南译《资本论》第三卷，第 457—458 页，人民出版社 1966 年版）。在金融理论中，"票据"一词比"汇票"宽泛得多，因此，翻译为"汇票"比翻译为"票据"更加准确。
② ［德］马克思：《资本论》第三卷，人民出版社 2004 年版，第 671 页。
③ ［德］马克思：《资本论》第三卷，人民出版社 2004 年版，第 368 页。
④ ［德］马克思：《资本论》第三卷，人民出版社 2004 年版，第 360 页。
⑤ ［德］马克思：《资本论》第三卷，人民出版社 2004 年版，第 365 页。

主和小生产者提供资金的同时,"占有直接生产者的全部剩余劳动",使"这种生产方式陷入贫困的境地,不是发展生产力,而是使生产力萎缩",推进了货币资本的集中,结果是在破坏和毁灭小农民和小市民的生产力过程中,"对于古代的和封建的所有制,发生破坏和解体的作用",由此,表现出它的"革命的作用"。[1] 在资本主义经济中,"产业资本为了使生息资本从属于自己而使用的真正方式,是创造一种产业资本所特有的形式——信用制度。……信用制度是它自己的创造,信用制度本身是产业资本的一种形式,它开始于工场手工业,随着大工业而进一步发展起来"。[2] 这种信用制度就是商业信用制度。它的形成和建立,意味着即便缺乏生息资本提供的资金,实体企业之间的微循环基本上也能顺畅地展开,由此,迫使生息资本从对实体产业的支配地位转向"从属于"实体产业的微循环和发展要求。从现代市场经济发展史看,商业信用是金融信用的第一种类型,它内生于实体经济部门中的微循环和中循环,以直接金融为特征,是实体企业间微循环的横向金融机制。与此相比,银行信用是金融信用的第二种类型,对实体经济部门来说,它是外生的,以间接金融为特征,是实体企业间微循环的纵向金融机制。

在实践发展中,商业信用工具和运作方式有了一系列新的变化。从金融工具上看,它主要包括:商业票据(商业本票和商业承兑汇票),提货单,仓单,实体企业间的资金借贷,公司债券等;从运作方式上看,20世纪80年代以后,有了应收账款证券化、商业信用卡、供应链金融、互联网金融等新形式。但商业承兑汇票依然是基础性的。1930年6月7日,为了解决商业承兑汇票在国际贸易中使用所发生的与各国法律不协调的矛盾,英、德、法、日等27个国家在日内瓦签署了《统一汇票和本票法公约》《关于汇票及本票印花税法公约》和《解决汇票及本票若干法律冲突公约》等文件,其中《统一汇票和本票法公约》对汇票应载明的事项、汇票金额(如第五条规定:"见票即付或见票后定期付款之汇票上,出票人得约定应对汇票金额支付利息;其他种类汇票上之利息约定,视为无记载"。)、出票人责任(如第九条规定:"汇

---

[1] [德]马克思:《资本论》第三卷,人民出版社2004年版,第670—675页。
[2] [德]马克思:《剩余价值理论》第三册,人民出版社1975年版,第519页。

票之承兑及付款由出票人保证"。)、汇票背书、汇票承兑（如第二十一条规定："汇票到期前，持票人甚或单纯占有人可在付款人住所向其提示承兑"。)、汇票保证（如第三十条规定"汇票之全部或部分金额得以保证方式保证付款"。)、汇票兑付（如第三十八条规定："定日付款、出票日后定期付款或见票后定期付款之汇票之持票人，应于付款日或其后两个工作日内提示付款"。)、持票人追索权等一系列事项做出了明确的规定。1988年12月9日，联合国大会通过了《国际汇票和国际本票公约》（第43/165号决议），对国际汇票的适用范围和票据格式、票据应付的金额（附有利息）、凭票即付、出票人、票据完整性、票据背书和票据转让、持票人权利、当事人责任、追索权行使、解除责任等诸多事项做出了明确且具体的规定。这些国际公约的形成说明，发挥商业信用机制在经济金融（包括国际经济金融）活动中的作用迄今依然是各国普遍的实践行为。

商业信用在实体经济中的作用从美国经济数据中可见一斑。为了应对2007年次贷危机和2008年金融危机的冲击，美联储紧急出台了一系列量化宽松的货币政策，将联邦基金利率降低到0%—0.25%，以解救陷入危机的商业银行等金融机构；2014年10月29日，美联储宣布结束在量化宽松下的资产购买计划，标志着量化宽松货币政策的退出。从表8.1中可见，2007—2014年，美国的M_1从13734亿美元增加到了29403亿美元（增长了1.14倍）、M_2从74580亿美元增加到了116680亿美元（增加了0.56倍），这反映了美国量化宽松在M_1和M_2上的变化。假定这些资金大水漫灌式地涌入实体经济部门，在货币供应量与物价水平的内在机理的作用下，美国的CPI增长率和核心CPI增长率都将大幅上升，但在表8.1的同期中，这两个指标并没有进入高通货膨胀区间，尤其是核心CPI增长率均在3%以下，由此可以推论，美国量化宽松资金的主要部分可能没有深入实体经济部门，所以，没有引致相应的通货膨胀。其次，假定美国实体经济部门的微循环和中循环严重依赖商业银行等金融机构的纵向资金支持而展开，那么，在量化宽松资金的主要部分没有进入实体经济部门的条件下，由于缺乏足够的纵向资金支持，这一时期的美国GDP增长率难免大幅下行，但表8.1中的数据表明，除了2008年和2009年的GDP增长率略有下降外，大部分年份的GDP增长

第八章 国内经济大循环的理论要点、实践堵点和破解之点

率均在2%左右,与危机前和退出量化宽松后相比,并无明显的下滑。由此,如何解释这一时期美国CPI增长率与GDP增长率相对稳定的内在机制,就成为一个有待破解的难题。从美国的商业票据余额走势看,2001—2006年,虽然M_1增长了15.50%和M_2增长了30.17%处于增长走势,但商业票据增长了33.97%,这说明在实体经济部门发展中,商业票据发挥着重要作用。2007—2014年商业票据从2006年的17409.1亿美元降低2014年的9303.9亿美元(降幅46.56%),这反映了国际金融危机期间实体经济部门货物交易量中商业票据发行规模的减少,这在一定程度上证实了马克思的下述论断:"只要再生产过程的这种扩大受到破坏,或者哪怕是再生产过程的正常紧张状态受到破坏,信用就会减少。通过信用来获得商品就比较困难。要求现金支付,对赊售小心谨慎,是产业周期中紧接着崩溃之后的那个阶段所特有的现象"。[①] 2015年以后,美国商业票据规模依然维持在9000亿美元左右并有着回升的势头,这说明商业票据在维持实体经济部门微循环和中循环的重要地位并没有丧失,即它依然是维持实体经济部门运行和发展的重要的金融机制。

表8.1 美国经济增长、物价变化和货币供应量(2001—2019年)

单位:%、10亿美元

年份	GDP增长率	CPI	核心CPI	M_1	M_1增长率	M_2	M_2增长率	商业票据
2001	1.00	2.83	2.67	1183.2	8.69	5421.6	10.33	1299.45
2002	1.74	1.59	2.32	1220.2	3.12	5759.7	6.23	1220.46
2003	2.86	2.27	1.46	1306.2	7.04	6054.2	5.11	1288.57
2004	3.80	2.68	1.76	1376	5.34	6405.0	5.79	1284.53
2005	3.51	3.39	2.17	1374.3	-0.13	6668.0	4.10	1470.44
2006	2.85	3.23	2.50	1366.6	-0.57	7057.5	5.84	1740.91
2007	1.88	2.85	2.34	1373.4	0.49	7458.0	5.67	1577.30
2008	-0.14	3.84	2.30	1601.7	16.62	8181.0	9.69	1599.30
2009	-2.54	-0.36	1.70	1692.8	5.68	8483.4	3.69	1070.56
2010	2.56	1.64	0.96	1836.7	8.50	8789.3	3.60	972.73

---

① [德]马克思:《资本论》第三卷,人民出版社2004年版,第544—547页。

续表

年份	GDP 增长率	CPI	核心 CPI	M_1	M_1 增长率	M_2	M_2 增长率	商业票据
2011	1.55	3.16	1.66	2164.2	17.83	9651.1	9.80	878.43
2012	2.25	2.07	2.11	2461.2	13.72	10445.7	8.23	855.11
2013	1.84	1.46	1.76	2664.5	8.26	11015.0	5.45	850.50
2014	2.45	1.62	1.75	2940.3	10.35	11668.0	5.92	930.39
2015	2.88	0.12	1.83	3093.8	5.22	12330.1	5.67	908.62
2016	1.57	1.26	2.21	3339.8	7.95	13198.9	7.04	814.25
2017	2.22	2.13	1.84	3607.3	8.00	13835.6	4.82	896.59
2018	2.93	2.44	2.14	3746.5	3.85	14351.7	3.73	912.72
2019	2.33	1.81	2.19	3978.4	6.18	15318.3	6.73	958.97

资料来源：OECD 网站，https://www.oecd.org/；美联储网站，https://www.federalreserve.gov/.

第三节　中国经济金融实践中的商业信用机制缺失

在中国的实践中，商业信用机制从中华人民共和国成立初期就被列入禁止之列。简要历程是，随着解放进程的推进，建立管控国民经济（尤其是大中城市）的体制机制成为一项重要工作。面对旧中国留下的物质奇缺、通货膨胀、高失业率等一系列难题，面对一些不法工商业者通过囤积居奇、哄抬物价和在金融交易中的投机倒把，扰乱商品生产和金融市场运行秩序，新生的人民政府在掌控商品流通机制，对资本主义工商业实行委托加工、计划订货、统购包销、委托经销代销等政策的同时，在金融领域中出台了一系列政策举措，其中包括发行人民币以替代边币和旧币、稳定币值、关闭证券交易所、打击金融投机行为等。1950年12月，政务院财经委员会出台了《货币管理办法》，其中第一条规定："本办法适用的范围限于国家企业（包括中央和地方企业及机关部队生产）、机关（包括国立公立学校及医院等）、部队、团体及合作社（以下简称各单位）。公私合营企业如自愿参加现金管理，划拨清算，或全部货币管理者，可由银行根据两利原则，按照不同情况，签订各种内容之业务合同共同执行之"；第二十五条规定："各单位彼此间不得发生赊欠，借贷款及其他商业信用关系（如预付订货款项，开发商业期票均属之）"，但4种情形不在禁止之列，即委托加工（根据合同支付加工费）、订货（款货应同时交付，不预付订货款项）、代购（得先付代购款项）、代销（无论一次或分次交付售货款项）。① 从此，商业信用基本退出了公营经济部门。1954年9月以后，随着公私合营的推进，资本主义工商业逐步消失，抑制商业信用机制的覆盖面也随之扩展。但实体企业间以赊购赊销方式展开商品交易是一个客观机制，国营企业之间不免也发生着这种信用关系。中国人民银行认为，国营工业之间以预付款、预收款、产品赊销等形式存在的商业信用造成了流动资金积压、浪费、财务计划混乱等现象，建议取消这些商业信用行为代以银行结算。1955年5月6日，国务院发出了《批转"中国人民银行关于取消国营工业间以及国营工业和其他国营企业间的商业信用代以银行结算的报告"的通知》②，至此商业信用完全退出中国经济实践并由银行信用机制所替代。

改革开放以后，随着市场经济的发展，实体企业间赊购赊销现象逐步扩展，在资金平衡表中也有了"应收账款"和"应付账款"等科目，为商业信用的发育成长提供了基础性条件。1984年12月，中国人民银行出台了《商业汇票承兑、贴现暂行办法》，其中规定："本办法所称的商业汇票是指单位之间根据购销合同进行延期付款的商品交易时，开具的反映债权债务关系的票据。根据承兑人不同，分为商业承兑汇票和银行承兑汇票"。这标志着，商业汇票的起步。1991年9月，中国人民银行发出了《关于加强商业汇票管理的通知》，认为："商业汇票自推行以来，对疏导和管理商业信用，搞活资金，促进商品流通发挥了积极的作用"，强调"银行承兑和贴现的票据必须是国营企业、集体所有制工业企业之间为商品交易而签发的商业汇票"。③ 1995年通过的《票据法》第十九条规定："汇票是出票人签发的，委托付款人在见票时或者

---

① 政务院财政经济委员会：《中央财经政策法令汇编（第二辑）》，新华书店1951年版，第五四九条。
② 国务院办公厅：《中华人民共和国国务院公报（1955）》第9辑，第336—339页。
③ 中国人民银行：《商业汇票承兑、贴现暂行办法》，《天津金融研究》1985年第3期，第35—36页；中国人民银行：《关于加强商业汇票管理的通知》，银发（1991）258号，第一条。

在指定日期无条件支付确定的金额给收款人或者持票人的票据","汇票分为银行汇票和商业汇票",同时,对汇票的签发、背书、承兑、保证和付款等做出了规定。1997年8月,中国人民银行出台了《票据管理实施办法》,进一步将汇票区分为银行汇票和商业汇票,其中第八条规定:"商业汇票的出票人,为银行以外的企业和其他组织",向银行申请办理商业承兑汇票的出票人必须"在承兑银行开立存款账户"和"资信状况良好,并具有支付汇票金额的可靠资金来源";第十条规定:向银行申请办理票据贴现的商业汇票的持票人,必须"在银行开立存款账户","与出票人、前手之间具有真实的交易关系和债权债务关系",[①] 在缺乏商业票据交易市场的条件下,贴现成为持票人出让商业票据获得对应资金的基本选择,由此,这些规定实际上在将商业票据纳入银行体系的同时,用银行信用机制弱化了商业信用机制。2009年10月,中国人民银行出台的《电子商业汇票业务管理办法》第二条中规定:"电子商业汇票分为电子银行承兑汇票和电子商业承兑汇票。电子银行承兑汇票由银行业金融机构、财务公司(以下统称金融机构)承兑;电子商业承兑汇票由金融机构以外的法人或其他组织承兑"。[②] 从这些文件的规定中可以看到,"商业汇票"是一个内涵和边界都比较模糊的范畴,它既可以指建立在商业信用基础上的商业承兑汇票,也可以指建立在银行信用基础上的银行承兑汇票。在这种模糊难定的认识中,也就不容易说清楚中国的商业信用机制从而商业信用体系的发展状况了。从实践面看,"社会融资规模"中统计的只有"未贴现银行承兑汇票"指标,并无"未贴现商业承兑汇票"指标;在实际的运作中,商业承兑汇票主要在大型企业集团内部成员之间使用,集团成员之外的使用尚为罕见。货款拖欠是中国经济运行中长期存在的一个痼疾。且不说20世纪90年代初的"三角债"现象人们记忆犹新,就21世纪以来,也有着愈演愈烈的态势。2006年1月31日,国务院常务会议就审议通过了《关于解决农民工问题的若干意见》,指出:"维护农民工权益是

---

① 中国人民银行:《票据管理实施办法》,中国人民银行令(1997)第2号,第八条和第十条。

② 中国人民银行:《电子商业汇票业务管理办法》,中国人民银行令(2009)第2号,第二条。

需要解决的突出问题",强调要"严格规范用人单位工资支付行为,确保农民工工资按时足额发放给本人,做到工资发放月清月结或按劳动合同约定执行。建立工资支付监控制度和工资保证金制度,从根本上解决拖欠、克扣农民工工资问题。劳动保障部门要重点监控农民工集中的用人单位工资发放情况。对发生过拖欠工资的用人单位,强制在开户银行按期预存工资保证金,实行专户管理。切实解决政府投资项目拖欠工程款问题。所有建设单位都要按照合同约定及时拨付工程款项,建设资金不落实的,有关部门不得发放施工许可证,不得批准开工报告。对重点监控的建筑施工企业实行工资保证金制度"。[1] 这些规定相当明确,举措也相当有力,但 10 年过去了,农民工工资拖欠的问题并未得到充分解决,鉴此,2016 年 1 月 17 日,国务院办公厅又出台了《关于全面治理拖欠农民工工资问题的意见》,指出:"解决拖欠农民工工资问题,事关广大农民工切身利益,事关社会公平正义和社会和谐稳定",拖欠农民工工资"这一问题尚未得到根本解决,部分行业特别是工程建设领域拖欠工资问题仍较突出,一些政府投资工程项目不同程度存在拖欠农民工工资问题,严重侵害了农民工合法权益,由此引发的群体性事件时有发生,影响社会稳定",要求"全面落实企业对招用农民工的工资支付责任,督促各类企业严格依法将工资按月足额支付给农民工本人,严禁将工资发放给不具备用工主体资格的组织和个人。在工程建设领域,施工总承包企业(包括直接承包建设单位发包工程的专业承包企业,下同)对所承包工程项目的农民工工资支付负总责,分包企业(包括承包施工总承包企业发包工程的专业企业,下同)对所招用农民工的工资支付负直接责任,不得以工程款未到位等为由克扣或拖欠农民工工资,不得将合同应收工程款等经营风险转嫁给农民工"。[2] 但这些政策措施的实施并未取得如期效果,由此,2019 年 12 月 4 日,国务院常务会议又通过了《保障农民工工资支付条例》,对农民工工资的支付的重要性、支付形式、工资清偿、监督检查等做出了具体规定,同时,

---

[1] 国务院:《国务院关于解决农民工问题的若干意见》,2006 年第 10 号国发(2006)5 号,第一条。

[2] 国务院办公厅:《国务院办公厅关于全面治理拖欠农民工工资问题的意见》,2016 年第 3 号国办发(2016)1 号,第二条。

明确了政府系统中的责任单位。然而，农民工工资的拖欠问题，实际上是中小微企业的货款（包括劳务款，下同）的拖欠问题；不充分解决中小微企业的货款拖欠问题，农民工工资拖欠的难题也就难以有效破解，鉴于此，2020年7月5日，国务院出台了《保障中小企业款项支付条例》，其中第六条规定："机关、事业单位和大型企业不得要求中小企业接受不合理的付款期限、方式、条件和违约责任等交易条件，不得违约拖欠中小企业的货物、工程、服务款项"。第八条规定："机关、事业单位从中小企业采购货物、工程、服务，应当自货物、工程、服务交付之日起30日内支付款项；合同另有约定的，付款期限最长不得超过60日"。① 中小微企业货款被拖欠问题需要由国务院出台文件予以规范和缓解，足以见它在微循环中的严重程度。毋庸赘述，拖欠中小微企业（从而农民工工资）是中国经济微循环中长期存在的一个痼疾。

在研讨中小微企业融资难过程中，从中国金融体系的特点出发，人们通常将主要注意力集中于商业银行贷款的数额和便利程度等方面，忽视了它们货款长期被拖欠这一严峻现象。中小微企业的产品在用途上主要有三个去向：提供给大型企业，提供给工程项目建设和销售给消费者。它们的货款被拖欠集中发生在前两个场合。从财务角度看，货款被拖欠的含义是，中小微企业将货物销售给了大型企业或工程项目建设的购买方，但后者并没有将与货物对应的款项及时支付给厂商，其结果是，对中小微企业来说，被拖欠的货款计入了"应收账款"科目。表8.2列示了1998年至2019年的规模以上工业企业的"应收账款"相关数据，从中可见三个特点：一是在这段时间内，规模以上工业企业的资产增长了10.08倍，而应收账款却增长了11.39倍，这在一定程度上反映了中小微企业货款被拖欠的加重情形。二是应收账款占资产的比重虽然在2005年以后的一段时间内有所下降，但从2012年以后又呈现逐年上升走势，到2019年达到12.96%。三是应收账款占负债总额的比重在2012年以后基本处于逐年上升的走势，到2019年达到22.94%。由于"规模以上工业企业"中包含着一部分大型企业，同时，在"应收账款"统计中为了避免重复计算，也可能将规模以上工业企业之间的一

---

① 国务院：《保障中小企业款项支付条例》，国令第728号，第六条。

部分应收账款舍去,所以,从中小微工业企业的"应收账款"看,可能情形比表8.2中的数据更加严重。从资产价值角度看,企业的简单再生产指的是第二年的投入再生产的资产总额等于第一年的资产数额。"应收账款"属于中小微企业的资产价值范畴,但它被拖欠,由此,不再属于中小微企业维持简单再生产所能动用的资产。如果没有其他资金介入的话,中小微企业的再生产就只能在规模萎缩中展开。这引致了两种情形的发生:其一,为了维持投入再生产的资产量不变,中小微企业只能增大资金的投入量。对绝大多数中小微企业来说,要通过发债发股的路径获得增量资金是比较困难的,所以,主要通过向商业银行申请新的贷款来弥补由"应收账款"被拖欠引致的再生产资金不足,由此,既增大了商业银行的贷款余额,又意味着将被拖欠的"应收账款"风险转移给了商业银行。这种情形逐年延续,中小微企业申请新增贷款的条件持续恶化,"融资难"也就持续加重。其二,在难以融入维持简单再生产所需资金的条件下,一些中小微企业只能在资金量持续减少中萎缩再生产。一旦一些中小微企业因货款屡屡被拖欠,难以有效支付工人工薪或购买原材料等生产资料或其他原因,被迫破产倒闭,那么,随着法人资格的丧失,它们连追讨欠款乃至打官司的资格都丧失了。这实际上意味着它们由被拖欠货款所涉及的资产无偿地被大型企业或工程项目建设方占有了。这些情形突出表现了中国经济在微循环中存在的严重堵点和痛点。如果不能有效解决,则国内大循环难以畅通,也难以提高经济效率。

表8.2　　　　　　　　规模以上工业企业的应收账款　　　　单位:亿元、%

年份	资产总计	负债总计	资产负债率	应收账款	应收账款占资产比重	应收账款占负债总额比重
1998	108821.87	69363.79	63.74	12612.73	11.59	18.18
2000	126211.24	76743.84	60.80	14789.80	11.71	19.27
2005	244784.25	141509.84	57.81	26646.18	10.88	18.82
2006	291214.51	167322.23	57.45	31692.21	10.88	18.94
2007	353037.37	202913.68	57.47	38690.58	10.95	19.06
2008	431305.55	248899.38	57.70	43933.82	10.18	17.65
2009	493692.86	285732.81	57.87	51399.82	10.41	17.98
2010	592881.89	340396.39	57.41	61441.25	10.36	18.04

续表

年份	资产总计	负债总计	资产负债率	应收账款	应收账款占资产比重	应收账款占负债总额比重
2011	675796.86	392644.64	58.10	70502.00	10.43	17.95
2012	768421.20	445371.75	57.95	84043.14	10.93	18.87
2013	870751.07	505694.32	58.07	97402.73	11.18	19.26
2014	956777.20	547031.43	57.17	107436.99	11.22	19.64
2015	1023398.12	579310.47	56.60	117246.31	11.45	20.23
2016	1085865.94	606641.53	55.87	126847.19	11.68	20.91
2017	1121909.57	628016.30	55.98	135645.13	12.09	21.60
2018	1134382.2	641273.8	56.53	143418.2	12.64	22.36
2019	1205868.9	681085.1	56.48	156298.4	12.96	22.94

资料来源：《中国统计年鉴（2020）》，中国统计出版社2020年版，第410页。

与"应收账款"持续增加相矛盾的现象是，"非金融企业存款"中的"定期存款"数额快速增加。从表8.3中可见，2005—2020年10月，"非金融企业存款"从10.18万亿元增加到64.07万亿元，增长了5.30倍，但同期"非金融企业"的定期存款余额从3.55万亿元增加到了39.98万亿元，增长了10.25倍；定期存款余额的增长率显然高于"非金融企业存款"余额的增长率和活期存款余额的增长率，定期存款余额占"非金融企业存款"余额的比重从2005年的34.91%上升到2020年10月的62.40%。尤其令人费解的是，进入2020年，在防控新冠肺炎疫情突袭和复工复产条件下，实体企业经营运作的外部环境更加严峻，为此，中国人民银行加大了新增贷款的投放量。到2020年10月，"境内贷款"从2019年年底的1525755.35亿元增加到1694933.27亿元，新增量169177.92亿元，其中，"企（事）业单位贷款"从962736.85亿元增加到1070682.69亿元，新增量达到107945.84亿元。但从表8.3看，同期"非金融企业存款"中的"活期存款"却从2019年年底的242504.15亿元减少到2020年10月的240830.89亿元（净减少1673.26亿元），"定期存款"从2019年年底的352860.82亿元增加到399842.50亿元（净增加46981.68亿元）。这些数据实际上提出了三个相互关联的问题：其一，"定期存款"在存期内是存款人不可动用的资金（如果存款人要动用这些资金，需要先将"定期存款"转变为"活期存款"），那么，实体企业在资金紧缺的条件下，为什么将如此巨额的资金存放于"定期存款",历时(从 2005 年起计算的话)长达十多年且每年持续巨额增加?① 其二,在实体企业再生产过程中"活期存款"是可直接动用的资金,为什么实体企业存入"活期存款"的资金量如此明显地低于以"定期存款"存入的资金量,由此,在实体企业经营运作过程中资金究竟紧缺不紧缺?其三,在实体企业中究竟是哪些(或哪类)企业有着如此巨额的闲置资金可长期持续地存放在"定期存款"之中而不投入经营运作?如果这些"定期存款"是大型企业(或工程项目建设发包方)等机构存入的,那么,可选择的答案只能是,非金融企业存款余额在大型企业(和工程项目建设)等机构与中小微企业之间的分布存在着严重的不均衡现象。这一答案如果能够成立,就直接显示了一个耐人寻味的现象,即中小微企业的货款被拖欠是在大型企业等机构有着巨额且持续增加的"定期存款"条件下发生的,由此,更加凸显中国实体企业微循环不畅通中的机制矛盾(需要指出的是,这种机制矛盾在主要发达国家的实体企业微循环中是不存在的)。

表 8.3　　　　　　　非金融企业存款及增长率　　　　单位:亿元、%

年份	存款余额	增长率	活期存款	增长率	定期存款	增长率
2005	101750.55	13.76	66222.96	7.09	35527.59	28.70
2006	118851.66	16.80	77744.82	17.39	41106.84	15.70
2007	144814.14	21.84	95500.88	22.83	49313.26	19.96
2008	164385.79	13.51	101790.78	6.58	62595.01	26.93
2009	224357.03	36.48	139997.29	37.53	84359.74	34.77
2010	252960.27	12.74	164536.07	17.52	88424.20	4.81
2011	313980.93	24.12	145811.04	-11.39	168169.89	90.18
2012	345123.67	9.91	147955.75	1.47	197167.93	17.24
2013	380069.51	10.12	151994.41	2.72	228075.10	11.57
2014	400420.22	5.35	150110.68	-1.24	250309.54	9.74

---

① 据 Wind 数据披露,截至 2020 年 11 月 23 日,1143 家上市公司公告购买理财产品的数额达到 1.14 万亿元,平均每家达到 9.97 亿元。其中,江苏国泰投向理财产品的资金达到 318 亿元,除购买两期工商银行发行的保本银行理财产品外,其余资金陆续投向了工商银行、中信银行、浦发银行等多家银行的结构性存款产品。参见《上市公司理财变局:为啥偏爱结构性存款》,载《中国证券报》2020 年 11 月 24 日。

续表

年份	存款余额	增长率	活期存款	增长率	定期存款	增长率
2015	430247.43	7.44	174586.41	21.82	255661.02	8.78
2016	502178.44	16.71	215106.82	23.20	287071.63	12.28
2017	542404.58	8.01	237887.75	10.59	304516.83	6.07
2018	562976.21	3.79	236190.12	-0.72	326786.09	7.31
2019	595364.97	5.75	242504.15	2.67	352860.82	7.97
2020.10	640673.39	12.26	240830.89	6.01	399842.50	16.40

资料来源：中国人民银行网站，http://www.pbc.gov.cn/.

第四节 激活商业信用机制与破解微循环堵点之策

中华人民共和国成立70多年（尤其是改革开放40多年）来，中国建立了一个以银行信用为基础的间接金融为主体的金融体系。对实体经济部门而言，这是一个外生的纵向金融体系。在商业信用机制严重缺失的条件下，原先由商业信用机制解决的实体企业微循环中的资金融通转为由银行体系解决，使银行体系在资金供给负担日渐沉重的同时金融风险也愈加集中。以前述的货款拖欠和定期存款为例，通过三个路径，扩大了银行体系投放资金的数量：一是在众多中小微企业因货款被拖欠而严重影响简单再生产顺畅展开的条件下，为缓解融资难、稳就业和推进经济增长，相关政府部门要求商业银行等金融机构加大对中小微企业的新增贷款（2015年以后，中国银行业监管部门要求对小微企业贷款"三个不低于"[①]）。如果商业银行等金融机构向中小微企业投放的增量贷款与它们被拖欠的货款相仿，则意味着这些被拖欠的货款向银行体系转移。2020年10月20日，中国农业银行股份有限公司北京市分行在

[①] 2014年10月31日，国务院出台了《关于扶持小型微型企业健康发展的意见》；2015年3月3日，中国银监会出台了《关于2015年小微企业金融服务工作的指导意见》（银监发〔2015〕8号），要求商业银行等金融机构"努力实现小微企业贷款增速不低于各项贷款平均增速，小微企业贷款户数不低于上年同期户数，小微企业申贷获得率不低于上年同期水平"。中国银行业监督管理委员会：《关于2015年小微企业金融服务工作的指导意见》，银监发〔2015〕8号，第一条。

第八章 | 国内经济大循环的理论要点、实践堵点和破解之点

《北京日报》上刊登了16个版面的"债权催收公告",对6813个用户(企业或个人)自1988年至2020年9月20日期间拖欠的贷款本金进行催收。在"催收公告"中说道:"中国农业银行股份有限公司曾于2009年10月20至22日分别在《人民法院报》《金融时报》和《城乡金融报》上对全国8157亿元资产转让暨受托管理和处置催收事项进行了公告。中国农业银行股份有限公司北京市分行曾于2011年11月16日和2013年11月2日在《人民法院报》、2015年10月30日在《金融时报》、2017年10月22日在《法制晚报》上将上述8157亿元资产中属于中国农业银行股份有限公司北京市分行管理和处置的债权资产进行了公告催收"。[①] 虽然这些"催收"的贷款本金并非均与小微企业贷款被拖欠相关,但贷款被拖欠是其中成因之一。二是在资产负债率居高的条件下,"非金融企业存款"的资金实际上来源于前期的银行信贷,由此,它们持有的巨额定期存款可视为由银行信贷资金转化而来。这些资金从源头上看是由商业银行等金融机构吸收的存款类资金构成,而它们的增加又意味着银行体系由存款形成的债务量进一步增加。三是对持有定期存款的企业来说,当它们经营运作需要短期资金时,鉴于定期存款不可直接动用,就只能以定期存款为抵押向对应的商业银行等金融机构申请新的短期贷款,而后者也乐于向这些实体企业投放短期贷款,由此,又扩大了银行体系的资金投放数量。在商业信用机制缺失的条件下,原先由商业信用解决的实体企业间商品交易和融资的问题,转化为由银行信用机制解决,不仅推进了银行信用的膨胀,而且引致巨额不良资产。到2020年9月,中国银行体系累计核销不良贷款4.83万亿元,其中,2017年以后核销的不良贷款达到3.57万亿元。

长期以来,中外学者对中国M_2数量高企(M_2/GDP的数值超过了2倍)和M_2增长率高于"GDP增长率+CPI增长率"做了种种研讨,提出了"货币超发""货币迷失""谨防通胀"等一系列认识,同时又对如此长期的M_2数量增加并没有引致长期的通胀恶性循环感到不解。个中成因在于,这些研究都忽视了中国经济金融运行中商业信用机制严

[①] 中国农业银行股份有限公司北京市分行:《中国农业银行股份有限公司北京市分行债务催收公告》,《北京日报》2020年10月20日第13—28版。

重缺失的事实,即忽视了由于这种严重缺失,本应由商业信用机制解决的微循环资金顺畅转由银行信用扩张予以解决所引致的信用货币创造中的膨胀。

实体经济部门的运行是一个纵横交错且持续循环的立体动态系统。土壤中的水循环既来自土壤内部的横向传递循环也来自外部降水(如雨雪、人工滴灌等)进入土壤后的循环,植物就是在这种纵横交错的水供给循环格局中生长的。实体经济微循环中的资金供给既由商业信用机制的横向供给也来自银行信用机制纵向供给。商业信用机制建立在实体企业间的产业关联、技术关联、市场关联和信息关联基础上,是一种横向金融机制,它具有内生性、直接金融、高效率、风险分散(且风险较低)等特点。与此相比,纵向金融机制主要由银行体系所构成。对实体经济部门来说,这种纵向金融体系是外生的(即从外部植入的)。这种纵向金融体系有三个特点:一是间接金融,即实体企业(从而实体经济部门)的资金往来和资金供给均通过商业银行等金融机构的中介活动而实现。二是信用膨胀,商业银行等金融机构通过"存款创造贷款、贷款创造存款"的机制扩张信用数量,推进资金供给。三是信用保障的外生性,虽然就单家银行来说,它的信用主要来自资本数额、特许权和专业经营水平等,但对整个银行体系来说,它的信用依赖于政府信用和财政财力。毫无疑义,在国内经济大循环中商业信用和银行信用既相互制约又相辅相成还相得益彰,不可偏废。

中国要在"十四五"时期形成国内大循环新格局,必须构建与实体经济部门发展相适应的纵横交错且持续循环的金融体系。面对纵向金融体系已得到比较充分发展,商业信用机制缺失成为中国金融体系的突出短板,深化金融供给侧结构性改革的重心就应立足于激活商业信用机制、推进横向金融体系的形成。由此,需要做好六个方面的工作:

第一,转变观念。长期以来,在纵向金融体系中形成了"金融活动是金融机构专有权"的固有观念,似乎一切金融活动均需由金融机构介入并经由金融机构过手。但事实上,横向金融活动一般并不需要专业性金融机构的介入(在一些特殊场合,如果需要获得金融机构的专业性帮助,实体企业自然会聘请适合的金融机构协助工作),它是实体经济部门中各家企业之间以商业交易为依据展开的。就是诸如发行公司债券等金融活动，发行人也是实体企业，在发达国家中小微企业发行公司债券通常不需要证券公司等金融机构介入其中以承销商身份发挥中介作用。因此，应确立金融机制内生于实体企业间的产业活动、实体企业是金融活动的生力军等理念，将金融活动置于产业循环体系中。

一些人担心，一旦实体企业拥有了商业信用机制，在商业交易中开出商业承兑汇票等金融工具，就可能出现商业承兑汇票的泛滥，扰乱金融运行秩序。从多年来民间金融的乱象到P2P的泛滥，似乎证实了这种担心的合理性。但这实际上属于金融法治和金融监管问题。一个简单的实例是，在发达国家中商业信用机制已历经几百年发展，并没有持续出现商业信用工具泛滥和扰乱金融运行秩序的现象，否则，它早已被列入"禁止"范畴，不可能延续至今。

还有人担心，一旦激活了商业信用，金融活动就可能失控。这里关键在于何为"可控"？如果它指的是金融监管部门运用行政机制（尤其是审批机制）把控每一笔金融交易，则商业信用活动的确处于不可控状态。以商业承兑汇票为例，如果购货方需要将开出的每一笔商业承兑汇票都提交金融监管部门审批，则受时间、成本等因素制约，在拖欠货款和开出票据中，大多数购货方都宁愿选择前者，由此，以商业承兑汇票为内容的商业信用也就难以有效展开。如果"可控"指的是法治，则各种商业信用活动均在法律制度规定下展开，违法违规行为将受到金融监管部门的严惩，那么，商业信用活动就是可控的。

第二，完善法治。这包括三方面内容：一是清理与商业信用相关的法律法规，废止与禁止商业信用活动相关的行政制度，为推进商业信用的发展扫清历史遗留的障碍。二是厘清理顺与商业信用相关的法律法规，在借鉴国际公约和发达国家法律规定的基础上，纠正含混不清的概念和制度规定，从法律制度层面进一步界定和明确商业信用的内涵、形式、工具和运作。例如，清晰界定商业汇票的含义，将建立在银行信用基础上的银行承兑汇票与建立在商业信用基础上的商业承兑汇票相分立。三是制定和出台专门的商业票据法和提单、仓单法以及相关的监管制度，既为商业信用机制的发展保驾护航，又规范商业信用活动。

第三，以激活商业承兑汇票为突破口，推进商业信用发展。商业信用内生于产业链供应链活动中，应以产业链条的循环为线索展开试点，这也与破解货款拖欠的痼疾相吻合,因此,不应以地区(如某个城市)为试点对象。较为合适的试点方式是,以大型国有企业、大型民营企业和大型工程项目等为对象,由它们开出商业承兑汇票,展开清理货款拖欠的试点工作。

第四,建立商业承兑汇票的交易市场,运用市场机制保障商业信用机制的成长。商业承兑汇票,对持票人而言,有三种选择:持票到期、银行贴现和市场交易,但对出票人而言,这三种选择的效应不尽相同。持票人将商业承兑汇票持票到期时,出票人一旦不能偿付票款,则违约信息封闭于双方之间;出票人若要因此提起诉讼,很可能是一个旷日持久的过程,对出票人的经营运作并无直接影响。在银行贴现场合,银行作为持票人也可能陷入这种局面中。与这两种情形不同的是,在票据市场交易中,如果出票人不能如期兑付到期票据,就将在市场上打上违约印记,并通过市场的各方参与者和媒体广为扩散,这不仅将严重影响它的后期商业信用活动,而且将影响它的银行信用活动和其他商业活动。对任何一个大型企业(或工程项目)而言,单笔商业承兑汇票所涉及的金额占其年商业交易(货物贸易和劳务贸易等)总量的比重通常较低,在小钱上违约给后期商业交易造成不利影响,违约成本太高,是一个得不偿失的选择,因此,在市场机制约束下,出票人通常选择如期兑付到期商业承兑汇票。如若各个出票人能够如期兑付,则商业承兑汇票的功能就能充分发挥。

第五,完善金融统计。商业信用活动有着多种金融工具,它们在不同程度上均属债权债务性质的金融工具。鉴于商业承兑汇票与实体企业间借贷、公司债券(尤其是短期公司债券)的界限很容易突破,所以,商业承兑汇票一旦扩展,其他的商业信用工具也将随之入市。在此条件下,随着商业信用活动的展开,就需要对它的运行状况进行系统的金融统计,以满足金融市场参与者(包括投资者)、监管部门、研究机构、新闻媒体等的多方面需要,由此,"社会融资规模"的统计中就应有"未承兑商业承兑汇票"指标。

第六,强化金融监管,防范系统性金融风险。有金融活动就必然有与其伴生的金融风险。商业信用机制的运行和发展存在着种种风险。在一般情况下,这些风险主要在市场微观主体之间发生,不至于形成系统性金融风险。但在某些特殊条件下，也可能酿成大的动荡。马克思曾经指出，商业信用是一种顺周期的机制。在经济繁荣时期，随着生产扩大和市场扩大，商业信用的链条必然延长，同时，"投机的要素必然越来越支配交易。大规模的和供应远地市场的生产，会把全部产品投入商业当中；……在这里，信用就是不可避免的了；信用的数量会随着生产的价值量一起增长，信用的期限也会随着市场距离的增大而延长。在这里是相互影响的。生产过程的发展促使信用扩大，而信用又引起工商活动的扩展"；但是，"只要再生产过程的这种扩大受到破坏，或者哪怕是再生产过程的正常紧张状态受到破坏，信用就会减少。通过信用来获得商品就比较困难。要求现金支付，对赊售小心谨慎，是产业周期中紧接着崩溃之后的那个阶段所特有的现象"。[①] 面对商业信用发展中可能引致的系统性金融风险，强化金融监管、保障金融安全和经济安全是发展商业信用的应有内涵。由于展开商业信用活动的市场主体大多不是金融机构，这在客观上要求金融监管的重心应从机构监管为主向行为监管（或功能监管）为主转变，达到对金融活动的全覆盖。另外，由于商业承兑汇票等商业票据既具有金融资产的特点又具有货币的特点（即商业货币），因此，应将这些商业票据纳入货币政策调控范畴之中，通过逆周期调节机制防范商业信用的顺周期机制可能引致的系统性金融风险。

---

① ［德］马克思：《资本论》第三卷，人民出版社2004年版，第544—547页。

第九章

国内大循环中的实体经济横向金融系统*

党的十九届五中全会将"加快构建以国内大循环为主体、国内国际双循环相互促进的新发展格局"列入了"十四五"时期经济社会发展的指导思想。习近平总书记强调指出：加快构建新发展格局是一项关系我国发展全局的重大战略任务，"需要从全局高度准确把握和积极推进。只有立足自身，把国内大循环畅通起来，才能任由国际风云变幻，始终充满朝气生存和发展下去"，"构建新发展格局的关键在于经济循环的畅通无阻"。在国内国际大循环中，国内经济大循环是主体，"构建新发展格局，实行高水平对外开放，必须具备强大的国内经济循环体系和稳固的基本盘"。[①]

第一节 经济大循环基本理论的逻辑要点

在经济学说史上，马克思是系统地研究经济大循环的第一人。他提出过三个层面的经济循环理论。

---

* 刊发于《中国社会科学院大学学报》2022年第2期。
① 习近平：《习近平在省部级主要领导干部学习贯彻党的十九届五中全会精神专题研讨班开班式上发表重要讲话强调：深入学习坚决贯彻党的十九届五中全会精神 确保全面建设社会主义现代化国家开好局》，中华人民共和国中央人民政府门户网站，http://www.gov.cn/xinwen/2021-01/11/content_5578940.htm，2021年。

第九章 | 国内大循环中的实体经济横向金融系统

一 总循环：社会再生产的循环理论

1857年8月以后，马克思开始着手写作《〈政治经济学〉导言》。他批判了英国古典经济学和庸俗经济学在政治经济学一些基本理论上的逻辑错误和认识错误的同时，吸收了英国古典经济学关于社会再生产四环节理论中的合理成分，创立了马克思主义的社会再生产理论，揭示了"生产、分配、交换和消费"之间的相互依赖相互制约的辩证关系[①]。在鸿篇巨制《资本论》中，马克思大致上按照生产、流通和分配的次序展开了对资本主义经济的分析，"消费"则穿插在其中。虽然从逻辑关系上看，四环节的排序可以从不同角度进行理解，但"生产"总是位于排序的第一环节。这是因为，物质资料生产是经济学研究的出发点。他说道："摆在面前的对象，首先是物质生产"，"在社会中进行生产的个人，——因而，这些个人的一定社会性质的生产，当然是出发点"[②]。鉴于此，需要研究"进行生产所必不可缺少的条件"（如生产的基本要素）和"或多或少促进生产的条件"，"财富的主客观因素越是在更高的程度上具备，财富就越容易创造"[③]。社会再生产理论中的分配、交换和消费等从根本上受生产状况所制约。从唯物辩证法出发，马克思认为任何社会的生产同时就是再生产，人类再生产在本质上是一个不断扩大再生产的过程。扩大再生产以投资为前提，由此，在实践中，在"生产、分配、交换和消费"四环节中还可加上一个"投资"环节，从而形成"五环节"之间的逻辑联系。社会再生产理论着眼于全社会的经济活动，"生产、分配、交换和消费"的循环是社会经济运行的"总循环"过程。

在社会再生产循环中，生产、分配、交换、消费的内在关系是一个纵横交错的立体动态系统。其中，生产的状况决定分配、交换和消费，但分配、交换和消费的状况也会直接或间接地影响到社会再生产的状况。马克思精辟地指出："我们得到的结论并不是说，生产、分配、交

---

① [德] 马克思:《马克思恩格斯全集》第46卷（上），人民出版社1979年版，第25页。
② [德] 马克思:《马克思恩格斯全集》第46卷（上），人民出版社1979年版，第18页。
③ [德] 马克思:《马克思恩格斯全集》第46卷（上），人民出版社1979年版，第23—24页。

换、消费是同一的东西,而是说,它们构成一个总体的各个环节、一个统一体内部的差别。生产既支配着与其他要素相对而言的生产自身,也支配着其他要素。过程总是从生产重新开始。交换和消费不能是起支配作用的东西,这是不言而喻的。分配,作为产品的分配,也是这样。而作为生产要素的分配,它本身就是生产的一个要素。因此,一定的生产决定一定的消费、分配、交换和这些不同要素相互间的一定关系。当然,生产就其单方面形式来说也决定于其他要素。例如,当市场扩大,即交换范围扩大时,生产的规模也就增大,生产也就分得更细。随着分配的变动,例如,随着资本的集中,随着城乡人口的不同的分配等等,生产也就发生变动。最后,消费的需要决定着生产。不同要素之间存在着相互作用。每一个有机整体都是这样"。[1]

二 中循环:产业部门之间的再生产循环

马克思以生产生产资料的部类和生产消费资料的部类为例,在《资本论》第二卷第三篇和经济学手稿(1861—1863)中,揭示了"社会总资本的再生产和流通"的内在规律。他认为要实现两大部类之间的社会总资本循环,在简单再生产条件下,第Ⅰ部类与第Ⅱ部类之间的商品交换应实现第Ⅰ部类提供给第Ⅱ部类的生产资料在数量上等于第Ⅱ部类提供给第Ⅰ部类的消费资料[即Ⅰ(v+m) = Ⅱc],[2] 以在价值实现上和实物补偿上满足两大部类维持简单再生产的需求;在扩大再生产条件下,两大部类之间的商品交换在数量上除了满足简单再生产需要外,还应满足扩大再生产的需要,即Ⅰ(v+m)>Ⅱc 和Ⅱ[c+(m-m/x)]>Ⅰ(v+m/x)。与社会再生产相比,两大部类之间的再生产循环主要研讨产业部门间的价值循环和实物循环问题,可称为"中循环"。

在两大部类循环的分析中,马克思强调了三个关键性内容:第一,以 W′的实现为重心。他说道:"年产品既包括补偿资本的那部分社会产品,即社会再生产,也包括归入消费基金的、由工人和资本家消费的那部分社会产品,也就是说,既包括生产消费,也包括个人消费",这

---

[1] [德]马克思:《马克思恩格斯全集》第 46 卷(上),人民出版社 1979 年版,第 36—37 页。

[2] 其中,第Ⅰ部类为生产生产资料的部类,第Ⅱ部类为生产消费资料的部类;c 代表不变资本,v 代表可变资本,m 代表剩余价值。

决定了，"我们应当分析 $W'- \begin{cases} G-W \cdots P \cdots W' \\ g-w \end{cases}$ 这个流通公式，在这里，消费必然会起作用；因为起点是 $W'=W+w$，即商品资本，既包含不变资本价值和可变资本价值，也包含剩余价值。所以，它的运动既包括生产消费，也包括个人消费。在 $G-W \cdots P \cdots W'-G'$ 循环和 $P \cdots W'-G'-W \cdots P$ 循环中，资本的运动是起点和终点：这一运动自然也包括消费，因为商品，即产品，必须出售。但是，只要商品已经出售，这个商品以后变成什么，对单个资本的运动是没有关系的。相反地，在 $W' \cdots W'$ 的运动中，正是要通过说明这个总产品 W' 的每一价值部分会变成什么，才能认识社会再生产的条件。在这里，总的再生产过程既包括资本本身的再生产过程，也包括以流通为中介的消费过程"。① 第二，两大部类再生产以实现 W' 各部分的价值补偿和实物补偿为基本条件。马克思明确说道："直接摆在我们面前的问题是：生产上消费掉的资本，就它的价值来说，怎样由年产品得到补偿？这种补偿的运动怎样同资本家对剩余价值的消费和工人对工资的消费交织在一起"？② 第三，货币回流到起点。他指出："商品生产者预付在流通中的货币，在商品流通正常进行的情况下，会回到他自己手里"，这是一个规律性表现。"对商品流通来说，有两样东西始终是必要的：投入流通的商品和投入流通的货币"。③ "在商品流通中，发生的只是从生产者到批发商、从批发商到零售商的转移，只有零售商才最后出售商品。同样，在货币回流中，发生的是那些流回到资本家手中的货币（如果资本家赊卖，就是资本的回流，如果他按现金出售，就是货币回流，即作为购买手段的货币回流，也就是他的资本以货币的形式回流）从零售商到批发商、从批发商到生产者的转移"。④

三 微循环：实体企业的资本循环理论

在《资本论》第二卷第一篇和1863年7月至1864年6月的经济学手稿、1868年经济学手稿中，马克思系统地阐述了产业资本循环理论。

---

① ［德］马克思：《资本论》第二卷，人民出版社2004年版，第435—436页。
② ［德］马克思：《资本论》第二卷，人民出版社2004年版，第436页。
③ ［德］马克思：《资本论》第二卷，人民出版社2004年版，第459页。
④ ［德］马克思：《马克思恩格斯全集》第48卷，人民出版社1985年版，第237页。

他认为，实体企业在经营运作中，资本应分别处于货币资本、生产资本和商品资本三种形态中，其中，货币资本循环可称为"流通的第一形态"、生产资本循环可称为"流通的第二形态"、商品资本循环可称为"流通的第三形态"。① 如果以 G 代表货币资本、P 代表生产资本、W 代表商品资本，则产业资本循环的三种形态可用公式分别表示为 G—W…P…W′—G′（即产业资本家用货币购买生产资料、劳动力进入生产过程，生产出商品，商品卖出去后获得货币，再用货币购买生产资料和劳动力，进入再生产过程）、P…W—G′—W′…P 和 W′—G′—W…P…W′；在这三个循环公式中，W′=（W+w），G′=（G+g），其中 w 和 g 为剩余价值。马克思指出："如果考察整个过程，那么，它可以从三种不同的循环的观点来看，这三种不同的循环之间具有共同之处，即流通，由于这种流通，商品和货币会改变它们的所有者，并且流通的出发点同时始终是流通的复归点，同时，它就是资本所经过的形态变化的循环，这种循环包含着在形式上和内容上都与商品形态变化不同的新的规定"。② 由于产业资本循环理论着眼于经济活动中的微观主体——实体企业，所以，这一循环可称为"微循环"。

在产业资本微循环的分析中，马克思强调了四个关键性内容：第一，产业资本循环应是价值循环和实物循环的统一。在整个循环中，"资本表现为这样一个价值，它经过一系列相互联系的、互为条件的转化，经过一系列的形态变化，而这些形态变化也就形成总过程的一系列阶段。在这些阶段中，两个属于流通领域，一个属于生产领域。在每个这样的阶段中，资本价值都处在和不同的特殊职能相适应的不同形态上。在这个运动中，预付的价值不仅保存了，而且增长了，它的量增加了。最后，在终结阶段，它回到总过程开始时它原有的形式。因此，这个总过程是循环过程"。③ 第二，产业资本循环应是商品生产和商品流通的统一。"在三种形态的每一种当中，过程中的资本的循环都是生产过程和流通过程的统一——不论是生产过程表现为流通过程的媒介，还

---

① ［德］马克思：《马克思恩格斯全集》第 50 卷，人民出版社 1985 年版，第 7—57 页。
② ［德］马克思：《马克思恩格斯全集》第 49 卷，人民出版社 1985 年版，第 257—258 页。
③ ［德］马克思：《资本论》第二卷，人民出版社 2004 年版，第 60 页。

是流通过程表现为生产过程的媒介"。① 就再生产的顺利继起而言，商品销售和货币资本回流至关重要。"W′的职能是一切商品产品的职能：转化为货币，卖掉，经历流通阶段 W—G。只要现在已经增殖的资本保留商品资本的形态，停滞在市场上，生产过程就会停止。这个资本既不会作为产品形态要素起作用，也不会作为价值要素起作用。由于资本抛弃它的商品形式和采取它的货币形式的速度不同，或者说，由于卖的速度不同，同一个资本价值就会以极不相同的程度作为产品形成要素和价值形成要素起作用，再生产的规模也会以极不相同的程度扩大或缩小"。② 第三，产业资本应按比例投放于资本循环的三个阶段，以保证三种形态的资本循环在时间上继起并在空间上并存。"产业资本的连续进行的现实循环，不仅是流通过程和生产过程的统一，而且是它的所有三个循环的统一。但是，它之所以能够成为这种统一，只是由于资本的每个不同部分能够依次经过相继进行的各个循环阶段，从一个阶段转到另一个阶段，从一种职能形式转到另一种职能形式，因而，只是由于产业资本作为这些部分的整体同时处在各个不同的阶段和职能中，从而同时经过所有这三个循环。在这里，每一个部分的相继进行，是由各部分的并列存在即资本的分割所决定的。因此，在实行分工的工厂体系内，产品不断地处在它的形成过程的各个不同阶段上，同时又不断地由一个生产阶段转到另一个生产阶段。因为单个产业资本代表着一定的量，而这个量又取决于资本家的资金，并且对每个产业部门来说都有一定的最低限量，所以资本的分割必须按一定的比例数字进行。现有资本的量决定生产过程的规模，而生产过程的规模又决定同生产过程并列执行职能的商品资本和货币资本的量。但是，决定生产连续性的并列存在之所以可能，只是由于资本的各部分依次经过各个不同阶段的运动。并列存在本身这是相继进行的结果。例如，如果对资本的一部分来说 W—G 停滞了，商品卖不出去，那么，这一部分的循环就会中断，它的生产资料补偿就不能进行；作为 W 继续从生产过程中出来的各部分，在职能变换中就会被它们的先行部分做阻止。如果这种情况持续一段时间，生产

---

① ［德］马克思：《马克思恩格斯全集》第 50 卷，人民出版社 1985 年版，第 53 页。
② ［德］马克思：《资本论》第二卷，人民出版社 2004 年版，第 48 页。

就会受到限制，整个过程就会停止。相继进行一停滞，就使并列存在陷于混乱。在一个阶段上的任何停滞，不仅会使这个停滞的资本部分的总循环，而且会使整个单个资本的总循环发生或大或小的停滞"。① 第四，单个资本的循环同时也是社会资本的循环。马克思指出："社会资本——它的运动是各单个资本运动的总合——当然总是处在生产资本、商品资本和货币资本的不同形式上和职能上，因此，它的运动总是三种循环形态的具体统一"。②

四 三层循环之间的逻辑关系

在国内经济大循环中，实体企业的微循环、产业部门的中循环和社会再生产的总循环是一个有机整体。诚如人体中的血液循环系统是由动脉、静脉（包括小静脉、中静脉）和毛细血管等构成的"三层一体"联动系统。实体企业的微循环相当于人体细胞组织中的毛细血管，是产业部门循环和社会再生产循环的基础，它的畅通状况将直接或间接地影响到中循环和总循环的畅通状况。产业部门的中循环相当于人体器官组织中的静脉系统，它包含着微循环，既影响着微循环也受到微循环的影响。社会再生产的总循环相当于人体的器官系统中动脉系统，它包含着中循环，既影响着中循环又受到中循环的影响。这三个层面的循环，它们层层相扣、环环相接。从构成要素上看，微循环强调物质财富的创造和价值创造，与此相比，中循环强调产业链供应链的顺畅和比例平衡，扩展了各个产业部门之间的关联性和平衡性；实体企业的微循环和产业部门的中循环侧重于商品（和劳务，下同）生产和交换的供给侧机制，与此相比，社会再生产的总循环则增加了经济循环中需求机制和分配机制，要求进行需求侧管理。不难看出，要形成以国内大循环为主的经济新格局就必须着力推进微循环、中循环和总循环这三个层面循环的有机一体联动，关键性条件是保障微循环畅通无阻。

实体经济是国民财富和国民收入的创造者。实体经济的运行发展状况直接决定着国民经济的发展状况，因此，国内经济大循环应以实体经济的循环畅通和健康发展为根本。从资源配置角度看，实体企业乃至实

---

① ［德］马克思：《资本论》第二卷，人民出版社 2004 年版，第 119—120 页。
② ［德］马克思：《马克思恩格斯全集》第 50 卷，人民出版社 1985 年版，第 57 页。

体经济的运行发展都是一个纵横交错且持续循环的立体动态系统，其中，生产资料、劳动力、技术、信息和资金等经济资源的配置既有产业链和市场机制的横向传递，也受到宏观政策的纵向影响。与植物生长的水循环系统相似，既有土壤内部的横向水传递循环，也有来自外部降水（如雨雪、人工滴灌等）和水蒸发的纵向循环。在现代经济中，金融（尤其是资金）导向着各种实物资源的配置，金融体系的状况（包括体制机制、融资渠道、融资方式、产品类型、市场交易、基础设施和监管程度等）有着积极推进实体经济健康循环运行的作用，也有在一定程度上延滞（乃至阻碍）实体经济循环运行、降低实体经济运作效率的可能。因此，构建新发展格局进程中，不仅要在实体经济部门中坚持供给侧结构性改革，而且要在金融体系中坚持深化金融供给侧结构性改革，提高服务实体经济效率。

第二节　实体经济循环中的内源融资

一　发达国家实体企业内源融资的趋势

对任何一家实体企业来说，资金来源都是其创设和营运中具有决定性意义的前提条件。马克思曾经指出："资本主义的商品生产，——无论是社会地考察还是个别地考察，——要求货币形式的资本或货币资本作为每一个新开办的企业的第一推动力和持续的动力"。[①] 在现代市场经济中，为产业特点所决定，"第一推动力"是指每家企业在创设中都需要有着足够数量的注册资本，即注册资本数量应达到由该产业的经济技术规律所决定的最低限度的资本额；"持续推动力"是指每家企业在营运过程中通过各种渠道所获得的资金在数量上应能够满足简单再生产或扩大再生产的需要。实体企业的资金来源主要有三个：第一，股本性（或资本性，下同）资金。它主要由股东投资所形成，包括原始投资和再投资等。在实践中表现为实体企业创设时的原始股东投资、利润转投资和增资扩股中的股东投资等。第二，商品销售收入。它主要由实体企业的营业收入构成，既包括经营运作中支出的各项成本，也包括营业利

---

① ［德］马克思：《资本论》第二卷，人民出版社 2004 年版，第 393 页。

润。第三，通过银行贷款、发行债券和增发股份等所获得的资金。在一些特殊条件下，实体企业还可通过出售资产、政府财政支持等获得资金。这些资金来源可分为内源融资和外源融资。对实体企业而言，销售收入是内源融资的唯一的来源，与此相比，直接融资（如债券、股票等）和间接融资属于外源融资范畴。

内源融资（internal finance）最初由梅耶斯和麦基里夫（Myers and Majluf，1984）提出。他们在优序融资（pecking-order）理论中认为，实体企业在经营运作中通常优先选择内源融资，其次才选择外源融资，并且在外源融资中更偏好债务融资，最后选择增发股票融资。他们将内源融资界定为实体企业（或公司，下同）持有的流动性高的金融资产储备和未使用的信贷额度，即财务宽松（financial slack）。此后，斯坦因（Stein，1989）也选择了这种界定。斯蒂芬·A. 罗斯在其编写的经典教科书《公司理财》中认为，内源融资由实体企业的留存收益（retentions）加上折旧和摊销（depreciation and amortization）所构成，它等于实体企业的每年净利润加上折旧金减去分配支出的股利，与此对应，外源融资由公司每年新发行的负债及权益扣除它们被赎回部分的净额所构成。帕瑞斯（Paris，1976）、辛格和哈米德（Singh and Hamid，1992）和辛格（Singh，1995）等认为，折旧和摊销只是公司原有资产价值的一部分，并非新创造的价值增量，因此，内源融资仅由公司利润中留存收益构成；Samuel（1999）认为，公司的未分配利润和折旧均来自公司的现金流量（cash flow），现金流量和内源融资这两个术语可以互换使用，由此，公司的内源融资由留存收益和折旧构成，外源融资由净股票融资、净发行债券融资、净长期借款等构成。

尽管在内源融资的构成上，西方学者的认识有所差异，但他们都认为，内源融资来自实体企业的销售收入（即营业收入）。对实体企业来说，融入资金直接目的在于满足经营运作的需要。假定在微循环的起点上，实体企业投入经营运作的资金数量能够达到该产业经济技术规律所决定的规模经济的最低数额，它通过销售商品（包括劳务，下同）所获得营业收入能否满足微循环的需要大致有三种情形：一是在销售价格不变的条件下，它销售商品所获得的收入能够满足其简单再生产的需要，由此，它的微循环中只有内源融资并无外源融资。同时，如果该实体企业的扩大再生产的规模仅局限于"利润+折旧金+摊销成本"数额的范围内,鉴于"利润+折旧金+摊销成本"在营业收入回流中已有资金保障,那么,它建立在扩大再生产基础上的微循环也只有内源融资,不需要外源融资的介入。二是在销售价格上升的条件下,它销售商品所获得的收入中包含着较大的利润,由此,它的微循环(不论是简单再生产还是扩大再生产)中都只有内源融资,不需要外源融资的介入。三是在销售价格大幅下降从而冲销了"利润+折旧金+摊销成本"的条件下,它的微循环要维持简单再生产规模仅靠内源融资已经不足了,就需要外源融资的介入。由此可见,商品的顺利销售、货款的顺畅回流是实体企业内源融资和微循环的决定性条件。

表 9.1　美国公司的内源融资与外源融资(2000—2019)

单位:亿美元、%

年份	融资总额	内源融资额	占比	外源融资额	占比	发行债券	银行贷款	股权融资
2000	21487.51	8207.17	38.19	13280.34	61.81	1859.30	1571.89	-1182.04
2001	10676.42	8158.60	76.42	2517.82	23.58	2035.50	-636.09	-481.25
2002	11203.96	9237.89	82.45	1966.07	17.55	202.95	-155.22	-145.05
2003	10047.42	9994.58	99.47	52.84	0.53	371.78	-472.68	-156.07
2004	15603.52	11067.25	70.92	4536.27	29.08	198.78	1461.28	-1205.55
2005	20428.22	14174.10	69.38	6254.12	30.62	0.52	2686.31	-2761.67
2006	15599.15	12715.98	91.51	2883.17	8.49	1556.40	2506.73	-4731.73
2007	19720.85	12546.58	63.62	7174.27	36.38	2060.61	4576.74	-6477.36
2008	16031.69	12844.21	80.11	3187.48	19.89	1906.60	615.26	-2897.19
2009	9659.39	12609.46	130.54	-2950.07	-30.54	1805.15	-4989.36	-400.21
2010	17771.94	15290.35	86.03	2481.59	13.97	2423.22	-2996.12	-2009.53
2011	20181.39	16321.90	80.87	3859.49	19.13	2021.00	1095.12	-3825.75
2012	23445.91	16461.41	70.21	6984.50	29.79	3534.38	243.13	-3000.07
2013	23478.78	16949.90	72.19	6528.88	27.81	2944.88	993.54	-2772.96
2014	27185.72	17338.27	63.77	9847.45	26.23	3265.45	1456.96	-3019.46
2015	29086.25	16821.65	57.83	12264.60	42.17	4119.26	1876.16	-4534.77
2016	25297.30	16537.05	65.37	8760.25	34.63	2864.08	185.24	-4958.51
2017	20756.18	16027.13	77.21	4729.05	22.79	3208.04	607.60	-3255.51

续表

年份	融资总额	内源融资额	占比	外源融资额	占比	发行债券	银行贷款	股权融资
2018	34510.59	24649.03	71.42	9861.56	28.58	1388.26	1338.69	-5482.61
2019	33382.79	20765.67	62.20	12617.12	37.80	2596.82	1963.29	-4532.06

资料来源：根据美联储网站数据整理，https://www.federalreserve.gov/。由于"外源融资"的具体科目包括发行债券、银行贷款、贸易应付款项、应付税款、外国直接投资、杂项债务和股权融资等，所以，"发行债券+银行贷款+股权融资"的数额不等于"外源融资"。

在现实中，实体企业之所以需要外源融资的主要成因有三个：第一，最初的股东投资入股资金未能达到产业门槛所需的最低数额，迫使实体企业通过外源融资来实现规模经济，维持正常的经营运作。第二，在维持简单再生产中，与商品相对应的营业收入难以按期回款，迫使实体企业通过外源融资来冲抵货款拖欠对持续性经营所需资金的缺口。第三，在扩大再生产中，投资规模超出了"利润+折旧金+摊销成本"的数额限制，由此，实体企业通过外源融资来弥补投资缺口。在资产利润率高于债务利率的场合，外源融资中的债务融资有利于增加实体企业实现的利润总额，也就有利于增强它们的内源融资能力；在增资扩股的场合，外源融资中的股权融资将转换为实体企业的股份资本存量，也将增强它们的内源融资能力。因此，外源融资与内源融资之间并非对立矛盾、相互抵触，常常有着相辅相成、相得益彰的逻辑机制。

发达经济体中普遍存在企业的内源融资趋势。梅耶（Mayer，1988）从实体企业现金流量角度探究了企业的融资渠道，认为内源融资是实体企业最为重要的融资渠道占企业资金（资本支出，capital expenditure）的比重超过了50%；与此相比，股票净融资占资本支出的比重较低，在美国、英国、德国、日本等国不超过5%，经物价调整后的股票净融资额占资本支出数值甚至出现负值。此后，塞缪尔（Samuel，1995）应用美国制造业公司1972—1987年的资产负债数据进行研究，发现公司发行债务和股本所得资金主要用以偿还存量债务或回购股票（包括收购其他公司），并非用于资本支出融资；资本支出还主要依赖于内源融资。史蒂芬·A.罗斯发现1979—1995年，美国实体企业的融资结构中内源融资长期居于高位，与此对应，外源融资所占比重较低，始终没有突破35%。1990—1994年，美国等发达国家的实体企业融资结构中内源融资总体上占据高位，外源融资除日本外，其他各国均没有超过50%。

表9.1列示了2000—2019年美国公司内源融资和外源融资的基本情况，从中可以看到：第一，以内源融资为主。与2000年相比，2019年美国公司的年度融资总额从21487.51亿美元增加到了33382.79亿美元，增长了55.35%。其中，年度的内源融资额从8207.17亿美元增加到20765.67亿美元，增长了153.01%；年度的外源融资额从13280.34亿美元减少到12617.12亿美元，下降了5%。由此，内源融资在年度融资总额中的占比从2000年的38.19%提高到2019年的62.20%。这表明，2000年以后，美国实体企业发展中的资金主要来自由"留存收益+折旧+摊销成本"的内源融资，外源融资只起到辅助作用。更加具体地看，2001年以后美国实体企业的内源融资占年度融资总额的比重均在57%以上，最高年份（2009年）达到了130.54%（这反映了美国实体企业完全依靠内源融资支持经营运作的发展）。由此可以推测，即便在2008年以后的金融危机期间，美国实体企业的商品销售和货款回流是比较顺畅的，它保障了微循环和中循环的顺利运行。第二，内源融资有着很强的抗风险功能。2008年美国爆发金融危机之后，年度外源融资快速萎缩（从2007年的7174.27亿美元减少到2009年的-2950.07亿美元），美国实体企业的经营运作虽然受到了金融危机的冲击，但内源融资的数额不仅没有减少反而有所增加（从2007年的12546.58亿美元增加到2009年的12609.46亿美元），由此，有效支持了实体企业抵御金融危机的负面影响。第三，外源融资中的市场化比重提高。美国实体企业的外源融资主要来自"发行债券""银行贷款"和"股权融资"。2000—2019年，"银行贷款"在外源融资中的重要性程度明显下降，尤其是在金融危机爆发的2009—2010年"银行贷款"快速由正转负，累计减少了7985.48亿美元，不仅未能支持实体企业渡过金融危机的难关，而且给实体企业带来严重的资金拖累。2000—2019年，由上市股份回购所引致的"股权融资"负数状况始终没有减弱，年度净减少数额从2000年的-1182.04亿美元增加到2019年的-4532.06亿美元，即便在金融危机冲击期间，"股权融资"的负数状况也依然延续。与此不同的是，"发行债券"的年度数额始终保持正值且趋于增加，与2000

年相比，2019年"发行债券"的融资额增长了39.66%。在金融系统中，"银行贷款"属于纵向金融体系，主要通过相关实体企业与商业银行"一对一"谈判而达成；"发行债券"属于横向金融体系，主要通过证券市场公开发售而实现，"发行债券"的利率通常低于同期限的银行贷款，再则，全美商业银行给工商企业提供的贷款一般为1年期以内的短期贷款，而公司债券发行的年限大多为中长期，因此，"发行债券"的增加，既反映了美国实体企业外源融资中市场化融资的增强，也意味着在后续运作中对内源融资能力支持力度的增强。

表9.2列示了2001—2019年美国经济增长率、物价变动率和货币供应量增长率等方面的数据，从中可以看出：第一，量化宽松政策并未深入实体经济。为了应对金融危机的冲击，美联储出台了一系列量化宽松的货币政策，2008—2014年美国M_1和M_2的数量快速增加，其中，M_1的数值从2007年的13734亿美元增加到了2014年的29403亿美元（增长了1.14倍），M_2的数值从2007年的74580亿美元增加到了2014年的116680亿美元（增加了0.56倍）。尤其是在2008年美国爆发金融危机时，M_1增长率从2007年的0.49%快速上升到2008年的16.62%、M_2增长率从2007年的5.67%快速上升到2008年的9.69%。假定在扩张性货币政策实施中，这些资金潮水般地涌入工商企业等实体经济部门，那么，必将引致美国的核心CPI增长率大幅上升，但在表9.2中，2008年美国的核心CPI增长率并没有明显上升（甚至低于2006年）；另外，假定扩张的M_1和M_2主要用于救助工商企业等实体经济部门，那么，商业银行贷款余额应当明显增加，但在表9.2中，2008年以后全美商业银行的"商业和工业贷款"余额不仅没有明显增加反而呈现减少态势。由此可以说明，在金融危机期间，美联储实施的量化宽松政策并没有引致巨额资金"大水漫灌"式地深入美国工商企业等实体经济部门。这种状况与表9.1中显示的情形（即与2007年相比，2008—2014年美国实体企业外源融资中的"银行贷款"绝对值下降）是一致的。第二，内源融资支撑着经济增长。如果实体企业经营运作所需资金主要依赖外源融资（尤其是银行贷款），那么，在金融危机期间，随着商业银行贷款数额的减少，实体企业创造的GDP就将受到限制，由此，美国的GDP增长率就将明显下行。但在表9.2的数值中，美国的GDP

增长率仅在2008—2009年呈现小幅下滑，2010年以后就基本恢复到了正常增长水平。这一情形用外源融资难以解释，但只要将表9.1中的同期内源融资数据（数额和占比）代入分析，就不难理解了。第三，内源融资是宏观经济的微观基础。将表9.2与表9.1连接分析可以看出，2008—2014年的金融危机期间，美国实体经济运行发展的微循环资金主要来自内源融资，这是保障美联储的量化宽松政策得以集中救助商业银行等金融机构、维护金融市场运行秩序、化解系统性金融风险的微观基础。可以设想，如果美国的实体经济部门微循环和中循环所需资金主要来自外源融资（尤其是商业银行等金融机构的贷款），那么，在金融危机期间，美联储乃至美国财政部等都将陷入宏观政策手足无措的混乱境地，美国经济要走出金融危机的泥沼就不那么容易了。

表9.2 美国经济增长、物价变化和货币供应量（2001—2019年）

单位:%、10亿美元

年份	GDP增长率	CPI	核心CPI	M_1	M_1增长率	M_2	M_2增长率	银行贷款*
2001	1.00	2.83	2.67	1183.2	8.69	5421.6	10.33	1018.23
2002	1.74	1.59	2.32	1220.2	3.12	5759.7	6.23	959.84
2003	2.86	2.27	1.46	1306.2	7.04	6054.2	5.11	880.24
2004	3.80	2.68	1.76	1376	5.34	6405	5.79	914.32
2005	3.51	3.39	2.17	1374.3	-0.13	6668	4.10	1043.33
2006	2.85	3.23	2.50	1366.6	-0.57	7057.5	5.84	1181.58
2007	1.88	2.85	2.34	1373.4	0.49	7458	5.67	1423.85
2008	-0.14	3.84	2.30	1601.7	16.62	8181	9.69	1537.82
2009	-2.54	-0.36	1.70	1692.9	5.68	8483.4	3.69	1256.75
2010	2.56	1.64	0.96	1836.7	8.50	8789.3	3.60	1192.51
2011	1.55	3.16	1.66	2164.2	17.83	9651.1	9.80	1307.64
2012	2.25	2.07	2.11	2461.2	13.72	10445.7	8.23	1482.16
2013	1.84	1.46	1.76	2664.5	8.26	11015	5.45	1576.77
2014	2.45	1.62	1.75	2940.3	10.35	11668	5.92	1772.86
2015	2.88	0.12	1.83	3093.8	5.22	12330.1	5.67	1951.49
2016	1.57	1.26	2.21	3339.8	7.95	13198.9	7.04	2076.13
2017	2.22	2.13	1.84	3607.3	8.00	13835.6	4.82	2104.38

续表

年份	GDP增长率	CPI	核心CPI	M_1	M_1增长率	M_2	M_2增长率	银行贷款*
2018	2.93	2.44	2.14	3746.5	3.85	14351.7	3.73	2309.38
2019	2.33	1.81	2.19	3978.4	6.18	15318.3	6.73	2348.66

注：*"银行贷款"为全美商业银行资产负债表中的"商业和工业贷款"。

资料来源：OECD网站，https://www.oecd.org/；美联储网站，https://www.federalreserve.gov/.

通过对2000—2019年美国实体企业融资结构数据分析可以看到，内源融资始终在50%以上，2008—2011年金融危机期间，内源融资更是高达80%以上，这表明美国实体企业的商品销售和货款回流是比较顺畅的，它保障了微循环和中循环的顺畅运行。

二 中国企业内源融资能力减弱

由于中国缺乏对内源融资（留存利润、折旧金和摊销）和外源融资（债券净增额、银行贷款和股权融资）的直接统计数据，也就难以对实体企业的融资结构做出准确的分析判断。借鉴斯蒂芬·A.罗斯的观点，我们对国家统计局公布的"规模以上工业企业主要指标"进行梳理，依照"年度资产增加额=内源融资增加额+外源融资增加额"的等式，假定每年的负债增加额均为外源融资、所有者权益增加额均为内源融资（即舍去每年股权融资的净增额中外源融资的影响），模拟构建了反映2001—2019年的中国规模以上工业企业的内源融资和外源融资数据（见表9.3）。

表9.3 中国规模以上工业企业主要指标的年度增加值和内源融资

单位：亿元、%

年份	资产*	负债*	所有者权益*	主营收入	应收账款	内源融资	外源融资
2001	9191.3	3099.2	6017.5	9581.6		66.29	33.71
2002	10815.3	6014.0	4817.6	15752.4		44.40	55.60
2003	22589.9	13670.6	8887.6	33685.8		39.49	60.51
2004	46550.3	25319.4	21157.1	55737.3		45.61	54.39
2005	29426.3	16662.4	12595.3	49635.1		43.38	56.62
2006	46430.2	25812.4	20617.8	65048.5	5046.0	44.41	55.59

续表

年份	资产*	负债*	所有者权益*	主营收入	应收账款	内源融资	外源融资
2007	61822.9	35591.5	26231.4	86124.6	6998.4	42.43	57.57
2008	78268.2	45985.7	32282.5	100303.0	5243.2	41.25	58.75
2009	62387.3	36833.4	25553.9	42502.3	7466.0	40.97	59.03
2010	99189.0	54663.6	44525.4	155199.6	10041.4	44.89	55.11
2011	82915.0	52248.2	30666.8	144086.2	10793.0	36.99	63.01
2012	82624.3	52727.2	29897.1	87461.3	13541.1	36.19	63.81
2013	102329.9	60322.5	47007.4	109368.0	13359.6	41.06	58.94
2014	86026.1	41337.1	44689.0	68373.0	10034.3	51.95	48.05
2015	66620.9	32279.1	34341.8	2820.5	9809.3	51.55	48.45
2016	62467.8	27331.0	35136.8	49145.5	9600.9	56.25	43.75
2017	36043.7	21374.8	14668.9	-25837.7	8797.9	40.70	59.30
2018	31341.6	25855.0	5486.6	-75833.6	10438.7	17.51	82.49
2019	52617.7	27213.8	25403.9	10069.9	10214.6	48.29	51.71

注：*2005年之前，《中国统计年鉴》中的"所有者权益+负债合计"数据不等于"资产总计"。2006年以后，《中国统计年鉴》不再公布"所有者权益"数值，本表选择"资产增加值总计-负债增加值合计=所有者权益增加值"方法计算数值。

资料来源：《中国统计年鉴（2008）》和《中国统计年鉴（2020）》。

从表9.3中可见，第一，年度的资产增加值快速增加。2001年资产增加值仅为9191.3亿元，到2019年已上升到52617.7亿元，增长了4.73倍。这反映了中国工业经济（从而国民经济）的快速发展趋势。具体来看，2001—2013年，资产增加值大致呈现一路上行的趋势（其中，2013年达到峰值102329.9亿元，是2001年的11.13倍），此后，每年的资产增加值逐步回落，这既反映了在供给侧结构性改革过程中的工业企业结构性调整，也反映了它们融资压力的增大。第二，在融资结构中内源融资占比明显下降。2001年内源融资占比达到66.29%，随后快速下降，最低的2018年仅为17.51%。在2001—2019年，内源融资占比超过50%的仅有4个年份（其中，2014—2016年内源融资占比明显上升），其余年份外源融资的占比都超过了50%。这既反映了中国工业企业销售回款的难度增加，也反映了中国工业企业（从而实体经济部门）对外部资金的依赖程度趋于提高。第三，实体企业抵御风险的能力降低。债务融资占比提高意味着规模以上工业企业的杠杆率和清偿到期债务本息的风险持续提高,由此,证实了中国在 2018 年以后将"去杠杆"、防风险列于三大攻坚战首位的微观成因,也解释了"去杠杆"、防风险依然任重而道远。

表 9.1 和表 9.3 中所显示的中美两国实体企业融资结构的差别,在深层次上反映了中美两国金融体系的差别和由此引致的微循环和中循环差别。

第三节 商业信用机制和横向金融体系

一 商业信用机制的基本功能

在市场经济中,资金(从而金融)导向着经济资源的配置,获得了资金也就意味着获得了配置经济资源的能力,因此,对实体企业而言,获得充分的资金成为保障微循环持续展开的一个先决条件。在最初投入的股份资本数量能够保障最基本的经营运作需要之后,销售收入的回款状况(包括回款的数额、及时性和回款方式等)就成为从资金面制约实体企业微循环的关键因素。实体企业销售商品的简要流程大致有两个:一是以批发交易的方式将所生产的商品提供给其他实体企业(或工程项目建设,下同),各家实体企业依照产业关联机制形成了产业之间的供应链;二是以零售交易的方式提供给消费者(或其他用户),形成了厂家→商家→消费者(或者厂家→消费者等)类型的供应链。一般来说,在零售交易方式中,消费者拖欠货款的情形不易发生,商品发售和货款回流之间的时间间隔较短(除非分期付款),实体企业建立在货款回流基础上的内源融资和微循环有着较强的保障。但在批发交易方式中,上下游实体企业之间很难做到"钱货同时两讫",时常发生买方先付款卖方后发货或者卖方先发货买方后付款的赊购赊销情形。在供不应求的市场格局中,卖方占有优势,买方先付款卖方后发货的情形相对容易发生,这对卖方保障货款回流是有利的;在供过于求的市场格局中,买方占有优势,卖方先发货买方后付款的情形相对容易发生,这对买方调剂资金配置是有利的。买方选择权、竞争和优胜劣汰等机制在客观上要求商品市场常态化地保持在供大于求格局之中,由此,先发货后付款也就成为经常性现象。这种状况严重约束着卖方的货款及时回流和内源融资的形成,也就严重影响到大多数实体企业的微循环过程畅通实现。一旦资金链断裂,微循环和内源融资就停滞了。

破解难题的方法几乎和难题的出现同时产生。在历史上,商业信用应运而生。马克思指出:"商业信用,即从事再生产的资本家互相提供的信用。这是信用制度的基础。它的代表是汇票,是一种有一定支付期限的债券,是一种延期支付的证书"。① 在以商业票据为交易媒介的条件下,"票货同时两讫"破解了"钱货同时两讫"的难点。由此,对卖方而言,"商品不是为取得货币而卖,而是为取得定期支付的凭据而卖。为了简便起见,我们可以把这种支付凭据概括为票据这个总的范畴。这种票据直到它们期满,支付日到来之前,本身又会作为支付手段来流通;它们形成真正的商业货币。就这种票据由于债权和债务的平衡而最后相互抵消来说,它们是绝对地作为货币来执行职能的,因为在这种情况下,它们已无须最后转化为货币了"。②

商业信用和银行信用是现代金融体系的两种信用机制。在资本主义以前很久,生息资本(或借贷资本)就已存在,它们以支配产业和破坏生产力为特征。高利贷资本在向富裕地主和小生产者提供资金的同时,"占有直接生产者的全部剩余劳动",使"这种生产方式陷入贫困的境地,不是发展生产力,而是使生产力萎缩";它们推进了货币资本的集中,但结果是在破坏和毁灭小农民和小市民的生产力过程中,"对于古代的和封建的所有制,发生破坏和解体的作用"。③ 如果这种情形得以延续,资本主义经济的存在和发展将是不可能的,由此,颠覆借贷资本对产业资本的支配机制,形成它们从属于产业资本的机制,成为市场经济发展的重要前提条件。"产业资本为了使生息资本从属于自己而使用的真正方式,是创造一种产业资本所特有的形式——信用制度。……信用制度是它自己的创造,信用制度本身是产业资本的一种形式,它开始于工场手工业,随着大工业而进一步发展起来"。④ 这种信

---

① [德]马克思:《资本论》第三卷,人民出版社 2004 年版,第 542 页。
② [德]马克思:《资本论》第三卷,人民出版社 2004 年版,第 450 页。
③ [德]马克思:《资本论》第三卷,人民出版社 2004 年版,第 670—675 页。
④ [德]马克思:《剩余价值理论》第三册,人民出版社 1975 年版,第 519 页。

用制度就是商业信用机制。在商业信用机制下,即便缺乏生息资本提供的资金,实体企业之间的微循环基本上也能顺畅地展开,它迫使生息资本从对实体产业的支配地位转向"从属于"实体产业的微循环和发展要求。换句话说,如果没有商业信用机制,要改变生息资本对产业资本的支配状况是不容易的。

银行信用以信用货币的发行和扩张为特征,它建立在商业信用的基础上。马克思指出:"就像生产者和商人的这种相互预付形成信用的真正基础一样,这种预付所用的流通工具,票据,也形成真正的信用货币如银行券等等的基础。真正的信用货币不是以货币流通(不管是金属货币还是国家纸币)为基础,而是以票据流通为基础"。① 在现代金融系统形成的过程中,商业信用是金融信用的第一种类型,它内生于实体经济部门中的微循环和中循环,属于直接金融范畴,是实体企业微循环和产业部门中循环的横向金融机制。② 对实体经济部门来说,银行信用是外生的,它是金融信用的第二种类型,属于间接金融范畴,是实体企业微循环和产业部门中循环的纵向金融机制。实体企业的内源融资主要通过商业信用机制实现,外源融资在一定程度上通过银行信用实现。

商业本票和商业承兑汇票是商业信用的基础性工具。商业本票是由债务人向债权人开出的承诺在约定期限内支付约定款项给债权人的支付凭证(即承诺书)。商业承兑汇票是由债权人向债务人开出的、命令债务人在约定期限内支付约定的款项给第三人(或持票人)的支付凭证(即命令书)。它们统称为"商业汇票"。金德尔伯格指出:"汇票是13世纪意大利人的一个影响很大的创新。用一个方向所欠债务冲销另一个方向所欠债务,或者更精确地说,冲销任何另一方向所欠债务。汇票减少了易货贸易、当面清账、或用大量硬币、金银器皿或金银块(这些

---

① [德]马克思:《资本论》第三卷,人民出版社2004年版,第450—451页。
② 早在1986年,王汉强等就已指出:"商品的横向流通需要资金的横向融通";"在以纵向为主的信贷资金管理体制下,由于各地银行之间不能发生信贷资金的横向融通,这往往表现为横向的商品运动同纵向的资金管理体制的矛盾。运用信用票据之后,由于缺少支付能力而出现的流通阻滞现象,就会得到必要的疏通。需方求货,一时无款,可以通过签发承兑汇票及时购进所需商品;供方求售,一时无款,即使需方暂时无钱,也可以通过收取承兑汇票,以'票货两讫'代替'钱货两讫'成交,以后再按期收回票款"。引自王汉强等编著《商业信用与商业汇票》,中国财政经济出版社1986年版,第138页。

东西易被盗窃)支付的必要","汇票是一种货币替代物"。① 商业汇票的持有者可以有三种选择：一是将商业汇票持有到期，由汇票的兑付方予以兑付；二是在票据市场中卖出，获得对应的资金；三是拿到商业银行进行贴现，获得对应的资金。不论是哪种选择都有两个基本效应：一是有效保障了实体企业简单再生产（或扩大再生产）微循环对资金的需求；二是在维持实体企业微循环中并无商业银行的贷款介入其中，并不引致货币供给数量的扩大。商业汇票不仅广泛用于一国内的实体企业之间商品交易，而且扩展到国际贸易领域。

二 商业信用发展历程和发达国家实践

18世纪60年代以后，第一次产业革命和第二次产业革命推动了工商业的快速发展，商业信用的运作方式和信用工具也有了一系列新的变化。在真实交易的基础上，发展出了以筹措短期资金为功能的融资性商业汇票，由此，有了交易性商业汇票和融资性商业汇票（如融资商业本票、融资商业承兑汇票等）。在商业信用机制的作用下，提货单交易、仓单交易、实体企业间的资金借贷、公司债券等也登台入市。20世纪80年代以后，又有了应收账款证券化、商业信用卡、供应链金融、互联网金融等新形式。另外，为了解决商业汇票在国际贸易中使用所发生的与相关国家法律之间不协调的矛盾，1930年6月7日，英、德、法、日等27个国家在日内瓦签署了《统一汇票和本票法公约》等一系列文件。其中《统一汇票和本票法公约》对汇票应载明的事项、汇票金额、出票人责任、汇票保证、汇票兑付、持票人追索权等诸多事项做出了明确的规定。1988年12月9日，联合国大会通过了《国际汇票和国际本票公约》，对国际汇票的适用范围和票据格式、票据应付的金额（附有利息）、凭票即付、出票人、票据完整性、票据背书和票据转让、持票人权利、当事人责任、追索权行使、解除责任等一系列事项做出了明确且具体的规定。这些国际公约的形成，有效保障了商业信用机制在国际金融体系中的地位，推进了商业信用机制在经济金融（包括国际经济金融）活动中的作用发挥。

---

① [美]查尔斯·P. 金德尔伯格：《西欧金融史》，中国金融出版社2007年版，第46页。

美国是商业信用机制比较发达的国家。美联储从 1913 年成立伊始就将发展银行承兑汇票（Banker's Acceptance）市场列入工作目标，到 20 世纪 20 年代末，美国的银行承兑汇票市场规模已可与英国相匹敌。此后 50 年左右时间内，银行承兑汇票在美国票据市场占据了主体地位。20 世纪 70 年代，随着金融创新的展开，商业票据（Commercial Paper）的发展高歌猛进。2006 年以后，银行承兑汇票基本退出了票据市场（余额趋 0），由此，美国票据市场中交易的票据几乎完全是商业票据。[1] 美国的商业票据大多在 270 天以内，货币市场基金、养老基金等是票据市场的主要投资者。2006 年的商业票据余额曾高达 19575.2 亿美元（同年全美商业银行的"商业和工业贷款"余额仅为 11815.8 亿美元）。在 2008 年美国金融危机期间，商业票据的发行受到严重冲击，到 2016 年仅剩 8848.7 亿美元，但随着美国经济复苏，商业票据的发行量又再次扩展，2019 年达到 10452.5 亿美元。[2]

日本的票据市场形成于 20 世纪 70 年代，它主要由原始票据和汇兑票据（又称"表皮票据"）两大类构成。原始票据包括实体企业发行的商业本票、贸易票据、进出口票据等，汇兑票据以原始票据为基础（抵押或担保），由金融机构开出、由短资公司作为收款人并开出且自己承兑。日本的商业票据市场创设于 1987 年，交易的主要是实体企业发行的商业票据。发行商业票据的通常是上市公司中有资格发行公司债券的大型企业（数量近千家），商业票据大多以贴现方式发行，期限一般为 1—6 个月，利率参照大额存单水平。日本票据市场中 95% 以上的票据为商业票据，参与票据市场交易的主要包括各类商业银行、信用金库、农村系统的金融机构、证券公司和短资公司等。

三　中国商业信用机制的短板

中华人民共和国从成立初期就将商业信用机制列入公营经济的禁止之列。1950 年 12 月，政务院财经委员会出台了《货币管理办法》，第二十五条规定：公营经济"各单位彼此间不得发生赊欠，借贷款及其

---

[1] 江西财经大学九银票据研究院：《票据史》，中国金融出版社 2020 年版，第 307—316 页。
[2] 数据来源于美联储网站。

他商业信用关系（如预付订货款项，开发商业期票均属之）"。① 1954年9月以后，公私合营的发展消解了资本主义工商业，随之抑制商业信用机制的覆盖面也扩展到全国。但批发性交易以赊购赊销方式展开是一个客观机制，国营企业之间难以避免。中国人民银行强调，国营工业之间存在的以预付款、预收款、产品赊销等形式发生的批发性交易引致了流动资金积压和浪费、财务计划混乱等现象，提议以银行结算取代之。1955年5月6日，国务院出台了《批转"中国人民银行关于取消国营工业间以及国营工业和其他国营企业间的商业信用代以银行结算的报告"的通知》，② 由此，在中国实践中，银行信用机制全面替代了商业信用。改革开放以后，在市场经济发展中，各类实体企业间基于批发性交易所发生的赊购赊销现象逐步扩大，为商业信用的重新起步提供了客观条件。1984年12月4日，中国人民银行出台了《商业汇票承兑、贴现暂行办法》，第二条指出："本办法所称的商业汇票是指单位之间根据购销合同进行延期付款的商品交易时，开具的反映债权债务关系的票据。根据承兑人不同，分为商业承兑汇票和银行承兑汇票。"这标志着商业汇票的发展有了最初的制度保障。1991年9月24日，中国人民银行发出了《关于加强商业汇票管理的通知》指出："商业汇票自推行以来，对疏导和管理商业信用，搞活资金，促进商品流通发挥了积极的作用。但近年来有些企业和银行为套取资金，违反规定签发、承兑和贴现商业汇票；有的银行对已承兑的汇票随意宣布无效或到期拒绝支付；有的银行为抵消债务，伙同企业单位骗取银行承兑汇票办理贴现，致使产生业务纠纷，甚至发生经济案件，造成资金损失"，为此，强调"银行承兑和贴现的票据必须是国营企业、集体所有制工业企业之间为商品交易而签发的商业汇票"，即真实票据原则。③ 1996年1月1日开始实施的《中华人民共和国票据法》（以下简称《票据法》）第十九条规定："汇票是出票人签发的，委托付款人在见票时或者在指定日期无条件支付确定的金额给收款人或者持票人的票据。汇票分为银行汇票和商业汇

---

① 政务院财政经济委员会：《中央财经政策法令汇编（第二辑）》，新华书店1951年版，第五四九条。
② 国务院办公厅：《中华人民共和国国务院公报（1955）》第9辑，第336—339页。
③ 中国人民银行：《关于加强商业汇票管理的通知》，银发（1991）258号，第一条。

票";同时,对汇票的签发、背书、承兑、保证和付款等做出了规定。但该《票据法》中只有"银行本票",没有"商业本票"。1997年8月21日,中国人民银行颁布的《票据管理实施办法》进一步将汇票区分为银行汇票和商业汇票,其中第八条规定:"商业汇票的出票人,为银行以外的企业和其他组织",向银行申请办理商业承兑汇票的出票人必须"在承兑银行开立存款账户"和"资信状况良好,并具有支付汇票金额的可靠资金来源";第十条规定:向银行申请办理票据贴现的商业汇票的持票人,必须"在银行开立存款账户","与出票人、前手之间具有真实的交易关系和债权债务关系"。① 在商业票据交易市场欠缺的条件下,持票人通过出让商业票据获得对应资金的基本路径只能是贴现,由此,在将商业票据开出、承兑等纳入银行体系的同时,强化了银行信用机制对商业信用管控。2009年10月16日,中国人民银行发布的《电子商业汇票业务管理办法》第二条中规定:"电子商业汇票分为电子银行承兑汇票和电子商业承兑汇票。电子银行承兑汇票由银行业金融机构、财务公司(以下统称金融机构)承兑;电子商业承兑汇票由金融机构以外的法人或其他组织承兑"。② 从这些文件的规定中可以看到:第一,"商业汇票"已逐步演变为内涵模糊的范畴。它既包括建立在商业信用基础上的商业承兑汇票,也包括建立在银行信用基础上的银行承兑汇票,由此,商业汇票的数量扩展、品种增加和交易程度等都很难清晰地反映商业信用机制从而商业信用体系的发展状况。在中国人民银行每月公布的"社会融资规模"中数据中只有"未贴现银行承兑汇票",并无"未贴现商业承兑汇票";在实际操作中,商业承兑汇票集中在大型企业集团内部成员之间,集团成员之外的情形不多。第二,缺乏商业本票,即缺乏由货物的买方(债务人)向货物的卖方(债权人)开出的商业票据,只存在货物的卖方(债权人)向货物的买方(债务人)开出的、命令其向第三人(或持票人)支付约定款项的承兑汇票,由此,使商业票据的运用条件和场景复杂化。第三,商业信用机制的金

---

① 中国人民银行:《票据管理实施办法》,中国人民银行令(1997)第2号,第八条和第十条。

② 中国人民银行:《电子商业汇票业务管理办法》,中国人民银行令(2009)第2号,第二条。

融工具较为单一。中国实践中的商业信用工具主要局限于"商业汇票",不论是与19世纪的欧洲相比还是与20世纪的美、日等国相比,都凸显过于单调,远未形成实体经济部门的横向金融系统。

第四节 以纵向金融系统替代横向金融系统的弊端

1948年12月1日,中国人民银行成立标志着新中国金融体系的起步。70多年来,随着经济快速发展,中国建立了以银行信用为基础,以间接金融为主的金融体系。它有着三个主要特征:第一,持续扩张的货币创造。在信用货币时代,银行可利用"存款创造贷款、贷款创造存款"的信用机制持续地创造信用货币。2020年年底,中国人民银行"货币发行"89823.29亿元,广义货币(M_2)达到2186795.89亿元,银行系统通过存贷款机制创造的派生货币达到2096972.6亿元(是货币发行余额的23.35倍)。这些货币数量在服务实体经济、支持中国经济发展的同时,也留下了一系列尚待进一步研讨的问题。第二,银行业占据金融体系的主体地位。随着信用货币的持续创造,银行业的资产占金融体系的比重不断提高。2020年年底,中国银行业的资产总额达到3189989.11亿元,远远超过了证券业、保险业、信托业、租赁业和资产管理业等的总和,以间接金融为主的格局持续强化。第三,实体经济对银行借贷资金的依赖程度不断提高。2020年年底,社会融资存量规模284.75万亿元,其中,"人民币贷款"171.60万亿元(占比60.26%),此外,"外币贷款""委托贷款""信托贷款""企业债券"和"政府债券"等融资额也与银行机制有着密切的内在关联。就国内经济总循环看,银行体系有着聚集资金、分配资金和调度资金等功能,可以从纵向将资金输入实体经济部门,满足经济运行和经济发展的资金需求,但从实体企业的微循环和实体经济部门的中循环看,在横向金融机制缺失的条件下,也存在着诸多仅靠纵向金融机制难以破解的堵点、痛点和难点。

一 横向金融机制缺失下经济循环的变异

第一,货款回流成为微循环的堵点。商品销售、货款回流是保障实体企业微循环的关键环节,在供过于求的买方市场条件下更是如此。但进入21世纪以来,在中小微企业的经营运作中屡屡发生"货款被拖欠"的现象,有着愈演愈烈的态势。中小微企业生产的商品主要有三个去向:销售给大型企业、销售给在建工程项目和销售给消费者。这些货款被拖欠主要发生在前两个场合。货款被拖欠的财务含义是,作为供货方的中小微企业,在将货物供给了买方的大型企业或工程项目建设方以后,后者并未及时地将货款如数支付给供货方,由此,供货方只好将被拖欠的货款计入"应收账款"科目。"应收账款"是中小微企业的资产价值构成部分,但不属于它们内源融资的资金来源,也不是维持简单再生产所能动用的资产,由此,它们通常只有两种选择:一是在难以融入新资金的条件下,一些中小微企业只能在可动用资产减少的条件下展开规模萎缩的再生产。一旦货款持续被拖欠,它们难以如期支付员工工薪、购买原材料等生产资料或其他原因,陷入破产倒闭境地,那么,就连追讨货款乃至提起诉讼的法人资格都可能失去了。二是向商业银行等金融机构申请贷款,弥补由货款被拖欠引致的资金缺口,以维持投入再生产所需的资产量。如果说在第一次申请贷款中中小微企业的资产质量尚好(尚有较充分的可抵押净资产)的话,那么,随着货款被拖欠的次数增加和时间延续,它们的资产质量不免持续降低,获得贷款的难度也随之不断提高。同时,此类贷款的增加,既意味着中小微企业的资产负债率提高,也意味着"应收账款"风险向商业银行等金融机构的转移。

表 9.4　　　　　规模以上工业企业的应收账款　　　单位:亿元、%

年份	资产总计	负债总计	资产负债率	应收账款	应收账款占资产比重	应收账款占负债总额比重
1998	108821.87	69363.79	63.74	12612.73	11.59	18.18
2000	126211.24	76743.84	60.80	14789.80	11.71	19.27
2005	244784.25	141509.84	57.81	26646.18	10.88	18.82
2006	291214.51	167322.23	57.45	31692.21	10.88	18.94
2007	353037.37	202913.68	57.47	38690.58	10.95	19.06
2008	431305.55	248899.38	57.70	43933.82	10.18	17.65
2009	493692.86	285732.81	57.87	51399.82	10.41	17.98
2010	592881.89	340396.39	57.41	61441.25	10.36	18.04
2011	675796.86	392644.64	58.10	70502.00	10.43	17.95

续表

年份	资产总计	负债总计	资产负债率	应收账款	应收账款占资产比重	应收账款占负债总额比重
2012	768421.20	445371.75	57.95	84043.14	10.93	18.87
2013	870751.07	505694.32	58.07	97402.73	11.18	19.26
2014	956777.20	547031.43	57.17	107436.99	11.22	19.64
2015	1023398.12	579310.47	56.60	117246.31	11.45	20.23
2016	1085865.94	606641.53	55.87	126847.19	11.68	20.91
2017	1121909.57	628016.30	55.98	135645.13	12.09	21.60
2018	1134382.2	641273.8	56.53	143418.2	12.64	22.36
2019	1205868.9	681085.1	56.48	156298.4	12.96	22.94

中小微企业融资难、融资贵是中国经济金融运行中的一个突出现象。在破解这一难题中，人们主要从商业银行等金融机构投放贷款的数额和便利程度等方面展开相关分析，极少论及中小微企业的货款长期被拖欠这一严峻现实。表9.4列示了1998—2019年规模以上工业企业的"应收账款"相关数据，其中反映了三个情形：一是在21年间，规模以上工业企业的资产增长了10.08倍，应收账款却增长了11.39倍。二是应收账款占资产的比重，在2008年以后的12年间呈现持续提高趋势。与2008年相比，绝对额增加了112364.5亿元，增长率达到2.56倍（快于资产增长率）。三是应收账款占负债总额的比重，在2008年以后的12年间呈现持续上升的走势，2019年达到22.94%。"规模以上工业企业"中涵盖了大型工业企业，同时，在"应收账款"统计中剔除了重复计算，可能将规模以上工业企业之间的一部分应收账款舍去了。如果将规模以下工业企业（即小微工业企业）的"应收账款"纳入，那么，中小微工业企业货款被拖欠的情形可能比表9.4中数据反映的情形更加严重。这些情形突出表现了经济微循环中存在的严重堵点。如果不能有效缓解，则不仅严重影响到国内大循环的畅通，也将严重影响工业企业的全员劳动生产率提高。[1]

---

[1] 《中华人民共和国国民经济和社会发展第十四个五年规划和二〇三五年远景目标纲要》提出："十四五"期间应实现"全员劳动生产率增长高于国内生产总值增长"的目标。

表9.5　　　　　　　　非金融企业存款及增长率　　　　单位：亿元、%

年份	GDP增长率	存款余额	增长率	活期存款余额	增长率	定期存款余额	增长率
2005	11.4	101750.55	13.76	66222.96	7.09	35527.59	28.70
2006	12.7	118851.66	16.80	77744.82	17.39	41106.84	15.70
2007	14.2	144814.14	21.84	95500.88	22.83	49313.26	19.96
2008	9.7	164385.79	13.51	101790.78	6.58	62595.01	26.93
2009	9.4	224357.03	36.48	139997.29	37.53	84359.74	34.77
2010	10.6	252960.27	12.74	164536.07	17.52	88424.20	4.81
2011	9.6	313980.93	24.12	145811.04	-11.39	168169.89	90.18
2012	7.9	345123.67	9.91	147955.75	1.47	197167.93	17.24
2013	7.8	380069.51	10.12	151994.41	2.72	228075.10	11.57
2014	7.4	400420.22	5.35	150110.68	-1.24	250309.54	9.74
2015	7.0	430247.43	7.44	174586.41	21.82	255661.02	8.78
2016	6.8	502178.44	16.71	215106.82	23.20	287071.63	12.28
2017	6.9	542404.58	8.01	237887.75	10.59	304516.83	6.07
2018	6.7	562976.21	3.79	236190.12	-0.72	326786.09	7.31
2019	6.1	595364.97	5.75	242504.15	2.67	352860.82	7.97
2020	2.3	660180.23	10.88	253615.73	4.58	406564.49	15.21

资料来源：国家统计局网站，http://www.stats.gov.cn/；中国人民银行网站，http://www.pbc.gov.cn/.

在货款难以如期回流的条件下，中小微企业缺乏足够的资金每月按期支付员工工薪，由此，拖欠工薪就成为货款被拖欠的派生现象。2006年1月31日，国务院出台了《关于解决农民工问题的若干意见》，强调："维护农民工权益是需要解决的突出问题"，要"严格规范用人单位工资支付行为，确保农民工工资按时足额发放给本人，做到工资发放月清月结或按劳动合同约定执行。建立工资支付监控制度和工资保证金制度，从根本上解决拖欠、克扣农民工工资问题"。[①] 但此后10年，这一问题在实践中并未得到有效解决。2016年1月17日，国务院办公厅又出台了《关于全面治理拖欠农民工工资问题的意见》，强调："解决

---

① 国务院：《国务院关于解决农民工问题的若干意见》，2006年第10号国发（2006）5号，第一条。

拖欠农民工工资问题,事关广大农民工切身利益,事关社会公平正义和社会和谐稳定",要求"全面落实企业对招用农民工的工资支付责任,督促各类企业严格依法将工资按月足额支付给农民工本人,严禁将工资发放给不具备用工主体资格的组织和个人"。① 但这些举措在实施中并未取得如期效果。鉴于此,2019 年 12 月 4 日,国务院再次出台了《保障农民工工资支付条例》,具体规定了农民工工资的支付形式、工资清偿、监督检查等,同时,明确了各责任单位的职责。但拖欠农民工工资的根子主要在中小微企业的货款(包括劳务款,下同)被拖欠,中小微企业的货款被拖欠不解决,农民工工资拖欠也就很难有效破解。鉴于此,2020 年 7 月 5 日,国务院出台了《保障中小企业款项支付条例》,明确规定:"机关、事业单位和大型企业不得要求中小企业接受不合理的付款期限、方式、条件和违约责任等交易条件,不得违约拖欠中小企业的货物、工程、服务款项"。② 国务院出台的这一系列文件反映了中小微企业货款被拖欠这一堵点的历时之久和严重程度。

第二,定期存款激增。中小微企业融资难的内在含义是外源性融资的融资渠道窄、融资数量少、融资价格高、融资条件严和融资风险大。其中,最基本的是融资数量少,即它们通过各种渠道获得的融资数量难以满足微循环中的扩大再生产需要。但表 9.5 的数据似乎并不支持这种认识。从 GDP 增长率与存款余额增长率看,2005—2020 年,只有 2018 年和 2019 年非金融企业的存款余额增长率低于 GDP 增长率,其他年份它们的存款余额增长率均高于 GDP 增长率。与 2005 年相比,2020 年的 GDP 数额从 185998.9 亿元增加到 1015986 亿元(增长了 4.46 倍),非金融企业的存款余额从 101750.55 亿元增加到 660180.23 亿元(增长了 5.49 倍),因此,很难证明实体企业的资金紧缺。但是,如果不是停留于"存款余额"而是进一步分析"活期存款余额"和"定期存款余额",则情形就大相径庭了。活期存款是实体企业随时可动用的资金,它的来源主要包括销售收入(内源融资依此而定)、银行贷款、发债发股、销售资产等,它的使用主要包括购买原材料和设备、支付员工工

---

① 国务院办公厅:《国务院办公厅关于全面治理拖欠农民工工资问题的意见》,2016 年第 3 号国办发(2016)1 号,第二条。
② 国务院:《保障中小企业款项支付条例》,国令第 728 号,第六条。

薪、缴纳税收、固定资产投资和购买金融资产等。活期存款余额的变化直接反映实体企业的支付能力。2005—2020 年，非金融企业的活期存款余额增长率有 7 年高于 GDP 增长率、9 年低于 GDP 增长率，总体看，16 年间增长了 2.83 倍，明显低于 GDP 增长倍数。这反映了非金融企业的资金紧张状况，尤其是，16 年间有 3 年的活期存款余额增长率呈负增长，更使实体企业感到资金紧缺。与活期存款余额的变化相反，2005—2020 年，非金融企业的定期存款余额增长了 10.44 倍，不仅远远高于活期存款余额的增长，而且明显高于 GDP 的增长。定期存款余额占"非金融企业存款"余额的比重从 2005 年的 34.91% 上升到 2020 年的 61.58%。对存款人来说，定期存款是在存期内不动用的资金，由此，非金融企业将如此巨额的资金存放于"定期"之中且年年增加是何道理？实体企业究竟缺少资金还是不缺少资金，就成为一个有待破解之谜。更加令人费解的是，2020 年在应对肺炎疫情突袭和复工复产过程中，银行体系加大了新增贷款的投放量，"境内贷款"从 2019 年年底的 1525755.35 亿元增加到 1721356.18 亿元，新增量 195600.83 亿元（创了历史新高），但同期"非金融企业存款"中的"活期存款余额"仅增加了 11111.58 亿元，"定期存款余额"却增加了 53703.67 亿元，由此，大大减弱了应对抗疫复产所投贷款的效应。资金的生命在于运动（或流动），如此巨额资金存放于"定期存款"中停止了运动，意味着这些资金失去了最基本的经济功能，显示了资金运动中的堵点。

一个需要深究的问题是，以定期存款方式存在的如此巨额的闲置资金究竟是哪些（或哪类）企业持有的？假定这些"定期存款"是由大型企业（和工程项目建设发包方）等机构持有的，那么，可选择的答案只能是，非金融企业存款余额在大型企业（和工程项目建设发包方）等机构与中小微企业之间的分布严重不均衡。引致这种不均衡现象有着银行贷款配置不均衡的成因，也有着大型企业（和工程项目建设发包方）拖欠中小微企业货款的成因。就后一成因而言，更加凸显了中小微企业微循环不畅通中的机制矛盾，从国际比较看，此类机制矛盾在市场经济发达的国家中基本不存在。

第三，委托贷款乱象频出。实体企业间的借贷历史悠久。在欧洲，13 世纪以后，随着经济活跃程度提高，与商业信用发展的进程相一致，在手工业作坊之间和手工业与商业之间就已经有了建立在货物贸易基础上的资金借贷。18世纪以后，在第一次产业革命和第二次产业革命时期，实体企业基于产业关联上下游链条的资金借贷更是快速发展。在中国，从20世纪50年代初期就明令禁止实体企业间的资金借贷等商业信用活动。在建立了以银行信用为基础的纵向金融系统之后，更是将资金借贷列入银行体系的专有经营权。进入改革开放时期，随着多种经济成分的成长，委托贷款最初成为信托投资公司的一项重要业务。1986年12月24日，中国人民银行出台的《金融信托投资机构资金管理暂行办法》规定："信托机构的投资或贷款分为委托和信托两类"，其中，"委托投资或贷款，系委托人指明项目的投资或贷款，为代理业务。投资或贷款的经济责任由委托人承担。资金由委托人提供"。由此，通过信托投资公司的渠道，实体企业间的委托贷款重新问世。在突破了禁止实体企业间资金借贷的同时，将这种借贷机制从直接金融转向了间接金融。[①] 1993年3月8日，中国人民银行出台的《关于金融信托投资公司委托贷款业务规定》进一步规定：信托投资公司的委托贷款，是"信托公司作为受托人，按照委托人的意愿，用委托人的资金，以信托公司的名义发放的贷款"；"委托贷款的对象、用途、项目、期限、利率、受益人等均由委托人指定，其风险由委托人承担"。[②] 到1995年，委托贷款数额达到1461.8亿元，占商业银行对非金融部门贷款余额（51677.1亿元）的比重达到了2.3%。1996年6月28日出台的《贷款通则》规定："委托贷款，系指由政府部门、企事业单位及个人等委托人提供资金，由贷款人（即受托人）根据委托人确定的贷款对象、用途、金额期限、利率等代为发放、监督使用并协助收回的贷款。贷款人（受托人）只收取手续费，不承担贷款风险"。[③] 由此，"受托人"转为了"贷款人"，这意味着"信托公司"将不再是从事委托贷款业务的唯一金融机构了，为商业银行展开这一业务留下了"后门"。2000年4月

[①] 中国人民银行：《金融信托投资机构资金管理暂行办法》，银发字（1986）第97号，第三条。

[②] 中国人民银行：《关于金融信托投资公司委托贷款业务规定》，银发（1993）49号，第二条。

[③] 中国人民银行：《贷款通则（96）》，中国人民银行令（1996年2号），第七条。

5日，中国人民银行办公厅发出的《关于商业银行开办委托贷款业务有关问题的通知》规定，"委托贷款是指由政府部门、企事业单位及个人等委托人提供资金，由商业银行（即受托人）根据委托人确定的贷款对象、用途、金额、期限、利率等代为发放、监督使用并协助收回的贷款。商业银行开办委托贷款业务，只收取手续费，不得承担任何形式的贷款风险"，中国人民银行对商业银行开办委托贷款业务实行备案制。这标志着，办理委托贷款业务的金融机构从信托投资公司向商业银行转变。此后，委托贷款数额快速增长，到2017年年底委托贷款余额达到13.97万亿元，占社会融资存量规模（174.71万亿元）的7.99%，成为实体企业融入资金的一个不可忽视的渠道。为了突破新增贷款规模的管控，一些商业银行将信贷资金混入委托贷款，加大了监管的难度和金融风险，鉴于此，在整治金融乱象过程中，2018年1月5日，中国银监会出台了《商业银行委托贷款管理办法》再次强调："委托贷款，是指委托人提供资金，由商业银行（受托人）根据委托人确定的借款人、用途、金额、币种、期限、利率等代为发放、协助监督使用、协助收回的贷款"，"商业银行应对委托贷款业务与自营贷款业务实行分账核算"，"商业银行审查委托人资金来源时，应要求委托人提供证明其资金来源合法合规的相关文件或具有同等法律效力的相关证明，对委托人的财务报表、信用记录等进行必要的审核"，"商业银行受托发放的贷款应有明确用途，资金用途应符合法律法规、国家宏观调控和产业政策"。[①] 委托贷款余额在整治有所下降，到2020年年底减少到11.06万亿元，占社会融资存量规模（284.75万亿元）的比重降到3.88%。

资金是稀缺性金融资源，这决定了对任一家实体企业来说都不可能随意将它借贷给陌生的对手方。在中国的委托贷款中，实体企业的动因主要由产业关联和股权关联构成。钱雪松等（2013）研究发现，实体企业间基于股权关联的委托贷款有利于降低贷款利率；Allen等（2019）研究发现，实体企业间基于产业关联的资金借贷可以显著降低贷款利率。由此提出了一个矛盾的问题：既然实体企业间的资金借贷建

---

① 中国银行业监督管理委员会：《商业银行委托贷款管理办法》，银监发（2018）2号，第三条。

立在产业关联、股权关联等基础上，又贯彻着商业信用机制，信用的安全程度明显要高于银行信用，那么，为什么需要将这种横向金融活动通过"委托"给商业银行而转变为纵向金融活动，既提高了实体企业间资金借贷的难度和成本，又增加了相关商业银行（作为受托人）的风险？一个可解释的理由是，保障银行体系对资金借贷的可控程度。

第四，公司债券发行的银行信用化。发行公司债券是实体企业外源融资的一个重要路径。从本源上看，公司债券属于直接金融工具，它不来自银行信用机制，而是建立在商业信用基础上。在欧洲 13 世纪以后的经济发展中，先有商业票据后有公司债券的历史逻辑，表明了公司债券建立在相关实体企业的产业关联等基础之上。在通常条件下，实体企业购买的是它们在经营活动中比较熟悉的上下游公司发行的债券，运用产业关联、技术关联、信息关联和市场关联等机制保障债券投资的安全性程度，并不倾向于购买那些陌生公司发行的债券。公司债券作为直接金融工具，"直接"反映资金供给者与资金需求者通过公司债券而连接，这种"直接"机制在银行信用中是不存在的。但在中国，实体企业发行的债券主要由商业银行等金融机构购买、持有和交易，实体企业和城乡居民难以问津介入，由此，公司债券从建立在商业信用基础上的直接金融工具转变为建立在银行信用基础上的间接金融工具。在这种转变中，公司债券所实现的发债人与上下游企业之间的关联机制被完全切断了，成为一种与实体产业链无任何联系的金融工具，它的功能仅剩为发债人融入对应的资金；同时，对商业银行而言，公司债券不再是贷款的替代品，在更大程度上成为贷款的补充品。

二 横向金融机制被替代对纵向金融机制的负面影响

上述这些情形的持续发生，反映了纵向金融系统体系替代横向金融体系过程中出现的种种扭曲。这些扭曲现象，不仅加大了金融体系和实体经济的运行成本，而且通过纵向金融机制又延伸出了一系列负面效应。

第一，货币供应量居高不下。在商业信用机制严重缺失的条件下，为了保障实体企业微循环和实体经济部门中循环对资金的需求，纵向金融系统只能运用银行信用的资金膨胀机制，加大商业银行创造的派生货币，持续地用银行资金填补商业信用机制的空缺，由此，大大推高了货币供应量。一个长期令中外学者困惑的现象是，中国的 M_2/GDP 的比值居高不下，到 2020 年已达到 215.23%。对此，一些人曾认为，中国存在着严重的货币超发，它必然引致通货膨胀，因此，应长期坚持从紧的货币政策。但在现实中，进入 21 世纪以来，除了因农产品临时性短缺引致的几次 CPI 增长率暂时性上行外，中国并没有发生持续的通货膨胀（更没有发生恶性通胀）。在货币超发论难以解释 M_2/GDP 比值持续上行的效应后，一些人又提出了"货币迷失"论，以解释中国 M_2 高企的内在逻辑。但 M_2 中的每一分钱都关系着持有人的利益，它不可能"迷失"到经济金融活动之外，因此，"货币迷失"的解释依然苍白。从商业信用缺失和银行信用替代角度，则能够较好地解释 M_2 高企的成因和 M_2 持续增大的效应。从货款回流堵点引致的"应收账款"增加上看，在缺乏商业票据作为保障货款回流机制的条件下，货物的卖方为了保证简单再生产，只能向商业银行申请与货款数额对应的贷款，由此，在"贷款转存款"的机制作用下，银行存款从而 M_2 的数额就增加了。同时，由于拖欠货款有着一定的普遍性，为了保就业、保市场主体，政府部门也会要求商业银行增强对中小微企业的贷款力度，缓解融资难状况。表 9.4 中显示了规模以上工业企业在 2019 年的"应收账款"为 156298.4 亿元，但现实中各类实体企业的"应收账款"明显大于此数，这意味着因替代"应收账款"，商业银行通过贷款创造的存款货币就将增加 15 万亿元以上。从"定期存款"看，它是存款人在存期内不可动用的资金（如果要动用，需要先将"定期存款"转为"活期存款"）。持有"定期存款"的实体企业在需要短期资金时，以"定期存款"为抵押向商业银行申请对应数额的短期贷款，对商业银行来说，这在通常条件下是可行之策。假定表 9.5 中 2020 年的"定期存款"406564.49 亿元均通过抵押获得了对等的短期贷款，则意味着因替代"定期存款"，商业银行又创造了 40 万亿元以上的存款货币。银行贷款替代委托贷款的机制与替代"定期存款"的机制相仿，由此，2020 年 11.06 万亿元的"委托贷款"通过抵押贷款又将增加 11 万亿元以上的存款货币。在商业银行等金融机构从发行市场购买公司债券的场合，购债资金来源于商业银行，它与商业银行通过贷款投放资金有着相同的机理，由此，发债人在获得发债资金并将其存入商业银行，商业银行系统中的存款余额就对等地增加了。2020年年底，社会融资存量规模中的"企业债券"为27.55万亿元，这意味着负债企业获得了对等的资金数额并将其存入了商业银行账户。将上述资金加总，通过银行信用替代的商业信用规模至少达到了94.89万亿元。如果从2020年的M_2中减去这些数额，则M_2/GDP的比值将从215.23%降低到121.84%。不难看出，实际上，中国M_2数额居高不下的主因在于银行信用替代了商业信用，由此，只要这种替代趋势不改变，在中国经济金融发展中，M_2/GDP的比值还将不可逆转地进一步上升。

第二，推进实体经济部门的负债率提高。由于对实体企业而言，源自商业银行等金融机构的贷款均为债务性资金，因此，在纵向金融体系替代横向金融体系过程中不可避免地发生实体经济部门的负债率上行现象。在货款被拖欠的场合，卖方在商品销售中本无增加负债的机制，但货款被拖欠后，为了维持再生产向商业银行等金融机构借入资金，也就相应地增大了负债规模；在定期存款场合，存款人本无增加负债资金的必要，但因定期存款不可动用却可抵押，通过向商业银行等金融机构借入短期流动资金使债务规模扩大；在委托贷款场合，资金供给方本无增加负债的成因，但在将委托贷款向商业银行等金融机构抵押借入短期流动资金时，还是对应地增加债务。这些现象随着实体企业的经营运作规模扩展而增加，在资本性资金（即净资产）的增长速度赶不上债务性资金增长速度的条件下，实体经济部门的负债率趋于提高。在表9.4中，规模以上工业企业2013—2019年，应收账款占资产比重和应收账款占负债总额比重分别从2012年的10.93%和18.87%提高到2019年的12.96%和22.94%，由此，推高了资产负债率。

第三，金融风险向商业银行聚集。分散和化解风险是金融运作的重要内涵。从市场运作角度看，金融主要通过跨期配置、权益交易、资产组合等机制，管理风险、分散风险和化解风险。在横向金融系统中，实体企业彼此间的债务风险呈现点状散布，它们一般可通过市场机制予以化解，在极端条件下也可通过企业破产、债转股、公司并购等方式予以化解。但在纵向金融系统替代横向金融体系中，这些风险向银行体系聚集，集中表现为银行不良贷款的形成，有着聚沙成塔效应。到2021年3月，银行体系核销的不良贷款已达5.46万亿元，其中，仅2019年1

月以后核销的不良贷款就高达 2.42 万亿元。随着抗疫和复工复产期间展期贷款的到期，不良贷款的情形还将进一步显现，这将使银行体系的风险压力进一步加重。

第五节　发展横向金融系统的对策建议

促进国内大循环，需要有一套纵横金融机制相辅相成、相得益彰的金融体系。它以有效发挥实体经济内生的商业信用机制为基础，以保障实体企业经营运作的微循环畅通无阻，同时，充分发挥银行信用的资金扩张功能和货币政策的调控功能，以保障宏观经济的行稳致远。在纵向金融系统相对成熟的条件下，关键在于加快发展以商业信用机制为基础的横向金融系统，弥补中国金融体系的短板。

第一，突破"金融是金融机构专有权"的观念约束。长期以来，在中国的经济实践中形成了一种金融活动是金融机构特许经营的专有权理念，似乎各种金融运作只有在金融机构介入的条件下方能展开。但不论是历史事实还是实体经济发展都证明，金融活动源于实体企业经营运作。历史上，在尚未有以存贷款机制相连接的银行信用之前，商业信用就已是实体企业彼此之间展开金融活动的基本机制。银行信用的产生和发展以商业信用为基础，没有商业信用的充分发展也就不可能有信用货币体系的形成。在现实中，实体企业间基于货物赊销赊购所内生的债权债务关系是不可避免的金融活动，是它们获得融资来源的第一渠道。在现代经济中，金融活动覆盖了各类经济主体的各类经济活动，并不意味着金融机构的经营运作有能力覆盖经济活动的方方面面，实际上，相当多金融活动是在非金融机构的各类主体之间展开和扩展的。金融服务于实体经济，既要求商业银行等金融机构从外生角度提高服务于实体经济发展的能力和水平，也要求建立在商业信用机制基础上的横向金融系统从内生角度拓展服务实体经济发展的能力和水平；在金融供给侧结构性改革过程中，优化金融结构，不仅要求商业银行等金融机构在金融产品、金融流程、金融创新和服务质量等方面适应实体经济发展的需要，而且要求进一步完善实体经济中内生的横向金融系统，提高实体企业的金融活动能力；与纵向金融系统相比，建立在商业信用基础上的横向金融活动几乎均为直接金融，由此，提高直接融资比重，不仅需要提高债券（尤其是公司债券）、股票等融资的比重，更要提高各种横向金融活动（包括商业票据、供应链金融等）的比重。

第二，完善和规范票据市场。1984年以后，尤其是1996年《票据法》实施以来，中国的票据市场有了一定发展，在推进实体经济发展的资金融通中发挥着补充性作用。但在票据市场发展中也存在着一系列不规范的现象。一是名称混淆。银行承兑汇票与商业承兑汇票均汇集于"商业票据"之下，以致难以区分银行信用支持的承兑汇票和商业信用支持的承兑汇票。在现实中，银行承兑汇票占"商业汇票"的比重高达95%以上。另外，一些以"商业承兑汇票"标识的票据实际上是货物购买方开给货物供给方的票据，具有商业本票的特点。二是商业票据性质混杂。《票据法》第十条规定："票据的签发、取得和转让，应当遵循诚实信用的原则，具有真实的交易关系和债权债务关系。"但在现实中，一些企业在缺乏真实交易背景下发行巨额融资性商业票据，折扣率高达30%以上。三是开票者资质缺乏认定。大中小型实体企业依经营运作需要在"商业票据"名下均可开出银行承兑汇票和商业承兑汇票，由开票人资质差异引致了商业票据的资信差别甚大。四是利率高低差距甚大且波动频繁。"商业汇票"的利率应低于银行贷款利率，但在一些场合（尤其是融资性票据）它的利率高达30%以上（甚至50%以上）。五是票据交易市场分割。目前中国的商业票据市场大致可分为银行间交易市场、银行与实体企业间票据市场和实体企业间的票据市场三大类。银行间票据交易市场以上海票据交易所为主，银行与实体企业间、实体企业间的票据市场则以各种网络交易平台为主，它们各自的交易规则不尽相同。

完善和规范票据市场需要解决六个方面的问题：其一，规范名称。"名不正则言不顺"。要规范商业票据市场，首先需要界定和标识各种商业票据，使各种商业票据的名称达到"名实相符"。在名称的规范中，要有效解决三方面问题：一是将银行承兑汇票划出商业票据范畴，使"商业票据"回归到商业信用的基础上；二是严格界定商业本票和商业承兑汇票，纠正在"商业承兑汇票"名下的行"商业本票"之实的现象；三是对融资性商业票据实行专门标识，以免其与真实性票据相混。其二，推行商业本票。要打通中小微企业货款被拖欠堵点，最基本的解决机制是购货方在收到货物后及时开出商业本票，以保障供货方的再生产和微循环。由此，需要在《票据法》和相关制度中加入"商业本票"的规定。其三，建立开票人资质认证和管理机制。从中小微企业产品用途看，除消费品外，主要是提供给大型企业和大型工程项目管理者，与此对应，商业本票也主要由这些主体开出。据此，建立开票人资质认证和管理制度，纠正各类市场主体均可开出商业票据的混杂状况。其四，落实真实票据。在美欧等发达国家中，商业票据在发展中有着向融资性票据拓展的趋势。但在中国目前的条件下，应先落实真实交易机制，使商业票据建立在真正解决实体企业内源融资的基础上，服务于国内大循环的畅通无阻。其五，规范票据市场。票据市场的规范化建设涉及多方面内容，其中包括：运用现代电子信息技术，依交易规则的差别推进多层次票据市场建设；依"公开、公平、公正"的原则，实行信息公开披露制度，发挥市场信息对开票人履约的监督作用；调整以商业银行为主的投资者结构，引入货币市场基金、养老基金及其他机构投资者，推进多元化投资者格局的形成。其六，坚决打击各种违法违规行为。其中包括违法违规开具商业票据的行为、商业票据造假的行为、违规交易行为和信息虚假行为等。

第三，激活实体企业间的资金借贷机制。实体企业间的资金借贷通常在三种情形下发生：一是购销环节。建立在产业关联基础上的实体企业间形成了上下游供应链，为了使上游企业提供的产品数量能够满足自己的生产规模需求，下游企业也可能向上游企业提供一定数量的资金，以扩大它们的生产规模。二是联动创新。对大型设备（或装备）、现代信息技术集成的产品（包括电视机、电脑和手机等）的生产来说，供应链中通常有着一家以集成、组装等为特征的主干（或核心）企业。在研制新产品的过程中，为了使上游企业提供的原料、零部件（包括元器件等）在技术与其要求相适应，主干企业可能向上游企业提供一定数额的资金支持，以资助上游企业的技术研发和新产品开发。三是业务转型。一些企业在实施业务转型中可能向产业关联企业提供一定数额的资金，既探寻业务转型的技术路径和市场路径，又提高上游企业对其业务转型的信心和配合程度。"十四五"期间，中国要整合优化科技资源配置、加强原创性引领性科技攻关、提升企业技术创新能力，激活实体企业间的资金借贷机制是不可避免的。

"激活"实体企业间的资金借贷机制含义有两个：其一，实体企业间的资金借贷机制原本就已客观存在，只是受纵向金融系统的银行信用机制约束，未能得到有效发挥；其二，"激活"的方式主要是放松对产业链中主干企业向上下游企业资金借贷的制度限制。就前一含义而言，一些人担心一旦准许实体企业间资金借贷就将引致资金借贷秩序的混乱（甚至欺诈横行）。这种隐忧实际上是不必要的。在西方国家，实体企业间的资金借贷已有几百年历史，经过市场机制的洗礼，如今已成为实体企业间横向金融体系的重要构成部分。在现实中，对任何企业而言，资金都是稀缺的和可贵的，资金富余的企业（尤其是主干企业）通常只有在"必需"的条件下，才可能将资金借贷给予自己在产业、技术、信息和市场等方面有着密切关联的企业，同时，还要调研这些企业的资产状况、业务状况和还款能力等，由此，这些借贷资金的还本付息基础比银行信贷要扎实得多。就后一含义而言，"激活"并非简单的放而不管，使它进入"一放就乱、一乱就管、一管就死"的恶性循环之中。"激活"首先需要出台贷款人条例，具体规范实体企业中的贷款人资质、贷款条件、贷款用途、本息偿付和贷款监管等一系列事项，使实体企业间横向贷款行为处于制度保障之下。

第四，完善公司债券市场机制。公司债券属于直接融资范畴，但在向商业银行等金融机构发售的场合，它成为间接融资工具和银行贷款的补充品。要改变这种状况，使其回归直接融资本性，需要将公司债券的发行对象从商业银行等金融机构拓展为实体企业和城乡居民，减弱其在商业银行创造派生货币中的作用；需要强化资信评级和信息公开披露，保障债市投资者的权益；需要建立无形交易市场，降低交易成本；需要落实《中华人民共和国破产法》，对那些到期难以还本付息的公司债券发行人实施破产清算；需要建立债权收购机制，维护债市运行的稳定。

在公司债券回归直接融资路径的基础上，展开以资产收益为标的的资产证券化，将进一步扩展实体企业间的横向金融机制，夯实债券市场的微观基础。

第五，完善金融监管机制。"十四五"时期要"健全风险全覆盖监管框架，提高金融监管透明度和法治化水平"，就需要将金融监管的对象从金融机构为主转变为金融行为为主，既有效监管金融机构的金融活动，也充分监管非金融机构的金融活动，实现金融活动的监管全覆盖。金融监管应以有效管控和化解金融风险为重心，通过市场机制化解横向金融风险，减弱实体企业的金融风险向纵向金融系统的聚集，同时，通过纵向金融机制增强横向金融系统的功能，提高金融机制与实体经济的融合程度，推进实体经济、科学技术和人力资源协调发展，为守住不发生系统性风险打下坚实基础。

第三篇　金融运行与防范金融风险

第十章

中国金融形势的动态特征与演变机理分析：1996—2016年[*]

本书分析了1996—2016年中国金融形势的变化趋势及影响金融形势的主导变量的动态特征，探究不同金融市场发展状况对中国金融整体形势及金融风险的影响力变迁。我们首次运用动态模型选择的时变因子增广向量自回归模型（DMS-TVP-FAVAR）测算了中国月度金融形势指数，考察了货币政策、外汇市场、货币市场、信贷市场、股票市场、债券市场、非传统金融市场和国外金融市场对中国金融形势的差别化影响。研究发现，样本期内货币供应量一直是影响中国金融形势最主要的因素，非传统金融市场、外汇市场的影响程度日益加深；在国际金融危机期间，国外金融市场对中国金融形势表现出主导性的影响。对中国金融形势的动态特征与演变机理分析有助于及时识别潜在金融风险。

第一节 引言

如何准确判定中国的金融形势和金融风险对中国和世界都有重要意义。2017年5月，穆迪下调中国主权信用评级，这是近30年来国际主要评级机构首次下调中国的主权评级。9月，标准普尔也宣布将我国主权信用评级下调。两次评级下调都激起中国政府部门和媒体的强烈驳斥，争议的焦点在于评级的理论和方法是否符合中国实际，对于中国这

---

[*] 刊发于《金融研究》2020年第5期。

样一个快速发展的经济体,对金融形势的研判需要有动态变化的眼光,而不能仅仅根据传统模型和历史数据做静态的、后顾式的分析。[①] 这两次评级下调事件带给学术界的思考是:如何建立一套既遵循国际主流方法,又切合中国国情的科学衡量体系来判断中国的金融形势?中国的金融形势呈现哪些动态特征?其演变机理是什么?

自 Goodhart 和 Hofmann(2001)最早提出用"金融形势指数"方法衡量金融运行状况以来,Montagnoli 和 Napolitano(2004)、Boivin 和 Ng(2006),以及 Koop 和 Korobilis(2014)在方法上做了许多改进,并将此用于发达经济体的金融形势测度。国内学者应用金融形势指数方法分析中国系统性金融风险状况,并对指数方法进行了适用于中国的改进(巴曙松和韩明睿,2011;郭晔和杨娇,2012;肖强和司颖华,2015;陶玲和朱迎,2016;尚玉皇和郑挺国,2018)。我们发现其中依然存在一些尚待解决的问题:首先是中国金融形势指数的应用大多侧重于从整体上识别和预警金融风险水平,对金融形势的演变机理、不同金融市场对金融形势的影响力和风险传导关注不足;其次是基本上都使用国外较传统的方法,对中国适用性较差。传统模型主要适用于成熟经济体,金融制度和金融结构相对稳定,影响金融形势的变量组成和它们的权重不会发生系统性变化,因此模型可以顺利进行外推预测。然而,对于新兴市场国家,在一个不长的时期内,金融制度和金融市场可能发生较大的变化,选择哪些变量和这些变量的权重都将相应地进行动态调整,导致传统模型外推效果很差。于是存在一个矛盾:单独的金融形势指数数值本身并无意义,需要不同时点值相比较才能得出有价值的结论,因此在考察期内模型需要相对稳定;但是对于结构性变化较快的新兴市场国家,又必须适时纳入新的金融形势影响因子并调整各因子权重,如何能兼顾这二者?如何动态引进新的因子、科学设定权重,且保持模型相对稳定性是测算中国金融形势指数必须要解决的问题。另外,金融形势指数的各市场与各指标变量间具有高度的相关性,如何解决相关性对指数有效性的影响是金融形势指数构建的重要难点。

---

① 参见财政部网站 http://www.mof.gov.cn/zhengwuxinxi/caizhengxinwen/201705/t20170525_2608572.htm 和 http://www.mof.gov.cn/zhengwuxinxi/caizhengxinwen/201709/t20170922_2709852.htm.

第十章 中国金融形势的动态特征与演变机理分析：1996—2016年

本书采用基于动态模型选择时变因子增广向量自回归（DMS-TVP-FAVAR）的新方法测算了中国金融形势指数。这种方法能够基于金融制度、结构发生的新变化，动态引入新的因子，而不破坏模型基本结构。模型的使用者可以根据形势变化加入认为重要的新变量，算法会自动进行动态模型指标选择，如果它确实对金融形势有较大影响，模型运算时会赋予它一个较大的权重，如果不重要则权重较低，模型整体结构不需要重构；对于曾经权重较大的变量，如果连续若干期的权重都变得较小，说明它对金融形势的影响趋于消失，可考虑删减这个变量。同时，由于金融经济变量一般具有较高的相关性，在纳入指标体系、构建指数时需要考虑共线性问题的影响。本章采用的模型以因子增广向量自回归模型为基础，VAR类型的模型能够较好地处理变量间的影响关系，因子增广VAR将因子分析方法应用于VAR模型中，从高维的经济变量中提取出共同因子，更好地解决了指标变量间的共线性问题。总之，该方法使用的模型是有效的、开放式的，更适应研究中国问题的需要。

基于改进的中国金融形势指数测算方法，我们首次测算了1996—2016年中国月度金融形势的变化趋势，并且通过影响因子权重的动态变化，分析不同类型的金融市场发展对中国金融整体运行的影响力。我们构造的中国金融形势指数包含货币政策、外汇市场、货币市场、信贷市场、股票市场、债券市场、非传统金融市场和国外金融市场8大类一级指标。我们发现，样本期内货币供应量一直是影响中国金融形势变化的最主要变量，而随着金融发展程度提升，影响金融形势的其他关键变量出现由传统的信贷市场、股票市场变量向非传统金融市场、外汇市场转变的趋势。值得注意的是，在2008年美国金融危机前后，外汇市场、国外金融市场因素对中国金融形势的影响表现出较强的主导性。

本书的主要贡献是通过新的中国金融形势指数编制方法，展现中国金融形势从20世纪90年代至今的动态变化，并解释这些动态变化的成因。通过分析中国金融形势的动态特征，我们可以看到不同时期各个经济变量影响力权重的动态变化，反映了不同金融部门或各类型金融市场在中国金融体系中的地位变迁，进而展示出金融风险在哪个部门或市场萌生、如何在部门和市场间传导。与既往文献不同，我们将数据频率由季度缩短到月度，便于及时判断金融形势并做出预测，提高了方法的实用性。对中国金融形势的动态特征与演变机理分析有助于及时识别潜在金融风险，这些工作对货币政策制定和金融监管是有价值的。

本书的结构如下：第二部分梳理了金融形势指数与中国金融形势动态特征的相关文献；第三部分介绍了本书用时变因子增广向量自回归模型构建中国金融形势指数的方法；第四部分展示了中国金融形势的动态特征；第五部分对不同时期影响中国金融形势的因子权重变化进行机理分析；第六部分是结论。

第二节　文献回顾

美国金融危机之后，国内外学者都非常关注系统性金融风险研究。在系统性金融风险变化与预测的研究中，金融形势指数的使用更为频繁。Goodhart 和 Hofmann（2001）最早基于总需求方程缩减式和 VAR 脉冲响应分析的方法编制了金融形势指数，用以概括未来经济产出和金融形势的宏观信息。之后，一系列文献对编制金融形势指数的方法进行了改进。例如，Montagnoli 和 Napolitano（2004）将卡尔曼滤波方法用于动态 VAR 的估计中，允许金融变量的权重随时间变化，构建的指数能够更好地解释产出缺口及拟合泰勒规则。Boivin 和 Ng（2006）指出由于随机误差相关性的存在，使用所有变量构建金融形势指标并不总是能够获得最优的指数，应允许对模型的变量进行动态选择或者动态平均。Koop 和 Korobilis（2014）运用动态模型选择的 TVP-FAVAR 模型构建了金融形势指数，不仅考虑变量权重的时变性，还允许模型指标的动态选择，该方法测算出的金融形势指数对宏观经济变量的预测结果要强于普通的 VAR 和 FAVAR 模型。总之，以往文献的主要做法是使用向量自回归模型考虑变量间的影响关系，由此构建指数。

国内学者近年来也开始编制金融形势指数评估中国的金融运行状况和系统性金融风险。部分学者以 VAR 模型的脉冲响应为基础构建金融形势指数分析货币政策、汇率政策冲击对系统性风险的影响（巴曙松和韩明睿，2011；郭晔和杨娇，2012）。李建军（2008）、卞志村等（2012）、余辉和余剑（2013）运用状态空间模型、残差回归模型构建指数来分析系统性金融风险。肖强和司颖华（2015）首次将动态因子

第十章 | 中国金融形势的动态特征与演变机理分析：1996—2016 年

模型 FCI 应用于中国金融市场，更好地适应了中国金融市场的动态变化。陶玲和朱迎（2016）运用 7 个维度指标构建金融形势指数以分析识别系统性风险的状态，马尔科夫状态转换的方法一定程度上适应了我国转轨经济的特点。尚玉皇和郑挺国（2018）基于季度 GDP 和月度经济指标构建的混频动态 FCI 在前瞻性金融风险预警有着更优的表现。表10.1 列举了国内外代表性文献中金融形势指数的指标选择和编制方法。

表 10.1　　金融形势指数的指标选择和编制方法文献

作者	指标体系	编制方法
Mayes 和 Virén（2000）	短期利率、实际有效汇率、实际房屋销售价格、实际股票价格	基于 IS 曲线的需求方程缩减式
Montagnoli 和 Napolitano（2004）	实际有效汇率、实际股票价格、实际房屋销售价格	带有卡尔曼滤波的动态 VAR 脉冲响应
Gauthier 等（2004）	短期利率、长期利率、汇率、资本市场、房屋销售价格	基于缩减的需求方程、VAR、因子模型三种方法
Holz（2005）	货币市场利率、股票价格与其估值的偏离、实际有效汇率指数、信贷增速	构建指数计算公式，运用线性回归模型拟合
Goodhart 和 Hofmann（2008）	利率、资产价格、信用指标、流动性溢价等 20 个金融变量	基于时变系数的 TVP-FAVAR 模型
Swiston（2008）	贷款标准、同业拆借利率、实际有效汇率、投资收益率、高收益债券利差、实际股票收益率	VAR 的脉冲响应分析
Guichard 和 Turner（2008）	实际短期利率、实际长期利率、实际有效汇率、高收益债券利差	VAR 的脉冲响应分析
English 等（2005）	利率、汇率、风险溢价、资产价格、家庭部门和企业信贷、银行部门表现等 47 变量	主成分分析
Beaton 等（2009）	商业票据利率、商业贷款利差、消费贷款标准、金融资产	结构 VECM 的脉冲响应分析
Beaton 等（2009）	联邦基金利率、商业借贷利率、总贷款标准、金融资产、按揭利率、实际有效汇率	基于美国经济模型的脉冲响应分析
Hatzius 等（2010）	包含利率、金融资产价格、汇率和调查数据在内的 28 个变量	动态因子模型
Matheson（2013）	包含利率、股票指数、PPI、房屋销售价格、VIX、银行调查数据等 30 个变量	动态因子模型
Koop 和 Korobilis（2014）	包含利率、汇率、股票指数、债券价格、房屋销售价格等 20 个金融变量	DMS-TVP-FAVAR 模型

续表

作者	指标体系	编制方法
李建军（2008）	净金融投资占均衡 GDP 的比例、跨境流动资金占贸易总额的比率	构建指数计算公式，运用线性回归模型拟合
巴曙松和韩明睿（2011）	利率、汇率、房价、股价、货币供应	SVAR 的脉冲响应
刁节文和章虎（2012）	利率、汇率、资产价格、货币供给	缩减的总需求模型
郭晔和杨娇（2012）	房价、汇率、短期利率、股价偏离值	VAR 脉冲响应
卞志村等（2012）	房价、汇率、短期利率、股价偏离值	状态空间模型
余辉和余剑（2013）	产出、利率、汇率、房价、货币供应	时变参数状态空间模型
肖强和司颖华（2015）	房价、汇率、短期利率、股价、货币供应	动态因子模型
陶玲和朱迎（2016）	金融机构、股票市场、债券市场、货币市场、外汇市场、政府部门	马尔科夫状态转换因子模型
尚玉皇和郑挺国（2018）	GDP、CPI、社会融资规模、货币供应量、房地产价格、国债价格、上证指数、深证指数	混频动态因子模型

  金融形势指数既能综合性地描绘金融整体发展状况，也可以通过一定的技术处理，反映金融发展的内部结构变迁。Goldsmith 在 1969 年提出金融发展的实质就是金融结构的变化。处于不同经济发展阶段的经济体具有不同的要素禀赋资源，由此内生决定了预期相适应的最优产业结构，因此对金融服务的融资需求、风险特征存在系统性差异（林毅夫 et al.，2009）。伴随着资本形成，存在最优的金融结构与实体经济相匹配，最优金融结构内生决定于要素禀赋结构，且在不同经济发展阶段最优金融结构是动态演化的（张成思和刘贯春，2015）。从已有文献看，学者主要关注银行主导型与市场主导型金融结构的发展与演变（如 Diamond，1984；Boot and Thakor，1997；Allen and Gale，1999；Beck，2000）。然而，"两分法"忽略了金融结构更细微的内部变迁，不能体现金融结构随经济增长变化的动态特征，通过金融形势指数则可以实现更细致的观察。表 10.2 对比了金融形势指数的主要编制方法及其优缺点，可以看到在目前的金融形势指数的研究中，DMS-TVP-FAVAR 模型能够动态地进行模型选择，允许系数和权重随时间变化，解决大量变量间共线性问题。基于这三大贡献，DMS-TVP-FAVAR 模型是构建金

融形势指数模型的理想模型。

表 10.2　　　　　　　金融形势指数编制方法对比

方法	内容	优点	缺点
缩减的需求模型	从需求方程出发，构建金融变量与经济形势的关系，利用回归确定指数	以需求模型为理论基础，可以分析变量间的传导渠道	指标选择受限大，且变量间的相关性会影响模型的有效性
状态空间模型	对金融变量进行状态空间模型建模	较少的历史数据即可进行外推预测	变量间的相关性会影响模型的有效性
VAR/SVAR 模型	将金融指标构建 VAR 模型，从脉冲响应函数得到指数	可以分析具有因果性、相关性的变量间的相互关系	指标体系固定、系数权重固定、变量选择有限
FAVAR 模型	将金融指标进行因子分析，再对共同因子进行 VAR 建模	能够处理大量、高维、相关的变量	指标体系固定、系数权重固定
TVP-FAVAR 模型	允许因子增广向量自回归模型 FAVAR 的系数进行动态变化	系数权重动态变化；能够处理大量、高维、相关的变量	系数权重固定
DMS-TVP-FAVAR 模型	对每一 TVP-FAVAR 的指标模型进行动态模型选择	指标体系动态变化；系数权重动态变化；能够处理大量、高维、相关的变量	计算较为复杂

就目前已编制的中国金融形势指数而言，局限性在于以下四个方面：

首先，评价体系尚不够系统全面。多数研究只是从货币供给、信贷、股票和债券市场这几个有限的维度评析金融市场的运行状况，无法对金融整体运行形势形成一个综合评价。主要原因在于当系统模型中变量增多时，变量参数的增多以及高维数据的处理会使运算难度大大提高。

其次，模型的指标体系和指标权重依赖于模型设定和历史样本的选择，相对固定，不能及时反映金融制度和结构的变化。以往研究忽略了系统性金融风险传导中金融结构的变化。在模型设定后，由于采用了固定指标和固定权重，就不能呈现不同金融市场变量随时间的权重变动情况，无法展示它们在中国金融体系中的影响力变迁，而这正是中国过去若干年金融发展的核心问题。发达经济体的金融制度和结构相对稳定，其指标选取及权重确定也相对稳定，但直接套用其模型用于中国就可能不再适用。因此更合理的金融形势指数至少需要在指标和权重上体现出动态性。

再次，各纳入变量的权重对所采用的模型具有较强的依赖性，没有考虑纳入变量相互之间的关联性甚至因果性，没有考虑纳入变量之间的多重共线性问题。由于金融变量之间大多具有较强的关联性，如何有效地对大量具有相关关系的指标进行组合是金融形势指数需要考虑的重要问题。在以往中国金融形势指数的研究中，状态空间模型、需求方程等方法不适用于共线性的变量，因为变量间的相关关系会导致回归系数出现偏误。VAR 类金融形势指数的提出一定程度上解决了指标变量间的相关性问题，由于该模型的重点是研究变量相互的影响效应，变量间的共线性并不违背 VAR 模型的基本假设。但对于大量指标构成的金融形势指数，VAR 类模型仍存在过度参数的问题。

最后，大多数研究使用季度数据，缺乏时效性。金融形势指数测算是制定货币政策和金融风险管理的参考工具，但使用季度数据显然频率偏低，如能使用月度数据则会提高方法的实用价值。

基于上述分析，借鉴国外最新研究方法，将不同金融市场的核心变量进行综合，构建指标体系选取灵活、权重可动态变化的中国金融形势指数，与时俱进地评价中国金融整体运行状况、识别系统性金融风险、展示各金融变量影响力的动态变化是本章的主要工作。从指数的结果来看，本章构建的中国金融形势指数更贴合中国金融发展时点，较好地追踪了 2005 年和 2015 年汇率形成机制改革、2001 年加入 WTO、2008 年全球金融危机以及 2013 年"钱荒"等历史事件，能够较好地对中国金融形势发展进行客观描述。同时，不同金融部门对整体金融形势指数的影响权重的变迁解析了不同金融市场对整体金融形势的影响力度，这是本章的一个新颖之处。

第三节　中国金融形势指数的编制方法

金融形势指数是使用一揽子变量构建出的一个能够综合反映金融整

体形势的指标。其基本的计算形式如下：

$$F_t = \sum_i^K w_i \cdot x_{it} \tag{10.1}$$

其中，x_{it}为金融变量，w_i为该变量的权重系数，K为构建指数的金融变量的个数，t为时间。编制金融形势指数有两个关键工作，一是确定能够反映金融形势的代表性金融变量，二是确定所选金融变量的权重。

一 代表性金融变量的选择

编制中国的金融形势指数必须选择符合中国金融体系特征、能够准确反映金融形势的变量。在既有文献基础上，本章把金融变量划分为8个大类，分别是：货币政策、外汇市场和资本流动、货币市场、信贷市场和银行业、股票市场、债券市场、非传统金融市场和国外金融市场，每一类中选取有代表性的指标变量，8大类共选取35个指标，具体指标变量如表10.3所示。

表10.3 编制中国金融形势指数的金融变量选取[①]

类型	变量	变量经济含义和度量方法	指标选取依据
货币政策	流通中的现金	M_0的同比增长率	Gauthier 等，2004；English 等，2005；Goodhart 和 Hofmann，2008；巴曙松和韩明睿，2011；尚玉皇和郑挺国，2018
	狭义货币	M_1的同比增长率	
	广义货币	M_2的同比增长率	
	基准利率	央行公布的1年期贷款基准利率	Swiston，2008；Beaton 等，2009[②]；余辉和余剑，2013
	社会融资规模	社会融资规模存量增长率	Beaton 等，2009；Hatzius 等，2010；尚玉皇和郑挺国，2018

[①] 虽然本书金融形势指数的变量间具有一定的相关性，如M_2与银行存款余额间具有一定的重叠关系。然而本书变量选择是出于金融形势指数变量全面性的考量，同时不同变量反映的金融市场部门有所差异，侧重有所不同。变量间的高度相关性也并不会影响指数的有效性，因为FAVAR模型的使用，能够将一系列高维、共线性的变量提取出共同因子，应用共同因子构建指数。所有变量均经过X-12季节性调整，同时在加入DMS-TVP-FAVAR模型时进行标准化以消除量纲的影响。

[②] 美国金融形势指数研究中使用的为联邦基金公布的基准利率，应用于中国金融形势分析，本书选取央行公布的贷款基准利率作为中央监管机构基准利率指导标准。

续表

类型	变量	变量经济含义和度量方法	指标选取依据
外汇市场和资本流动	实际有效汇率	人民币实际有效汇率变化率	Mayes 和 Virén, 2000；Holz, 2005；Guichard 和 Turner, 2008；巴曙松和韩明睿, 2011；刁节文和章虎, 2012；陶玲和朱迎, 2016
	外汇储备	外汇储备规模变化率	
	QDII	QDII 规模变化率	
	QFII	QFII 规模变化率	
	外商直接投资	实际使用外商投资规模变化率	
货币市场	Shibor 溢价	Shibor 利率-1 个月国债利率	Holz, 2005；Swiston, 2008；Beaton 等, 2009；巴曙松和韩明睿, 2011；刁节文和章虎, 2012
	央行票据溢价	央行票据利率-1 个月国债利率	
	同业拆借	银行间同业拆借成交金额增长率	
信贷市场和银行业	存款余额	存款余额增长率	Hatzius 等, 2010；English 等, 2005；Matheson, 2013
	贷款余额	贷款余额增长率	
	理财规模	理财产品规模增长率	
	委托贷款余额	委托贷款规模增长率	
股票市场	沪深 300 指数	沪深 300 指数收益率	Mayes 和 Virén, 2000；Gauthier 等, 2004；Hatzius 等, 2010；Matheson, 2013；巴曙松和韩明睿, 2011；刁节文和章虎, 2012；尚玉皇和郑挺国, 2018
	上证综指	上证综合指数收益率	
	深证综指	深证综合指数收益率	
	股票总市值	A 股总市值变化率	
	股票成交额	A 股成交额变化率	
	股票市账率（PB）	股票市场整体市账率	
	股票换手率	上证股票流动换手率	
债券市场	国债基准利率	1 个月国债收益率	Goodhart 和 Hofmann, 2008；English 等, 2005；Beaton 等, 2009；陶玲和朱迎, 2016
	债券期限溢价	1 年期国债利率-1 月国债利率	
	债券信用溢价	企业 AAA 债券收益率-1 月国债利率	
	债券市值	人民币债券市值增长率	
	成交数量	国债成交金额增长率	
非传统金融市场	期货市场规模	全国期货成交金额增长率	English 等, 2005；Beaton 等, 2009
	基金总规模	基金管理的总资产增长率	
	保费收入	全国保费收入增长率	
国外金融市场	全球投资者风险偏好	CBOEvix 指数变动率	Goodhart 和 Hofmann, 2008；Matheson, 2013

续表

类型	变量	变量经济含义和度量方法	指标选取依据
国外金融市场	全球基准利率	美国联邦基金利率	Goodhart 和 Hofmann，2008；Matheson，2013
	投资者信心指数	中国投资者信心指数总指数增长率	

二 金融形势指数测算方法

本书应用 Koop 和 Korobilis（2014）动态模型选择的因子增广向量自回归模型（Dynamic Model Selection Time Varying Parameters Factor Augment VAR，DMS-TVP-FAVAR）测算中国金融形势指数（CFCI）。该方法的基础是带有时变系数的因子增广向量自回归模型（TVP-FAVAR），模型基本形式如下：

$$x_t = \lambda_t^y y_t + \lambda_t^f f_t + u_t \tag{10.2}$$

$$\begin{bmatrix} y_t \\ f_t \end{bmatrix} = c_t + B_{t,1}\begin{bmatrix} y_{t-1} \\ f_{t-1} \end{bmatrix} + \cdots + B_{t,p}\begin{bmatrix} y_{t-p} \\ f_{t-p} \end{bmatrix} + \varepsilon_t \tag{10.3}$$

其中，λ_t^y 是回归参数，λ_t^f 是因子载荷系数，x_t 是由构建指数的各金融变量组成的 $n \times 1$ 维向量，f_t 是主成分分析构成的潜在变量即本章金融形势指数。y_t 是模型追踪的宏观经济变量，使用金融形势指数对宏观经济变量的追踪程度确定变量选择与动态权重。u_t、ε_t 为方差随时间变动的正态分布误差项，$u_t \sim N(0, V_t)$，$\varepsilon_t \sim N(0, Q_t)$，其中 V_t、Q_t 均为对角矩阵，$(B_{t,1}, \cdots, B_{t,p})$ 是 VAR 模型的参数。x_t 是构成金融形势指数的变量集合，反映金融结构变迁的基础数据，y_t 是宏观经济变量，是金融发展的根本目的，也是用以评价金融形势好坏的政策目标，一般由产出和通胀水平构成，其中可用 $y_t = (g_t, \pi_t)'$ 表示。本章通过 x_t 对 y_t 的追踪拟合效果在模型中确定 x_t 的动态权重。

借鉴美国金融形势指数构建的经验（Bernanke et al.，2005；Koop and Korobilis，2013），本章的指数构建包含两个子方程：第一个方程实现了从众多相关性较强的金融变量中提取出潜在的金融形势指数，即因子增广方法的成分提取；第二个方程估计金融形势指数与宏观经济变量间的动态作用，用于进行系数确定。金融形势指数指标体系中的经济变量一般具有较强的相关性，在 VAR 模型的基础上加入因子分析，能够解决变量间共线性的问题，从大量的、具有较强相关性的指标中提取出有效的、不相关因子，能够规避过度参数与共线性问题，很好地适用于大量指标变量的指数构建。

为考虑金融变量与宏观经济变量间的动态联系，适应新兴市场国家快速发展时期的金融结构和制度的动态变化，允许模型回归的系数随时间动态变化，因此定义回归系数的变化路径如式（10.3）所示。令 $\lambda_t = [(\lambda_t^y)', (\lambda_t^f)']'$，VAR 模型的系数为 $\beta_t = [c_t', \text{vec}(B_{t,1})', \cdots, \text{vec}(B_{t,P})']'$，系数随时间变动的形式如式（10.4）所示：

$$\lambda_t = \lambda_{t-1} + v_t \tag{10.4}$$

$$\beta_t = \beta_{t-1} + \eta_t \tag{10.5}$$

其中，$v_t \sim N(0, W_t)$，$\eta_t \sim N(0, R_t)$，W_t、R_t 为对角矩阵。

以上只是对 TVP-FAVAR 的估计。现有研究中已有应用 TVP-FAVAR 方法研究中国金融形势发展，考虑了经济结构的时变特征，但目前国内研究中尚未应用 DMS-TVP-FAVAR 模型，时变特征仅反映在系数权重上，而无法适时地变更指标体系的构成。在本书指数构建中，不仅允许变量的系数随时间变化，同时考虑对构成指数的金融变量 x_t 进行动态选择。过去对目标变量没有影响或者影响很小的指标，随着时间的变化，影响程度增大会加入到模型中；而以往对目标变量影响较大的变量可能会失去影响力而从模型中剔出。为了使金融变量指标体系动态变化，我们考虑对每个金融变量指标的加入或不加入的可能都构建一个 TVP-FAVAR 模型，因此共计 $M_j = (2^n - 1)$ 个模型。

$$x_t^{(j)} = \lambda_t^y y_t + \lambda_t^f f_t^{(j)} + u_t \tag{10.6}$$

$$\begin{bmatrix} y_t \\ f_t^{(j)} \end{bmatrix} = c_t + B_{t,1} \begin{bmatrix} y_{t-1} \\ f_{t-1}^{(j)} \end{bmatrix} + \cdots + B_{t,p} \begin{bmatrix} y_{t-p} \\ f_{t-p}^{(j)} \end{bmatrix} + \varepsilon_t \tag{10.7}$$

其中，$x_t^{(j)}$ 是 x_t 的子集，$f_t^{(j)}$ 是由模型 j 得到的指数。对于这 M_j 个 TVP-FAVAR 模型，采用卡尔曼滤波进行估计，选择在每一时期 t 对追踪变量拟合效果最优的模型（j）作为当期的动态选择模型。

根据动态模型选择的方法，对所有金融变量可能构成的模型组合进行动态模型选择，根据 Raftery（2010）的方法，以信息指标计算不同模型组合在 t 时刻的使用概率，将最大使用概率对应的模型作为该时点金融形势指数的指标体系，由此将指标动态选择、系数动态变化统一到FA-VAR模型框架中，能够更加科学准确地捕捉金融变量和宏观经济的联系，反映中国金融发展的结构化变迁特征，构建出更有效的金融形势指数。

第四节 中国金融形势的动态特征

一 数据来源和描述统计

基于上一节的方法，我们使用1995年12月至2016年12月的月度数据，测算了中国金融形势指数，并分析其动态变化特征。表10.4是指标变量的描述统计。

表 10.4　　　　　　　　指标变量统计描述

类型	变量	样本区间	均值	最大值	最小值	标准差
宏观经济	产出增长速度	1995M12—2016M12	12.02	29.2	-2.93	4.55
	通货膨胀率	1995M12—2016M12	0.1693	2.6	-1.8	0.7790
货币政策	流通中现金	1995M12—2016M12	11.01	42.5	-17.6	6.02
	狭义货币	1995M12—2016M12	15.12	38.96	1.2	6.44
	广义货币	1995M12—2016M12	16.89	29.74	10.1	4.32
	基准利率	2004M5—2016M12	6.30	12.06	4.35	1.59
	社会融资规模	2002M1—2016M12	1.97	270.61	-201.61	80.54
外汇市场和资本流动	实际有效汇率	1995M12—2016M12	0.04	85.26	-48.60	19.28
	外汇储备	1995M12—2016M12	2.52	7.07	0.04	2.40
	QDII	2005M1—2016M12	3.29	60.08	-7.20	7.26
	QFII	2003M7—2016M12	1.84	52.08	-15.32	6.40
	外商直接投资	1997M1—2016M12	1.70	75.50	-310.36	80.29
货币市场	Shibor溢价	2006M3—2016M12	1.24	4.70	0.22	0.79
	央行票据溢价	2002M1—2016M12	0.64	1.74	-0.94	0.46
	同业拆借	2015M12—2016M12	-0.42	42.23	-40.38	27.26
信贷市场和银行业	存款余额	1991M1—2016M12	1.32	7.23	-1.91	1.13
	贷款余额	1991M1—2016M12	1.21	5.56	-1.38	0.87
	理财规模	2008M1—2016M12	3.35	26.79	-9.85	6.00
	委托贷款余额	2012M12—2016M12	1.51	147.32	-169.97	67.99

续表

类型	变量	样本区间	均值	最大值	最小值	标准差
股票市场	沪深300指数	2005M1-2016M12	1.28	27.93	-25.85	9.42
	上证综指	1995M12-2016M12	0.68	27.81	-28.28	8.20
	深证综指	1995M12-2016M12	1.13	36.05	-31.24	9.72
	股票总市值	1995M12-2016M12	1.92	27.88	-20.99	7.39
	股票成交额	1995M12-2016M12	2.52	268.41	-149.01	53.30
	股票换手率	2007M1-2016M12	17.25	66.59	2.90	11.45
债券市场	国债基准利率	2002M1-2016M12	2.23	4.77	0.73	0.78
	债券期限溢价	2002M1-2016M12	0.26	1.17	-1.06	0.32
	债券信用溢价	2006M3-2016M12	0.83	1.94	0.10	0.37
	债券市值	2002M1-2016M12	1.68	10.33	-3.10	2.08
	成交数量	1997M6-2016M12	1.34	580.54	-534.33	89.05
非传统金融市场	期货市场总体规模	2001M1-2016M12	2.66	103.30	-150.49	31.83
	基金总规模	2012M12-2016M12	2.53	17.14	-17.63	6.47
	保费收入	1999M1-2016M12	2.72	79.12	-268.91	64.21
国外金融市场	全球投资者风险偏好	1995M12-2016M12	0.04	85.26	-48.60	19.28
	全球基准利率水平	1995M12-2016M12	2.52	7.07	0.04	2.41
	投资者信心指数	2008M5-2016M12	0.36	44.63	-36.68	12.64

资料来源：宏观经济、货币政策、外汇市场和资本流动、货币市场、国外金融市场等数据来源于 CEIC 数据库，其余变量数据来源于 Wind 数据库。月度的产出增长速度用工业增加值增速代理，通货膨胀率用 CPI 衡量。

二 中国金融形势指数测算结果

根据中国金融形势指数的测算方法，指数升高意味着金融形势活跃，金融发展速度较快；指数下降意味着金融形势紧张，金融发展速度趋缓。根据 Koop 和 Korobilis（2014）构建的金融形势指数与美国金融发展水平的后顾性验证，金融形势指数的极端值有很强的预警、指导意义，其中指数极小值一般与金融市场萧条和危机联系，极大值出现则代表金融发展过热，出现泡沫。本书以 5% 的显著水平定义极小值，分位数为 -0.5306；95% 的显著水平定义极大值，分位数为 0.6396。金融形势指数位于 5% 分位数以下，表明金融形势紧张，容易出现金融危机；而高于 95% 分位数，表明金融发展过于活跃，金融资产泡沫成分较大，金融体系也具备一定脆弱性。图 10.1 展示了本书测算的中国金融形势指数（CFCI）走势。

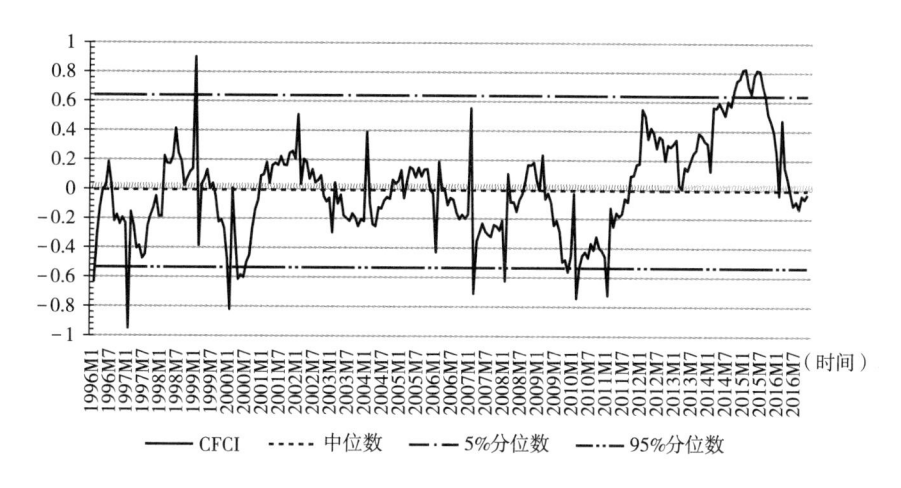

图 10.1 中国金融形势指数动态特征

根据测算的中国金融形势指数（CFCI）走势，1996 年以来，CFCI 呈现一定的周期性波动变化趋势，金融危机阶段 CFCI 均处于较低位，金融活跃发展阶段 CFCI 则表现出增长的趋势。以 Bai 和 Perron（1998）提出的断点分割方法检验 CFCI 的结构性断点，根据 BIC 准则，中国金融形势指数存在三个结构性断点，分别为 2000M11、2007M1、2011M8，据此可以划分为四个阶段：

（1）第一阶段，1996 年 1 月至 2000 年 11 月，此时中国金融市场处于起步阶段，金融市场发展波动性较大，在此期间出现了三次金融抑制以及一次金融危机，CFCI 指数波动性大。1996—1998 年，金融形势指数值较小，金融市场活跃程度低。除 1996 年 7 月 CFCI 暂时性地超越中位数水平达到了阶段性波峰 0.18，其余时期的金融形势指数较小，金融发展较不活跃。而在 1998 年以后，金融市场发展渐起，1998 年 7 月 CFCI 达到了阶段性的波峰 0.4，在 1999 年 1 月更是超过了 95% 的分位数水平。CFCI 的急增与急降表明了金融市场发展初期的不稳定性。

（2）第二阶段，2000 年 12 月至 2007 年 1 月，中国金融形势稳固发展阶段。在此期间中国金融形势呈现周期性波动，初期金融市场发展宽松，金融形势指数波动增长，而当金融市场活跃较高后，监管部门加强监管，市场活跃情绪放缓，指数下降。整个阶段呈现"宽松—紧张—宽松—紧张"周期性反复，此阶段 CFCI 一直处于 5%～95% 的区间内，没有高速发展带来的金融过热、泡沫堆积，也不存在金融形势紧张、金融抑制，金融风险较小。

（3）第三阶段，2007 年 2 月至 2011 年 8 月的美国金融危机时期。其间，中国金融市场处于金融危机的影响阶段，金融形势指数持续处于低位，且金融形势指数先是快速跃升，在 2008 年 10 月达到波峰 0.5342，接近极端值，金融环境宽松、金融市场过度活跃。随后，金融形势指数出现断崖式下跌，在 2000 年 12 月、2011 年 3 月，金融形势指数均位于 5% 临界值以下的金融危机区间，金融危机持续影响，中国金融市场发展不景气。从 2011 年 4 月始，金融危机影响逐渐消除，金融市场活跃程度有所恢复，金融形势指数持续、缓慢回升。

（4）第四阶段，2011 年 9 月至 2016 年年底，美国金融危机后的快速发展阶段，CFCI 整体保持在 0 以上，金融市场蓬勃发展，市场活跃性较高。特别是 2014 年 10 月到 2015 年 9 月，CFCI 一直超过 95% 分位数，显示出市场极度高涨的状态，存在金融危机的系统性风险。紧随其后有一个剧烈的下跌，到 2016 年年中，CFCI 回到了零点附近。

与以往 CFCI 相比，本书构建的指数更好地追踪了中国金融发展的重要时点，对中国金融形势发展的刻画能力更强。刁节文和章虎（2012）构建了 2005 年 7 月至 2010 年 12 月的 FCI，该指数重点捕捉了 2008 年美国金融危机前后的金融形势变化，受金融危机影响，在 2007 年后半年 FCI 有所下降，在 2008 年后宏观经济进入复苏阶段，FCI 快速上升，在 2008 年 6 月就达到最高时点。卞志村等（2012）构建的金融形势指数则对金融危机出现的时点有较强的滞后性，在 2008Q4 与 2009Q1 才出现金融形势指数的下跌。这一时期的金融形势指数对金融危机阶段的刻画大多存在滞后性较大或忽略金融危机前爆发式增长阶段的问题（余晖和余剑，2013；肖强和司颖华，2015）。本书构建的指数对金融危机时期以及复苏阶段金融形势的刻画更贴近现实情况。首先在美国金融危机前（2007 年 1 月）CFCI 很高，阐明了金融过热是金融风险酝酿形成的机制。同时金融危机爆发导致金融形势紧张，危机后缓慢恢复，2009年CFCI恢复至均值水平0.2，本章构建的CFCI更符合金融危机酝酿、爆发以及复苏的危机发展规律以及中国金融形势发展情况。陶玲和朱迎（2016）的指数忽略了2014年银行流动性紧张的情况，尚玉皇和郑挺国（2018）构建的CFCI在2010—2015年持续下跌，一定程度上反映了金融形势的相对紧张，但对银行流动性危机、"8·11"汇率形成机制改革等重要时点没能在指数上有所反映。

第五节　金融形势影响因子的动态变化

一　影响因子的权重变化

不同时期金融形势影响因子权重的动态变化，反映了不同金融市场对中国金融整体形势的影响力的变迁。动态选择模型中，每一因子都以一定的概率加入模型，以使对目标变量的追踪最优化，而每一因子进入模型的概率可作为权重的体现，根据因子进入模型的概率可计算出各因子动态权重（见图10.2）。

$$w_{t,j} = \frac{P_{t,j}}{\sum_{l=1}^{J} P_{t,l}} \tag{10.8}$$

首先，为考察金融形势影响因子对中国金融形势发展的整体影响力，根据时变的因子动态权重计算出1996—2016年期间的平均权重。

$$\overline{w}_j = \frac{w_{t,j}}{\sum_{t=1}^{T} w_{t,j}} \tag{10.9}$$

各因子的平均权重分布如图10.3所示，横向比较不同市场对中国金融形势影响力最大的为货币政策（占比29%），其次为信贷市场、外汇市场和国外金融市场。我们可以直观地得出几个结论：①基础货币及整个市场的流动性对金融形势有重大影响，因此，货币政策在CFCI中的权重较大，是影响金融形势的最主要变量；②中国信贷市场的影响力大于股票市场和债券市场，反映出中国银行主导型金融体系的特征；③股票市场的平均权重有10%，而债券市场仅为6%，可见债券市场相对股票市场对金融形势影响较小；④期货、基金等非传统金融市场在对金融形势

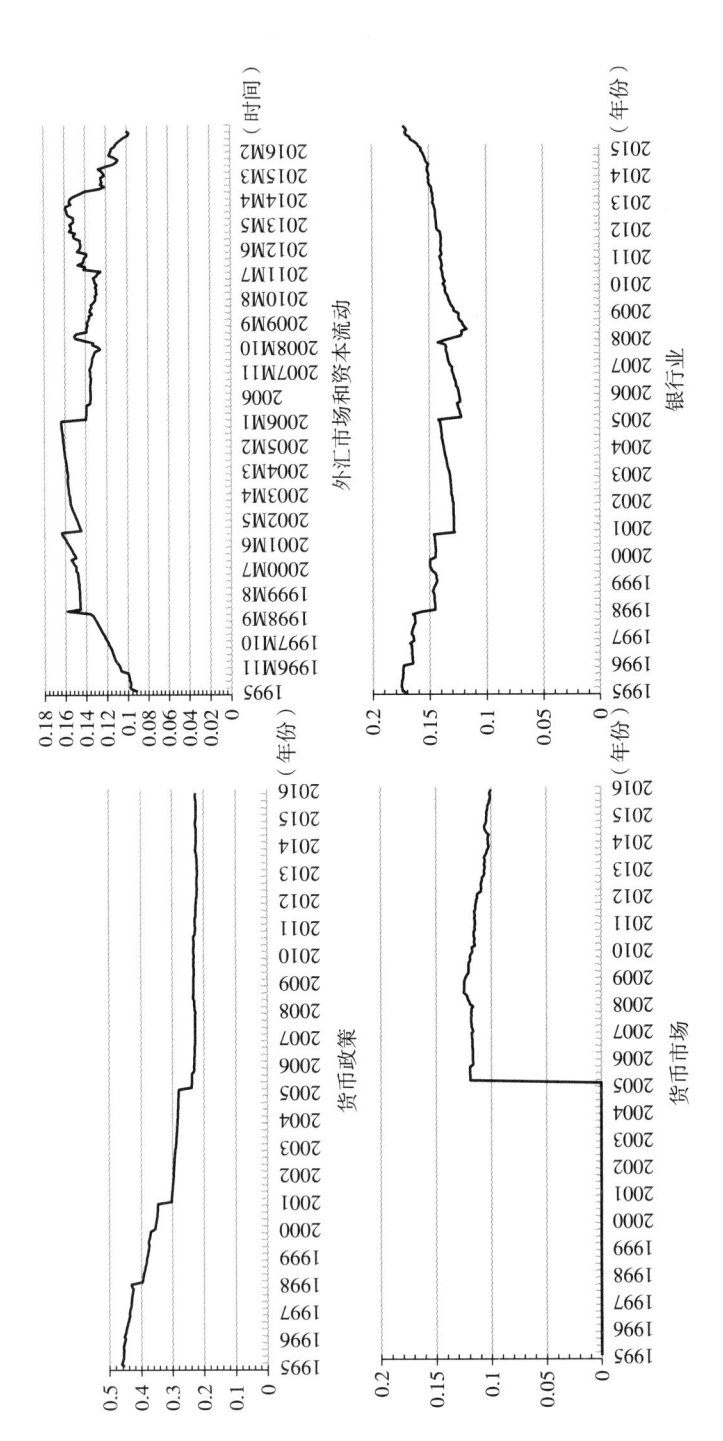

图 10.2　各市场动态权重变化

第十章 中国金融形势的动态特征与演变机理分析：1996—2016年

图10.2 各市场动态权重变化（续）

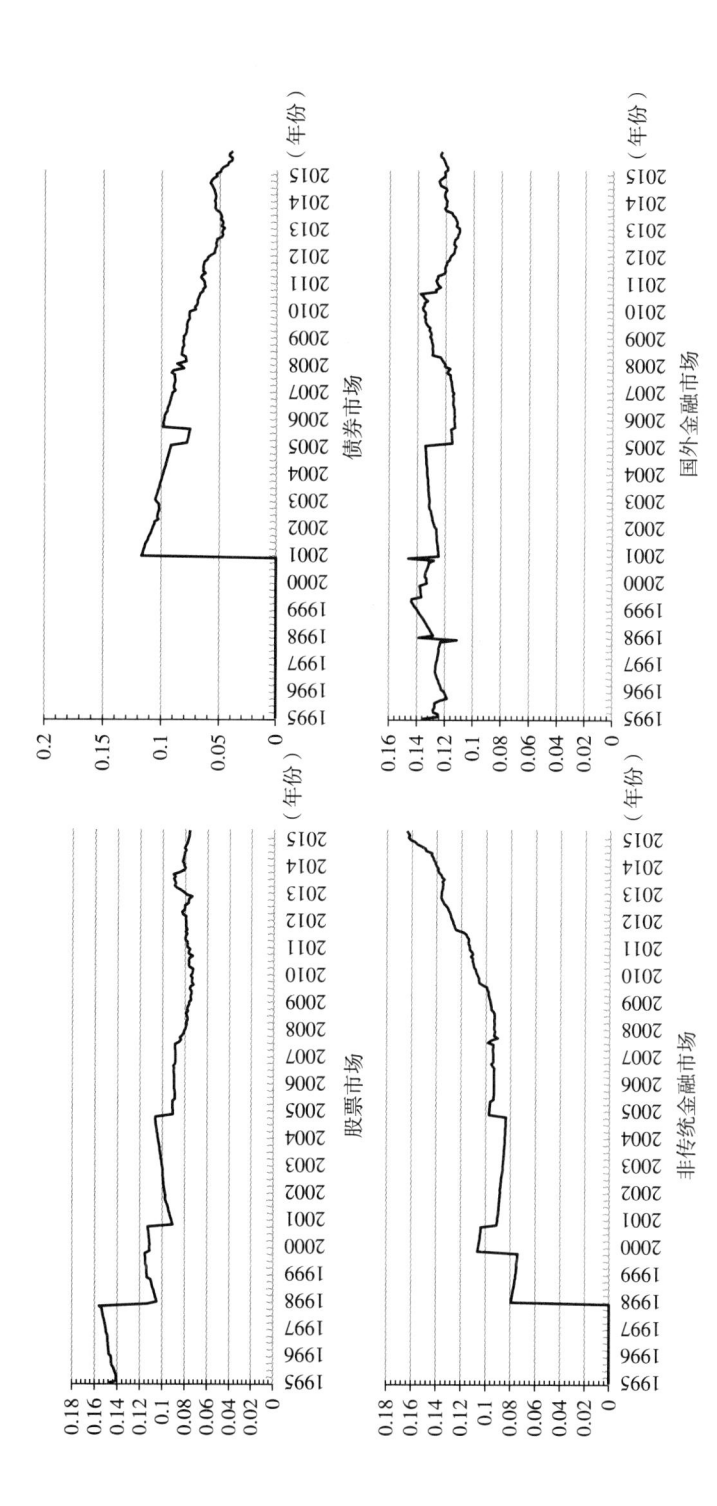

注：由于数据可得性，货币市场于2006年3月始加入模型，债券市场于2002年1月始加入模型，非传统金融市场1999年1月始加入模型，故前期权重均为0。

的影响中也开始占据一定地位。

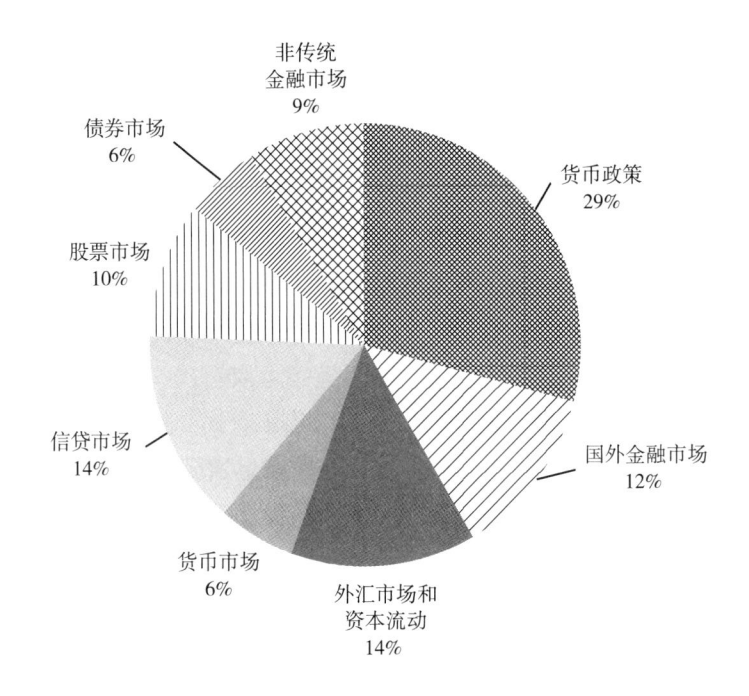

图 10.3　各影响因子的平均权重

其次，纵向来看，金融形势影响因子权重的动态变化反映出不同金融市场对中国金融形势影响力的变迁，结合图 10.2 和图 10.3 可归纳出1996—2016 年间影响因子的动态变化特点：①货币政策一直都是最重要的影响因子，但是权重占比呈现下降趋势，反映出金融市场丰富度的增加；②外汇市场和资本流动、非传统金融市场、国外金融市场的影响力总体呈现上升趋势；③信贷市场影响力呈现"U"形，2001—2008年期间信贷市场的权重最低，2009 年始信贷市场的权重有所回升；④股票市场、债券市场、货币市场的影响力稳中有降。

二　影响因子变化的机理分析

为进一步分析我国金融形势动态变化机理，理解不同金融因素对中国金融形势影响力的变化，我们分析不同金融发展阶段内，影响金融形势的前三大影响因子变化情况（见表 10.5）。

表 10.5　　　　　　　分时期金融形势的前三影响因子

阶段	第一大权重	第二大权重	第三大权重
1996M1—2000M11	货币供应量	信贷市场→外汇市场	股票市场→信贷市场
2000M12—2007M1	货币供应量	外汇市场	信贷市场
2007M2—2011M8	货币供应量	外汇市场、信贷市场、国外金融市场交替	
2011M9—2016M12	货币供应量	信贷市场	国外金融市场→非传统金融市场

第一阶段，1996年1月至2000年11月，中国金融初步发展阶段。这一阶段，中国金融整体增速缓慢平稳，货币供应量、信贷市场以及股票市场是影响金融业发展的主要变量，外汇市场的重要性快速提升，超越股票市场和信贷市场成为第二大影响因子。整个货币供应量影响力最大，占据基础性地位，该阶段的平均权重为42.11%。其次为信贷市场（15.99%），股票市场（13.37%）。金融市场的丰富度与活跃度不足，主要的金融活动是银行间接融资以及股票市场直接融资，其他金融市场对金融形势影响较小。但值得注意的是外汇市场的重要性在不断地提升，在1999年1月超越股票市场，2000年6月超越信贷市场成为中国金融形势的第二大影响因子。

第二阶段，2000年12月至2007年1月，金融形势的前三大影响因子分别是货币供应量（29.21%）、外汇市场与资本流动（15.40%）以及信贷市场（13.39%）。货币供应量依然占据第一权重的地位，此阶段最重要的变化是外汇市场和资本流动重要性快速提升，跃升成为影响中国金融形势的第二大市场。导致外汇市场影响力提升的关键性事件是2001年中国加入WTO，中国产业正式对外开放，国际贸易与投资快速增长。由于经常项目的巨额顺差，外汇储备持续增多，国际贸易以及国际资本流动增加使外汇市场在中国金融中的地位凸显。而2005年9月后，由于2005年汇率形成机制改革，人民币从盯住美元汇率转为参考一篮子货币，有管理的浮动汇率制度，外汇市场与资本流动因子的影响力进一步提升，中国金融市场多元化程度提升，各影响因子对金融形势的影响力都在10%上下。汇率弹性与波动幅度增大，国内各金融资产外汇风险暴露增强，汇率对金融形势的影响力增大。

第三阶段，2007年2月至2011年8月是信贷市场、外汇市场和国外金融市场的交错波动阶段。虽然货币供应量仍然是金融形势的首要影响因素，但该阶段仍表现出强烈的影响力交错特点，信贷市场、外汇市场、国外金融市场三大市场的影响力交错变动。国外金融市场对中国金融形势的影响力迅速提升。受国际金融危机影响，中国金融形势运行趋势与内部结构出现了较为剧烈的变动，国外金融市场、外汇市场与信贷市场的权重在 11%—16% 的区间内交错变化，波动性较大（见图 10.4）。具体看来，首先，2008 年年底，国家推出"4 万亿元"信贷刺激计划，信贷市场的重要性有所提升，对金融形势影响力变大。其次，外汇市场对中国金融形势的影响力波动上升，表明美国金融危机期间，无论资本流动还是汇率变化都有较大程度的波动，对中国金融形势产生重大影响，国外金融市场的影响力的提升是本阶段的突出特征，随着中国逐步建立对外开放的经济体，金融国际化程度与自由化程度不断提高，全球金融风险的传染性增强，在外部环境出现较为剧烈的变动时，国外金融市场对国内金融形势影响力会剧烈增加，因此需做好风险隔离措施。

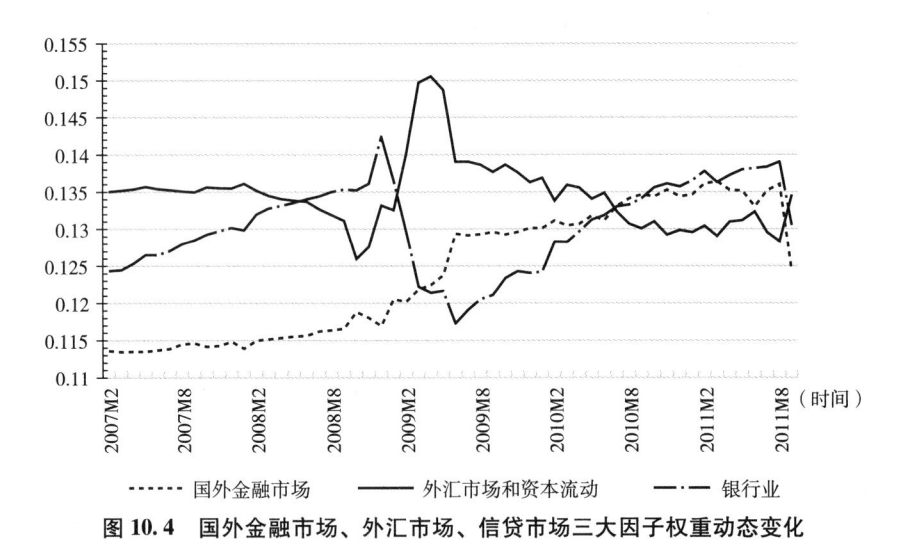

图 10.4 国外金融市场、外汇市场、信贷市场三大因子权重动态变化

第四阶段，2011 年 9 月至 2016 年年底，货币政策的影响力仍居首位，信贷市场次之。在金融危机后的恢复阶段，随着金融危机的影响消除国外金融市场的中国金融形势的影响力有所减弱，随之变化的是非传统金融市场影响力快速提升，在 2014 年年初开始成为新时期影响中国金融形势变化的第三大重要因素。包括衍生品市场、基金市场等的非传统金融市场成为我国金融发展的新兴力量。这一时期经历了股市从繁荣到崩溃的过程,非传统金融市场虽受到一定影响,但却有较为活跃的表现。从2014年开始,基金市场的发展速度骤然提升,公募基金资产净值、基金总数较上年增长了27%与46%,较2013年以前年均20%的增速有了显著的提升。"股灾"之后,股票市场都出现了崩溃式下跌,上证指数和深证指数2016年增速分别为-12%、-14.7%,然而公募基金总数仍然保持了超过30%的年增速,基金净值也实现了8%的增长率。

通过分析中国金融形势影响因子的动态变化,可以概括出我国过去二十多年金融形势演变机理特征,揭示不同金融部门或各类型金融市场在中国金融体系中的地位变迁,进而展示出金融风险在哪个部门或市场萌生、如何在部门和市场间传导:

(1)货币政策的影响力始终是最重要的。基础货币及流动性供给对金融形势有很大影响,因此,政策制定者需要把握好货币供给闸门,通过流动性管理可以较好地管控金融形势。

(2)绝大多数时期,信贷市场都是影响中国金融形势的前三大因子,体现了中国银行主导型金融体系的特征,银行在金融发展中的重要地位,信贷供给依然是金融形势好坏的决定性因素。

(3)1999年以后,外汇市场占据较重要的地位,主要原因是加入WTO之后中国外向型经济发展迅猛,积累了大量贸易顺差,有高额外汇占款,从而倒逼货币投放。另外,2005年汇率机制改革使人民币汇率弹性增大,市场化程度提升,外汇市场对金融形势的影响力进一步提升。

(4)美国金融危机之后,国外金融市场的影响力提升,中国金融与全球联系的程度更加紧密,外部风险更容易传导到国内金融市场。特别是在金融危机时期,风险的跨市场、跨区域的传导更加快速,因此需要在开放中做好风险隔离。

第六节 结论

根据1996—2016年的月度中国金融形势指数,中国金融整体形势呈现周期性波动变化趋势,且各金融因子影响力存在动态变动。从金融形势的影响因子权重动态变化进行分析，货币供应量一直是影响中国形势的最主要变量，说明流动性闸门的重要性，是政策首要关注点。而影响中国金融发展的第二、第三大变量则表现出由传统的信贷市场、股票市场向非传统金融市场、外汇市场转变的趋势。值得注意的是，在美国金融危机期间，外汇市场、国外金融市场对金融发展的影响力表现出强烈的主导性。

根据中国金融形势的动态特征可以得到一些政策性建议。首先，中国金融形势表现出了由传统金融市场向非传统金融市场和外向型金融市场转变的趋势，金融市场乃至实体经济可能受到金融创新与国际市场的冲击，要实现"坚守不发生系统性金融风险底线"的政策目标，需要建立全口径的宏观审慎监管框架，扩大监管范围。利用整体中国金融形势指数，及时判断中国金融市场活跃程度，评估金融形势过冷和过热区间，提前识别潜在风险，指导金融监管部门的工作。其次，鉴于货币供应量在中国金融发展中的基础地位不可忽视，政策制定者需要保持货币政策的稳健性，完善"货币政策+宏观审慎政策"的双支柱框架，以支持金融和实体经济发展。另外，需要有配合地逐步推进资本项目与汇率制度改革。从本书的分析可知，美国金融危机期间，中国金融形势受到较大影响，市场发展活跃性极低，波动性较大。随着中国对外开放程度加深，资本可兑换程度提高，汇率机制不断改革，中国不可避免地会受到国际市场冲击，风险跨区域传导速度加快，因此更需要防范外部风险传导影响中国金融发展。

需要指出的是，由于我国的金融市场还处于动态发展过程中，对系统性金融风险的测量方法体系还需要进一步完善，才能及时调整，反映出动态特征，从而为相关政策制定提供前瞻性指引。本书利用 DMS-TVP-FAVAR 构建的中国金融形势指数能够在不对前期指标造成结构性突变的情况下，动态选择新指标，动态确定各指标权重，在目前已有的方法体系中，不失为一种较好的追踪中国金融形势动态特征的方法。

第十一章

基于银行流动性管理视角的宏观审慎与货币政策协调研究*

本书从商业银行流动性管理视角出发,探究银行微观主体行为如何影响宏观审慎与货币政策的协调。我们借鉴净稳定资金比例的设计理念,将商业银行的流动性管理行为纳入传统理论模型,刻画出两种流动性管理行为对货币政策信贷传导渠道效率的潜在影响及传导路径。在此基础上,本书采用我国50家商业银行2012年第一季度至2018年第二季度面板数据对该影响进行了实证检验。我们发现,银行为提升长期流动性水平而进行的优化信贷资产结构的行为,能够显著提高货币政策传导效率。但是,净稳定资金比例较低的银行调整非信贷资产结构的行为则有可能降低货币政策传导效率。因此,在贯彻既有流动性监管措施的同时,关注与引导银行资产结构调整方式,对增进宏观审慎与货币政策的协调大有裨益。

第一节　引言

2008年美国金融危机后,为了降低金融顺周期行为和跨市场风险传染对宏观经济和金融稳定造成的冲击,防范系统性风险,各国央行和监管当局开始着手构建宏观审慎监管框架。自2016年起,中国人民银行建立了宏观审慎评估体系,从资本、杠杆率、流动性等方面对金融机

---

* 刊发于《金融研究》2020年第10期。

构开展宏观审慎评估，党的十九大报告更是明确提出要健全货币政策和宏观审慎政策"双支柱"调控框架。从全球范围来看，政策界和学术界都较为关注宏观审慎政策与货币政策的协调性问题。以往对二者关系的研究，主要从资本监管和逆周期监管角度出发，而对宏观审慎监管的另一个重要方面——流动性监管的关注相对较少。

商业银行通过存贷款期限错配向经济提供流动性，然而商业银行这种脆弱的资产负债结构也蕴含着流动性风险。最近一二十年的多次银行倒闭事件和金融危机表明，金融机构的破产往往不是由于真正资不抵债，而是陷入流动性危机，且流动性危机又极易诱发系统性风险。因此，流动性风险是悬于每一家商业银行头上的"达摩克利斯之剑"。2008年美国金融危机演化历程生动展示了从机构的流动性风险到系统性风险的转化过程。鉴于此，巴塞尔委员会在2008年美国金融危机后对原有的《巴塞尔协议》进行修订，将流动性风险的标准、计量和监测列入《巴塞尔协议Ⅲ》（以下简称"巴Ⅲ"）中，作为宏观审慎政策框架的重要组成部分。其中包含的两个核心指标，一是"流动性覆盖率"（Liquidity Coverage Ratio，LCR），旨在确保商业银行在设定的严重流动性压力情景下，能够保持充足的、无变现障碍的优质流动性资产，并通过变现这些资产来满足未来30日的流动性需求；二是"净稳定资金比例"（Net Stable Funding Ratio，NSFR），旨在针对商业银行中长期期限错配风险进行监测和控制。根据巴Ⅲ标准实施进度，流动性监管框架最迟应于2019年年初全面实施。净稳定资金比例指标作为银行业流动性监管新规的重要新增环节，是宏观审慎监管框架中不可或缺的组成部分[①]。根据巴Ⅲ最终标准，净稳定资金比例被定义为可用的稳定资金（Available Stable Funding，ASF）与所需的稳定资金（Required Stable Funding，RSF）之比。其中，ASF反映了金融机构融资渠道的稳定性特征，可通过资产负债表的权益及负债项目进行加权计算；RSF反映了金融机构在表内外资产和相关业务经营活动中的融资需求总和，可通过资产负债表的资产项目和表外相关项目进行加权计算。

---

① 流动性覆盖率指标着眼于短期（30天以内）流动性监管目标，不适用于商业银行中长期资产负债结构调整分析，且数据可得性较低，故本书以净稳定资金比例作为流动性监管的代表指标进行研究。

第十一章 基于银行流动性管理视角的宏观审慎与货币政策协调研究

在中国，随着近几年金融改革和"去杠杆"过程的不断深化，流动性风险已成为中国经济金融平稳运行的一个突出问题。为了提升商业银行的流动性管理水平，我国银保监会从 2012 年起对中国商业银行的流动性监管指标设定了为期五年的过渡期。2018 年 5 月，银保监会发布《商业银行流动性风险管理办法》，该办法的核心内容是新引入三个量化指标监管流动性风险，其中，资产规模在 2000 亿元（含）以上的商业银行应在 2018 年 7 月 1 日前达到净稳定资金比例最低监管要求。自净稳定资金比例监管要求实施以来，我国商业银行的流动性管理能力持续提升，为近年来我国银行业的稳健运行打下了坚实的基础。流动性监管对我国商业银行的资产负债结构具有很强的约束力。流动性监管新规的落地不仅对防范商业银行的流动性风险具有积极意义，稳健的资产负债结构也是货币政策传导渠道保持畅通的重要保障。长期以来，信贷传导渠道在我国货币政策传导中发挥着重要的作用。贷款是我国商业银行资产结构中最重要的组成部分，商业银行调整信贷资产的规模与结构也是管理流动性的重要手段。那么，商业银行是否通过资产结构调整行为管理流动性水平？商业银行的资产结构调整行为是否影响货币政策信贷传导渠道的效率？对于这些问题的探索将有助于理解宏观审慎政策与货币政策之间的协调关系。

本章理论模型的构建主要受到净稳定资金比例指标设计理念的启发，将影响净稳定资金比例的结构因素纳入传统理论模型中，从而刻画出两种商业银行的流动性管理行为对货币政策信贷传导渠道的影响及其传导路径。在此基础上，我们采用我国 50 家商业银行 2012 年第一季度至 2018 年第二季度面板数据对该影响进行了实证检验。主要结论是：流动性监管试运行以来，商业银行的经营效率与稳定性有所增强，且货币政策信贷传导渠道仍然有效。商业银行调整信贷资产结构的行为，在提高净稳定资金比例水平的同时，能够显著提升货币政策信贷渠道传导效率，但调整非信贷资产结构的行为则会对货币政策信贷渠道传导效率造成影响。我们还发现，部分净稳定资金比例较低的股份制商业银行和城市商业银行，调整非信贷资产结构的行为更为普遍。

本章的学术贡献在于，我们通过理论建模与实证研究，从微观视角揭示了银行流动性管理行为与货币政策传导效率之间的关系，这是宏观审慎与货币政策协调研究的一个重要子课题。以往不少文献通过复杂理论模型来刻画宏观审慎政策与货币政策的关系，但模型的设定相对抽象，难以捕捉金融机构的微观行为；研究银行流动性的相关文献，也多聚焦于银行流动性对商业银行风险承担等问题的影响，而不是银行对货币政策反应的敏感程度（本章中界定的"货币政策传导效率"）；对银行流动性管理行为的探讨，也有助于我们理解净稳定资金比例指标的设计理念与作用机理。由于商业银行对外披露的数据较少，目前我们对银行行为描述得还不够精确。面对宏观审慎监管，银行会采取什么行为，这些行为又会产生哪些效果，这是目前欠缺的研究问题。本章从微观经济主体的行为出发，希望揭开金融机构行为和货币政策信贷传导渠道的"黑箱"（Bernanke and Gertler，1995），加深我们对宏观审慎与货币政策协调问题的理解。

本章余下部分结构如下：第二部分是文献回顾，第三部分是理论模型，第四部分是实证检验，第五部分是结论与建议。

第二节　文献回顾

宏观审慎监管理念在国际金融危机以来被各国监管当局普遍认同，我国也逐步建立起货币政策与宏观审慎政策"双支柱"调控框架，以实现货币稳定和金融稳定的"双目标"（李斌和吴恒宇，2019）。大量研究表明，宏观审慎政策与货币政策在防范系统性风险与调节金融失衡方面互为有益补充（Borio and White，2004；Kannan et al.，2012；易纲，2018），但在政策实践中仍要关注宏观审慎政策与货币政策的协调性问题（Borio and Zhu，2012；Acharya and Naqvi，2012；方意，2016；陈雨露，2019；马骏和何晓贝，2019）。但是，现有文献对宏观审慎政策与货币政策协调性的探索主要以政策实践的国际经验梳理或理论探讨为主（马勇，2019；王信和贾彦东，2019），且往往运用复杂宏观模型对"双支柱"协调方式进行研究（王爱俭和王璟怡，2014；黄益平等，2019），而对两种政策之间的微观机制关注较为有限。本章尝试通过研究商业银行微观行为的潜在影响，探讨宏观审慎政策与货币政策协调的内在机理。

第十一章 | 基于银行流动性管理视角的宏观审慎与货币政策协调研究

一 货币政策信贷渠道的提出及其影响因素

对货币政策传导机制的研究开始于20世纪70年代，Bernanke 和 Gertler（1995）曾将货币政策传导机制称为"黑箱"，也表明了货币政策传导机制的复杂性。长期以来，经济学家对货币政策作用机理主要持货币观点，即货币政策传导的利率渠道：紧缩的货币政策提升利率水平，造成利率敏感的投资下降，从而降低宏观经济产出（Mishkin，1995）。然而，仅依靠货币和债券权衡的利率渠道并不能完整解释货币政策的宏观经济传导，也并未揭示货币政策的作用范围、推出时机及作用力度对实体经济的实质影响。因此，Bernanke 和 Blinder（1988）重新审视了银行贷款在货币政策传导中的角色，提出了货币政策传导的信贷渠道。从广义上来说，货币政策传导的信贷渠道也可看作是资产负债表渠道，因为它强调了银行资产负债表的约束作用。考虑货币、债券和贷款三种资产组合的信贷传导渠道则对传统的利率渠道进行了微观意义上的补充，也揭示了货币政策与微观主体——银行之间的传导渠道与互动反馈关系。货币政策的信贷渠道提出以来，国内外学者通过理论模型和实证研究对信贷渠道的存在性进行了大量研究。研究结果表明，无论采用宏观加总数据（Bernanke，1990；周英章和蒋振声，2002）还是微观银行层面数据（Kashyap and Stein，1995；刘书祥和吴昊天，2013），货币政策传导的信贷渠道都显著存在。

在货币政策信贷传导渠道的存在性得到基本证明之后，国内外学者开始探讨影响货币政策信贷渠道传导效率的关键因素，并尝试为这些发现提供合理解释。早期对货币政策信贷传导渠道的实证研究大多基于宏观加总数据，无法区分供给侧和需求侧对银行信贷行为的影响，因而基于银行层面数据展开实证研究更为合理（Kashyap and Stein，2000）。基于美国银行层面数据的实证研究表明，银行规模、流动性和资本状况等因素在货币政策的银行贷款传导渠道中扮演着重要角色（Kishan and Opiela，2000；Gambacorta，2005）。一般来说，银行规模越大、流动性水平越高、资本充足状况越好，银行信贷供给对货币政策敏感性越低。然而，这一结论在其他国家或地区并未达成共识。Ehrmann 等（2001）对欧洲银行业的实证研究表明，流动性较差的银行对货币政策的反应更为敏感，而银行规模及资本状况不会影响银行信贷对货币政策的反应敏感度，其可能原因在于，不同国家具有不同的金融制度安排，如存款保险制度、政府隐性担保等制度安排都会造成某些银行特征变量不会引起投资者改变风险预期，也就不会引起外部融资成本的变化。徐明东和陈学彬（2011）对中国微观银行特征在信贷传导渠道中的作用进行了较为全面的检验。实证研究结果表明，流动性充裕的大型银行，其信贷行为更易受到资本充足状况的影响，而中小银行则更多地受到流动性水平的制约。此外，也有实证研究表明，银行资产证券化业务发展（Altunbas et al.，2009）、银行全球化程度（Cetorelli and Goldberg，2008）、银行治理状况（曹廷求和朱博文，2013）以及银行业市场结构（董华平和干杏娣，2015）等因素也会影响货币政策信贷传导效率。

二 商业银行流动性管理对货币政策信贷渠道的影响机制

尽管不同国家或地区对流动性在货币政策信贷传导渠道中的作用结论不一，但毫无疑问的是，国内外学者都认可银行流动性在货币政策信贷传导渠道中扮演着重要角色。Woodford（2010）在总结传统信贷传导渠道理论时，将银行面临存款准备金约束作为银行信贷传导渠道有效的前提条件。传统理论认为，银行面临存款准备金约束，货币政策变化造成存款规模变化，进而使银行面临流动性压力，是银行信贷调整行为产生的原因。然而，Disyatat（2011）在对信贷传导渠道再审视时指出，银行可以通过批发融资来满足其流动性需求，且银行贷款创造并不需要提前持有相应的存款，因而货币政策冲击引致的存款规模变化并不必然造成银行信贷行为的改变。现代观点认为，信贷渠道通过货币政策影响银行外部融资成本而实现，而银行外部融资成本高低取决于资产负债表张力[①]和投资者对银行风险的预期。实际上，这两种作用机制在国外研究中均得到了验证。

第一，资产负债表张力与资产结构转换。在外部融资存在摩擦的情况下，流动性资产的持有能够帮助银行调剂资金余缺，保持最优资产组合结构。正如 Kashyap 和 Stein（2000）、Gambacorta（2005）所指出的，

[①] "资产负债表张力"（Balance Sheet Strength）概念出自 Kashyap 和 Stein（2000），他们将资产负债表张力定义为"（证券资产+联邦基金）/总资产"，作为测度银行流动性状况的变量。当银行面临外部融资冲击时，持有较多流动性资产的银行能够为其继续开展信贷活动提供缓冲，因而资产负债表更具张力。

当央行采取紧缩型货币政策时，流动性较高的银行可以减少流动性资产持有以保有信贷组合，因而其信贷供给受货币政策影响较小。流动性监管通过对资产负债项目匹配施加约束，相当于更为严格的资产负债表约束。一方面影响了银行资产结构转换的行为，另一方面也对银行外部融资规模提出了要求。流动性监管对货币政策信贷渠道是否产生影响，取决于商业银行资产结构的调整和不同流动性水平资产之间的转换，如商业银行将贷款等低流动性资产替换为政府债券等高流动性资产，则会造成信贷规模下降（Bonner and Eijffinger，2016），而银行将短期银行间贷款替换为高流动性资产则不会对银行信贷规模造成影响（Banerjee and Mio，2018）。

第二，信息不对称与外部融资成本。与资产规模、资本充足状况等银行微观特征类似，银行具有良好的流动性状况就意味着银行资产负债表稳健程度较高。这有助于减少因信息不对称而造成的金融摩擦并影响外部投资者对银行的风险预期，进而影响银行外部融资成本或外部资金的可获得性，从而对银行信贷行为形成制约（Bernanke and Blinder，1992）。该影响机理在市场化程度较高、市场约束有力的国家作用更为明显。流动性监管作为衡量商业银行流动性水平的重要指标，银行是否符合监管要求对于外部投资者对银行风险预期的形成至关重要。一般来说，信息不对称程度越低，银行外部融资成本越低，该银行信贷行为受货币政策冲击的影响就越小。Giordana 和 Schumacher（2013）采用银行优化模型进行数据模拟发现，期限错配程度较高的中小银行，其贷款行为受货币政策冲击影响较大，而流动性水平较高的大型银行，货币政策传导的信贷渠道无效。

相比之下，国内学者虽有探讨商业银行流动性对货币政策信贷传导渠道的影响（李明辉等，2016；庞晓波和钱锟，2018），但几乎不涉及微观作用机制的研究。李元和王擎（2018）探讨了存贷比对货币政策信贷传导的潜在影响，钟文琴（2015）将政府证券占总资产的比重定义为商业银行面临的流动性约束对银行的信贷行为进行理论建模，并采用流动性比例和 NSFR 作为银行流动性衡量指标进行了实证检验，结果表明，商业银行流动性水平越高，其贷款行为对货币政策的敏感性越低。何雅婷（2017）采用测算的 LCR 与 NSFR 数据进行实证研究发现，商业银行流动性水平的提高会抑制贷款增长率。但是，现有相关研究还存在以下三方面的局限：第一，现有文献仅从实证数据上验证了商业银行流动性对货币政策信贷传导的影响，缺乏对流动性影响货币政策传导的微观机制研究。第二，部分文献将 NSFR 指标与传统流动性指标等同起来考虑，并未揭示流动性监管指标的设计意图和监管逻辑。第三，现有研究对实证结果的解释大多基于信息不对称和外部融资成本机制，这一机制在市场约束作用有限、银行特征信号作用不强的中国很难成立。相比之下，对资产负债表约束与资产结构调整的机制研究关注较少。

鉴于此，本章基于现有研究成果，尝试通过理论建模刻画商业银行流动性管理行为对货币政策信贷传导的作用机制，并通过实证研究揭示我国商业银行近年来采取的主要流动性管理方式及其影响，以期从微观视角为宏观审慎监管与货币政策的协调提供有益经验。

第三节　理论模型

一　理论假设

借鉴 Peek 和 Rosengren（1995）、Kishan 和 Opiela（2000）的模型设置，本章将资本充足率和净稳定资金比例约束加入模型。考虑一个简化的银行资产负债表，资产方包括贷款（L）、证券投资（SEC）、准备金存款（RR），负债方仅包括存款（DD），权益资本为 K，满足基本的资产负债表约束：

$$RR+SEC+L=DD+K \tag{11.1}$$

假设存款准备金 RR 仅包括法定存款准备金，与存款总额呈固定比例：

$$RR=\rho DD, \ 0<\rho<1 \tag{11.2}$$

假设存款由外生需求决定，仅与存款基准利率相关，商业银行没有控制存款规模的能力：

$$DD=a_0+a_1 r_b, \ r_b \text{ 为存款基准利率}, \ a_1>0 \tag{11.3}$$

银行持有证券投资的数额取决于资产负债表约束和净稳定资金比例要求，证券投资也可为负值，表示银行从外部渠道融资，因此证券投资也是银行应对流动性冲击的资金来源之一。银行贷款简化为关于贷款利率的函数，贷款供应量由银行控制，随着贷款利率的上升，贷款规模会增加：

$$L = b_0 + b_1(r_l - \bar{r}_l), \quad \bar{r}_l 为贷款基准利率，b_1 > 0 \tag{11.4}$$

同时权益资本 K 应满足资本充足率要求，在简化资产负债表下，资本充足率要求权益资本不低于风险加权资产（由贷款和证券投资构成）的固定比例 θ，如式（11.5）所示。一般来说，资本充足率要求 θ 设定在 8%，σ^l 和 σ^s 分别表示贷款 L 和证券投资 SEC 的风险权重，由于贷款资产的信用风险显著高于证券投资资产，因而两类风险资产的风险权重满足 $\sigma^l > \sigma^s$。

$$K \geq \theta(\sigma^l L + \sigma^s SEC), \quad 0 \leq \sigma^s < \sigma^l \leq 1 \tag{11.5}$$

为简化经济系统中利率结构间的关系，本章将贷款基准利率、证券投资平均收益率假定为关于存款基准利率的线性函数，其中 $\phi > 0$。

$$\bar{r}_l = e_0 + \phi r_b \tag{11.6}$$

$$\bar{r}_s = g_0 + \phi r_b \tag{11.7}$$

二 理论模型与推导

银行是利润最大化的个体，其利润函数为：

$$\pi = r_l L + \bar{r}_s SEC - r_b DD \tag{11.8}$$

银行面临着资产负债表约束、资本充足率约束和流动性约束三种约束，并在这些约束下进行贷款规模 L 与证券投资 SEC 的权衡选择，以追求利润最大化。其中，资产负债表约束如式（11.1）所示，资本充足率要求如式（11.5）所示。

流动性约束的设置借鉴净稳定资金比例的监管要求。按照巴Ⅲ净稳定资金比例的测算要求，本章引入银行资产负债内部结构参数 ω_1、ω_2、ω_3，分别定义为存款、信贷资产、非信贷资产的加权平均折算因子。三种结构参数可通过 NSFR 测算要求中存款、信贷资产、非信贷资产项目的细分项目与其相应折算因子的乘积之和与该项目总规模的比值计算得到：

$$\omega_1 = \frac{\sum_{i=1}^{m} \omega_{1,i} DD_i}{DD}, \quad \omega_2 = \frac{\sum_{i=1}^{n} \omega_{2,i} L_i}{L}, \quad \omega_3 = \frac{\sum_{i=1}^{k} \omega_{3,i} SEC_i}{SEC} \tag{11.9}$$

其中，m、n、k 分别表示 NSFR 测算要求的存款、信贷资产、非信贷资产的细分项目数量。DD_i、L_i、SEC_i 表示存款、信贷资产、非信贷资产项目中第 i 个细分子项目，$\omega_{1,i}$、$\omega_{2,i}$、$\omega_{3,i}$ 分别表示该细分子项目对应的折算因子。根据巴Ⅲ净稳定资金比例的测算要求（见表 11.1）可知，NSFR 折算因子取值均应介于 0—100%，权益资本 K 对应的折算因子为 100%。按照现行监管要求，商业银行的净稳定资金比例应满足不低于 100% 的最低监管要求，即：

$$NSFR = \frac{100\% \times K + \sum_{i=1}^{m} \omega_{1,i} DD_i}{\sum_{i=1}^{n} \omega_{2,i} L_i + \sum_{i=1}^{k} \omega_{3,i} SEC_i} = \frac{K + \omega_1 DD}{\omega_2 L + \omega_3 SEC} \geq 100\% \quad (11.10)$$

为简化计算，本章借鉴缺口概念将上述约束转化为线性约束：

$$K + \omega_1 DD - \omega_2 L - \omega_3 SEC \geq 0 \quad (11.11)$$

由于流动性约束是对资产负债项目按照资金稳定程度进行调整加权，该约束紧于资产负债表约束，因此在求解中我们仅需考虑约束资本充足率约束及流动性约束下的银行利润最大化问题即可。在约束（11.5）、约束（11.11）下求解利润函数最大化的一阶条件，可以得到银行的最优贷款规模，将最优贷款规模对基准利率求导可得[①]：

$$\frac{\partial L}{\partial r_b} = -\frac{b_1 \phi}{2} \left[1 + \frac{\theta \sigma^l - \omega_2}{\omega_3 - \theta \sigma^s} \right] < 0 \quad (11.12)$$

式（11.12）对结构参数 ω_2、ω_3 进一步求导可得：

$$\frac{\partial^2 L}{\partial r_b \partial \omega_2} = \frac{b_1 \phi}{2(\omega_3 - \theta \sigma^s)} > 0 \quad (11.13)$$

$$\frac{\partial^2 L}{\partial r_b \partial \omega_3} = -\frac{(\omega_2 - \theta \sigma^l) b_1 \phi}{2(\omega_3 - \theta \sigma^s)^2} < 0 \quad (11.14)$$

---

① 由于我们假设贷款基准利率是存款基准利率的线性函数，故模型中基准利率统一用存款基准利率表示。根据表 11.1 中 NSFR 的折算因子设定，不难得到 $65\% \leq \omega_2 \leq 100\%$，$\theta \leq \omega_3 \leq 100\%$。由此可以得到 $\theta \sigma^l - \omega_2 \geq \sigma^l - 1$，$\omega_3 - \theta \sigma^s \leq 1 - \theta \sigma^s$，进一步有 $1 + \frac{\theta \sigma^l - \omega_2}{\omega_3 - \theta \sigma^s} \geq 1 + \frac{\sigma^l - 1}{1 - \theta \sigma^s} = \frac{\theta(\sigma^l - \sigma^s)}{1 - \theta \sigma^s} > 0$，从而可判定式（11.12）符号。又有 $\omega_2 - \theta \sigma^l > 0$，$\omega_3 - \theta \sigma^s > 0$，从而可判定式（11.13）、式（11.14）符号。囿于篇幅，本章省略了部分中间推导过程。

三 模型含义与实证假设

（一）货币政策传导效率的衡量

商业银行信贷规模及结构调整是货币政策传导的重要一环。由于基准利率由央行货币政策决定，因而模型中将基准利率作为货币政策松紧的代理变量。如式（11.12）所示，商业银行信贷规模与货币政策方向呈现反向关系，即 $\frac{\partial L}{\partial r_b}<0$。一般来说，当基准利率上调、货币政策紧缩时，商业银行会收缩贷款规模；当基准利率下调、货币政策扩张时，商业银行会扩张信贷规模。商业银行信贷规模对于货币政策的反应敏感程度 $\left(\frac{\partial L}{\partial r_b}\right)$ 决定了货币政策信贷传导渠道的效率。商业银行信贷规模对货币政策变动的反应越敏感，货币政策信贷传导渠道就越通畅；反之，若商业银行信贷规模对货币政策变动不作反应，那么货币政策信贷传导渠道将会失灵。因此，本章将商业银行信贷规模对于货币政策的反应敏感程度定义为货币政策信贷传导渠道的效率（以下简称货币政策传导效率），货币政策传导效率取决于 $\frac{\partial L}{\partial r_b}$ 绝对值的大小：在 $\frac{\partial L}{\partial r_b}$ 小于零的情况下，$\frac{\partial L}{\partial r_b}$ 绝对值越大，货币政策传导效率越高。鉴于此，本章提出如下假设：

H11-1：货币政策的信贷传导渠道在我国显著存在。商业银行贷款规模会对基准利率变动作出负向反馈，即 $\frac{\partial L}{\partial r_b}<0$。

（二）商业银行的资产结构调整行为与流动性管理

为了管理商业银行的长期流动性水平，商业银行可采取两种资产调整方式：第一种是传统的资产结构调整方式，即信贷资产与非信贷资产之间的比例转换。从 NSFR 计算方法来看，非信贷资产的平均权重设定低于信贷资产（权重设定见表 11.1），因而调减信贷资产比例，转而调增非信贷资产占比，有助于商业银行长期流动性水平的提高。第二种调整方式是不改变信贷资产与非信贷资产的比例结构，仅依靠调整信贷资产内部结构和非信贷资产内部结构，同样能够实现银行长期流动性水平的提升。在本章的模型设定下，ω_1、ω_2、ω_3 不仅与监管测算要求有关，也与银行的资产负债调整决策有关：根据 NSFR 测算中的折算因子假设，存款总额中若较长期限的稳定存款占比较高，则 ω_1 也将增加，但由于存款仅决定于存款需求，并不能完全由银行所控制，所以本章中 ω_1 设定为固定值；贷款总额中抵押类贷款、较为短期贷款所赋予的折算因子较低，因而当其占比增加时，ω_2 将相应下降；证券投资中现金及同业资产同样被赋予较低折算因子，因而当其占比增加时，ω_3 将相应下降。因而，在信贷资产与非信贷资产比例保持稳定的情况下，我们可以将 ω_2、ω_3 作为银行调整信贷资产内部结构、非信贷资产内部结构的行为参数，银行通过下调信贷资产内部结构 ω_2、非信贷资产内部结构 ω_3，有助于提升银行的长期流动性水平。

本章的模型推导建立在信贷资产与非信贷资产比例稳定的前提假设之上，主要考虑到商业银行信贷与非信贷资产的比例受到银行自身业务经营特点与其他监管指标的约束，基于流动性管理目的进行信贷资产与非信贷资产之间的腾挪，调整成本相对较高，因此一般来说商业银行信贷资产占比相对稳定。表 11.3 中列示的我国三类商业银行的资产结构变化特征也表明我国商业银行信贷资产与总资产的比值变化相对较小，因此本章主要以第二种资产结构调整方式的影响为重点讨论对象。

（三）商业银行资产结构调整行为对货币政策传导效率的影响

随着金融脱媒与金融科技的发展，商业银行采用负债端结构调整方式（增加更稳定融资渠道或提高资本补充）改善流动性状况往往受到诸多限制，适当调整资产结构或将成为商业银行管理长期流动性水平的主要方式。

本章所关注的银行资产结构调整方式着眼于信贷资产与非信贷资产的内部结构变化。商业银行提高信贷资产中抵押类贷款或短期贷款的占比（导致 ω_2 下降），或提高非信贷资产中现金及存放同业款项的占比（导致 ω_3 下降），都将有利于商业银行提升净稳定资金比例水平。然而，这种资产结构调整行为将对货币政策传导效率产生不同的影响。由式（11.13）、式（11.14）可知，商业银行调整信贷资产内部结构（ω_2 下降）将会增强货币政策传导效率，而调整非信贷资产内部结构（ω_3 下降）将会削弱货币政策传导效率。因此，货币政策传导效率取决于商业银行对资产调整行为的选择及调整力度：商业银行调整信贷资产内部结构以提升净稳定资金比例水平，则货币政策信贷传导渠道会更为有效；若商业银行调整非信贷资产内部结构，则货币政策传导效率将会有所下降。对于信贷资产、非信贷资产内部结构调整方式，本章提出如下假设：

H11-2a：商业银行调整信贷资产内部结构会影响货币政策信贷渠道传导效率。商业银行提高信贷资产中抵押类贷款或短期贷款的占比（ω_2 下降）将会同时提升 NSFR 水平和货币政策信贷渠道传导效率。

H11-2b：商业银行调整非信贷资产内部结构也会影响货币政策信贷渠道传导效率。商业银行提高非信贷资产中现金及存放同业款项的占比（ω_3 下降）在提升 NSFR 水平的同时，可能会降低货币政策信贷渠道传导效率。

由此可知，商业银行在管理长期流动性水平的过程中所采取的资产结构调整行为可能会对货币政策传导效率产生不同影响，这就为我们提供了识别银行微观行为的实证检验思路：在信贷资产与非信贷资产比例保持稳定的前提下，若商业银行的资产结构调整行为同时提高了 NSFR 水平和货币政策传导效率，则表明商业银行调整了信贷资产内部结构。反之，若商业银行的资产结构调整行为在提升 NSFR 水平的同时影响了货币政策传导效率，则表明商业银行更多地进行了非信贷资产内部结构的调整（作用机制如图 11.1 所示）。由此，本章提出如下假设：

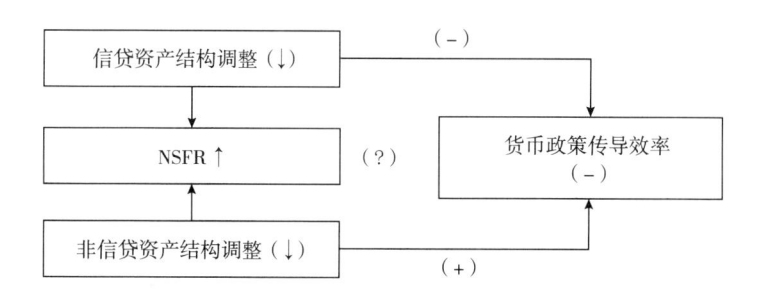

图 11.1 商业银行资产结构调整行为对银行流动性及货币政策传导效率的影响机制

H11-3：商业银行的资产结构调整行为能够提高长期流动性水平，还可能会影响货币政策信贷渠道传导效率，其影响效果取决于信贷资产

内部结构 ω_2、非信贷资产内部结构 ω_3 对货币政策信贷渠道传导效率的相对作用大小。

基于以上理论分析,本章采用我国 50 家商业银行 2012 年第一季度至 2018 年第二季度的非平衡面板数据,构建动态面板数据模型,对本章提出的相关假设进行实证检验,并进一步探究商业银行流动性管理行为与货币政策传导效率之间的关系,为宏观审慎监管与货币政策协调提供有益的切入点。

第四节 实证研究

一 模型基本设定

Kashyap 和 Stein(1995,2000)、Kishan 和 Opiela(2000)对货币政策信贷渠道的理论推导与实证研究表明,银行规模、流动性状况及资本充足状况对货币政策的信贷传导渠道均具有显著影响。综合考虑银行微观特征的影响,本章尝试建立动态面板模型研究商业银行流动性管理行为对货币政策信贷传导渠道的影响。为了识别商业银行在流动性管理中的资产结构调整行为,本章通过研究商业银行长期流动性水平对货币政策传导效率的影响对商业银行主要的流动性管理行为进行判断。借鉴 Kashyap 和 Stein(2000)、Giordana 和 Schumacher(2013)、曹廷求和朱博文(2013)的模型设定,考虑到银行贷款行为在时间上具有持续性,本章将模型形式设定如下:

$$\ln(LOAN_{i,t}) = \beta_0 + \beta_1 \ln(LOAN_{i,t-1}) + \beta_2 MP_t + \beta_3 NSFR_{i,t} + \beta_4 MP_t \times NSFR_{i,t} + \beta_5 chara_{i,t} + \beta_6 control_t + \varepsilon_{i,t}$$

$$\varepsilon_{i,t} = v_i + u_{i,t}$$

$$v_i \sim IIN(0, \sigma^2 v)$$

$$u_{i,t} \sim IIN(0, \sigma^2 u) \quad (11.15)$$

其中,$\ln(LOAN_{i,t})$ 表示第 i 家银行第 t 时期贷款规模的对数值,考虑到银行贷款行为的持续性特征,本文在模型中加入了贷款规模的滞后项 $\ln(LOAN_{i,t-1})$ 及调整系数 β_1,该调整系数越大则表明银行跨期贷款规模变动越小,或表明长期稳定贷款占比较高。

MP_t 表示第 t 期的货币政策代理变量,理论推导中本章将基准利率对银行贷款行为的影响定义为货币政策传导效率,实证研究中选取央行贷款基准利率(LR)为货币政策代理变量,以银行间拆借利率(BR)、法定存款准备金率(M_1)作为稳健性检验的替代变量,辅助检验价格型、数量型调控工具的传导效率。伴随着利率市场化进程的推进,现有货币政策调控框架更多以价格型调控工具为主,以基准贷款利率、银行间拆借利率作为货币政策代理变量,一方面更贴合现实政策环境,另一方面也便于对模型的稳健性进行验证。在基准模型设定下,货币政策传导效率为$\frac{\partial L}{\partial r_b}=\beta_2+\beta_4 NSFR$。若货币政策的信贷传导渠道存在,那么货币政策传导效率预期符号应为负值,即$\frac{\partial L}{\partial r_b}=\beta_2+\beta_4 NSFR<0$。

$NSFR_{i,t}$表示第i家银行第t期的净稳定资金比例水平,它不仅代表了商业银行长期流动性水平,也蕴含着商业银行对资产负债结构调整行为的信息。货币政策变量与NSFR的交互项$MP_t \times NSFR_{i,t}$可理解为银行长期流动性水平变动对货币政策传导效率的影响,即:$\partial\left(\frac{\partial L}{\partial r_b}\right)/\partial NSFR$。结合理论模型推导结果式(11.13)、式(11.14)可以判断,若系数$\beta_4<0$则表明商业银行提升流动性水平的行为提升了货币政策传导效率,此时可判断商业银行更多地采用优化信贷资产内部结构的方式来提升长期流动性水平;反之,若$\beta_4>0$,则表明商业银行提升流动性水平的行为降低了货币政策传导效率,这也意味着商业银行主要采用调整非信贷资产内部结构的方式进行流动性管理。

此外,本章选取银行层面特征变量$chara_{i,t}$包括银行总资产规模的对数值(TA)、资本充足率(CAR)、短期流动性比率($SLIQ$)[①]三大控制变量,以剔除其他银行异质性特征对实证结果的潜在影响;宏观经济层面的控制变量$control_t$主要包括GDP季度增长率(ΔGDP)、M_2季度增长率(ΔM_2),以减少需求端因素对银行贷款行为的影响。

---

① 短期流动性比率(SLIQ)定义为现金及存放中央银行款项、存放同业和其他金融机构款项在总资产中的占比。这里本应采用巴Ⅲ中所规定的短期流动性监管指标LCR作为短期流动性水平的测度指标,但由于LCR数据可得性问题,我们采用SLIQ指标进行简化和替代。根据现有已披露的LCR数据,笔者也尝试采用LCR指标替代SLIQ指标进行了模型的稳健性检验,模型结果仍然支持本章的主要结论。

二 变量设计与数据选择

由于 NSFR 在我国监管实践中的过渡期安排自 2012 年 1 月 1 日开始，到 2018 年 7 月 1 日 NSFR 正式列入监管指标，商业银行经历了较长时间区间的缓冲调整过程，因而为我们的实证检验提供了良好的观察时间窗口。同时，由于 NSFR 监管要求仅适用于资产规模不小于 2000 亿元人民币的商业银行，因此本章在过渡期内选择 2017 年年末各商业银行的资产规模进行样本筛选，从而得到更多适用监管标准的银行样本。进一步剔除政策性银行、外资银行以及财报连续披露时间低于 3 年的银行样本后，本章筛选得到 2012 年第一季度至 2018 年第二季度我国 50 家商业银行的季度数据样本，其中包括 5 家国有大型商业银行①、10 家股份制商业银行以及 35 家城市商业银行。各商业银行财务报表数据来源于 Moody's Analytics BankFocus 数据库，宏观经济数据来源于国泰安 CSMAR 数据库。由于部分商业银行财报初始披露时间较晚且披露频率存在差异，因而所得到面板数据为非平衡面板数据类型。对于部分季度数据缺失的情况，统一采用线性插值方法予以补充，以保证样本量以及时间上的连续性。

结合我国现行监管要求以及 King（2013）、Dietrich 等（2014）所采用的资产负债分类方法，本章分别对 BankFocus 数据库中的对应项目进行识别和归纳，并据此计算各商业银行净稳定资金比例指标。具体计算项目及折算因子如表 11.1 所示。

表 11.1　NSFR 测算中所涉及的项目及相应的折算因子

I. 可用的稳定资金（ASF）		
分类	BankFocus 数据库对应项目	折算因子
权益	总权益	100%
	优先股及作为负债的混合资本	100%
	优先股及作为权益的混合资本	100%

---

① 根据中国银行保险监督管理委员会 2018 年年底公布的银行业金融机构法人名单，国有大型商业银行除了以上五家，也包括中国邮政储蓄银行股份有限公司（即邮储银行）。由于数据缺失的问题，我们在实证分析的样本中并未包括邮储银行。

续表

I. 可用的稳定资金（ASF）

分类	BankFocus 数据库对应项目	折算因子
负债	长期资金总额	100%
	客户存款总额	90%
	回购和现金担保	50%
	其他负债	0%

II. 所需的稳定资金（RSF）

分类	BankFocus 数据库对应项目	折算因子
资产（信贷资产）	抵押贷款	65%
	非抵押贷款	85%
	其他贷款	100%
资产（非信贷资产）	现金及存放同业款项	0%
	证券投资	40%
	其他资产	100%
表外项目	担保与保证	5%
	承兑汇票和表外报告跟单信用证	5%
	信用承诺额度	5%
	其他或有负债	5%

III. 净稳定资金比例（NSFR）

$$NSFR = \frac{ASF}{RSF}$$

注：ASF 项目按照融资稳定性从高到低排序，RSF 项目按各项目类别与稳定资金占用度从低到高排序。"长期资金总额"是指剩余期限在 1 年及以上的所有负债融资；"抵押贷款"项目仅指个人住房抵押贷款；"非抵押贷款"项目指除住房抵押贷款外的其他个人贷款及企业贷款；"其他贷款"项目指未包含以上两类的所有贷款款项，如汇票、租赁资产、关联方贷款等。"证券投资"项目包括交易性金融资产、可供出售金融资产、持有到期投资以及其他证券投资。

资料来源：笔者根据国际清算银行《巴塞尔Ⅲ：净稳定资金比例》、银保监会《商业银行流动性风险管理办法》等文件对 BankFocus 数据库项目整理所得。

表 11.2 为变量的描述性统计，展示了样本商业银行在贷款行为、长短期流动性水平、资本状况、资产规模等方面的基本数据特征。从描述性统计结果来看，50 家样本商业银行的净稳定资金比例水平均处于较高水平，NSFR 指标的总样本均值达到 136.79%，高于监管设定

100%的最低流动性监管要求。但是，在区分不同银行类型后不难发现，各类商业银行的流动性水平存在较为显著的差异。

表 11.2　　　　　　　　　　变量描述性统计

变量名称	样本量	均值	标准差	最小值	最大值
ln（LOAN）	1140	26.69	1.60	22.56	30.34
NSFR	1168	1.37	0.21	0.16	3.28
CAR	1255	0.13	0.02	0.07	0.23
TA	1079	27.72	1.34	26.03	30.94
SLIQ	1079	0.18	0.06	0.08	0.46
MP（LR）	1300	0.06	0.01	0.04	0.07
MP（BR）	1300	0.03	0.01	0.01	0.07
MP（M1）	1300	0.18	0.03	0.10	0.22
ΔGDP	1300	0.03	0.01	0.01	0.05
$\Delta M2$	1300	0.04	0.02	-0.01	0.11

按照中国 NSFR 监管引入的时间区间（2012 年第一季度至 2018 年第二季度），我们分别考察三类样本商业银行的长期流动性水平变动趋势。从图 11.2 来看，三类商业银行 NSFR 平均水平均处于 100% 监管要求之上，但总体呈现下行趋势。可以看出，伴随着近年来金融科技的发展和金融脱媒的加剧，商业银行仍然面临着流动性管理压力。从三类商业银行的组间差异来看，国有大型商业银行和城市商业银行的 NSFR 水平显著高于股份制商业银行。其原因可能在于，股份制商业银行融资来源的稳定性相对较低（导致 ASF 较低），或资产端流动性风险较高的资产持有比例较高（导致 RSF 较高）。在此背景下，商业银行，尤其是 NSFR 相对较低的股份制商业银行和城市商业银行，如何选择资产结构调整方式来管理长期流动性，是我们必须关注的重要问题。

表 11.3 展示了过渡期内我国三类样本商业银行的资产结构调整行为及变化特征。在近六年的过渡期内，商业银行的信贷资产与非信贷资产的比例并没有显著变化（样本期间信贷资产比例的标准差较小），表明商业银行并未通过大幅度的传统资产结构调整手段进行流动性管理，这也与本章的理论分析一致。因此，本章将信贷资产内部结构行为、非

信贷资产内部结构行为作为关注重点。不难看出，不同类型商业银行的资产结构调整行为具有明显的分化特征。具体来看，国有大型商业银行信贷资产内部结构发生了显著变化，抵押类贷款占比显著增加（对应 ω_2 下降），信贷资产结构的优化调整成为国有大型商业银行管理流动性的主要途径。而股份制商业银行和城市商业银行则侧重于非信贷资产内部结构调整，具体表现为现金、存放同业款项及证券投资占比的显著提升（对应 ω_3 下降），直接对流动性资产的结构进行调整也有助于提升银行流动性水平。

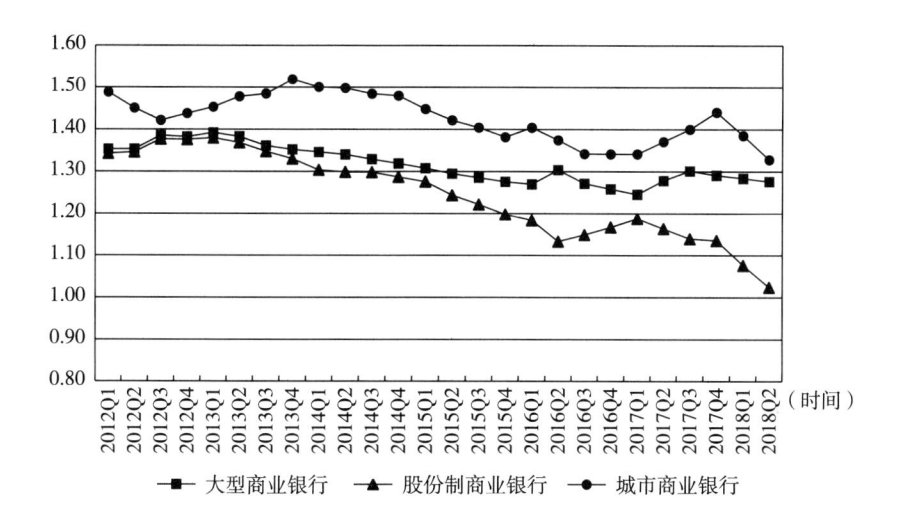

图 11.2　2012—2018 年我国三类样本商业银行 NSFR 趋势对比

表 11.3　　2012—2017 年三类商业银行资产结构变化特征　　单位：%

项目		信贷资产比例	信贷资产内部结构	非信贷资产内部结构
大型商业银行	2012 年	52.51	16.78	90.76
	2013 年	53.52	18.23	90.29
	2014 年	54.23	19.47	92.30
	2015 年	53.46	21.60	91.47
	2016 年	53.00	28.02	93.54
	2017 年	54.09	30.08	93.03
	标准差	0.65	5.45	1.28

续表

项目		信贷资产比例	信贷资产内部结构	非信贷资产内部结构
股份制商业银行	2012 年	48.80	12.52	75.09
	2013 年	46.67	11.34	72.71
	2014 年	46.10	10.93	80.09
	2015 年	45.58	11.47	85.80
	2016 年	46.36	15.93	94.31
	2017 年	51.19	16.73	94.32
	标准差	2.14	2.53	9.36
城市商业银行	2012 年	44.28	10.28	81.21
	2013 年	41.72	8.28	83.59
	2014 年	41.00	8.45	88.62
	2015 年	39.07	8.07	90.72
	2016 年	37.70	9.33	94.95
	2017 年	39.08	10.76	93.82
	标准差	2.36	1.12	5.50

注:"信贷资产比例"是指信贷资产与总资产比值,非信贷资产比例定义为1-信贷资产比例,因而不做赘述。"信贷资产内部结构"是指抵押类贷款与总信贷资产比值,该数值升高对应 ω_2 下降。"非信贷资产内部结构"是指现金、存放同业款项及证券投资与总非信贷资产比值,该数值升高对应 ω_3 下降。

表 11.4 对不同类型商业银行的特征变量差异进行组间均值 t 检验。检验结果表明,国有大型商业银行在贷款规模[ln(*LOAN*)]、资产规模(*TA*)严格占优于股份制商业银行及城市商业银行;国有大型商业银行的资本充足率(*CAR*)与股份制商业银行相当,且两者均优于城市商业银行;国有大型商业银行和城市商业银行的短期流动性水平(*SLIQ*)均优于股份制商业银行,而城市商业银行的净稳定资金比例水平(*NSFR*)则显著高于国有大型商业银行和股份制商业银行。其原因可能在于,城市商业银行的高流动性资产持有比例较高,而占用稳定资金较多的资产持有比例相对较低。

三 实证检验结果与分析

考虑到面板的非平衡性、被解释变量滞后项的加入可能带来内生性问题,本章采用一阶系统 GMM 进行参数拟合(Arellano and Bover,1995;

表 11.4　　　　　主要银行特征变量的组间均值检验

变量名称	（1）国有大型—股份制		（2）股份制—城商行		（3）国有大型—城商行	
	均值差异	t 值	均值差异	t 值	均值差异	t 值
ln（LOAN）	1.85***	25.69	2.10***	40.25	3.95***	61.97
NSFR	0.08***	4.79	-0.19***	-12.72	-0.11***	-5.53
CAR	0.002	1.34	0.01***	5.96	0.004***	2.96
TA	1.66***	26.15	1.82***	42.21	3.48***	66.90
SLIQ	0.03***	7.98	-0.04***	-8.62	-0.01	-1.41

注：*、**、***分别表示在10%、5%、1%的水平下显著。下同。

Blundell and Bond，1998），以保证参数估计的有效性。首先，通过 Durbin-Wu-Hausman 检验变量内生性。结果显示，被解释变量的滞后变量以及净稳定资金比例、资本充足率、资产规模变量具有内生性特征。其次，根据 Arellano-Bond 矩条件的构造方法，内生变量的滞后变量与被解释变量高度相关，且与扰动项无关。因此，本章选取 ln（LOAN）的滞后一阶变量 [L.ln（LOAN）] 作为差分方程的工具变量，将外生变量作为 IV 类型工具变量构造矩条件，再对模型进行广义矩估计，以缓解模型估计中的内生性问题。参数拟合结果如表 11.5 所示。

表 11.5　　　　　基准模型的参数估计及稳健性检验结果

解释变量	模型（1）	模型（2）	模型（3）	模型（4）
L.ln（LOAN）	0.66***	0.67***	0.66***	0.66***
	(0.12)	(0.13)	(0.12)	(0.12)
NSFR	-0.02	-0.01	-0.05	0.01
	(0.05)	(0.05)	(0.06)	(0.04)
MP	-113.17***	-169.90***	-43.37***	-103.26***
	(35.56)	(65.58)	(13.47)	(35.76)
NSFR×MP	81.42***	122.91***	31.37***	75.54***
	(24.71)	(47.68)	(9.55)	(26.14)
ΔGDP	1.70	1.65	1.59	1.70
	(1.39)	(1.53)	(1.29)	(1.39)

续表

解释变量	模型（1）	模型（2）	模型（3）	模型（4）
$\Delta M2$	-0.36 (0.41)	-0.24 (0.47)	-0.46 (0.44)	-0.26 (0.46)
TA	0.36*** (0.14)	0.35** (0.14)	0.38*** (0.14)	0.36*** (0.14)
CAR	2.69** (1.05)	2.96*** (1.03)	3.15** (1.26)	2.40*** (0.90)
$SLIQ$	0.32* (0.16)	0.16 (0.27)	0.2957* (0.17)	0.0593 (0.28)
$TA\times MP$		1.10 (1.98)	-0.90** (0.44)	1.67* (0.99)
$CAR\times MP$		412.14 (976.44)	255.96 (220.33)	-82.83 (268.63)
$SLIQ\times MP$		-313.20 (264.21)	48.75 (30.33)	-241.93* (135.80)
常数项	-0.9788** (0.4938)	-0.99* (0.53)	-0.85* (0.48)	-1.02* (0.52)
观测数	1001	982	982	982
样本银行	50	50	50	50
Wald 统计量	164810.92***	197259.39***	161587.69***	180673.44***
AR（1）-p 值	0.05	0.05	0.03	0.03
AR（2）-p 值	0.44	0.56	0.19	0.25
Hansen 检验-p 值	0.999	0.999	0.999	0.998

注：基于一阶系统 GMM 的参数估计结果。括号内为按银行个体聚类稳健标准差。Arellano-Bond 检验中 AR（1）的原假设为残差不存在一阶自相关，AR（2）检验的原假设为残差不存在二阶自相关，Hansen 检验的原假设为所有工具变量有效。

（一）基准模型及稳健性检验

初步检验了净稳定资金比例与货币政策传导效率的相关关系，货币政策变动对银行贷款规模的综合影响 $\frac{\partial L}{\partial r_b}$ 可以通过交互项 $NSFR\times MP$ 的系数乘以 $NSFR$ 均值后再与货币政策变量 MP 的系数相加得到，通过计算可得$\frac{\partial L}{\partial r_b}$=-1.7925<0。由此可验证假设 H11-1 成立，即在净稳定资金比例监管要求存在的条件下，货币政策信贷传导渠道仍然有效。以基准贷款利率作为货币政策代理变量，紧缩的货币政策即更高的基准贷款利率水平，将造成银行贷款规模的下降。给定需求因素的影响，货币政策能够通过控制信贷供应量而传导至实体经济，即货币政策的信贷渠道是有效的，这也与 Kashyap 和 Stein（1995，2000）的研究结论一致。模型（11.1）也表明，在控制银行层面特征变量、宏观经济变量后，净稳定资金比例本身对银行贷款规模并没有显著影响，但商业银行的流动性管理行为可能对货币政策传导的效率产生间接影响，这就验证了本章提出的假设 H11-3，也与 Giordana 和 Schumacher（2013）得到的结论类似。

在此基础上，考虑到已有大量关于银行微观特征影响货币政策信贷渠道传导效率的文献（Kashyap and Stein，1995；Kishan and Opiela，2000；徐明东和陈学彬，2011），模型（11.2）考虑加入其他银行特征变量与货币政策的交互项，以控制其他变量对货币政策传导过程的潜在影响，结果仍然与模型（11.1）一致。净稳定资金比例与货币政策变量的交互项可以理解为商业银行微观行为变化对长期流动性水平与货币政策传导效率的综合影响，该系数显著为正，表明商业银行的微观行为在推升净稳定资金比例水平的同时，也造成了货币政策传导效率的下降，结合前述理论推导结果 $\partial\left(\frac{\partial L}{\partial r_b}\right)/\partial\omega_2>0$ 和 $\partial\left(\frac{\partial L}{\partial r_b}\right)/\partial\omega_3<0$，可以进一步识别商业银行管理长期流动性的主要行为体现在非信贷资产内部结构的调整上，而不是优化信贷资产内部结构。这种行为可能与银行贷款期限结构及调整成本的权衡有关：由于贷款合约往往具有黏性，并不能随时灵活调整，而与调整非信贷资产内部结构相比，商业银行调整信贷资产结构的成本相对较高。非信贷资产结构调整行为确实能够提高银行长期流动性水平，但其流动性管理目标相对短视，优化信贷资产内部结构、提升资金运用端的资产质量、减少稳定资金占用，才是流动性监管的应有之义。

为确保基准模型估计结果的有效性，本章从以下方面进行了模型的稳健性检验[①]：第一，各模型参数估计方法均采用一阶系统 GMM 估计方法，并构造 Arellano-Bond 矩条件对模型参数进行广义矩估计，对模型的工具变量设定进行 Hansen 检验，结果均接受原假设，这表明参数估计所选取的工具变量是稳健的。Arellano-Bond 检验中的 AR（1）、AR（2）值也表明残差不存在二阶自相关，结合对模型整体参数拟合的 Wald 联合检验表明，整体参数的回归结果是显著的。第二，本章尝试采用不同的货币政策代理变量对模型进行稳健性检验，模型（3）、模型（4）分别由 7 天银行间同业拆借利率（季度均值）、法定存款准备金率替代基准贷款利率作为货币政策的代理变量加入回归模型，估计结果仍然显著支持商业银行流动性管理行为对货币政策传导效率的影响。第三，考虑其他银行特征变量对银行信贷行为的可能影响，本章尝试加入非利息收入占比、总资产收益率、拨备覆盖率、不良贷款率等变量作为控制变量，对基准模型进行稳健性检验。此外，本章也尝试构建双向固定效应模型，以缓解因遗漏变量而造成的内生性问题，结论并未发生改变。第四，本章尝试采用已披露的 LCR 指标以及流动性比例等短期流动性指标替代基准模型中的 SLIQ 指标，对基准模型进行稳健性检验，估计结果仍然稳健。

（二）分组估计结果

为了进一步识别不同类型商业银行的流动性管理行为特征，本章仍然以 2012 年第一季度至 2018 年第二季度为时间窗口，分别按照 NSFR 水平高低和银行类别进行了分组估计，以便更清晰地了解商业银行的流动性管理行为与货币政策传导效率之间的内在联系。

首先，本章以 2012—2018 年商业银行每年度 NSFR 中位数作为筛选标准，选取高于年度分位数的样本作为高 NSFR 组，低于年度分位数的样本作为低 NSFR 组。不同 NSFR 水平的样本组的比较，一方面可以检验 NSFR 监管要求对商业银行经营管理的潜在影响，另一方面也有助于我们理解商业银行流动性管理中的内在动机。

表 11.6 展示了高 NSFR 样本组和低 NSFR 样本组在经营效率与稳

---

① 囿于篇幅，本章仅展示了不同的货币政策代理变量对模型进行稳健性检验结果，其他稳健性检验结果未在文中列示，如有需要可向作者索取。

第十一章 | 基于银行流动性管理视角的宏观审慎与货币政策协调研究

定性指标方面的差异。不难看出，具有较高 NSFR 水平的商业银行，无论是盈利能力还是流动性状况均显著优于低 NSFR 样本组，高 NSFR 样本组的资产质量也显著优于低 NSFR 样本组（具体表现为高 NSFR 样本组的平均资本充足率、平均拨备覆盖率高于低 NSFR 样本组，同时其平均不良贷款率低于低 NSFR 样本组）。这也意味着，商业银行长期流动性状况的改善，与商业银行的经营效率与稳健性正相关。因此，流动性监管要求的落地与实施，降低了银行的经营风险，提升了商业银行资产负债表的稳健性，为商业银行的稳健经营奠定了良好的基础。在此基础上，进一步研究和识别商业银行的流动性管理的行为具有重要意义。

表 11.6 商业银行经营效率与稳定性指标的组间均值检验
（按 NSFR 高低分组）

指标名称	高 NSFR 组	低 NSFR 组	均值差异	t 值
NSFR	1.52	1.22	0.30***	33.87
资产收益率	0.00	0.00	0.0001***	2.98
资本收益率	0.04	0.04	0.0015**	2.33
不良贷款率	0.01	0.01	−0.0011***	−3.32
资本充足率	0.13	0.12	0.0037***	4.29
拨备覆盖率	3.08	2.58	0.50***	3.11
存贷比	0.60	0.71	−0.11***	−18.49

其次，考虑到国有大型商业银行、股份制商业银行、城市商业银行三类商业银行的资产结构调整方式差异明显如表 11.3 所示，本章还按照银行类别进行了分组估计。回归模型仍然沿用基准模型 (11.2) 的设定，进一步控制了银行特征变量（包括银行规模 TA、资产充足率 CAR、短期流动性比率 $SLIQ$）、其他交互项控制变量（TA、CAR、$SLIQ$ 变量与货币政策的交互项）的影响。参数估计结果如表 11.7 所示。

表 11.7　按 NSFR 高低和按银行类别的分组估计结果

解释变量	按 NSFR 高低		按银行类别		
	低 NSFR 组	高 NSFR 组	国有大型商业银行	股份制商业银行	城市商业银行
$L.\ln(LOAN)$	0.23**	0.67***	0.14	0.98***	0.69***
	(0.11)	(0.06)	(0.28)	(0.02)	(0.05)
$NSFR$	-0.09	-0.05	-0.0011	0.10	-0.05
	(0.07)	(0.14)	(0.06)	(0.06)	(0.08)
MP	-251.56**	-51.68	-12.27	-113.12***	-208.37***
	(110.09)	(65.93)	(24.88)	(42.55)	(73.54)
$NSFR \times MP$	168.34**	36.51	2.33	87.39***	150.45***
	(74.14)	(51.75)	(17.53)	(29.88)	(51.17)
常数项	-2.62***	-0.93***	0.71	-0.03	0.08
	(0.78)	(0.23)	(0.43)	(1.38)	(1.07)
宏观经济变量	控制	控制	控制	控制	控制
银行特征变量	控制	控制	控制	控制	控制
其他交互项	控制	控制	控制	控制	控制
观测数	442	520	130	252	600
样本银行	48	41	5	10	35
Wald 统计量	21786.37***	77838.60***	63.08***	359.04***	14706.68***
AR(1)-p 值	0.003	0.04	0.08	0.03	0.09
AR(2)-p 值	0.78	0.12	0.13	0.20	0.77
Hansen 检验-p 值	1.00	1.00	1.00	1.00	1.00

注：同表 11.5。

对不同 NSFR 水平的分组估计结果表明，低 NSFR 样本银行的流动性水平与货币政策传导效率之间存在显著的正向关系，因而可识别出处于低 NSFR 组的商业银行更倾向于采用调整非信贷资产内部结构进行流动性管理，而 NSFR 水平较高的商业银行则没有表现出明显的资产结构调整行为。非信贷资产结构调整仅仅改变了短期资产的流动性结构，不涉及银行长期资产的结构优化，因而对货币政策信贷传导效率造成了一定影响。这一调整行为与 NSFR 指标的设计意图并不相符，NSFR 监管要求旨在提高银行长期流动性水平，商业银行可通过增加稳定资金来源、降低稳定资金占用来提升资产负债表的稳健性，因而优化信贷资产结构、降低信贷资产风险暴露是商业银行长期流动性管理的有效方式。

对不同类型商业银行的分组估计结果表明，在股份制商业银行和城市商业银行两个样本组中商业银行的流动性管理行为降低了货币政策信贷传导效率，而国有大型商业银行样本组则没有显著影响。结合理论模型中的银行微观行为识别策略可知，股份制商业银行和城市商业银行的流动性管理方式以调整非信贷资产内部结构为主，即提高现金、同业资产及证券投资比重（ω_3下降），且调整力度大于银行对信贷资产内部结构的调整。从过渡期内两类银行的 NSFR 水平（见图 11.2）来看，股份制商业银行的 NSFR 整体水平处于较低位置，且持续处于下行区间；城市商业银行虽然整体 NSFR 水平较高，但样本内银行差距明显，部分银行的 NSFR 水平仍然处于较低水平，因而这两类银行的流动性管理行为表现得更为短视，以非信贷资产的流动性转换为主，而忽视了信贷资产结构的优化调整，这也与表 11.3 所示的经验事实相符。相比之下，国有大型商业银行的流动性管理行为则更为均衡，兼顾非信贷资产的结构调整与信贷资产的优化配置，因而未对货币政策传导效率造成显著影响。

（三）对资产结构调整行为的进一步讨论

在对商业银行流动性管理行为进行识别和分析后，本章进一步对理论模型中提及的两种资产内部结构调整行为进行了实证检验。我们仍然采用基准模型（11.2）的设定，验证两种资产内部结构调整方式对货币政策传导效率的可能影响，进而佐证本章的银行行为识别策略是有效的。这里所采用的信贷资产内部结构 ω_2 和非信贷资产内部结构 ω_3 数据，可根据式（11.9）中的定义计算得到：ω_2 等于信贷资产加权值/信贷资产；ω_3 等于非信贷资产加权值/非信贷资产。参考表 11.1 中折算因子设定，信贷资产加权值等于信贷资产细分项目（抵押贷款、非抵押贷款、其他贷款）与其相应的折算因子的乘积之和，非信贷资产加权值等于非信贷资产细分项目（现金及存放同业款项、证券投资、其他资产）与其相应的折算因子的乘积之和。模型（11.5）至模型（11.7）分别将原有的 NSFR 与货币政策的交互项替换为不同资产内部结构变量与货币政策的交互项，以检验资产内部结构调整行为与货币政策传导效率的内在作用机制。参数估计结果如表 11.8 所示。

表 11.8　关于商业银行资产结构调整行为的参数估计结果

解释变量	模型（5）	模型（6）	模型（7）
$L.\ln(LOAN)$	0.77***	0.71***	0.77***
	(0.13)	(0.10)	(0.13)
MP	−734.88***	99.56*	−1,061.89***
	(281.63)	(54.41)	(348.14)
ω_2	0.40		0.53
	(0.54)		(0.58)
ω_3		−0.20***	−0.14***
		(0.07)	(0.05)
$\omega_2 \times MP$	796.25**		1,264.60***
	(309.87)		(385.26)
$\omega_3 \times MP$		−130.77**	−129.41***
		(65.92)	(32.03)
常数项	−0.90*	−0.56	−0.86*
	(0.48)	(0.49)	(0.50)
宏观经济变量	控制	控制	控制
银行特征变量	控制	控制	控制
其他交互项	控制	控制	控制
观测数	962	962	962
样本银行	50	50	50
Wald 统计量	348309.97***	196316.20***	393014.12***
AR（1）-p 值	0.01	0.01	0.01
AR（2）-p 值	0.32	0.85	0.44
Hansen 检验-p 值	1.00	1.00	1.00

注：同表 11.5。

从实证结果来看，商业银行调整信贷资产内部结构和调整非信贷资产结构都会有效地提升长期流动性水平，且两种资产结构调整行为都会对货币政策传导效率产生影响，但两者的作用方向不同。而且，不论是单独考察单一调整方式，抑或是同时纳入两种内部结构调整方式，其作用效果均保持稳健，这也就验证了本章提出的假设 H11-2a 和假设 H11-2b。信贷资产结构调整行为（调减 ω_2）将有效提高货币政策传导效率，而非信贷结构调整行为（调减 ω_3）则会降低货币政策传导效率，这也与理论模型（11.13）、模型（11.14）的结果一致。具体来看，调减 ω_2 意味着商业银行加大抵押贷款及较长期贷款在信贷资产中的比重，这种调整方式一方面反映了银行对信贷资产结构的优化和风险控制，另一方面也有助于传递货币政策意图，因而调整信贷资产内部结构有助于实现提升银行长期流动性水平与货币政策有效传导的"双赢"局面。而调减 ω_3 则是提升非信贷资产中现金与同业资金的比例，这种调整行为与货币政策导向关联度较低，仅仅作为银行提高流动性水平的短期方法之一，并不能实质性地提高商业银行资产负债表的稳健程度。结合表 11.3 中我国三类商业银行资产结构变化特征，可以推断国有大型商业银行流动性管理的主要方式为调整信贷资产内部结构（ω_2 下降），而股份制商业银行和城市商业银行则更多地采用非信贷资产内部结构调整方式（ω_3 下降），这也与表 11.7 得到的分组估计结果一致。

为了排除传统资产调整方式对货币政策传导效率的可能影响，本章采用对非信贷资产规模的对数值作为被解释变量，仍然沿用基准模型（11.2）的模型设定对传统调整方式的影响进行检验。由于传统资产结构调整方式并非本章讨论的主要内容，因此并未列示参数估计结果。实证结果显示，货币政策变量以及 NSFR 与货币政策交互项的系数对非信贷资产规模的影响均不显著。这也意味着商业银行并不存在明显的信贷资产转增非信贷资产的调整行为，因为如果传统资产结构调整行为存在，则非信贷资产应该对货币政策变动应有相似的对称反应。结合表 11.3 中我国三类商业银行的资产结构变化特征也可以判断，我国商业银行流动性管理的主要方式并非传统资产结构调整方式，而是以调整信贷资产与非信贷资产内部结构为主。

第五节　结论与建议

本章探讨商业银行为满足宏观审慎监管要求而进行的流动性管理中的微观行为对货币政策信贷渠道产生影响及其作用机制。我们借鉴净稳定资金比例指标的设计理念，将商业银行流动性管理中的两种资产结构调整行为纳入理论模型，在资产负债表约束、资本充足率约束、净稳定资金比例约束下求解银行利润最大化条件，进而推导出商业银行的资产结构调整行为对货币政策传导效率的潜在影响。在此基础上，本章借助NSFR过渡期的时间窗口，采用我国50家商业银行2012年第一季度至2018年第二季度的面板数据，构建动态面板数据模型并采用一阶系统GMM估计方法进行参数估计。实证结果表明：第一，自流动性监管要求试运行以来，货币政策信贷传导渠道仍然十分有效，且伴随着长期流动性水平的提升，商业银行的经营效率与稳定性均有所增强。第二，商业银行流动性管理中的资产结构调整行为会对货币政策传导效率造成影响。商业银行信贷资产结构的优化，在提升NSFR水平的同时也能够显著提高货币政策传导效率，因而有助于实现流动性监管与货币政策传导的"双赢"目标。第三，部分NSFR较低的股份制商业银行和城市商业银行往往采用非信贷资产结构调整方式提升流动性水平，这种资产结构调整行为着眼于短期利益，可能会降低货币政策传导效率。

鉴于此，本章提出以下政策建议：第一，充分发挥宏观审慎监管框架下流动性监管的积极作用。流动性监管的引入有助于商业银行形成稳健的资产负债结构，在提升商业银行经营效率与稳定性的同时，也为货币政策的信贷传导提供支持。第二，监管部门应关注并合理引导商业银行践行有效的流动性管理模式，保障货币政策信贷渠道的传导效果。优化商业银行信贷资产结构、提升稳定资金运用的质效是商业银行提升长期流动性水平的有效方式，也是流动性监管的应有之义。监管部门应关注商业银行流动性管理中的资产结构调整行为与方式，避免商业银行由于"短视"的流动性管理目标对货币政策传导效率造成无谓的外部性影响。第三，商业银行也应积极调整资产负债结构，资产端应重视信贷资产内部结构管理，如增加抵押类贷款占比、优化长短期贷款占比等，负债端应更加注重稳定融资渠道的维护与使用，降低对特定融资渠道的依赖度，从而有效控制商业银行期限转换中存在的风险，提升银行经营的稳健性与安全性。

第十二章

金融周期对房地产价格的影响

——基于 SV-TVP-VAR 模型的实证研究*

本章利用 2004—2016 年的季度数据构建金融周期综合指数，用以描述金融市场景气程度；使用 SV-TVP-VAR 模型，围绕金融周期对我国房地产价格的影响进行实证研究。结果表明，金融周期对房地产价格的影响具有明显的时变性特征：2008 年以前金融市场繁荣对房价有稳定推升作用，2008 年后该影响持续弱化；与之类似，实体经济对房价的影响同样自 2008 年起逐渐减小。这意味着，在经济增长方式转变和经济结构调整的过程中，我国房地产价格对经济金融冲击的敏感度已经大幅下降，金融扩张可能难以再通过房地产市场有效带动实体经济的繁荣；相反，其反而可能导致银行贷款不良率的攀升，在金融系统内积累系统性风险。国家针对房地产的宏观调控政策不仅对于控制不良率的提高体现出积极作用，而且自 2008 年美国金融危机以来，产出及房价的随机波动率均显著下降，风险得到有效控制。未来应更加重视房地产市场调控在宏观审慎框架中的重要地位，遏制房地产金融化泡沫化势。

第一节　引言

改革开放 40 多年来，有中国特色的社会主义市场经济建设取得巨大成就。在经济市场化进程中，我国城镇化水平不断提高，金融机构与

---

* 刊发于《金融研究》2021 年第 3 期。

金融市场也迅速成长。金融日益成为现代经济的核心，金融体系运转不仅为实体经济运行提供资金支持，还为之承担和转移风险，金融发展与经济增长越来越密不可分。进入21世纪以后，作为城镇化进程重要载体的房地产业在国民经济中位置突出，成为拉动经济的主要引擎之一。由于房地产是银行信贷的重要抵押品，广义信贷等金融周期指标与房地产价格的相互影响机制将金融与实体经济进一步紧密联系起来。然而，在美国金融危机冲击下，随着我国经济从高速度增长逐渐转变为高质量发展，随着货币政策与宏观审慎政策"双支柱"调控框架的确立，特别是在住房金融宏观审慎政策付诸实施的情形下，金融周期对房地产价格的影响是否有所不同就成为一个有趣的问题。

　　Carey（1990）和Wheaton（1994）构建的金融周期和房地产周期分析框架，对金融周期、房地产周期与经济周期的关系做了初步探讨。他们的研究首先明确了几个基本判断：房屋供给短期内可以认为相对恒定，在长期则具有可调节性；银行贷款或广义货币余额随抵押物（主要为房屋）价值的变化而变化；房地产价格基于其未来回报的折现值或同类其他资产的价格而变化，并可以对市场环境做出较快反应。其次，分析了房地产市场与金融等其他市场相互间的影响机制：房地产价格会对影响其自身折现值或同类其他资产价值的金融冲击做出反应，也会对影响市场环境的经济冲击做出反应，交易量则在短期内变化较慢。最后指出影响房地产价格的因素主要有两类：一类为外部冲击，如产出、货币供应量、股票价格、利率、资本流动等；另一类为房地产行业自身冲击，房价的变动可能会进一步引发外部冲击从而对其自身产生影响。可见，房地产价格既与房地产市场自身有关，也与金融市场运行有紧密联系。

　　1998年开始的住房货币化、商品化改革，逐步取代计划经济时代的福利分房制度。我国房地产行业从此进入了快速发展时期，并一跃成为新的经济增长点。2003年国务院发布18号文件，明确将房地产作为国民经济支柱产业来发展——这成为21世纪初推动房价上涨的根本原因。直到2007年以前，我国房地产市场整体上仍处于起步阶段，发展较为平稳，房地产价格呈现稳健上升趋势，未出现大幅波动。但是在全球经济下行和金融危机影响下，一系列宏观经济刺激政策使房地产最先受到影响，房价波动明显加剧。值得注意的是，房价过快上涨不仅成为社会关注热点，也导致了一系列针对性调控政策的出台。房地产市场发展阶段的转换，可能意味着金融周期对房地产价格的影响呈现出时变性特征。

中国选择的渐进式金融改革道路，在不断深化的金融改革过程中实现了金融业的蓬勃发展。一方面，金融中介体系日渐完善，形成了以中央银行为中心，国有独资及股份制商业银行为主体，政策性银行、非银行金融机构及外资机构共存的多层次金融中介体系。另一方面，资本市场逐渐壮大，汇率、利率市场化改革基本完成，市场力量在金融资源配置中发挥更大作用，金融开放程度显著提高。与此同时，金融监管、宏观调控的专业性以及工具多元性都有明显进步，在认识金融周期与经济周期关系、应对外部市场冲击等方面积累了经验。比如，为应对全球金融危机的负面冲击，中国政府在2008年第三季度推出"四万亿"刺激计划，配套采取积极的财政政策和适度宽松的货币政策，这使信贷和货币供给等金融周期指标短时间内全面上扬。随着监管层整顿地方融资平台，信贷收紧，金融市场迅速降温；接下来的加息政策令货币供给回落，金融业继续紧缩。2012年以后，稳健的财政与货币政策回归，金融市场运行也实现了整体平稳，但此时金融市场景气度却明显低于金融危机前的水平。那么，在金融体系逐渐走向成熟的过程中，特别是在金融运行的市场化程度、国际化水平不断提高的情况下，在特定监管或调控政策的影响下，金融周期本身可能也具有时变性特征。

前述金融周期对房地产价格影响的潜在时变性和金融周期本身的潜在时变性意味着用以研究金融周期对房地产价格影响的模型应该考虑这种潜在的时变性。VAR、SVAR等传统定量分析方法，适用于变量之间保持恒定关系的研究。但是对于我国房地产市场和金融市场这种既有明显周期性又附带时变性特征的情况，传统方法很可能遗漏关键的时变信息。有鉴于此，本章选用时变参数向量自回归模型（SV-TVP-VAR），证实金融周期对房地产价格的影响具有明显的时变性：2008年后金融冲击推升房价的影响持续弱化，实体经济冲击对房价的影响同样逐渐减小。从而更加准确地刻画金融周期与房地产价格二者关联性在时间维度上的演变过程，为商业银行或监管部门在复杂环境下的决策行为提供科学的参考。

本章结构安排如下：第二部分对现有文献进行综述，明确本章研究出发点和主要贡献；第三部分基于理论机制和经验事实，描述我国金融周期对房地产价格影响的时变性特征及其产生原因，提出本章的研究意义；第四部分为数据处理与模型构建；第五部分实证分析金融、房地产与实体经济之间时变性关联；第六部分为稳健性检验；第七部分是结论和政策含义。

第二节 文献综述

金融与房地产市场之间的关系历来都是经济学家关注的重点。众多学者在金融周期测度、金融周期与房地产周期的理论关系以及量化分析等方面开展了丰富的研究。

Geweke（1977）提出使用动态因子法构建综合指标刻画金融市场状况；Bryan 和 Cecchetti（1993）在其基础上以金融变量波动性倒数占比为权重计算金融周期指数，Hatzius 等（2010）则进一步将动态因子法所测度的金融周期应用于分析和经济周期的相互影响中。另有一部分学者直接以资产价格、信贷等指标作为金融周期的代理变量，如 Detken 和 Alessi（2009）以信贷指标作为金融周期的异常波动指示器；陈雨露等（2016）选择私人信贷规模占 GDP 的比率作为描述金融周期的代理变量，并将我国金融市场波动划分为衰退、正常和高涨三阶段。代理变量的选取也较为多样化，伊楠等（2016）使用信贷及资产价格与 GDP 之比度量金融市场运行状况。方意和陈敏（2019）用 14 家上市商业银行的市场型资产的变化率作为金融周期的代理变量。范小云等（2017）选取多个金融周期备选指标进行单变量协同分析，并最终选取房价、信贷和信贷与 GDP 之比作为金融周期的单因素成分。苗文龙等（2018）用私人部门信贷/GDP、沪深股票价格指数、利率和汇率刻画金融周期。朱太辉和黄海晶（2018）用广义信贷、房价和广义信贷/GDP 合成金融周期指标。张宗新和张秀秀（2019）采用信贷、信贷/GDP、房价、M_2 比增长率进行金融周期指标合成。马勇等（2017）选取房价、银行利差、股价、金融杠杆率等 8 个代表性金融变量以简单加权、主成分分析、动态因子法等方式分别合成综合指数作为构建宏观经济模型的基础变量，发现以简单算数平均法加权法得到的综合指数对经济的解释力更强。

根据上述目前研究中国金融周期的文献，金融周期指数的构建主要考虑杠杆率、货币和信贷增长率、货币市场利率、资本市场价格、房地产价格六个方面。本章剔除了房地产价格以及经济含义有重叠的若干变量。最终选取货币供应、市场利率、金融杠杆、股票市场和国际资本流动等对房地产周期具有较大影响的五个变量，借鉴马勇等（2017）运用的 Min-Max 标准化方法合成金融周期指数。

将房地产市场引入金融周期研究，并分析二者之间的相互关系也是现有文献的一个热点。Carey（1990）及 Wheaton（1994）构建了金融与房地产周期分析框架；Stein（1995）通过构建多重均衡模型，将信贷约束引入生命周期中分析信贷波动对房地产价格的影响。实证方面，Kenny（2004）发现利率与房地产价格呈正相关关系；Pavlov 和 Wachter（2009）的研究发现，当面临负面的需求冲击时，低估抵押品价值的经济体会经历更沉重的资产市场冲击；Arsenault 等（2013）发现抵押贷款供给的增加会抬升不动产价格，而不动产价格的变动通过影响资金贷出者的预期影响抵押贷款的供给，由此形成正反馈的循环，放大不动产市场的周期性。由于我国房地产及金融业发展历史仍较短，数据长度及可获得性有限，因此与国外相比，相关研究成果有限。张晓晶等（2006）以 1992—2004 年数据为基础，分析影响我国房地产周期的因素，并进一步研究了房地产周期与金融周期的关系；周建军等（2011）研究金融政策对房地产行业的影响，并发现金融政策可以有效降低房地产行业的波动性；羿建华等（2014）以我国 1999—2013 年季度数据分析货币周期、房地产与实体经济之间的联系，认为房地产货币化及信贷需求激增是金融市场与房地产行业同步波动的关键。

近期也有学者将 TVP-VAR 模型应用于金融周期和房地产周期之间关系的研究。如雷霖（2018）采用 TVP-VAR 模型研究房价、影子银行对金融稳定影响的结构性特点。但在经济结构调整及宏观审慎监管背景下研究金融周期对房地产价格影响力动态变化的成果仍然非常有限。这正是本章的研究重点。

第三节 金融周期与房地产价格：
理论分析和经验事实

一 理论分析

理论上，金融周期的扩张预期导致房地产价格上升，金融周期的紧缩预期导致房地产价格下跌。如前文所述，金融周期对房地产价格的这种影响在很多文献中已经得到验证。具体地，金融周期对房地产价格的影响存在多种机制。

第一，货币供应机制。流动性充裕条件下，商业银行手中有大量资金，迫切需要有投资价值的目标。由于收益和保障都相对较高，房地产抵押贷款往往成为商业银行的优选对象。银行信贷活动释放的大量货币资金进入房地产市场，推动房地产价格上升。在激烈的市场竞争下，银行间竞相放宽贷款条件的行为同样会增加对房地产的需求，促使房价上涨，从而进一步放大了货币供应量对房地产价格的影响。

第二，市场利率机制。市场利率降低，代表融资成本下降，有利于扩大购房需求，推动房地产价格上升。市场利率升高，代表融资成本上升，不利于扩大购房需求，甚至可能引发财务状况较差的借款人违约。如果大面积发生违约，则房地产价格将面临较大的下行压力。

第三，金融杠杆机制。房地产兼具投资属性和消费属性。自住房改革以来，我国房地产价格整体而言持续上涨，房地产投资收益稳定、可观。所以在金融加杠杆时，新增流动性容易被房地产投资收益所吸引，较大比例地流向房地产市场，推动房价上涨。

第四，股票价格机制。首先，财富效应，股票价格上涨使股票投资者的财富增加，对其房地产消费具有正向激励作用。其次，质押融资效应，股票作为合格质押品，市值升高对融资更加有利，可能使之扩大房地产投资需求。最后，资产组合效应，房地产与股票是具有相互替代性的资产，但二者间是不完全替代关系。

第五，国际资本流动机制。国际资本流动作用于房地产价格既有直接效应，也有间接效应。中短期国际资本流出入对房地产等资产价格波动具有直接影响。国际资本流动也会对货币市场、股票市场、信贷市场等其他金融子市场的流动性造成影响，从而通过利率、股票价格等渠道间接地影响房地产价格。

二 经验事实

2008年国际金融危机深刻地改变了世界经济金融运行，对我国的经济增长方式、经济结构调整等多个方面产生实质性影响。将2008年前后进行对比，无论是通过观察重要的经济指标，还是凭借着市场主体的直观感受，都难以忽略金融周期对房地产价格的推动力在危机后明显减弱的事实。这为本章探讨二者关系的时变性特征提供了经验基础。

如图12.1所示，危机前，中国经济高速增长，加入世界贸易组织后出口年均增长率更是达到30%以上。随着经济蓬勃发展，城镇居民人均可支配收入的增速也逐年上升。收入增长预期强化了居民购房能力和意愿，推动房地产消费需求上升；与此同时，房价上涨预期以及租金上涨预期强化了房地产交易的收益性，推动房地产投资需求上升。旺盛的需求带动供给，房地产市场的繁荣为银行带来了大量高盈利业务。于是，银行更愿意向房地产领域发放贷款，更加促进了房地产市场的快速发展，形成了金融周期和房地产周期较强的正反馈关系。

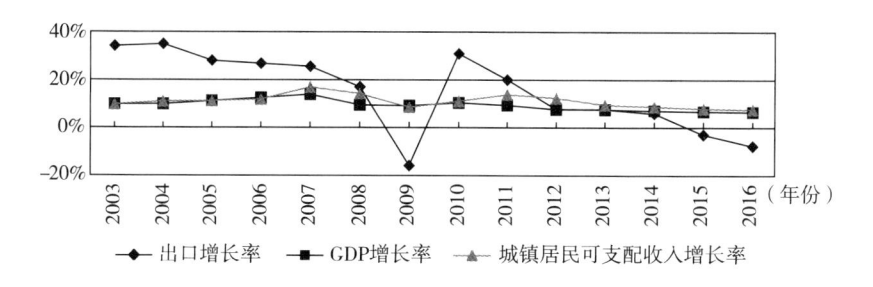

图12.1 危机前后GDP、出口和居民可支配收入增长率

资料来源：Wind数据库。

危机爆发后，由于外部市场疲软乏力，我国对外出口增速大幅下降，经济增长和居民收入也都受到严重牵连。当经济增长相对乏力，居民收入缺乏增长动力时，居民购置住房的能力和意愿就会下降。同理可知，房地产的投资属性也在减弱。在此情况下，房地产消费需求和投资需求遭遇较大打击，对房价的支撑再不像2008年之前那样有力。金融扩张对房地产价格的推动作用变小，金融周期对房地产价格的影响力大大减弱。

由于房地产具有良好抵押品的属性，银行等金融机构对房地产贷款一直有特殊的偏好。即使房地产市场已不复危机前的强劲之势，银行以及那些"影子银行"依然热衷于发放房地产相关贷款。但是由于居民收入水平增速减缓，借款人未来偿付能力下降，金融对于房地产市场的刺激可能吸引到更多偿付能力不足的人申请住房贷款，造成金融机构不良债权增加。如果银行等金融机构不能及时发现继续依赖房地产相关贷款业务的危险性，一旦出现银行资产质量的普遍下降，还将酝酿系统性金融风险。

如图12.2所示，自2009年年底至2011年"国四条""国十一条""新国十条""9·29新政""新国八条"等政策相继出台。政府对个人购置多套住房实施严厉限制，并且多次提升二套房首付比例，暂停三套房住房贷款。显然，危机后国家对于房地产市场的调控力度明显加大。尤其是针对申请住房贷款门槛的调整，对于保证贷款申请者具有相应还款能力、有效控制银行体系不良贷款率的上升十分重要。然而在2014—2016年上半年期间，为了缓解经济增长疲软和房地产市场萎靡，中央和地方政府相继出台了多项救市政策，已实行三年的限购政策被叫

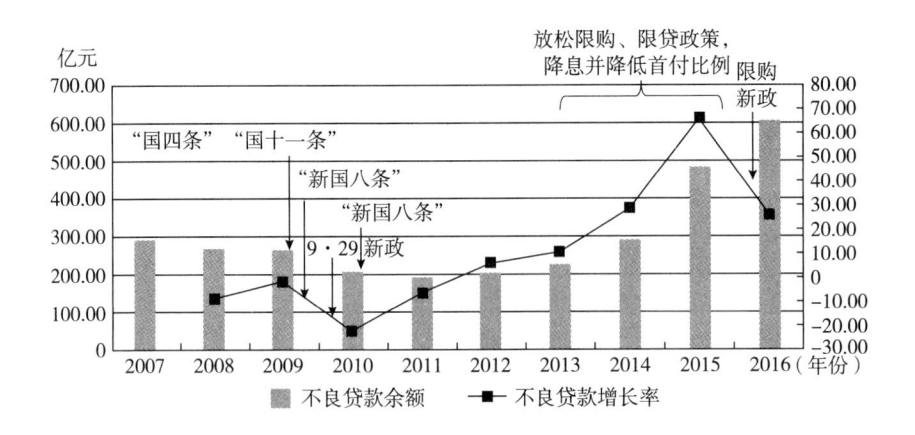

图12.2 个人住房按揭不良贷款余额及增长率

资料来源：Wind 数据库。

停,还多次降低首付比例。值得注意的是,在此期间,银行不良贷款余额迅速增长,其中2015年不良贷款余额增长了66.16%。

基于以上经验事实,我们认为确认金融周期对房地产价格影响的时变性特征具有重要意义。因为在金融周期对房地产价格的影响力大大减弱的背景下,单纯依靠金融扩张难以有效刺激房地产市场,更加难以带动经济增长。不仅如此,如果银行等金融机构不能及时发现这种时变性特征,继续扩张房地产相关贷款业务,还可能造成银行不良贷款快速增长,并在银行体系内积累系统性风险。而且在新的经济形势下,非常有必要针对房地产市场进行宏观审慎政策调控,从源头上遏制房地产金融化泡沫化,防止银行非理性经营行为可能造成的经济损失,有效防范系统性金融风险。

第四节　数据处理与模型构建

一　数据选取

借鉴马勇等(2017)的方法,本章选取股票市场价格变量、市场利率变量、资本流动变量、金融杠杆变量和货币供应变量作为基础变量构建金融周期指数,反映金融市场的繁荣、紧缩情况。以金融周期综合指数、房地产价格指数、实体经济产出作为 SV-TVP-VAR 模型的内生变量研究金融周期对房地产价格的时变性影响。变量选取及数据来源如下:

为了避免样本异质性对房地产价格度量的影响并综合考虑房地产价格数据的可得性及样本量,本章选取由"北京大学—林肯研究院城市发展与土地政策研究中心"与"清华大学恒隆房地产研究中心"联合编制的"中国典型城市住房同质价格指数"(China Quality-Controlled Housing Price Index,CQCHPI)作为房地产价格代理变量,指数的上涨代表典型城市房价的上涨。选取国家统计局公布的我国 GDP 季度同比增速(不变价)作为反映实体经济运行情况的代理变量。使用上证 A 股指数季度同比增速作为股票价格的代理变量。选取 7 天同业拆借加权平均利率作为市场利率的代理变量,取季度平均值。使用固定资产投资来源中贷款额占总投资额的比例作为金融杠杆的代理变量。使用资本和金融项目的差额与 GDP 的比值作为资本流动指标的代理变量。选取 M_2 季度同比增速作为货币供应量的代理变量。本章所选变量均为季度数据，区间长度为 2004 年第一季度到 2016 年第四季度，除中国典型城市住房同质价格指数外，其余数据均源自 Wind 中国宏观经济数据库。

二 金融周期综合指数构建

借鉴马勇等（2017）的方法，本章以股票价格变量、市场利率变量、金融杠杆变量、资本流动变量以及货币供应变量作为基础变量，合成金融周期综合指数。由于各指标在量级上差别较大，故首先采用 Min-Max 无纲量化的方法对基础变量数据进行标准化处理，所有变量的上涨意味着金融市场的宽松、繁荣，下降则表示金融市场的紧缩（利率变量作反向调整）。

经过无纲量化后的金融变量需要通过加权合成最终的金融周期综合指数，常用方法有简单算数平均法、动态因子指数构建法、主成分分析法等，不同方法所构建的金融周期指数本质上具有一致性。参考马勇等（2017），本章以简单算数平均法将标准化后的基础变量合成综合指数。指数在样本区间内的走势如图 12.3 所示。

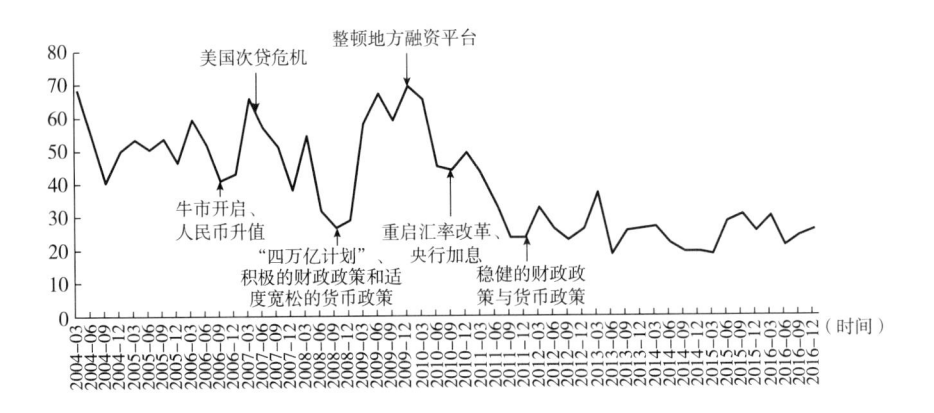

图 12.3 金融周期综合指数与金融事件

从图 12.3 中不难看出，以简单算数平均法构建的金融综合指数可以较为准确地反映金融市场的运行情况，数值的上涨或下跌分别对应金融景气度的提升或下降。相对引言部分提到的以信贷指标衡量的金融周期，本章构建的综合指数对我国经济金融市场的拟合度更高。2006年之前金融市场整体稳定且景气度较高、指数维持在40—60的较高水平，此阶段我国经济也处于稳定快速发展期。以波峰、波谷来判断，2006—2012年金融市场有两个较为明显的周期性波动。第一个小周期为2006—2008年，股票市场开启牛市，人民币迅速升值，金融市场在2006年一片欣欣向荣；然而2007年美国发生次贷危机并迅速席卷全球，同时国家实施双稳健的宏观调控政策，金融景气度开始快速下滑；2008年政府采取稳健的财政政策与从紧的货币政策，起源于美国的金融危机愈演愈烈，使金融市场受到重创，景气度达到区间谷底。

第二个小周期为2009—2011年，面对国际经济形势急转直下，我国政府于2008年第三季度将宏观经济政策调整为积极的财政政策与适度宽松的货币政策，同时"四万亿"经济刺激计划出台，金融景气度迅速提升；2009年年底地方融资平台贷款激增、债务问题引起关注，监管层开始对地方融资平台进行治理，信贷收紧，金融市场再度"遇冷"；2010年10月，央行宣布加息，低利率期结束，虽然汇率制度改革再度重启，但金融行业进入了近1年的紧缩期。

2011年之后，我国维持稳健的货币及财政政策，金融市场运行整体平稳，但景气度维持在较低水平。虽然2015年股票市场迎来短暂的牛市，但并未对整体金融形势带来明显改善。总体来看，我国金融市场自2004年至今逐渐趋向稳定，景气度略有下降。

如图12.4所示，对比金融周期综合指数及住房价格环比增速可以看到，2015年以前，我国金融市场与房地产市场的周期波动具有较为明显的同步性，金融景气度的提升往往伴随着房地产价格的上涨。2015年金融市场相对稳定，但住房价格波动加剧，二者相关性出现一定偏离。虽然在季度数据层面上，二者变动在时间上的先后次序难以通过图像辨别，但从理论上分析，金融市场作为房地产行业重要的资金来源，其缩紧或宽松很可能是造成房价变动的重要原因，对此后文将做更为深入的研究。

三 SV-TVP-VAR模型构建

在经济学研究中，向量自回归模型（VAR）已经作为一种基础的计量分析工具被广泛应用，Sims（1980）在传统VAR模型的基础上提出结构向量自回归（SVAR）模型，以对变量之间的相互影响关系进行更加清晰的刻画。为了能够更加灵活、准确地分析金融周期对房地产价格的影响，本章将时变特征加入传统 SVAR 模型中，通过构建 SV-TVP-VAR 模型动态分析二者之间的关系。一个简单的 SVAR 模型可以表示为以下形式：

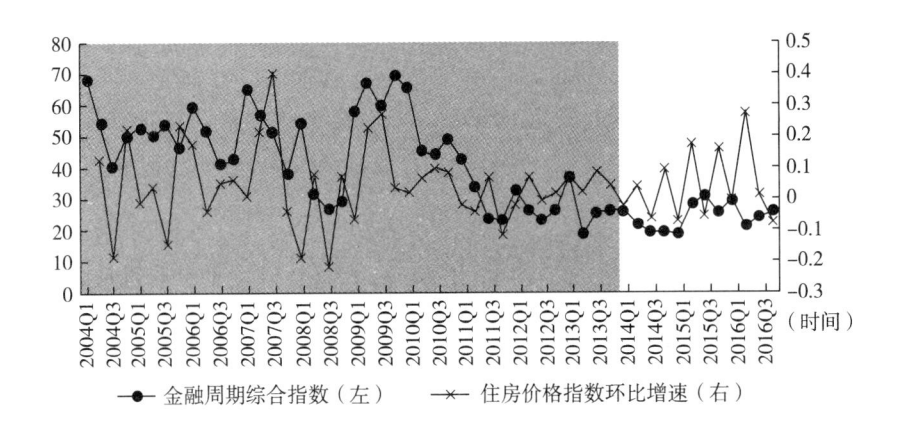

图 12.4　金融周期综合指数与住房价格环比增速

$$Ay_t = F_1 y_{t-1} + L + F_p y_{t-p} + \varepsilon_t \tag{12.1}$$

其中，y_t 为由内生变量构成的 k 维列向量，A、F_i、ε_t 分别表示刻画变量当期关系的 $k \times k$ 维下三角矩阵、由滞后项系数构成的 $k \times k$ 维矩阵以及 k 维随机扰动项，$\varepsilon_t \sim N(0, \sum^2)$。[①]

以上模型可进一步简化为：$Y_t = B_1 y_{t-1} + \cdots + B_p y_{t-p} + A^{-1} \sum e_t$

$B_i = A^{-1} F_i$，$i = 1, \cdots p$；$e_t \sim N(0, I_k)$ 为随机扰动项。模型进一步化简为：

$$y_t = X_t \beta + A^{-1} \sum e_t, \quad X_t = I_k \otimes (y_{t-1}' \cdots y_{t-p}') \tag{12.2}$$

在传统 SVAR 模型中，相关参数均为固定值，不具时变性。Prim-

---

① A 和 $\sum$ 可表示为以下形式：$A = \begin{bmatrix} 1 & 0 & \cdots & 0 \\ a_{21} & 1 & \vdots & 0 \\ \vdots & \vdots & \vdots & \vdots \\ a_{k1} & \cdots & a_{k,k1} & 1 \end{bmatrix}$，$\sum = \begin{bmatrix} \sigma_1 & 0 & \cdots & 0 \\ 0 & \vdots & \vdots & \vdots \\ \vdots & \vdots & \vdots & \vdots \\ 0 & \cdots & 0 & \sigma_k \end{bmatrix}$

iceri（2005）提出时变参数向量自回归模型，假定参数可以随时间而变动，以识别经济变量间可能存在的时变结构。以上模型进一步转变为：

$y_t = X_t \beta_t + A_t^{-1} \sum_t e_t$，$t = p+1$，$\cdots$，$n$。

该模型即为 SV-TVP-VAR 模型，即具有随机波动率的时变结构向量自回归模型。参考 Primiceri（2005）的定义，将 $a_t = (a_{21}, a_{31}, a_{32}, a_{41}, \cdots, a_{k,k-1})'$ 定义为由 A_t 中元素组成的矩阵；$h_{jt} = \log \sigma_{jt}^2$，$j = 1$，$\cdots$，$k$，$h_t = (h_{1t}, \cdots, h_{kt})'$ 表示随机波动率。假设模型中的时变参数都服从一阶随机游走，即：$\beta_{t+1} = \beta_t + u_{\beta t}$，$a_{t+1} = a_t + u_{at}$，$h_{t+1} = h_t + u_{ht}$。

$$\begin{bmatrix} e_t \\ u_{\beta t} \\ u_{at} \\ u_{ht} \end{bmatrix} \sim N \left(0, \begin{bmatrix} I & 0 & 0 & 0 \\ 0 & \sum_\beta & 0 & 0 \\ 0 & 0 & \sum_a & 0 \\ 0 & 0 & 0 & \sum_h \end{bmatrix} \right)$$

$$\beta_{t+1} \sim N(\mu_{\beta_0}, \sum\nolimits_{\beta_0}),\ a_{t+1} \sim N(\mu_{a_0}, \sum\nolimits_{a_0}),\ h_{t+1} \sim N(\mu_{h_0}, \sum\nolimits_{h_0})$$

(12.3)

其中，I、$\sum_h$、$\sum_{a_0}$ 和 $\sum_{h_0}$ 分别为方差协方差矩阵，由于模型中的参数可以随时间永久性或暂时性变化，所以可以解释经济结构中的突变或渐变特性。随机波动率虽然会增加模型灵活性，但同时也增加了参数估计的难度，使传统 SVAR 模型估计所采用的估计方法（最小二乘法或最大似然法）容易造成模型参数过度识别的问题，所以本章参考 Nakajima（2011）所使用的方法，采用贝叶斯分析中常用的马尔科夫链蒙特卡罗（MCMC）法对模型进行估计，在此基础上通过脉冲响应函数分析各变量之间的影响。

在变量顺序设置上，参考李戎等（2015）的设定，按照实体经济变量、价格变量、金融变量的顺序将模型中变量排序，因而 y_t 的构成为：$y_t = (Y_t, RE_t, FC_t)$，其中 Y_t、RE_t 和 FC_t 分别为产出、房地产价格及金融周期变量，即 GDP 季度同比增速（不变价）、中国典型城市住房同质价格指数及金融周期综合指数经季节性调整取对数并差分后的缺口值，季节性调整选取方法为 Cesus X-12。

VAR模型中的变量排序影响实证结果，在Choleski分解法下，为了使模型能够识别出会对变量当期关系加以约束，这就使排序在后的变量对排序在前的变量不存在当期作用而仅仅有滞后期影响。作为本章VAR模型的基础变量，金融、房地产价格和实体产出之间也存在一定的理论传导关系。相对于实体产出和房价而言，金融变量对经济金融冲击的反应更加迅速，所以我们把它排在最后。众多学者的研究结果也表明信贷的膨胀或金融市场的趋热对房价的影响具有时滞特点（周建军等，2011），这也支持将金融周期排在房地产价格之后。而房地产价格对实体产出有显著带动效应（Fang, et al., 2016；赵昕东，2010），这支持将房地产价格排在实体产出之后。因此，以产出、房地产价格和金融周期变量的顺序构建VAR模型具有合理性。

第五节 实证分析

一 变量检验

VAR模型需要各内生变量保持平稳，本章对各变量进行单位根检验，检验结果如表12.1所示：

表12.1　　　　　单位根检验结果（2004Q1—2016Q4）

线性单位根检验							
变量	T值	MacKinnon p值	平稳性	变量	T值	MacKinnon p值	平稳性
GDP	-1.66	0.45	不平稳	y	-4.67	0.00	平稳
RE	0.32	0.98	不平稳	re	-6.59	0.00	平稳
FC	-3.27	0.13	不平稳	fc	-7.81	0.00	平稳
非线性单位根检验（假设数据生成过程中有未知结构性变化）							
变量	T值	Vogelsang p值	平稳性	变量	T值	Vogelsang p值	平稳性
GDP	-3.33	0.48	不平稳	y	-5.42	<0.01	平稳
RE	-1.02	>0.99	不平稳	re	-8.21	<0.01	平稳
FC	-4.73	0.02	平稳	fc	-8.47	<0.01	平稳

注：其中y、re、fc分别对应GDP、RE、FC的对数差分值。

前面的讨论指出由于中国的经济和金融改革，金融周期对房地产价格的影响可能存在时变特征。类似地，这些经济和金融改革也可能使GDP、RE、FC等经济和金融变量的数据生成过程产生结构性变化。由于在数据生成过程存在结构性变化时，线性单位根检验的结果是有偏的，表12.1也报告了非线性单位根检验的结果，该检验假设数据生成过程有未知的结构性变化。

可以看到，无论数据生成过程是否存在结构性变化，单位根检验的结果均显示GDP增长率和房价指数是不平稳的，而内生变量的对数增长率y、re、fc均为平稳变量。表12.1的单位根检验结果对金融周期指标的水平值是否平稳存在争议。如果假设FC的数据生成过程为线性的，则它是不平稳的。如果假设FC的数据生成过程存在结构性变化，则它是平稳的。基于以下两个原因，我们在后续的实证分析中，均采用原始数据的对数增长率y、re、fc进行。①对平稳变量进行对数差分不影响VAR统计推断的可靠性，但将非平稳变量作为平稳变量放入VAR则会产生统计推断问题。②本章的RE指标是从马勇等（2017）的FC指标中分离出来的，所以两组变量的数据处理方式保持一致更有利于和文献的对应。

接下来，我们在确认变量平稳性的基础上，对变量进行格兰杰因果检验以确认其在统计上的引导关系。检验结果如表12.2所示。

表12.2　　　　　　　非线性格兰杰因果检验结果

自变量	因变量 Y		因变量 RE		因变量 FC	
	T统计量	P值	T统计量	P值	T统计量	P值
Y	—	—	0.11	0.46	0.95	0.17
RE	1.22	0.11	—	—	−0.14	0.55
FC	1.26	0.10	1.02	0.15	—	—

表12.2的非线性格兰杰因果检验的结果显示房地产价格和金融周期没有显著的格兰杰因果关系。至少在一部分样本期间内，金融周期与房地产价格的关系可能并不密切。

二　SV-TVP-SVAR模型实证结果

按照第十一章节所介绍的理论方法，以产出变量、房地产价格变量和金融周期变量构建 SV-TVP-VAR 模型。本章先验分布设定为 $(\sum_\beta)_i^{-2} \sim \text{Gamma}(20, 0.01)$，$(\sum_a)_i^{-2} \sim \text{Gamma}(2, 0.01)$，$(\sum_h)_i^{-2} \sim \text{Gamma}(2, 0.01)$。① 首先采用马尔科夫蒙特卡洛模拟法（MCMC）进行 10000 次抽样对参数进行估计。前 1000 次的抽样作为预烧值被舍弃，后 9000 次的抽样被用来估计参数的后验分布。沿用 Chan 和 Eisenstat（2018）的方法，我们根据对数边际似然函数值和 DIC 准则选取 SV-TVP-VAR 模型的滞后阶数为 1。②

图 12.5 为各变量随机波动率的时变特点。可以看到产出增长加速度波动率在 2009 年达到峰值后逐渐下降并在 2015 年之后趋近于 0，说明我国实体经济增长在美国金融危机之后日趋稳定，宏观调控政策得到有效实施。房地产价格增长率的波动率整体也呈下降趋势，但 2014 年以来有小幅上升，表明 2008 年以来房地产市场整体运行平稳，但近期

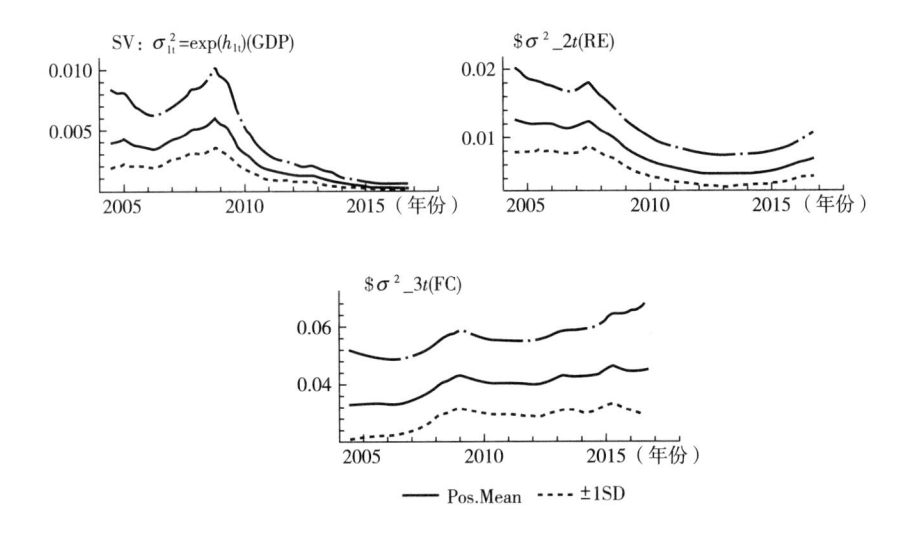

图 12.5　变量随机波动率时变特征

---

① 伽马分布的密度函数为，当 $x>0$ 时，$f_G(x|r, a) = c_G^{-1} x^{r-1} \exp(-ax)$，其他情况下密度函数值为 0。其中 $c_G = a^{-r}\Gamma(r)$。注意 Koop 和 Korobilis（2009）对 a 的定义是这里的倒数。

② 限于篇幅，最优滞后阶检验结果和模型参数估计结果请感兴趣读者向作者索要。

风险略有增加，值得引起重视。金融周期的波动率整体呈现缓慢上升趋势，且受全球金融危机影响在2007—2009年波动性增长迅速，在一定程度上表明样本期内金融市场整体风险有积累和增长态势。总体来看，模型中各变量的随机波动率与我国经济运行的实际状况相符。

图12.6分别为滞后1期、滞后2期和滞后4期的等间隔脉冲响应函数，横轴表示时间节点，纵轴为各变量脉冲响应值。可以看到各变量冲击在滞后1个季度时对其余变量有较为明显的影响，半年后影响明显减小，一年后影响几乎为0。具体到金融市场冲击，在2008年之前，其在滞后1期时对房地产价格增长率有明显的正向影响，表明金融周期景气程度上升在短期内对房地产价格增速有推升作用，但自2008年起影响持续减小，2016年年末的响应值近乎为0，反映出金融危机后我国房地产市场的价格增速受金融周期景气变动的影响程度逐渐下降，金融到房地产的传导机制逐渐弱化；金融周期冲击对实体经济的影响同样表现出明显的时变特点，在滞后1期时对实体经济有正向影响，即金融周期景气程度上升时会加速实体经济增长率的提升，但这一正向影响自2004年起就迅速降低并在2012年后变为负向，近年来，产出反馈近乎为零，可能意味着现有的金融服务方式对实体经济的支持能力达到了"瓶颈"，单纯的金融扩张难以有效拉动实体经济实现增长。

再看房地产价格增长率冲击，其在短期内对金融市场有着较为稳定的负向影响，一个可能原因是房价加速上涨将资金从金融市场吸引至房地产市场，同时往往伴随着利率的提升，即金融市场对房地产价格变动的关注和反应始终存在且较为稳定；房地产价格增长率冲击对实体经济有明显的正向影响，这也符合我国房地产行业在经济中占有重要地位的现实状况，但影响在2009—2014年持续减小，与金融危机前相比，目前房地产市场趋热对产出的拉动程度近乎减半，结合金融市场冲击对房地产价格增长率影响也存在时变性减小趋势，推测金融对实体产出影响变小的可能原因是金融—房地产—实体经济的传导渠道弱化。

从产出增长加速度冲击对其余变量的影响来看，金融市场的时变性最小，在滞后一期时始终保持较为稳定的负向反馈，意味着实体经济的趋热通常会带来金融市场的收缩，这可能是利用货币政策等宏观调控政策对经济进行调节的结果；房地产价格增长率的响应虽然为正但自2007

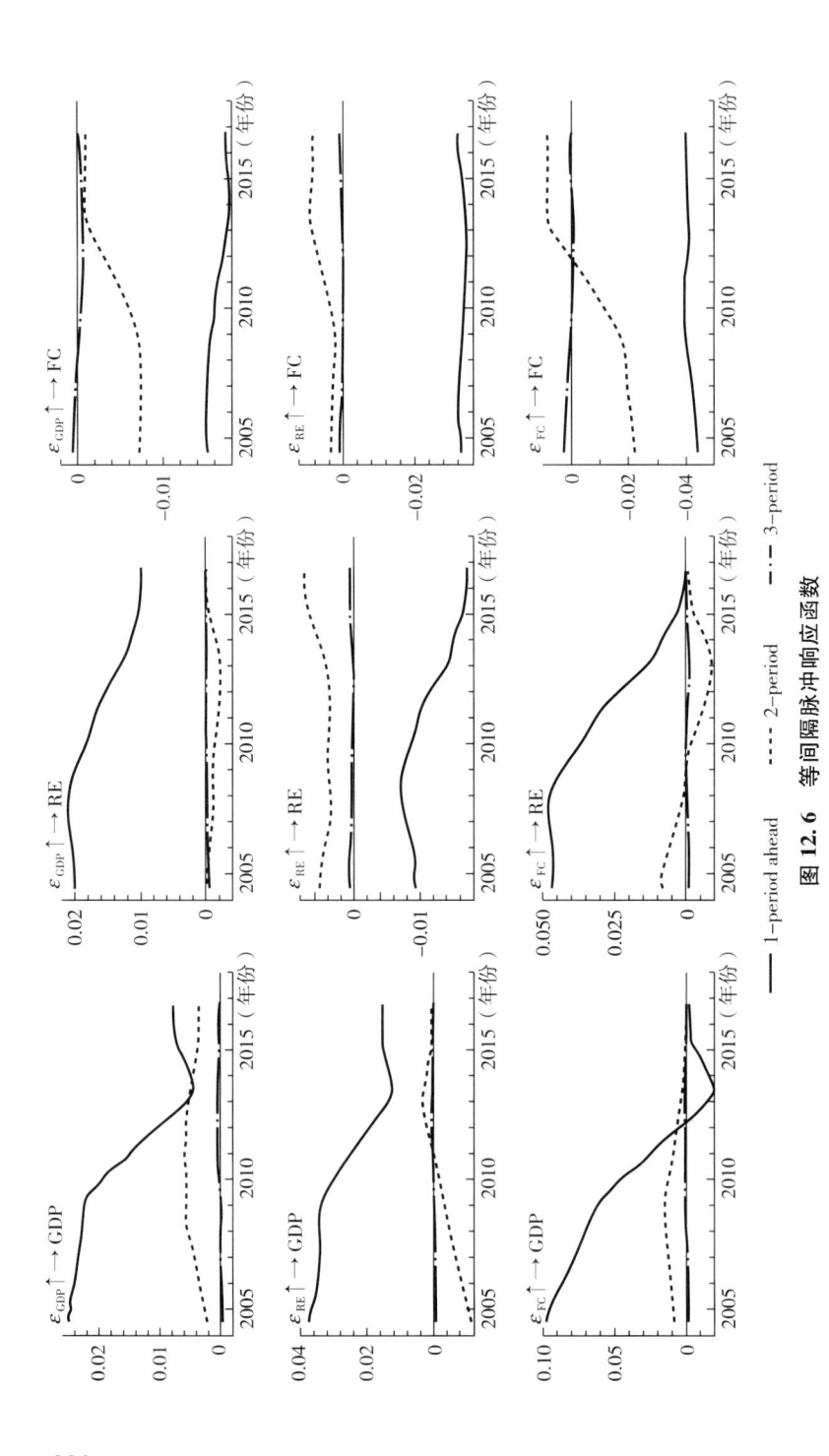

图 12.6　等间隔脉冲响应函数

年响应程度持续减小，在以住房作为家庭主要固定资产投资的中国，实体经济的繁荣很可能通过增加居民的收入并促进房产交易进而拉升房价，影响关系的减小则可能源于居民投资品类的增多以及在经济增长放缓的背景下，居民购置住房以及进行房地产投资的需求相对减少。

从等间隔脉冲响应结果图可以看到各变量之间的影响关系有较为明显的时变特点，为进一步分析不同时点模型中金融周期对房地产价格增长率影响的变化情况，我们选取危机前（2006年第一季度）、危机后（2009年第一季度）和近期（2016年第一季度）作为三个脉冲响应时点，得到以上脉冲响应结果。

从图12.7可以看到，美国金融危机前后时点金融冲击对房地产价格增长率在滞后2期内均有正向影响，滞后4期后影响消失，说明金融膨胀在半年内对房地产价格增长率有明显的拉动作用，且金融危机前后房地产价格增长率对金融市场的反馈近乎一致。然而，到2016年这种反馈明显变小，近乎为零，这与等间隔脉冲响应结果相符，即近年来金融市场到房地产市场的传导变弱。金融冲击对实体经济影响的时变性更为明显，在金融危机前，金融周期冲击在滞后2期内对实体经济产出的正向影响最高，美国金融危机后影响有所下降但依然比较显著，然而，在2016年影响再次近乎消失，金融市场的波动很难再对实体产出造成太大影响。

房地产价格增长率冲击的时变性则相对要弱很多。其对金融市场的影响在三个时期近乎一致，即当期显著为正，滞后1期后变为负向，滞后2期后影响消失，虽然近年来房地产价格增长率对金融波动的反馈变弱，但金融市场对房地产冲击的反馈始终稳定。房地产价格增长率冲击对实体产出在滞后两期内有正向影响，这一影响同样在金融危机前后无明显差异，但2016年后显著变小，这一变化可能是金融冲击对产出影响降低的原因之一，即金融市场—房地产市场—实体经济的传导渠道遭到了削弱。

产出增长加速度冲击对金融市场的影响在三个时点均保持一致，产出增长率加速提升在当期对金融市场有正向影响，一期后影响变为负向，两期后影响消失，金融周期指数对实体经济及房地产价格冲击的反馈均非常迅速，也体现出金融市场对信息的传递和反馈相对更快；金融

图 12.7 时点脉冲响应

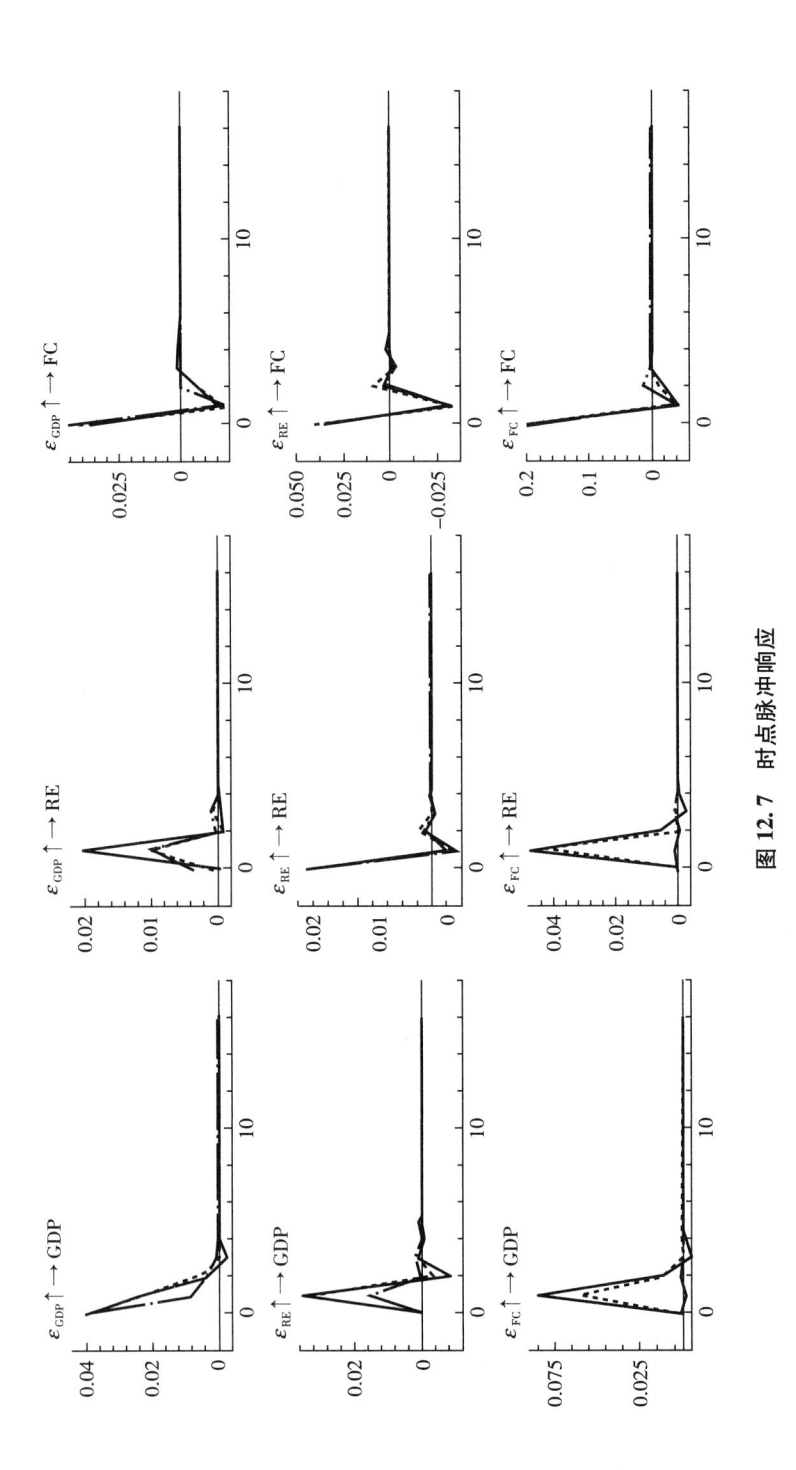

危机前后，产出增长加速度冲击在滞后 2 期内对房地产价格增长率有一致的正向影响，但 2016 年影响变小，进一步表明房地产行业与实体经济的联动程度逐渐减弱。

第六节　稳健性检验

VAR 模型中变量选取及数据处理方式可能会对最后的实证结果产生影响，为了使本章的实证结果更为真实稳健，笔者参考同类文献所构建的金融周期综合指数进行检验，同时改变模型参数设定，以验证实证结果是否具有代表性。

首先，对比同类文献所构建金融周期综合指数实证结果。借鉴朱太辉和黄海晶（2018）选择用广义信贷、广义信贷/GDP 构造金融周期指标（FC2）进行稳健性检验[①]，发现金融周期对房地产价格的滞后影响在 2007 年后大幅降低，这与美国金融危机后金融对房地产的影响减弱的结论相符。此外，本章还根据张宗新和张秀秀（2019）的方法以信贷，信贷/GDP，M_2 同比增长三个变量合成金融周期指数（FC3）[②]，其脉冲响应结果显示金融对房地产和产出的影响在 2008 年左右开始大幅下降，这也与本章的结论相符合。考虑到金融变量代理指标的变化可能对稳健性结果产生影响，将银行利差作为衡量资金成本的代理变量并添加长期风险溢价和社会融资规模变量构建金融周期综合指数（FC4），以 M_2 同比增速直接作为金融周期的代理变量（FC5），回归结果与本章没有显著差异。实证结果详见本章附录。

其次，在构建金融周期变量时，马勇等（2017）尝试了四种对金融指标进行加总的方法。本章的基准模型采用了简单算术平均法。为检验基准结果的稳健性，我们采用马勇等（2017）的其他三种加总方式构建金融周期指数，即以各金融变量波动性倒数占所有金融变量波动性倒数之和的比例加权求平均（FC6），以各金融变量与产出水平相关系数为权重求平均（FC7），求各金融变量的主成分（FC8）。我们分别用

[①] 鉴于本章研究的是金融周期与房地产周期之间的关系，故剔除原指标中的商品房累计平均销售价格因素。

[②] 基于与构造 FC2 相同的原因，剔除国房景气指数。

FC6、FC7、FC8 替换基准模型中的金融周期指数,重新估计 SV-TVP-SVAR 模型,所得主要定性结论与基准模型一致。金融冲击对房地产价格增长率的影响具有明显的时变性特征,随着时间推移金融冲击对房地产价格增长率的影响呈下降趋势。实证结果详见本章附录。

迄今为止,我们所有的实证分析中,金融周期综合指数都是按固定权重加总得到的。考虑到改革可能引致的经济与金融结构变化,不同金融指标与房地产价格的相关性可能发生动态变化。我们用各金融指标与房地产价格的相关性动态加权构建金融周期指数。具体而言,用 2004 年第一季度至 2008 年第二季度作为初始窗口,估计各金融指标与房地产价格的相关系数,作为这段窗口期中各金融指标的权重。从 2009 年第一季度开始,每个季度将上一期的权重估计窗口拓展 1 个季度,重新估计相关系数,更新各金融指标的权重。这样得到的金融周期指数用 FC9 表示。用 FC9 替换基准模型中的金融周期指数,重新估计 SV-TVP-SVAR 模型,所得实证结果见本章附录。这些结果显示,考虑金融周期指数权重的动态变化并不影响本章的主要结论。

再次,鉴于图 12.7 中进行的时点脉冲响应分析集中于第一季度,为了避免季节性因素的干扰,对其他季度的数据也进行了检验,结果与图 12.7 基本吻合,据此排除了季节性因素可能带来的影响,具体结果见本章附录。

最后,我们的基准结果基于 Nakajima 所提供的默认先验分布参数。为了确保结果的稳健性,我们结合本章模型实际情况选择先验分布的参数。具体如下:设 $(\sum_\beta)_i^{-2}$,$(\sum_\partial)_i^{-2}$,$(\sum_h)_i^{-2}$ 服从 gamma 分布,沿用 Koop 和 Korobilis (2009) 的做法,我们用如下拇指规则选择先验分布参数。

$$(\sum\nolimits_\beta)_i^{-2} \sim Gamma[1+n_\beta,\ (1+n_\beta)k_B^2],$$
$$(\sum\nolimits_\alpha)_i^{-2} \sim Gamma[1+n_\alpha,\ (1+n_\alpha)k_A^2],$$
$$(\sum\nolimits_h)_i^{-2} \sim Gamma[1+n_\alpha,\ (1+n_\alpha)k_H^2] \quad (12.4)$$

其中,n_β,n_a,n_h 分别是 $(\sum_\beta)_i^{-2}$,$(\sum_\partial)_i^{-2}$,$(\sum_h)_i^{-2}$ 中的参数个数,$k_B=0.01$,$k_A=0.1$,$k_H=0.01$。实证分析结果见本章附录,结

果显示本章的主要定性结论是稳健的。金融冲击对房地产价格及产出在滞后1期均有显著正向影响且影响在样本期内逐渐减小，体现明显的时变性。产出冲击对房地产价格的影响在2008年以后也呈现出随时间下降的趋势。

总之，以上通过改变变量选取及模型设置的稳健性检验结果与本章的实证结果基本一致，表明本章结果稳健。

第七节　结论和政策建议

本章基于马勇等（2017）的方法选取五个代表我国金融市场运行情况的变量构造能够反映金融景气度的综合指数，从综合指数走势来看，其与我国经济、金融市场的实际运行状况整体相符，可以较为有效地描述市场波动情况并作为金融周期的代理变量。在构建金融周期综合指数的基础上，笔者选用中国典型城市住房同质价格指数及GDP季度同比增速分别作为房地产价格和实体经济的代理变量构造三变量SV-TVP-VAR模型，实证分析变量间关系的时变特点。结果发现：金融周期对房地产价格的影响具有明显的时变性，2008年之前，金融市场膨胀对房地产价格有稳定的推升作用，但金融危机后该影响持续弱化，相比之下，房地产价格冲击对金融市场的影响却始终相对稳定；金融周期，房地产价格冲击对产出的影响均逐渐减小，而实体经济对金融市场的影响则较为稳定，但与金融周期类似，其对房地产的影响有明显时变性，且自2007年起逐渐减小。本章刻画了金融周期、房地产价格和产出关系的动态变化，后续的研究可以从理论上进一步探讨产生这些动态变化的原因和传导机制。这将有利于宏观金融理论的发展。

本章的研究结果对于经济金融政策的制定也具有一定的参考意义。首先，要充分认识到由于国际经济形势和我国自身经济增长态势发生的变化，金融周期对房地产价格、实体产出影响表现出明显的时变性，与2008年美国金融危机前相比，当下我国金融市场冲击对房价及产出的影响均大幅降低，金融刺激政策可能难以再通过房地产市场有效带动实体经济的繁荣；相反，其反而可能导致银行贷款不良率的攀升，在金融系统内积累系统性风险。其次，国家针对房地产的宏观调控政策不仅对于控制不良率的提高体现出积极作用,而且自美国金融危机以来,产出及房价的随机波动率均显著下降,风险得到有效控制。2016年年底中央经济工作会议和2017年全国金融工作会议以后,中国金融监管部门加强了防范和化解系统性金融风险的政策举措。"房地产金融化泡沫化势头得到遏制,2020年房地产贷款增速8年来首次低于各项贷款增速"[①]。根据我们的实证研究结论,这些政策举措有利于守住不发生系统性风险的底线,而对经济增长无显著负面影响。未来应坚持遏制房地产金融化泡沫化,将房地产宏观调控政策作为宏观慎重框架的重要组成部分。

---

① 郭树清主席2021年3月2日在国新办推动银行业保险业高质量发展新闻发布会上的讲话。

第十三章

中国的风险分担与产业专业化

我们调查了风险分担如何影响中国地级市的产业专业化。通过分解风险分担机制，我们发现事前风险分担对制造业的地理集中度具有一阶刺激效应，特别是对非国有企业和周期性行业而言，该效应更为显著。事后风险分担则只对国有企业有显著影响。这一结果在工具变量估计和控制产业专业化的其他决定因素的检验中仍然稳健。此外，我们表明区域间劳动力迁移（专项财政转移支付）在促进区域间事前（事后）风险分担方面发挥着重要作用。本章研究表明，如果资本市场和信贷市场得到更好的发展，产业专业化将带来更多的风险分担和效率收益。

第一节 引言

生产风险保险从产业专业化中获益的重要价值得到了广泛的认可（Brainard and Cooper，1968；Ruffin，1974；Helpman and Razin，1978）。专业化有助于实现更高速的经济增长，但会引发更大的产出差异（Saint-Paul，1992）。若没有生产风险保险，产出差异造成的福利损失将超过产业专业化带来的收益。如果地区和国家能够为其个体特定生产风险投保，则它们就能够通过专业化生产来更好地发掘比较优势（Greenwood and Jovanovic，1990；Saint-Paul，1992；Obstfeld，1994；Acemoglu and Zilibotti，1997）。与此一致地，Kalemli-Ozcan 等（2003）提供的证据表明保险规模与专业化程度正向相关。然而，经济机制尚未被充分理解。

理论上，有两种方法可以在市场经济中平滑地区产出波动

（Kalemli-Ozcan, et al., 2003）。首先，一个地区的居民可以主要通过资本市场使他们的收入来源实现地域多样化，从而保证收入并平滑消费（事前）。其次，为了应对收入波动（暂时性冲击），一个地区的居民可以主要通过信贷市场借贷来平滑消费（事后）（Asdrubali, et al., 1996）。现存文献并没有尝试辨别并分解这两种风险分担机制。我们的核心研究内容是实证检验事前与事后的风险分担在促进产业专业化中的相对重要性。

该问题对于新兴市场经济体和发展中国家尤为重要。在发达经济体中，发达的资本市场和信贷市场分别是事前和事后风险分担的主要工具。两种机制都是以市场为基础的，因而政府在实现风险分担方面的作用较小。相比之下，新兴市场经济体和发展中国家的典型特征是金融抑制，在这些地区金融体系在政府过度控制和干预之下，并处于高度不发达的状态。政府对国内银行保有所有权或控制权是普遍存在的现象。利率会受到明确或间接的限制，因而银行可以向享有特权的大公司和政府提供廉价贷款。股票市场和债券市场要么不存在，要么规模很小。政府对证券市场的过度控制和干预十分普遍。在这种情况下，资本市场和信贷市场难以惠及非国有企业，尤其是中小企业和广大城乡居民。因此，它们难以承担实现事前和事后风险分担和支持产业专业化的重任。另外，劳动力迁移，尤其是农村向城市迁移，以及由此产生的汇款在收入来源多样化方面发挥着重要作用，并成为事前风险分担的重要手段（Du, et al., 2011; Balli and Rana, 2015）。特殊财政转移支付和政府援助成为在负面冲击后维持消费的事后风险分担的主要手段。这一模式表明，在新兴市场经济体和发展中国家，事前风险分担主要依赖于市场机制，而事后风险分担则依赖于政府协调机制。因此，这些经济体中普遍存在的国有或国有控股公司可能会从政府管理的事后风险分担机制中不成比例地获益，而非国有企业则可能从基于市场的事前机制中获益。因此，国有企业和非国有企业的地理集中度可能分别受到事后和事前风险分担机制的显著影响。

我们使用2003—2015年中国制造企业的大型数据集，实证研究了事前和事后风险分担对制造活动地理集中度的影响。中国的实例为新兴市场经济体提供了独一无二的机会来衡量哪种风险分担（事前还是事后)与生产专业化更密切相关。例如,在压制性金融政策下,中国国家主导的银行体系将正规信贷引导至国有企业,而中小企业则难以获得银行信贷(He, et al., 2017),该现象在发展中经济体中也较为典型。中国仍然具有欠发达经济体的共同特征——二元经济结构,其中农村向城市的迁移在减轻农村贫困方面发挥着重要作用。理解中国对于其他新兴市场经济体具有宝贵的政策意义。

此外,中国是一个具备所有制造产业的大国①。中国城市的产业集聚差异很大(Lu and Tao, 2009; He, et al., 2017)。大量的地级市样本和差异化的产业模式有助于我们进行实证分析,并且这类调查研究使用了一致的风险分担和行业分类衡量方法,无须担心在跨国分析中常遇到的测量误差和估计偏差。最后,中国各省份之间风险分担程度的差异与国家间的差异较为相似(Du, et al., 2011),并且跨省份分担风险的壁垒与国家间的壁垒相当②,这使中国背景下的研究对于地区乃至国际的研究都具有参考价值。

参照 Kalemli-Ozcan 等(2003)的研究,我们将一组风险分担定义为由众多地区(城市)组成的国家(中国),并计算基于收入和基于消费的指标来代表中国各城市事前和事后风险分担程度。之后,我们计算了中国每个城市的产业专业化指数,并检验一个城市与中国其他城市的风险分担程度是否与该城市的产业生产集中度呈正相关。结果表明,更好的风险分担意味着更高程度的产业专业化。该影响关系在基于收入的风险分担(事前风险分担)程度更高的地区尤为显著。相比之下,基于消费的风险分担(事后风险分担)的作用更为有限,其对完全产业专业化并没有显著影响。不仅如此,我们还发现事前风险分担对经济开发区所在城市的区域专业化程度具有显著的正向影响,并且在周期性行业中这种正向影响将更为显著。

我们通过利用详尽的数据进一步研究了国有企业和非国有企业的产业专业化,发现事前和事后风险分担分别提高了非国有企业和国有企业的产业专业化。这与我们在中国新兴市场经济中观察到的事前风险分担

---

① 大多数经济体都较小,只具备若干大规模产业。
② 中国部分省份的收入水平与经济合作与发展组织(OECD)成员国的水平相当。

渠道主要是以市场为基础，而事后风险分担渠道则主要由政府统一管理的事实相一致。

在控制了产业专业化的各种传统决定因素后，我们的结果仍然稳健。无论是替代产业专业化的衡量指标还是应用不同的回归方法，都会得到类似的结果。为了防范潜在的内生性问题，我们寻找可能外生于产业专业化的工具变量（IVs）。具体来说，我们使用每个城市的族谱数量以及地方方言与北京普通话的差异作为风险分担的两个备选工具变量。我们还控制了区域专业化的其他传统决定因素。结果表明，事前风险分担或总风险分担与产业专业化之间的正向相关关系依然存在。

我们表明跨地区劳动力迁移和专项财政转移支付分别在促进城市间的事前和事后风险分担方面发挥了重要作用，这一结论验证了在中国事前风险分担渠道主要以市场为基础，而事后风险分担渠道主要受政府控制的规律。

我们的研究对风险分担和产业专业化相关文献做出了一些贡献。第一，本章是第一个明确地分别检验了事前和事后风险分担对产业专业化影响的研究。以往关于风险分担的研究通常侧重于检验风险分担对经济活动的影响，或分别通过不同的风险分担渠道来识别影响关系。例如，部分研究表明，完全的风险分担会带来显著的福利收益（Backus et al.，1992；Obstfeld，1994；Asdrubali et al.，1996；Lewis，1996；Crucini，1999）。Kalemli-ozcan 等（2003）发现风险分担程度与产业专业化程度正向相关。Hevia 和 Servén（2018）将风险分担程度与宏观变量联系起来，他们发现更高的风险分担水平可以提高全球化的收益。Asdrubali 等（1996）通过资本市场、联邦政府和信贷市场识别了渠道，并进一步估计了在达到其当前的风险分担水平中各部分风险分担的具体影响。Du 等（2011）和 Du 等（2010）研究了中国不同的风险分担渠道以及金融市场在实现风险分担中的作用。Asdrubali 等（2018）研究了政府消费如何消化宏观经济冲击。

我们的研究通过分解事前和事后风险分担对建立产业专业化模式的推动效果，对既有文献进行了补充和扩展。Kalemli-ozcan 等（2003）的研究已表明了事前和事后风险分担对产业专业化的影响，但他们在实证分析中应用了收入保险（事前）的衡量指标或完全消费保险（完全风险分担）的衡量指标。事前和事后风险分担对产业专业化的影响差异仍未被探索研究。

第二，本章研究进一步将事前风险分担和事后风险分担与基于市场的风险分担渠道和政府管理的风险分担渠道联系并对应起来。市场力量和政府干预紧密的相互作用贯穿于中国的整个改革过程，这就为对于事前和事后风险分担如何影响经济活动的研究提供了绝佳的研究背景。

在中国新兴市场经济中，传统的以一级市场为基础的风险分担机制，即资本市场和信贷市场，在实现风险分担方面并没有发挥重要作用。这主要反映了中国资本市场的不发达，以及以国有企业为导向的银行体系并没有使非国有企业和家庭受益多少。主要是外来务工人员汇款和政府间专项转移支付分别构成了事前和事后风险分担的主要渠道。一般来说，它们是相对原始的风险分担形式。因此，事前风险分担取决于市场力量，而事后风险分担取决于政府行为。所以，目前事前和事后风险分担已达到的水平仍然有限，这阻碍了产业专业化和经济增长，并导致了大量的效率损失。这一问题展现了在文献中经常被忽视的不发达的金融体系的额外负面影响。

第三，大量文献研究了产业专业化的决定因素（Harrigan，1999；Davis and Weinstein，1999；Harrigan and Zakrajsek，2000；van Riet, et al., 2004）。除了生产要素禀赋、技术和知识、经济发展等传统决定因素外，研究人员还把注意力转向了其他决定因素。新经济地理学（Krugman，1991）指出了经济自由化在加强专业化方面的作用，且已有一系列研究分析了（金融和贸易）开放程度与专业化水平的关系（Imbs，2004；Masten, et al., 2008）。Brülhart 和 Trionfetti（2001）聚焦于歧视性公共采购如何影响产业区位。近期，各研究试图探索工业企业分布中的政策和制度因素（Duranton and Puga，2004；Johansson and Olabería，2014；Chor，2010；Nunn and Trefler，2013；He, et al., 2017；Fan, et al., 2021）。我们重点研究了风险分担如何影响产业专业化，以及风险分担如何与政府干预共同作用的机制，从而对相关文献做出研究贡献。我们的分析表明，基于市场的事前风险分担有助于促进非国有企业的产业专业化，而政府管理下的事后风险分担催生了国有企业的产业专业化。中国的经验对于其他经济体，尤其是新兴市场经济体和发展中国家,具有普遍意义。

本章的剩余部分安排如下。在第二节中我们提出了假设。我们在第三节中描述了数据集、变量度量和关键变量的统计数据。第四节研究了风险分担以及其他因素对城市级产业专业化的影响。在第五节我们进行了稳健性和敏感性分析。第六节分析了中国的事前和事后风险分担的渠道。第七节得出结论。

第二节 理论与假设

风险分担程度预计可以有助于塑造行业专业化程度。资本和劳动力等生产要素可以分配到不同的产业。每个地区的个人和公司在每个部门的生产中都面临着不确定性。如果他们只专注于一个产业,一旦出现负面的生产冲击[①],他们的收入就会受到负面影响,从而他们的消费需求则无法得到满足。因此,专攻少数产业的地区会面临生产风险,这可能会对其区域经济和社会福利造成重大损失(Kemp and Liviatan, 1973)。如果存在完善的保险市场,各地区可以借助资本市场、财政转移支付等手段实现完美的风险分担,实现生产专业化,促进经济增长(Obstfeld, 1994; Kalemli-Ozcan, et al., 2003)。

以拥有世界第四大油田的中国大庆为参考。大庆专攻石油工业及相关产业是该市的自然选择。然而,由于高度依赖占 GDP 50%—55% 的石油工业,大庆会显著受到油价波动的周期性影响。例如,原油价格在 2014—2015 年经历了一次暴跌,布伦特原油期货价格从 2014 年 1 月的 108.18 美元/桶跌至 2015 年 12 月的 35.74 美元/桶。油价震荡对大庆市产生了巨大影响,导致该城市 GDP 增长率从 2013 年的 7% 下降到 2014 年的 4.5% 和 2015 年的 -2.3%。GDP 增长率从 2013 年的 7% 上升到 2014 年的 4.5% 和 2015 年的 -2.3%。大庆市约 270 万居民遭受重大经济损失。如果居民可以获取其他地区的投资或其他收入来源,抑或是可以获得更多的政府转移支付或补助,则大庆市 GDP 下降对居民个人收入的影响将大幅降低。

[①] 冲击可以是特定地区的,也可以是特定于行业的。

第十三章 中国的风险分担与产业专业化

当地区间风险分担程度较低时，各地区的个人和企业就只得通过产业多元化在内部分担生产风险。一方面，个人和企业会从事于不同的行业和产品；另一方面，相对自给自足的地方经济可能会增强地区承受生产冲击的能力。因此，资源既会被分配到具备地区比较优势的生产率较高的部门，也会被分配到该地区并不见长的生产率较低的部门，从而导致了生产效率的损失。相比之下，当地区间风险分担程度较高时，企业就能承受住更强的生产冲击并充分利用产业专业化的优势。对此，我们做出以下假设：

H13-1：在风险分担程度更高的地区，工业生产更加偏向专业化。

以往的研究提出了两种保障地区生产风险的机制（Asdrubali, et al., 1996；Sørensen and Yosha, 1998；Kalemli-Ozcan, et al., 2003）。一是事前风险分担。地区居民可以将收入来源分散到不同地区来抵御收入风险。二是事后风险分担。为应对收入波动（暂时性生产冲击），地区居民可以通过借贷或接受转移支付或补助来平滑消费（事后风险分担）。

事前风险分担的一种方法是通过生产要素跨地区流动来实现收入来源的地域多样化。通过投资资本市场并持有在各个地区运营公司的股份，一个地区可实现对特定冲击的免疫，从而更好地利用产业专业化的优势（Greenwood and Jovanovic, 1990；Saint-Paul, 1992；Kalemli-Ozcan, et al., 2003；Basile and Girardi, 2010）。此外，地区间的劳动力流动和由此带来的跨地区汇款将使劳动力收入的来源实现地理多样化，促进风险分担。鉴于工业化和城市化的重要性以及新兴市场经济体的资本市场还处于不发达水平，这类劳动力流动和汇款机制预期将对中国及其他发展中国家尤为重要。例如，研究发现农民工汇款在加强中国收入风险分担方面发挥了重要作用（Du, et al., 2011）。此外，某些如税收和社会保障等类型的财政流动通常为事前渠道。

事后风险分担可以以多种形式呈现。在冲击发生后，地区居民可以在跨地区信贷市场上借贷，来抑制收入波动并平滑消费（Kalemli-Ozcan, et al., 2003）。某些如政府补贴和财政转移支付等类型的财政流动可以作为平滑消费的工具。例如，源自各政府相关部门的财政援助可以帮助抵御自然灾害导致的收入冲击（Du, et al., 2011）。

需要注意的是,在大多数新兴市场经济体和发展中国家中,比如中国,国有银行普遍存在,这使政府可以控制信贷分配,将贷款或补贴引导至政府青睐的行业和企业。从这个意义上说,事后风险分担渠道在很大程度上处于政府的控制之下,而资本市场和迁移等事前风险分担渠道在很大程度上依赖于市场活动。

随着中国市场化改革的推进,中国家庭的收入来源日益多元化。预计源自跨地区资本和劳动力流动的收入在家庭收入结构中的重要性将逐步升高,从而促进事前风险分担。同时,银行信贷仍然有利于国有部门。家庭信贷相当有限。国家和地方财政支出侧重于促进经济增长,而不是支持民生。因此,银行业和政府支出可能在加强个人风险分担方面作用较小。本章预计事前风险分担渠道比事后渠道的作用更大。同时,鉴于在中国非国有部门占就业、工业产出和 GDP 的大部分,从整体经济的视角出发,预期事前风险分担比事后风险分担对形成产业专业化影响更大[①]。因此,我们提出:

H13-2:事前风险分担对于产业专业化的重要性高于事后风险分担。

尽管中国在非国有企业的带动下经历了显著的经济增长,但国家经济的制高点,即战略重要部门,仍处于政府控制之下,国有企业在其中发挥着重要作用。国有企业的产业空间布局主要由中央和地方政府出于不同的战略考虑所做出的产业规划来决定。地方政府愿意针对国有企业设计和推进产业政策,并让国有企业专攻特定行业(Catin, et al., 2005),来充分利用专业化优势实现经济高速增长。地方政府以国有企业的形式占有相当多的生产能力份额,并在各种资源的配置上享有相当大的自由裁量权,由此地方政府可以采用特定产业政策来指导生产[②]。因此,一般而言,国有企业的专业化程度可能更高,但同时国有企业也更容易受到生产冲击的影响。然而,因为政府控制的事后风险分担机制为国有企业应对生产冲击提供了强有力的支持,所以国有企业的空间产

---

① 根据习近平 2018 年 12 月 1 日在民营企业座谈会上的讲话,从 1978 年到 2017 年,私营部门贡献了超过 50% 的税收、60% 的 GDP、70% 的创新、80% 的城镇就业和 90% 的企业。

② 政府竞争虽然会吸取其他城市的经验,但往往是盲目复制,这就导致产业结构十分相似(Young, 2000; Bai et al., 2004)。

业分布在很大程度上不受基于市场的事前风险分担机制的影响。

一旦发生生产冲击，政府将优先补贴和救助国有企业，由国家控制的银行系统会向国有企业提供信贷来帮助它们应对冲击①。因此，政府设计的事后风险分担机制为国有企业提供了保险安全网，提高了国有企业的产业专业化水平。

相比之下，因为银行贷款和财政补贴主要流向国有企业，非国有部门就不太可能通过事后风险分担渠道从政府安全网获益（Eckaus，2006）。那么，主要通过跨地区资本和劳动力流动作用的事前风险分担，对于非国有企业的产业专业化而言尤为重要。

因此，我们认为事后风险分担与国有部门的专业化相关性更高，而事前风险分担则对于非国有部门的产业专业化更为重要。

H13-3：在国有部门中，事前（事后）风险分担对于产业专业化的积极影响相比在非国有部门更大（小）。

我们还需注意到各行业对商业周期的敏感性也不同。周期性行业的生产通常会放大 GDP 波动，而非周期性行业的产出受 GDP 波动的影响较小并且会抑制 GDP 波动。生产资料和耐用消费品行业比非耐用消费品行业通常更具周期性（Petersen and Strongin，1996）。例如，对食品的需求并不会随着 GDP 而大幅波动，因而食品生产被认为是非周期性行业。设备制造业被认为是周期性行业，而且对于设备的需求的波动性会比 GDP 更高。另外，周期性行业往往是资本密集型行业，其经营杠杆率一般较高②，这使生产风险进一步增加。由于周期性行业更容易受到周期性波动导致的生产冲击，并且在面临生产冲击时会呈现更高的波动性，因此事后风险分担机制，例如跨地区信贷或政府补贴和财政转移支付，可能比事前风险分担机制引发的成本更高③。因此，更高水平的

---

① 除了特殊转移支付的政府补贴外，国有企业还享有获得中央和地方政府指导的银行贷款的特权（Eckaus，2006）。

② 例如，资本密集型产业需要大量的固定资产投资和较大的生产规模才能获得足够的投资回报。因此，资本密集型行业由于仍需要支付固定成本，它们很容易受到经济衰退的影响。

③ 辽宁省盘锦市以石油工业及相关行业为主，属于典型的周期性行业。盘锦市以大型国有企业为主体，依托政府统筹的事后风险分担机制保持专业化。2018 年约 42.1% 的财政收入来自政府间转移支付和财政补贴。

风险分担，尤其是事前风险分担，可能会有效促进周期性行业的产业专业化。

尽管事前风险分担可能对周期性行业专业化的影响更大，但存在一些主要由重工业构成的周期性行业，它们往往具有战略性重要地位，因此会极大地受到政府产业政策和干预的影响。如果我们关于政府控制的事后风险分担机制为国有企业应对生产冲击提供强有力支持的假设是正确的，那么我们应该预期事前风险分担对于非国有部门的周期性产业专业化更为重要。

H13-4：风险分担在周期性行业中对产业专业化的积极影响比在非周期性行业中更加显著。事前（事后）风险分担尤其促进了非国有企业（国有企业）在周期性行业的专业化。

专业化受益于生产风险的分散，但在不同的制度环境下，风险分担机制的效率有所不同（Kalemli-Ozcan, et al., 2003）。市场力量和地方保护主义是市场分裂和整合的两个驱动力（Brandt, et al., 2014）。市场力量倾向于根据不同的禀赋，将资源配置到不同地理位置的不同行业，从而推动产业专业化。然而，地方保护主义却不同。在地方保护主义下，城市力争建立较为综合全面的产业结构和最大程度的自给自足经济（Young, 2000; Bai, et al., 2014）。此外，它们通过优惠贷款和财政支持，甚至行政干预，来保持当地企业的比较优势。因此，地方保护主义推动地方经济在全国范围内向相似的综合全面的产业结构发展。

随着改革开放的推进，中国设立了一系列经济特区名单，集中力量和资源建设完善的基础设施，营造高标准的营商环境，形成高效的行政管理。经济特区有利于增强市场力量，进一步提高事前风险分担的有效性。同时，借助专项转移资金和信贷资源，事后分担风险对于国有企业的专业化也非常重要。因此，我们预计，在市场化程度较高的城市，事前风险分担对产业专业化的影响更为显著，事后风险分担仍会促进国有企业的产业专业化。

此外，经济冲击既可能是持久的，也可能是暂时的。事前机制帮助我们平滑收入，并有效抵御永久性和临时性的生产冲击。相反，因为财政转移和银行信贷有助于在冲击后期平滑消费，但无助于实现收入多样化，所以事后风险分担在应对高度持久性冲击时的效率较低（Asdrubali, et al., 1996; Corsetti, et al., 2008)。例如，一旦生产冲击（持续冲击）影响到专门从事特定技术或项目的地区，居民可能会面临收入下降并转移到其他行业的后果。事前渠道的分担风险有助于平稳收入，居民无须更换工作。在事前风险分担水平较高的地区，期望未来取得高收入的居民更有可能留在目前的工作岗位上积累经验。就事后风险分担而言，从长远来看，储蓄和财政转移并不是风险分担的可靠手段。居民仍然有较大的动力转向其他行业。因此，两种风险分担机制都与产业专业化决策相关，只有事前机制才能有效抵御持续的生产冲击。基于以上讨论，我们提出：

H13-5：在设有经济开发区的城市或面临持久性冲击的部门，事前风险分担对产业专业化的作用比事后风险分担更加显著，事后风险分担仍会促进国有企业的产业专业化。

第三节 数据、度量与统计

一 风险分担的度量

一个风险分担组指的是由众多地区（地级市）组成的一个国家（中国）。我们通过估计城市收入和消费对特定（特定城市）GDP 波动的敏感性来衡量中国某城市与其他城市的风险分担程度。Asdrubali 等（1996）通过估计特定 GDP 冲击中已被各种渠道投保对冲部分所占比例，设计了一种面板回归方法。我们思考以下等式来分析该度量方法的原理：

$$\Delta \log GDP_{it} - \Delta \log CONS_{it} = v_t + \beta_1 \Delta \log GDP_{it} + \varepsilon_{it} \tag{13.1}$$

$$\Delta \log GDP_{it} - \Delta \log INC_{it} = v_t + \beta_2 \Delta \log GDP_{it} + \varepsilon_{it} \tag{13.2}$$

$$\Delta \log INC_{it} - \Delta \log CONS_{it} = v_t + \beta_3 \Delta \log GDP_{it} + \varepsilon_{it} \tag{13.3}$$

其中，$\Delta \log GDP_{it}$ 是城市 i 在 t 年的实际人均 GDP 增长率。$\Delta \log INC_{it}$ 是城市 i 在 t 年的人均实际收入增长率。$\Delta \log CONS_{it}$ 是城市 i 在 t 年的人均实际消费增长率。v_t 是时间固定效应。

风险分担的总水平反映在回归模型（13.1）中。如果存在完全的风险分担，则消费与 GDP 不会同步变化，即系数 β_1 等于 1。对于大多数城市来说，风险不能被完全分担，系数介于 0 和 1 之间。

风险分担的程度可以进一步分为两部分：事前风险分担和事后风险分担。式（13.2）用收入平滑程度度量事前风险分担。收入平滑是为了保持家庭收入的稳定，尽量减少 GDP 波动传导至家庭收入。之所以说收入平滑主要指事前风险分担，是因为消费者会提前多样化收入来源和资产配置，用以减少因特定 GDP 冲击造成的收入波动。如果收入平滑是完全的，收入和 GDP 的联动将被压低到零，这意味着 $\beta_2 = 1$。不完全的事前风险分担意味着 $0<\beta_2<1$。因此，β_2 是事前风险分担程度的代理指标。

式（13.3）描述了事后风险分担。个人收入很可能会由于各种冲击而发生波动。如果当个人收入受到负面冲击时，能够提供如直接财政转移支付和赠款等事后风险分担渠道，那么个人消费受到的影响将会小得多。式（3）中的 β_3 捕捉了事后风险分担渠道的消费平滑。当 $\beta_3 = 1$ 时，个人消费与收入的联动为零，达成了完全的事后风险分担。通常情况下，β_3 的取值在 0 到 1 之间。

根据 Asdrubali（1996）、Sørensen 和 Yosha（1998）以及 Kalemli-Ozcan 等（2003）学者的研究，事前风险分担渠道包括来自要素收入流动和资本市场投资回报的渠道，这些渠道是通过投资组合多元化和多种收入来源实现的，而事后风险分担渠道包括平滑消费的借贷。具体而言，事前风险分担渠道包括资本市场投资、证券持有以及收入汇出。财政转移支付既可能属事前风险分担，也可能属事后风险分担。税收和社会保障通常被视为事前渠道，但对个人的直接转移支付和赠款更有可能在冲击后作为事后风险分担渠道发挥作用。

在我们的风险分担度量中，通过式（13.1）到式（13.3），我们不难发现 $\beta_1 = \beta_2 + \beta_3$。也就是说，总风险分担程度是事前风险分担程度和事后风险分担程度之和。

我们的分析是基于中国的地级市。我们从样本中排除了四个省级直辖市，即北京、重庆、上海和天津，因为它们与样本中的其他地级市没有可比性。由于缺乏西藏和台湾的数据，我们的样本包含了 26 个省份的 209 个地级市。本章附录列出了我们样本中 26 个省份中每个省的地级市数量。

为了构建风险分担指标，我们使用了 2003—2015 年城市层面的

GDP、消费和收入数据①。由于中国的城市由城市地区和农村地区组成，我们遵循 Xu（2008）和 Du 等（2011）学者的做法，以城市家庭可支配收入和农村家庭净收入的平均值来衡量城市层面的家庭收入，以每个城市人均城乡消费支出的平均值来衡量家庭消费②。我们使用居民消费价格指数（CPI）将家庭收入和家庭消费换算成以 1990 年人民币价值计算的人均实际值。由于大部分城市没有市级价格指数，因此我们在计算时使用了省级 CPI。为了衡量当地可支配收入和消费，我们首先收集农村住户调查年鉴和城市住户调查年鉴数据。这些调查年鉴为我们提供了每个城市的城乡家庭可支配收入和消费数据。省级 CPI 数据来源于《新中国 60 年综合统计资料》和中国国家统计局。本章附录列明了 2003—2015 年每个样本省的 GDP、家庭收入和家庭消费的年平均增长率。

二 产业专业化的度量

产业专业化是根据中国统计局 2003—2015 年工业企业年度调查（ASIF）的数据来衡量的。ASIF 覆盖制造业年销售额 500 万元及以上的所有企业③。对于该数据集中的每家公司，我们可以访问该公司的 2 位、3 位和 4 位主要行业代码的信息。行业普查数据集还允许我们收集有关公司地址、所有权结构和其他财务状况的信息。

为了衡量地区专业化水平，我们首先从 ASIF 数据集中每个公司的地址中提取城市和省份的名称。我们以地级市为重点，使用企业的初级 2 位行业代码估算行业专业化指数④。2011 年，我国开始使用新的国民

---

① 城市层面的城镇家庭可支配收入和农村家庭净收入的数据起始时间是 2002 年。2015 年之后的 ASIF 数据在我们的研究期间尚不可用。

② 城市住户调查和农村住户调查由中国国家统计局负责。2014 年之前，城乡调查统计标准不统一。2013 年以后，《农村住户调查年鉴》停止公布农村家庭净收入数据，取而代之的是农村可支配收入。城镇家庭可支配收入与以往文献中采用的可支配收入测度类似，即个人收入、营业收入、资本收入和直接转移支付的总收入减去营业支出、税收和社会保障缴款。农村家庭的净收入不包括经营支出、税收和集体缴款，但包括社会保障缴款和资本支出，如借给亲戚的钱。消费性支出由吃、穿、住、家用设备、交通通信、文教娱乐、医疗保健等支出组成。

③ ASIF 还涵盖采矿企业，以及从事电力、天然气和水资源生产和分配的企业。这些行业的选址很大程度上受资源禀赋的影响。

④ 在本章第五节中，我们还使用公司初级的 3 位数和 4 位数行业代码来估计专业化水平，并获得了类似的结果。

经济行业分类（GB/T4754—2011）替代旧的分类体系（GB/T4754—2002）。为了获得一致的行业代码度量，我们将旧的行业代码转换为新的分类体系。我们估计每个样本年度的城市级产业专业化指数，然后取样本期平均值。参考 Kalemli-Ozcan 等（2003）的做法，我们将地区产业专业化定义为：

$$Spec^i = \sum_{s=1}^{s}\left(\frac{OUTPUT_i^s}{OUTPUT_i^M} - \frac{1}{J-1}\sum_{j \neq i}\frac{OUTPUT_j^s}{OUTPUT_j^M}\right)^2 \quad (13.4)$$

其中，S 是产业部门的数量，J 是风险分担组中的城市数量，$OUTPUT_i^s$ 为 i 市 s 部门的工业总产值，$OUTPUT_i^M$ 是 i 市所有制造业部门的工业总产值。该指标考虑了产业结构，反映了一个产业在某城市产出中所占份额与全国平均水平的差值，该指标代表了产业专业化程度。不同地区的产业专业化方式不同，但它们都会体现在产值集中度上。

三 其他变量

我们还控制了其他传统决定因素，如果省略这些因素，可能会使风险分担对产业专业化影响的估计发生偏差。首先，我们纳入人口和人口密度变量来控制劳动力市场效应（Kalemli-Ozcan, et al., 2003）。Imbs 和 Wacziarg（2003）发现经济发展和地区专业化存在倒"U"形关系。因此，人均 GDP 及其平方项也被纳入我们的回归中。其次，要素禀赋对产业专业化的形成至关重要（Krugman, 1991; Ellison and Glaeser, 1999）。高水平的要素禀赋可以降低成本并吸引企业在特定地区生产。为了控制这种影响，我们计算了农业部门产出在 GDP 中的份额和采矿部门总产出与 GDP 总量的比率[①]，以此作为城市自然资源禀赋的代理指标，并将人均固定资产投资作为城市资本禀赋的代理指标。Young（2000）认为中国的地方保护主义带来了市场分割，即城市具有相似的产业结构。关于地方保护主义，Bai 等（2008）表明政府支出占 GDP 比重较高的地方政府更容易受到财政压力影响，更有可能实施保护政策并为公共部门支出获取财政收入。参考 Bai（2008）的研究，我们使用地方政府支出与 GDP 的比率来衡量地方保护主义的严重程度。最后，

[①] 由于《中国城市统计年鉴》没有采矿业 GDP，我们使用 ASIF 的总产出数据构建变量。

Rosenthal 和 Strange（2001）表明知识可以促进产业专业化。我们使用小学和中学入学率作为代理指标。我们还利用货运量来控制内部贸易对产业专业化的影响。这些变量的数据来自《中国城市统计年鉴》和中国国家统计局。变量定义和数据来源见本章附录。

四　数据统计

表13.1展示了我们的关键变量的描述性统计数据。市级产业专业化指数由式（13.4）估算而得。城市级总风险分担（RS）的平均值为0.44，这与 Du 等（2011）的发现一致。事前风险分担（Ex ante RS）和事后风险分担（Ex post RS）的平均值分别为0.37和0.06，分别由式（13.2）和式（13.3）估算而得。这表明事前渠道在中国地级市风险分担中发挥着主导作用。

表 13.1　描述性统计

变量	观测值	均值	标准误	最小值	p10	p50	p90	最大值
产业专业化指标								
Spec	209	0.14	0.12	0.02	0.04	0.10	0.32	0.78
HHI	209	0.20	0.14	0.07	0.09	0.15	0.39	0.85
Gini	209	0.70	0.11	0.46	0.56	0.69	0.85	0.95
风险分担指标								
RS	209	0.44	0.17	0.03	0.25	0.42	0.62	1.10
Ex *ante* RS	209	0.37	0.17	−0.53	0.21	0.37	0.56	0.95
Ex *post* RS	209	0.06	0.12	−0.37	−0.04	0.06	0.16	1.07
风险分担渠道变量								
Migration ratio	2717	0.41	0.30	0.14	0.22	0.33	0.67	3.65
Capital market	2717	0.21	0.36	0.00	0.00	0.10	0.53	7.36
General transfer	1449	0.02	0.03	−0.04	−0.00	0.02	0.06	0.18
Special transfer	1449	0.02	0.03	−0.03	0.00	0.00	0.05	0.53
Credit market	2717	2.05	0.99	0.56	1.21	1.76	3.35	10.74
控制变量								
POP	209	5.84	0.70	2.96	4.86	5.91	6.64	7.04
POPDEN	209	0.05	0.03	0.00	0.01	0.04	0.08	0.25
GPC	209	0.01	0.01	0.00	0.01	0.01	0.03	0.09

续表

变量	观测值	均值	标准误	最小值	p10	p50	p90	最大值
AGR	209	0.13	0.08	0.01	0.04	0.12	0.23	0.43
MIN	209	0.04	0.06	0.000	0.00	0.01	0.12	0.33
FAI	209	0.34	0.61	-1.33	-0.49	0.33	1.22	1.81
EDU	209	0.14	0.04	0.09	0.10	0.13	0.17	0.44
FISCAL	209	0.13	0.05	0.05	0.08	0.12	0.20	0.33
FREIGHT	209	3.99	0.71	1.85	3.03	4.02	4.93	5.86
工具变量								
Clanship	209	3.87	1.93	0	0.69	3.93	6.37	8.42
Dialect	209	2.35	0.46	1	2	2	3	3

注：此表报告描述性统计数据。N、mean、sd、min、p10、p50、p90、max 分别代表样本观察值、均值、标准误、最小值、10%分位数、中位数、90%分位数和最大值。变量定义和数据来源包含在本章附录中。

为了深入探索风险分担对产业专业化的影响，我们研究了不同地区风险分担的产业专业化模式。在表 13.2 中，我们分别考虑整体、事前和事后风险分担。对于每种风险分担类型，我们将样本分为三个子样本，即风险分担水平低、中、高的城市，并对每个子样本做了描述性统计。当我们分析总风险分担时，会发现随着风险分担水平从低水平组到高水平组，产业专业化指数的平均值（中值）从 0.11（0.08）增加到 0.19（0.14）。类似地，我们发现随着事前风险分担水平从低水平组增加到高水平组，产业专业化的平均值和中值均显著增加，从 0.10（0.07）到 0.19（0.14）。相比之下，专业化水平并没有随着事后风险分担水平发生实质性变化，这表明事后风险分担与产业专业化之间的关系不显著。

表 13.2　按风险分担指数排序的产业专业化描述性统计

	风险分担			事前风险分担			事后风险分担		
	P1	P2	P3	P1	P2	P3	P1	P2	P3
均值	0.11	0.13	0.19	0.10	0.13	0.19	0.15	0.12	0.15
中位数	0.08	0.10	0.14	0.07	0.10	0.14	0.10	0.09	0.10

续表

	风险分担			事前风险分担			事后风险分担		
	P1	P2	P3	P1	P2	P3	P1	P2	P3
标准误	0.09	0.10	0.16	0.08	0.10	0.16	0.14	0.10	0.13
[10%, 90%]	[0.04, 0.2]	[0.04, 0.29]	[0.06, 0.43]	[0.04, 0.18]	[0.04, 0.26]	[0.06, 0.43]	[0.05, 0.32]	[0.04, 0.26]	[0.04, 0.35]

注：本表提供产业专业化指数（Spec）的描述性统计。Spec 按风险分担指数（RS）、事前风险分担 Ex ante RS 和事后风险分担 Ex post RS 排序。表中报告了平均值、中位数、标准偏差、10%分位数和90%分位数。组别一 P1 包含三分之一的样本观测值，其风险分担指数最低。组别三 P3 包含三分之一的样本观测值，其风险分担指数的值最高。

在图 13.1 至图 13.3 中，我们分别展示了城市层面产业专业化指数对风险分担总指标、事前指标和事后指标的简单回归的散点图。总指标

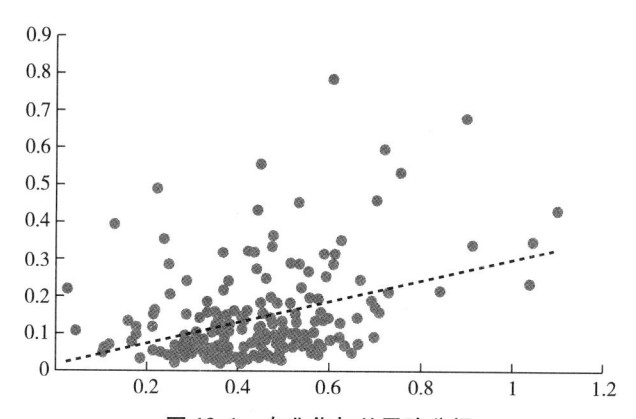

图 13.1　专业化与总风险分担

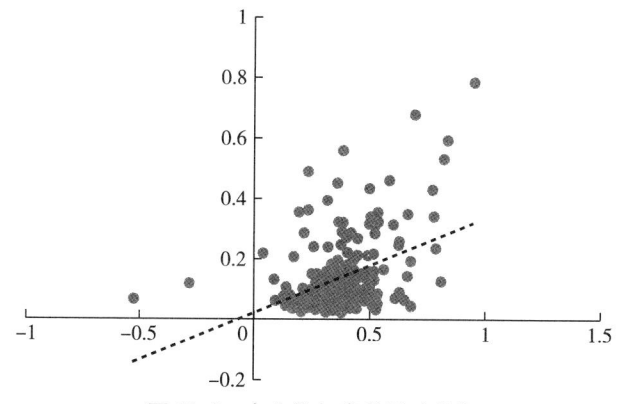

图 13.2　专业化与事前风险分担

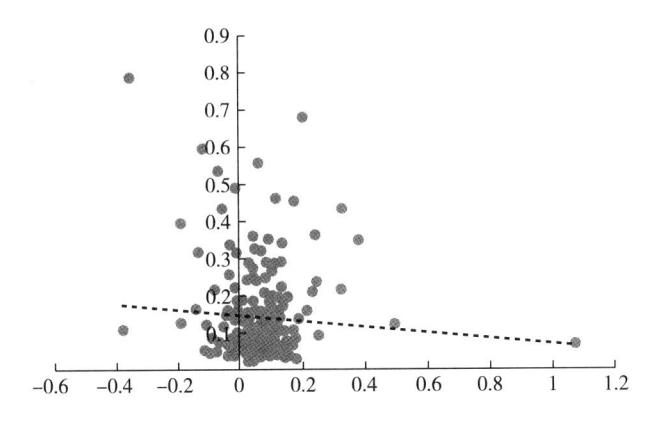

图 13.3　专业化与事后风险分担

和事前风险分担指标的回归拟合实线具有明显的正斜率,但事后风险分担指标线略微偏向负值。该结果进一步证明了产业专业化与总风险分担和事前风险分担之间存在正相关关系。

第四节　实证结果

一　基准结果

我们使用横截面回归探索风险分担与产业专业化之间的关系。在所有回归中,被解释变量是式(13.4)中定义的城市级产业专业化指数。参考 Kalemli-Ozcan 等(2003)学者的研究,我们使用各市制造业总产值作为权重做所有的回归,以限制一些具有高度专业化产业结构的小城市的影响①。

在表 13.3 中,我们在每个回归中分别只包含三个风险分担指标中的一个,其回归结果展示于前三列。风险分担总指数和事前风险分担指数对产业专业化有正向显著的影响。事后风险分担指数的估计系数为负,但在统计上不显著。我们的结果支持了风险分担程度,特别是事前风险分担,对于工业生产的地理集中度意义重大的假设。这意味着风险

---

① Kalemli-Ozcan 等(2003)和 Asdrubali 等(1996)分别使用了制造业 GDP 和人口数据。我们使用制造业总产出作为权重。若使用人口作为权重得到的结果几乎相同。由于我们已将人口纳入控制变量,因而我们在主要结果中不使用人口权重。

分担对于产业专业化确实十分重要,且事前风险分担渠道是中国形成产业专业化模式的主要推动力。事后风险分担的差异对于产业专业化的城市间差异的解释力十分薄弱。

表 13.3 基础回归结果

变量	Spec (1)	(2)	(3)	Spec (4)	(5)	(6)
RS	0.28*** (4.46)			0.15*** (2.65)		
Ex ante RS		0.31*** (3.86)			0.16*** (3.34)	
Ex post RS			-0.08 (-0.72)			-0.01 (-0.16)
POP				-0.07*** (-2.88)	-0.06*** (-2.66)	-0.07*** (-3.04)
POPDEN				-0.90*** (-3.36)	-0.88*** (-3.65)	-1.08*** (-3.84)
GPC				8.16** (2.54)	7.90** (2.44)	6.43** (2.02)
GPC2				-84.96* (-1.82)	-78.71* (-1.85)	-58.28 (-1.31)
AGR				-0.38*** (-2.65)	-0.36*** (-2.60)	-0.38*** (-2.74)
MIN				0.05 (0.33)	0.06 (0.37)	0.09 (0.54)
FAI				-0.09*** (-3.03)	-0.09*** (-2.98)	-0.08*** (-2.66)
EDU				0.38 (0.97)	0.29 (0.76)	0.37 (0.89)
FISCAL				0.07 (0.30)	0.10 (0.47)	0.00 (0.00)
FREIGHT				-0.00 (-0.09)	-0.00 (-0.17)	-0.00 (-0.22)

续表

变量	Spec			Spec		
	(1)	(2)	(3)	(4)	(5)	(6)
Constant	0.02	0.03	0.15***	0.44**	0.42**	0.58***
	(0.77)	(0.89)	(12.00)	(2.34)	(2.60)	(3.47)
Observations	209	209	209	209	209	209
R-squared	0.14	0.18	0.01	0.40	0.41	0.37

注：基础回归结果见列（1）至列（3）栏，被解释变量为市级产业专业化指数。列（4）至列（6）中的回归包括更多控制变量。括号中展示稳健的 t 统计量，*、**、*** 分别代表10%、5%和1%的显著性水平。

接下来，我们控制了一系列其他可能的产业专业化的决定因素。总风险分担和事前风险分担的估计系数在1%的置信水平上仍显著为正，但估计系数较小。根据估计结果，风险分担总指数每增加一个标准差，产业专业化程度就会增加0.201，而事前风险分担指数每增加一个标准差，产业专业化程度就会增加0.224。举一个极端的例子，我们发现从没有风险分担的状态转向完全风险分担的状态会使产业专业化指数增加0.149，约为样本均值的1.06倍。

控制变量方面，我们发现以人口对数值衡量的城市规模对产业专业化有显著负向的影响，这与之前的研究结果一致。人口密度对产业专业化有显著的负面影响。从理论上讲，因为位置靠近市场可以降低运输成本，所以运输成本高的行业倾向于集中在人口密度高的地区。然而，人口集聚也会产生拥堵成本，阻碍产业集中在交通成本低的人口稠密地区。由于高拥堵成本，工业生产似乎集中在人口稀少的地区，我们的结果部分支持了这一观察结果。

此外，人均GDP（GPC）的估计系数显著为正，而人均GDP平方（GPC2）的估计系数为负且有时在统计上显著。与 Imbs 和 Wacziarg（2003）的研究结果相反，我们的结果似乎支持经济发展水平与地方产业专业化之间的倒"U"形关系。我们将此结果解释为中国市场化经济改革演变的结果。中央计划时期，各市产业门类齐全，产业专业化程度低。改革开放时期，城市开始剥离竞争力较弱的产业，将资源投入核心产业，产业专业化与经济发展呈现正相关关系。当经济发展到一定程度时，就会产生对新型商品的需求，超过旧产业结构的供给能力。然后，运输成本和市场定位等因素开始起作用,导致专业化下降(Imbs and Wacziarg,2003)。采矿业产出在 GDP 中的份额(MIN)对产业专业化影响不大。人均固定资产投资(FAI)和第一产业占 GDP 的比重(AGR)对产业专业化有显著的负向影响。此外,中小学入学率(EDU)的估计系数为正且统计上不显著。最后,地方保护主义(FISCAL)和货运量(FREIGHT)对产业专业化影响不显著,意味着政府政策和国内贸易对产业专业化影响不大。

事后风险分担对产业专业化缺乏显著影响可能是由以下几方面因素造成。首先,事后风险分担的程度远小于事前风险分担的程度。专项财政转移支付、政府补贴等事后风险分担渠道在帮助家庭抵御负向收入冲击方面仍较为薄弱,这可能是由于地方政府提供财政补贴的财政能力有限,而在中国大部分城市中地方政府支出通常偏向于基础设施投资。其次,在金融抑制下,国家控制的银行系统提供的家庭信贷非常有限(除了用于购买房产的抵押贷款),其事后提供有效风险分担的可能性很小。此外,企业信贷市场高度以政府为导向,即国有企业享有获得银行贷款的特权,而非国有企业通常处于不利地位。政府控制的银行体系扭曲了资源配置,降低了事后风险分担的程度,阻碍了产业专业化。

当我们环顾世界时,事前与事后风险分担的相对强度因国家而异,并且不时变化。例如,在美国,信贷市场(事后渠道)对消费平滑的贡献从 45% 下降到 19%,而资本市场(事前渠道)从 1970 年到 1990 年从 34% 上升到 48%(Asdrubali,et al.,1996)。从 1966 年到 1990 年,事后渠道为欧洲共同体和经合组织国家的风险分担贡献了 40% 以上(Sørensen and Yosha,1998)。跨国分析表明,事后风险分担更为普遍,因为持有跨国投资组合作为事前风险分担的主要形式面临着巨大的障碍。当我们研究一个特定的国家时,模式会更加多样化。在发达国家中,美国、意大利、英国和加拿大更多地依赖事前渠道,而日本和西班牙主要通过事后渠道实现风险分担(Kalemli-Ozcan,et al.,2003)。中国案例将有助于我们理解并进一步探索新兴经济体和发展中国家的事前与事后风险分担渠道。

二 国有企业与非国有企业的产业专业化

风险分担对产业集中度的影响在国有企业和非国有企业之间可能存

在很大差异。国有企业通常比非国有企业更容易受到政府产业政策和产业发展规划的影响。因此，国有企业的产业分布可能较少受到事前风险分担的影响。为了检验风险分担安排对国有企业和非国有企业的不同影响，我们首先根据等式（13.4）分别重新估计国有企业和非国有企业的产业专业化水平。表13.4的面板 A 显示，各城市国有企业的产业专业化水平的平均值和中位数在统计上显著高于非国有企业，前者的数值大小为后者的3—4倍。这表明地方政府可能会在其产业规划中关注产业集中度以提高经济效率，而国有企业在某些行业的集聚可能是该规划政策的结果。相比之下，风险分担等市场力量依然薄弱，非国有企业的产业专业化程度仍远低于国有企业。

表 13.4 国有企业与非国有企业

面板 A：描述性统计			
	国有企业	非国有企业	差值
均值	0.46	0.14	0.32*
中位数	0.44	0.10	0.34*

面板 B：国有企业与非国有企业						
	SOE			Non-SOE		
变量	(1)	(2)	(3)	(4)	(5)	(6)
RS	0.12* (1.71)			0.16*** (2.93)		
Ex ante RS		0.02 (0.26)			0.18*** (3.59)	
Ex post RS			0.16** (2.11)			-0.02 (-0.25)
Constant	1.07*** (6.69)	1.16*** (6.81)	1.18*** (7.86)	0.37** (2.00)	0.35** (2.19)	0.53*** (3.15)
Observations	209	209	209	209	209	209
R-squared	0.34	0.33	0.34	0.41	0.42	0.37

注：基本描述性统计显示在面板 A 中。除了平均值和中值外，我们还提供对比性检验。均值对比性检验是简单的 t 检验，原假设是均值差为零。中位数对比性检验为 Wilcon rank-sum 检验，原假设为中位数差为零。在面板 B 中，列（1）至列（3）被解释变量是针对国有企业计算的产业专业化指数，而列（4）至列（6）被解释变量为针对非国有企业计算的产业专业化指数。在面板 B 中，包括但未报告控制变量，其中包括变量 POP、POPDEN、GPC、GPC2、AGR、MIN、FAI、EDU、FISCAL、FREIGHT 和常数项。括号中报告了稳健的 t 统计量。上标 *、**、*** 分别代表 10%、5%和 1%的显著性水平。

第十三章 | 中国的风险分担与产业专业化

面板 B 展示了风险分担对国有企业和非国有企业产业专业化影响的回归结果。在列（1）至列（3）中，总体、事前和事后风险分担均对国有企业的产业专业化有正向影响，且总体和事后风险分担指标的影响系数在统计上显著。在列（4）至列（6）中，总体和事前风险分担指标对非国有企业的产业专业化产生了显著的正向影响，而事后风险分担对专业化的影响是负向但不显著的。因为非国有企业在公司数量方面占主导地位，这一结果与表 13.3 中总样本分析结果一致。此外，这两种风险分担指标的估计系数大于表 13.3。与我们的假设一致，这些结果表明风险分担影响国有企业和非国有企业的产业专业化，而事前和事后风险分担分别是非国有企业和国有企业产业专业化的主要渠道。

国有企业产业专业化的两个特点值得注意。首先，如上所述，国有企业的产业专业化程度明显高于非国有企业。事实上，国有企业的跨行业分布直接受到各级政府的影响，甚至在一定程度上受到政府的控制。政府在产业规划中通常会考虑资源和生产要素的禀赋以及区域比较优势。政府通过政府统筹的资源配置促进产业集中，特别是在一些被认为是国民经济和地方经济制高点的重点行业。随着政府的努力，加上以市场为导向的经济改革，国有企业的集中度越来越高，尤其是在具有战略意义的行业。党的十五届四中全会（1999 年）确定了国有企业改革的方针：国有企业要集中精力发展对维护国家安全至关重要的产业、自然垄断产业、重要公共产品产业和高新技术产业，退出其他产业。这一改革政策有助于形成国有企业高度产业专业化的格局。

其次，事后风险分担在塑造国有企业专业化方面发挥了显著作用，而事前风险分担对非国有企业专业化产生了显著影响。相对而言，政府对事后风险分担渠道具有直接控制或影响。国有企业是这些事后风险分担渠道产生收入的主要受益者。一旦特定风险严重影响行业经营，地方政府的财政补贴和优惠贷款政策将有助于国有企业走出困境。国有企业部门和在该部门工作的消费者会发现他们的收入受到特定行业冲击的影响较少。对于非国有部门，在该部门工作的企业和消费者无法获得政府的财政补贴，如专项转移支付和国家控制的信贷市场。因此，他们将主要依靠事前风险分担计划来抵御特定风险。

三 周期性和非周期性行业

行业与经济波动的相关性也不同。周期性行业的产出与 GDP 波动高度正相关,并会放大其波动。例如,资本货物和耐用消费品行业,如钢铁行业和汽车行业,在经济繁荣时不成比例地繁荣,在经济下滑时将不成比例地下降。非周期性行业生产或分配人们总是需要的商品和服务。非耐用品,主要是食品、水和天然气等非耐用消费品,不太可能受到经济繁荣或衰退的影响。

在一个城市,周期性行业更有可能受到当地生产冲击的影响。预计风险分担安排对产业专业化的影响在周期性行业比在非周期性行业更为明显。我们通过考虑两类行业,即周期性行业和非周期性行业[①],来重新估计产业专业化水平。特别是,我们修改了专业化测度方法,以分别检验风险分担在周期性和非周期性行业中的作用。从表 5 面板 A 的描述性统计来看,周期性行业的专业化程度看起来略小于非周期性行业,但两者在统计上没有显著差异。

表 13.5 的面板 B 显示了两类行业的结果。在列(1)至列(3)中,我们通过关注周期性行业来估计式(13.4)。总体和事前风险分担变量的估计系数显著为正。列(4)至列(6)针对非周期性行业子样本估计了式(13.4)。所有三种风险分担指标的估计系数在统计上不显著。与我们的预期一致,风险分担安排对于周期性行业的地域专业化很重要。

在面板 C 中,我们进一步估计了在周期性行业国有企业和非国有企业的专业化水平。与我们的预期一致,总体和事前风险分担安排在保障周期性行业的生产风险和促进非国有企业的产业专业化方面发挥了重要作用。相比之下,只有事后风险分担指标才能对周期性行业的国有企

---

① 周期性行业包括木材、竹、藤、棕榈和稻草制品的制造、木材加工、家具制造、纸和纸制品制造、印刷和记录媒体、文化、教育和体育活动用品制造、加工石油、焦化、核燃料加工、化工原料及化工产品制造、化纤制造、橡胶制造、塑料制造、非金属矿产品制造、黑色金属冶炼加工、金属冶炼加工有色金属、金属制品制造、通用机械制造、专用机械制造、电气机械和设备制造、通信设备、计算机和其他电子设备制造、测量仪器和文化活动机械制造办公室工作和其他制造业。非周期性行业包括农产品加工、食品制造、饮料制造、烟草制造、纺织品制造、纺织品、服装、鞋类和帽子制造、皮革、毛皮、羽毛及相关产品制造和药品制造。

业专业化产生显著影响。地方政府也有对国有企业实施产业政策的激励，要求国有企业在某些行业专业化，以利用专业化的好处实现经济的高速增长。自然地，地方政府将通过向国有企业提供持续的信贷支持或政府补贴来对冲专业化的下行风险。从这个意义上说，地方政府可以利用财政补贴和国有银行贷款为国有企业提供安全网（事后风险分担），有利于国有企业的产业专业化。

表 13.5　　周期性行业与非周期性行业

面板 A：描述性统计			
	周期性行业	非周期性行业	差值
均值	0.15	0.16	−0.01
中位数	0.11	0.14	−0.02

面板 B：周期性行业与非周期性行业						
	周期性产业			非周期性产业		
变量	(1)	(2)	(3)	(4)	(5)	(6)
RS	0.18*** (2.94)			−0.09 (−1.64)		
Ex ante RS		0.17*** (3.27)			−0.06 (−1.02)	
Ex post RS			0.02 (0.17)			−0.05 (−0.98)
Constant	0.35** (2.10)	0.36** (2.29)	0.52*** (3.24)	0.41*** (3.61)	0.38*** (3.30)	0.32*** (3.29)
Observations	209	209	209	209	209	209
R-squared	0.38	0.37	0.34	0.23	0.22	0.22

面板 C：周期性行业中的国有企业与非国有企业						
	周期性国有企业			周期性非国有企业		
变量	(1)	(2)	(3)	(4)	(5)	(6)
RS	0.07 (1.05)			0.18*** (3.05)		
Ex ante RS		−0.02 (−0.27)			0.18*** (3.30)	

续表

	面板 C：周期性行业中的国有企业与非国有企业					
	周期性国有企业			周期性非国有企业		
变量	(1)	(2)	(3)	(4)	(5)	(6)
Ex post RS			0.13* (1.80)			0.01 (0.10)
Constant	1.13*** (7.22)	1.21*** (7.34)	1.20*** (8.38)	0.29* (1.74)	0.30* (1.89)	0.47*** (2.91)
Observations	209	209	209	209	209	209
R-squared	0.34	0.34	0.34	0.39	0.38	0.34

注：基本描述性统计显示在面板 A 中。除了平均和中位数统计，我们还提供对比性检验。均值对比性检验为简单的 t 检验，原假设为均值差为零。中位数对比性检验为 Wilcoxon rank-sum 检验，原假设为中位数差值为零。在面板 B 中，列（1）至列（3）的被解释变量是周期性的产业专业化指数。列（4）至列（6）的被解释变量是非周期性行业专业化指数。在面板 C 中，列（1）至列（3）的被解释变量是针对周期性行业的国有企业计算的专业化指数。第（4）—（6）列的被解释变量为针对周期性行业非国有企业计算的专业化指数。在面板 B 和 C 中，控制变量纳入回归，但未报告。控制变量包括 POP、POPDEN、GPC、GPC2、AGR、MIN、FAI、EDU、FISCAL、FREIGHT 和常数项。括号中报告了稳健的 t 统计量。上标 *、**、*** 分别代表 10%、5% 和 1% 的显著性水平。

需要注意的是，当检验所有行业时，我们发现事后风险分担促进了国有企业的产业专业化，这表明政府政策在塑造国有企业产业专业化模式中发挥着越来越重要的作用。此外，我们观察到风险分担对周期性行业的国有企业产业专业化的显著影响。周期性行业以重工业为主，这些产业往往是具有战略意义的产业，因此广泛受到政府产业政策的影响和干预。因此，事后风险分担渠道对于塑造国有企业的产业专业化非常重要。

四　经济开发区

作为经济改革的一部分，中国于 1980 年确定了 4 个城市为经济特区，1984 年将类似的改革政策扩大到 14 个沿海开放城市。截至 2015 年年底，全国在 158 个城市约有 219 个国家级经济技术开发区。起初，经济开发区的设立是为了吸引外国直接投资（FDI），企业在此获得各种好处，包括免税或减税、更好的基础设施和设施、更透明的法规和简化的行政程序（Cheng and Kwan，2000）。这些经济开发区很好地服务于中国经济。这些地区经过 20 多年的快速发展，为吸引和留住外商直接投资建立了较为完善的法律制度环境，对拉动区域经济发挥了重要作用[1]。此外，根据中国国务院的规定，国家级经济区独立于所在城市的地方政府，这有助于减少地方政府干预的程度。例如，开发区可以不经地方政府批准直接向国务院提出项目申请。因此，拥有此类国家级经济开发区的城市有望拥有更加开放和市场化，以及具备更完善的经济制度的经济。

国家级经济开发区所在城市的改革开放政策可以通过多种方式塑造风险分担安排对产业专业化的影响。首先，法律规则是合同持有人所拥有权利的潜在重要决定因素，而执法质量将决定这些权利得到保护的程度。强大的法律和制度环境可以保护小股东的利益，改善企业和消费者进入外部金融市场的机会，进而提高风险分担安排的效率。其次，精简监管和简化管理降低了要素流动的交易成本。广义的生产要素流动包括人口流动、技术流动、资金流动、信息流动和自然资源流动。由于要素流动是资源配置的基本方法，它们也加强了风险分担机制的作用效果，尤其是事前渠道。最后，这些经济开发区是政策性优惠区，信贷和转移资源比其他城市丰富。这对于更多依赖事后风险分担渠道的国有企业而言尤为重要。因此，预计风险分担安排将对经济更加开放和更加市场化的城市的产业专业化更为有效。

我们从中华人民共和国商务部获得了国家级经济技术开发区名单。我们进一步将城市划分为特区城市和其他城市，特区城市中至少有一个经济技术开发区。然后，我们分别重新估计特区城市和其他城市子样本中的主要测度方法。表 13.6 面板 A 的列（1）至列（3）重点关注特区城市。总体和事前风险分担指数的估计系数均显著为正[2]。对于列（4）至列（6）中的其他无特区的城市，风险分担指数对产业专业化没有显著影响。与我们的预期一致，特区城市拥有更好的市场制度。因此，风险分担，尤其是事前风险分担，在促进产业专业化方面更为有效。

---

[1] 特区城市拥有更加市场化的土地和外商直接投资政策、透明的法规和简化的行政程序。依据的政策文件为：国务院办公厅 1991 年 85 号；国务院办公厅 1993 年第 134 号；国务院办公厅 2005 年第 15 号；国务院 2010 年第 28 号；商务部、国土资源部 2006 年第 257 号；商务部、国土资源部 2010 年第 209 号；财政部 2012 年第 94 号。

[2] 当我们控制了时间固定效应并加入到年份固定效应中时，估计结果保持不变。

表13.6　　　　　　　　　　　　替代样本

面板A：开放程度

	特区样本			其他样本		
变量	(1)	(2)	(3)	(4)	(5)	(6)
RS	0.18***			0.13		
	(2.84)			(1.57)		
Ex ante RS		0.21***			0.12	
		(2.70)			(1.56)	
Ex post RS			0.09			-0.04
			(0.49)			(-0.43)
Constant	0.24	0.21	0.46**	0.54*	1.04***	0.64**
	(1.23)	(1.24)	(2.12)	(1.72)	(3.18)	(2.17)
Observations	107	107	107	102	102	102
R-squared	0.41	0.41	0.36	0.40	0.40	0.38

面板B：特区样本中的国有企业和非国有企业

	特区样本中的国有企业			特区样本中的非国有企业		
变量	(1)	(2)	(3)	(4)	(5)	(6)
RS	0.13			0.20***		
	(1.33)			(3.28)		
Ex ante RS		-0.00			0.23***	
		(-0.02)			(2.92)	
Ex post RS			0.48**			0.10
			(2.54)			(0.56)
Constant	1.06***	1.22***	1.22***	0.20	0.16	0.43*
	(3.89)	(4.32)	(5.33)	(0.97)	(0.91)	(1.95)
Observations	107	107	107	107	107	107
R-squared	0.31	0.30	0.33	0.46	0.46	0.40

面板C：持续性冲击

	低持续性样本			高持续性样本		
变量	(1)	(2)	(3)	(4)	(5)	(6)
RS	0.06			0.23***		
	(0.86)			(2.64)		
Ex ante RS		0.08			0.25***	
		(1.33)			(2.80)	

续表

面板C：持续性冲击						
	低持续性样本			高持续性样本		
变量	（1）	（2）	（3）	（4）	（5）	（6）
Ex post RS			−0.04			0.01
			（−0.22）			（0.09）
Constant	0.68***	0.66***	0.75***	0.12	0.10	0.30
	（3.19）	（4.00）	（4.13）	（0.43）	（0.33）	（1.11）
Observations	105	105	105	104	104	104
R-squared	0.53	0.53	0.53	0.37	0.37	0.30
面板D：国有企业与非国有企业高持续性样本						
	国有企业高持续性样本			非国有企业高持续性样本		
变量	（1）	（2）	（3）	（4）	（5）	（6）
RS	0.33***			0.19***		
	（3.47）			（3.62）		
Ex ante RS		0.29			0.30***	
		（1.45）			（3.48）	
Ex post RS			0.32**			0.09
			（2.12）			（0.79）
Constant	0.82**	0.91*	1.11**	0.17	0.10	0.39
	（2.10）	（1.97）	（2.61）	（0.49）	（0.30）	（1.16）
Observations	103	103	103	104	104	104
R-squared	0.50	0.38	0.41	0.42	0.44	0.31

注：面板A关注拥有国家级经济技术开发区的城市子样本和没有国家级经济技术开发区的城市子样本区。我们从商务部网站下载中华人民共和国国家级经济技术开发区名单。列（1）至列（3）中的回归基于至少有一个国家级经济技术开发区的城市子样本（ZONE样本），而列（4）至列（6）中的回归是在城市子样本中进行的没有开发区（Non-ZONE样本）。在面板B中，所有回归在ZONE样本中进行。列（1）至列（3）的被解释变量是针对国有企业计算的专业化指数，而列（4）至列（6）的被解释变量是针对非国有企业计算的专业化指数企业。面板C遵循Campbell和Mankiw（1987）分析冲击持续性。在AR（p）过程中，$\Delta x_t = \mu + \sum_{i=1}^{p} \phi_i \Delta x_{t-i} + \varepsilon_t$，冲击的持久性定义为$1/\left(1 - \sum_{i=1}^{p} \phi_i\right)$。我们使用1990年以来的实际人均GDP增长率时间序列，来降低估计误差并选择与Asdrubali等（1996）一致的三阶滞后。列（1）至列（3）中的回归是在低持久性样本中进行的，而列（4）至列（6）中的回归是在高持久性样本中进行的。在面板D中，所有回归均针对高持久性样本。列（1）至列（3）的被解释变量是针对国有企业计算的专业化指数，而列（4）至列（6）的被解释变量是针对非国有企业计算的专业化指数。在所有这些面板中，回归中纳入了控制变量，但未报告。控制变量括变量POP、POPDEN、GPC、GPC2、AGR、MIN、FAI、EDU、FISCAL、FREIGHT和常数。括号中报告了稳健的t统计量。*、**、***分别代表10%、5%和1%的显著性水平。

在表 13.6 的面板 B 中，我们分别研究了风险分担安排对特区城市国有企业和非国有企业产业专业化的影响。在列（1）至列（3）中，事后风险分担程度对国有企业的产业集中度有显著的正向影响，而总体和事前风险分担的影响不显著。在列（4）至列（6）中，总体和事前风险分担安排对非国有企业的行业专业化产生了显著为正的影响，而事后风险分担产生了正向但不显著的影响。与表 13.4 面板 B 中相应的全样本结果相比，列（3）中的事后风险分担指标和列（5）中的事前风险分担指数的估计系数在特区城市样本中更大。这表明事前和事后风险分担机制对特区城市的产业专业化产生了强大的影响，这可能是由于这些特区城市强大的经济制度、广泛的生产要素流动以及丰富的金融和财政资源。

五 永久性与暂时性冲击

经济冲击既可以是永久性的，也可以是暂时的。事前风险分担有助于平滑居民的收入，从而有效地抵御永久性和临时性的生产冲击。相比之下，事后风险分担依靠借贷来平滑居民消费，在应对临时性生产冲击方面更有效。当高度持续性冲击发生时，证券投资和收入多元化将有助于城市平息收入和天气冲击，从而继续专注于具有比较优势的行业。与冲击持续性较低的地区相比，冲击持续性较高的地区往往拥有更大、更显著的资本市场渠道（事前）来平滑消费，但其信贷市场渠道（事后）更小且几乎不显著。

我们进一步研究了在持续性和临时性波动的情况下风险分担对产业专业化的影响。对于经济波动持续性的度量，Campbell 和 Mankiw（1987）将其定义为自相关 AR（p） $\Delta x_t = \mu + \sum_{i=1}^{p} \varphi_i \Delta x_{t-i} + \varepsilon_t$ 过程中的 $1/(1-\sum_{i=1}^{p} \varphi_i)$。为了降低估计误差，我们使用从 1990 年开始的实际人均 GDP 增长率的时间序列数据，这是我们能找到的最好的城市级数据，并选择了 1 年、2 年和 3 年的滞后值，与 Asdrubali 等（1996）相一致。我们根据经济波动的持久性对样本城市进行排序，根据样本中位数分为低持久性组和高持久性组。

在表 13.6 的面板 C 中，我们分别检验了两个子样本中风险分担对产业专业化的影响。有趣的是，统计上显著的结果集中在高持久性组，即总体和事前风险分担显著促进了产业专业化。此外，其估计系数与我们在表 13.3 中的基本回归结果相比更大。相反，在低持久性组中，风险分担对专业化没有影响。我们的解释是，当面临持续的冲击时，风险分担似乎更为重要，并且波动会放大给定产业专业化水平的风险分担收益。如果一个地区拥有完全多元化的经济，它将不受特定生产冲击的影响。我们发现风险分担机制在这些地区毫无用处。高持续性冲击使风险分担机制对于产业结构的决定不可或缺。此外，在我们之前的研究结果中，事前风险分担在应对生产风险方面发挥着主导作用。面对高持续性冲击，事后风险分担难以奏效，因为家庭需要在信贷市场上长期持续大量借贷，或者政府需要定期提供专项财政转移支付，成本高昂，可行性低。事前风险分担在高持久性环境中自然运作良好，强化了高持续性样本中风险分担与产业专业化之间的关系。

我们进一步研究了国有企业和非国有企业产业专业化对高持续性冲击城市风险分担的反应。在表 13.6 的面板 D 中，列（1）至列（3）关注国有企业专业化。总体和事后风险分担的程度显著促进了国有企业的产业专业化。列（4）至列（6）报告了非国有企业产业专业化的结果。总体风险分担程度和事前风险分担程度对非国有企业的产业专业化具有显著正向的影响，与面板 B 中的结果一致。如果非国有企业在样本企业数量方面占主导地位，则事前风险分担在塑造遭受持续经济冲击的城市的产业专业化模式中发挥着更重要的作用。

第五节　稳健性检验

一　敏感性检验

在本节中，我们检验基本结果的敏感性和稳健性。我们首先考虑我们的结果对当地产业专业化的替代指标的稳健性。我们使用两种替代指标重新估计方程（13.4），即赫芬达尔指数和基尼指数。

$$HHI^i = \sum_{s=1}^{s} \left(\frac{OUTPUT_i^s}{OUTPUT_i^M} \right)^2 \tag{13.5}$$

$$Gini_i = \frac{1}{2S^2\mu} \sum_j \sum_k |s_{ij} - s_{ik}| \qquad (13.6)$$

其中，HHI^i 是产业专业化的直接衡量指标。S 是产业部门的数量。$OUTPUT_i^s$ 为城市 i s 部门的工业总产值。$OUTPUT_i^M$ 是 i 市所有制造业的工业总产值。如果城市 i 的所有经济活动都集中在一个特定的行业，$HHI^i = 1$。同样，如果区域 i 的所有经济活动平均分布在 s 个行业中，那么赫芬达尔指数将是 $HHI^i = \frac{1}{s}$。指数范围从 0—1。

$Gini_i$ 提供了另一种衡量产业地理集中度的方法。s_{ij} 和 s_{ik} 分别是城市 i 中部门 j 和部门 k 的总产出份额。S 表示部门总数，μ 表示平均部门份额。基尼指数从 0 到 1，反映了行业分布的不平等。如果一个城市所有产业的产出份额相同，则基尼指数为零，产业结构完全多元化。当一个城市集中在一个特定的部门，这意味着一个完全专业化的产业结构时，基尼指数等于 1。

在表 13.7 的面板 A 中，列（1）至列（3）使用赫芬达尔指数作为产业专业化的衡量指标，而列（4）至列（6）使用基尼指数。由于"基尼指数"的范围是从 0 到 1 并且各城市相似，我们对其进行对数变换得到被解释变量。结果表明，当这两种指标同时使用时，总体和事前风险分担指标的估计系数均为正且统计上显著。

表 13.7　　　　　　　　敏感性检验

	面板 A：产业专业化的替代指标					
	Herfindahl 指数			Gini 指数		
变量	(1)	(2)	(3)	(4)	(5)	(6)
RS	0.18*** (2.94)			0.580*** (2.95)		
Ex ante RS		0.19*** (3.59)			0.62*** (3.40)	
Ex post RS			-0.00 (-0.05)			-0.03 (-0.09)
Constant	0.57*** (2.81)	0.56*** (3.13)	0.74*** (4.07)	3.02*** (4.99)	2.98*** (5.30)	3.57*** (6.42)

续表

	面板A：产业专业化的替代指标					
	Herfindahl 指数			Gini 指数		
变量	(1)	(2)	(3)	(4)	(5)	(6)
Observations	209	209	209	209	209	209
R-squared	0.44	0.44	0.40	0.54	0.54	0.52
	面板B：替代方法					
	有约束的OLS回归			3位行业代码		
变量	(1)	(2)	(3)	(4)	(5)	(6)
RS	0.15***			0.16***		
	(2.61)			(2.78)		
Ex ante RS		0.19***			0.17***	
		(3.05)			(3.54)	
Ex post RS			0.02			-0.01
			(0.22)			(-0.14)
Constant	0.43**	0.40**	0.57***	0.50***	0.49***	0.65***
	(2.34)	(2.43)	(3.35)	(2.71)	(3.03)	(3.95)
Observations	209	209	209	209	209	209
R-squared	0.40	0.41	0.37	0.45	0.45	0.41
	面板C：小城市与大城市					
	小城市			大城市		
变量	(1)	(2)	(3)	(4)	(5)	(6)
RS	0.13***			0.23***		
	(2.80)			(3.41)		
Ex ante RS		0.14***			0.24**	
		(3.14)			(2.49)	
Ex post RS			0.01			0.23***
			(0.11)			(2.82)
Constant	-0.03	-0.10	0.10	0.33	0.19	0.54
	(-0.25)	(-0.68)	(0.66)	(0.99)	(0.52)	(1.48)
Observations	98	98	98	111	111	111
R-squared	0.74	0.75	0.70	0.56	0.52	0.50

续表

面板 D：其他检验

变量	风险分担估计系数在 10% 水平上显著的样本			时变		
	(1)	(2)	(3)	(4)	(5)	(6)
RS	0.39***			0.03***		
	(5.96)			(3.88)		
Ex ante RS		0.42***			0.03***	
		(4.52)			(2.93)	
Ex post RS			0.05			0.00
			(0.36)			(0.58)
Constant	-0.04	-0.02	0.15***	-0.82*	-0.69	-0.65
	(-1.42)	(-0.61)	(4.30)	(-1.82)	(-1.53)	(-1.39)
Year & City FE				YES	YES	YES
Observations	187	196	37	1045	1045	1045
R-squared	0.22	0.23	0.00	0.98	0.98	0.98

注：在面板 A 中，列（1）至列（3）的被解释变量是由式（13.5）估计的 HHI 指数。列（4）至列（6）的被解释变量是由式（13.6）估计的基尼指数的对数。在面板 B 中，列（1）至列（3）报告了风险分担指数 β 从 0 到 1 的约束条件下的估计结果。列（4）至列（6）报告了 3 位行业分类的结果。面板 C 报告了小城市 [列（1）至列（3）] 和大城市 [列（4）至列（6）] 的估计结果。面板 D 提供了额外检验。列（1）至列（3）报告了估计风险分担系数在 10% 水平上显著的样本中的估计结果。列（4）至列（6）报告了使用九年滚动期测得的时变风险分担的估计结果。控制变量被纳入了回归中，但未报告，控制变量包括 POP、POPDEN、GPC、GPC2、AGR、MIN、FAI、EDU、FISCAL、FREIGHT 和常数。列（4）至列（6）额外控制了年份和城市的固定效应。括号中为稳健 t 统计量。*、**、*** 分别代表 10%、5% 和 1% 的显著性水平。

表 13.7 的面板 B 报告了我们的基本回归对替代估计方法和替代行业分类的敏感性。在列（1）至列（3）中，我们将风险分担的度量限制在从 0 到 1 的范围内①。在列（4）至列（6）中，我们计算了三位数行业水平的产业专业化指数，并将其作为被解释变量②。所有结果性质上相同。风险分担，尤其是事前风险分担，仍然是塑造地方产业专业化的重要因素。

---

① 理论上，区域风险分担的水平应该从 0 到 1 不等。约束下的回归允许我们排除会严重左右回归结果的异常值影响。
② 我们使用四位数的行业分类获得了类似的结果。为简洁起见，未报告这些结果。

第十三章 | 中国的风险分担与产业专业化

需要注意的是某省的城市可以通过与同一省内的其他城市或其他省份的城市交流互动来分担风险（Ho, et al., 2015）。如果事后风险分担更可能是政府精心策划的风险分担机制，我们应该期望事后风险分担应该与省内风险分担相关性更强，原因是省级保护主义阻止了一个城市依靠另一个省的财政资源来纾困生产风险。市政府的权力越大，该市就越有可能利用本省的财政资源来为其生产风险投保。为了进一步支持这一假设，我们根据一个城市的 GDP 规模是高于还是低于省内 GDP 的中位数，将样本分为大城市和小城市。面板 C 报告了小城市和大城市的估计结果。与我们的预期一致，事后风险分担对大城市的产业专业化影响更为显著，而对小城市则没有影响。一个可能的解释是，大城市更容易获得省内的财政资源，可以将更多的财政资源分配给国有企业。

如图 13.1 至图 13.3 提供的三个风险分担指数与产业专业化关系的散点图所示，一些风险分担指标可能被怀疑是"异常值"，这可能是由估计误差引起的。为了检验稳健性，我们通过排除显著性水平较低的估计系数来进行敏感性检验。表 13.7 面板 D 的列（1）至列（3）报告了估计系数在 10% 水平下显著的样本的估计结果①。所有结果在性质上保持不变。

风险分担机制主要是通过一个城市的风险在很长一段时间内分散到其他城市中来实现的。用于估计风险分担的样本期越长，测量误差越低（Kalemli-Ozcan, et al., 2003）。因此，较长的时间序列数据有助于通过最小化短期干扰来估计风险分担指标。表 13.3 中的基准结果是使用横截面回归得出的，其中风险分担指标是用整个样本期的时间序列数据估计的。然而，目前还存在一类疑虑关于风险分担与产业专业化之间的关系是否存在时间维度，以及在考虑时间动态时该关系是否仍然存在。为了解决这个问题，我们估计了随时间和地区变化的风险分担。我们参照 Kose 等（2009）学者的做法，估计基本回归模型（1）至模型（3），滚动期间为九年②，并测得每九年的风险分担估计值。相应地，我们还

---

① 由于样本量小，我们不使用估计系数在 5% 或 1% 水平上显著的样本。
② 例如，2011 年总体风险分担程度等于 β_1，代表 2003 年至 2011 年期间的估计值。

构建了同一九年期间的专业化指数和控制变量平均值①。我们通过控制城市和年份的固定效应来重复基准回归分析。列（4）至列（6）面板D的结果表明，我们的实证结果性质上不变②。

二 内生性

我们认为可能还存在关于风险分担与产业专业化之间关系内生性的担忧。例如，专门从事某些行业的城市可能更有动力参与区域间风险分担安排。为了解决这种担忧，我们使用两个不同的文化障碍指标，分别是每个城市的族谱数量和城市方言与北京普通话之间的距离，作为风险分担的两个替代工具变量。

在中国传统社会中，宗族是一个大家庭，家庭成员共同生活、互相帮助。宗族，即所有具有共同父系祖先的成员，建立并维持宗族成员之间的信任，这促进了日常交流并降低了交易成本。宗族文化自然促成了将人们分类为具有不同亲和力的群体的做法。人们会更信任同族的人，而没有血缘关系的人，即使住在附近，也会更信任。此外，来自同一个村庄、城市或地区的人比来自外部的人更受信任。宗族从一出生就与当地居民联系在一起，并在他们的一生中得到加强。生活在宗族丰富的城市中的人们，预计会产生强烈的文化认同感和对宗族的情感依恋，进而对家乡产生强烈的情感依恋。Spolaore 和 Wacziarg（2015）发现，具有不同文化身份的人彼此交流的可能性较小。因此，鉴于宗族文化的持续存在，我们可以合理地预期宗族身份普遍塑造了当前居民的地方认同，并通过增加城市内居民之间的互动和阻碍城市之间的人际交流，进一步阻碍跨城市风险分担。上海图书馆中国家谱知识服务平台提供中国家谱的综合统计，包括76755个家谱，包括家谱、家谱古籍所在地、起始时间、印刷方式和收藏地点。一些家谱的全文可在线获取。参照 Zhang（2020）和 Fan 等（2021）的研究，我们用每个城市（宗族）的族谱数量来衡量宗族文化传承的强度。

中国是一个幅员辽阔、民族多样的文明古国，语言和方言种类繁

---

① 我们还使用了年度专业化指数和控制变量，获得了类似的结果。为简洁起见，这些结果未报告，但可应要求提供。
② 在控制了城市和省份的固定效应后，结果保持不变。

第十三章 中国的风险分担与产业专业化

多。普通话是中国的官方语言，它是在北京普通话语音的基础上制定的。然而，北京普通话只是中国汉语言的 17 种方言之一，在大多数城市甚至都不是优势方言①。例如，上海人在日常对话中说吴语，而不是北京普通话。文献强调了语言在跨境交流中的重要性（Grinblatt and Keloharju，2001；Melitz and Toubal，2014）。显然，当一个城市的居民与来自不同方言的其他城市或省份的人互动时，地方方言成为沟通和互信的障碍。方言之间的差异越大，意味着跨区域经济交流的成本越高。例如，方言作为一种文化认同形式，在中国的国内迁移和贸易中会产生"边界效应"（Su，et al.，2018；Wang and Ruan，2019）。参照 Spolaore 和 Wacziarg（2015）的研究，我们使用语言树（一种从分支学中借用的方法）来测量汉语中方言之间的距离。语言树表示不同方言之间的古老关系，反映了不同城市和地区之间经济文化交流的长期状况。由于我们的研究不是基于城市或省份的两两分组进行的，所以我们选用当地方言和北京普通话之间的距离来衡量文化障碍。鉴于普通话是基于北京普通话的官方语言，人们通常会用普通话与说不同方言的人交流。然而，方言与北京普通话之间的距离越远，通常意味着当地居民学习说普通话的难度越大，用普通话交流的舒适度也就越低。因此，他们在与中国其他地区的人们建立信任方面面临更多障碍，并且不太可能与外地人进行经济和社会交流。借助商务印书馆 2012 年出版的《中国语言图谱》，我们获得了各个城市的优势方言以及不同方言之间的古老关系的信息。我们使用当地方言与北京普通话（方言）之间的距离来衡量方言距离，并检验其对风险分担的影响（本章附录提供了汉语方言的语言树）。

工具变量回归结果见表 13.8，在面板 A 中，第二阶段回归表明，整体和事前风险分担指数对地方产业专业化产生显著正向的影响，进一步支持事前风险分担推进产业专业化中的重要作用。从面板 B 的第一阶段回归结果中，我们观察到无论选用总体风险分担还是事前风险分担，每个城市的族谱数量和地方方言与北京普通话的距离都与风险分担

---

① Zhang（2021）绘制了中国不同方言的地理分布图。

程度呈负相关。这些结果与文化障碍与城市间风险分担负相关的预期一致[①]。

表 13.8　　　　　　　　　　工具变量回归

变量	(1)	(2)	(3)	(4)
面板 A 第二阶段				
RS	0.51***		0.50**	
	(3.04)		(2.52)	
Ex ante RS		0.78***		0.66***
		(3.07)		(2.72)
Controls	YES	YES	YES	YES
面板 B 第一阶段				
Clanship	−0.03***	−0.02***		
	(−4.15)	(−3.63)		
Dialect			−0.10***	−0.08***
			(−3.16)	(−3.35)
Controls	YES	YES	YES	YES
Observations	209	209	209	209
F-statistic	17.2	13.2	10.0	11.2
Prob > F	0.00	0.00	0.00	0.00
面板 C 对工具变量的残差回归				
Clanship	−0.01	−0.01		
	(−1.60)	(−1.58)		
Dialect			−0.02	−0.02
			(−1.55)	(−1.45)
R^2	0.01	0.01	0.01	0.01
面板 D 排他性约束的检验				
RS	0.15***		0.15***	
	(2.80)		(2.66)	
Ex ante RS		0.15***		0.16***
		(3.73)		(3.40)

---

① 本章附录报告了第一阶段和第二阶段回归的详细结果。

续表

变量	(1)	(2)	(3)	(4)
Clanship	-0.01 (-1.31)	-0.01 (-1.30)		
Dialect			-0.05 (-1.46)	-0.04 (-1.51)
Controls	YES	YES	YES	YES

注：本表使用每个城市的族谱数［列（1）至列（2）］和城市方言与北京普通话的距离［列（1）至列（2）］作为两个替代工具变量，报告了两阶段最小二乘法（2SLS）回归结果。面板A和面板B分别报告第二阶段回归和第一阶段回归，包括但未报告控制变量。括号中报告了稳健的t统计量。*、**、***分别代表10%、5%和1%的显著性水平。第一阶段的F统计量提供了工具变量显著性的F统计量，Prob>F是弱工具检验的p值。面板C和D为去除了限制性检验的结果。我们使用第二阶段的残差对工具变量进行回归并在面板C中显示结果。面板D报告加权最小二乘法WLS结果，如表13.3中的列（4）至列（6），但我们将工具变量与风险分担指标一起作为自变量。括号中为稳健t统计量。*、**、***分别代表10%、5%和1%的显著性水平。

有效的工具变量应同时满足相关条件和排他约束条件。从第一阶段回归结果来看，宗族和方言与总体和事前风险分担的程度呈显著负相关。相关的F值为10或更高，这足以降低对弱工具变量的担忧（Staiger and Stock，1997）。

对于排他约束条件，即工具变量不通过风险分担以外的渠道影响产业专业化，我们对排他约束进行了两个额外的检验。首先，如果工具变量通过其他渠道影响产业专业化，则第二阶段回归的残差应与工具变量相关。表13.8的面板C中的结果表明，两个变量之间的相关性很小，并且在传统的置信水平上不显著。其次，如果工具变量仅通过风险分担渠道影响产业专业化，那么在风险分担条件下，工具变量对产业专业化的影响应该在统计上不显著。在表13.8的面板D中，我们对工具变量和风险分担指标的产业专业化进行了回归。结果表明，所有工具变量的估计系数在统计上变得不显著。

第六节　事前和事后风险分担渠道的性质

我们主要假设的因果机制是，在形成中国的产业专业化中，事前风险分担渠道主要是以市场为基础的，而事后风险分担渠道主要是由政府管理的。如果我们的假设是正确的，我们应该观察到市场因素和政府管理的因素分别是事前和事后风险分担的主要决定因素。为了提供进一步的证据，我们使用了一个标准的风险分担回归模型，其中包含了各渠道的指标，并控制时间和城市固定效应。

$$\Delta \log GDP_{it} - \Delta \log CON_{it} = v_t + \vartheta_i + \beta_2 \Delta \log GDP_{it} + \gamma \Delta \log GDP_{it} \times Channel_{it} + \varepsilon_{it}$$
(13.7)

其中，$Channel_{it}$ 为区域 i 的事前或事后风险分担渠道指标。估计系数向量 γ 为正值表示城市中这些渠道变量的值越大，该城市实现的风险分担量就越大。此外，为了分别检验事前和事后风险分担的具体渠道，我们分别使用以下式（13.8）和式（13.9）的计量方法进行回归。这些渠道回归方法类似于式（13.7），但可以检验出某些潜在渠道是否真正会促进事前或事后风险分担。如果估计的系数 γ 在统计上显著，则该潜在渠道变量证明是有效的事前或事后风险分担渠道。

$$\Delta \log GDP_{it} - \Delta \log INC_{it} = v_t + \vartheta_i + \beta_2 \Delta \log GDP_{it} + \gamma \Delta \log GDP_{it} \times Channel_{it} + \varepsilon_{it}$$
(13.8)

$$\Delta \log INC_{it} - \Delta \log CON_{it} = v_t + \vartheta_i + \beta_2 \Delta \log INC_{it} + \gamma \Delta \log INC_{it} \times Channel_{it} + \varepsilon_{it}$$
(13.9)

一　事前风险分担渠道

（一）资本市场

资本市场主要指债券市场和股票市场。中国资本市场尚未实现为大量企业，尤其是非国有企业，提供融资的目标。中国企业债券市场不发达。根据中国证监会的数据，2016 年公司债券发行余额占 GDP 的比重仍低至 20.86%，国有企业占发行人的 91%。中国股票市场自 1990 年年初形成以来迅速扩张。股票市值占 GDP 的比重从 1992 年的 3.93% 飙升至 2016 年的 68.28%。尽管如此，中国股市长期向国有企业倾斜，截至 2016 年年底，国有企业仍占上市公司的 38%。根据中国家庭金融调查，股票市场的企业覆盖面有限，中国家庭的股票市场参与率较低（18%），远低于美国[①]。此外，中国股票市场的内幕交易和投机行为普

---

① 根据 2016 年美国消费者金融调查（SCF），超过 50% 的家庭通过持有股票或共同基金参与金融市场。

遍存在，这体现在上海和深圳证券交易所的换手率高达 249.2%（2016），远高于大多数成熟金融市场的换手率（Allen, et al., 2019）。这些缺陷削弱了资本市场在资源配置和风险分散方面的有效性。为了衡量资本市场对风险分担的影响，我们构建了一个资本市场变量，即股票市值和公司债券（长期和短期）未偿本金余额之和与 GDP 的比率（He, et al., 2017）。

中国的工业化和城市化进程促使大量农村富余劳动力离开农业和农村，要么搬到同省内的城市，要么到蓬勃发展的沿海省市（这种形式的迁移在中国被称为离土离乡）。但由于户籍制度（户口），这些农民工并没有正式进城，只是在城里打工。通常，他们会将大部分工资汇给农村的家人。因此，农村向城市的迁移极大地改变了中国农村的家庭收入来源，特别是在较贫穷的内陆省份。农民工将非农收入汇回已成为农村家庭日益重要的收入来源（de Brauw and Giles, 2008），同时也是区域间风险分担的有效工具。Du 等（2011）表明，一些替代渠道，如城市化和替代金融，在促进跨省消费风险分担方面发挥着重要作用。我们使用迁移率，即一个城市的人口流出和流入的比率，来衡量农民工的规模。

（二）一般财政转移

中国的财政转移支付体系与大多数西方国家的不同之处在于，地方（省和市）政府的大部分财政资源依赖于中央政府的转移支付[①]。1994 年，影响深远的中央与地方分税制改革导致中央财政收入增加而地方政府收入减少。一般转移支付是在每年年初的政府预算中确定的，难以应对紧急需要。一般性转移支付旨在填补地方收支差距，缩小地区间的经济差距[②]。一般转移支付金额采用标准化方法计算，列入政府预算，须于年初报经地方人民代表大会批准。在粘蝇纸效应下，为了在明年从上级政府获得更多的一般性转移支付，地方政府有动力扩大公共支出，即使是效率较低的用途。逐渐地，一般性转移成为缓解区域间差距的常规举措，更像是一种平衡区域间经济发展的长期制度安排；它随一年中的

[①] Shen 等（2012）对中国的财政分权进行了全面回顾。
[②] 中央与地方政府的转移支付制度对内陆城市尤为重要。在西藏和青海等腹地城市，近 90% 的地方财政预算依靠中央转移支付。

经济波动变化不大。从这个意义上说，它可以被视为一种事前风险分担机制。

二 事后风险分担渠道

（一）信贷市场

中国拥有以银行为中心的金融体系。根据世界发展指标测算，2016年中国银行信贷占GDP的比重为156.22%，远高于87.13%的世界平均水平。然而，大部分信贷由国有银行控制。国有企业享有获得银行信贷的特权，而非国有企业则难以获得贷款，在信贷市场上举步维艰。家庭信贷，特别是消费信贷极其有限。此外，中国政府仍对银行业务保持严格监管。政府作为监管者和银行业的主导所有者的双重角色削弱了国有银行和整个信贷市场的有效性[①]。我们以贷款和存款总额与GDP的比率作为信贷市场发展的代理变量（详情见本章附录）。

（二）专项财政转移支付

政府财政转移支付包括一般转移支付和专项转移支付。根据财政部2015年颁布的《中央对地方专项转移支付管理办法》，中央财政为地方政府提供资金，用于应对自然灾害等突发事件。换言之，专项转移支付是中央政府给予地方政府特定目的的补助，包括对自然灾害、环境保护、公共交通、战略性产业、小企业和可再生能源的援助。只有在地方政府承担相应任务的情况下才会进行专项转移，因此它们在很大程度上依赖于政府当年的战略规划和经济表现[②]。因此，专项转移是一种具有代表性的事后风险分担渠道。如2008年5月汶川大地震后，对汶川市的专项转移支付增加了14.4倍，从2007年的8700万元增加到2008年的12.59亿元，一般转移支付从2007年的9100万元增加到2008年的2.04亿元。除此之外，很多财政补贴来自专项转移支付，帮助企业在生产冲击发生后分担风险。例如，中美贸易战爆发后，地方政府可以从战略性产业专项资金中对半导体产业进行补贴。专项转移是城市间风险

---

① 即使经历了几次放松管制和市场化浪潮，中央或地方政府仍然是中国大多数银行的最大股东。

② 需要注意到地方政府的收入在很大程度上依赖于财政转移支付制度。例如，2016年中国地方财政收入为146640亿元，其中一般性转移支付31860亿元，中央财政专项转移支付20710亿元。

分担的直接方式，也毫不意外地成为风险分担的重要手段。

三　回归结果

表13.9面板A、B和C分别检验了总体风险分担、事前风险分担和事后风险分担的渠道。在每个面板中，我们通过将每个风险分担渠道与产出增长之间的交互项一一包括在内，呈现每个潜在风险分担渠道的估计结果。此外，我们还通过将所有具有潜在风险分担渠道的交互项放在一起进行回归，以检验它们的稳健性①。

表13.9　中国消费风险分担渠道

面板A：中国总体风险分担的渠道						
	(1)	(2)	(3)	(4)	(5)	(6)
$\Delta \log GDP_{it}$	0.88*** (30.80)	0.94*** (28.88)	0.92*** (16.98)	0.99*** (22.85)	0.97*** (16.59)	0.88*** (12.41)
$\Delta \log GDP_{it} \times$ migration ratio	0.07** (2.01)					0.13*** (3.54)
$\Delta \log GDP_{it} \times$ capital market		−7.95** (−2.16)				−7.53 (−1.66)
$\Delta \log GDP_{it} \times$ general transfer			−1.26 (−0.83)			−3.17* (−1.82)
$\Delta \log GDP_{it} \times$ special transfer				2.13*** (2.76)		2.55*** (4.11)
$\Delta \log GDP_{it} \times$ credit market					−2.09 (−1.07)	−1.05 (−0.43)
Observations	2717	2717	1449	1456	2717	1449
R-squared	0.54	0.54	0.54	0.56	0.54	0.55

面板B：中国事前风险分担的渠道				
	(1)	(2)	(3)	(4)
$\Delta \log GDP_{it}$	0.86*** (37.78)	0.87*** (49.15)	0.91*** (43.66)	0.90*** (41.19)

---

① 作为稳健性检验，我们采用渠道变量的初始年份值并重新估计结果，获得类似的结果。

续表

面板 B：中国事前风险分担的渠道				
	(1)	(2)	(3)	(4)
$\Delta \log GDP_{it} \times$ migration ratio	0.04*** (3.31)			0.02** (2.07)
$\Delta \log GDP_{it} \times$ capital market		2.43 (1.47)		-0.54 (-0.26)
$\Delta \log GDP_{it} \times$ general transfer			1.32 (1.15)	1.23 (1.11)
Observations	2717	2717	1449	1449
R-squared	0.63	0.63	0.55	0.55

面板 C：中国事后风险分担的渠道			
	(1)	(2)	(3)
$\Delta \log INC_{it}$	0.54** (2.27)	0.64** (2.60)	0.63** (2.09)
$\Delta \log INC_{it} \times$ special transfer	2.28*** (3.76)		2.06*** (3.74)
$\Delta \log INC_{it} \times$ credit market		-0.05 (-1.57)	-0.06 (-1.22)
Observations	1456	2717	1456
R-squared	0.30	0.21	0.31

注：面板 A、面板 B 和面板 C 分别报告了对总体、事前和事后风险分担渠道的分析。回归包括年份固定效应和城市固定效应，但为简洁起见未报告其估计值。括号内为省级聚类的稳健 t 统计量，*、**、*** 分别代表 10%、5%、1% 水平的统计显著性。

在面板 A 的列（1）中，我们发现迁移对总体风险分担具有正向且显著的影响。当回归中包含所有潜在的渠道变量时，该影响关系在面板 A 的列（6）中仍然显著。在面板 B 的列（1）和列（4）中，回归表明迁移是一个重要且稳健的事前风险分担渠道。这证明了迁移在实现事前和总体风险分担方面的重要作用。大规模跨省市劳动力流动始于 1992 年年初邓小平启动新一轮经济改革，进一步推进工业化和城镇化。越来越多的农民工从农村流向省内城市或外省大城市。因此，非农收入占农村纯收入的比重从 1990 年的 26% 大幅上升到 2006 年的 58%（国家统计局，2007），其中汇款增值贡献了很大一部分。这不仅反映了工业化进程，更重要的是为农村家庭收入来源的地域和结构多样化提供了证据。

面板 A 的列（2）表明，单独考察资本市场的发展会显著降低整体风险分担；然而，列（6）表明，当我们将其他潜在的风险分担渠道纳入回归时，资本市场的影响并不稳健。从面板 B 的列（2）和列（4）中，我们观察到资本市场发展在中国实现事前风险分担方面的作用可以忽略不计。尽管中国的资本市场在过去 30 年中发展得相当迅速，但家庭直接或间接参与资本市场的现象仍不常见和普遍。股票和债券的跨区域或跨城市所有权仍然相对稀缺，在风险分担中没有发挥重要作用。

在面板 A 中，列（3）显示一般转移对风险分担的影响不显著，而列（6）显示以其他潜在的风险分担渠道为条件时，一般转移对总体风险分担的影响在 10% 的显著水平下为负。在面板 B 的列（3）和列（4）中，一般转移对事前风险分担的程度产生了正向但微小的影响，这并不奇怪。1994 年分税制改革后，中央对省市政府的一般性转移支付成为缓解地区财政收入差距的常态化举措。此外，一般性转移支付是在每年年初的政府预算中确定的，难以应对地方财政需求的变化。

如面板 A 列（4）和列（6）栏所示，专项转移在提高总体风险分担程度方面发挥了显著的作用。面板 C 列（1）和列（3）的结果表明，专项转移是一个重要的事后风险分担渠道。这证实了我们的预测，即在生产冲击之后，专项财政转移支付在保障居民收入和消费方面发挥着主要作用。

在面板 A 的列（5）和列（6）中，信贷市场对总体风险分担程度产生了负向且不显著的影响。同样，在面板 C 中，列（2）和列（3）表明，信贷市场对事后风险分担的影响并不显著。因此，信贷市场并不是事后风险分担和总体风险分担的重要渠道。中国的国有银行偏爱国有企业或对地方经济重要的企业。当企业遭受特定冲击时，国有企业更有可能获得信贷，而非国有企业则不然。此外，包括银行系统在内的正规信贷市场并未广泛提供消费贷款。因此，由于国有企业部门占地方 GDP 的比例相对较小，大多数经济主体在正规信贷市场中被排除在外。因此，信贷市场对消费风险分担的影响微乎其微，甚至会阻碍事后风险分担。

事前风险分担和事后风险分担的渠道包括市场化渠道和政府管理渠道。对于发达经济体而言，资本市场和信贷市场分别是事前和事后风险分担的主要市场机制。在中国这样的新兴市场和发展经济体中，这两个主要的市场渠道在帮助实现风险分担方面并没有发挥预期的作用。资本市场和信贷市场的相对不发达以及进入机会有限，使正规金融体系远不能为大多数企业和家庭提供适当、负担得起和及时的金融产品和服务。因此，正规金融体系无法帮助城市实现风险分担。相反，农民工汇款作为一种较为原始的市场化事前风险分担机制，以及政府管理的应急专项转移支付，在实现城市风险分担方面发挥了最重要的作用。这说明我国市场经济发展还比较不充分和不平衡。同时，定期的政府间一般性转移不足以抵御风险分担。为应对紧急需求而进行的专项转移支付对于为国有企业和家庭提供补贴以在一些突发事件发生后实现事后风险分担特别有用。这表明政府系统在维持风险分担方面的力量正在减弱。因此，中国经济目前处于市场经济发展不足以让资本市场等一级市场渠道在实现风险分担中发挥重要作用的阶段。然而，与此同时，一般财政转移支付也不足以维持事前和事后风险分担，尽管专项转移支付有助于事后风险分担。

第七节　结论

我们剖析了中国风险分担与产业专业化之间的关系。与以往基于跨国分析的研究不同，我们将中国作为新兴市场和发展中经济体的代表，进一步探索中国地级市风险分担与产业专业化的关系。第一，我们将风险分担机制分解为事前风险分担和事后风险分担，发现事前风险分担和总体风险分担对于促进产业专业化具有重要意义，而事后风险分担不会产生显著影响。第二，我们的数据源使我们能够通过区分国有企业和非国有企业以及周期性和非周期性行业来细化产业专业化的衡量指标。风险分担对产业专业化的影响在非国有部门和周期性行业更为明显。此外，事后风险分担对塑造国有企业的产业集中度具有重要意义，而事前风险分担主要促进非国有企业的产业专业化。第三，以往研究对于制度环境和波动的持续性是否会影响风险分担的有效性这一问题进行了讨论和建模（Obstfeld，1994；van Wincoop，1994；Asdrubali，et al.，1996；Acemoglu and Zilibotti，1997；Feeney，1999）。我们为这些理论模型提供了经验证据，并表明当制度环境更合适且经济波动更持久时，风险分担在促进产业专业化方面发挥着更为重要的作用。第四，我们使用每个城市的家谱数量以及地方方言与北京普通话之间的差距作为工具变量来解决我们国内环境中的内生性问题，为未来研究风险分担提供了一个新的有效工具变量。第五，我们的研究表明，在中国，跨地区劳动力迁移和专项财政转移分别是事前和事后风险分担的主要手段。资本市场和信贷市场分别作为事前和事后风险分担的传统主导力量，在发达经济体中还相当不发达，包容性远远不够，因此它们在促进风险分担方面没有发挥重要作用。

本章研究表明，在中国新兴市场经济体中，资本市场和信贷市场的不发达和所有权歧视对风险分担的实现和产业专业化的深化具有显著的威慑作用。这是不发达的金融体系产生的负面影响和成本，从而导致相当巨大的效率损失。如果一个国家的金融体系得到更好的发展，可以预期国家能从强化风险分担和工业专业化带来的高效率中获益颇丰。从这个意义上说，我们的研究结果表明金融发展在促进经济增长和发展方面的益处被严重忽视了，这对于新兴经济体和发展中国家来说尤其重要。

第四篇　金融发展中的政策建议

第十四章

深化利率改革与防范金融风险

第一节 负利率的实践逻辑和理论思考

近年来,负利率引起了国际金融界的热议。美国经济学家穆罕默德·埃尔·埃里安甚至认为,全球经济金融已进入负利率时代①。在经济金融运行中,负利率大致可分为三种情形:一是名义利率为正,但物价上涨(包括通胀)幅度超过了名义利率,结果是实际利率为负。二是名义利率为负,但物价下行(包括通缩)幅度超过了名义利率,结果是实际利率为正。三是名义利率为负,但物价下行幅度不足以冲抵名义利率的负值,结果是实际利率为负。从英国古典经济学开始,传统经济金融理论就以名义利率为正为基础性条件。它既是各种金融产品和金融服务的定价基础(如特定种类金融产品的利率等于基准利率加风险溢价),也是货币政策调控(尤其是价格调控机制)的重要基础。货币均衡与商品均衡以至于宏观经济均衡等都离不开这一条件。从实践层面看,存贷款之间的利率差额是商业银行等金融机构的一项主要收入来源,即便是代客理财业务(如资产管理等)也以争取被管理的客户资产收益为正为运作目标。

2008年9月,美国爆发了金融危机,欧洲成为深受冲击的重灾区。2009年7月,瑞典央行率先迈出了名义利率为负的第一步,将存款利率降到-0.25%(实施1年后,又恢复到零利率水平)。2014年以后,

---

① 参见中信出版社2017年出版的《负利率时代:货币为什么买不到增长》。

名义利率为负的情形非但没有减缓，反而有着愈演愈烈的态势。进入2019年以后，加入名义利率为负行列的央行已达5家（包括瑞典、丹麦、瑞士、日本和欧洲央行等），同时，名义利率为负的情形向商业银行等金融机构的存贷款利率、债券市场收益率等方面扩展。在名义利率为负的情形持续拓展的背景下，货币金融理论和实践运作都面临着新的挑战。

2016年以后，中国着力落实以"三去一降一补"为抓手的供给侧结构性改革。在实体企业利润增长率大幅下滑背景下，国务院推出了一系列减税减费减息的政策，以提高实体企业资产的边际收益率，刺激投资和高新技术产业化，提高经济运行质量。随着降低融资成本的难度加大，一些人认为，从借鉴欧洲多国实施负利率的实操角度看，中国的存贷款利率还有下降空间，同时，为了改变资金脱实向虚的状况，有必要实施商业银行等金融机构在央行存款的名义利率为负的政策，以迫使这些资金投入实体经济部门，缓解金融面的"资产荒"和实体面的"资金荒"矛盾。

一 欧洲的名义利率为负及其效应

2008年9月美国金融危机爆发，欧洲经济受到严重冲击。2009年欧元区的GDP增长率为-2.8%，2010年以后虽逐年有所缓解，GDP增长率恢复到了3.22%（2018年），但与2007年的5.75%水平相比，依然有着较大的差距。2018年以后，随着美国挑起对欧洲（尤其是欧元区，下同）相关国家的贸易冲突、英国脱欧的前景不明、欧洲各国之间及国内的各种经济社会矛盾，使欧洲的经济前景愈加不明。为了刺激消费需求、促使商业银行等金融机构放款给实体企业以支持经济增长，欧洲一些国家的央行（包括欧洲央行，下同）出台了名义利率为负的政策举措。

欧洲的名义利率为负的举措是一个逐步扩展的过程，大致有三种情形：

第一，央行实行存款负利率。2009年7月，面对美国金融危机的严重冲击，瑞典央行率先推出了负利率实验，将存款利率减至-0.25%；1年后虽然恢复到零利率水平，但2015年2月12日，瑞典央行再次宣布从18日起下调再回购利率0.1个百分点至-0.1%，以进一步刺激经济复苏；由于物价回升乏力，2016年12月21日，瑞典央行宣布继续保持-0.5%的基准回购利率。2012年7月，面对欧债危机和国际资本大量入境的压力，丹麦央行步瑞典央行后尘，决定对商业银行等金融机构在央行的存款实行负利率；2014年虽短暂恢复到了正利率，但随后又再次实施，到2016年2月，丹麦央行存款利率为-0.65%。2014年6月5日，欧洲央行宣布下调存款利率至-0.1%，由此，加入了名义利率为负的行列。2015年12月3日，欧洲央行将隔夜存款利率下调至-0.3%；2016年4月，又再将隔夜存款利率降到-0.4%；2019年7月25日，欧洲央行的货币政策会议宣布，维持隔夜存款利率-0.4%；2019年9月12日，欧洲央行再次下调存款利率，使其降到历史最低点的-0.5%。2016年2月，日本央行宣布对部分超额准备金实施-0.1%的利率。目前，已有欧洲区、瑞典、瑞士、丹麦和日本5家央行推出了名义利率为负的政策。截至2019年8月19日，欧元区、瑞典、丹麦和瑞士的主要利率分别为-0.4%、-0.25%、-0.65%和-0.75%。

第二，商业银行等金融机构实行存贷款的负利率。名义利率为负的情形从央行存款向商业银行等金融机构的存贷款业务扩展。2012年7月，应对央行存款负利率，丹麦商业银行实施了7天定期存款利率-0.2%的举措；2019年8月5日，丹麦的日德兰银行（丹麦第三大银行）推出了全球首例负利率按揭贷款，即房贷利率为-0.5%。2019年8月6日，瑞士银行宣布将对50万欧元以上的存款征收0.6%的年费（即负利率）、存款超过200万瑞士法郎的年费为0.75%。

第三，债券交易出现负收益率。央行存款负利率迫使大量资金流向债券市场，使债券市场需求增加，交易价格上行，由此，引致了债券交易中出现低收益率和负收益率。2012年，德国首现1年期国债交易的负收益率，2016年出现了10年期国债的负收益率，2019年出现了30年期国债收益率跌破零利率。截至2019年9月，2年期国债收益率在瑞士为-1.071%、在荷兰为-0.601%、在德国为-0.639%、在法国为-0.596%、在西班牙为-0.198%、在意大利为-0.104、在日本为-0.212%；10年期国债收益率在瑞士为-0.581%、在德国为-0.098%、在日本为-0.105%。

欧洲一些国家的央行实施的存款负利率，在理论上既突破了凯恩斯的流动性陷阱假说又未能摆脱这一陷阱。从突破看，凯恩斯的流动性陷阱假说建立在名义利率为正的基础上，认为当名义利率水平降到零利率（即再也不能降低）时，货币需求弹性就将无限扩大，央行无论多么宽松的货币政策，投入多少货币进入经济金融运行，都不可能扭转经济金融继续下落的趋势；与此相比，欧洲一些国家央行实施的存款负利率突破了零利率的底线，使名义利率下行不再有底线限制。另外，这些国家即便实施了在存款、贷款等方面的负利率政策，在近期内依然未能有效扭转国民经济的疲软和下行走势，同时，带来了负利率向债券市场的负收益率扩展的效应。这些实践现象透视了四个问题：其一，在经济金融运行中，利率是一个重要的调控机制，对调节资金供求状况有着积极作用。但利率机制并非货币政策和宏观经济调控的唯一工具，更不是在任何条件下都充分有效的（换句话说，即利率机制不是万能的）。仅靠放松货币政策，增加资金供给，并不必然引致资金流向实体经济，也可能使大量资金在进入金融市场（尤其是债券市场）以后，引致金融产品价格上行，收益率下行。其二，利率水平并非只有在正值时才能够推进货币均衡从而促进商品均衡。实施负利率也有着促进供给增加、刺激消费扩大的功效，也可能有利于促进商品均衡。其中的关键在于，资金的流向和流量。其三，负利率未必引致资金流向他国，使本国经济发展受到资金紧缺的制约。在金融市场比较发达的条件下，负利率将引致资金流向金融产品的交易，推高金融价格，加大金融风险。其四，货币政策应与财政政策有效配合运用。在陷入流动性陷阱的背景下，应着力强化财政政策的运用（如增大减税力度、政府财政投资力度等），提高政府财政对实体经济的支持力度。运用存贷款负利率来拉升和扩大消费能力是必要的，但不可忽视供给侧结构性调整。不论宏观经济政策如何发力，经济金融运行的状况归根结底取决于实体经济的发展质量和国际竞争力。在经济疲软时期需要充分发挥市场机制的作用和加强国际合作，加大经济结构调整的力度，推进关键性科技的进步，提高实体企业的市场竞争力和创造增加值（尤其是利润）的能力。

二 中国的实际利率为负及其效应

进入21世纪以后，中国经济金融运行中存在着负利率现象。2014年11月22日至2015年10月24日的连续6次下调存贷款基准利率以后，1年期存款基准利率从原先的3%降到1.5%；但受多种因素影响，2015年10月以后，CPI增长率按月份计算大多在1.5%以上（最高点为2018年2月的2.9%），2019年8月为2.8%。按此计算，1年期存款的实际负利率为1.3个百分点，活期存款（年利率0.35%）的实际负利率为1.95个百分点。显然，在中国经济金融运行中存在着名义利率为正而实际利率为负的现象。实际上，在中国经济金融运行中，这种现象已多次发生（如2004年、2008年等）；在美国、日本和其他发达国家的经济金融运行中，这种现象也不时发生（如1991年以后的日本）。

西方金融理论认为，实际利率为负的现象有三个负面效应：其一，挤兑。在实际利率为负的条件下，存款人（包括居民个人和实体企业）不愿意将暂时闲置的资金继续存入商业银行等金融机构。由于商业银行等金融机构前期吸收的存款已通过贷款、购买债券等路径投入实体企业的经营运作中，一旦缺乏后续存款来源，它们就将陷入流动资金紧张之中。在存款人取现或划拨资金遇到即时兑付困难条件下，就可能引致其他存款人的挤兑。这种情形的蔓延将危及整个商业银行体系。其二，金融市场价格虚高。在实际利率为负的条件下，资金供给者不愿将闲置资金用于存款，更倾向于将这些资金投入金融市场，购买金融产品。在金融产品的供给量（包括增长量）不足以抵偿资金增加量的条件下，市场中交易的金融产品价格可能大幅上扬，由此，引致金融市场的交易风险和运行风险增大，为金融动荡乃至金融危机埋下隐患。其三，资金外流。对开放型经济而言，在国内实际利率为负的条件下，资金供给者可能选择向海外市场投资以获得较高的收益。随着资金大量外流，国内经济发展将面临资金紧缺的困境，由此，将限制经济从疲软向高涨的复苏步伐。由于实际利率为负有着一系列负面效应，所以，在20世纪90年代以后，在物价大幅上行（或通胀）期间，一些国家的央行曾提出了"力保实际利率为正"的政策主张并尽力付诸实施。

与理论相比，经济金融的实践更加复杂、更加丰富。西方关于实际利率为负的负面效应认识，与实践活动相比有着太多的偏差。第一，挤兑并没有发生。在存款实际利率为负的条件下，暂且不论金融投资的资金效应，资金供给者的资金运用至少可以在存款和手持现金中选择。如果手持现金，将面临的价值损失与CPI增长率相仿（如中国2019年8

月为2.8%）；以1年期存款方式存入银行，将面临的价值损失与"CPI增长率-1年期存款利率"相仿（如中国2019年8月"CPI增长率2.8%-1年期存款利率1.5%"，即1.3个百分点）。在这种利益对比的选择中，存款人应会理性地选择以存款方式运用暂时闲置的资金，由此，商业银行等金融机构并不一定会发生由吸收存款不足引致的流动性风险。另外，即便个别商业银行因吸收存款不足发生挤兑，也可通过同业拆借、存款保险和央行救助（如央行再贷款等）机制，避免挤兑向其他商业银行等金融机构的蔓延，因此，实际利率为负对资金供给的冲击并不像理论描述的那么严重。进入21世纪以后，中国多次发生实际利率为负的现象，但并没有发生挤兑情形；20世纪90年代以后，日本经济金融长期处于实际利率为负的运行中，也没有发生挤兑现象；2019年8月以后，瑞士推出的对大额存款征收年费依然没有引致挤兑。第二，金融市场价格高涨不可持续。金融产品的价格波动由复杂因素引致，实际利率的高低只是其中的一个因素（并非唯一因素），这决定了实际利率为负不见得必定引致金融产品价格持续上行（一个简单的实例是，2018年以来，中国的债券市场价格、股票市场价格等并没有持续高涨）。另外，投资者进入金融市场是有时点制约的，在前期价格上涨后，对后期进入金融市场的投资者而言，要在高位入市，其实际收益率有可能低于实际利率，在得不偿失的权衡下，他们可能止步入市，由此，金融市场价格持续上行将受到需求方的限制。第三，资金并无大量外流。对任何国家的大部分居民个人和实体企业来说，海外金融市场常常是一个陌生的市场，他们对金融投资所在国的法律、税收、财务、文化和经济金融运行等缺乏足够的了解，因此，海外投资通常只能依靠相关中介机构展开。在代理海外金融投资中，几乎没有1家中介机构敢于承诺"只盈不亏"（当然，也无常胜将军），同时，不论投资盈亏，这些中介机构均需按照契约规定收取佣金，由此，投资者在国际金融投资中实际上付出的成本很可能高于实际利率的负数。20世纪90年代以后，日本长期处于实际利率为负的境况中，但并没有发生大量资金外流的现象；2018年以来，中国实际利率为负，也没有发生大量资金外流的情形。

事实上，在经济金融运行中，随着CPI增长率的波动，实际利率为负的现象时有发生，但只要 CPI 增长率的上行不是一个持续的过程，实际利率的一时为负要演化为长期为负的趋势，概率是相当低的（或者说，实际利率为负的情形是不可持续的）。就此而言，中国的确存在着进一步降低存贷款利率的政策操作空间。

三 关键在于深化供给侧结构性改革

在经济运行中，实体经济部门是唯一创造财富和创造价值的部门。利息、税收等源于实体经济部门创造的新增价值。2013 年以后，为了支持实体经济发展，在推进供给侧结构性改革过程中，中国出台了一系列减税减费减息政策，努力实行企业"降成本"，以提高它们的资产边际利润率。但规模以上工业企业的增加值增长率从 2011 年 6 月的 15.1% 逐步下降到 2019 年 8 月的 4.4%。这表明，在这一时期内，就总体而言，规模以上工业企业的劳动生产率没有明显提高，它们的资产边际利润率趋于下滑。在此背景下，再次降低存贷款基准利率（如将 1 年期存款基准利率在下调 1 个百分点至 0.5%，与此对应，将 1 年前贷款基准利率也下调 1 个百分点），有利于降低实体企业的融资成本并相应地提高它们的资产利润率，但这一举措实际上涉及的只是利率与利润在工业增加值中的分配比例调整，不可能促使工业增加值的增长率提高，因此，只能治标，缓解实体企业的一时之难，难以治本。要提高实体企业的劳动生产率和经济效益最终还要靠实体经济部门的结构性改革。

对提高经济发展质量来说，在供给侧结构性改革的"三去一降一补"中，"三去一降"的特点是减法，"补短板"的特点则是加法。自 2016 年以来，供给侧结构性改革已推进了 3 年多时间，但"补短板"的推进成效不甚明显。在一些地方甚至迄今缺乏"补短板"的政策方案。要将供给侧结构性改革落到实处，从经济金融的长远发展看，必须在"补短板"上下功夫。补短板的方向主要有三个：

第一，加快发展高端核心科技。中美贸易冲突给中国提出了一个严峻的现实，在获得后发优势红利之后，中国经济已步入后发劣势期间。由于任何国家都不可能将最先进的科技卖给他国，更不会将具有"一剑封喉"（或"命门"）效应的科技卖给竞争对手方，因此，如果在后发劣势期间，中国不能有效突破由后发优势所形成的思维方式、体制机制和研发路径等的制约,那么,中国经济发展就将长期处于"跟跑"行列并随时受到美国等发达国家动用"命门"科技的威胁。要改变这种被动挨打的状况,就必须加快发展高端核心科技,不仅要发展那些具有战略意义的高端科技,而且要发展那些具有很强商业价值且对实体经济发展具有很强覆盖面的高端科技。为此,一是要切实保护知识产权,促进原创性自主知识产权的商业性高新科技的研发;二是要调整由贷款等金融运作引致的短期见效思维,充分拓展资本来源渠道,建立长期性坚韧性的资本投入机制,推进商业性高新科技研发迈入长期性轨道;三是要充分发挥股市等市场机制,使那些在高端核心科技竞争中获胜者能够得到市场机制认可的收益。

第二,加大补民生短板的力度。党的十九大报告明确指出:要"必须多谋民生之利、多解民生之忧,在发展中补齐民生短板、促进社会公平正义,在幼有所育、学有所教、劳有所得、病有所医、老有所养、住有所居、弱有所扶上不断取得新进展"。民生短板也是经济短板,其突出表现是严重的供不应求。有效补齐这些民生短板,不仅有利于提高人民群众的生活质量,缓解"人民日益增长的美好生活需要和不平衡不充分的发展之间的矛盾",而且有着经济上的规模效应,有利于提高实体企业的资产边际收益率,改变规模以上工业企业利润增长率下行的趋势。为此,一是要积极开拓民生短板中可商业化运作的具体领域和运作空间,建立多层次的供给体系,有效协调好这些商业化运作与公益性运作的机制;二是要积极引入民间资金(包括外资)投资于这些民生短板,以增强这些方面的供给能力和提高供给质量,缓解这些民生短板的供不应求状况;三是要运用制度机制,有效保障相关经营运作主体的合法权益和运作方式的创新。

第三,深化金融供给侧结构性改革。随着经济社会发展从工业化为主向工业化与城镇化协调发展的转变,金融也将从以银行信用和存贷款为主向财富管理拓展。在这个过程中,资本机制将发挥愈益重要的作用。中国金融的一个重要短板是,资本性资金严重不足。这不仅引致了实体企业的高杠杆率难以降低,也不仅给经济金融运行带来严重风险,而且不利于金融的可持续发展。优化金融供给结构是深化金融供给侧结构性改革的主要内容,为此,一是要积极拓展资金转化为资本的各种机制,充分重视资本在经济社会长期发展中的功能效应,为资本机制的发挥提供有效的法治保障和市场机制激励;二是要充分发挥资本市场在推进资本性资金形成和准资本性资金形成方面的机制作用,尤其是要发挥中长期公司债券在支持实体企业债务结构调整方面的机制作用,完善多层次资本市场体系建设,为各类实体企业提供可选择的多元化的融资渠道;三是要进一步规范资产管理(或财富管理),给城乡居民和实体企业提供以信托机制为基础的多元化资产运作渠道。

第二节 PPI上行未必传导形成通货膨胀

2021年9月,中国的工业生产者出厂价格(PPI)同比上涨10.7%引发了新一轮通货膨胀的热议。虽然同期居民消费价格(CPI)仅上涨了0.7%,但一些人强调,PPI的涨幅在第四季度势必传导到CPI,因此,应尽早采取应对通胀的预防性政策举措。笔者认为,PPI的大幅上涨只是暂时性现象,在中国目前条件下,它不至于传导形成通货膨胀,货币政策取向无须从中性转向紧缩。

一 PPI上行尚难演化为通货膨胀

PPI上行是否会演化为通货膨胀,在产业链的价格传递中取决于一系列条件,其中,最基本的是生产资料生产部门的状况和消费品市场格局。具体来看:

第一,PPI价格上涨的冲击力在传递中式微。2021年9月PPI上涨幅度较大的主要成因有二个:一是2020年同期的PPI基数较低。2020年在新冠肺炎疫情袭击下,产业链畅通和复工复产等面临严重挑战,PPI呈现负增长走势,9月仅为-2.1%。由于基数较低,2021年9月的同比数值就显得较高(同时,这个较高的数值也反映了国内产业链循环和产能恢复已达到疫情之前的水平)。二是能源和矿产品等价格的上涨。从数据看,在形成PPI中的采掘工业价格上涨了49.4%,原材料工业价格上涨了20.4%。这些价格上涨主要由国际因素所引致,并非由国内机制所形成。以原油价格为例,2020年9月30日,布伦特原油的价格大致为41.37美元/桶,到2021年9月30日77.90美元/桶,同比上涨了88%。在国际市场上,原油价格是能源价格的风向标,它的上涨带动了天然气、煤炭等多种能源产品的价格上行。从未来6个月情形看，欧洲大陆正面临石油、天然气等能源危机，冬季取暖的能源尚未有效落实，同时，在抗击疫情过程中，发达国家、新兴经济体等经济恢复总体呈加快态势，将加大对能源的需求，这决定了国际能源将继续呈现上行走势。在中国，受国际能源价格走势的影响，煤炭价格上行引致了煤电价格倒挂（2021年1—8月，煤炭开采和洗选业利润同比增长了145.3%，煤炭燃料加工业利润同比暴涨了2471.2%，与此相比，电力热力供应企业利润却下跌了15.3%），一些省份出现供电紧张现象。10月12日，国家发改委出台了《关于进一步深化燃煤发电上网电价市场化改革的通知》，针对煤电价格倒挂，就进一步深化燃煤发电上网价格的市场化机制作出了安排，其中包括有序放开全部燃煤发电电量的上网电价、燃煤发电市场交易价格浮动区间扩大为上下浮动原则上均不超过20%、推动工商业用户全部进入市场等，据此，未来一段时间内，中国的能源价格还将继续上涨。

在生产资料生产领域的价格传递中，能源和矿产品等价格走势固然重要，但更重要的是加工工业的出厂价格变动趋势。2021年9月，加工工业的出厂价格仅上涨了8.9%，大大低于矿产品和原材料的价格上涨幅度。这既反映了加工工业有着较强的消化矿产品和原材料涨价的能力，也反映了PPI上行难以传递到CPI的内在机制。从工业增加值看，2021年1—9月，规模以上工业增加值同比增长11.8%，两年平均增长6.4%。从规模以上工业企业的利润走势看，2021年1—8月，全国规模以上工业企业实现利润总额56051.4亿元，同比增长49.5%（与2019年同期相比，两年平均增长19.5%）。从产能利用率看，2021年1—9月采矿业、制造业以及电力、热力、燃气及水生产和供应业产能利用率分别达到75.9%、77.9%和74.8%（与2020年同期相比，均提高了4个百分点），但依然有着挖潜从而增加供给的空间。这些数据表明工业企业消化能源和矿产品等价格上涨的能力依然较强，它将进一步减弱PPI向下游产业的传递力度。

通货膨胀通常以生活资料的价格上涨进行度量，由此，生产资料生产领域的价格传递是否会引致通货膨胀，还需要看它是否会传递到生活资料。2021年9月，中国生活资料出厂价格仅上涨0.4%，虽然与2020

年同期的-0.1%相比有所提高，但明显低于加工业的出厂价格上涨幅度，更是大幅低于采掘工业和原材料工业的出厂价格上涨幅度，这表明PPI价格上涨不容易传递到CPI。

第二，消费品市场格局不支持PPI向CPI的传递。自1998年以后，国内生活资料市场总体上已从卖方市场转变为买方市场。在生活资料中，由工业品构成的部分均已处于供过于求状态（占生活资料的比例达到95%以上），只有农产品（如粮食、蔬菜、水产和瓜果等）处于紧平衡的状态。在供过于求的市场格局中，价格已形成了封顶的"天花板"，卖方要打破价格上限几无可能，这一机制强硬地制约了消费品中工业制成品价格的上行空间，从根本上决定了生产资料价格上涨难以传递到CPI。2004年10月，PPI从1月的3.5%上涨到8.4%，一些人就曾担忧它将传递到CPI，强调要未雨绸缪地出台紧缩的货币政策，但实践的结果是，它并没有引致CPI上行。2021年9月，在PPI大幅上行的背景下，CPI仅上涨了0.7%（处于继续回落走势）的主要成因就在于生活资料市场的供过于求格局不支持PPI向CPI的传递。

通货膨胀是指消费品价格普遍且大幅上涨，在美欧国家的实践中通常以"核心CPI连续6个月超过3%"为衡量尺度。按此衡量，中国目前并无通胀之虞。进入21世纪以来，中国已有多轮CPI超过3%且连续6个月以上的经历，但不论是2003—2004年粮食价格上涨、2007—2008年猪肉及肉制品价格上涨还是2010—2011年农产品价格上涨、2019年以后的猪肉及肉制品价格上涨都是由一种或几种农产品的暂时性短缺引致的，期间非食品类的涨幅均明显低于3%，因此，并非消费品价格的普遍上涨。鉴于此，在这几轮物价上涨过程中，治理的主要政策举措不来自货币政策，而是财政政策，如取消农业税、给种粮农民以财政补贴、给养母猪的农户以财政补贴等。美欧国家的核心CPI中并不包含农产品和矿产品，按此计量，21世纪20多年来，中国并没有发生通货膨胀。

第三，货币供应量并不支持通胀。一些人从广义货币（M_2）与GDP的比值看物价走势，认为这一比值过高就意味着货币超发，由此，势必引致通货膨胀。2020年中国的这一比值达到2.15，明显高于美国等发达国家0.8左右的比值，这决定了在经济金融运行中始终存在着通胀压力。但中国的 M_2 内涵与美欧国家的 M_2 内涵有着明显差别。例如，美欧国家的 M_2 中不包含大额定期存款，而中国的 M_2 中定期存款占比通常在45%左右。2020年218万亿元的 M_2 中定期存款多达100.6万亿元（占比46%），若将此数扣除，则中国的 M_2/GDP 的比值将下降到1左右。更重要的是，中国这一比值超过美欧国家已有20多年历史，但迄今并未发生过长期的持续性物价上涨现象。这说明，中国的货币运行有着与西方国家不同的特点。

总之，2021年9月PPI的高涨缺乏引致通胀的内在机制，不必过于担忧。

二　应对价格风险的可选择金融举措

物价风险是经济金融运行中一个重要风险点，它的大幅变化（不论是上行还是下行）对相关市场主体有着差异性效应。在物价上行中，卖方可以获得较大利益，但买方则面临较大利益损失；在物价下行中，卖方面临较大利益损失，买方则可获得较大利益。在再生产循环中，同一市场主体在原材料、劳动力和技术等市场中处于买方，在产品（和劳务）等市场中处于卖方，由此，如果物价大幅变化，将引致市场主体的经营运作活动处于难以预期和掌控的境地，加大经济金融运行中的风险。毋庸赘述，中国经济金融运行中的确存在着一些需要引起特别关注的价格风险，为此，在政策面上不仅要关注PPI的进一步走势，更要关注物价的各方面具体表现，并选择前瞻性和针对性举措。

第一，货币政策不应急于转向。虽然中国有效控制了新冠病毒的扩散传染，但零星的散发现象还时有发生，由此，"内防扩散肺炎，外防输入"的防控疫情机制丝毫不得松懈。这不仅使一些产业的正常经营运作秩序暂时还难以恢复到疫情之前（其中包括餐饮业、旅游业、宾馆酒店业等），而且一些生产能力恢复较充分的企业也将面临着临时性的突发疫情的冲击和产业链供应链的突然断裂。今冬明春新冠肺炎病毒的疫情又将与流感叠加，情形更加严重。在此背景下，必须充分估计疫情冲击对市场主体经营运作和经济社会生活秩序的影响，通过扶持政策缓解众多小微企业的经营困难，保就业、保市场主体依然是政策的重心所在。这决定了，稳健的货币政策应坚持以"稳"为主，在增强前瞻性和灵活性的同时，应根据疫情冲击、产业恢复和资金的流向、流量和流速等动态，综合运用各种调控工具，进一步增强调控的针对性和精准性，把握好政策的力度和节奏，避免由政策过早或过快转向给实体经济运行和社会秩序恢复带来新的风险和成本。鉴于此，在2022年3月之前不应出台调整法定存款准备金率和存贷款基准利率等紧缩政策，以稳定实体企业和其他市场主体的预期。

第二，有效调控猪肉、蔬菜等农产品价格。2021年5月以后，CPI增长率从1.3%降到0.7%，总体呈下行走势，其中，猪肉价格下降46.9%，影响CPI下降约1.12个百分点。但7月中旬以后，由于多地持续降雨（甚至引发洪涝灾害），蔬菜价格快速上涨（在一些地方蔬菜价格上涨了1倍左右）；10月中旬，猪肉及肉制品价格再次上扬。面对元旦、春节即将来临，一旦猪周期效应再次发生，CPI上行将不可避免。为此，需要尽早加大支持农户养猪、种菜和保市场供应的政策力度，同时，适时适量地动用国家储备，防范个别品种的农产品价格上涨过快带来的市场冲击，防止CPI走势突破合理区间。

第三，运用汇率机制平抑输入性物价上涨。在全球经济复苏的背景下，由疫情冲击压住的需求将在主要经济体释放，这决定了国际油价和矿产品价格在未来一段时间内的上涨是必然的；同时，国际货运不畅又加重了大宗商品的供不应求。石油、天然气、矿产品等是我国重要的进口产品又关乎着民生、企业成本和物价走势，需要运用汇率机制进行平抑，减轻国际大宗商品价格上行带来的影响，适当加大人民币兑美元（或其他外汇）的汇价管控区间，适时推出人民币汇率期货。

第三节　深化利率市场化改革和推进资本账户开放

1996年，中国实现了经常项目可兑换以后，资本项目的开放就成为国际关注的焦点问题。尽管有人曾认为，中国资本账户开放的条件已经成熟，但迄今尚未有人系统地论及资本账户对外开放究竟需要哪些具体条件，又如何推进这些条件的成熟？事实上，资本账户的开放，既取决于中国资本市场的发展成熟程度、人民币汇率市场化形成机制的建立、金融机构市场化操作的国际水平、金融监管（尤其是资本市场监管）的国际化机制形成和宏观经济调控（尤其是货币政策调控）能力的国际化程度等因素，也取决于中国市场化利率体系（从而金融产品的价格体系）的形成。利率是金融市场各种交易对象的主体性价格体系，也是股市交易价格的基础。深化利率的市场化改革，是推进资本账户对外开放的必要条件。

一　资本账户的管道式开放之成就

资本账户开放，是指一国（或地区）不对本国（或本地区）和他国（或他地区）的资本跨境交易采取限制性措施（或对其采取可能会影响其交易成本的相关措施）的情形，从而，资金可以自由地跨境流动。从国际收支表看，根据国际货币基金组织（IMF）1993年出版的《国际收支手册》中对"资本账户"的界定，它主要包括金融账户中的直接投资、证券投资和其他投资三类资金的自由流动。在中国的实践中，改革开放40多年间，直接投资项目下的资金自由流动已基本实现，真正的难点在于证券投资项目的对外开放，由此，"资本账户开放"在很大程度上成为"证券投资"开放的代名词。

1980年以后，中国的证券投资项目之所以未能充分对外开放，主要成因有七：第一，中国的金融市场刚刚起步，长期处于未成熟的非规范状态，行政机制依然发挥着重要作用，市场机制在各类金融市场中发挥的决定性作用尚在逐步形成，与此对应，金融市场的主要价格体系受到行政机制的严重影响，市场参与者常常难以预期。第二，中国金融市场的参与者基本局限于金融机构，作为金融投资主体的实体企业和城乡居民基本被排除在直接进入金融市场（除股票市场）的运作之外，由此，金融市场实际上成为金融机构的运作市场。第三，中国的金融机构严重缺乏国际金融市场运作的经验，难以与国际金融机构和国际资本的投资者同台较量。第四，中国的金融监管部门尚在探索市场经济条件的金融监管机制，相当多金融监管的制度、体制、流程、方法和技术等尚不适应金融市场对外开放的要求。第五，中国的货币政策调控还主要以行政机制的直接管制为特点、以数量调控为重心，尚难以有效运用市场机制展开间接调控。第六，中国金融运行中的利率机制和汇率机制依然受到行政机制的严重影响，尚难充分发挥市场信号的功能，也还难以充分发挥有效调节各种金融资源配置的功能。第七，更重要的是，中国正集中精力谋发展，处置好国内经济事务是第一位的，资本账户开放虽然

第十四章 深化利率改革与防范金融风险

重要且不可或缺，但与国内繁杂的经济事务相比，尚未达到举足轻重的程度。

进入 21 世纪以后，尤其是中国加入世界贸易组织以后，随着过渡期的金融开放安排和金融改革的深化，中国资本账户开放的步伐明显加快。陈雨露和马勇在对发展中国家资本账户开放的历史成效展开研究后强调，在金融全球化进程中，脱离国情和发展阶段的、不施加必要约束的盲目开放可能造成事与愿违的结果。中国面临着经济体制改革和金融发展滞后的双重约束条件，为了保障经济社会的稳步发展，在一定程度上运用国家控制力保障金融稳定和经济安全是完全必要的。在资本账户开放过程中，利率市场化、市场准入自由化、金融业务创新、汇率改革深化等是深化金融改革的"既定参数"；另外，中国金融的开放又面临着一系列现实问题，其中包括长期以来累积的巨大金融风险尚需消化，金融机构直接面对着跨国金融机构的市场竞争；初步发展金融市场在宽度、广度和深度等方面都远未达到对外全面开放的基本要求。如果贸然开放证券投资等项目，金融体系加速开放面临的宏观金融和经济风险是巨大的。因此，中国的金融体系对外开放应坚持"稳中求进"的主基调，循序渐进地展开。

在实践面，按照"稳中求进"的工作总思路，中国选择了"管道式"的资本账户开放方式。2002 年 11 月 5 日，随着《合格境外机构投资者境内证券投资管理暂行办法》出台，QFII 正式亮相于中国股市，开辟了中国资本项目管道式对外开放的先河。2014 年 11 月 17 日，"沪港通"股票交易开闸；2016 年 12 月 5 日，"深港通"正式启动；2017 年 6 月 21 日，中国人民银行出台了《内地与香港债券市场互联互通合作管理暂行办法》，标志着"债券通"起步。2019 年 6 月 17 日，中国证监会和英国金融行为监管局发布了联合公告，原则批准上海证券交易所和伦敦证券交易所开展沪伦通业务，标志着沪伦通起步。这些管道式开放，既推进了中国金融市场的国际化，扩大了"证券投资"项目的对外开放程度，又避免了中国金融市场受国际资本流动的严重冲击，保障了中国金融运行的稳定性和可持续性。管道式开放的成果得到了国际金融市场的认可：其一，2019 年 1 月 31 日，彭博正式确认，总共有 363 只以人民币计价的中国债券（主要是国债和政策性银行债券）将从

2019年4月起被纳入彭博巴克莱全球综合指数，并在未来20个月内分批次纳入，这将给中国境内的债券市场带来2万亿美元左右的投资。其二，2019年6月24日，富时罗素将A股纳入其全球股票指数体系正式生效。A股"入富"分三步走：2019年6月纳入其中20%，2019年9月纳入40%，2020年3月纳入40%。在第一阶段，A股占到富时罗素新兴市场指数比重的5.59%。面对这些实践成效，全国政协委员、中国证监会原主席肖钢在"2019国际货币论坛"上说道："沪港通、深港通与沪伦通等虽然为管道式开放，还未形成系统性的开放，但必须看到它们的积极意义。"管道式开放是在资本市场还没有完全对外开放的条件下展开的，它既有利于扩大中国金融市场的对外开放程度，又有利于通过闭环的形成，保障中国对国际资本流动的流向、流量和流速的掌控，防范它们对中国经济金融运行的冲击。

管道式开放具有五个方面的特点：第一，与金融市场的充分对外开放相比，管道式开放具有明显的可控性，不论是交易的资金安排还是资金进退渠道都是在制度规范下展开的，对中国的货币政策当局和金融监管部门来说，可以基本做到收放自如，掌控有序。第二，实行配额管理机制，不论是QFII还是沪港通、深港通或是债券通都通过相关制度安排了必要的资金量或每日交易额，同时，可根据具体情况的进展予以增减，由此，既保障了金融交易的顺畅展开，又防范了国际资本冲击引致的市场行情大起大落。第三，与直接进入中国金融市场相比，海外投资者需要借道才能进入中国境内的金融市场展开交易活动，由此，有着信息滞后、成本较高、操作感受较低等方面的负面效应。第四，管道式开放具有"试点"的意义，为中国的资本项目开放积累了必要的经验，但它对中国境内金融运行中的体制机制改革的推进作用有限，同时，试点取得的经验和获得的结果对于中国证券投资项目的充分对外开放的"面上铺开"有多少直接价值也是值得进一步探究的。第五，管道式开放难以充分反映海外投资者对中国金融市场的投资需求，也很难反映国际金融市场中竞争机制引致的各种效应。从这五个特点来看，既要充分肯定管道式开放的功效，又要清醒地认识到它的局限性。

二　中国利率市场化改革的难点

利率是影响汇率和资本项目开放的一个主要因素，也是影响资本账

第十四章 深化利率改革与防范金融风险

户开放后货币政策调控机制转型并推进内外经济均衡的一个主要因素。1996年以后，在推进金融改革过程中，中国的金融监管部门按照"先外币后本币，先贷款后存款，先长期后短期，先大额后小额"的操作路线，逐步展开了利率的市场化改革。到2004年，中国累计放开、归并或取消的本、外币利率管理种类已达118种。2004年以后，中国利率改革重心转向了存贷款利率。在放开了存贷款利率下限管制的基础上，2013年7月20日放开了贷款利率上限的管制，2015年10月24日放开了存款利率上限的管制，自此一些人认为中国存贷款利率的市场化改革已经完成。但从理论上说，中国的存贷款利率市场化尚未真实起步。第一，在利率体系中，存贷款利率属于商业银行等金融机构的利率范畴。但迄今为止，中国的存贷款基准利率依然由中国人民银行管控，这意味着在中国的银行体系中依然贯彻着"政府给企业定价"的基础性机制。存贷款基准利率成为牵动利率水平走向的基准线，即央行运用行政机制调整存贷款基准利率，商业银行等金融机构以存贷款基准利率的水平为轴心调整存贷款的实际操作利率。利率市场化改革要解决的是存贷款利率（从而其他利率）形成机制从行政机制转变为市场机制，它与存贷款利率水平的高低并不是一回事。但放开存贷款利率下限和上限的改革，将利率改革的视野聚焦到了利率水平方面，忽视了存贷款基准利率的形成机制依然贯彻着行政机制。事实上，已展开的存贷款利率改革，与其说是"市场化改革"，不如说是"去行政化改革"。至今，"去行政化改革"尚未完成。第二，在市场经济中，不论是存款市场还是贷款市场都是一个完全竞争的市场。完全竞争市场中的价格应在买方与卖方的竞争中形成，但在中国的存款市场中资金供给者与商业银行等金融机构之间缺乏竞争机制，在贷款市场中资金需求者与商业银行等金融机构之间也缺乏竞争机制，存在的是商业银行等金融机构的垄断经营。一个突出的实例是，2014年11月22日以后连续6次降低存款基准利率，一年期存款基准利率从3%降到1.5%，到金融机构人民币信贷收支表中的城乡居民储蓄定期及其他存款从2014年10月底的321907.55亿元增加到2019年6月底的506472.90亿元。这意味着，作为资金主要供给者的城乡居民在存款市场上对资金的运用几乎没有选择权。从这个角度上说，存贷款利率市场化并未起步。

中国的利率市场化改革有着两条不同的路径，即内科手术法和外科手术法。所谓内科手术法，是指利率改革在银行体系内展开，主要通过扩大存贷款利率的浮动空间来推进存贷款利率水平的变化，使商业银行等金融机构可以根据市场资金的松紧程度在存贷款业务活动中调整具体的存贷款利率。这种利率改革，不可能形成有效解决资金供给者的金融选择权问题和资金需求者的金融选择权问题，也很难有效发展存贷款的替代品，由此，难以建立真正的市场化利率形成机制。所谓外科手术法，是指在银行体系之外通过发展债券市场（尤其是公司债券市场）等存贷款替代品，推进存贷款市场从商业银行等金融机构等卖方垄断向买方市场转变，使资金供给者从存款人转向金融投资者，使资金需求者从借款人转向金融产品的发行人，由此，通过金融市场的发展迫使商业银行等金融机构的经营运作模式转型。中国近年来的利率市场化改革走的是前一条路，虽然存贷款利率的浮动区间扩大了，但不论对资金供给者（如城乡居民）还是资金需求者（如实体企业）来说，金融机制基本没有变化。

利率市场化改革举步维艰引致了一系列问题的延续，其中包括：第一，形成了存贷款基准利率与货币市场利率不一致的利率双轨制现象。由于存贷款基准利率的调整难以预期且严重影响着货币市场利率的走势，由此，给货币市场乃至资本市场的价格形成带来了一系列负面效应。第二，商业银行在存贷款市场中的卖方垄断地位并未打破，城乡居民和实体企业严重缺乏金融产品选择权的状况延续展开，定期存款居高不下，既严重制约了资金向实体企业的投入，加重了资金脱实向虚，又严重影响了资金供给者承担金融风险和分享资金收益的程度，还严重制约了货币政策调控目标的选择和运作效力。第三，利率和汇率成为"两张皮"，内在机制难以形成，相互间的影响力大为减弱。

三　深化利率市场化改革需要解决的难点

在利率双轨制条件下，一些人提出了"并轨"（或"两轨并一轨"）的设想，即在深化利率改革过程中逐步实现存贷款基准利率与货币市场利率的统一。在此基础上，有人提出了利率并轨的三步走设想，先是"升轨"（如提高公开市场操作的利率，以提高央行对利率信号的调控功能），随之是"顺轨"（即充分利用金融市场对外开放的契机，进一步完善利率传导机制），最后是"并轨"（即由货币市场运行中的政策利率取代存贷款基准利率）。然而，这一设想，依然局限于银行体系内部，属于内科手术法，将真正的资金供给者（城乡居民）和资金需求者（实体企业）排除在外，其结果将继续维持商业银行等金融机构在存贷款市场中的卖方垄断地位，难以通过买卖双方之间的竞争形成真正的市场利率。一个可预期的直接结果是，在实体企业资金短缺的背景下，商业银行等金融机构的贷款利率将继续居高不下，实体企业融资成本难以降低，与此同时，城乡居民消费剩余的资金还将大规模地以存款方式进入商业银行等金融机构的运作体系。事实上，利率双轨制的改革出路不是并轨（即不是哪一种利率水准向另一种利率水准的靠拢合并），而是按照市场机制的内在要求重构中国的利率体系，它既要符合资金供给者的权益要求也要符合资金需求者的权益要求，达到通过利率的市场化改革"在资金需求者的资金成本降低的同时资金供给者的资金收益率上升"的目标，真正体现出金融效率的提高。为此，利率的市场化改革不能局限于银行体系内部，应当从市场经济条件下的金融体系整体角度出发，尤其是要体现和发挥城乡居民和实体企业是金融活动的主体力量。

第一，金融市场对内开放。在有效实现资本账户的对外开放之前，首先需要实现金融市场（包括资本市场）的充分对内开放，即对社会公众（包括城乡居民和实体企业，下同）开放，改变金融市场的参与者局限于金融机构的状况，落实党的十八届三中全会《中共中央关于全面深化改革若干重大问题的决定》中关于"实行统一的市场准入制度，在制定负面清单基础上，各类市场主体可依法平等进入清单之外领域"的要求，将金融体系从由金融机构和金融监管部门构成的专业性体系扩展为根植于城乡居民和实体企业的金融需求和金融活动、由金融机构提供专业化服务、由金融监管部门依法监管的社会化体系。

第二，加快构建面向社会公众的多元化债券市场。公司债券和地方政府债券应向社会公众直接发售，提高资金供给者的金融选择权，突破城乡居民消费剩余资金主要以存款方式提供给商业银行等金融机构的格局，同时，降低实体企业对商业银行等金融机构的贷款资金的依赖程度。一个令人不解的现象是，中国没有任何文件中规定公司债券等证券不能向城乡居民和实体企业发售,但在现实中,这些公司债券的发售几乎完全由商业银行等金融机构购买了,使公司债券等证券从直接金融工具转变为间接金融工具。2019年3月25日,首批地方政府债券(6个试点省市)通过商业银行柜台市场向社会公众发售,媒体对此进行了大量报道。这既是一件可喜可贺之事(即社会公众可购买的债券突破了国债范畴),也是一件令人难解之事(即在市场经济条件下很正常的现象,为什么在中国金融改革的进程中如此困难)。可以说,如果各类债券(包括国债、地方政府债券和公司债券等)的发行不能充分对社会公众开放,利率的市场化改革目标将难以实现。

第三,遵循市场规律发展债券市场。2018年以后,公司债券的违约现象凸显,引起了各方参与者的关注,刚性兑付现象再次被激活。在发展公司债券的过程中,为了保障市场的有序运行,三方面举措的实施是一个必然选择:其一,必须着力落实"破产法"。与国债相比,公司债券的风险较高(也因此它的利率较高)。在众多发债公司中,受各种因素影响,难免会有一些发行人到期难以偿付债务本息。这决定了必然会有公司破产处置的现象发生。在这个过程中,如果一味追求短期的所谓"维稳"而不按照市场规律办事,其结果将使市场运行秩序被打乱,市场难以通过实施破产予以结清。要保障公司债券市场的健康可持续发展,必须切实尊重市场规则,对不能偿付到期债务本息的公司实行破产处置。其二,确立公众债权人的偿债顺序。每个公司在经营运作中通常从不同渠道获得债务性资金,这需要从一开始就将债权人的偿债顺序厘清,以利于债权人清晰地知晓一旦公司进入破产程序自己的债权在资产清算中处于什么位次(这也有利于约束债务人随意扩展债务的行为)。从发达国家的实践看,在公司破产清算中,公众债权人的偿债顺序通常安排在机构债权人之前(这有利于提高公司债券的市场信用程度)。鉴于此,在发展中国的公司债券市场中,应通过法律法规具体地确定公司债券的偿付顺序。其三,发展债权收购机制。债权收购是金融市场中已延续了几百年的机制,但在中国,这一机制几乎不存在。要打破刚性兑付,要有效约束发债人的债务数额,要有效降低债券市场的运行风险,就必须建立和发展债权收购机制,使发债公司时时处于"被收购"的机制约束之下。此外,实行债券发行的登记制、强化发债人的信息披露、发展市场化资信评估机制、强化对发债公司的监管、发展债券交易的无形市场等也是完善中国债券市场的重要举措。

债券市场的资金供求对存贷款市场有着明显的替代效应,债券市场价格对存贷款利率也有着明显的替代效应。在社会公众介入债券市场交易的条件下,存贷款基准利率失去了作为中国金融体系中各种金融产品基础利率的必要性(与此对应,存贷款基准利率调整对金融市场收益率走势的直接影响也消解了),国债收益率曲线成为市场交易价格的基准利率,由此,债券市场价格走势步入可预期期间,它的变动基本能够有效反映相关信息和交易成本,同时,债券交易价格在链接和整合其他金融产品价格(包括存贷款价格、股价、汇价等)中的功能得到充分发挥。在这种格局中,资本账户中"证券交易账户"开放的金融市场条件大致可以说"具备"了。

第十五章

金融助力实体经济发展

第一节 中国金融发展的"三位一体"机制

在经济金融发展中,安全是一个永恒的论题。内在机理是,经济金融发展中始终存在着由各种不确定性引致的风险。这些风险既可能影响经济金融发展的进程、步速和成就,也可能在一定条件下引致经济金融危机,打断发展进程,因此,防范风险、保障安全就成为发展中不可突破的底线。2017年4月25日,习近平总书记在主持中央政治局第40次集体学习时强调,金融安全是国家安全的重要组成部分,是经济平稳健康发展的重要基础;维护金融安全,是关系我国经济社会发展全局的一件带有战略性、根本性的大事。2017年7月14日,在全国金融工作会议上,习近平总书记提出了"服务实体经济、防控金融风险、深化金融改革"的"三位一体"金融工作任务。党的十九届五中全会通过的《中共中央关于制定国民经济和社会发展第十四个五年规划和二〇三五年远景目标的建议》(以下简称《建议》)在"十四五"时期经济社会发展指导思想中,强调要"统筹发展和安全",对金融发展而言,就是要始终坚持"三位一体"的机制。

一 坚持服务实体经济不动摇

金融内生于实体经济。它存在的全部意义就在于保障和推进(从而服务)实体经济的发展。从理论上说,实体经济是财富和价值的创造者,金融部门的成本和收益均来自实体经济部门的让渡;实体经济的发展水平决定了金融部门的发展水平,实体经济发展中提出的金融要求是金融部门发展的基本动因。一旦离开了服务实体经济这一主线,金融部门的发展也就失去了基本方向和动力,而偏离实体经济发展要求,是最为严重的金融风险。金融发展只有符合经济发展的需求,与实体经济相得益彰,才能为防范化解各种风险打下坚实基础,有效保障金融安全。

"十三五"时期,中国金融在服务实体经济中砥砺前行,获得了长足的进展。

从货币政策看,主要进展有三个:一是增强了货币政策调控的前瞻性、针对性和灵活性,保障物价平稳和经济金融运行平稳。2016年以来,M_0、M_1和M_2分别增长了30.29%、50.21%和55.43%,社会融资存量规模增长了102.53%,贷款余额增长了80.26%,均高于"GDP增长率+CPI增长率",有效保障了经济运行和经济发展对资金的需求。二是将货币政策调控的中间目标向广义货币(M_2)聚焦,使其作为考量货币政策松紧的主要抓手。三是强化服务实体经济的功能。2018年中期,在经济下行压力增大的背景下,众多小微企业面临经营运作困难,中国人民银行及时出台了增加支小支农再贷款和再贴现额度1500亿元、下调支小再贷款利率0.5个百分点等23条具体措施。2020年三次降低法定存款准备金率,定向支持小微企业的资金达到1万多亿元。在防控新冠肺炎病毒冲击和复工复产过程中,1月31日,中国人民银行提出了货币金融支持疫情防控的30条政策举措,到2月中旬新投放的流动性达到3万多亿元,同时,通过专项再贷款机制向名单内企业提供3000亿元低成本资金,确保实体企业的融资成本降至1.6%以下。

从银行体系看,主要进展有三个:一是加大对实体经济的资金支持力度。2016—2020年9月,商业银行"各项贷款"余额净增75.41万亿元,比"十二五"时期的53.99万亿元多增了21.42万亿元;其中,中长期贷款净增57.28万亿元,比"十二五"时期的30.60万亿元多增了26.68万亿元;贷款增长率始终高于"经济增长率+CPI增长率",有效保障了经济运行和经济发展的资金需求。二是积极调整贷款结构,努力缓解小微企业融资难融资贵问题,到2020年8月累计投放普惠型小微企业贷款13.73万亿元,落实了小微企业贷款增长率和占贷款余额比重的"双升"。在防控疫情和复工复产期间,商业银行通过贷款展期、无还本续贷、降低利率等一系列举措发力于保小微企业等市场主体，为"稳就业"和"保就业"做出了积极贡献。在国务院的安排下，2020年金融机构为实体经济减负1.5万亿元；到2020年10月，商业银行通过降低贷款利率、延期还本付息等举措已为实体经济减负1.3万亿元。三是积极适应经济发展和金融科技发展，推出了一系列新的业务服务，业务离柜率达到90%以上，网上支付、手机支付等深入山区农村，落实了普惠金融、生态金融和扶贫金融的要求，促进了互联网经济的拓展。为了支持实体企业发展，商业银行推出了投贷联动、新型债转股等运作方式，扩展了资产证券化，在规范基础上展开了理财业务，与此对应，设立专营投贷联动的直投子公司、专营债转股的子公司和专营理财业务的子公司，业务面向资本市场拓展，综合经营能力进一步提高。到2020年9月，银行业金融机构的总资产达到3076266亿元、总负债2817522亿元，分别比2015年年底增长了54.31%和53%。

从资本市场看，主要进展有两个：一是市场规模快速扩大。"十三五"时期，银行间市场的债券余额从2015年12月的35.04万亿元增加到2020年的74.44万亿元，增长了112.44%。股票发行的年融资额（包括IPO和再融资）从2015年的7858.86亿元增加到2019年的15413.25亿元（增长了96.12%）。2016年至2020年10月股票市场融资额达到78878.29亿元，大大超过了2011—2015年的5年融资总额。上市公司数量从2015年的2827家增加到2020年10月的4071家，股票市值从2015年的53.13万亿元增加到74.1万亿元。2020年9月底，公募基金持股数值达到38751.47亿元，比2015年年底的18363.57亿元增长了111.02%。在期货市场方面，2016年51个交易品种、交易手数41.38亿手、交易额195.63万亿元，2019年66个品种、成交手数39.2157亿手、交易额290.59万亿元，交易品种和交易额都大幅增加，既反映了期货市场的结构性调整，也反映了交易的活跃程度。二是加大对外开放力度。在市场开放方面，在2014年11月17日开通"沪港通"的基础上，2016年12月5日又开通了"深港通"，由此，海外非居民可以通过这两个通道直接参与中国境内股市的交易。这是中国股市对外开放的重大举措。2020年10月23日，深港ETF互通正式开通，4只产品在两地同步上市挂牌交易，为深港投资者增加了可交易的品种。到

2020年9月底，非居民持有的境内股票市值达到27509.07亿元。另外，建立在中国内地和香港金融市场基础设施联通的基础上，"债券通"中的"北向通"于2017年7月3日投入运行，由此，中国境外的非居民投资者可利用这一通道直接投资于中国境内的银行间债券市场。这是中国债券市场对外开放的一个里程碑。在机构开放方面，2018年4月10日，习近平总书记在博鳌亚洲论坛上宣布，要确保放宽证券业外资股比限制的措施落地，加大开放力度。到2019年年底，有15家外资机构参股了证券公司（其中，持股比例最低的为21.3%，最高的为51%），有44家外资机构参股了基金公司（其中，持股比例最低的为8.5%，最高的为70%）。在入市资金方面，2019年9月10日，国家外管局宣布取消QFII和RQFII投资总额度，取消单家境外机构投资者额度备案和审批，取消RQFII试点国家和地区限制，由此，放宽了外资进入中国股市的资金限制。中国资本市场对外开放取得的成就，得到了国际社会的认可。2018年5月15日，明晟公司（MSCI）将沪深股市中234只A股纳入了MSCI指数体系。2019年4月1日起，以人民币计价的中国国债和政策性银行债券开始被纳入彭博巴克莱全球综合指数，人民币计价的中国债券成为继美元、欧元、日元之后第四大计价货币债券。

"十四五"时期，中国金融服务于实体经济的重心有三个：一是进一步服务于"深化供给侧结构性改革"这一主线，以更大力度助推实体经济的高质量发展；在充分运用金融科技最新成果的基础上，提高金融服务满足人民日益增长的美好生活需要的程度。二是加快构建与形成"国内大循环为主体、国内国际双循环相互促进的新发展格局"相协调的金融发展新格局。三是与建设"高标准市场体系"相适应，推进高标准金融市场的建设。

二 坚持深化体制机制改革不动摇

40多年的历程表明，体制机制改革既是探路开路机制，为发展创造条件的过程，也是求变创新机制，为发展提供新的驱动力过程。可以说，没有改革就没有发展，没有改革就失去了发展的动力。

"十三五"时期，中国金融改革迈出了新的步伐，取得了新的进展。

第一，利率市场化改革取得新成果。在2015年10月全面放开存贷款基准利率上限和下限的基础上，中国人民银行开始着手推进货币政策调控机制从数量调控向价格调控的转变，积极展开利率走廊建设。利率走廊是发达国家央行自20世纪90年代以后采取的货币政策调控机制，它以央行对商业银行等金融机构投放的贷款利率为上限、以商业银行等金融机构在央行的存款利率为下限，以银行业同业拆借利率为央行的主要调控目标，由此，通过利率调控引导资金的流量、流向和流速。在调控过程中，中国人民银行积极主动运用常备借贷便利（SLF）、中期借贷便利（MLF）、抵押补充贷款（PSL）和超短期逆回购（SLO）等货币政策工具，对经济金融运行中的流动性展开预调微调，既保障了资金供给又防范了通货膨胀。2019年8月18日，中国人民银行发布第15号公告，决定从8月20日起，进一步改革完善贷款市场报价利率（LPR）形成机制，实施以公开市场操作利率（主要为MLF）加点形成的方式，同时，将原先一年期的单品种扩展到一年期和五年期两个品种。到2020年10月，一年期利率报3.85%、五年期利率报4.65%，均低于同期贷款基准利率。

第二，人民币汇率形成机制改革推出新举措。2015年8月11日的人民币汇率改革，使人民币汇率摆脱了单边上行的走势，增强了双边浮动弹性，同时，也使人民币汇价波动摆脱了受美元单一影响的状况，逐步转向参考一篮子货币。2015—2016年，人民币汇价大幅贬值，人民币兑美元的汇价从2015年1月的6.2093∶1下行到2016年年底的6.9370∶1。面对人民币汇价下行压力增强的态势，中国人民银行在稳住外汇储备规模这一基本盘的过程中，于2017年5月26日出台了"逆周期因子"，积极调控汇市的供求关系，推进了人民币汇率形成机制的完善，促进了人民币汇市稳定。2020年10月12日，鉴于以市场供求为基础的人民币汇率双向浮动弹性增强，且市场预期平稳、跨境资本流动较为有序，中国人民银行决定将远期售汇业务的外汇风险准备金率从原先的20%下调为0，既降低了企业远期购汇成本，又促进了人民币汇率在合理均衡价位上保持稳定（2020年10月31日，人民币兑美元的汇价为6.6919∶1）。

第三，建立了多层次银行体系。"十三五"时期，中国的商业银行体系进一步调整,由于邮储银行的加盟,国有控股大型商业银行从原先的工、农、中、建、交 5 家增加到 6 家;民营银行数量增加到 19 家,又有一批农村信用社改制设立了农村商业银行或农村合作银行,由此,基本实现了"十三五"规划中提出的"构建多层次、广覆盖、有差异的银行机构体系,扩大民间资本进入银行业"目标。与此同时,中国银行业的全球影响力明显提高。2018 年 7 月 1 日,由英国《银行家》杂志发布"2018 年全球银行 1000 强"排序中,中国有 25 家商业银行进入前 200 名之列;"2019"的排序中,中国有 28 家商业银行进入前 50 名之列;"2020"的排序中,中国有 143 家银行入围 1000 强,其中,工、农、中、建连续 3 年蝉联榜单前四。在疫情冲击下,全球银行业盈利状况和资产质量明显恶化,2020 年的损失高达 1.3 万亿美元(是 2019 年的两倍以上),与此相比,中国入围银行的存款余额和贷款余额分别达到 24 万亿美元和 18 万亿美元(均为美国银行业的两倍以上),税前利润同比增长 5.7%(美国银行业的税前利润为-0.65%)。

第四,股市注册制快速推进。2018 年 11 月 5 日,习近平主席在首届中国国际进口博览会上宣布,将在上海证券交易所设立科创板并试点注册制,标志着作为中国股市重大改革举措的股票发行注册制拉开了序幕。2019 年 3 月 2 日,中国证监会发布了《科创板首次公开发行股票注册管理办法(试行)》等文件,标志着科创板和注册制进入实施阶段。2019 年 7 月 22 日,第一批 25 家科创板公司股票挂牌交易,由此,科创板进入运行阶段。2020 年 4 月 27 日,中央全面深化改革委员会第十三次会议审议通过了《创业板改革并试点注册制总体实施方案》;8 月 24 日,深圳创业板首批实行注册制的 18 家公司股票挂牌交易。2020 年 10 月 31 日,国务院金融稳定发展委员会专题会议明确指出,将在沪深交易所全面实行股票发行注册制,建立常态化退市机制,提高直接融资比重。股票发行注册制改变了中国长期实行的股票发行审批制(或核准制)机制,有利于在股市运行中贯彻市场机制决定性作用,保障股市长期健康发展。

第五,金融监管的转型迈出新步伐。2018 年 3 月,全国人大会议决定调整中国金融监管体制,从原先的"一行三会"调整为由国务院金融稳定发展委员会、中国人民银行、中国银保监会和中国证监会

（即"一委一行两会"）构成，与此同时，金融监管从原先的以机构监管为主向功能监管（或业务监管）转型，实现对各类金融活动的监管全覆盖。此后，一些分散在非金融部门的监管职能向金融监管部门集中，如融资租赁监管由商务部转交给了中国银保监会；逐步建立了中央和地方两级监管体系，一些地方金融办转为金融监管机构；金融监管的重心逐步向覆盖全部金融活动扩展。

"十四五"时期，中国金融改革将在五个方面展开：一是建设现代中央银行制度，进一步完善货币供应调控机制。二是进一步深化利率和汇率的市场化形成机制改革，健全利率和汇率的传导机制。三是进一步完善金融有效支持实体经济的体制机制，提升金融科技水平，增强金融普惠性。四是进一步深化国有商业银行改革，支持中小银行和农村信用社持续健康发展，改革优化政策性金融。五是在前期试点的基础上，全面实行股票发行注册制，建立常态化退市机制。

三 坚持守住金融风险底线不动摇

金融风险是金融活动的伴生物，有金融活动必有与其对应的金融风险，为此，防范化解风险就成为金融安全中不可回避的严峻论题。解决问题的办法是与问题的产生同时产生的。在金融发展中，有着种种防范化解风险的机制和举措，因此，安全是有保障的。关键的问题是，应避免风险在累积或传递中形成系统性风险，由此，守住不发生系统性金融风险就成为金融发展和金融安全的底线。

"十三五"时期，中国坚持守住不发生系统性金融风险的底线，在制度建设、体制机制建设和市场基础建设等方面都取得了积极进展：

第一，健全完善双支柱调控框架建设。2016年，中国人民银行将原先实行的差别准备金动态调整机制和合意贷款管理机制合并升级为宏观审慎评估体系（MPA），由此，宏观审慎调控框架迈入实质性建设阶段。2017年10月，党的十九大报告明确指出：应"健全货币政策和宏观审慎政策双支柱调控框架"。2018年以后，中国人民银行着力推进双支柱调控框架的构建。2019年2月，中国人民银行设立了宏观审慎管理局，负责建立宏观审慎政策框架、基本制度和系统重要性金融机构的评估、识别和处置机制，强化外汇市场的宏观审慎管理和对人民币汇率政策的评估；同时，宏观审慎调控以加强逆周期调节和穿透式监管为重点,以金融机构的逆周期资本缓冲、风险准备金、压力测试等为主要政策工具。

第二,强化金融风险防控机制建设。针对金融乱象丛生,2017年3月以后,商业银行开展了"三违反、三套利、四不当、十乱象"的专项整治,以同业、理财、表外等业务以及影子银行等为整治重点,推进了金融体系内部去杠杆、去通道、去链条。到2020年9月,累计核销不良贷款4.83万亿元(其中,2017年以后核销的不良贷款达到3.57万亿元),既有效支持了"去产能、去库存",也强力支持了实体企业发展。2020年8月,商业银行不良贷款率为1.94%,不良贷款余额27364亿元(其中,坏账类贷款3793亿元),贷款损失准备数额49912亿元,拨备覆盖率182.40%,明显高于不良贷款,因此,金融安全是有保障和坚实基础的。

第三,强化对违法违规行为的打击力度。"十三五"时期,各金融监管部门紧紧抓住化解金融风险这一关键点,加大了对违法违规行为的打击力度。2019年,中国银保监会系统对银行业、保险业、信托业等金融机构开出了4510张罚单,与纪检部门配合处置了6900余起违纪违法案件,对包商银行、锦州银行等进行了托管重整。2020年上半年,中国银保监会系统对商业银行(包括个人)开出了1151张罚单,明显低于2018年和2019年的同期,表明违法违规行为已得到强力遏制。在证券业,2019年,中国证监会系统下发了136份行政处罚书,其中,市场禁入决定书13份,涉及内幕交易的案件55件,涉及信息披露违规案件29件,市场操纵案件14件,从业人员炒股案件9件,有力打击了资本市场中的违法违规行为。

第四,着力提高上市公司质量。上市公司质量是股市的基石,直接影响着股市的健康发展和投资者的权益保障。2018年,中国证监会重新修订了《上市公司治理准则》,进一步强调保护中小投资者,完善董事会相关制度,推进机构投资者参与公司治理,规范公司控制权变动。2019年以后,中国证监会加大了对上市公司财务造假、违规担保、资金占用等违法犯罪行为的监管力度。到2020年6月,立案调查了22家上市公司的财务造假行为,对其中18起做出了行政处罚,向公安机关移送6起。2020年10月10日,国务院出台了《关于进一步提高上市公司质量的意见》，强调要有效解决"上市公司经营和治理不规范、发展质量不高等问题"。另一方面，有效落实上市公司退市制度，2018年退市公司8家，2019年退市公司18家，2020年上半年退市公司已达13家。2020年11月2日，中央全面深化改革委员会第十六次会议审议通过了《健全上市公司退市机制实施方案》，股市出清机制进一步完善。

第五，整治互联网金融乱象。2016年4月12日，国务院办公厅出台了《关于印发互联网金融风险专项整治工作实施方案的通知》，对P2P平台的金融活动展开整顿。到2020年10月，此项工作已接近尾声，1万多家P2P平台、2万多亿元的资金借贷基本清理完毕，没有给经济社会运行造成大的动荡。

第六，进一步规范资产管理市场。资产管理（又称"财富管理"）是资本市场的重要内容。随着经济增长和居民收入增长，资产管理市场的发展潜力持续扩展。2017年，中国的资产管理规模超过了100万亿元。但同时，也存在着业务发展不规范、多层嵌套、刚性兑付、规避金融监管和宏观调控等问题，鉴于此，中国人民银行等部门联合出台了资管新规，有效防范了由不规范行为引致的金融风险，为资产管理市场的健康发展保驾护航。

"十四五"时期，中国从三个方面进一步完善金融风险防控机制：一是完善现代金融监管体系，提高金融监管透明度和法治化水平；二是完善存款保险制度；三是健全金融风险预防、预警、处置、问责制度体系，对违法违规行为零容忍。

第二节　推进经济回升需激活横向金融机制

2020年2月中旬以后，在继续防控疫情的条件下，以复工复产为重心的稳就业、保民生成为关系国计民生的急迫要务，为此，中国人民银行和中国银保监会等部门积极应对出台了一系列政策举措，其中包括放松银根、下调法定存款准备金率、降低贷款利率、到期贷款展期、强化线上支付、"不盲目抽贷、断贷和压贷"、加快防疫债券发行等，既积极支持了疫情防控，也有效支持了经济社会运行秩序的恢复。中国人民大学财政金融学院一级教授、中国社会科学院学部委员王国刚在承担国家自然科学基金应急重大项目的研究中认为，从深化金融供给侧结构性改革和推进实体经济的供给侧结构性改革等角度看，要有效提高复工复产、稳就业、保民生等的力度，这些举措的效能依然不足，还必须着力激活实体企业间的横向金融机制，推进金融运行步入良性循环和国民经济走势回升。

一　金融运行循环中横向机制

国民经济是一个由人流、物流、资金、技术流、信息流等纵横交错且持续循环所形成的动态立体系统。其中，资金流的传导渠道、流向、流速和流量以满足人流、物流、技术流和信息流的需求为指向，同时，也受到它们的制约。可以说，有何种的人流、物流、技术流和信息流的运行循环结构就将有何种的资金流运行循环结构。

从经济金融运行中，资金纵横交错的供给和使用环环相扣将实体企业连接成为一个整体，但它们各有特点。从资金供给取向看，纵向资金供给具有"点状"特征，即商业银行等金融机构的贷款通常是针对一家一家实体企业（或一个一个投资项目，下同）的具体情况而展开的，很少（也很难）将处于产业链中的各类企业联体进行贷款。与此不同，横向资金供给涉及两家以上实体企业（或投资项目主体），通过产业部门关联机制，使相关实体企业形成了一个经营运作联体的产业链，因此，具有"线状"特征。从资金供给的条件看，纵向资金供给主要建立在对相关企业的还款能力的评估上，其中包括资信状况、经营状况、资产负债率、营业收入、盈利水平等财务指标。横向资金供给主要建立在产业关联基础上，除了需要考虑交易对手方的财务状况外，还包括信息关联、技术关联、市场关联等，因此，有着更加坚实的基础。就整体而言，经济金融运行中的资金纵横机制各有所长也各有所短，相辅相成方能相得益彰。

二　中国金融运行中的横向机制短板

70多年来，中国金融快速发展，门类增加，规模扩展，但始终以银行体系为主体，形成了以纵向资金供给为主干的间接金融体系，各项制度和政策也以维护这种纵向机制为基点。在这种格局中，纵向金融机制强硬，横向金融机制软弱，银行体系成为资金供给和资金使用（或资金投放和资金回流）的总水库。但横向金融机制是实体经济部门运行中必然发生和扩展的,它不以这种形式表现就将以另一种形式展示,各种变形、扭曲和矛盾的金融现象发生也就在所难免。

第一,商业信用和商业票据。赊购赊销是实体企业之间的产品购销交易必然的现象。为了防范因此而引致的经营运作资金链断裂,以商业承兑汇票为载体的商业信用应运而生。在需要资金时,持有商业票据的实体企业可以通过背书卖出商业票据。早在13世纪,商业票据就成为欧洲经济中媒介商贸活动的一种主要金融工具。马克思指出:"商业信用,即从事再生产的资本家相互提供的信用。这是信用制度的基础";商业承兑汇票是"它们形成真正的商业货币"。中国虽然在1995年5月出台的《中华人民共和国票据法》中有着商业承兑汇票的规定,但20多年来,商业票据发展缓慢。既然难以通过商业票据来缓解由产品赊购赊销引致的资金难题,实体企业就只能将由此发生的占款记在账上,这形成了资产负债表中的"应收账款"。2019年年底,规模以上工业企业资产中的"应收账款"达到17.40万亿元,超过资产总额的20%。在"应收账款"难以如期收回的条件下,为了维持经营运作,实体企业只能向商业银行等金融机构申请追加贷款,由此,将横向金融需求转为纵向金融需求,既加大了银行贷款的需求量,也提高了实体企业资金可得性的成本。

第二,公司债券和资金运作。实体企业通常拥有货币资产、实物资产、证券资产和无形资产等资产类型,在经营运作过程中,资产形态转换的主要机制有两个:产品销售和证券购销。在资金暂时富余的条件下,公司债券等证券是实体企业较为合意的金融产品。成因有三个:一是通过购入公司债券,它将更加紧密地与产业链中的交易对手方建立商业往来机制;二是公司债券的可交易程度较高,一旦需要资金,随时可以卖出持有的公司债券;三是公司债券的收益率高于存款利率。此外,必要时还可将公司债券用于抵押借款等。但在中国实践中,公司债券的发行主要由商业银行等金融机构购买。2019年年底,以短期融资券、中期票据、企业债券、公司债券、可转换债券、可交换债券等名义发行的公司债券余额184588.99亿元(占债券余额971069.25亿元的19%),由实体企业和城乡居民持有的数额少到"可以忽略不计"的程度。在难以通过购买(从而"持有")公司债券等证券来运作富余资金的条件下，实体企业只好将这些富余资金以"定期存款"的方式存入商业银行等金融机构，2019年年底实体企业在商业银行的定期存款余额达到35.29万亿元。在定期存款的利率明显低于公司债券利率的条件下，实体企业持续增加定期存款只是一种无奈的被动选择。与此不同的是，一些实体企业选择了积极利用可能的金融路径展开富余资金的操作，由此，委托贷款、信托贷款等"影子银行"一度快速增长，2018年以后又成为资管新规整治的重要对象，余额快速减少。"定期存款"是存期内不可动用的资金，由此，在经营运作需要资金的条件下，实体企业只能加大贷款申请力度，由此，又将横向金融机制转向纵向金融机制，使银行贷款投放再添增量。

第三，资本金和负债金。在中国金融体系中，居民部门每年消费剩余的资金主要以存款方式进入银行体系，银行体系以贷款方式向企业部门提供资金，由此，横向金融机制转为纵向金融机制。由于银行吸收的存款和发放的贷款均属于债务性资金，所以，实体企业经营运作的资金来源中资本金短缺成为常态现象。商业银行等金融机构贯彻审慎性经营原则，发放贷款需要有对应价值的净资产（资本，下同）作为抵押品，这对资本金短缺（或负债率高企）的实体企业来说，无疑是一道难以逾越的高坎。为了获得更多的贷款资金，众多实体企业选择了监管套利的操作模式，其中包括设立子公司、抽逃注册资本、虚假注册、相互担保、财务造假等。

由上不难看出，纵向金融在挤压横向金融的同时，也将本应由横向金融承担的风险和成本转移到了银行体系。2015年以后，中国实践中出现的资金脱实向虚、金融面的"资产荒"和实体面的"资金荒"并存、货币政策传导渠道不畅等现象均与此相关。金融供给侧结构性改革过程中要优化金融结构、提高金融效率、守住不发生系统性金融风险的底线，必须切实地补上横向金融机制的短板。

三 推进经济回升的横向金融机制

复工复产必须打通人流、物流、技术流和信息流的堵点，推进各个环节的顺畅连接，将放松的资金流落实到实体企业运行中的各个环节，就必须激活横向金融机制，推进金融供给侧结构性改革落地。

国有企业（尤其是央企）、上市公司和大型民企是实体经济部门中产业链的主干企业，它们将中小微企业生产的各种原材料、零配件等加工、组装、集成为进入市场的可售卖产品，因此，每家都与数百（乃至上千）家中小微企业有着千丝万缕的产业联系。激活横向金融机制，就是要激活这些大型企业带动中小微企业的金融能力，使它们在与中小微企业的产业链链接中，在信息关联、技术关联、市场关联等基础上，再加上一个金融关联。以母鸡带小鸡的效应，带动中小微企业复工复产复商复市。具体举措有五个：

第一，激活商业票据。在发展商业票据的条件下，"应收账款"将转换为对应的商业承兑汇票，持票人需要资金时可以将商业票据卖出（或贴现），由此，保障生产经营的正常秩序。激活商业票据，需要调整"使用汇票的单位必须是在人民银行开立账户的法人"的规定，增强实体企业（尤其是大型企业）开出商业票据的自主权；同时，发展商业票据的交易市场，加强相关的金融监管。

第二，盘活定期存款。实体企业在银行账户中的定期存款主要由大型企业存入。发挥这些资金在带动中小微企业复工复产中的功能，要比由银行体系新增等额贷款更加有效。内在机理是，大型企业对与它们有着产业关联的中小微企业有着更加全面深入的了解，能够运用产业关联、信息关联、技术关联和市场关联的综合能量来保障资金的使用效率。盘活定期存款的方法有两个：一是抓紧出台"贷款人管理办法"，在制度上规范实体企业成为贷款人的资格、贷款类型、贷款权限和贷款监管等。二是准许实体企业直接进入公司债券发行市场购买债券，将定期存款转换为持有公司债券。

第三，加大公司债券发行规模。2020年3月30日，中共中央、国务院出台了《关于构建更加完善的要素市场化配置体制机制的意见》，明确提出：要"加快发展债券市场。稳步扩大债券市场规模，丰富债券市场品种，推进债券市场互联互通"。鉴于公司债券余额在中国各类债券余额中占比过低，也鉴于复工复产需要更加充分地发挥大型企业带动中小微企业的功能，应加大大型企业发行公司债券（尤其是长期公司债券）的力度；同时，应放开城乡居民直接购买公司债券的限制，使城乡居民能够直接进入债券市场，向实体企业提供资金。

第四，加快多层次股票市场建设。一方面完善主板、科创板、中小企业板、创业板和全国中小企业股份转让系统（新三板）市场建设，落实股票发行注册制，完善增发新股的机制，拓宽实体企业发股上市的可选择程度，提高它们增加资本金的能力。另外，坚持股市的市场化、法治化改革方向，进一步完善A股市场的交易机制和退市机制，切实保护投资者的权益，将监管重心落实到打击违法违规行为、维护股市"三公原则"上。

第五，积极推进产业重整。新冠肺炎疫情给各产业运行以严重冲击，也提出了重新整合产业的新课题。随着复工复产复商复市的展开，产业重整必然发生。其中，既有产业内的横向整合，也有产业间的纵向整合；既有国内的产业整合，也有国际的产业整合。在这个过程中，资金供给是必需的，但权益调整也是不可或缺的，由此，需要强化金融机构服务实体经济的能力，以综合运用金融的各方面功能推进产业重整。

第三节　简议防疫、复产的货币金融政策

2020年伊始，中国经济社会运行秩序突遭新型冠状病毒感染肺炎的严重袭击。1月25日（农历正月初一），中共中央政治局常务委员会召开会议，就疫情防控进行了全面研究、部署和动员，提出疫情防控是当前各项工作的重中之重，"疫情就是命令，防控就是责任"，吹响了举全国之力，全面打赢疫情防控总体战阻击战的集结号。1月31日，中国人民银行等五部委紧急出台了《关于进一步强化金融支持防控新型冠状病毒感染肺炎疫情的通知》，提出了货币金融支持疫情防控的30条政策举措。一段时间来，这些货币金融政策进一步扩展并快速落地，成效正在逐步显现。如何深化对这些货币金融政策的认识，需要进一步探究。

一　"非常时期"货币金融政策的特点

此番疫情袭击正值春节假期的人口大流动期间，是2020年中国经济社会面临的最严重的危难，其影响面超过了2003年的重症急性呼吸综合征（SARS），影响深度尚难确切评估。支持疫情防控的货币金融政策有着三个方面的特点：

第一，快速应变。防控疫情，时间就是生命。中共中央政治局常务

委员会会议后仅 6 天，中国人民银行等五部委就出台了金融支持疫情防控 30 条政策，其速度之快是历史上罕见的（考虑到它尚处于疫情蔓延期间，更是罕见）。30 条政策涉及中国人民银行、财政部、银保监会、证监会和外汇局五部委管辖的各方面内容，在如此短暂的时间内形成了这一套政策组合拳，不仅显示了五部委合作协调的内在机制之效能和协同防控疫情的合力，而且向世人宣示了中国金融在应对重大突发性应急事件的能力。

按照往年惯例，春节之前是货币集中投放期，春节之后则是货币集中回笼期；面对 1 月 CPI 增长率高达 5.4%（已是 2019 年 9 月以后连续第 5 个月超过 3%），通胀压力增大，似应实行适度收紧银根的举措。但为维护疫情防控时期的银行体系流动性合理充裕和货币市场平稳运行，中国人民银行不拘泥于以往的惯例操作取向，在春节假期后（2 月 3 日）的两天内，通过逆回购操作以利率下调 0.1% 的价格投放了 1.7 万亿元的资金，同时，通过常备借贷便利（SLF）提供临时流动性支持，通过再贷款、再贴现、抵押补充贷款（PSL）等定向投放资金，有效保障了疫情防控和经济金融运行多方面所需的资金供给。1 月新增贷款 3.34 万亿元，创下历史新高；2 月（截至 2 月 17 日），已投放流动性达到 3 万多亿元。

第二，重点突出。货币金融涉及国民经济的方方面面，直接影响着千家万户、千厂百店的日常生活和经营运作。面对疫情的多方面冲击，金融组合拳也必然要从多角度展开对防控疫情的支持力度。从新增贷款看，对生产、运输和销售重要医用物资和重要生活物资的骨干企业实行名单制管理，通过专项再贷款机制向名单内企业提供 3000 亿元低成本资金，贷款利率在一年期贷款市场报价利率（LPR）基础上再减 100 个基点（目前为 3.15%），中央财政按企业实际获得的贷款数额进行利率贴息 50%，确保企业实际融资成本降至 1.6% 以下。另外，金融机构主动加强了与相关医院、医疗科研单位和相关企业的服务对接，提供足额信贷资源，全力满足它们在卫生防疫、医药用品制造及采购、公共卫生基础设施建设、科研攻关、技术改造等方面的合理融资需求。从贷款存量看，金融机构积极调整区域融资政策、内部资金转移定价、差异化绩效考核办法等措施，对受疫情影响较大的批发零售、住宿餐饮、物流运输、文化旅游等行业和受疫情影响暂遇困难的企业（特别是小微企业），落实不盲目抽贷、断贷和压贷的政策，对受疫情影响严重的企业到期款项予以展期或续贷。从个人信贷看，对受新型冠状病毒肺炎影响的人员、参加疫情防控的人员和受疫情影响暂时失去收入来源的人群，金融机构实施了适当倾斜的信贷政策，灵活调整住房按揭、信用卡等个人信贷还款安排。同时，金融机构加强了全国范围（特别是疫情严重地区）的线上服务，引导企业和居民通过互联网、手机 App 等线上方式办理金融业务。在财政资金拨付方面，建立了财税库银协同工作机制，构建疫情防控拨款"绿色通道"，按照财政部门疫情防控资金拨付安排，及时展开资金拨付工作。

第三，维护市场稳定。疫情冲击给经济社会运行带来一系列突发性不确定因素，严重干扰了金融市场的正常秩序。金融市场对各类信息高度敏感，疫情冲击使春节后的金融市场开市面临着严峻挑战。一些人担心，在疫情蔓延的条件下，2020 年 2 月 3 日的开市将引致大跌的走势，不仅使市场投资者面临投资损失，而且给经济社会再添负面压力，因此，呼吁延后开市。金融监管部门在权衡了各方面利弊和政策效应之后，依然于春节长假后如期开市。2020 年 2 月 3 日的上证指数收于 2746.61 点（下跌 229.92 点），跌幅达到-7.72%，沪深两市 3188 只股票跌停两市成交金额 4965.08 亿元（比上一个交易日减 36.73%）；但 2020 年 2 月 4 日之后，沪深股市连续多日收于阳线，并突破了 2900 点关口；2 月 19 日，沪深两市成交量达到 10388.15 亿元，再次突破了万亿元大关，由此，股市已企稳。从债市看，为了支持实体经济发展和打赢防控疫情战役，经国务院批准并向全国人大备案，2 月初，财政部提前向各省、自治区、直辖市和计划单列市下达了 2020 年地方政府专项债券新增额度 12900 亿元。到 2 月中旬，这些债券的大部分或已发售或已落实发售预案。另一方面，为了支持防控疫情，防疫债应运而生。2 月 4 日，第一只低利率防疫债（武汉车都四水共治项目管理有限公司绿色项目收益公司债券）获得深交所无异议函。到 2 月 14 日，防疫债发行规模已突破 569 亿元。到 2 月 19 日，证券公司发行的各项债券达到 63 只，金额 1322 亿元。从汇市看，疫情突然暴发，引致海外对中国经济社会发展的担忧，由此，冲击了人民币汇市。中国外汇管理部门，通过建立外汇"绿色通道"，便捷外汇入账和结汇，切实提高外汇及跨境人民币业务办理效率等举措，保障了与防控疫情相关的用汇需求和外汇流动；同时，密切关注人民币汇市的价格波动，积极采取措施，抑制汇价异常变化，2月14日人民币兑美元的中间价为6.9843∶1，与1月2日的6.9614∶1相差无几，维护了人民币汇率的基本稳定。

党的十九届四中全会《中共中央关于坚持和完善中国特色社会主义制度　推进国家治理体系和治理能力现代化若干重大问题的决定》中强调：要"建设现代中央银行制度，完善基础货币投放机制，健全基准利率和市场化利率体系"；要"健全具有高度适应性、竞争力、普惠性的现代金融体系，有效防范化解金融风险"。在疫情突袭背景下，货币金融组合政策的快速出台和全面实施，既反映了现代金融体系的适应性明显增强，有着应对突发性事件、解决灾难性问题的适应性，也反映了这一金融体系的普惠性程度明显提高，防范化解金融风险的机制正趋于成熟。

二　金融支持疫情防控政策的内在机理

针对疫情突发所出台的货币金融政策，是非常时期选择的非常举措，带有明显的"非常态"色彩，有人对此颇有微词。实际上，全面打赢防控疫情阻击战，对中国金融体系是一场大考，在此过程中货币金融政策中贯彻着三个重要的经济金融机理：

第一，金融体系的内部效率与外部条件的统一。马克思主义哲学认为，世间任何事物的存在，既有着内部的根据也有着外部的条件。对金融体系而言，经济社会生活秩序的状况是各类金融机构展开经营运作的基本外部条件。在经济社会生活秩序稳定的条件下，金融机构经营运作和金融体系运行无须额外付费，维护经济社会运行秩序的成本主要由财政支付。但在疫情暴发的非常时期，经济社会运行秩序受到严重冲击。仅靠各级财政，不仅受制于财力限制，无力创造增量资金，而且受缺乏金融机制限制，难以涉及金融服务的各个方面。一旦疫情扩散面加大，防控疫情时间延长，金融体系和金融机构也必然遭受严重损失，即"皮之不存，毛将焉附"。防控疫情的货币金融政策中虽然包含了一些降低信贷门槛、延长信贷期限、实行低利率等内容，但它们有利于支持实体企业（尤其是重要医用产品生产、运输和销售的企业）经营运作，提高了阻击疫情的总体能力和防控疫情效率。从这个角度看，为了打赢疫情防控阻击战，金融机构固然付出了一些代价，但为疫后的正常经营运作争取到了宝贵的时间，得失权衡一目了然。

值得注意的是，任何经济规律的存在和发挥作用都是有条件的。在条件非常的场合，运用非常举措促使条件回归正常，这本来就是经济规律的内在要求。从这个意义上说，防控疫情的货币金融政策旨在加快恢复经济社会运行秩序，为后期的金融体系运行创造正常条件，它本就属于尊重金融规律和金融机制的范畴。

第二，金融体系的短期效益与长期效应的统一。在经济金融活动中，时间是一个重要变量，效率通常按照时间长短计算，与此对应，资金、价格、成本、收益和竞争力等也通常依时间计量，因此，争取时间就是争取效率。此外，还有一个业务规模、市场规模、服务面、营业网络等数量范畴。对任何1家金融机构而言，效率不仅与时间相关，也与规模相连。疫情暴发以后，为了防控疫情蔓延，各地均采取了以人员居家隔离为主的举措，直接影响到了众多实体企业、政府部门、金融机构和其他机构的正常运作，也必然严重冲击金融服务的各类规模。疫情每延长一天，金融、经济和社会的直接损失和间接损失就增加一天，且与前期相比，后期损失有着倍加的概率。在这种背景下，出台支持疫情防控的货币金融政策，在短期内可能使金融机构的经营运作成本有所提高、效益有所减少、不良贷款数额有所增加，但从长期看，这些损失是能够得到有效补偿的。由此来看，防控疫情的货币金融政策是有利于金融机构长期效应的。

第三，总体利益与局部利益的统一。在经济社会框架中，金融与农业、工业等各业一样，同属于经济的一部分；经济与文化、教育、政治等均属于社会范畴。习近平总书记强调，要打赢防控疫情的总体战阻击战。总体战又称"全面战"，它涉及经济社会的各个方面。要打赢防疫总体战，就必须有大局观，一切从大局出发以大局为重，由此，金融体系就必须服从于全国经济社会整个大局。在这场战"疫"中，金融机构的本位利益必须让位于全局利益、服从于大局利益。从这一角度看，为了维护经济社会的运行规律发挥正常作用，金融体系做出某些暂时的牺牲是必要的。在这种特殊条件下，为了维护公共利益和落实以人民利益为最高标准，金融体系付出某些代价，很难用金融运行规律、市场机制等予以直接裁量。

2017年10月，党的十九大提出，中国经济发展进入了新时代。"稳中求进"既是工作主基调，是治国理政的重要原则，也是做好经济工作的方法论。在当前特定条件下，尽快稳住经济社会生活秩序，坚决打赢疫情防控阻击战是各项工作的重中之重，与此相比，金融体系、金融机构的某些利益减弱或付出不必过于看重。

三 复工复产的货币金融政策重心

2020年是全面建成小康社会、完成"十三五"规划、实现第一个"百年"目标和实现三年攻坚战目标的收官之年，在中国经济社会发展历史上有着节点性重要意义。2月12日，中共中央政治局常务委员会进一步分析了防控疫情形势，强调要加强疫情防控工作，坚决打赢疫情防控的人民战争、总体战、阻击战，同时，要有序推动各类企业复工复产，保持经济平稳运行和社会和谐稳定，努力实现党中央确定的各项目标任务。

随着防控疫情各项措施的见效，疫情突袭效应逐渐减弱，复工复产成为一项刻不容缓的紧迫工作。尤其是考虑到，一些实体企业（尤其是小微企业）仅有1—3个月的原料库存、1—2个月的流动资金，一些家庭（特别是农民工）仅有1—3个月的生活费存量，在各地方大多实行在家隔离措施的条件下，人工流和物流受到严重限制，如果再不抓紧时间复工复产，全国物流、资金流和人工流的不畅，不仅将引致市场供不应求缺口急速扩大，而且将引致就业率降低、务工人员收入减少，并由此引致一系列其他经济社会问题，严重影响上述目标的实现。由此，政策取向的重心从全力打赢疫情防控阻击战转向防疫、复工"两手抓"，"两手都要硬"。

在防疫、复工"两手抓"过程中，货币金融政策要继续强化30条的全面落实，同时，应当重视7个方面的政策措施：

第一，实行适度宽松且精准滴管的货币政策。不论是防疫所需的各类医用物资生产还是复工中各类企业的采购都需要有足够的资金支持，由此，保证流动性供给是保障经济社会生活恢复和步入正常秩序不缺血的关键之举。就此而言，可选择的措施包括：再次降准、定向降准，适度降息,加大公开市场业务的力度,加大 SLF、MLF、PSL 和 TMLF 等的灵活操作力度。同时,进一步做好货币政策与财政政策的协调配合,既有效保障防控疫情的资金需求,又有效保障各类企业复工复产、重大项目建设的资金需求。

第二,完善快速便捷的审贷机制。实体企业复工复产所需资金主要由银行贷款等提供,为了支持实体经济部门复工复产尽快到位,保障经济运行中的各类物资供给,商业银行等金融机构应增大对实体企业信贷支持力度,其中包括简化审贷手续,加大绿色审贷通道的内容和宽度,建立特事特办、急事急办、重事重办机制;适度降低贷款门槛、降低贷款利率、延长贷款期限,支持复工企业渡过难关;为复工企业量身定制金融服务方案,在地方政府的支持下设立专项融资资金,强化对重点、关键、救急等类型的企业支持;充分运用金融科技机制,增加网上、手机等载体的业务内容,提高线上业务能力;完善风险内控机制,增提坏账准备,保障商业银行等金融机构的资产质量不降低。

第三,加快债券市场发展。在积极支持地方政府专项债券发行的同时,积极支持复工企业的公司债券(尤其是"防疫债")的发行,扩展发行规模,增加发行品种,延长债券期限,降低发债成本,简化发债程序,同时,放开对实体企业和城乡居民购买公司债券的限制,拓宽公司债券的认购对象,增加购债资金的来源。

第四,盘活企业定期存款。定期存款是在存期内不可动用的资金。2019 年年底,"非金融企业"定期存款余额高达 352860.82 亿元,占"非金融企业"存款余额 59.26%。盘活这笔存款,对解决复工企业的流动性紧张状况至关重要。盘活的路径主要包括:放松对复工企业(尤其是大型企业和主干企业)的贷款限制,使它们能够在产业关联基础上向上下游企业放款,增强产业链的合作协同;准许实体企业购买公司债券,增大购债资金来源;准许复工企业根据经营运作需要,提前支取定期存款。

第五,加快落实股票发行注册制。一方面,支持与防控疫情相关的医用设备、用品和药品等研制、生产相关的公司发股上市,增强疫情防控的物资供给,提高公共卫生保健能力;另一方面,支持在复工复产中具有重要影响力的公司和在产业关联机制发挥主干效能的公司发股上市，增强它们带动或支持其他企业经营运作正常化的能力。具体举措包括：简化注册制流程，缩短公司发股上市的注册耗时；适度降低门槛，放宽准入条件，放松再融资条件；强化信息披露，增强市场监督；落实退市机制，提高股市运行质量。

第六，推进保险创新。疫情防控和复工复产对保险业发展提出了一系列新的挑战和新的机遇。贯彻中央精神，总结成功实践，借鉴海外经验，可以推出一系列创新性保险产品和保险机制，丰富和拓展大灾保险、大病保险和财产保险的品种，拓展保险在灾害救助和社会管理等方面的功能。

第七，转换金融监管理念。疫情防控和复工复产中的金融活动有着许多特殊性，客观上要求金融监管转变理念和方式，以稳定经济社会大局和维护经济发展为指向，运用"监管沙盒"机制，为支持疫情防控和复工复产相关的金融活动提供一个"安全空间"。具体措施包括：适度提高金融监管的宽容度，为特殊环境下的金融运作和金融创新提供一个相对宽松的外部条件；加快落实行为监管，弱化机构监管为主，实现金融监管对金融活动的全覆盖；强化信息机制，健全金融数据统计和分析，把握金融运行的趋势和适时动态；实行风险分类，将金融机构的操作风险交由金融机构自己承担，推进金融机构风险内控机制的完善；坚决打击各种违法违规的金融活动，避免给浑水摸鱼者可乘之机。

第四节　提振实体经济：赤字国债的落脚点

2020年伊始，一场突如其来的新冠肺炎疫情严重冲击了中国正常的经济社会运行秩序。在居家隔离、交通管控、停工停产背景下，人流、物流、资金流、技术流和信息流的顺畅循环受到剧烈干扰。2020年第一季度，中国GDP增长率由正转负，下滑到1978年改革开放以来的最低点-6.8%；社会消费品零售总额增长率下降到-15.8%，固定资产投资增长率下降到-16.1%，规模以上工业企业工业增加值降低到-1.1%。新冠肺炎病毒威胁的消解尚待时日，疫情防控从非常态转向了常态化，这意味着经济社会运行格局将发生重要调整。从防控疫情到推进复工复产再到补齐公共卫生系统的短板，在"六稳"的基础上，中央提出了"六保",将就业、民生和市场主体摆在了突出位置,由此,充分发挥国家财政在维护社会稳定和公共安全、保就业和保民生等方面的压舱石作用成为不二选择,同时,加大政府财政投资力度,提振社会投资回升,也是必然选择。2020年第一季度,全国一般公共预算收入为45984亿元,同比下降14.3%。鉴于此,出台大规模经济振兴计划已是箭在弦上,有人主张发行特别国债5万亿元(也有主张10万亿元)并由央行直接购买国债(或地方政府债券)以弥补财政赤字。这一主张被简称为"财政赤字货币化",激起了学术界和实务界的热议。

一 财政赤字货币化并非理论难题

通过发行国债来弥补财政赤字(以下简称赤字国债)是各国政府在平衡财政收支中时常选择的一种方法,在理论上并无障碍。1981年以后,中国也多次选择这一机制平衡财政收支、支持经济金融发展。因此,就发行赤字国债而言,并无异议。各方的争议主要集中在赤字国债的发行对象、发债效应和资金使用等方面。

从理论上说,赤字国债既可以向城乡居民、实体企业发售,也可以向商业银行等金融机构、央行乃至境外投资者发售,但发售对象不同,引致的经济金融效应会有较大差异甚至实质性差别。

在赤字国债向城乡居民、实体企业发售的条件下,购债主体的一部分资金转移到了财政手中,由此,将引致市场面资金紧缺、利率上升、民间投资下降,这就是所谓的"国债挤出效应"。历史上,西方一些经济学家曾据此反对发行赤字国债。但这种认识并不符合实践逻辑,缺乏对发债资金使用效应的分析,即购债资金通过财政支出机制又流入了经济金融运行。由于财政支出通常是无偿的,尤其是财政投资的增大,不仅将通过乘数效应引导社会投资扩大,而且将带动信贷增加,所以,挤出效应在实践中并没有得到有效印证。一些人担心,发行赤字国债将影响城乡居民生活、加重实体企业的资金紧缺。但这种担心建立在一系列不切实际的假定之上。首先,1994年以后,中国的国债发行已经不再是行政性摊派,而是市场化发行。认购者可以根据自己的资金状况自愿选择是否购买,由此,资金吃紧的居民和企业可以不买入国债;其次,到2020年4月,"住户存款"达到869727.29亿元(其中定期存款为573334.12亿元),"非金融企业存款"达到624770.83亿元(其中定期存款为 392745.09 亿元），远超过预期发行 5 万亿元的赤字国债规模。最后，经过 20 世纪 90 年代以来的金融发展，众多居民和企业对金融投资运作已经比较熟悉，国债屡屡得到他们的青睐。不难看出，将赤字国债向城乡居民和实体企业发售并无理论难点和实践困难。

在赤字国债向商业银行等金融机构发售的条件下，挤出效应一般不会发生。内在机理是，商业银行等金融机构在资金吃紧时，既可以将手持国债通过债券市场卖出以获得可运作的资金，也可以将这些国债向央行抵押获得再贷款资金。2020 年 4 月，商业银行等金融机构的存款余额达到 2022634.90 亿元、贷款余额 1619066.91 亿元，"存差" 40 多万亿元，明显大于预期 5 万亿元的赤字国债规模，因此，它们购买赤字国债的能力是充分的。

赤字国债向央行发行是争论的焦点，但它依然不是一个不可逾越的理论障碍。首先，央行购买赤字国债等于财政向央行透支。由于央行拥有货币发行的专有权，政府的财政支出就可能因向央行的无限透支而进入"无穷大"境地，这将给通货膨胀、经济过热等带来严重后果，因此，许多人坚决反对由央行直接购买赤字国债。但央行间接购买赤字国债又如何？央行既可以通过公开市场业务从交易对手方买入赤字国债，也可以通过商业银行等金融机构将赤字国债用于抵押而放出再贷款。在这些场合，央行都增加了货币资金的投放量。其次，赤字国债的发行数额必须经国务院和全国人大批准，在申请到实施过程中需要进行一系列协调，这决定了并不存在可以"无限"发行的空间，也就不可能出现向央行无限透支的情形。再次，在防控疫情和复工复产过程中，中国当前面临的主要问题是如何尽快恢复经济运行和企业经营秩序，以稳就业、保民生，因此，尚无经济过热之忧。最后，进入 21 世纪以来，中国虽然出现了多次物价上涨，但均由某些农产品供不应求引致，并非物价普遍上涨的通货膨胀。就非食品类价格走势而言，20 多年来没有持续超过 3%。PPI 持续下行的累积效应，对实体企业的利润、投资和发展带来了严重的负面影响。显然，由央行（直接或间接）购买赤字国债并非属于完全不可列入政策选项范围的方案。

二　财政赤字货币化缺乏实践面的可操作性

依法治国是中国的基本方略。2014 年 10 月，党的十八届四中全会通过了《中共中央关于全面推进依法治国若干重大问题的决定》；2019年10月，党的十九届四中全会通过了《中共中央关于坚持和完善中国特色社会主义制度、推进国家治理体系和治理能力现代化若干重大问题的决定》，强调："必须坚定不移走中国特色社会主义法治道路，全面推进依法治国，坚持依法治国、依法执政、依法行政共同推进，坚持法治国家、法治政府、法治社会一体建设。"这决定了赤字国债的发行必须依法展开。2003年12月27日第十届全国人大第六次会议通过并于2004年2月1日起施行的《中国人民银行法》第二十九条和第三十条分别规定："中国人民银行不得对政府财政透支，不得直接认购、包销国债和其他政府债券"；"中国人民银行不得向地方政府、各级政府部门提供贷款，不得向非银行金融机构以及其他单位和个人提供贷款，但国务院决定中国人民银行可以向特定的非银行金融机构提供贷款的除外"。这直接指明了，赤字国债不能直接面向央行发行，央行也不得直接购买赤字国债，否则，即为违法。从程序上看，即便财政部门将赤字国债直接向央行发行的方案提交国务院、全国人大，也必然立马被否定。因此，不论何种理由，财政赤字货币化的法律空间是不存在的。另外，如果借助修改《中国人民银行法》给赤字国债向央行发行开绿灯，由于反对意见强烈，要达成共识将是一个持久的过程，它在时间上不能满足眼下防控疫情和复工复产等对财政资金的紧迫需求，也缺乏可操作性。

从央行资产负债表看，首先，2020年4月，"货币发行"为88073.91亿元。这是中国人民银行从1948年12月1日成立并发行第一套人民币至今的货币发行余额。与此对比，要突然再发行5万亿元人民币（纸币，下同）对冲赤字国债，几无可能。2020年4月，M_2余额为2093533.83亿元，是"货币发行"的23.77倍，即"货币发行"的扩张倍数达到22倍以上；按此计算，如果发行5万亿元人民币则意味着M_2将扩展113.85万亿元，这对物价乃至经济运行的后期效应是相当严重的。其次，2020年4月，"金融性公司存款"为208740.67亿元，明显大于预期发行5万亿元赤字国债的规模，似乎央行可以动用这笔资金购债。但从资产面看，"外汇"占款高达211914.83亿元，它意味着央行在负债面以"金融性公司存款"之名获得的资金，已基本用于对冲外汇占款了，并无多少余款可用于购买赤字国债。再次，在资产面可动用的资金为"其他资产"，2020年4月的余额为14048.99亿元（比2019年12月的14869.26亿元，减少了820.27亿元），这是央行用于公开市场业务操作和调控商业银行等金融机构的再贷款再贴现所用的资产，其数额与预期发行5万亿元赤字国债相去甚远。最后，假定在负债面的"政府存款"和资产面的"对政府债权"之间展开对倒式操作，每次1万亿元、连续5次，即财政部门发行1万亿元赤字国债→央行购买1万亿元赤字国债（从而"对政府债权"增加1万亿元）→央行购债资金流入"政府存款"（从而"政府存款"增加1万亿元）→财政部门再发行1万亿元赤字国债→央行再购买1万亿元赤字国债（从而"对政府债权"再增加1万亿元）→"政府存款"再增加1万亿元⋯⋯直至5万亿元赤字国债发行完毕，由此，央行负债面的"政府存款"增加了5万亿元、资产面的"对政府债权"也增加了5万亿元。这在技术上是可以实现的。对财政部门来说，央行"政府存款"中的发债资金是要投入使用的，由此，这笔资金需要汇划给各个具体主体（包括实体企业、事业单位和地方财政等），但在央行的资产面上只有"对政府债权"并无与"政府存款"相对应的资金，由此，要从"政府存款"中汇划资金就将遇到困难。这决定了"政府存款"与"对政府债权"之间对倒式操作是不可行的。

由上不难看出，不论是法律层面还是实务操作层面，赤字国债的货币化都是不可行的。与此相比，将赤字国债售卖给城乡居民和实体企业（尤其是置换他们的"定期存款"）既无法律障碍也无操作困难，由此，舍易求难恐非理性选择。

三　重心在于提振实体经济

2020年4月17日，中央政治局会议强调："当前经济发展面临的挑战前所未有，必须充分估计困难、风险和不确定性，切实增强紧迫感，抓实经济社会发展各项工作。"为此，要坚持稳中求进的工作总基调，稳住经济基本盘，兜住民生底线。在此过程中，关键是实体企业的复工复产复商复市，重点是稳就业保民生，因此，特别国债的发行和资金使用必须围绕这一重心展开。具体举措包括：

第一，提高特别国债发行的透明度。特别国债发行的数额、批次安排、期限、利率、类型（如储蓄国债、凭证式国债等）、交易方式、资金用途等一系列问题，既关系着财政政策与货币政策相配合的密切程度，也关系着购债主体、交易市场投资者、受惠企业等切身利益，因此，从一开始就应在充分透明中展开。其中包括发审程序透明、发债规则透明、发债方式透明、交易方式透明、资金使用透明和监督机制透明等。

第二，发债资金应落到实处。发债资金应以"六稳"和"六保"为基本取向，集中投向补足基本公共卫生体系短板、有效拉动城乡居民消费、推进实体企业复工复产复商复市、扩大有效投资等方面，同时，着力帮扶中小微企业渡过难关，支持战略性新兴产业发展、纾解产业链供应链的堵点和难点、协助外向型企业转型创新。

第三，强化货币政策与财政政策的配合。在防控疫情期间，财政政策频频出手，在支持医疗物质供给、资助病患治疗、减免税收、企业纾困、保障消费等诸多方面发挥了积极重要的作用；货币政策积极有为，通过降准、降息、再贷款、贷款展期等一系列举措，保障了经济金融运行的流动性供给，有效支持了消费、投资和外贸的回升。在发行特别国债的条件下，央行可以通过加大公开市场业务操作的路径，以特种国债为对象进一步扩大和深化介入国债市场的程度，运用流动性、收益率和交易品种等机制，积极支持特别国债的发行，促进财政政策的有效实施。

第十六章

完善直接金融机制

第一节 弥补横向金融短板

中国经济金融发展即将步入"十四五"时期。"十四五"是实现第二个百年战略目标的开局时期,也是全面落实经济高质量发展的关键时期。面对全球百年未遇之大变局,要有效形成以国内大循环为主体、国内国际双循环相互促进的发展新格局,必须在积极推进实体经济供给侧结构性改革的同时,进一步深化金融供给侧结构性改革。

一 中国横向金融体系的短板

中国金融体系以银行信用为基础并以间接金融为主体。在这个范围内研讨金融体系的短板,通常将视野投放在货币银行体系之内,其中包括完善货币政策调控机制、调整存贷款利率水平、运用现代信息技术增强商业银行等金融机构的金融服务能力、保障流动性和资本充足率以约束信贷规模扩张、降低不良贷款率和提高拨备覆盖率以防范相关金融风险、完善金融监管机制以防范系统性金融风险等。另外,鉴于资本市场发展严重滞后于银行体系,直接金融与间接金融的比例严重失调,且20多年来不断强调发展资本市场、提高直接金融比重的政策落地迄今尚无实质性成效,在弥补金融短板中,许多人强调要加快加大资本市场发展力度。但在研讨中,很少有人将视野拓展到实体产业中"商品→货币→资金"循环的内生要求,提出横向金融体系问题。

金融内生于实体经济。由于实体企业间的批发性商业交易很难实现"钱货同时两讫",赊买赊卖属常态性现象,由此,商业信用(即实体企业彼此间相互提供的信用）应运而生。横向金融系统是指实体企业间建立在商业信用基础上的彼此提供投融资的系统。它以实体企业间的产业关联、市场关联、技术关联和信息关联等为基础，有着高效率、低成本且低风险等长处。与此相比，商业银行等金融机构向实体企业提供的投融资服务属于纵向金融机制。

在国民经济循环中，实体经济部门运行发展所需的物流、人流、技术流和信息流都是纵横交错的立体动态循环系统，与此对应，资金供给和金融运行也应是一个由纵向系统和横向系统共同构成的纵横交错且持续展开的立体动态循环系统。其中，不论是纵向金融系统还是横向金融系统都是不可或缺的。换句话说，在横向金融系统缺失的条件下，仅靠银行体系的纵向金融体系扩展和完善，要构建以畅通国民经济循环为主的新发展格局，是十分困难的。

2008年9月美国金融危机爆发，以商业银行等金融机构为代表的纵向金融系统受到重创。但在2009年第二季度以后，美国的GDP增长率就恢复到了危机前的水平。2009年以后，美联储连续推出量化宽松政策，美国核心CPI增长率和综合CPI增长率并没有随之明显提高。个中成因在于，美国横向金融机制支持着实体经济的运行，没有受到纵向金融系统危机的严重冲击。2019年年底，全美商业银行的工商贷款余额为2.35万亿美元，商业票据余额为0.96万亿美元。

我国金融体系以银行信用的间接金融为主，横向金融机制很不发展。1950年12月政务院财经委员会出台了《货币管理实施办法》（以下简称《货币管理办法》），禁止实体企业间的赊欠、资金借贷和其他商业信用活动，从此，商业信用机制退出了经济金融运行。1995年出台的《中华人民共和国票据法》（以下简称《票据法》）虽然确立了商业承兑汇票的合法性，但20多年来，商业信用在我国的发展仍无实质性突破。横向金融机制缺失是我国金融体系的真正短板。

二 我国金融体系中的不协调

在横向金融机制短缺的条件下，各种本来可以运用横向金融机制解决的经济金融问题大多转变为依靠纵向金融体系提供资金来解决，这引致了一系列不协调现象的发生：我国广义货币供应量（M_2）与GDP之比长期位于世界各国前列的高位，2019年更是达到了2.11倍；在商业银行等金融机构的贷款余额屡创新高的过程中，杠杆率持续上升，"去杠杆"很难落到实处；在主要依赖银行贷款的格局中，商业银行等金融机构从审慎性经营原则出发，难免从成本、安全性、营利性和防风险等角度权衡贷款，小微企业"融资难、融资贵"难以充分缓解；在强调金融服务于实体经济过程中，金融机构为自己服务的比重不降反升；各种金融风险向银行体系集中，使银行体系守住不发生系统性金融风险底线的压力越来越大。

商业信用是实体经济部门的内生金融机制，它不以规范的方式表现出来，就将以扭曲的或其他有缺陷的非规范方式表现出来。

第一，企业应收账款与银行信贷之间的矛盾。在以商业信用实现企业间商业交易中，卖出货物的企业可以获得买方开出的商业承兑汇票，在账户资金不足以满足购入原材料、支付员工工薪等场合，可以卖出手持汇票获得资金，由此，货款长期被买方拖欠并由此引致支付困难（如拖欠工薪等）现象不易发生。但在我国实践中，实体企业的应收账款持续增加，其增长率甚至超过了企业的营业收入等主要指标。这些"应收账款"在财务上属于"资产"范畴，在经营中却是对应企业难以用于维持简单再生产的资产。为了保证经营运作的正常展开，它们不得不向商业银行等金融机构申请额外贷款以抵消"应收账款"的负面影响，由此，既扩大了商业银行等金融机构的贷款数额，又在一定程度上将"应收账款"的风险转移给了纵向金融体系；同时也意味着，一旦商业银行等金融机构收贷或断贷，实体企业的经营运作就将陷入困境。长期以来，农民工工薪拖欠，中小微企业货款拖欠等均与此直接相关。

第二，资金紧缺与资金富余之间的矛盾。融资难、为企业纾困、新增贷款屡创新高等似乎意味着我国经济金融运行中的资金紧缺。但与此同时，企业面却有着巨额的富余资金，这主要表现为"定期存款"。2005—2019年的15年间，"非金融企业"的"活期存款"从66222.96亿元增加到242504.15亿元，增长了2.66倍；"定期存款"从35527.59亿元增加到352860.82亿元，增长了8.93倍。在防控疫情和复工复产的背景下，2020年上半年企（事）业单位贷款增加8.77万亿元（其中，短期贷款增加2.82万亿元，中长期贷款增加4.86万亿元），再创历史新高；但同期，非金融企业的定期存款却从2019年年底的352860.82

亿元增加到 2020 年 6 月的 402182.59 亿元，新增 49321.77 亿元，大于新增中长期贷款。"定期存款"在存期内属于不能动用的资金，非金融企业的存款有 62.14%以定期存款名义存在银行账户，企业面究竟资金是紧还是松就不容易说清楚了。

第三，禁止企业间借贷与企业委托贷款之间的矛盾。实体企业间的借贷建立在商业交易基础上，属于直接融资范畴，是一种最为原生也是最基本的借贷方式。为了保障商业银行等金融机构的借贷活动，几十年来，我国出台了一系列禁止企业间借贷的制度规定，但是又允许实体企业在商业银行的监督下通过商业银行渠道发放委托贷款，将直接融资转变为间接融资。2019 年年底，委托贷款余额为 11.44 万亿元，比 2018 年年底减少了 0.92 万亿元。

多年来，为了化解金融风险、守住不发生系统性金融风险的底线，我国出台了一系列制度规定，也采取了诸多政策举措。但在横向金融机制短缺的条件下，本可由实体企业彼此间解决的众多小微金融风险，通过纵向金融体系向商业银行等金融机构汇集，强化了金融的脆弱性，使金融体系在防范风险中面临的压力不断增大。2020 年第二季度，商业银行的不良贷款率达到 1.94%，比 2014 年第二季度的 1.08%，提高了 0.86 个百分点。

三 弥补横向金融短板的政策建议

横向金融机制内生于产业部门的循环运作中，以实体企业彼此间的商业交易和经营运作的关联性为基础，贯彻在每一次的商品交易、工程投资、技术创新、产品开发和市场拓展等活动中，是实体企业与生俱来的金融机制。"十四五"时期要构建与实体经济、科技创新和人力资源协同发展并融合于产业体系中的现代金融体系，形成与实体经济、科技创新和人力资源纵横交错且持续循环相适应的金融体系，必须激活横向金融机制，为此，需要着力解决好六个方面问题。

第一，转变固有观念。长期以来，我国实践中形成了金融活动是金融机构专有权的观念。实际上，任何的金融交易都是由交易双方的意愿和行为达成的。在金融机构与实体企业的各种金融活动中，实体企业的意愿和行为都是金融交易中不可忽视的因素，更何况，相当多金融活动本无须金融机构直接介入其中。要激活实体企业彼此间的横向金融机制，首先要打破"金融活动是金融机构专有权"的观念，确立金融活动源于实体企业彼此间的产业活动、实体企业和城乡居民是金融活动生力军的观念，将金融活动置于产业体系中。切实落实党的十八届三中全会"决定"中提出的"实行统一的市场准入制度，在制定负面清单基础上，各类市场主体可依法平等进入清单之外领域"。

第二，废止禁止商业信用的相关制度。1950年12月，政务院财经委员会出台的《货币管理办法》中禁止了实体企业间的商业信用活动。1955年5月6日，国务院批转《中国人民银行关于取消国营工业间以及国营工业和其他国营企业间的商业信用代以银行结算的报告》的通知中强调"人民银行必须健全结算制度，协助各部门做好货款结算工作，并监督取消商业信用措施的贯彻执行"。虽然经过40多年的深化改革，这些禁止商业信用的制度依然行之有效；另外，40多年来，我国出台了一系列与纵向金融体系相适应的货币金融制度，其中不乏限制乃至禁止横向金融机制的条款和审批程序。要激活实体企业间的金融机制，就必须重新梳理这些货币金融制度，逐步放松或取消对建立在商业信用基础上的横向金融机制的各种限制，提高金融体系的活力和韧性。

第三，以商业承兑汇票为突破口。商业信用涉及的金融工具和金融交易的内容是多方面的，在当今的发达国家中更是种类繁多。要有序推进横向金融机制的建立，难以多项齐头并进，应选择较为成熟且又是实体经济部门急需的类型，以试点方式展开。鉴于此，在初期选择商业承兑汇票较为合适。一是《票据法》对此已有明确规定，因此，法律障碍较少；二是对实体企业（尤其是中小微企业）而言，破解"应收账款"的长期拖欠属当务之急；三是海外在这方面已有几百年的实践经验可供借鉴；四是我国也已有一些前期实践。

在推进商业承兑汇票发展的过程中，适时推出《贷款人条例》，支持以主干（或核心）企业为主的实体企业间资金借贷机制发展。

第四，建立市场机制。商业承兑汇票既可通过贴现获得对应资金，也可通过市场交易进入流通，为此，需要建立商业承兑汇票的交易市场，使持票人和投资者（包括实体企业）既可通过交易展开资金融通，又可通过交易形成有竞争力的市场价格，还可通过交易展开债权并购，同时，运用市场机制（包括资信评级、信息公开披露等）促使出票人按期履约。

第五，稳步推进试点。在商业承兑汇票推出的初期，可先由大型国有企业、大型民营企业和上市公司等资信较高的实体企业进行出票人的试点，既有利于破解中小微企业的货款拖欠难题，也有利于推进市场的稳步发展。

第六，完善金融监管。金融监管对象从金融机构扩展到各类金融活动是必然趋势，由此，金融监管就应从机构监管转向行为监管（或功能监管），实现金融监管对各类市场主体金融活动的全覆盖。

第二节 完善资本制度 抑制资本无序扩张

资本制度是市场经济的一项基本制度，它既关乎微观主体经营运作中的主要经济行为，又制约着市场经济的运行秩序并由此影响到宏观经济的安全稳定。20世纪90年代以来，随着社会主义市场经济新体制建设的推进，资本制度的内涵和机制持续扩展，不仅在股权结构、公司治理、财务制度、信用建设和固定资产投资等方面发挥着基础性作用，也不仅在银行运作、信贷扩展、金融运作、公司并购、资产重组、金融投资和金融创新等方面发挥着压舱石作用，而且在推进体制机制转换、约束资产扩张、防范风险（尤其是防范系统性金融风险）等方面发挥着积极重要的作用。近年来，在金融深化展开的过程中，一些机构利用资本监管的薄弱之点，选择各种方式绕开资本制度的约束，在引致经济社会风险的同时，也给守住不发生系统性金融风险埋下了严重隐患。鉴于此，中央经济工作会议在安排2021年工作中将"防止资本无序扩张"列入了2021年重点工作范畴。

一 资本制度的基本要求和主要内容

在世界各国中，资本制度的基本要求和主要内容主要通过《中华人民共和国公司法》等法律制度予以规范。1994年以后，中国出台的《中华人民共和国公司法》《中华人民共和国合伙企业法》《中华人民共和国外资企业法》和《中华人民共和国企业破产法》等一系列法律制度，在立足国情的基础上，借鉴了发达国家历史经验和相关法律，反映了经济金融运行的内在机理，是中国资本制度的基本遵循。

第一，资本是经济金融活动的推动力。马克思曾经明确指出："资本主义商品生产，——无论是社会地考察还是个别地考察，——要求货币形式的资本或货币资本作为每一个新开办的企业的第一推动力和持续的动力"。在一般条件下，资本的数量越大则第一推动力越大；持续投入的资本数量越多，则持续的动力越强。在这些场合，投入经济金融活动中的资本数量，对微观市场主体和宏观经济运行来说都具有至关重要的意义。

第二，资本是微观主体的信用基础。在资产负债表中，资本（即"所有者权益"，下同）位于右列的下部，它意味着资本是企业承担各类负债的基础。一般来说，1家企业所能获得的债务数量是受其资本数量限制的，即资本量界定了它的信用能力。对资本为1亿元的企业来说，要获得超过2亿元的负债是相当困难的。企业的负债主要来自商业交易和金融借贷。从商业交易看，在市场经济中企业间的商业交易几乎不可能以"钱货同时两讫"的方式展开，赊购赊销是常态现象，由此，企业间的信用机制就成为实现商业交易的前提条件。对赊销方而言，赊销的货物价值量通常限制在交易对手方的资本数量（即债务偿付能力）范畴以内。从金融借贷看，借入的资金（包括银行借贷、发行债券等）数额也以企业拥有足够的资本数量从而具有充分的偿付能力为前提。在具体实践中，为了能够确认企业的负债能力，《公司法》规定，企业应当实行注册资本制度（在营业执照中明确记载注册资本数额），并在经营运作中按年度计提"公司法定公积金"（即资本公积金）。在商业交易中，企业的营业执照和财务报表中记载的资本数额成为反映承债能力的主要依据，也是债权方在达成信用契约之前必须审视的基础性要件。不难看出，资本（尤其是注册资本）是维护企业间信用关系的基础性机制，也是维护市场经济运行秩序的基础性机制。一旦企业不能偿付到期债务本息（且债权人不愿对这些债务进行展期处置），为了维护市场经济中的信用秩序，企业必须进入破产程序。破产中"破"的"产"首先就是企业的资本，这更显示了资本在保障信用中的基础性作用。

第三，资本是企业经营运作和财务活动的基础。企业经营运作以追求利润为基本目的，不论是生产商品、提供劳务还是工程建设、投资活动都需要核算成本、价格、盈利和缴纳税收，在这些运作中保证资本的本金不损失是最起码的底线，盈利水平相对于资本数额而言。从业务发展看，扩大再生产是众多企业再生产的主要选择。不论是通过利润转投资增加资本还是通过增发股份增加资本，扩大再生产都首先表现为资本数额的扩展。只有资本数额增加了，才能提高企业承担信用（债务）的能力，从而扩展资产规模、增强市场运作规模等。如果说利润是企业抵御经营风险和市场风险的第一道防火墙的话，那么，资本就是企业抵御各种风险的最后一道防火墙。

第四，资本结构决定企业的组织性质。企业的组织性质多种多样，它们的区别首先在于资本结构的不同。由一个股东投资形成的企业通常称为"独资企业"；在多数国家中，它实行无限责任制，即该企业的债务由股东独自承担无限清偿责任。由五十个以下股东投资形成的公司为有限责任公司，由两个以上股东（发达国家没有规定股东人数上限，中国规定股东人数 200 人以下）投资形成的公司为股份有限公司；这两类公司中，"有限责任"主要是指股东以其入资额承担公司经营运作中的债务责任。合伙企业属于人合机构，合伙人共同对负债承担无限连带清偿责任。在决定企业组织性质的同时，资本结构也决定了企业的治理结构。以股份公司为例，资本结构既决定了股东大会是公司的最高权力机构，也决定了公司治理结构中的股东会、董事会、监事会和高管层各自的权力边界，决定了其他相关的财务机制、公司并购机制等。

第五，资本特点决定了企业的金融权利。由于有限责任公司和股份公司的债务承担边界和财务关系是清晰可控的，所以，各国《公司法》均规定这两类公司可以公开发行债券，而其他类型的企业则无此权力；由于股份公司的股东人数是不受限制的，所以，它可以向社会非特定投资者公开发行股票。为了保障公司经营运作的完整性和可持续性，股东不得从公司中退股抽资，但他们持有的股份可以转让交易（由此，形成了股票交易市场）。

在经济发展中，与扩大再生产相对应，企业经营运作在规模上的扩张是必然的，由此，资本扩张也是必然的。但这种资本的有序扩张必须建立在"依法"和"循法"的范围内，一旦离开了这一基本遵循，资本扩张就将处于"无序"状态，不仅给企业经营运作带来严重风险，而且给宏观经济运行和金融体系循环带来严重风险。

二 资本无序扩张的方式和系统风险

中国经济的快速发展起步于改革开放。在缺乏资本原始积累的背景下，企业经营运作的扩展始终面临着资本数量严重不足的约束，同时，在未经历资本竞争的洗礼下，众多企业缺乏对资本特性和功能的深刻认知，常常将资本、资金和负债混为一谈，而一些流传于市场层面上的似是而非说法也给不少企业以误导。另外，虽然《公司法》等法律制度已出台20多年，但资本监管是一个涉及多个政府部门的事务，在综合监管机制尚难有效协同的条件下，一些监管部门将工作重心放在促进企业发展方面，放松了对企业资本制度的监管，也引致了一些误区。

资本无序扩张有着多种表现，从设立新企业看，主要方式有三个：一是抽逃注册资本。企业的注册资本是保障企业信用机制和市场经济信用机制物质基础。但一些企业的投资者（即实体企业和金融机构，下同）对此缺乏最基本的认识，在资本性资金用于新设企业注册后，以这些资金在新设企业开办期内闲置等理由，将注册资本中一部分（甚至全部）资金抽回，使新设企业实际上处于"空壳"境地。更有甚者，一些企业的投资者从创办新设企业伊始就盘算着将注册资本抽回，由此，投资入股于新设企业只是虚晃一枪的"走过场"操作过程，并无真切的投资之意。在现实中，出现了一些投资者循环使用一笔资金先后注册若干家新设企业的现象。二是交叉使用资本。一些投资者利用股份公司（或有限责任公司）的股权特点，运用有限的资金进行交叉投资入股。例如，A公司拥有1亿元资本性资金，然后，分别投资入股创办子公司B和C，再由B和C联合投资入股孙公司D和E，此后，由这些子公司和孙公司中一部分返投资入股于A公司，扩展A公司的注册资本，由此，形成了母公司、子公司和孙公司之间的交叉持股。通过这些交叉持股，A公司控股股东可控的股本数额大大超过了真实投资的资本数额。三是运用信贷资金。一些投资者在创办新设企业（子公司等）中将从商业银行等金融机构获得的信贷资金转为新设企业的注册资本，其中，一些投资者通过股权质押从商业银行等金融机构获得了创办新设子公司注册资本所需的信贷资金，还有一些投资者选择循环质押的路径来达到入股一家又一家子公司（或孙公司）的目的。由此，这些投资者可控的股本数额大大超过他们可投资的资本数额，同时将本应由资本承担的企业经营运作风险转移给了商业银行等金融机构。

从资产运作看,主要方式有六种:一是叠加运用股权质押。一些投资者通过股权质押获得银行信贷,再用银行贷款资金收购对象公司(如城商行等金融机构)的股权,然后,又将这些股权进行质押获得银行贷款,再运用这些资金收购对象公司的股权,如此等等。这实际上是以第一笔资本为推动力,展开了一连串的"股权质押→获得银行贷款→收购股权→再进行股权质押",由此使名义上持有的股权总额多倍于第一笔资本数额。二是对赌中入股。一些投资者盯上拟上市公司后,通过签署对赌协议,投资入股该公司,在扩大该公司资本数额从而负债能力的同时,又将持有的股份进行质押贷款,由此,一笔资本发挥了两倍(甚至两倍以上)的负债效力。三是同业竞争。同业竞争是指投资于与自身业务有着竞争性质的公司或同时持有两家以上业务具有竞争性质的公司股权的情形。在发达国家的《公司法》中,对此均予以明确禁止。但在中国的实践中,一些实体企业同时持有两家以上城商行、证券公司、信托公司、保险公司等股权的现象绝非个别现象。这成为一些大型企业集团进入金融业或建立资本市场操作平台的重要路径。四是频繁进行资产评估。企业的资本来源主要有三个:投资者投资入股、利润转投资和资产评估增值转资本。多年来,一些企业为了增强自己的资本实力,在利润数额有限且受分红制约的条件下,选择频频进行资产评估方式,将评估增值的净资产转为资本,使资本数额处于虚增之中。五是滚动式扩大负债规模。有些机构利用资产证券化机理,在少量资本获得负债的基础上,将资产剥离进入资产池并发行证券,获得新的资金,然后,再展开资产证券化操作,如此持续地重复操作达到以少量资本控制巨额债务性资产的目的。六是互联网展开贷款业务。一些机构打着互联网金融创新旗号,将信息平台功能转变为信用平台功能,推动了P2P、配资平台等野蛮生长。

在以银行信用为基础的间接金融体系中,各种无序的资本扩张大多具有套取银行信贷资金的特点,在扩展对应市场主体资产规模的同时也将相应的风险转移到了银行体系。如果说单一方式的资本无序运作向银行体系转移的风险还有限的话,那么,多种方式套作的资本无序扩张向银行体系转移的风险就不是运用叠加计算所能估算的了。不仅如此,一旦无序运作的资本扩张与互联网金融（或金融科技）相结合，利用金融创新机制拓展金融衍生品交易，借助存贷款的转换机制和资产证券化机制滚动式无限放大负债规模，并将运作空间延伸到其他金融领域（尤其是居民资产管理领域），微观市场主体的金融风险就可能演化为系统性金融风险（甚至经济社会风险），给经济金融的安全发展带来严重威胁。

三　治理资本无序扩张的举措

在发达国家的历史上，资本的无序扩张曾引发严重的经济社会危机，诸如南海泡沫事件、密西西比泡沫事件等均是典例。在中国，2013年以后P2P平台野蛮成长、2015年股灾等都险些酿成系统性金融风险。高质量的经济发展需要有坚实的资本制度。要防止资本无序扩张，必须进一步完善资本制度，为此，应落实下述举措：

第一，严格监管注册资本。注册资本是企业信用的基石，也是维护市场经济中信用关系的基本机制，因此，既要对每家企业的注册资本进行年检核查，对问题企业的注册资本进行不定期核查，也要对抽逃注册资本、虚假注资等行为进行严惩。在一些发达国家中，将抽逃注册资本或虚假注资等行为界定为"欺诈罪"。《中华人民共和国刑法》第158—159条对"虚报注册资本罪"和"虚假出资、出逃出资罪"做出了明确规定，为此，相关监管部门应依法对企业的注册资本实行严格监管，保证企业的信用能力与资本数额相匹配。

第二，严格限制资本的扩张倍数。资本是承担信用的基础性资产。在资产负债率为50%的条件下，1亿元资本可承担的负债规模为1亿元。但如果A公司将其中的0.6亿元分别投入子公司B和C，在B和C资产负债率为50%的条件下，实际上，这0.6亿元的资本又承担了0.6亿元的负债，由此，A公司股东最初投入的1亿元资本所承担的负债已达1.6亿元。如果子公司再投资入股孙子公司、曾孙子公司等，最初1亿元资本所承担的负债规模还将进一步扩张。在这种注册资本的持续扩张中，资本所能承担的负债规模将大大超过最初1亿元注册资本的信用能力。实践中，一些企业集团的子公司层级高达5—10层，资本扩张的资金主要来自银行信贷，其结果是引致企业的经营运作风险向银行体系集中，给经济金融运行带来严重的风险隐患。鉴于此，需要在科学研究论证的基础上,限制企业的创设子公司、孙子公司的层级,限制资本的扩张倍数。

第三,严格股权质押。股权质押是股东获得信贷资金的一个重要路径,但它很容易造成同一笔资本的重复负债。假定 A 股东向 B 公司投资入股了 1 亿元,在 B 公司资产负债率为 50% 的条件下,意味着这 1 亿元资本已经承担了 1 亿元负债,但当 A 股东将 1 亿元股权用于质押获得 1 亿元银行信贷时,实际上等于这笔资本又获得了 1 亿元负债,由此,资本的负债规模扩张了一倍。如果 B 公司经营状况不佳,实际运作的资本数额少于注册资本(即亏损了),那么,用于质押的股权价值还将打折扣。为了防止通过股权质押套取银行信贷资金,需要从制度上规定,在股权质押审查中应厘清与该股权对应的企业负债状况,在该企业资产负债率超过规定水平(如 50%)以后,这一股权已不再具有质押效力。

第四,禁止同业竞争。对同一投资者而言,将有限资本投入具有业务竞争的两家子公司中,这既不符合市场经济中的竞争规则,也不符合规模经济、范围经济等逻辑。在展开同业竞争中,该投资者实际上贯彻着从银行体系套取资金和对应风险转嫁机制,鉴于此,应借鉴发达国家的历史经验,从法律制度上禁止同业竞争的现象。

第五,限制同一资产的频繁评估增值。在市场经济中,物价总趋势呈上行走势,与此对应,实物资产的价格也有着上行空间,据此,对经营运作的资产进行评估以弄清财务成本(包括资产重置成本等)是必要的。但资产价格波动在年度间通常不大,频繁进行资产评估缺乏应有依据。如果不是为了套取银行信贷资金或扩大负债规模,绝大多数企业可能长期不进行资产评估。为了防止频繁进行资产评估并套取银行信贷资金,需要从制度上限定企业展开资产评估的最低间隔年限,同时,要求企业在资产评估增值时补交对应的所得税等税收。

第六,确立企业信用能力的资本制度。在市场经济中,任何一家企业的负债(从而信用)能力是由其资本规模限定的,超出这一限制,企业就将面临高负债的经营运作风险。在套取银行资金的条件下,这些高负债风险将向银行体系集中,成为引发系统性金融风险的隐患。如果债务性资金来源于城乡居民和其他实体企业,则高负债风险将成为引发经济社会风险的隐患。要防范由此类资本无序扩张所带来的负面效应，就需要以"资本规模界定信用规模"的机制界定金融创新和各种金融衍生产品的运作，通过穿透性监管找到债务性资产的最后承担者并使负债规模与资本规模相匹配。

第三节　以公司债券盘活定期存款

在以银行信用为基础的间接金融体系中，商业银行等金融机构提供的贷款成为经济金融运行中的资金主要来源。对任何实体企业而言，银行贷款均属于债务性资金范畴，接受贷款资金必然引致杠杆率（或债务率）的上升，但不接受贷款又缺乏足够的资金来源。2018年以后，中国金融进入了"防风险"的三年攻坚期。在加大"去杠杆"力度、扭转资金脱实向虚走势和加快金融整治进度的背景下，出现了"去杠杆"与"稳增长"之间的两难选择。破解这一难题的一个可选择的举措是，盘活实体企业的定期存款，在不提高杠杆率的条件下，走出实体企业融资难的困境。

一　"去杠杆"与"稳增长"之间的两难选择

所谓"杠杆"，在实体经济部门运行中，指的是实体企业的负债。债务性资金是把"双刃剑"。在经营运作中，债务资金是实体企业不可或缺的资产，它有着三个方面的积极效应：其一，扩大经营规模。在资本性资金不变的条件下，增加债务性资金，将扩大实体企业经营运作的资产总量，由此，使企业的经营运作规模对应扩大。企业经营运作规模的扩大，有利于扩大就业规模、创造财富和GDP规模、增加产品供给。其二，提高经营运作效益。在资产边际收益率高于贷款利率的条件下，由贷款所形成的资产在经营运作中获得的效益，不仅能够偿付贷款利息，而且有着盈利结余，由此，有利于促进资本收益率的提高。其三，推进资产结构调整。在经济结构调整、公司并购、资产重组过程中，债务性资金的介入是一个经常性机制；资产结构的调整，有利于提高企业的资产质量、资产效率，发挥规模经济的效能，扩展企业的市场竞争力。但另一方面，随着负债率的提高，企业还本付息的压力也在增加。一旦不能偿付到期本息，不仅企业将面临严重的财务危机，而且将因债务链的断裂传递，引致债权方陷入经营困境，因此，杠杆率的增高意味着经营运作风险加大。

实体企业的负债主要来自上下游企业之间商业交易中所形成的债务（如"预付款""应收账款""应付账款"等）和金融性借款（如银行贷款、发行债券等）。由于企业间在商业交易中形成的债权债务关系是必然的。规模以上工业企业的"应收账款"数额呈现逐年增加的趋势，它占总资产的比重从2010年的10.36%上升到2018年的12.64%。实体企业的"应收账款"数额虽有着可以下调的余地，采取适当的举措也可下调，但从实际操作看，可下调的空间不大，鉴于此，"去杠杆"的重心就主要落实到金融层面。一些人将"去杠杆"简单地理解为降低债务率（在实践中，一些行政部门甚至提出了每年降低1个百分点的企业资产负债率"硬任务"）。2018年，规模以上工业企业的资产总额为113.4万亿元，在资本性资金难以增加的背景下，降低1个百分点的债务率，直接意味着缩减规模以上工业企业的经营运作规模1.13万亿元，由此，不可避免地引致它们所能吸纳的就业规模缩减、所能创造的GDP缩减等连锁效应发生，严重影响到"稳增长"的目标实现。另外，在间接金融为主的条件下，企业的债务性资金主要来源于银行贷款。杠杆率上行和债务数额持续增加，使经济金融运行中的债务风险持续增大，一旦发生债务链条断裂，一批企业就将陷入债务危机；如果高债务率的趋势难以抑制，就可能演化或扩展为系统性金融风险（甚至引致经济危机和金融危机），严重威胁到经济的可持续发展和"稳增长"目标的实现。鉴于此，在守住不发生系统性金融风险的底线过程中，通过"去杠杆"降低金融风险发生的概率成为政策选择中的不二举措。

自1996年全面实行资产负债表制度以来，资本性资金严重不足一直是困扰企业经营运作和固定资产投资的一个难题。从贷款增量看，2019年新增贷款为16.79万亿元。如果资产负债率为60%，则需新增资本性资金11.19万亿元；2019年固定资产投资55.15万亿元，如果按照固定资产投资总额的资本比例为25%计算，则需13.79万亿元资本性资金，但将企业利润总额、股市融资、外商投资和财政投资等数额相加，2019年仅可能形成7万多亿元的资本性资金，缺口在40%左右。在这种金融供给结构条件下，实施宽松的货币政策，加大向经济金融运行注入流动性，不仅难以破解资本性资金严重不足的难题，甚至有可能引致南辕北辙的效应。内在机理是，通过放松货币政策所投放的资金均为银行贷款，它们在推高实体企业杠杆率的同时，也在加大经济金融运行中的脆弱性和系统性金融风险。

如何破解"去杠杆"与"稳增长"之间的矛盾（或者说，如何有效协调好二者关系）已是中国经济金融进一步发展中不可回避的两难选择。

二 实体企业面的资金紧缺与资金宽裕

1995年以来，融资难就成为经济金融运行中的一个突出现象。"融资难"是对企业融资渠道窄、融资数量少、融资价格高、融资条件严和融资风险大的简称。2018年以后，"外币贷款""委托贷款""信托贷款"和"未贴现银行承兑汇票"等均呈现出负增长走势，意味着企业融资的渠道趋于收窄，同时，与2017年相比，这些路径的融资余额在2019年减少了5.09万亿元，融资难的态势更加严重。2018年10月以后，流动性紧张的状况蔓延到了民营企业、小微企业和金融市场，决策面密集出台了一系列纾困举措，以防范化解由流动性紧缺引致的经济金融风险，积极推进"六稳"目标的落地。2020年第一季度，在防控疫情和复工复产的非常时期中，货币金融政策以"非常态"方式投入了数万亿元的信贷资金，以支持打赢防控疫情的总体战、阻击战和全面恢复企业的正常经营运作、经济社会正常生活秩序，但这些举措主要运用的还是银行信用机制，有着推高杠杆率的效应。

"融资难"意味着企业经营运作中的资金紧缺，但同时存在一个非常矛盾的奇怪现象，即非金融企业在商业银行中的定期存款快速大幅增加。1999—2019年，非金融企业活期存款从27714.6亿元增加到242504.15亿元，增长了8.75倍；同期，非金融企业的定期存款从9476.8亿元增加到352860.82亿元，增长了37.23倍（其中，2010—2019年，非金融企业"活期存款"增长了0.32倍，同期，非金融企业"定期存款"增长了1.92倍），定期存款的增长率显然高于活期存款。

定期存款在存期内是不可动用的资金，这部分资金以高于活期存款的速度增长，不仅意味着企业总体上存在着巨额暂时闲置的资金（或者说"并不缺资金"），而且引致了三个现象的发生：其一，在非金融企业存款余额中，定期存款占比持续提高，从1999年的25.48%上升到2019年的59.26%，由此，企业存款中有半数以上资金游离于经营运作之外。其二，由于定期存款属于不可流动的资产（如果动用，就必须将其转为活期存款），所以，定期存款快速增长，直接意味着企业资产构成中流动性资产占比降低、非流动性资产占比上升，不仅引致了企业的流动性紧张和经营运作的流动性风险增大，而且进一步加大融资难的压力。近10年来，2011年、2014年和2018年都发生过企业活期存款的负增长情形；2019年活期存款的增长率仅为2.67%，明显低于同期GDP增长率（2019年GDP增长率为6.1%）。其三，企业严重缺乏现金管理机制。西方国家在19世纪末就已展开企业的现金管理机制，在货币需求中"贮藏货币"逐步弱化，取而代之的是债券交易。与此相比，中国企业的现金管理机制，落后于欧美国家100年以上。

在货币理论发展史上，货币需求曾被界定为交易需求（包括货币的流通职能和支付职能）和贮藏需求。依据20世纪初的实践变化，凯恩斯基于流动性偏好的理论，提出了新的货币需求函数：$M = M_1 + M_2 = L_1(Y) + L_2(r)$。其中，$M_1$为由交易动机和预防动机所决定的货币需求（它是收入Y的函数），M_2为投机性货币需求（它是利率r的函数）；L_1、L_2为流动性偏好。在这个模型中，"贮藏货币"不见了，取而代之的是"债券"交易，由此，从实体企业资产运作角度看，现金管理已成为调剂资产流动性的重要机制。

"定期存款"的巨额存在，有着一系列负面效应。其一，加大了信贷压力。对那些持有定期存款的企业来说，名义上拥有较多的资金，但因定期存款不可用于支付，所以，在可付资金紧张时，还要从银行获得贷款，既增大了银行信贷资金又提高了企业的债务率。其二，强化了影子银行。为了提高资金的运作收益，多年来，一些企业通过"委托贷款""信托贷款"和购买理财产品等路径展开资金运作。2019年年底，"委托贷款"和"信托贷款"数额达到18.89万亿元；2019年11月中旬，1915家上市公司累计投入理财产品的资金达到3.897万亿元，平均每家为20.35亿元。其三，企业间直接的资金调剂难以有效展开。不论在理论上还是在实践上，企业间直接的资金调剂都早于银行业。但在我国迄今不允许企业间展开资金的直接调剂。一旦企业将暂时富余的资金以定期存款方式存入银行，企业间的资金就转化为通过银行的间接调剂，其成本高于直接调剂，效率低于直接调剂。

三　以公司债券盘活企业定期存款

在经济金融运行中，对任何一家企业来说，资金来源有着银行信贷和金融市场交易两个渠道，既可表现为增量资金来源也可表现为存量资产的调整。盘活企业定期存款，主要通过金融市场交易展开，是一种存量资产调整的机制，它不会增加银行信贷规模、推动企业的杠杆率提高，同时，有利于破解企业间的融资难和推进稳增长目标的实现，因此，是金融供给侧结构性改革的重要抓手。

盘活实体企业的定期存款，可以从放松企业间借贷、推进商业票据市场和公司债券市场等路径着手。从我国实践状况看，先期以从公司债券市场突破较为合适。这是因为，在金融运作中，债券对"定期存款"有着明显的替代性，企业持有债券数额的增加必然引致它们以"定期存款"方式持有的资金量减少。由于债券票面利率通常高于存款利率，债券的可交易性高于定期存款，所以，对资金富余的企业有着较强的吸引力。另外，资金富余的企业可以借助产业链的关联机制，购买上游企业或下游企业发行的公司债券，强化它们建立在商业往来基础上的协同合作力度。

10多年来，中国的公司债券快速发展。2014—2019年，各类公司债券的余额从11.69万亿元增加到23.56万亿元，增长了101.53%。但这些公司债券大多为商业银行等金融机构所购买，成为商业银行等金融机构贷款的补充品，由此，从直接金融工具转变为间接金融工具。要发展公司债券首先需要改变这种以商业银行等金融机构为主要认购对象的格局，使公司债券回归到直接金融工具的本源定位。

公司债券作为直接金融工具，有着一系列货币金融效应：第一，货币创造的替代效应。商业银行等金融机构购买公司债券的行为，与它们发放贷款的行为差异不大，是一个创造派生存款的过程。其基本流程是：商业银行吸收存款（同时就增加了存款货币）→购买公司债券（将对应数额资金付给公司债券发行人）→公司债券发行人将发债资金存入在商业银行的账户（同时增加等额的存款货币）。与此不同，实体企业将定期存款的资金用于购买公司债券不属于货币创造过程，不会增加货币统计范畴内的货币供应量。其基本流程是：实体企业从商业银行的存款账户中提取存款→购买公司债券（将对应数额资金付给公司债券发行人）→公司债券发行人将发债资金存入在商业银行的账户→商业银行存款账户中的存款余额不变。第二，贷款替代效应。实体企业发行公司债券并获得了发债资金，在其他条件不变的场合下，自然就减少了对商业银行信贷数额的需求。由于公司债券种类甚多，不同类型的债券既可以满足不同发行人的选择，也可以满足不同投资者的需求，由此，公司债券呈现出多层次、多样化格局。但在商业银行购买公司债券的场合，商业银行从审慎经营原则出发（同时，还有贷款机制的选择）对实体企业分析的公司债券条件有着较为严格的限制（如资信等级、抵押+担保、债券期限等），由此，不仅限制了可发行的公司债券品种，而且限制了可发行的公司债券规模。第三，利率代替效应。受到贷款机制的影响，商业银行购买公司债券中常常以贷款利率权衡公司债券利率。在商业银行为购债主体的背景下，发债公司处于利率谈判的劣势，通常只能接受购债银行提出的利率条件，这是引致中国的公司债券利率居高不下的一个主要成因。与此不同，公司债券作为直接金融工具，其利率水平对于发行人和购债人是单一的，从发达国家的实践看，它通常高于存款利率1.5个百分点左右、低于贷款利率1.5个百分点左右，对资金供给者和资金需求者都有着较强的吸引力。这实际上意味着，公司债券发展的过程也是存贷款利率的市场化过程，它将推进中国的利率形成机制和利率体系更加符合市场机制要求。第四，财富管理效应。商业银行等金融机构购买公司债券有利于推进商业银行资产的多元化，调整资产过多集中于信贷的结构。财富管理（或资产管理）是现代金融发展中的一个重要方面，也是中国金融体系发展的必然趋向。要有效拓展财富管理必须有足够多种类的金融产品和充分的规模，公司债券是其中的基础性品种。这实际上意味着，以市场化机制推进公司债券发展的过程，也就是财富管理体系和机制的形成过程。它将在实质上改变间接金融为主的金融体系。第五，调控机制转换效应。在资金供给主要依赖贷款机制的条件下，货币政策调控机制以管控新增贷款规模为重心（由此，中国人民银行需要屡屡掌控各家商业银行等金融机构的每年新增贷款规模，并将其列入宏观审慎监管体系）。在公司债券市场充分发展的条件下，资金需求者对资金的需求重心从贷款转向发债，由此，每每管控新增贷款也就不必要（或无效），这将催使货币政策的调控机制从直接调控转向间接调控，从商业银行等金融机构转向金融市场。

四 加快发展公司债券的八项举措

公司债券市场是资本市场的主体构成部分。党的十九届四中全会《中共中央关于坚持和完善中国特色社会主义制度 推进国家治理体系和治理能力现代化若干重大问题的决定》强调：要"加强资本市场基础制度建设，健全具有高度适应性、竞争力、普惠性的现代金融体系，有效防范化解金融风险"。以公司债券为抓手，盘活定期存款，需要解决好八个问题：

第一，切实贯彻党的十八届三中全会的《中共中央关于全面深化改革若干重大问题的决定》精神，"实行统一的市场准入制度，在制定负面清单基础上，各类市场主体可依法平等进入清单之外领域"，允许资金供给和资金需求的主要主体（城乡居民和实体企业）直接进入债券市场交易。

第二，切实贯彻新修订的《中华人民共和国证券法》精神，改变以审批制（或核准制等）为前提的债券发行机制，实行登记制（乃至备案制），使实体企业能够依法自主地发行公司债券。

第三，改变公司债券发行对象以商业银行等金融机构为主的现状，公司债券的发行对象应主要面向城乡居民和实体企业，同时，限制商业银行等金融机构在发行市场上购买公司债券，使公司债券回归到直接融资工具的本位。

第四，充分运用金融科技和互联网机制，建立公司债券的无形市场交易机制，调整目前存在的债券交易集中在有形市场中展开的格局。

第五，借鉴股市信息披露机制，强化发债公司的信息公开披露，形成以信息披露核心的市场监管机制。

第六，落实《破产法》，维护市场机制的结清要求，对那些无力清偿到期本息的发债公司，坚决实行依法破产。

第七，建立公司债券优先清偿制度，推进公司债务清偿次序机制的形成，维护公司债券市场的稳定发展。

第八，推进债权收购机制的形成，在维护债券市场价格稳定的同时，改变刚性兑付。

如若3年左右时间内，企业35万亿元定期存款中的50%可通过购买公司债券转为企业间的资金融通，则企业融资难的长期困扰将得到实质性破解。

第十七章

完善国际金融机制

第一节 全球金融治理的中国方案之理念、规则和取向

21世纪以来,尤其是在2008年美国金融危机冲击、特朗普执政中强力贯彻"美国优先"和2020年新冠肺炎疫情冲击等背景下,全球治理再度进入了深层的调整时期,各种严重挑战接踵而来。中国作为最大的发展中国家和世界第二大经济体,不可能独善其身,理应发声并提出中国的全球治理方案,推动人类命运共同体的建设。

一 合作共赢:中国的全球金融治理之理念

全球金融治理依什么理念展开?是全球金融发展中的一个基本问题。它不仅涉及对世界各国(和地区)诉求的认识,而且涉及对全球金融发展趋势及其内在规律的认知。中国历来强调,国不论大小强弱应一律平等相待、尊重各自主权利益、互利合作。1953年12月31日,在接见印度代表团时,周恩来代表中国政府首次提出了"互相尊重主权和领土完整、互不侵犯、互不干涉内政、平等互利、和平共处"的五项原则。1989年在接见泰国总理差猜时,邓小平说道:"考虑国与国之间的关系主要应该从国家自身的战略利益出发。着眼于自身长远的战略利益,同时也尊重对方的利益,而不去计较历史的恩怨,不去计较社会制度和意识形态的差别,并且国家不分大小强弱都相互尊重,平等相待"。2013年6月19日,在接见联合国秘书长潘基文时,习近平明确指出:"零和思维已经过时,我们必须走出一条和衷共济、合作共赢的

新路子"。"历史告诉我们,一个国家要发展繁荣,必须把握和顺应世界发展大势,反之必然会被历史抛弃。什么是当今世界的潮流?答案只有一个,那就是和平、发展、合作、共赢"。合作共赢是中国在国际经济金融关系中长期坚持的基本理念。

合作共赢依托于中国5000年的深厚文化,反映了世界几千年发展中各国和各民族的共同诉求、经济政治发展的内在规律和必然趋势,打破了西方国际金融理论的认知,是一个既传承历史又推陈出新的现代国际经济金融基本理念。从与西方国际经济金融理念对比角度看,它至少有三个不同:

第一,在对人(乃至人类)的本性认识上,西方经济学认为"人的本性是自私的",每个人(乃至一个国家)的各种经济活动都建立在利己的基础上,"人不为己,天诛地灭"是由人的本性决定的铁律。与此对应,在国际经济金融关系中世界各国(和地区)各自追求己利,并无全球共同福祉可言。虽然在某种特殊条件下,有些国家可能在利益方面作出某种退让,但这只是权宜之计,目的在于谋求更多的长远利益。依此逻辑,在国际经济金融关系中只有利益关系和利益交易,并无真正的朋友。与此相反,中华文化尽管也重视利益机制,但强调"人之初,性本善"是人们各种经济活动的基点,认为人们在本质上有着向善求善的欲望和追求。虽然人们之间存在着利益差别,但在本性上是相近的(即"性相近")。基于此,人们之间合作互利是必然的,追求社会福祉的目标是共同的。以此逻辑,国际金融关系本质上就是一种互帮互助的关系。

第二,在市场经济机制上,西方经济学强调完全竞争、优胜劣汰,由此,通常将竞争对手视为敌对方,意欲将其打败(甚至消灭)而后快。将此认知贯彻到国际金融关系中,也就将市场竞争的对手国视为对抗国(甚至敌对国),运用种种对己有利的国际资源和种种手段来争取自己的利益,限制乃至完全忽视对手方的合理诉求和国际规则。与此相反,一方面,中华文化主张,市场经济应贯彻市场竞争规则,但前提是,应重视对手方的合理权益及其合理诉求;强调,"和为贵",视竞争对手为合作方、互利方。另一方面,强调应充分看到对手方的长处,积极取长补短,可视对手方为"良师益友"。毕竟全球金融发展并非哪个国家独自之事,需要各国(和地区)的共同努力。同理,全球金融市场也不是哪个国家的市场,是各国(和地区)的共同市场,有待各国(和地区)共同努力才能有效发展。

第三,在金融运作机制上,西方经济学以资本权利为基点,认为资本越大则权利越强,依靠由血和火书写的资本原始积累所引致的先行一步效应,借助科技优势和产业优势,在追求利润最大化的过程中,形成了依资本权利决定市场竞争力的机制,为实现资本权利的内在要求,可以将竞争对手"赶尽杀绝"。在这种逻辑中,动物界的恃强凌弱、弱肉强食和赢者通吃等理念被注入了市场竞争之中。将这些认知扩展到国际金融关系之中,必然视发展中国家为弱国,利用它们资本紧缺的短板,通过资本输出机制进入发展中国家,随后将资本的优势转化为定价的优势,谋得高额红利。一旦资本权利受到发展中国家主权机制限制,就动用政治机制、外交机制乃至军事(甚至战争)机制,对发展中国家实施"制裁"。与此相反,中华文化虽然重视资本平等和尊重市场机制,但更加强调经济平等建立在人类平等基础上,各类主体共存共生、人类的共同发展是资本平等和市场平等的基础。内在机理是市场经济的发展受制于众多经济、社会、文化和政治等条件,这决定了各种举措都应注意兼顾左邻右舍、瞻前顾后、统筹安排。由此,在国际经济金融关系中,应在充分尊重主权的基础上"求同存异",各国(和地区)之间的各有所长也各有所短,不可偏废。

二 多边主义:中国的全球金融治理之规则

多边主义,是指在国际事务中由三个以上国家(或经济体)在相互平等的基础上就共同所关心的国际事务达成的对成员国行为具有约束力的国际规则(或国际协议)。其内在机理在于,经济金融活动是由介入其中的各方共同行为决定的,经济金融活动的规则理应由各方在平等的基础上共同达成(或制定)。200多年来,国际金融规则大致经历了三个发展阶段:

从18世纪到第二次世界大战结束为第一阶段,这是主要由单边主义界定国际金融规则的时期。它的典型状态是,帝国主义国家利用经济优势强制性地将本国利益及其规则强加于殖民地半殖民地国家。从国际金融规则角度看,它的主要表现有三个:一是帝国主义国家将本国的货币制度贯彻到殖民地国家，如英属殖民地实行英镑、法属殖民地盛行法郎等。这种货币制度的安排，完全由宗主国单方面决定，直接目的在于满足它在对外贸易、对外投资和对外借贷等方面的需要，同时，也是它们管控殖民地国家经济金融的一个主要机制。二是直接投资和国际信用的资金主要由宗主国流向殖民地国家，与此相关的国际规则主要由宗主国制定。三是国际金融规则与国际贸易规则连为一体，是宗主国控制殖民地国家经济金融命脉的主要机制。在此背景下，形成了一种以宗主国为"中心"、以殖民地为"外围"的"中心—外围"的国际经济金融分工格局。

从第二次世界大战结束到 20 世纪末为第二阶段，这是由美国单边主义操控下的多边主义由盛走弱的时期。20 世纪 40 年代以后，在民族独立的推进下，亚非拉等殖民地建立了拥有独立主权的民族国家，致使由宗主国单边界定国际金融规则的历史难以延续，取而代之的则是多边主义。然而，单边主义一个突出表现是美元霸权和美国金融霸权。1944 年，布雷顿森林体系确立了以美元为中心的国际货币体系，消解了宗主国—殖民地之间的国际货币机制，有利于多边主义的贯彻。但 1971 年 8 月，美国运用单边主义强权，宣布美元与黄金脱钩，到牙买加会议，认同了美元与黄金脱钩的合法性，确立了浮动汇率制度以后，实际上认可了美元在国际货币体系中不受约束的霸权地位。进入 21 世纪（尤其是 2008 年美国金融危机）以后，重构国际货币体系的呼声日渐高涨，实际上反映了多边主义的诉求。在国际金融组织方面，布雷顿森林体系下建立的国际货币基金组织（IMF）和世界银行在表面上属于多边国际金融组织，但世界银行的行长由美国推荐、美国拥有对国际货币基金组织重大事项的一票否决权等安排，显示了它们实际上掌控于美国手中。2018 年以后，在特朗普执政期间，美国屡屡以退出国际组织相要挟来贯彻"美国优先"的单边主义，但相关国际组织坚持多边原则，顶住了美国的施压，显示了多边主义与单边主义的博弈加重。

从 20 世纪末至今尚为第三阶段，这是经济多极化背景下的多边机制界定国际金融规则的时期。1995 年 1 月 1 日，关贸总协定改组为世界贸易组织，确立了多边贸易体制中非歧视性、自由贸易、可预见性、保障公平竞争、鼓励发展和经济改革五大原则，标志着新型国际贸易体制的形成，这为按照多边原则改革国际金融体制和国际金融规则等提供了贸易、投资、知识产权等方面条件。1999年1月1日，欧元问世打破了美元独霸的格局，标志着多极化国际货币体系的启动，由此，在国际货币领域中形成了一个能够与美元霸权相抗衡的欧元机制。2010年中国GDP总量位居全球第二位，2016年10月人民币正式加入SDR货币篮子，2017年中国对外贸易总额位列全球第一，2020年中国成为唯一一个正增长的主要经济体，这意味着中国的和平崛起正在形成全球经济金融的新一极，由此，全球经济金融多极化格局已露端倪。这客观上要求建立多边主义的国际金融规则与其相适应。

200多年的国际经济金融发展史显示，国际金融规则的演变有着三个主要特点：一是单边规则向多边规则转变。在单边主义背景下，国际经济金融领域曾长期贯彻着弱肉强食的理念。发达国家利用它们的强势，常常以市场竞争、优胜劣汰输给发展中国家，以求打开对方国门，占领市场并获取资源。但随着发展中国家的经济实力增强，争取平等地位、平等竞争就成为它们在国际经济金融中的共同诉求。另外，发达国家之间的不平等在美国（或美元）单边主义的扩展中持续加重，使欧洲等发达国家有了较强的推进多边主义的内在要求，由此，贯彻多边原则，推进国际间经济金融规则，已成为世界上绝大多数的国家和地区的共同要求。从全球金融发展的总趋势看，多边规则将日益成为主流机制和主导力量。二是"赢者通吃"让位于"合作共赢"。按照西方经济学逻辑，物竞天择、优胜劣汰的结果，将是国际社会中形成发达国家"赢者通吃"效应。但200多年来，并无一个贫穷落后的发展中国家因国际竞争而被发达国家所吞并。第二次世界大战后，发展中国家经济发展在总体上呈现良好态势，国际竞争力日趋提高。实践证明，国际市场是一个多层次市场体系，各国均有自己的独特优势，"赢者通吃"是不可能成为现实的。在尊重各国主权（即国家不分大小、强弱和贫富）基础上展开国际经济金融活动，相互借鉴、各取所长、合作共赢，已是绝大多数国家和地区的共同心声，由此，合作共赢必然成为主导性国际经济金融理念。三是多边规则在国际金融市场实操领域的延伸有待深化。各国（或地区）的金融市场是它们各自市场经济的主要组成部分，均在它们各自的法律制度和金融监管约束下运行发展。从这个角度看，以多边规则构建的国际金融市场并不存在，因此，要破解双边主义的约束，运用多边规则创新全球金融市场，依然是一个有待实践的论题。

三　多元资本组合：中国的全球金融治理之取向

落实"一带一路"倡议，是中国推进以多边规则构建全球金融体系的主要实践。在实践层面上需要解决好三个相互关联的难题：一是巨额资金。"一带一路"沿线国家大多是资金紧缺的国家，它们的基础设施建设需要投入数十万亿美元的资金。如果不能充分解决这些资金来源的难题，那么，"一带一路"的进程将受到严重影响。二是资金性质。资金在性质上可分为资本性资金和债务性资金。债务性资金在一定时期内也许能够满足项目建设的需要，但随着还本付息，已建成的项目持续经营运作就与借贷者没有多少利益关系了，由此，要实现长期的"合作共赢"是不容易的。从资本性资金看，"一带一路"沿线的许多国家通过"储蓄→投资"机制增加资本性资金的能力相当有限，这也制约了建设项目所需的资金来源。三是政治风险。金融活动总有风险。在"一带一路"推进中，仅仅关注各种经济风险是远为不足的，还需要进一步考量经济社会秩序动荡、政权更迭乃至发生战争的条件下引致的各种风险。破解这三个难题实际上成为落实"一带一路"倡议、构建全球金融体系新规则的关键。

推进"一带一路"建设的过程，同时就是构建相关国家（或地区）的"利益共同体"的过程。从这个角度看，资本的组合机制有着聚合各方投资者利益、发挥他们整体化解风险的功能。形成多元化的资本组合，需要解决好三个问题：一是各国投资者能够达成投资取向共识。在"一带一路"建设中，既有商业性项目也有公益性项目。只有贯彻"合作共赢"的理念，拓展投资眼界，相关国家的投资者才可能聚焦于具体项目，形成多元化资本组合。二是贯彻股权平等机制。保障股权平等是保障股东权益的基本机制，也是吸引各国投资于"一带一路"建设项目的重要机制。三是资本权益的交易机制。"投入之前先考虑好退出"是资本投资的一项重要原则。在国际性长期项目投资中，投资者对资本退出机制的重视程度明显高于投资风险。这不仅是出于对投资收益的安全性考量，更重要的是出于对投资本金的安全性考量。在资本权益可交易的条件下，国际投资者可以将这些资本与其运作的其他资产连接并统盘考虑经营运作，由此，强化他们的投资信心，扩展他们的投资规模。

在"一带一路"建设中，多元化资本组合可在四个相互关联的层面展开：一是金融机构。已有的各家国际性银行以贷款为主要的资金供给方式，难以形成紧密型的"合作共赢"机制，鉴于此，需要着力发展的是股权投资。股权投资方式，既可以是多国的各自公司向某一具体国家的建设项目投资入股，也可以是多国的各类股权投资基金集中对某国的具体项目投资入股。二是金融产品。"一带一路"建设资金的筹集难易程度和数量多少，与金融产品的特征直接相关。在"一带一路"建设中，需要探索以多边规则为导向来设计、发行和交易的金融产品。例如，以建设项目为基础，向多国乃至全球发行长期公司债券、股权投资基金、普通股股票、优先股股票以及其他证券等。三是金融市场。在"一带一路"建设中，要支持多元化金融产品交易，金融交易场所的股权结构应多元化，金融产品交易机制（包括上市规则、交易规则和退市规则等）也应符合多边利益的要求。在条件成熟时，这些交易场所应有效利用现代电子信息技术（包括互联网等）向全球开放，扩展多边机制在全球金融交易中的覆盖面。四是多边经济特区。在有条件的国家，可以争取划出一定的区域发展多边经济。该区域实行特殊的制度，域内企业既可以有各个国家的独资企业也可以有多个国家合股的股份公司；域内的具体经济制度和经济机制由管理委员会决定，其成员由域内各家企业推荐代表构成；域内各类企业的投资、生产、贸易、就业和税收等具体制度由管委会与该国政府谈判决定。这种多边机制下的经济特区运作有着"抱团取火"效应和"投鼠忌器"效应，有利于弱化乃至避免双边机制条件下的政治风险。

第二节　外汇储备增加并不必然引致货币发行量增大

进入 21 世纪以来，随着中国外汇储备数额的增加，各种担忧不绝于耳，与此对应，外汇储备的建议方案也随之提出。为了厘清其中的一些误解或错觉，笔者提出一孔之见，以期引玉。

第十七章 完善国际金融机制

一 问题的提出

2001年12月11日，加入世界贸易组织以后（尤其是2005年7月21日，迈出了人民币汇率市场化改革步伐以后），中国的国际收支顺差明显扩大，年度对外贸易顺差从2001年的225.5亿美元扩大到2014年的3830.6亿美元，受此影响，国家外汇储备余额也从2001年年底的2121.65亿美元，快速增加到2014年年底的38430.18亿美元。2015年以后，在推进"一带一路"建设过程中，中国加大了对外投资的力度，海外资产的数额从2005年的12233亿美元增加到了2018年的73242亿美元，国家外汇储备资产降到31680亿美元。2018年，在中美贸易战拉开序幕的背景下，中国的贸易顺差依然达到3517.6亿美元，其中，对美贸易的顺差达到3233.2亿美元；在全球外国直接投资（FDI）大幅下降的背景下，中国实际使用外资达到1349.7亿美元（增长了3%）。

国际收支中的"贸易项"和"资本项"的双顺差，必然引致大量外汇流入中国境内。按照西方经济学教科书的理论，为了应对持续流入的外汇，中国人民银行将被迫发行对应数额的人民币进行对冲，由此，将引致三个负面效应发生：一是货币政策独立性丧失。在外汇大量且持续流入的条件下，央行通过新增人民币发行量进行对冲，必然引致流通中的货币量快速增大和物价上行，由此，将出现人民币发行与外汇流入（尤其是美元）相挂钩，导致货币政策偏离"保持币值稳定"的主方向，货币投放量的扩张受制于流入的外汇数量，中国货币主权的旁落。另外，在摆脱不了外汇对人民币发行机制的冲击条件下，人民币不可能成为一个独立的货币，也就不可能成为主要国际货币之一，因此，虽然人民币已经进入国际货币基金的特别提款权"篮子"，但要维护"入篮"依然堪忧。二是经济过热。在货币投放量受制于外汇流入数量的背景下，过多的人民币投放意味着需求的膨胀，很容易出现投资过热的现象；投资过热不仅将引致GDP增长率的高企，而且将引致物价上行（或通货膨胀）和资产价格上行，由此，引致经济过热。三是群体性事件频发。在投资过热、通货膨胀、资产价格上行和经济过热的"恶性"循环中各种的社会矛盾将累积并被激发，由此，经济问题将转化为社会问题，甚至可能成为政治问题。运用2006年以后中国经济金融运行的数据和相关现象，似乎也实证了这些理论的逻辑推论。

要避免上述三种情形的发生，一些人强调，最优选择是推行国际收支平衡战略，建立和落实国际收支平衡的机制。在这种国际收支平衡机制尚未充分落实的条件下，他们提出的次优选择方案是：在界定外汇储备功能的条件下，将超过履行外汇储备功能需要的外汇资金从央行移出并交给财政部门管理运作，从而，彻底切断外汇流入量超过外汇储备需要量的条件下继续发行人民币予以对冲的内在联系，并同时切断人民币利率和汇率之间的联系，彻底改变人民币作为外汇（尤其是美元）影子货币的状况，维护人民币的主权货币属性和国家政治属性。其中，外汇储备的功能主要界定为满足对外贸易（尤其是支付清偿国际收支逆差）的外汇收付需要，其数额大致等于3—6个月的进口额（按照2018年的进口额计算，在5000亿—10000亿美元），由此，大于履行这一功能需要的外汇储备部分可从目前的"外汇储备资产"中移出，交由财政部门运作。财政部门通过发行特别国债，将所募集的人民币资金用于向央行置换超额外汇储备资产（即超过履行外汇储备功能需要的外汇资产），然后，运用这些外汇资产建立主权外汇基金（包括外汇投资基金、外汇平准基金和外汇养老基金等）。

从形式上看，这些设想既合理（有理论支持）也符合实践状况（有数据和实践现象支持），但如果深入中国对冲外汇的机制和央行的货币政策操作，机理和结论就将发生实质性变化。

二　中国对冲外汇占款的操作机制

外汇流入中国后，中国人民银行选择何种机制进行对冲，是破解上述问题的关键。按照西方经济学理论，央行通过发行本币对冲流入的外汇，其中暗含的假定前提是，外贸企业（乃至居民个人）在央行开立存款账户。在这个假定条件下，外贸企业将出口获得的外汇存入央行并兑换为本币，央行只能通过加大本币的发行数量来对冲外汇。但这一假设并不符合经济实践的实际状况。在经济实践中，几乎没有一个国家的工商企业（更不要说居民个人）集中在央行直接开立存款账户（除非中国的计划经济时代），他们通常在商业银行等金融机构开立存款账户。由此形成了"外贸企业将外汇存入商业银行→商业银行将外汇卖给央行→央行购买外汇"的操作机制。在这个操作机制中，由于商业银行具有创造派生货币的功能，它们与央行之间就对冲外汇的操作完全不同于工商企业与央行的外汇对冲操作。

从实践面看，第一，2001—2014年的14年，中国人民银行资产负债表中"外汇"从18850.19亿元增加到了270681.33亿元，但同期的"货币发行"仅从16868.71亿元增加到67151.28亿元，以"货币发行"净增额50282.57亿元来对冲"外汇"净增额251831.14亿元，显然是不可能的，由此可以得出结论：在外汇大量流入中国境内的时期，中国人民银行主要不是通过加大"货币发行"来对冲的。第二，2003—2014年，与"外汇"数额的大幅增加对应的是，中国人民银行资产负债表中负债面的"其他存款性公司存款"和"发行债券"的大幅增加，并且以"其他存款性公司存款"为主。具体来看，在2004年"外汇"增加了16098.19亿元，"发行货币"仅增加了1863.52亿元，"其他存款性公司存款"虽然增加了13114.75亿元，但依然不能满足对冲16098.19亿元"外汇"的需要，中国人民银行扩大了"发行债券"8047.46亿元。此后一直到2008年，对冲"外汇"的资金来源主要由"其他存款性公司存款"+"发行债券"构成。2009年以后，随着"其他存款性公司存款"数额的增加，"发行债券"数额逐年减少（到2017年为0）。由此可以得出结论：在中国，对冲"外汇"的人民币资金主要是由"其他存款性公司存款"承担的。第三，"其他存款性公司存款"是商业银行等金融机构在中国人民银行的存款，它由法定存款准备金和超额存款准备金两部分构成。2003年以后，随着中国人民银行提高法定存款准备金率，"其他存款性公司存款"中的法定存款准备金数额大幅增加，这为中国人民银行对冲"外汇"提供了充足的人民币资金；与此相比，超额存款准备金占"其他存款性公司存款"的比重逐年降低。

中国人民银行对冲外汇的主要过程大致是：提高商业银行等金融机构的法定存款准备金率（或加上"发行债券"）→从商业银行等金融机构获得人民币资金→用法定存款准备金（或加上发债资金）向商业银行等金融机构购买外汇→将等额的人民币资金（包括法定存款准备金、发债资金等）归还给商业银行等金融机构。在这个流程中，对中国人民银行来说，实际上可以不用"发行货币"就完成了"外汇"的对冲,所不同的只是,在资产负债表的负债方"其他存款性公司存款"的数额增大了(有时还外加"发行债券"增大了),在资产方"外汇"数额增加了。对商业银行等金融机构的整体而言,以法定存款准备金(和购买央行债券)付出去的人民币资金又通过央行购买"外汇"而等额流回了,因此,经济金融运行中的人民币资金没有增加。值得注意的是,这部分资金虽然在名称上属于"储备货币",但实际上它们是商业银行等金融机构存在央行账户上的资金,不是央行投入经济金融运行的新增资金(即不是"货币发行")。一些人简单强调"央行投放基础货币来对冲外汇占款",极容易给人造成(央行运用"其他存款性公司存款"对冲外汇也属于投放新增资金)的错觉,忽视"其他存款性公司存款"的人民币资金是商业银行等金融机构的存量资金,也是经济金融运行中的存量资金。

既然在对冲外汇中,中国人民银行并没有投放等额的新增货币,主要是通过存量资金来实现的,那么,西方经济学教科书理论中所述的三个负面效应也就失去了发挥作用的前提条件,难以成为现实。事实上,进入21世纪以后,虽然中国外汇储备快速增加,但在经济金融运行中并没有发生严重的经济过热、投资过热、通货膨胀等现象,走出了一条与西方经济学教科书理论不同的新路子。

三 货币政策的内在机制和调控目标的实现

《中华人民共和国中国人民银行法》第三条规定:"货币政策目标是保持货币币值的稳定,并以此促进经济增长。"在开放型经济体系中,保持币值稳定由对内的保持物价稳定和对外的保持汇价稳定构成,由此,货币政策就必须充分协调本币的内外价格均衡。这决定了货币政策在实践过程中具体化对内的利率政策和对外的汇率政策,货币政策调控具体化为这两个政策的协调。中国人民银行要能够有效地落实货币政策目标,客观上就必须拥有一定数量的外汇储备,以满足调控汇市的需要。

早期的外汇储备理论认为,外汇储备是为了满足对外贸易的需要,有着外汇储备数额等于进口额3—6个月的界定。经过20世纪以来100多年的实践,现代外汇储备理论认为,外汇储备的功能主要由四个方面构成:一是调节国际收支,以保证对外支付的需要。其中,调节国际收支已从原先的"贸易项"扩展到了"资本与金融项",由此,突破了原先关于货物进口额的界定。二是干预外汇市场,以维护本币汇率的稳定。三是维护国家的国际信誉,支持国际融资能力的提高。四是增强综合国力,抵御国际金融风险的冲击。虽然从外汇储备余额看,2018年年底中国官方外汇储备达到31679.93亿美元,大大高于支付6个月货物进口所需的1万亿美元数额,但从"中国国际投资头寸表"上看,同期的对外资产余额为73242亿美元、对外负债余额为51941亿美元,二者差额(即净头寸)仅为21301亿美元。在保障国际收支调节能力的基础上,这些净头寸是否能够充分满足调控汇市(从而稳定人民币汇价)的需要,尚难乐观。一个突出的实例是,2015—2016年,人民币兑美元的中间价从1月5日的6.1248元兑1美元下降到2016年12月16日的6.9508元兑1美元。期间固然有美国退出量化宽松的背景下美元大幅升值的影响,但与中国的外汇储备余额从2014年年底的38430.18亿美元急速下降到2015年年底的33303.62亿美元和2016年年底的30978.45亿美元也不无关系。

就汇价而言,美国经济学家V. 阿尔盖(Victor Argy)1981年提出的汇率决定模型认为,一国的均衡汇率(r)是由本国国民收入(Y_d)、他国国民收入(Y_f)、本国价格水平(P_d)、他国价格水平(P_f)、本国利率水平(i_d)、他国利率水平(i_f)和对未来汇率的预期值(r_e)等因素共同决定,即$r=h(Y_d, Y_f, P_d, P_f, i_d, i_f, r_e)$。虽然两国之间的货币比价归根结底是由两国的国民收入差距、物价差距和利率差距决定的,但在现实的经济运行中,汇市的供求关系从而汇价受到汇市参与者预期的严重影响,而汇市参与者的预期既受到各种经济政治变量的影响也受到前期汇市行情的制约,由此,运用汇率政策影响汇市参与者的预期对保持汇价稳定至关重要。2015—2016年,中国外汇储备的急速下降,加大了汇市投资者的不稳定心理压力,鉴于此,在"稳住外汇资产"和"平抑汇价"的政策抉择中,中国选择了前者,出台了一系列对应举措,稳住了汇市投资者的预期。2017年以后,中国外汇储备余额保持基本稳定,支持了人民币汇率的稳定和小幅升值。

如若将现有的外汇储备按照"贸易项"的需要留存于中国人民银行,将大于这一部分的外汇储备转化为外汇基金并交由政府的其他行政部门管理，极易引致一系列负面效应发生。

从理论角度看，1962 年，蒙代尔提出了"政策搭配理论"，强调要实现一国经济的内外均衡，就必须以货币政策促进外部均衡，以财政政策促进内部均衡；如果将外币均衡的职责分派给财政政策、内部均衡的职责分派给货币政策，其结果将由于国际收支不平衡的扩大，引致内外部不均衡的扩大。1987 年，在主要发达国家已实行浮动汇率制度的条件下，威廉姆森和米勒在"扩展的汇率目标区方案"中提出，要有效实行有弹性的汇率制度，各国都应选择以货币政策推进外部均衡、以财政政策推进内部均衡的政策配合，即以利率政策的协调推进相互间汇率的稳定，以财政政策的协调推进各国相互间产出的配合，由此维护各国（乃至全球）经济运行的均衡状态。西方的这些理论建立在对诸多国家实践经验总结的基础上，且符合学理逻辑，因此，值得重视。一旦将"外汇储备"界定为"贸易项"需求范围，将大于这一界定的外汇部分划入"基金"，则意味着中国人民银行运用货币政策调控的范围缩小到中国境内的内部均衡，外币均衡将由"基金"履行职责。假定"基金"归属财政部门管理，则意味着由财政部门负责实现外币均衡。这一设想与上述理论是相悖的。

从实践看，在开放型经济条件下，货币政策的调控需要统筹境内境外两个市场，汇率政策是其中不可或缺的机制，同时，利率政策与汇率政策之间存在着密切的机制关系。一旦将外汇储备缩减到满足"贸易项"需要的外汇数量，就意味着分离了央行运用汇率政策调控国际收支和参加国际经济政策协调的职能，由此，原先由货币政策统一协调的对内对外调控别切为央行主要负责对内的货币政策调控，保持货币均衡与商品均衡（以及金融市场均衡），持有外汇资产的"基金"（假定归属财政部门）主要负责对外的汇率政策协调，推进国际收支平衡。在这种搭配中，且不说两个行政部门之间政策一致性协调的难度、时滞和成本，即便能够实现内外均衡，其效率也将大大低于由央行运用货币政策统一协调的格局。

从深化金融改革看，党的十九大报告强调：推进新时代的金融发展，应"健全货币政策和宏观审慎政策双支柱调控框架，深化利率和汇率市场化改革"。深化利率和汇率市场化改革是在双支柱调控框架下展开的，要将沪港通、深港通和债券通等管道式的金融市场开放扩展到金融市场的全面对外开放，引入更多的海外投资者直接进入中国外汇市场、债券市场、股票市场和期货市场等，使相关金融产品的交易价格能够比较充分地反映各项成本和国际供求关系，在客观上需要有较为充足的外汇资产作为支付结算和抵御异常冲击的压舱石，同时，也需要有较充足的外汇资产作为人民币支付结算的货币基础。另外，在金融市场对外开放过程中，要有效防范国际热钱的套利冲击和国际金融市场的风险传递，也需要有较为充足的外汇资产作为中国人民银行统筹掌控利率政策和汇率政策的保障性机制。从这个角度上说，将目前的外汇储备分切为满足"贸易项"支付需要的外汇储备和外汇基金并由不同行政部门掌管运作，分散了外汇资产的"合力"，是不符合金融市场深化改革开放需要的和汇率市场化改革需要的，也是不符合双支柱调控框架下统一运作的内在机制要求的。

从人民币国际化看，1944年布雷顿森林体系建立了以美元为中心的国际货币体系，美元国际化的货币基础是黄金。但在此后20多年的历史中，世界各国和地区在美元与黄金的选择中，更多地倾向于持有黄金，由此，引致了美联储黄金储备的大幅减少，最终美元单方面宣布美元与黄金脱钩。如今黄金已退出货币范畴，不在可能作为国际货币的基础。人民币国际化的货币基础在于中国持有足够充分的外汇储备，能够满足国际经济交往的各方面需求和国际收支的各种支付清算需要，因此，有着很强的国际信用能力。一旦现有的外汇储备被分切，使中国人民银行可动用的外汇资产局限于"贸易项"，则人民币国际化的货币基础就将被严重削弱，由此，不仅央行平抑人民币汇率波动的能力将大大减弱，而且在推进"一带一路"建设中人民币在沿线国家和地区的使用空间也将大大压缩，同时，人民币要长期驻扎在国际货币组织的SDR篮子中也是比较困难的。

第三节　美国债务危局与中国应对之策

美国是全球第一大经济体，它的经济金融走势对全球经济金融运行有着至关重要的影响。2020年以来，在新冠肺炎疫情的冲击下，美国经济受到重大挫折，其程度甚至超过了 2008 年的美国金融危机。进入 2021 年，美国经济开始复苏进程，但在能源价格、矿产品和大宗商品上扬的背景下，一些人认为它有可能陷入滞胀陷阱。2021 年 10 月 19 日，英格兰银行的布兰奇弗劳尔（David Blanchflower）和伦敦大学的布莱森（Alex Bryson）根据世界大型企业联合会与美国密歇根大学发布的美国消费者预期指数（MCSI）下降超过了 25.3 个百分点（在 2008 年美国金融危机前此指数下跌了 19 个百分点），警告说：美国经济正步入衰退，有可能引发新一轮的金融危机。我们认为，从失业率、经济增长、价格指数、国际收支、消费、投资、进出口和金融面的数据看，美国在今明两年爆发金融危机的可能性不大。但美国存在着深重债务困局，它不仅表现为财政债务持续攀升，而且表现为社会治理中的欠账日益加重。一旦这些经济社会债务蔓延，通过内在机制的传递放大，则可能引发程度远大于 2008 年的经济危机和金融危机。

一 美国近期爆发新一轮金融危机的概率不高

2008 年在美国爆发金融危机给美国经济金融以重创。为应对金融危机，美国采取了一系列重大举措，其中包括 2010 年 7 月通过了《多德—弗兰克华尔街改革和消费者保护法》、实施了四轮量化宽松政策、推出了 5 万多亿美元的救助计划、建立对系统性重要金融机构的监管机制、将影子银行纳入监管视野、推行央交易对手方机制等，以化解金融风险、防范新的金融危机。从宏观数据看，到 2014 年美国经济已基本摆脱了金融危机的困扰。失业率从 2009 年 10 月的 10%下降到 2014 年 12 月的 5.6%，GDP 增长率从 2009 年第二季度的-3.26%回升到 2014 年第三季度的 4.92%，消费价格指数（核心 CPI）从 2008 年 8 月的 2.5%降低到 2014 年 12 月的 1.6%，工业出厂价格指数（PPI）从 2009 年 8 月-10%回升到 2014 年 8 月的 1.8%，个人最终消费从 2009 年第二季度的-3.20%回升到 2014 年第四季度的 4.65%，固定资产从 2009 年第二季度的-15.18%回升到 2014 年第三季度的 8%，进出口贸易分别从 2009 年第二季度的-29.91%和-20.16%回升到 2014 年的第三季度的 4.39%和 4.98%。鉴于此，美联储开始实施退出量化宽松政策。

2020 年的疫情冲击重挫美国经济。失业率在 4 月高达 14.8%，GDP 增长率跌至-8.51%，核心 CPI 升至 2.4%，PPI 在 5 月跌至-6.6%，个人最终消费在第二季度跌至-9.6%,固定资产增长率在第二季度跌至-5.8%,进出口贸易在第二季度分别下跌了-25.9%和-28.6%,大部分宏观经济数据的恶化程度都超过了2008年美国金融危机,由此,美国陷入了由公共卫生危机引致的经济危机困境。但美国政府采取了一系列政策举措应对公共卫生危机和由此引致的经济金融困局,到2021年9月,宏观经济绝大多数指标均呈回暖态势。失业率降低4.8%,GDP增长率达到16.76%,核心CPI达到4.03%,PPI达到15.2%,固定资产投资增长达到了15.6%,个人最终消费增长率达到20.72%,进出口贸易分别增长了42.5%和36.2%。这些数值虽然与前期基数较低有关,但也反映了美国经济已走出负增长的低谷。

从金融层面看,在公共卫生危机期间,美联储大量投放资金,努力保障经济金融活动的需要。美联储总资产从2019年年底的41655.91亿美元增加到2021年9月的84479.81亿美元,增长了102.8%。2021年8月,美国的M_1达到196777亿美元(同比增长17%),M_2达到207970亿美元(同比13%),能够有效保障经济金融运行所需的流动性。在资金供给充裕的背景下,市场利率持续走低,联邦基金利率和银行间隔夜拆借利率均从2019年12月的1.55%下行到2021年9月的0.08%。在存贷款增加的背景下,商业银行资产明显增长,2021年9月全美商业银行的资产达到221217.13亿美元,比2019年同期增长了26.77%;资产来源中,存款余额为175087.34亿美元,比2019年同期增长了35.31%。从资本市场看,2021年8月,共同基金规模达到265972亿美元,其中,股权基金146452亿美元、债券基金56050亿美元,均创历史新高;9月,道琼斯工业平均指数为33843.92点、纳斯达克综合指数14448.58点,虽比8月有所下落,但依然在高位运行。这些数据表明,目前美国经济金融运行中资金充裕,一段时间内不会发生由流动性紧缺引致的金融危机。正因如此,美联储已在考虑退出抗击疫情的量化宽松政策,提高联邦基金利率,适时收紧银根。

金融危机是指在金融领域内全部或大部分金融指标急剧恶化并引致金融运行秩序陷入混乱和衰退的状态。它可能由某个金融事件所引发,但深层成因在于多种金融和经济的指标恶化并交织地综合发挥作用。以此来看,以MCSI下跌10个百分点来预测金融危机的爆发缺乏足够的依据。例如，该指数在2004年1月为103.8，到2005年3月下跌到92.6（跌幅超过了10个百分点），到2005年10月下跌到74.2（跌幅超过了25个百分点），但在18个月内，美国并没有爆发金融危机。与此相反，该指数在2008年6月为56.4，9月回升到70.3（回升了13.9个百分点），但美国金融危机却爆发了。2020年2月MCSI为101，4月降到71.8，迄今已超过18个月，但美国并没有爆发金融危机，因此，布兰奇弗劳尔和布莱森的预测有失偏颇。

美国经济金融面走势复苏，并不意味着它不存在发生经济金融危机的动因，恰恰相反，能源危机、财政危机和社会危机的进程还在延续且加剧。如果这些危机叠加爆发，势必打乱经济金融运行的秩序，引发新一轮的经济金融危机。

二　美国能源危机正在深化

美国是全球最大的能源消费国。石油、天然气和矿产品长期位列美国进口产品的前10位。在国际市场中，布伦特原油期货价格变动是各种能源价格变动的风向标。2008年6月，布伦特原油期货曾达到139.83美元/桶，在美国金融危机爆发后，原油价格断崖式下跌至2009年1月的45.88美元/桶；在美国经济复苏过程中，布伦特原油期货价格随之复苏，2014年6月达到112.36美元/桶，随后呈下行走势，2019年12月为66美元/桶；在疫情冲击下，需求大幅减少，布伦特原油期货价格再次断崖式下跌，2020年3月下跌到22.74美元/桶，随着美国经济恢复，2021年10月价格回升至84.38美元/桶。一些国际机构预测，未来3个月布伦特原油期货价格将突破100美元/桶。

2021年2月，美国"能源之都"的得州寒潮曾引致430多万人断电、111人死亡。虽然此事件为历史罕见，但2008—2017年，美国电网年平均停电次数多大为3188次，最近5年年平均停电事故超过3000次。这既暴露了美国电力系统的体制机制弊端，也显露了美国能源危机可能引发的经济社会危机。

能源危机是指由能源短缺（或严重供不应求）引致的能源价格持续上涨所形成的经济社会困局。20世纪70年代初以来，全球已经历四次能源危机。能源价格大幅上涨通过影响企业的生产成本、居民的消费成本等推进了通货膨胀，为抑制通胀，央行紧缩货币供给、提高利率，将使资金吃紧，挤缩企业的生产扩展空间，引致经济"滞胀"。20 世纪 70 年代以后，美国陷入了长达 15 年左右的经济滞胀，一个主要成因就是能源危机。如今，在全球抗击疫情背景下，经济加快复苏，对能源的需求量明显增大，同时，欧洲在尽力设法摆脱今冬明春能源危机困局，能源危机很可能引致美国经济再次陷入滞胀泥沼。一些国际机构甚至说道，美国已进入能源危机时代。如果这种情形发生，对美国来说，不仅经济恢复的进程将被打断，而且随着通胀的延续，经济金融运行状况将恶化，财政危机和社会危机也将进一步加剧。

美国是铜的主要消费国。美期铜的期货价格（COMEX 铜）在 2008 年 7 月曾达到创纪录的 4.0775 美元/磅，随后，呈现下行行情，2020 年 8 月为 2.8415 美元/磅。但 2021 年 4 月以后再转向上行并屡创新高，10 月 20 日达到 4.7685 美元/磅。另外，在全球经济复苏过程中，铁矿石的期货价格也在快速上涨。2009 年 5 月的铁矿石期货价格为 61.63 美元/吨，2019 年 10 月为 93.31 美元/吨，2021 年 7 月达到 219.67 美元/吨。这些矿产品的价格上行，将进一步加重美国面临的能源危机。

三　美国已深陷债务困局

美国是全球最大的债务国，2000—2020 年，它的外债规模从 91785.73 亿美元增加到 462675.78 亿美元，增长了 4 倍以上，是其 GDP 的 2.3 倍；同时，美国也是全球最大的国际投资国，2000—2020 年，它持有的"外国资产"从 76423.25 亿美元增加到 322563.36 亿美元，增长了 3.22 倍，占其外债规模的近 70%。美国的国际债务主要来源于两个方面：一是贸易逆差。2000—2020 年。美国经常账户的每年逆差数额从 -4019.28 亿美元扩大到 -6160.87 亿美元。这些逆差虽然以美元支付了，并不直接表现为美国的国际债务，但美元本身就是美国的债务凭证，由此，20 年间贸易逆差累计的美国债务高达近 10 万亿美元。二是他国对美国的直接投资、资产组合投资和其他投资等。2020 年，他国在美国的直接投资达到 119778.68 亿美元、资产组合投资达到 246284.29 亿美元、其他投资达到 96612.81 亿美元。从理论上说，作为债务国应该缺乏足够的资金对外投资，但实践中，美国利用美元在国际货币体系中的核心地位，将各国（和地区，下同）投资于美国资金转为对外投资，由此，成为最大的国际投资国。2020 年，美国持有的

"外汇资产"中，直接投资达到94051.26亿美元、资产组合投资达到146056.08亿美元、其他投资达到82456.02亿美元。这些情况表明，美国债务状况和国际投资状况的变动，不仅将严重影响美国的经济金融运行状况和社会生活状况，也不仅将影响债权国的对外经济状况和经济发展状况，还将严重影响国际金融市场的走势，可以说，美国的债务和国际投资走势有着很强的绑架全球经济走势之力。

美国的国际债务偿付能力最终由其国内经济状况决定。在美国国内，债台高筑已是一个长期现象，且不时拉响债务危机警报。

美国非金融部门的债务余额长期持续增加，2021年6月达到632537.17亿美元，比2019年同期的532817.85亿美元增长了18.72%。其中，"居民和非营利机构"的债务余额从1996年的52334.50亿美元持续增加到2021年6月的173311.53亿美元（如按美国人口3.2亿人计算，人均债务余额超过5.4万美元，大于人均年收入）；与2019年6月相比，2021年6月"居民和非营利机构"的债务增长了9.4%。"非金融企业"的债务余额从1996年的44627.24亿美元持续增加到2021年6月的179577.89亿美元，25年间增长了3倍以上。此外，银行等金融部门的债务余额从1996年的47890.06亿美元持续增加到2021年6月的173110.05亿美元，25年间增长了2.62倍。这些债务达到美国GDP总额的2.5倍以上。债务增加必然加重金融运行的脆弱性，一旦发生大面积债务违约，通过传染机制的传递，金融危机的爆发就将在所难免。2008年的美国金融危机实质上是由居民部门和金融机构难以清偿到期债务引致的危机。如若居民部门的债务余额继续快速上升，债务负担越发深重，新一轮的债务危机将渐行渐近。

对一国经济金融而言，财政是最后一道防火墙。在居民部门、企业部门债务持续增加的背景下，美国的财政债务以超乎预期的程度快速增加。与2000年相比，2021年6月，美国联邦政府的债务从43147.3亿美元增加到247303.52亿美元，增长了4.73倍；州政府债务从11857.55亿美元增加到32344.23亿美元，增长了1.73倍。美国政府财政债务率不仅突破了国债依存度、国债负担率和国债偿债率等国际警戒线，而且继续加速提高。在缓解财政赤字和借新债还旧债的压力中，美国财政对联邦政府债券新增发行量的依赖程度越发增强，而新增联邦政府债券发行又受到民主党和共和党的党争制约,由此,引致了一系列极端现象的发生。一是财政债务屡屡突破上限。突破债务上限是美国联邦政府债务扩张的主要合法性路径。从2013年5月至2021年10月,美国联邦政府已连续6次提高了财政债务的上限,不仅使财政债务与GDP之比超过了100%,而且使财政债务总量迈入了失控阶段。二是联邦政府停摆。2018年12月22日,因国会在两党之争中未能就财政预算达成一致意见,引致美国联邦政府9个部门关闭长达25天,创下了新的历史纪录。三是严重冲击金融市场。2021年10月在联邦政府将再次面临着债务违约的风险背景下,党争再度白热化,美国(乃至国际)金融市场陷入大幅下跌的动荡行情,直至10月7日,两党达成妥协,暂时增加债务上限4800亿美元,金融市场方才走稳。美国的联邦政府债券市场是美国(乃至国际)金融市场的风向标和计价基础,一旦联邦政府债券违约,就将引致美国(乃至国际)的债务危机,重挫金融市场。暂时增加的债务上限仅能支撑联邦政府运行到2021年12月,届时在党争较量之中,美国(乃至国际)金融市场将面对新一轮的考验。四是利息支出成为财政支出的沉重负担。在联邦政府预算中,2000年利息支出为2229.49亿美元,2020年利息支出上升到了3447.17亿美元,增长了54.6%。瑞士信贷(Credit Suisse)的研究报告甚至认为,2024年以后,美国财政部每年发行的联邦政府债券收入将主要用于支付国债净利息费用,它将达7000亿美元以上。

财政危机是指一国财政因收不抵支引发的经济社会秩序陷入严重混乱和动荡状况,具体表现包括财政预算出现巨额赤字、财政债务剧增、国债到期违约偿付等。以此衡量,美国联邦政府已陷入财政危机之中,且有着愈演愈烈的趋势。一旦美国的主权债务危机发生,势必引发美国乃至全球的金融危机。

引致美国政府债务持续增加的成因中,固然有联邦政府出台的增加社会福利的因素,在抗击疫情中提高失业救济金和补贴低收入群体的等因素,但与美国利用军事力量在全球实施单边主义霸权也直接相关。联邦政府支出预算中,"国防"长期占支出预算的10%以上。2000年为2950亿美元(占支出预算的16.49%),2020年增加到7138亿美元,20年增长了1.42倍。2001年"9·11"事件之后,美国以反恐为名,发动了入侵伊拉克和阿富汗等战争，花费了大约5.8万亿美元，引致了联邦政府年度财政赤字从2002年的3174.17亿美元剧增到31422.85亿美元（即20年增长了8.9倍），成为美国财政债务增加的主因。2021年8月31日，美国撤出阿富汗，但军费开支并没有相应地减少，由此，借助军事力量进行长臂管辖还将延续。在小布什时代，美国就开始了入亚布局；奥巴马时代更是强调要在亚太地区推行"再平衡"战略，不论是在拜登时代还是拜登之后，亚太地区都势必成为美国长臂管辖重点地区，由此，美国财政债务还将继续攀高，财政危机的概率也将随之提高。

四 美国的社会矛盾和社会治理欠债

受制度、理念、文化、历史等多种因素影响，美国社会原本就存在着一系列复杂社会矛盾。进入21世纪以后，这些社会矛盾在两党之争、金融危机、公共卫生危机、能源危机和财政危机等叠加蔓延中不断被激化，形成了综合的社会治理欠账并引致社会危机。社会危机是指在撕裂民众中社会生活秩序陷入混乱和重大灾难性事件频发的状况。近年来，美国的社会危机主要表现在党争激化、贫富差距拉大、系统性种族歧视、枪击案频发等方面。

从党争激化看，美国的两党制由来已久，有着相互制衡一说。但进入21世纪以来，这种相互制衡转向了相互诽谤内斗，成为撕裂美国社会、激化社会矛盾的一个主因。为了谋得本党的利益、争得选票，两党各自不顾美国社会的共同利益，竭尽全力阻碍对方施政目标的实现。在特朗普执政时期，民主党利用在众议院的优势地位，对特朗普政府提出的一系列议案进行了发难和阻碍；在拜登执政后，共和党频频利用在参议院的优势地位，对拜登政府提出的一系列议案（包括抗击疫情的议案）做出了否定性表决。2021年1月6日，特朗普支持者冲击国会事件，不仅严重挑战了国会的权威，而且凸显了两党斗争对美国社会的撕裂程度；此后，特朗普支持者又多次试图再度冲击国会。如今，虽然民主党在参议院获得了多数席位，由两党斗争引致的众议院和参议院的两院对峙格局暂时缓和，但两党之争还将以其他各种方式继续展开，也还将更加撕裂美国社会和激化社会矛盾。

从贫富差距看，美国基尼系数自1995年以后就长期位于40%以上的高位，2013年以后更是上升到41%以上。美联储在2021年10月发布的美国财富分布情况报告中指出，到2021年第二季度，收入最高的1%美国家庭总净资产达到了36.2万亿美元，是自1989年有数据统计以来的，首次超过了占总数60%的中等收入家庭的总净资产（即35.7万亿美元）。目前美国70%的财富集中在20%的家庭手中。美国加州大学伯克利分校经济学家伊曼纽尔·赛斯分析后指出，美国最富有的10%人口拥有的平均收入是其余90%人口的9倍多，最富有的1%人口的平均收入是这90%人口的39倍以上，最富有的0.1%人口的平均收入可达这90%人口的196倍以上。在疫情冲击期间，贫富差别进一步扩大。芝加哥大学的研究发现，受新冠肺炎病毒的疫情影响，2020年下半年美国贫困率上升了2.4%，即新增贫困人口800万人；其中，美国非裔的贫困率上升了5.4%，新增贫困人口240万人。贫富差距拉大，不仅凸显了美国社会的不公平程度持续提高，而且凸显了美国社会撕裂程度持续强化，这引发了诸多经济社会问题，是美国社会危机的又一主因。

从系统性种族歧视看，种族歧视是美国社会长期存在的痼疾。特朗普执政时期，这一痼疾更为加重。根据美国FBI公布的歧视犯罪数据，2018年发生了7036起歧视事件，涉及8327起犯罪行为、8646名受害者和6188名罪犯。2020年，发生了5125起通过传单、贴纸、横幅和海报等方式散播种族主义、反犹主义、反性少数群体和其他仇恨信息的案例，几乎达到2019年2724起的两倍。2020年5月25日，非洲裔男子乔治·弗洛伊德在警察暴力执法下死亡，引发全美140多个城市长达6个多月的示威活动，凸显了美国"白人至上主义"引致的种族撕裂。

从枪击事件频发看，持枪和枪击暴力是美国社会的一个顽疾。据美国"枪支档案网"数据显示，2020年美国共有19308人死于枪击和与枪支有关的暴力犯罪，创下近20年来的新高；其中，大规模枪击案（伤亡人数4人或以上的案件）达到612起，为过去5年来最高值。2021年前10个月，死于枪击的人数创下了惊人的2.2万人。在枪击暴力频发且越发严重的背景下，要求控枪的呼声持续高涨，形成了持枪民众与控枪民众之间的对峙斗争，加重了美国社会的撕裂程度。

五 美国经济社会危局对中国的影响

如果舍去外溢效应,美国经济社会危局难以直接对中国经济社会发生实质性影响。它对中国经济的外溢效应主要通过外贸、投资、汇率等路径展开。2018年以后,美国挑起了中美贸易战。3年多的实践证明,中国经济有着很强的韧性,不仅能够有效抵御美国施加的各种关税和不合理的贸易条件,而且能够有效保障本国经济的高质量发展,同时,推进与其他国家(尤其是"一带一路"沿线国家)的外贸、投资等条件的改善和健康发展,拓展在国际社会的话语权和引领力。但是,需要特别关注的是,美国将其国内危机向中国(乃至其他国家)转嫁所产生的负面效应。

第一,激怒中国的负面效应。将国内矛盾转移为国际矛盾,是美国惯用伎俩。拜登执政以来,通过大量虚构信息,传播谣言,屡屡抹黑中国政府,不断挑战中国底线,试图转移国内矛盾,浑水摸鱼,乱中取利。另外,政治操弄新冠肺炎病毒溯源,给中国的国家主权、国际政治环境、国际经济条件等带来明显的负面影响。

第二,美国的高通胀风险的转嫁。受疫情继续冲击、供应链短缺的条件下,2020年3月以后,美联储开启了无限量的量化宽松政策,推出了一连串规模巨大的经济救助和刺激计划,由此,必然导致了通胀水平急剧上升;在财政支出方面,拜登正在力推1万亿美元的基础设施法案和3.5万亿美元的基础设施建设预算,在拉高需求的同时也将推高通胀;同时,国际市场中大宗商品价格有着进一步走高的趋势,这一切都将推高我国的输入性通胀风险。

第三,美国高失业率的转嫁。美国国内的高失业率以及由贫富分化等因素引发的社会危机使拜登政府面临较大的执政压力。将高失业率归因于贸易顺差国,是他们的常用策略,由此,他们可能进一步放大对华贸易逆差对失业率的影响,在对华贸易中采取更为激进的措施,更加激起美国国内民粹主义的反华情绪。

第四,美联储量化宽松政策的影响。2020年以后,美联储再次推出量化宽松政策,抑制美国利率水平下行,这导致了三方面效应:一是在美债收益率持续下行中,我国持有的美国国债等美元资产价值的收益率减少;二是人民币兑美元的比值上升,并由此影响到我国的出口增长；三是美国乃至其他国家的热钱涌入我国金融市场，带来国际资本流动的风险。

第五，国际投资成本上升。推进"一带一路"建设是我国的一项重要举措。在美国通胀外溢的背景下，国际投资中货物价格、人力成本和技术成本等都将上升，由此，将降低我国国际投资的效率，提高投资风险。

六 中国可选择的应对之策

中国已是全球第二大经济体且进一步高质量发展，对美国希冀维护其单边主义的霸权优势形成了明显的挑战，因此，再难以韬光养晦，只能直面美国，站在历史正确的一边，在面对挑战中把握机遇，坚持多边主义原则，贯彻合作共赢理念，团结各方力量，走出自己的全球化道路，构建人类命运共同体。

第一，加快构建新发展格局。构建以国内大循环为主体、国内国际双循环的新发展格局是一项全局性战略任务，贯彻着自力更生为主的原则，不论国际风云和美国政策如何变化，必须一以贯之地推进落实。一是要深入推进发展动力的转换，以创新推动高质量发展。二是加快关键性核心技术的研发，完善我国的产业链，提高国际竞争力。三是要加快数字经济的深化和普及，提高资源配置效率。四是要加快"双碳"进程，争取落实巴黎协议中的领先地位和主动性。五是要加快"一带一路"建设，彰显我国的国际影响力，提高我国在全球配置资源的能力。

第二，综合应对美国的各方面挑战。为了维持日益式微的单边主义，美国从多方面抑制我国的和平崛起，对此，我国应继续坚持"不愿打""不拍打""必要时不得不打"的方针。在美国激怒我国的各种伎俩中，我国应理性应对，避免陷入其道，被它牵着鼻子走。一是贯彻"有理有利有节"的策略，在科学研究的基础上，以理服人，通过融媒体、国际会议、国际交往等各种机制，揭露美国的价值观错误、单边主义实质、自私利己基础上的多重标准、打压中国的险恶用心等。二是在团结广大发展中国家的基础上，着力推进联俄拉欧抑美进程，削弱美国的国际影响力和支配力。三是强化与国际组织的合作，推进对美国的疫情溯源，完善世贸组织的规则，改善国际投资环境，拓展我国经济全球化的空间。四是坚决反击美国的造谣污蔑，揭露美国的不良企图，披露美国经济社会和政治生活的阴暗面，使国际社会进一步认清美国的面目，放弃幻想。五是强化与美国国内鸽派、中间力量的沟通协调，抑制鹰派、激进力量的反华空间，拓展在一些可能领域的回旋余地。

第三，夯实国内经济循环和高质量发展的基础。以人民群众对美好生活的需要为导向，坚持扩大内需的总方针，拓展14亿人口市场的宽度深度，着力解决不平衡不充分短板，推进经济的高质量发展。一是发挥投资在高质量发展中的关键性作用，加大消费性投资，供给更多高质量的消费对象和消费条件，为消费升级创造条件，夯实消费的基础性地位。二是加快构建实体经济、科技创新、现代金融和人力资源协同发展的产业体系，落实金融回归本源、结构优化的政策方针，建立中小微企业贷款回流的长效机制，形成有利于人才发挥、激活科技创新的市场机制和金融机制。三是坚持供给侧结构性改革，以"补短板"为主要抓手，系统打通产业链供应链各环节中的堵点和痛点，加快构建国内大循环畅通无阻的新发展格局。四是着力推进能源利用中开源节流，激励节能型技术创新，进一步约束高耗能产业发展，以应对国际能源价格高涨引致的输入性通胀，为"双碳"目标实现创造条件。五是加快推进乡村振兴战略，实现城乡公共服务均等化，缩小城乡经济差别，提高普惠金融、生态金融的覆盖面和深化度。

第四，完善财政政策和货币政策的协调机制。经济高质量发展有赖于财政货币政策的协调发力，应对疫情冲击、巩固复工复产成果更需要财政货币政策的协同作用。一是继续加强财政货币政策对抗击疫情、复工复产的支持力度，增强针对性、灵活性，精准施策，提高政策效率。二是强化财政货币政策在化解输入性通胀中的积极作用，减弱国际大宗商品价格快速上行给我国相关产业和居民消费带来的冲击力度，维护经济金融运行稳定。三是发挥市场机制在人民币汇率形成中决定性作用，同时，发挥财政货币政策对汇率形成的影响力，避免人民币汇率形成受到美国政策和国际市场严重干扰。四是进一步开放我国的金融市场，推进债市、股市、期市等的国际化，适时建立人民币汇率的期货市场。五是密切关注美国债务违约对我国所持美国国债的负面影响，适时调整操作策略，增加我国在"一带一路"建设中的股权投资，推进与相关国家的利益共同体紧密程度。

第五,强化金融监管,守住不发生系统性金融风险的底线。防范风险、守住底线是应对美国经济社会危机向我国转嫁的基础,也是高质量发展、构建新发展格局的基础。一是要实现金融监管重心从机构监管向行为监管的转变,达到金融监管对金融活动的全覆盖。二是从各个角度对美国冲击和国际市场冲击进行评估和测试,提高预警能力和应对能力。三是加强对资金流出入的监管,从资金的流向、流量和流速上观察和发现问题,提高应对风险的及时性。四是尊重市场机制和客观规律,落实优胜劣汰,推进市场出清,激励金融创新,提高金融服务于实体经济的能力和质量。五是依法治理金融乱象,坚决打击各种违法违规行为,抑制资本无序扩张,弄清金融监管中的风险点和对应的化解举措。

第十八章

"十四五"时期构建现代金融体系

第一节 "十三五"时期中国金融发展成就斐然

"十三五"时期在国际经济金融形势更加复杂多变、国内供给侧结构性改革进入深水区的背景下,中国金融统筹国内国际两个大局,砥砺前行,积极推进金融供给侧结构性改革,取得了一系列可圈可点的骄人业绩。

一 稳健的货币政策更加成熟

中国实行的是稳健货币政策,其含义是在保持币值稳定的基础上,根据经济运行态势和经济增长目标的要求,既尊重货币流通规律的内生机理又提高政策调控的前瞻性、针对性和灵活性,实施预调微调和,保障物价平稳和经济金融运行平稳。2016年以来,M_0、M_1和M_2分别增长了30.29%、50.21%和55.43%,社会融资存量规模增长了102.53%,贷款余额增长了80.26%,均高于"GDP增长率+CPI增长率",有效保障了经济运行和经济发展对资金的需求。

第一,货币政策调控的中间目标向M_2聚焦。在2010年之前,中国人民银行曾以M_0增加额、M_1增长率、M_2增长率和新增贷款数额等指标为货币政策调控的中间目标。但随着现代电子信息技术的发展和财政支出体制改革的深化,原先不能直接用于购物划款支付的城乡居民储蓄存款和财政存款发生了很大变化,引致M_1增长率已难以反映经济金融运行中的流动性状况,鉴于此,中国人民银行及时调整货币政策的中间目标,在"十三五"时期聚焦于M_2增长率,以此为考量货币政策松紧的主要抓手。

第二，积极推进利率市场化改革。在2015年10月全面放开存贷款基准利率上限和下限的基础上，中国人民银行开始着手推进货币政策调控机制从数量调控向价格调控的转变，积极展开利率走廊建设。利率走廊是发达国家央行自20世纪90年代以后采取的货币政策调控机制，它以央行对商业银行等金融机构投放的贷款利率为上限、以商业银行等金融机构在央行的存款利率为下限，以银行业同业拆借利率为央行的主要调控目标，由此，通过利率调控引导资金的流量、流向和流速。在调控过程中，中国人民银行积极主动运用常备借贷便利（SLF）、中期借贷便利（MLF）、抵押补充贷款（PSL）和超短期逆回购（SLO）等货币政策工具，对经济金融运行中的流动性展开预调微调，既保障了资金供给又防范了通货膨胀。2019年8月18日，中国人民银行发布第15号公告，决定从8月20日起，进一步改革完善贷款市场报价利率（LPR）形成机制，实施以公开市场操作利率（主要为MLF）加点形成的方式，同时，将原先一年期的单品种扩展到一年期和五年期两个品种。到2020年10月，一年期利率报3.85%、五年期利率报4.65%，均低于同期贷款基准利率。

第三，强化服务实体经济的功能。2018年中期，在经济下行压力增大的背景下，众多小微企业面临经营运作困难，中国人民银行及时出台了增加支小支农再贷款和再贴现额度1500亿元、下调支小再贷款利率0.5个百分点等23条具体措施。2020年三次降低法定存款准备金率，定向支持小微企业的资金达到1万多亿元。2020年，在防控新冠肺炎病毒冲击和复工复产过程中，1月31日，中国人民银行提出了货币金融支持疫情防控的30条政策举措，到2月中旬新投放的流动性达到3万多亿元，同时，通过专项再贷款机制向名单内企业提供3000亿元低成本资金，确保实体企业的融资成本降至1.6%以下。与此同时，继续下调法定存款准备金率，与2015年年底相比，2020年10月商业银行等金融机构的法定存款准备金率降低了5.5个百分点。

第四，健全完善双支柱调控框架建设。2016年，中国人民银行将原先实行的差别准备金动态调整机制和合意贷款管理机制合并升级为宏观审慎评估体系（MPA），由此，宏观审慎调控框架迈入实质性建设阶段。MPA体系主要由资本和杠杆情况、资产负债情况、流动性、定价行为、资产质量、外债风险、信贷政策执行七个方面内容构成，以资本充足率为核心。2017年10月，党的十九大报告明确指出：应"健全货币政策和宏观审慎政策双支柱调控框架"。2018年以后，中国人民银行着力推进双支柱调控框架的构建。2019年2月，中国人民银行设立了宏观审慎管理局，负责建立宏观审慎政策框架、基本制度和系统重要性金融机构的评估、识别和处置机制，强化外汇市场的宏观审慎管理和对人民币汇率政策的评估；同时，宏观审慎调控以加强逆周期调节和穿透式监管为重点，以金融机构的逆周期资本缓冲、风险准备金、压力测试等为主要政策工具。

第五，深化人民币汇率形成机制改革。2015年8月11日的人民币汇率改革，使人民币汇率摆脱了单边上行的走势，增强了双边浮动弹性，同时，也使人民币汇价波动摆脱了受美元单一影响的状况，逐步转向参考一篮子货币。2015—2016年，人民币汇价大幅贬值，人民币兑美元的汇价从2015年1月的6.2093∶1下行到2016年年底的6.9370∶1。面对人民币汇价下行压力增强的态势，中国人民银行在稳住外汇储备规模这一基本盘的过程中，于2017年5月26日出台了"逆周期因子"，积极调控汇市的供求关系，推进了人民币汇率形成机制的完善，促进了人民币汇市稳定。2020年10月12日，鉴于以市场供求为基础的人民币汇率双向浮动弹性增强，且市场预期平稳、跨境资本流动较为有序，中国人民银行决定将远期售汇业务的外汇风险准备金率从原先的20%下调为0，既降低了企业远期购汇成本，又促进了人民币汇率在合理均衡价位上保持稳定（2020年10月31日，人民币兑美元的汇价为6.6919∶1）。

二 商业银行栉风沐雨中再创辉煌

"十三五"时期以间接金融为主的体系中，中国商业银行承担着保障经济运行和经济发展的资金供给重任，同时承担着防范系统性金融风险的重任。"十三五"时期，中国的商业银行在化解经济增长下行、金融乱象等引致的不良贷款明显增加的同时，加大了对实体经济部门的资金供给，有效地支持了经济增长和经济的高质量发展。

第一，加大对实体经济的资金支持力度。2016—2020年9月，商业银行"各项贷款"余额净增额达到75.41万亿元,比"十二五"时期的53.99万亿元多增了21.42万亿元;其中,中长期贷款净增额达到57.28万亿元,比"十二五"时期的30.60万亿元多增了26.68万亿元;贷款增长率始终高于"经济增长率+CPI增长率",有效保障了经济运行和经济发展的资金需求。其次,商业银行积极调整贷款结构,努力缓解小微企业融资难、融资贵,到2020年8月累计投放普惠型小微企业贷款13.73万亿元,落实了小微企业贷款增长率和占贷款余额比重的"双升"。在防控疫情和复工复产期间,商业银行通过贷款展期、无还本续贷、降低利率等一系列举措发力于保小微企业等市场主体,为"稳就业"和"保就业"做出了积极贡献。在国务院的安排下,2020年金融机构为实体经济减负1.5万亿元;到2020年10月,商业银行通过降低贷款利率、延期还本付息等举措已为实体经济减负1.3万亿元。

第二,强化金融风险防控机制建设。针对金融乱象丛生,2017年3月以后,商业银行开展了"三违反、三套利、四不当、十乱象"的专项整治,以同业、理财、表外等业务以及影子银行等为整治重点,推进了金融体系内部去杠杆、去通道、去链条。到2020年9月,累计核销不良贷款4.83万亿元(其中,2017年以后核销的不良贷款达到3.57万亿元),既有效支持了"去产能、去库存",也强力支持了实体企业发展。2020年8月,商业银行不良贷款率为1.94%,不良贷款余额27364亿元(其中,坏账类贷款3793亿元),贷款损失准备数额49912亿元,拨备覆盖率182.40%,明显高于不良贷款,因此,金融安全是有保障和坚实基础的。

第三,业务快速发展。"十三五"时期,中国的商业银行积极适应经济发展和金融科技发展,推出了一系列新的业务服务,业务离柜率达到90%以上,网上支付、手机支付等深入山区农村,落实了普惠金融、生态金融和扶贫金融的要求,促进了互联网经济的拓展。为了支持实体企业发展,商业银行推出了投贷联动、新型债转股等运作方式,扩展了资产证券化,在规范基础上展开了理财业务,与此对应,设立专营投贷联动的直投子公司、专营债转股的子公司和专营理财业务的子公司,业务面向资本市场拓展,综合经营能力进一步提高。到2020年9月,银行业金融机构的总资产达到3076266亿元、总负债2817522亿元,分别比2015年年底增长了54.31%和53%。

第四，建立多层次银行体系。"十三五"时期，中国的商业银行体系进一步调整，由于邮储银行的加盟，国有控股大型商业银行从原先的工、农、中、建、交5家增加到6家；民营银行数量增加到19家，又有一批农村信用社改制设立了农村商业银行或农村合作银行，由此，基本实现了"十三五"规划中提出的"构建多层次、广覆盖、有差异的银行机构体系，扩大民间资本进入银行业"目标。

第五，全球影响力明显提高。2018年7月1日，由英国《银行家》杂志发布"2018年全球银行1000强"排序中，中国有25家商业银行进入前200名之列；"2019"的排序中，中国有28家商业银行进入前50名之列；"2020"的排序中，中国有143家银行入围1000强，其中，工、农、中、建连续3年蝉联榜单前四。在疫情冲击下，全球银行业盈利状况和资产质量明显恶化，2020年的损失高达1.3万亿美元（是2019年的两倍以上），与此相比，中国入围银行的存款余额和贷款余额分别达到24万亿美元和18万亿美元（均为美国银行业的两倍以上），税前利润同比增长5.7%（美国银行业的税前利润为-0.65%）。

三　资本市场开拓创新中重振雄风

2015年6月的股市震荡，给中国资本市场发展以沉痛教训。进入"十三五"时期以后，中国资本市场一手抓强化监管、防范风险，一手抓开拓创新，在推进健康发展中交出了一份合格答卷。

第一，市场规模快速扩大。从债券市场看，"十三五"时期，银行间市场的债券余额从2015年12月的35.04万亿元增加到2020年的74.44万亿元，增长了112.44%。从股票市场看，股票发行的年融资额（包括IPO和再融资）从2015年的7858.86亿元增加到2019年的15413.25亿元（增长了96.12%）。2016年至2020年10月股票市场融资额达到78878.29亿元，大大超过了2011—2015年的5年融资总额，反映了股市融资功能的增强。上市公司数量从2015年的2827家增加到2020年10月的4071家，股票市值从2015年的53.13万亿元增加到2020年的74.1万亿元。从基金看，2020年9月底，公募基金持股数值达到38751.47亿元，比2015年年底的18363.57亿元增长了111.02%。从期货市场看，2016年51个交易品种、交易手数41.38亿手、交易额

195.63万亿元，2019年66个品种、成交手数39.2157亿手、交易额290.59万亿元，交易品种和交易额都大幅增加，既反映了期货市场的结构性调整，也反映了交易的活跃程度。

第二，注册制快速推进。2018年11月5日，习近平主席在首届中国国际进口博览会上宣布，将在上海证券交易所设立科创板并试点注册制，标志着作为中国股市重大改革举措的股票发行注册制拉开了序幕。2019年3月2日，中国证监会发布了《科创板首次公开发行股票注册管理办法（试行）》等文件，标志着科创板和注册制进入实施阶段。2019年7月22日，第一批25家科创板公司股票挂牌交易，由此，科创板进入运行阶段。2020年4月27日，中央全面深化改革委员会第十三次会议审议通过了《创业板改革并试点注册制总体实施方案》；8月24日，深圳创业板首批实行注册制的18家公司股票挂牌交易。2020年10月31日，国务院金融稳定发展委员会专题会议明确指出，将在沪深交易所全面实行股票发行注册制，建立常态化退市机制，提高直接融资比重。股票发行注册制改变了中国长期实行的股票发行审批制（或核准制）机制，有利于在股市运行中贯彻市场机制决定性作用，保障股市长期健康发展。

第三，加大对外开放力度。随着中国经济发展的国际化步伐加快，资本市场的对外开放程度也在快速展开。从市场开放看，在2014年11月17日开通"沪港通"的基础上，2016年12月5日又开通了"深港通"，由此，海外非居民可以通过这两个通道直接参与中国境内股市的交易。这是中国股市对外开放的重大举措。2020年10月23日，深港ETF互通正式开通，4只产品在两地同步上市挂牌交易，为深港投资者增加了可交易的品种。到2020年9月底，非居民持有的境内股票市值达到27509.07亿元。另外，建立在中国内地和香港金融市场基础设施联通的基础上，"债券通"中的"北向通"于2017年7月3日投入运行，由此，中国境外的非居民投资者可利用这一通道直接投资于中国境内的银行间债券市场。这是中国债券市场对外开放的一个里程碑。从机构开放看，2018年4月10日，习近平主席在博鳌亚洲论坛上宣布，要确保放宽证券业外资股比限制的措施落地，加大开放力度。到2019年年底，有15家外资机构参股了证券公司（其中，持股比例最低的为

21.3%，最高的为51%），有44家外资机构参股了基金公司（其中，持股比例最低的为8.5%，最高的为70%）。从入市资金看，2019年9月10日，国家外管局宣布：取消QFII和RQFII投资总额度，取消单家境外机构投资者额度备案和审批，取消RQFII试点国家和地区限制，由此，放宽了外资进入中国股市的资金限制。中国资本市场对外开放取得的成就，得到了国际社会的认可。2018年5月15日，明晟公司（MSCI）将沪深股市中234只A股纳入了MSCI指数体系。2019年4月1日起，以人民币计价的中国国债和政策性银行债券开始被纳入彭博巴克莱全球综合指数，人民币计价的中国债券成为继美元、欧元、日元之后第四大计价货币债券。

第四，着力提高上市公司质量。上市公司质量是股市的基石，直接影响着股市的健康发展和投资者的权益保障。2018年，中国证监会重新修订了《上市公司治理准则》，进一步强调保护中小投资者，完善董事会相关制度，推进机构投资者参与公司治理，规范公司控制权变动。2019年以后，中国证监会加大了对上市公司财务造假、违规担保、资金占用等违法犯罪行为的监管力度。到2020年6月，立案调查了22家上市公司的财务造假行为，对其中18起做出了行政处罚，向公安机关移送6起。2020年10月10日，国务院出台了《关于进一步提高上市公司质量的意见》，强调要有效解决"上市公司经营和治理不规范、发展质量不高等问题"。另一方面，有效落实上市公司退市制度，2018年退市公司8家，2019年退市公司18家，2020年上半年退市公司已达13家。2020年11月2日，中央全面深化改革委员会第十六次会议审议通过了《健全上市公司退市机制实施方案》，股市出清机制进一步完善。

第五，资产管理在规范中发展。资产管理（又称"财富管理"）是资本市场的重要内容。随着经济增长和居民收入增长，资产管理市场的发展潜力持续扩展。2017年，中国的资产管理规模超过了100万亿元。但同时，也存在着业务发展不规范、多层嵌套、刚性兑付、规避金融监管和宏观调控等问题，鉴于此，中国人民银行等部门联合出台了资管新规，有效防范了由不规范行为引致的金融风险，为资产管理市场的健康发展保驾护航。

四 金融监管机制转型中守住底线

金融监管在金融体系中占据关键性地位。当今的金融创新和金融发展总是在金融监管下展开的。"十三五"时期，防范金融风险列到"三大攻坚战"的首位，中国的金融监管部门面对严峻挑战的同时担负着监管转型的压力，在防范化解金融风险中守住了不发生系统性金融风险的底线。

第一，金融监管的转型。2018年3月，全国人大会议决定调整中国金融监管体制，从原先的"一行三会"调整为由国务院金融稳定发展委员会、中国人民银行、中国银保监会和中国证监会（即"一委一行两会"）构成，与此同时，金融监管从原先的以机构监管为主向功能监管（或业务监管）转型，实现对各类金融活动的监管全覆盖。此后，一些分散在非金融部门的监管职能向金融监管部门集中，如融资租赁监管由商务部转交给了中国银保监会；逐步建立了中央和地方两级监管体系，一些地方金融办转为金融监管机构；金融监管的重心逐步向覆盖全部金融活动扩展。

第二，强化金融制度建设。依法监管以法律制度的完善为前提。要有效防范化解金融风险，制度建设处于首位。针对互联网金融的乱象，2016年4月12日，国务院办公厅出台了《关于印发互联网金融风险专项整治工作实施方案的通知》，对P2P平台的金融活动展开整顿。到2020年10月，此项工作已接近尾声，1万多家P2P平台、2万多亿元的资金借贷基本清理完毕，没有给经济社会运行造成大的动荡。针对"去杠杆"，2016年10月10日，国务院出台了《关于积极稳妥降低企业杠杆率的意见》，提出通过推进兼并重组、盘活存量资产、优化债务结构、市场化债转股、发展股权融资等机制，积极稳妥降低企业杠杆率，为经济长期持续健康发展夯实基础；同时出台了《关于市场化银行债权转股权的指导意见》。针对金融统计不完善，2018年4月9日，国务院办公厅出台了《关于全面推进金融业综合统计工作的意见》，从指导思想、工作目标、工作机制、关键支撑、保障措施等方面做出了规定，为金融监管的"耳聪目明"提供了必要条件。针对资产管理中的不规范现象，2018年4月27日，中国人民银行等部门联合出台了《关于进一步明确规范金融机构资产管理业务指导意见有关事项的通知》，对资产管理的原则、业务规则、信息披露、监管要求等做出了系统性规范。针对金融控股公司设立和运作中不规范现象，2020年9月13日，国务院出台了《关于实施金融控股公司准入管理的决定》，中国人民银行出台了《金融控股公司监督管理试行办法》，对金融控股公司的认定、设立、运作、监管等做出了规定。

第三，强化对违法违规行为的打击力度。"十三五"时期，各金融监管部门紧紧抓住化解金融风险这一关键点，加大了对违法违规行为的打击力度。2019年，中国银保监会系统对银行业、保险业、信托业等金融机构开出了4510张罚单，与纪检部门配合处置了6900余起违纪违法案件，对包商银行、锦州银行等进行了托管重整。2020年上半年，中国银保监会系统对商业银行（包括个人）开出了1151张罚单，明显低于2018年和2019年的同期，表明违法违规行为已得到强力遏制。在证券业，2019年，中国证监会系统下发了136份行政处罚书，其中，市场禁入决定书13份，涉及内幕交易的案件55件，涉及信息披露违规案件29件，市场操纵案件14件，从业人员炒股案件9件，有力打击了资本市场中的违法违规行为。

第二节 "十四五"时期健全现代金融体系之点论

2021年3月全国人大通过的《中华人民共和国国民经济和社会发展第十四个五年规划和二〇三五年远景目标纲要》（以下简称《纲要》）提出，在"十四五"时期要"健全具有高度适应性、竞争力、普惠性的现代金融体系，构建金融有效支持实体经济的体制机制"。这既指明"十四五"期间深化金融供给侧结构性改革的基本取向、任务和要求，也指出了"十四五"时期金融发展的方向和应实现的目标。高度的适应性、竞争力和普惠型是现代金融体系的三个主要特征，它们既相辅相成又相得益彰。

一 在构建新发展格局中提升金融体系的适应性

金融体系建立在实体经济发展的基础上，以服务实体经济发展为宗旨，这决定了现代金融体系"适应性"的基本点在于适应实体经济发展的需求。《纲要》强调：要"构建实体经济、科技创新、现代金融、人力资源协同发展的现代产业体系"。将"现代金融"纳入现代产业体系范畴，实际上点明了"现代金融"是现代产业体系中不可或缺的组成部分，同时，"现代金融"只有在适应实体经济、科技创新和人力资源的发展中才能有效发挥自己的功能，成为"现代"金融体系。健全金融体系的"适应性"主要表现在以下三个方面。

第一，适应经济社会发展的新需要。"十四五"开启全面建设社会主义现代化国家的新征程。要在经济高质量发展过程中，明显提升经济发展质量和经济运行效益，实现全员劳动生产率的增长高于 GDP 增长，保持经济持续健康发展的总趋势，不仅需要充分发挥经济增长潜力，进一步优化经济结构，显著提高创新能力，而且要求金融体系在资金供给、金融产品和金融服务等方面与经济社会发展的新需求相适应。

其一，与推进资源要素顺畅流动、破解要素流动堵点、畅通国民经济循环相适应，《纲要》提出了三项金融举措：一是健全实体经济的中长期资金供给机制安排，将实体企业的发展建立在中长期资产运作的基础上。二是创新各种直达实体经济的金融产品和服务，降低金融运行成本，提高金融服务效率。三是进一步增强多层次资本市场融资功能，夯实实体企业的资本基础。

其二，与关键核心技术攻坚战、整合科技资源、落实科技强国战略相适应，《纲要》提出了三项新的金融举措：一是进一步完善金融支持实体经济科技创新的体制机制，推进知识产权质押融资、科技保险等科技型金融产品的发展，创新科技成果转化中的贷款风险补偿机制。二是积极发展天使投资和创业投资，有效发挥创业投资引导基金和私募股权基金在推进科技创新中的积极作用。三是进一步完善科技型公司在科创板发股上市的机制，夯实"硬科技"特色，通过创业利润激发创业资本聚集，加快高新技术的产业化步伐。

其三，与产业基础再造工程的实施、畅通产业链供应链流程、落实制造强国战略相适应，需要金融体系提供三方面支持：一是推进商业信用机制发展，运用商业本票等保障供货方的权益，消解由货款拖欠引致的供应链堵点，纾解由此引致的中小微企业融资难，保障实体企业微循环的畅通。二是加大商业银行等金融机构面向制造业的中长期贷款、信用贷款规模和技改贷款，提高制造业的资金需求满足程度。三是充分发挥债市股市的融资功能，激发股权投资、股市融资和债券融资等向制造业倾斜。

其四，与战略性新兴产业的发展壮大，推进战略性新兴产业的融合化、集群化和生态化发展相适应，需要金融体系提供三方面支持：一是有效发挥产业投资基金引导作用，撬动社会资金投资于战略性新兴产业。二是加大融资担保和风险补偿力度，加快战略性新兴产业的商业化。三是运用股权关联机制和公司并购机制，推进战略性新兴产业的融合化和集群化。

其五，与推进农业结构优化、丰富乡村经济业态、推进乡村振兴战略相适应，需要金融体系提供三方面支持：一是在土地确权的基础上，推进土地抵押贷款，扩展和完善农业的资产负债表。二是通过多种金融机制的综合运用，推进农业农村的"资源变资产、资金变股金、农民变股东"进程，使农民能够分享更多的产业增值收益。三是在提升乡村基础设施和公共服务水平进程中，积极发挥政策性金融、银保互动、财金合作等作用。

第二，适应绿色发展的新需要。《纲要》提出，"十四五"要着力进行山水林田湖草沙系统的治理，提高生态系统自我修复能力和稳定性，坚守自然生态的安全边界，既要全面深入地打好污染防治攻坚战，更加严密地防控环境风险，又进一步健全环境治理体系，由此，不仅需要调整财政资金的运作取向，而且需要加大绿色金融的支持力度。从制度和政策层面充分支持经济发展的绿色化转型，保障节能优先、节水优先和土地集约利用，同时，运用市场机制，积极推进绿色信贷、绿色基金、绿色债券、绿色股票、绿色保险和碳金融等金融产品的发展，为工农业的绿色发展提供充分的资金支持。

第三，适应构建国内国际双循环的新需要。"十四五"时期，中国将进一步提高全面对外开放水平，积极推进贸易和投资的自由化便利化，进一步深化商品、技术、劳务等要素的国际性流动，同时，贯彻合作共赢理念，坚持共商共建共享原则和多边规则，在完善全球治理体系过程中共建人类命运共同体。《纲要》提出的金融新举措有四个：一是在机构、市场和产品等方面，更加稳妥地推进外资进入中国的银行、证券、保险、基金、期货等金融领域的开放程度，提高中国境内金融市场的国际化程度。二是进一步深化中国境内外的资本市场互联互通，完善合格境外投资者制度。三是构建与国际通行规则相衔接的金融制度体系和金融监管模式，推进具有国际水平的监管机制形成。四是积极且稳慎地推进人民币国际化，以市场驱动和企业自主选择为基础，构建以人民币在国际间自由使用为基础的互利合作机制。

共建"一带一路"，是中国"十四五"时期推进国际化的重要抓手，为了支持"一带一路"沿线国家间的贸易投资合作、构筑互利共赢的国际产业链供应链合作体系、扩大双向贸易和投资，《纲要》提出了四项金融举措：一是在遵循国际惯例和债务可持续原则的基础上，进一步完善多元化的投融资机制。二是积极创新国际间融资合作框架，有效发挥"一带一路"专项贷款、丝路基金等金融机制作用。三是加快建设"一带一路"金融合作网络，推动相关国家间金融基础设施的互联互通，支持各国金融机构参与投融资。四是进一步完善"一带一路"建设中金融风险防控，强化法律服务机制，有效防范化解建设过程中的各类金融风险。

面对全球经济金融发展中不确定性增强，美国挑起的经济冲突加剧，新冠肺炎疫情引致的全球供应链断裂等一系列风险，《纲要》提出了三项金融举措：一是进一步加强国际收支状况的监测，努力实现国际收支基本平衡和外汇储备规模的基本稳定。二是强化对外资产负债监测，建立全口径外债监管体系，保障中国的到期外债及时清偿。三是完善境外投资分类分级的监管体系，同时，构建中国的海外利益保护和风险预警防范机制。

二 在创新发展中提升金融体系的竞争力

"十四五"时期，中国经济社会发展环境将发生深刻复杂的变化。一方面在高质量发展中，要强化创新驱动，优化经济结构，打赢关键性核心技术攻坚战，提升经济增长潜力，实现经济发展在质量、结构、规模、速度、效益和安全等的相统一，需要深化改革、克服诸多困难、付出巨大努力。另一方面，国际经济政治格局更加复杂多变，多边主义与美国单边主义的斗争将更加严重，全球经济发展中的不确定程度明显增加，同时，新冠肺炎疫情的影响广泛深远，全球产业链供应链的修复尚待时日，世界经济复苏缓慢。这一切都将给中国经济的高质量发展带来新的挑战。

百舸争流中凸显竞争力之强弱。"十四五"时期，中国的经济发展要实现预期目标，不仅需要增强实体经济的竞争力，而且要求深化金融供给侧结构性改革，明显提升金融体系的竞争力。《纲要》提出了增强金融体系竞争力的六个层面内容：

第一，建设现代中央银行制度。在现代金融体系中，中央银行居于核心地位。货币政策调控目标的选择和成熟程度、传导渠道的选择和畅通程度、调控工具的选择和丰富程度等，不仅影响着金融运作的效率，而且制约着实体经济发展。《纲要》强调，在建设现代中央银行制度中，需要进一步完善货币供应的调控机制，打通传导渠道中的堵点，进一步完善央行的政策利率体系，健全利率的市场化形成机制，发挥利率在传导货币政策中机制作用。

第二，优化金融体系结构。《纲要》从金融机构角度提出了优化金融结构的四项改革举措：一是优化银行体系。这包括进一步深化国有商业银行的改革，加快完善中小银行和农村信用社等的治理结构，规范发展各种非银行金融机构的经营运作。二是进一步深化政策性金融的改革，提高它们服务国家战略的能力。三是进一步深化保险公司改革，提升商业保险的保障能力。四是健全各类金融机构的公司治理，强化对股东股权和关联交易的监管。通过这些改革举措的落实，完善各类金融机构的内控机制和规范化运作，提高它们的创新能力和服务实体经济发展的能力，由此，增强它们的市场竞争力和国际竞争力。

第三，完善资本市场建设。《纲要》提出了四项具体举措：一是进一步完善资本市场的基础制度和基础设施建设，推进多层次资本市场体系更加健全，为资本市场的规范化发展打下坚实基础。二是大力发展机构投资者，发挥它们在资本市场中的主力军作用，为提高直接融资比重（特别是股权融资比重）打下良好基础，同时，为提高资本市场中的长期资金比重创造良好条件。三是为全面实行股票发行注册制创造必要条件，进一步健全常态化退市机制，努力提高上市公司质量，由此，提升中国股市的质量和国际影响力。四是完善债券市场。完善市场化债券发行机制，稳步扩大债券市场规模，丰富债券品种，发行长期国债和基础设施长期债券。

第四，完善存款保险制度。市场竞争是一个优胜劣汰的过程。不论是在境内市场竞争中还是在国际市场竞争中都难免会有商业银行等金融机构被淘汰出局，由此，发挥存款保险制度的功能，保障存款人的权益，就成为促使相关金融机构防范化解风险和避免这些风险酿成系统性风险的重要机制。

第五，完善现代金融监管体系。《纲要》提出了三项具体举措：一是坚持审慎监管原则，依法有序地推进金融监管创新，补齐金融监管制度短板。二是加快推进机构监管为主向行为监管为主的转变进程，实现金融活动的监管全覆盖，健全金融风险全覆盖的金融监管框架。三是进一步提高金融监管透明度和法治化水平。

第六，稳妥发展金融科技。《纲要》提出了两项具体举措：一是强化监管科技的运用，借助现代科技手段提高金融监管的水平、覆盖面和能力。二是强化对金融创新的风险评估机制，同时，建立创新产品的纠偏机制和暂停机制。

市场竞争力只有在市场竞争中才能真实地表现出来。中国金融体系的竞争力，一方面反映为金融服务实体经济的程度，在经济高质量发展中以金融体系的适应性、运作效率和满足实体企业金融需求的程度等表现出来，最基本的衡量指标是在提高资金供给者收益水平的同时降低实体企业（资金需求者）的融资成本。另一方面，反映为在国际金融市场中的适应能力、开拓能力、发展能力和国际合作能力，尤其是反映为在支持"一带一路"建设过程中与实体经济的融合能力、防范风险能力和以多边原则为基础的创新能力。

三 在迈入中等发达国家中提升金融体系的普惠性

"十四五"是中国实现第二个一百年奋斗目标的重要时期。到2035年，要实现人均GDP达到中等发达国家水平的目标，不仅需要加快工业、农业、服务业等的高质量发展，需要加快科技创新和突破关键性核心技术的约束，而且需要推进基本公共服务实现均等化，显著缩小城乡区域发展的差距和城乡居民生活水平的差距，使全体人民在共同富裕的基础上生活更加美好。与此对应，金融体系在提高运作效率、金融服务质量的同时，应全面提升普惠的覆盖面和服务水平，为全体人民的共同富裕作出金融贡献。

第一,全面推进城乡居民的消费升级。从党的十九大以后,中央再三强调:"增进民生福祉是发展的根本目的。必须多谋民生之利、多解民生之忧,在发展中补齐民生短板、促进社会公平正义,在幼有所育、学有所教、劳有所得、病有所医、老有所养、住有所居、弱有所扶上不断取得新进展。"在此基础上,《纲要》指出,经济社会发展应聚焦教育、医疗、养老、抚幼、就业、文体、助残等重点领域,补齐消费升级的短板。一方面,应充分运用现代电子信息技术和数字化技术,加快相关基础设施建设,推进这些服务的普惠性和共享性程度提高;另一方面,金融运作中的投融资活动应向这些方面聚焦,其中包括金融服务中的新产品开发、金融产品结构、信贷投向和期限安排、资金支付流程和便利性等,持续提升金融消费者的获得感。

第二,提高对小微企业的金融普惠程度。小微企业是稳就业、保就业的重要力量,也是技术创新、产品创新的重要力量,但长期以来小微企业微循环中存在着较为严重的融资难、融资贵现象。"十四五"时期,应继续实施金融向小微企业倾斜的政策,创新金融支持小微企业的政策工具,健全小微企业融资增信支持体系,加大对它们的信贷支持力度;充分落实《中华人民共和国公司法》中关于公司债券的规定,积极推进小微企业的公司债券发行;提高小微企业的财务规范程度和信用评级机制,为它们获得金融服务打下必要的基础;进一步完善和化解拖欠小微企业账款长效机制,保障它们的再生产顺畅循环。

第三,提高对农村农民的金融普惠程度。实现全面脱贫之后,中国进入了全面推进乡村振兴的新阶段。农村承包地所有权、承包权和经营权分置制度的建立,为农村土地进入金融运作创造了良好条件;家庭农场、农民合作社、公司+农户等新型农业经营主体的快速发展则为金融服务于农业提供了有效路径。在此基础上,充分利用互联网、手机等载体和数字化服务的普惠应用,克服农民分散居住和经营所带来的不便和成本,发挥地方财政的优势,通过进一步完善农村金融服务体系、建立金融支农的激励机制、扩展农村农民的资产抵押担保融资范围、加快发展农业保险等,金融服务于广大农村农民的程度将明显提高,普惠金融也将更加深入。

第三节 "十四五"时期我国面临的金融风险和化解之策

我国的经济金融发展已进入"十四五"时期,党的十九届五中全会《中共中央关于制定国民经济和社会发展第十四个五年规划和二〇三五年远景目标的建议》中指出:"十四五"的经济社会发展要以深化供给侧结构性改革为主线,"统筹发展和安全,加快建设现代化经济体系"。发展必有风险也必遇风险。化解风险是保障安全的基本机制,也是为发展保驾护航的主要举措。要在危机中育先机、于变局中开新局,就必须充分认识并有效化解各类风险,守住不发生系统性金融风险的底线。

一 "十三五"化解金融风险的成效

经济金融活动总有着与其对应的风险。2017年中央经济工作会议将防范金融风险列入2018—2020年的三年攻坚战首位,凸显了对防范金融风险的高度重视。三年多来,金融监管部门采取了一系列重要举措防范化解金融风险,取得了重要阶段性成果,守住了不发生系统性金融风险底线。主要表现在:

第一,重拳出击整治P2P等互联网金融平台。2016年4月12日,国务院办公厅出台了《关于印发互联网金融风险专项整治工作实施方案的通知》,对工作目标、工作原则、重点整治问题和工作要求等做出明确规定,由此,拉开了整治互联网金融平台的序幕。2017年以后,中国银监会出台了多个整治互联网金融的重磅文件,着力打击利用互联网金融的违法违规行为。2018年整治P2P进入攻坚阶段,中国银保监会、中国证监会等监管部门重拳出击,处置了一系列大案要案,到2020年年底,在没有引致大的经济社会运行秩序动荡的条件下,妥善处置了1万多家互联网金融平台、平台资金2万多亿元、涉及资金供给者数千万人,消解了由P2P等互联网金融野蛮生长带来的金融风险隐患。

第二,着力规范资产管理市场。2010年以后,我国资产管理市场快速发展,但泥沙俱下中存在着比较严重的不规范现象,给经济金融运行和相关各方带来严重的金融风险。2018年4月27日，中国人民银行等监管部门出台了《关于规范金融机构资产管理业务的指导意见》，指出在资产管理中存在"业务发展不规范、多层嵌套、刚性兑付、规避金融监管和宏观调控等问题"，从业务原则、业务内容、业务方式、业务资格等多方面规范了金融机构展开资产管理业务的行为，纠正了通过多层嵌套展开资产管理的行为，打击了非金融机构变相开展资产管理业务的行为。到2020年年底，资产管理市场的规范化首战告捷，消解了众多由多层嵌套等埋下的风险爆点，抑制非金融机构业务规模盲目扩张的势头，市场总规模基本稳定。

第三，稳妥处置问题银行风险。通过接管、收购与承接、在线修复等多种处置方式，稳妥化解问题银行风险。2019年5月24日，由中国人民银行会同银保监会等部门组建的接管组对包商银行实施接管，此后相继对恒丰银行、锦州银行、哈尔滨银行等实施在线修复，平稳化解了中小银行机构。

第四，平稳处置债券违约事件。2018年以后，在经济下行压力加大和产能过剩的背景下，信用债违约逐年大幅增长。2020年违约债券217只、违约金额达到2315.73亿元，不仅严重影响了债券市场的正常运行和健康发展，而且给持债人的经营运作带来严重风险。金融监管部门在进一步强化债券监管的基础上，按照市场化、法治化原则，有效压实发债企业主体责任和相关地方政府属地责任，强化统筹协调，较好地化解了由债券违约产生的种种风险，维护了债券市场的运行稳定。

第五，加大处置不良贷款的力度。在经济下行压力加大过程中，一些前期贷款形成的不良资产将浮出水面，商业银行等金融机构加大了处置不良贷款的力度，2019年和2020年核销了2.3万亿元的贷款，既给相关实体企业减轻了债务负担，也消解了这些不良贷款留下的风险隐患。

第六，支持抗疫复产。2020年年初，新冠肺炎疫情突袭我国，给经济社会运行带来严重冲击，也给实体经济发展和金融运行带来严重风险。在抗疫复产过程中，中央出台了一系列重大举措，金融系统积极响应，在加大货币投放、保障流动性充裕的同时，通过贷款展期、降低利率、延期付息、加大贷款力度等缓解实体经济的抗疫复产风险压力，给实体经济部门让利1.5万亿元。在保就业、保市场主体的过程中，保住了金融的根基，为化解经济金融风险创造了新的条件。

综上所述，可以明显看到，在处置金融风险过程中，我国机制灵活、举措充足、方法多样、力度适当，积累了处置金融风险的可复制经验，建立了系统有效的机制，在此基础上，金融风险总体可控。

二 "十四五"面对的主要金融风险

我国经济已处于高速发展向高质量发展的转变时期，动能转换、结构优化、提质增效等与经济运行中的结构性、体制性、周期性等变化相互交织叠加，同时，疫情冲击、国际态势多变（尤其是美国挑起的国际冲突）、国际产业链修复、核心技术短板等也将影响经济金融运行的走向。在这些背景下，实体经济部门和金融部门面临的风险都有可能增大增多增频。主要表现在：

第一，中小微企业货款被拖欠引致的金融风险。产品（或劳务，下同）销售后的货款及时回流是保障实体企业再生产的关键环节。2006年以来，中小微企业提供给大型企业（和在建工程项目，下同）的货款屡屡被拖欠，严重影响了它们生产经营活动，成为阻碍实体企业微循环畅通中的一个顽疾，也严重影响着保就业、保市场主体的政策落实。为了保障中小微企业的再生产循环，有关部门要求商业银行等金融机构加大贷款力度，以抵消货款拖欠造成的负面影响，由此，被拖欠货款数额实际上转移到了商业银行等金融机构并引致对应的金融风险。2020年在应对新冠肺炎病毒突袭和复工复产过程中，银行体系新增贷款195600.83亿元（创了历史新高），其中相当一部分新增贷款的用途在于打通货款拖欠的堵点。这种情形持续扩展，将给商业银行等金融机构贷款带来愈加严重的负担和风险。

第二，实体企业资产利润率降低。2013年以后，国务院出台了一系列减税、减费和减息的政策，累计每年为实体企业减负高达8万亿元以上，但实体企业经营运作中的资产利润率不仅没有明显提高反而呈现降低走势。规模以上工业企业的资产利润率，2017年为6.67%，2019年降到5.45%，2020年进一步降低。利润是实体企业抵御经营风险的第一道风险，资产利润率持续降低意味着实体企业抵御风险的能力弱化；实体企业又是创造财富和价值的主体，利润是它们扩大再生产的重要资金来源，资产利润率持续降低将严重影响它们经营运作的可持续性。实体企业资产利润率持续走低，加大了债市、股市的风险，也意味着它们还本付息的能力降低，商业银行等金融机构贷款的偿付风险增大。

第三，关键性核心技术攻关投资中的一哄而上。实现人工智能、量子信息、集成电路、生命健康、生物育种等前沿领域关键核心技术重大突破，既事关实体企业的全员劳动生产率提高、国际竞争力增强和国民经济的可持续发展，也事关国内国际大循环、我国在全球的话语权和构建人类命运共同体的进程，因此，极为重要。但在现实中，一些地方不重视关键核心技术研发的内在规律和时间进程，急于求成，以工程建设或运动的方式，一哄而上地集中向一些关键核心技术领域投资。据不完全统计，仅芯片研发一项，全国各地政府投资就已达数千亿元之多。2020年新设"量子企业"多达2100多家。如此巨额的资金一部分来自地方财政和社会主体，大部分将来自商业银行等金融机构，一旦投资达不到预期效果，相当多的资金就将形成不良资产，由此，给对应的金融机构（乃至金融市场）带来突发性风险。

第四，偿债资金压力滚动式加大。2020年年底，企业债券余额27.55万亿元，政府债券余额46.05万亿元。随着债券余额的增加，每年（乃至每月）需要还本付息的债券数额也在增加，由此，对资金的需求持续扩大。2021年3月和4月企业债券的偿付数额将达到2万亿元左右，一旦资金跟不上，违约率就将上升，债券市场将面临新一轮的违约风险冲击。

第五，上市造假风险加重。上市公司财务、信息、投资等方面的造假是引致A股市场屡屡暴雷的一个主要成因。实行注册制本应通过强化信息披露机制，抑制此类造假行为，保障股市的健康发展。但一些拟上市公司与证券公司等中介机构联手，加大了信息、财务及相关资料的弄虚作假程度。2021年2月28日，中国证监会发布公告将对拟上市企业中抽查的20家进行现场检查，但第二天，这20家中有16家立马暂停了IPO申请，另外4家企业则直接终止上市申请。卷入这20家拟上市企业的证券公司、律师事务所和会计师事务所不乏行业排位的前5机构。这凸显了作为股市基础的新上市公司质量状况。

第六，资本无序扩张还在延续。资本是信用制度的基石，也是防范风险的最后一道防线。长期以来，我国一些企业在注册资本和运营资本上弄虚作假，出现了虚假注册、重复使用资本、交叉使用资本、抽逃注册资本、股权叠加质押等一系列不规范（甚至违法）的操作。各种眼花缭乱的资本无序扩张，既严重地冲击着市场经济的信用机制，也套取了巨额的信贷资金，留下严重的金融风险隐患。在防控疫情过程中，此类金融风险有的已经显现、有的正在显现，它们都将给2021年的风险防控带来新的变数。

第七，一些地方政府财力紧张。长期以来，地方政府的财力与承担的事务不匹配是我国财政体制中一个突出矛盾。2020年以后，在应对新冠肺炎疫情冲击和保就业保复产的过程中，一些地方政府倾囊而出，已陷入入不敷出的赤字境地。面对"十四五"的发展和"六保"重任、大量的民生工程建设、偿付前几年大量发债的本息等资金刚性支出，它们只得通过各种路径向直接可控的城市商业银行、农村商业银行等强借资金或挪用其他资金，将财政风险转向银行体系。

第八，银行体系化解金融风险的实力减弱。商业银行等金融机构是我国金融体系的主体和防范风险的中坚力量，也是经济金融运行所需资金的主要供给者。多年来，它们在化解金融风险中核销的不良贷款高达5.29万亿元。但眼下，它们化解金融风险的实力已明显减弱。2020年，商业银行的不良贷款率达到1.96%、存贷比达到75.46%、流动性覆盖率降到138.67%、资产利润率降到0.77%。2020年以贷款展期、无还本续贷、低息贷款等引致的风险在2021年以后逐渐显现，将进一步削弱商业银行化解风险的实力。

三年攻坚战取得决定性成就并不意味着金融风险已经消失不再出现。事实上，只要还有经济金融活动，就有与其对应的经济金融风险。面对"十四五"的经济发展，防范化解金融风险依然任重道远。

三 "十四五"化解金融风险的可选之策

我国已进入"十四五"时期，要建成现代化经济体系，实现经济社会发展的主要目标，应坚持以推进深化供给侧结构性改革为主线，通过改革创新，统筹发展和安全，加快构建以国内大循环为主体、国内国际双循环相互促进的新发展格局。面对经济金融运行中存在的风险，可选择的防范化解举措主要包括：

第一，以推进实体经济发展为基本着力点。实体经济是国民财富和价值的创造者，实体经济发展的状况从根本上决定了金融风险的大小和化解金融风险的成效。"十四五"时期，我国将加快构建实体经济、科技创新、现代金融、人力资源协同发展的现代产业体系，推动质量变革、效率变革、动力变革，实现更高质量、更有效率、更加公平、更可持续、更为安全的发展，为此，防范化解金融风险应与这些目标相协调。

第二，加快构建横向金融体系。经济运行中的金融系统由以商业信用为基础的横向金融体系和以银行信用为基础的纵向金融体系构建。前者内生于实体经济循环之中，属于直接金融范畴。对实体经济而言，纵向金融体系是外生的，属于间接金融范畴。要有效缓解中小微企业的资金紧张状况，就必须着力落实国务院出台的《保障中小企业款项支付条例》，同时，加快发展以商业本票为基础的商业票据体系；以实体经济内生需求为导向，发展相关的金融产品，构建横向金融体系。

第三，强化资本制度管理。市场经济的信用体系以资本制度为基础，以资本法治为机制。《中华人民共和国公司法》《中华人民共和国破产法》等法律是资本制度的集中体现。要抑制资本的无序扩张、各种运动式乱投资和逃废债等现象，必须坚决落实资本制度和企业破产制度；要在市场扩展的条件下，保障债权人权益和防范债务风险，也必须坚决落实资本制度。落实资本制度的具体举措包括严格监管注册资本、限制资本扩张倍数、规范股权质押、禁止同业竞争、界定信用规模和破产处置等。

加快发展创业投资引导基金、私募股权投资基金等股权投资基金，鼓励天使投资、创业投资等资金投向关键性核心技术研发领域。

第四，深化财政体制改革。运用金融机制缓解地方政府所持财力与承担事务之间的资金矛盾并非长久之计，不仅将引致严重的金融风险，而且将更加扭曲财政机制。可选择举措是，依据经济社会发展中的事务承担状况，深化财政体制改革，将国有资产（尤其是国有企业的收益）纳入财政范畴，理顺中央财政与地方财政之间的收支调节和平衡关系，避免财政负担向金融体系转移，引致金融风险的扩大。

第五，增强商业银行化解风险的能力。进一步扩展商业银行资本金来源，坚守资本充足率底线，将它们贷款能力约束在资本保障区间内；坚决打击恶意逃废债行为，维护商业银行的权益和资金的流动性；推进中小商业银行间的并购，提高规模经济、范围经济的效能；根据实体经济需求和金融市场变化，鼓励商业银行展开业务创新，探索知识产权质押融资、科技成果转化中的贷款机制，提高经营运作效率和资产质量。

第六，完善金融监管。完善金融统计工作，规范金融数据的公开披露机制，提高社会各界和媒体对金融运行状况的监督程度；增强穿透式监管的力度，将各种嵌套式运作隐藏的金融风险化解在相关金融活动的萌芽阶段；加快推进金融监管的重心从机构监管向业务监管的转变，实现金融监管对金融活动的全覆盖；强化金融监管部门之间的协调，建立日常性联席会议制度，厘清各种交叉性和高频性金融操作中的金融风险形成机制、传递机制和扩散路径，管控好资金总闸门，精准施策。

附　录

第十章　附录一　DMS-TVP-FAVAR 模型估计方法

我们使用动态模型选择、系数变化的因子增广向量自回归模型估计金融形势指数。TVP-FAVAR 模型基本形式如下：

$$x_t = \lambda_t^y y_t + \lambda_t^f f_t + u_t \qquad 附（10.1）$$

$$\begin{bmatrix} y_t \\ f_t \end{bmatrix} = c_t + B_{t,1} \begin{bmatrix} y_{t-1} \\ f_{t-1} \end{bmatrix} + \cdots + B_{t,p} \begin{bmatrix} y_{t-p} \\ f_{t-p} \end{bmatrix} + \varepsilon_t \qquad 附（10.2）$$

其中，λ_t^y 是回归参数，λ_t^f 是因子载荷系数，x_t 是由构建指数的各金融变量组成的 $n \times 1$ 维向量，f_t 是主成分分析构成的潜在变量即本章金融形势指数。y_t 是模型追踪的宏观经济变量，使用金融形势指数对宏观经济变量的追踪程度确定变量选择与动态权重。u_t、ε_t 为方差随时间变动的正态分布误差项，$u_t \sim N(0, V_t)$，$\varepsilon_t \sim N(0, Q_t)$，其中 V_t、Q_t 均为对角矩阵，$(B_{t,1}, \cdots, B_{t,p})$ 是 VAR 模型的参数。x_t 是构成金融形势指数的变量集合，反映金融结构变迁的基础数据，y_t 是宏观经济变量，是金融发展的根本目的，也是用以评价金融形势好坏的政策目标，一般由产出和通胀水平构成，其中可用 $y_t = (g_t, \pi_t)'$ 表示。本章通过 x_t 对 y_t 的追踪拟合效果在模型中确定 x_t 的动态权重。

借鉴美国金融形势指数构建的经验（Bernanke et al., 2005; Koop and Korobilis, 2013）本章的指数构建包含两个子方程：第一个方程实现了从众多相关性较强的金融变量中提取出潜在的金融形势指数，即因子增广部分的成分提取；第二个方程估计金融形势指数与宏观经济变量间的动态作用，用于进行系数确定。

为考虑金融变量与宏观经济变量间的动态联系，适应新兴市场国家快速发展时期的金融结构和制度的动态变化,允许模型回归的系数随时间变化,因此定义回归系数的变化路径如附式(10.3)。令 $\lambda_t = [(\lambda_t^y)', (\lambda_t^f)']'$,VAR 模型的系数为 $\beta_t = [c_t', \text{vec}(B_{t,1})', \cdots, \text{vec}(B_{t,P})']'$,系数随时间变动的形式如附式(10.4):

$$\lambda_t = \lambda_{t-1} + v_t \qquad \text{附}(10.3)$$

$$\beta_t = \beta_{t-1} + \eta_t \qquad \text{附}(10.4)$$

其中,$v_t \sim N(0, W_t)$,$\eta_t \sim N(0, R_t)$,W_t、R_t 为对角矩阵。

我们借鉴 Koop 和 Korobilis(2014)提出的卡尔曼滤波的方法来估计以上的 TVP-FAVAR 模型。卡尔曼滤波的基本思想是:首先假定系数的初始估计值 f_0、λ_0 和 β_0,V_0 和 Q_0,以此计算出初始 f_t;然后再根据 f_t 运用方差最小化方法估计出各误差项的方差矩阵 V_t、Q_t、W_t 和 R_t,以新估计出的方差更新系数的估计值 λ_t 和 β_t,由此得到更新的 f_t。

在第一步中,假定初始估计值如下:

$$f_0 \sim N(0, \sum\nolimits_{0|0}^{f}) \qquad \text{附}(10.5)$$

$$\lambda_0 \sim N(0, \sum\nolimits_{0|0}^{\lambda}) \qquad \text{附}(10.6)$$

$$\beta_0 \sim N(0, \sum\nolimits_{0|0}^{\beta}) \qquad \text{附}(10.7)$$

$$V_0 = 1 \times I_n \qquad \text{附}(10.8)$$

$$Q_0 = 1 \times I_{S+1} \qquad \text{附}(10.9)$$

运用卡尔曼滤波估计,进行 $t = 1 \cdots T$ 次递归估计。

$$\lambda_t \mid Data_{1:t-1} \sim N(\lambda_{t|t-1}, \sum\nolimits_{t|t-1}^{\lambda}) \qquad \text{附}(10.10)$$

$$\beta_t \mid Data_{1:t-1} \sim N(\beta_{t|t-1}, \sum\nolimits_{t|t-1}^{\beta}) \qquad \text{附}(10.11)$$

其中,$\sum\nolimits_{t|t-1}^{\lambda} = \sum\nolimits_{t-1|t-1}^{\lambda} + \hat{W}_t$,$\sum\nolimits_{t|t-1}^{\beta} = \sum\nolimits_{t-1|t-1}^{\beta} + \hat{R}_t$。

第二步,给定 $t+1$ 的系数的估计值,对 $t = T-1, \cdots, 1$ 进行迭代估计,不断更新 λ_t 和 β_t,V_t 和 Q_t 的估计值。运用更新后的参数值求出 f_t。

$$\lambda_{it} \mid Data_{1:T} \sim N(\lambda_{i,t|t+1}, \sum\nolimits_{ii, t|t+1}^{\lambda}) \qquad \text{附}(10.12)$$

$$\beta_{it} \mid Data_{1:T} \sim N(\beta_{i,t|t+1}, \sum\nolimits_{ii, t|t+1}^{\beta}) \qquad \text{附}(10.13)$$

以上为单一的 TVP-FAVAR 模型的估计方法,同时为考虑金融形势决定因素的机制变化，在构建金融形势指数时还应考虑模型指标的动态选择，本章用 Raftery（2010）的方法进行动态模型选择（DMS）。该方法的核心是对于 $j=1, 2, \cdots, J$ 由于金融形势指标组成的不同模型，需要基于 $t-1$ 期信息计算出每个模型在 t 期被使用的概率 $P_{t/t-1,j}$，在每一期选择 $P_{t/t-1,j}$ 最高的模型作为构成金融形势指数的指标体系。

对于每一模型 j 可表示成如下形式：

$$x_t^{(j)} = \lambda_t^y y_t + \lambda_t^f f_t^{(j)} + u_t \qquad 附（14）$$

$$\begin{bmatrix} y_t \\ f_t^{(j)} \end{bmatrix} = c_t + B_{t,1} \begin{bmatrix} y_{t-1} \\ f_{t-1}^{(j)} \end{bmatrix} + \cdots + B_{t,p} \begin{bmatrix} y_{t-p} \\ f_{t-p}^{(j)} \end{bmatrix} + \varepsilon_t \qquad 附（15）$$

模型 j 在 t 期的使用概率如下：

$$P_{t|t-1,j} = \frac{P_{t-1|t-1,j}^\alpha}{\sum_{l=1}^J P_{t-1|t-1,l}^\alpha}$$

每个模型的 $P_{t/t,j}$ 由模型的拟合度计算。

$$P_{t|t,j} = \frac{P_{t|t-1,j} r_j(Data_t | Data_{1:t-1})}{\sum_l^J P_{t|t-1,j} r_l(Data_t | Data_{1:t-1})}$$

其中，$r_l(Data_t | Data_{1:t-1})$ 是模型 j 的拟合优度。由于我们关注的是金融变量与宏观经济变量之间的关联性，因此在这里使用对宏观经济变量的最大似然预测能力作为拟合优度的代表。由于 $P_{t/t-1,j}$ 是随时间动态变化的，因此我们可以在不同的时点选用不同模型，构成金融形势指数的指标体系也具有时变性。

第十章 附录二 稳健性检验

（一）加入房地产市场

在本部分我们参考以往一系列研究加入国房景气指数，研究房地产市场对金融形势指数的影响。由此，构建出的 CFCI_1 如附录图 10.1。

对比正文中的 CFCI 以及加入了房地产市场的 CFCI_1，可以看到两者在变化趋势、波峰处具有较强相似性，相关系数超 0.7，指数具有较强的稳健性。从影响因子的动态变化来看，对中国金融形势影响力最大的为货币政策（占比 27%），其次为信贷市场、外汇市场和国际金融环境。我们可以直观地得出几个与正文中 CFCI 相似的结论：①基础货币及整个市场的流动性对金融形势有重大影响，货币政策在 CFCI 中的权

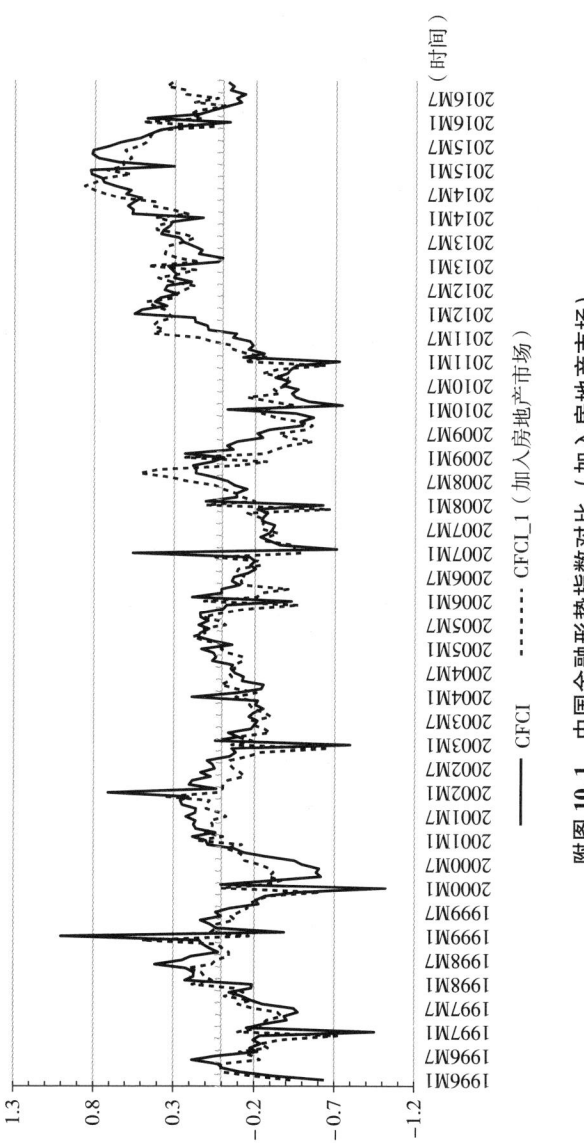

附图10.1 中国金融形势指数对比（加入房地产市场）

重最大；②中国信贷市场的影响力大于股票市场和债券市场，反映出中国银行主导型金融体系的特征；③股票市场的平均权重（11%）大于债券市场（6%），可见中国债券市场发展滞后；④非传统金融市场的影响力在2014年后开始有所提升。与CFCI不同的是，加入房地产市场的金融形势指数中，房地产市场对金融形势影响权重很小，平均权重不超过1%。这反映了我国房地产市场景气情况的变化不直接影响金融形势，而是通过信贷渠道、货币流通渠道间接影响金融形势（狄剑光和武康平，2013；方意，2015）。房地产市场冲击的权重表现在信贷市场以及货币市场中。

（二）加入民间借贷市场

随着金融结构的变化，民间金融成为我国金融市场的一个重要组成部分。因此在本部分我们将Wind数据库中温州民间借贷综合利率作为民间借贷市场的代理变量，将其加入模型中构建CFCI_2，以分析民间金融市场是否显著地影响中国金融形势发展。由于2011年4月以前民间金融市场并无数据，因此只在数据存在部分加入，由于动态模型选择的设定，后续加入的变量不会影响前期的金融形势指数变化。

对加入民间借贷市场的金融形势指数进行分析，可以看到，在2011年4月以前，由于民间借贷市场数据尚未能够获取，因此设定其对金融形势指数的影响为0，后续变量的加入并不会影响2011年以前的金融形势指数估计，进一步证明了指数的稳健性。而在2011年4月以后民间借贷市场对中国金融形势指数的整体影响较小，在5%—7%的区间内，且随时间呈下降趋势，说明随着融资渠道的多样化以及融资可得性的提高，民间借贷市场呈现一定程度的萎缩，且对中国金融整体形势的影响较小。

（三）加入房地产市场与民间借贷市场

本部分将房地产市场指标国房景气指数增长率与民间借贷市场温州民间借贷综合利率两个指标同时加入CFCI的指标体系中进行稳健性的分析。金融形势指数及其权重变化如下。从CFCI_3及其权重的动态变化来看，房地产市场与民间借贷市场对中国金融形势的影响力较小，特别是房地产市场，影响力在1%以下。

（四）HP滤波

以金融变量偏离值作为指标构建的指数主要用于反映金融形势相对

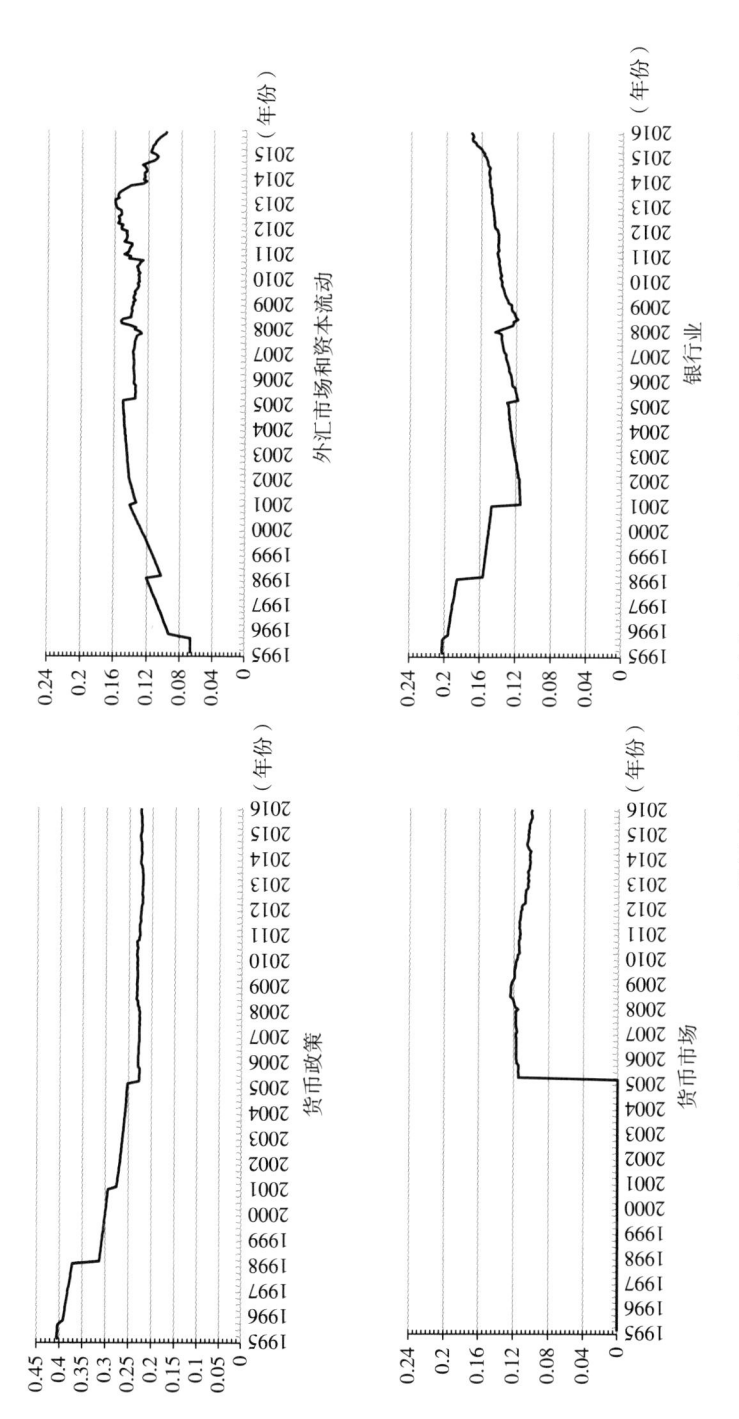

附图 10.2 各市场动态权重变化

附图 10.2 各市场动态权重变化（续）

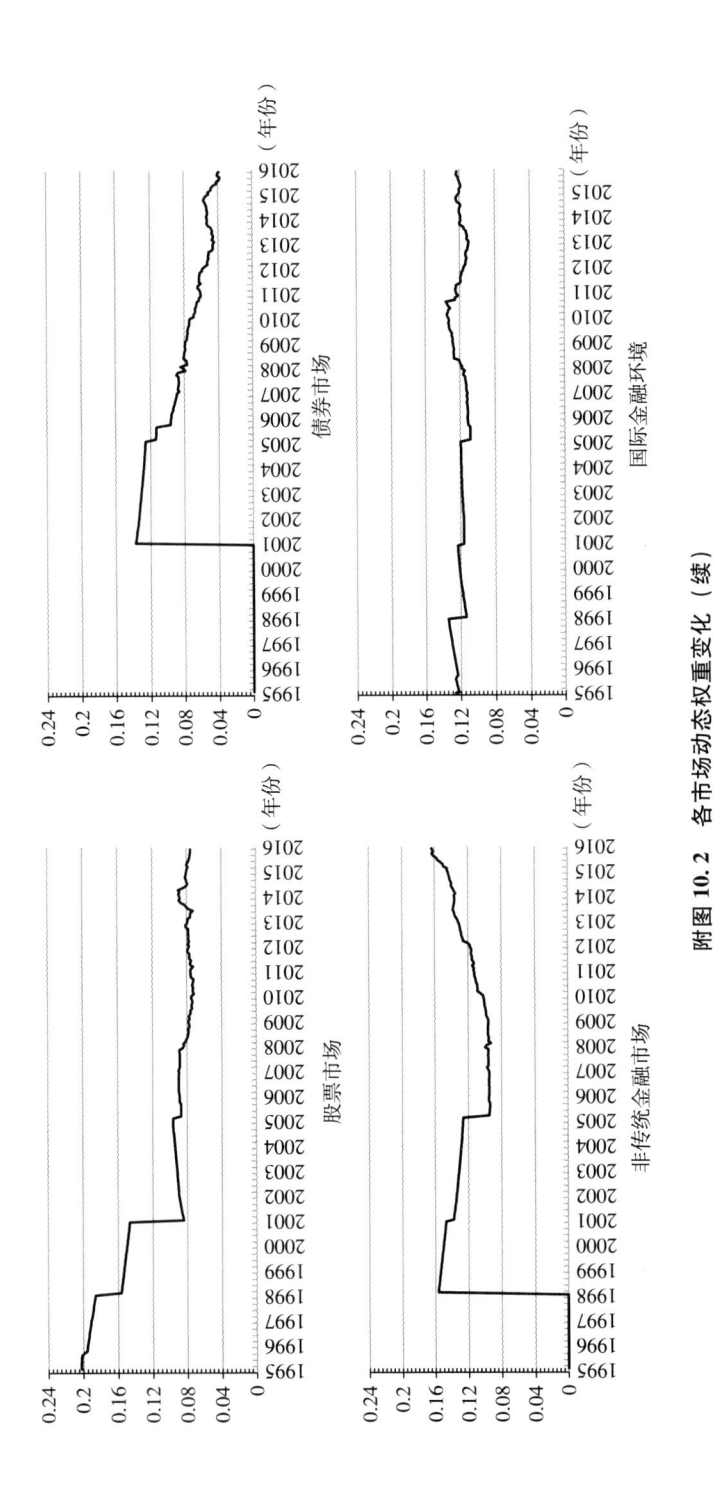

附图 10.2 各市场动态权重变化（续）

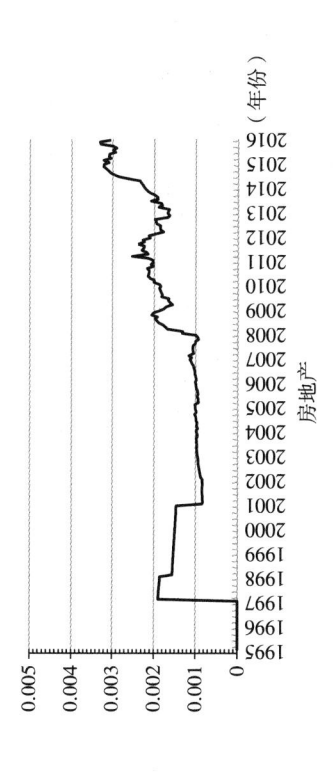

注：1. 除货币政策（权重较大）、房地产（权重较小）外，为方便比较，其余变量权重均以 0—0.24 为坐标轴。
2. 由于数据可得性，货币市场于 2006 年 3 月始加入模型，债券市场于 2002 年 1 月始加入模型，前期权重为 0。

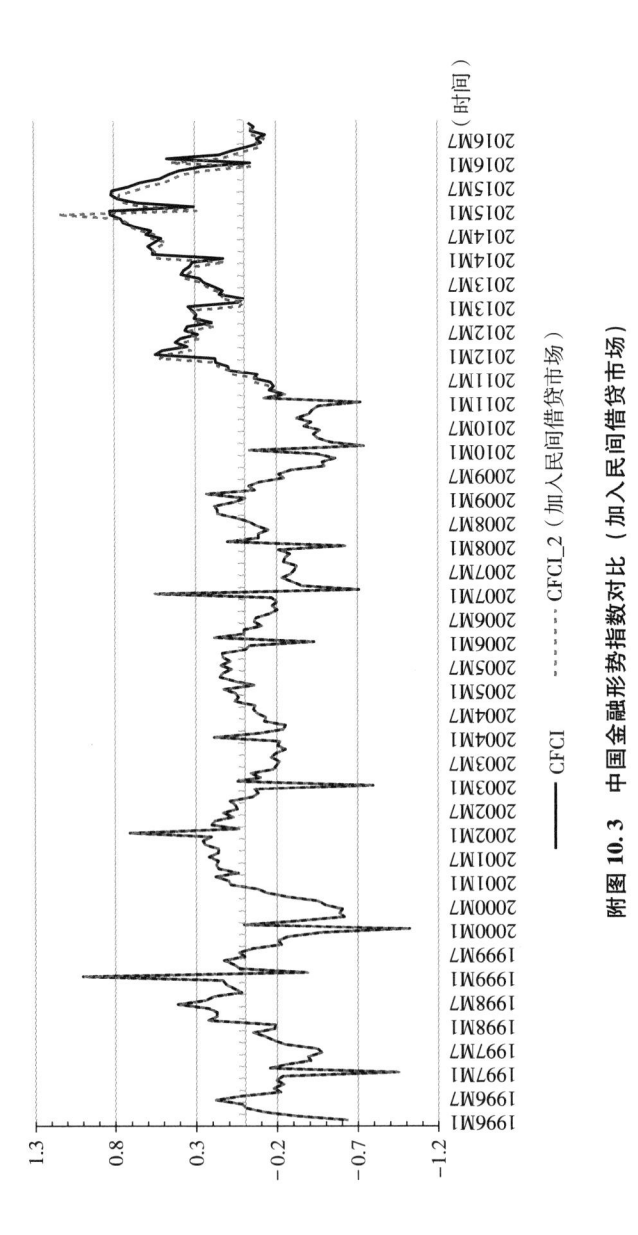

附图10.3 中国金融形势指数对比（加入民间借贷市场）

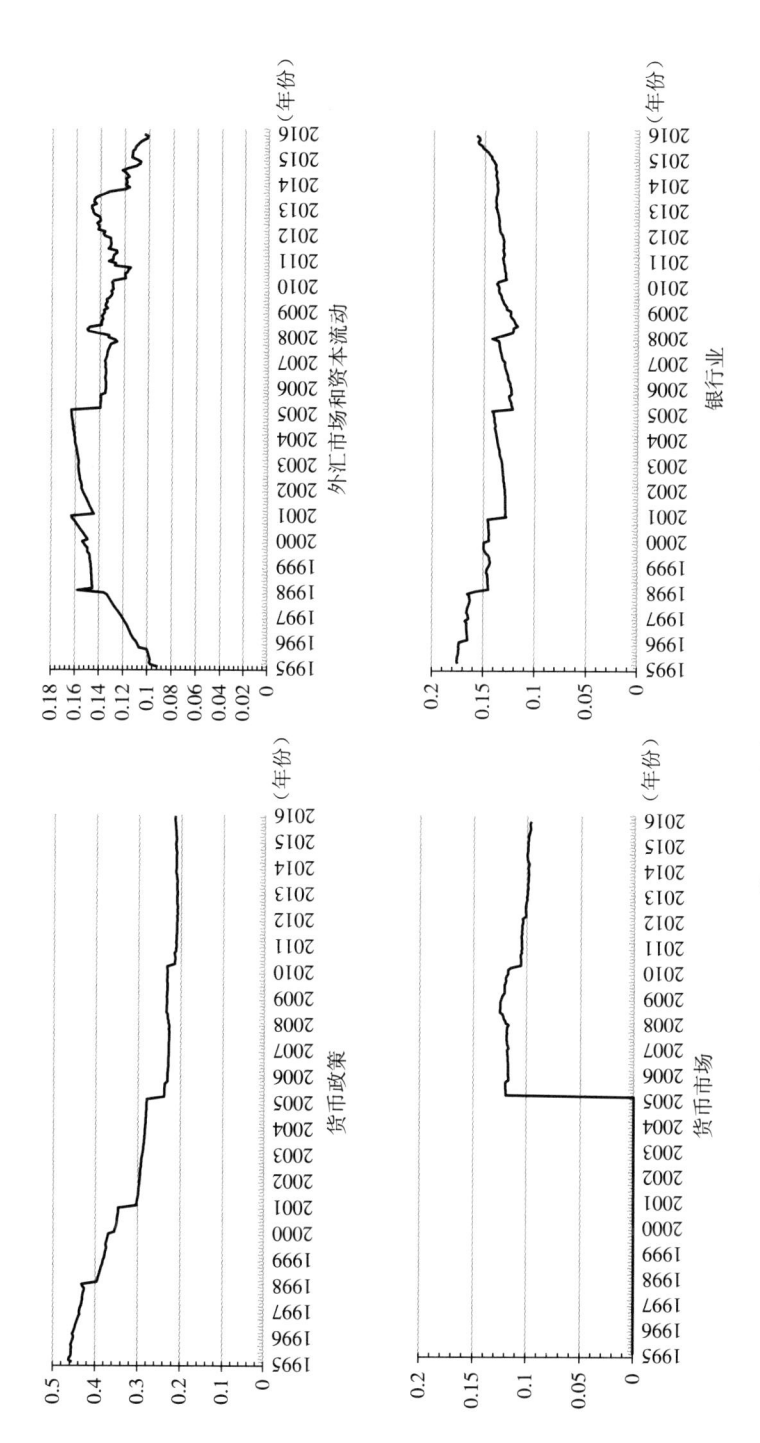

附图10.4　各市场动态权重变化

附图 10.4 各市场动态权重变化（续）

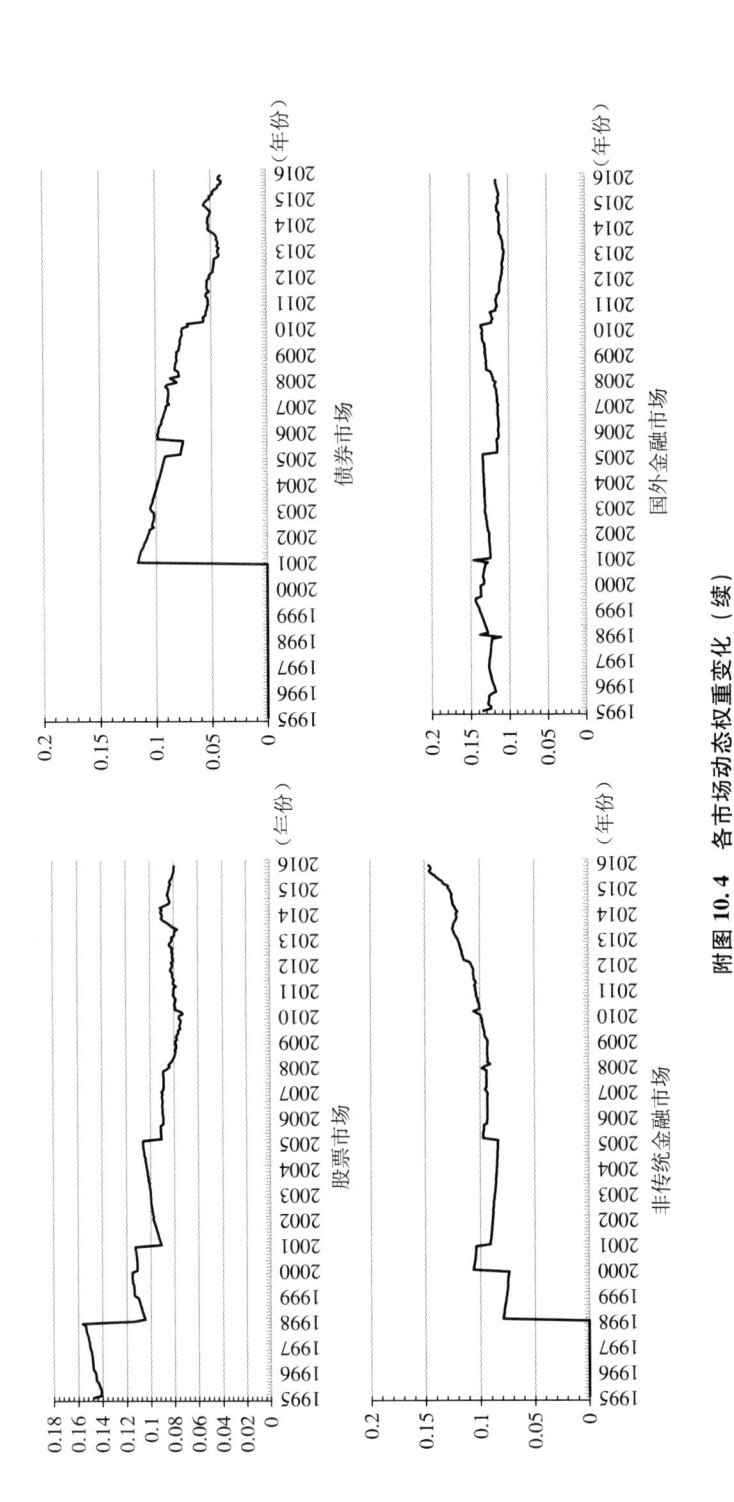

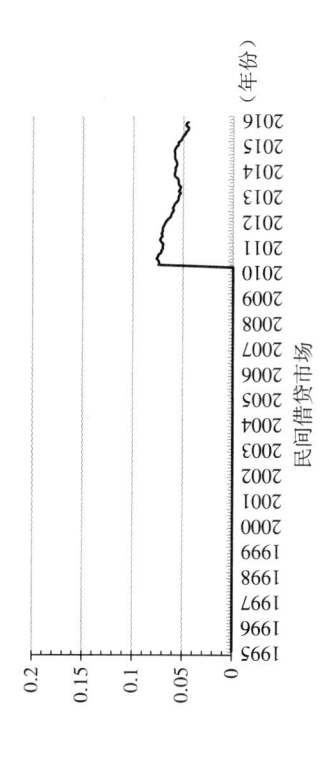

附图 10.4　各市场动态权重变化（续）

注：1. 除货币政策（权重较大），为方便比较，其余变量权重均以 0—0.2 为坐标轴。
2. 由于数据可得性，货币市场于 2006 年 3 月始，债券市场于 2002 年 1 月，民间借贷市场于 2011 年 4 月开始加入模型。前期权重为 0。

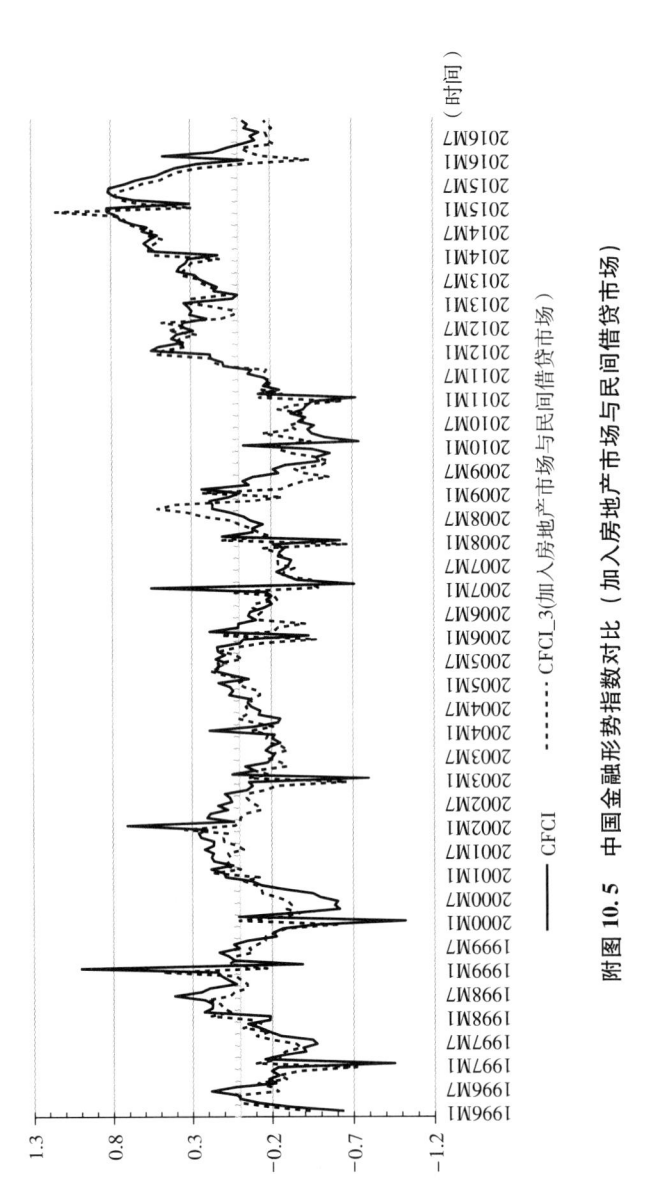

附图 10.5　中国金融形势指数对比（加入房地产市场与民间借贷市场）

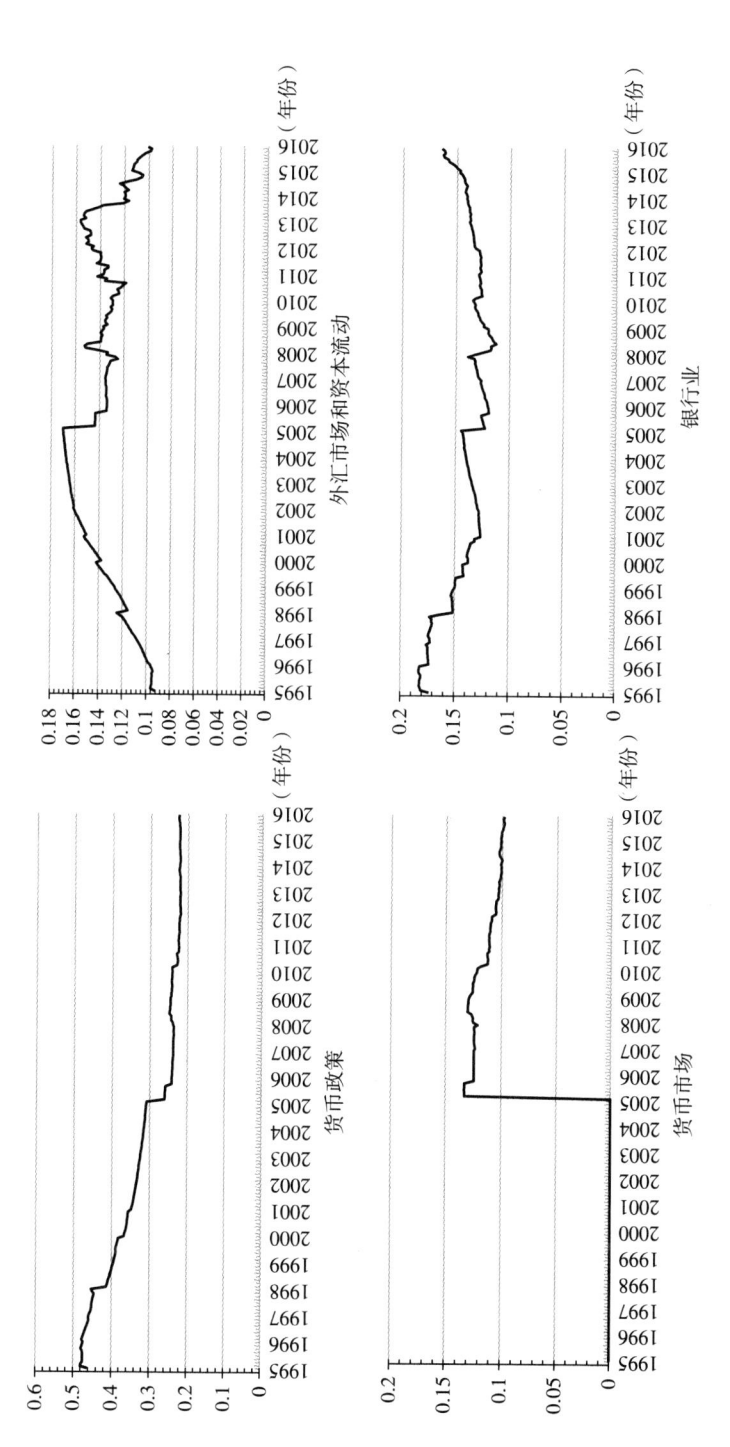

附图10.6 各市场动态权重变化

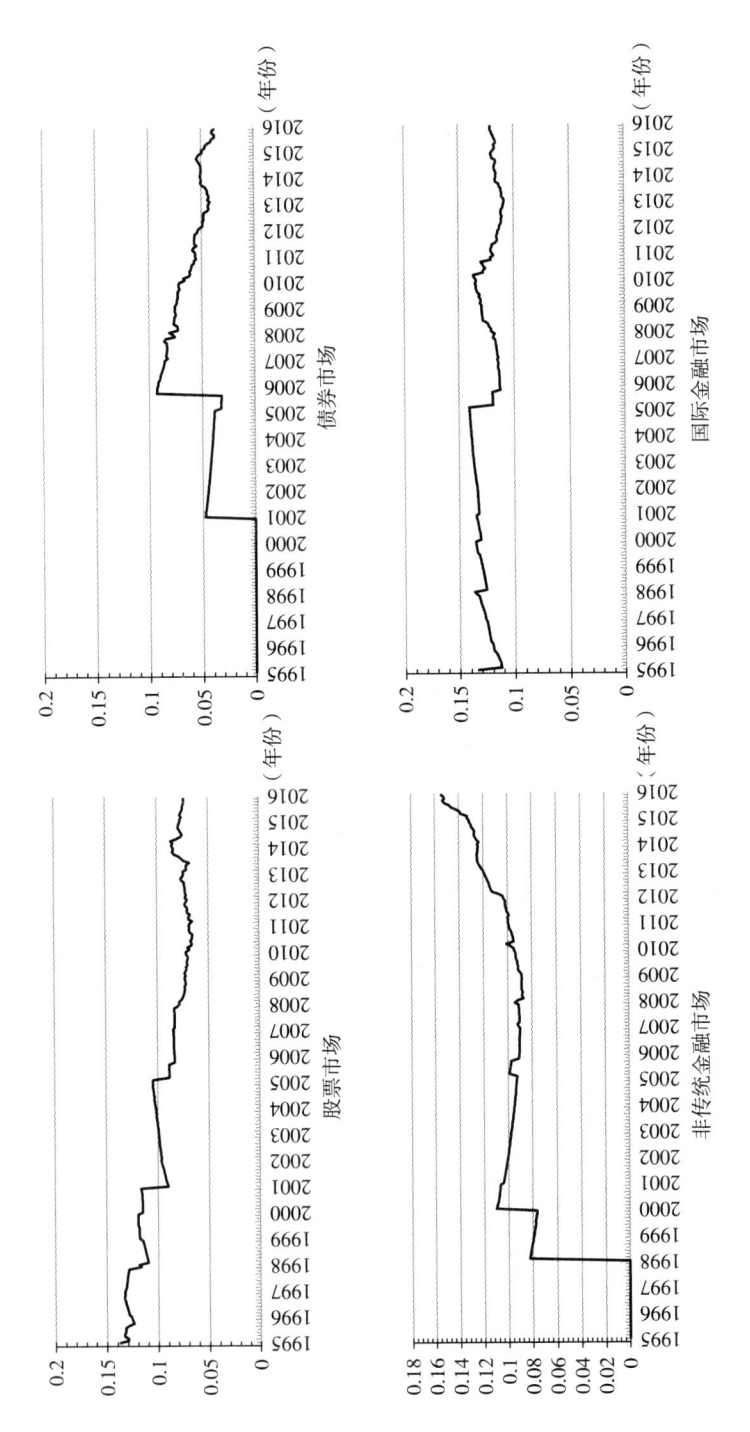

附图10.6 各市场动态权重变化（续）

附图10.6 各市场动态权重变化（续）

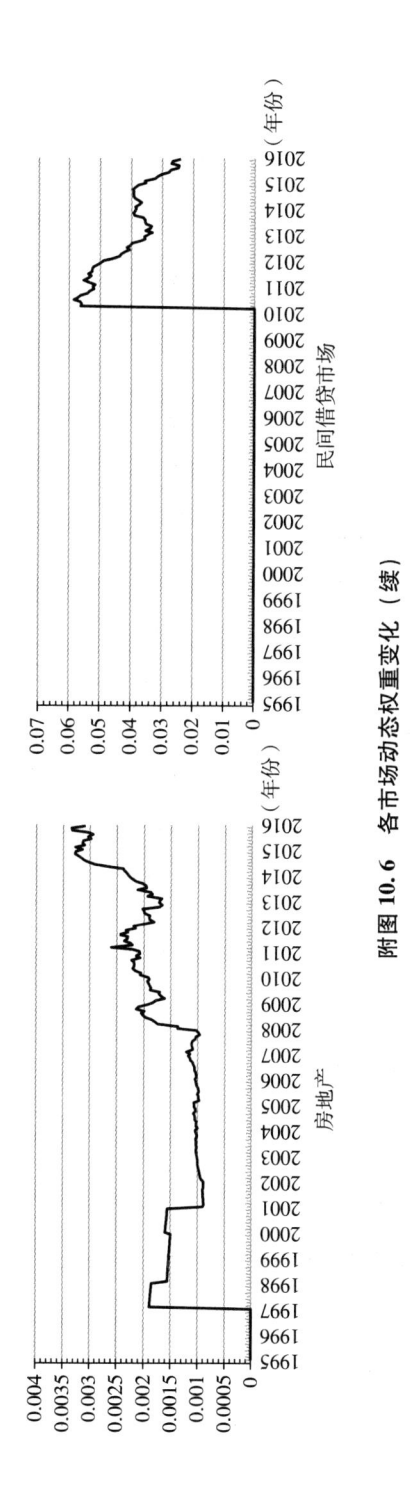

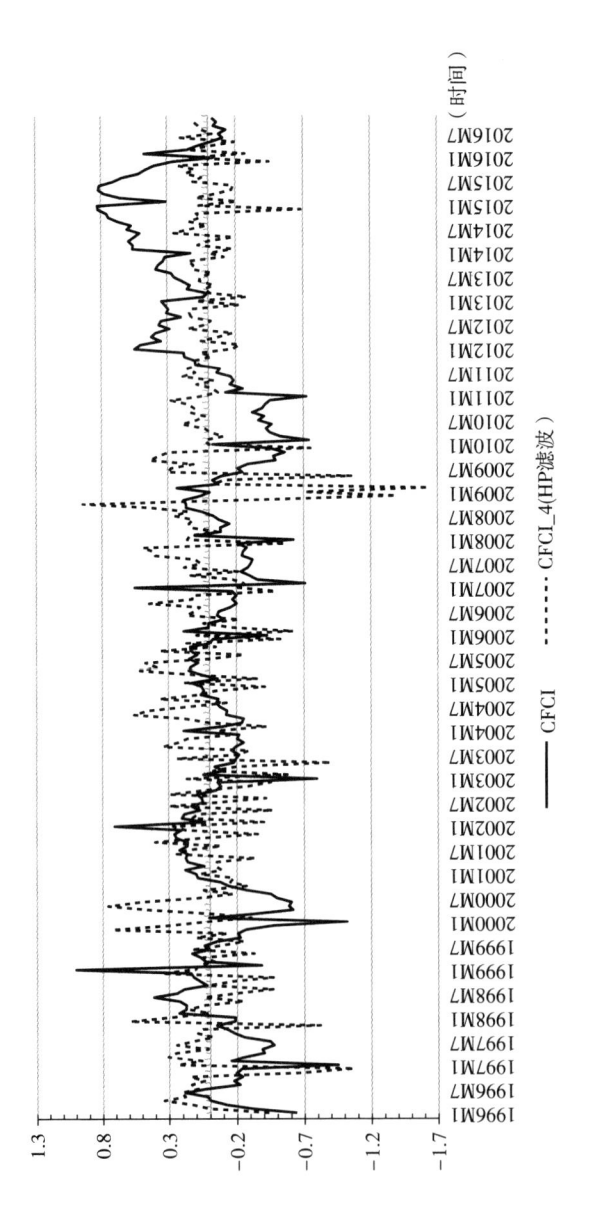

附图 10.7 中国金融形势指数对比（HP 滤波）

于趋势值的波动情况,对波动的情况能够有较好的估计,然而金融形势发展的趋势则无法从指数中获得。附录图 10.7 为 HP 滤波后的变量构建的 CFCI_4,可以看到,使用偏离值构建的指数基本无趋势变化,主要反映波动情况。

第十二章 附录一

附表 12.1　　　　稳健性检验参数估计结果（FC2）

参数	均值	标准差	95%置信区间	CD 统计量	无效因子
$(\sum_\beta)_1$	0.0229	0.0026	[0.0184, 0.0287]	0.034	4.06
$(\sum_\beta)_2$	0.0228	0.0026	[0.0183, 0.0285]	0.493	4.41
$(\sum_\beta)_3$	0.0231	0.0027	[0.0186, 0.0290]	0.074	3.03
$(\sum_\beta)_4$	0.0228	0.0027	[0.0183, 0.0287]	0.091	2.71
$(\sum_\beta)_5$	0.0228	0.0026	[0.0184, 0.0286]	0.106	3.25
$(\sum_\beta)_6$	0.0226	0.0025	[0.0183, 0.0282]	0.466	2.42
$(\sum_\beta)_7$	0.0228	0.0026	[0.0184, 0.0286]	0.760	4.87
$(\sum_\beta)_8$	0.0228	0.0026	[0.0184, 0.0287]	0.087	3.14
$(\sum_\beta)_9$	0.0229	0.0027	[0.0183, 0.0288]	0.289	2.79
$(\sum_a)_1$	0.0775	0.0284	[0.0419, 0.1479]	0.673	28.86
$(\sum_a)_2$	0.0920	0.0450	[0.0432, 0.2058]	0.007	38.36
$(\sum_a)_3$	0.0887	0.0400	[0.0427, 0.1959]	0.617	19.49
$(\sum_h)_1$	0.3349	0.1397	[0.1213, 0.6615]	0.007	38.47
$(\sum_h)_2$	0.1759	0.0888	[0.0612, 0.3984]	0.857	41.21
$(\sum_h)_3$	0.4029	0.1323	[0.2082, 0.7131]	0.889	15.38

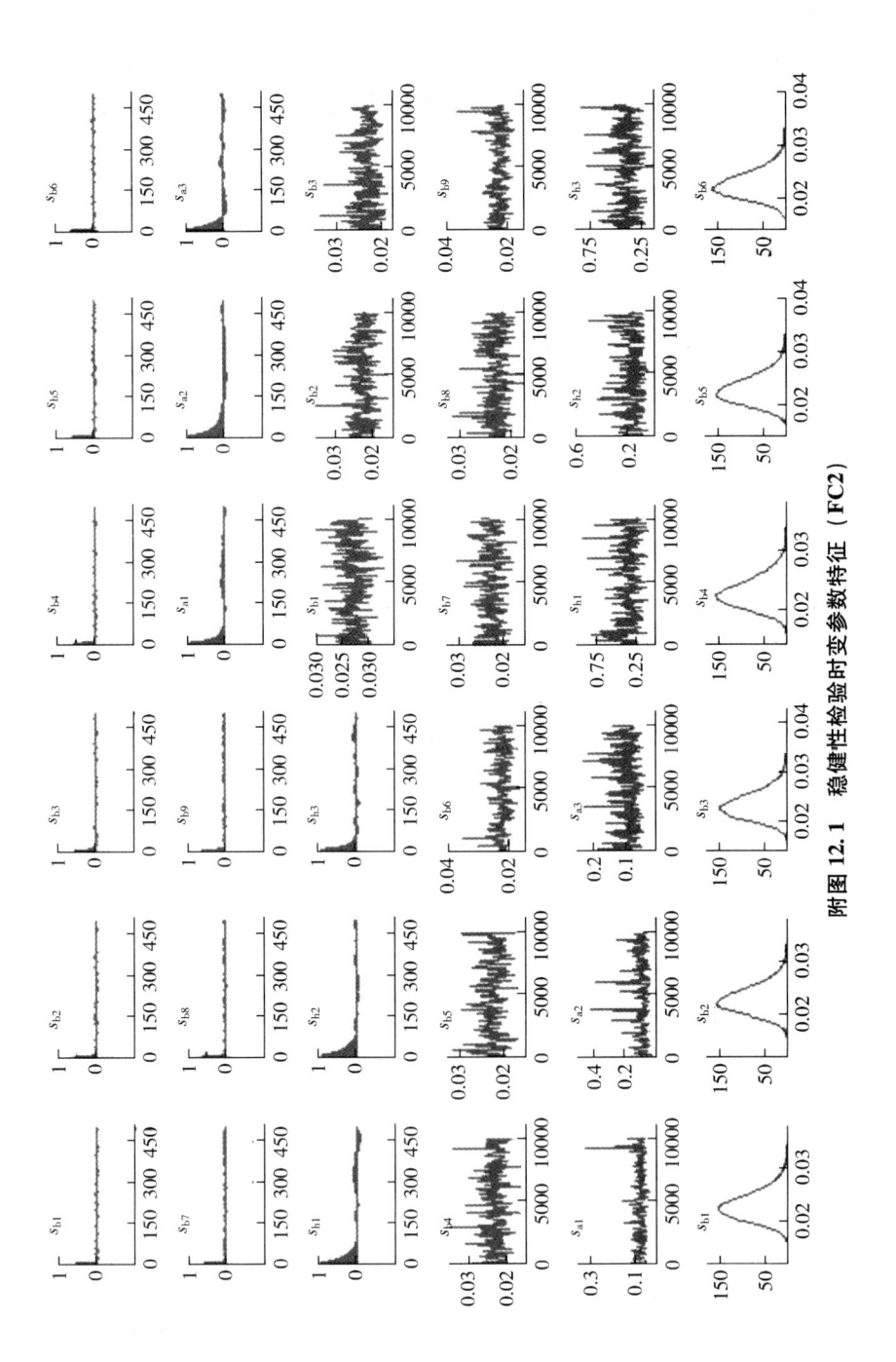

附图 12.1 稳健性检验时变参数特征（FC2）

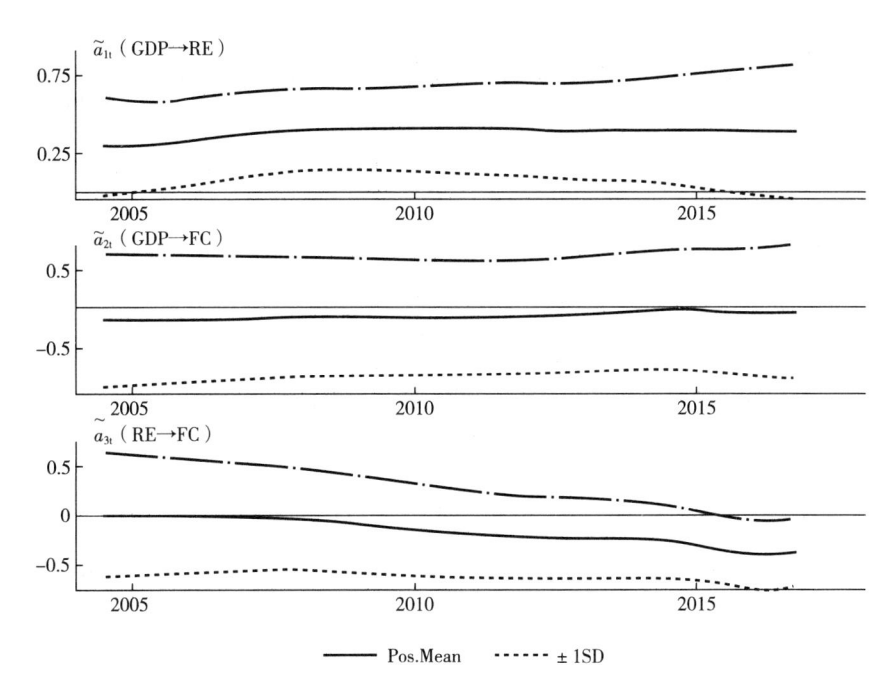

附图 12.2　稳健性检验变量同期关系时变特征（FC2）

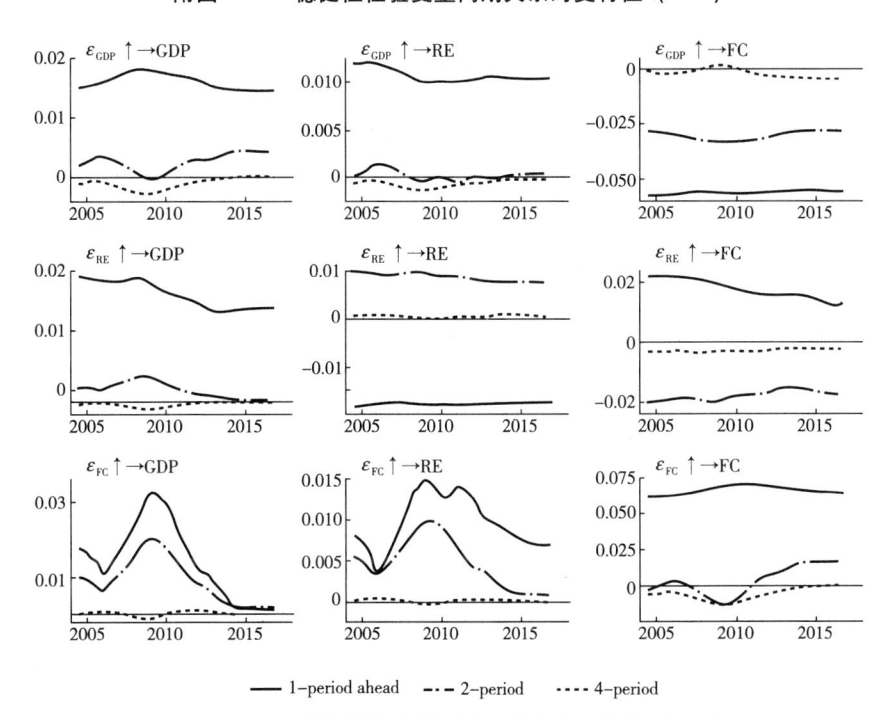

附图 12.3　稳健性检验等间隔脉冲响应函数图（FC2）

附表 12.2　　稳健性检验参数估计结果（FC3）

参数	均值	标准差	95%置信区间	CD统计量	无效因子
$(\sum_\beta)_1$	0.0229	0.0027	[0.0184, 0.0288]	0.583	3.36
$(\sum_\beta)_2$	0.0227	0.0026	[0.0184, 0.0286]	0.432	4.91
$(\sum_\beta)_3$	0.0234	0.0028	[0.0187, 0.0297]	0.000	5.43
$(\sum_\beta)_4$	0.0228	0.0027	[0.0184, 0.0288]	0.112	2.64
$(\sum_\beta)_5$	0.0228	0.0027	[0.0183, 0.0288]	0.318	3.80
$(\sum_\beta)_6$	0.0228	0.0026	[0.0184, 0.0286]	0.045	3.88
$(\sum_\beta)_7$	0.0227	0.0025	[0.0183, 0.0283]	0.923	3.94
$(\sum_\beta)_8$	0.0228	0.0026	[0.0183, 0.0286]	0.075	3.86
$(\sum_\beta)_9$	0.0229	0.0026	[0.0184, 0.0285]	0.553	2.63
$(\sum_a)_1$	0.0798	0.0310	[0.0414, 0.1564]	0.348	20.60
$(\sum_a)_2$	0.0864	0.0378	[0.0424, 0.1847]	0.217	35.88
$(\sum_a)_3$	0.0832	0.0337	[0.0429, 0.1697]	0.846	30.64
$(\sum_h)_1$	0.3157	0.1465	[0.1159, 0.6738]	0.119	51.93
$(\sum_h)_2$	0.1661	0.0856	[0.0599, 0.3865]	0.134	54.48
$(\sum_h)_3$	0.3841	0.1910	[0.1197, 0.8731]	0.100	57.80

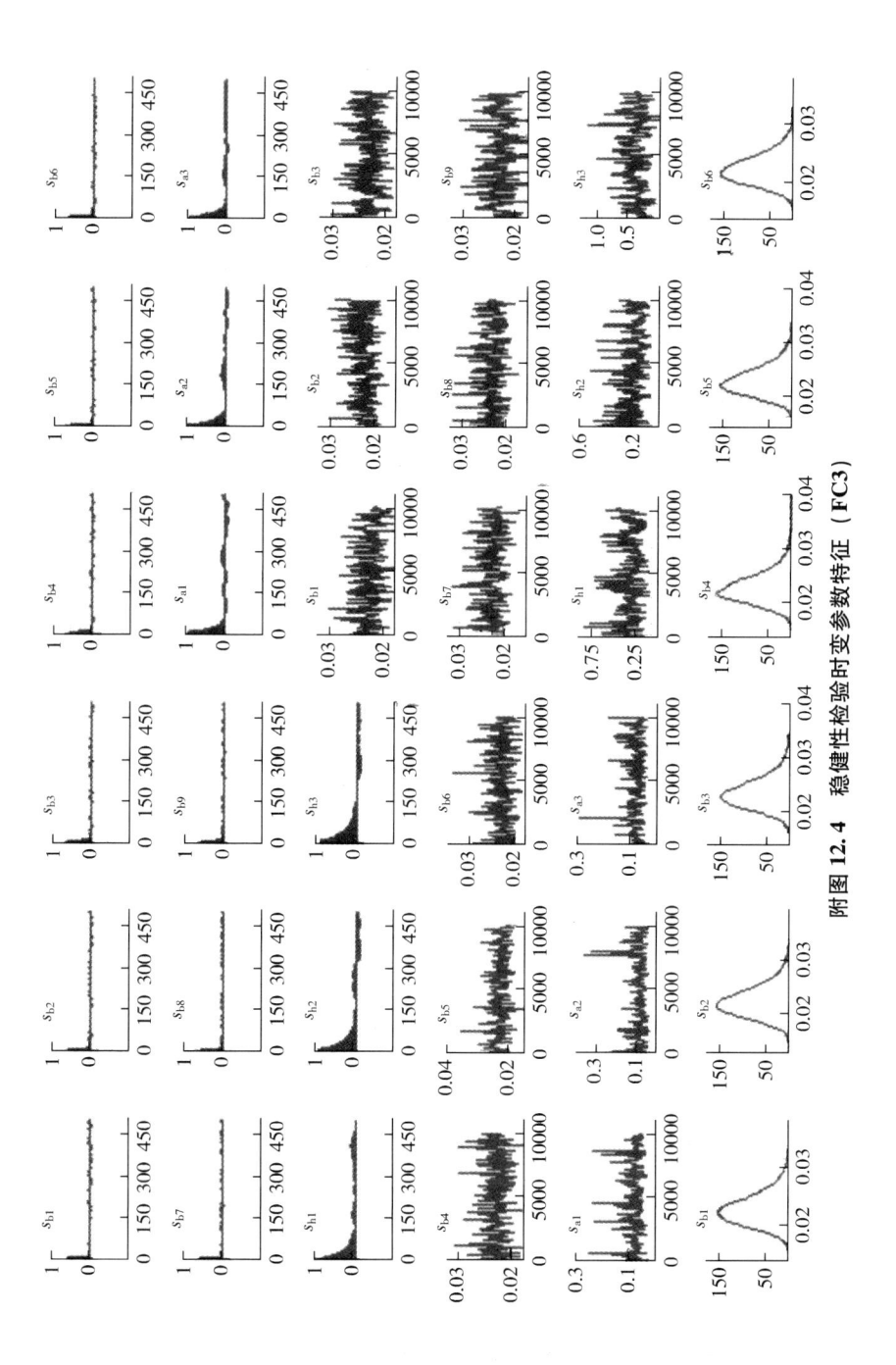

附图 12.4 稳健性检验时变参数特征（FC3）

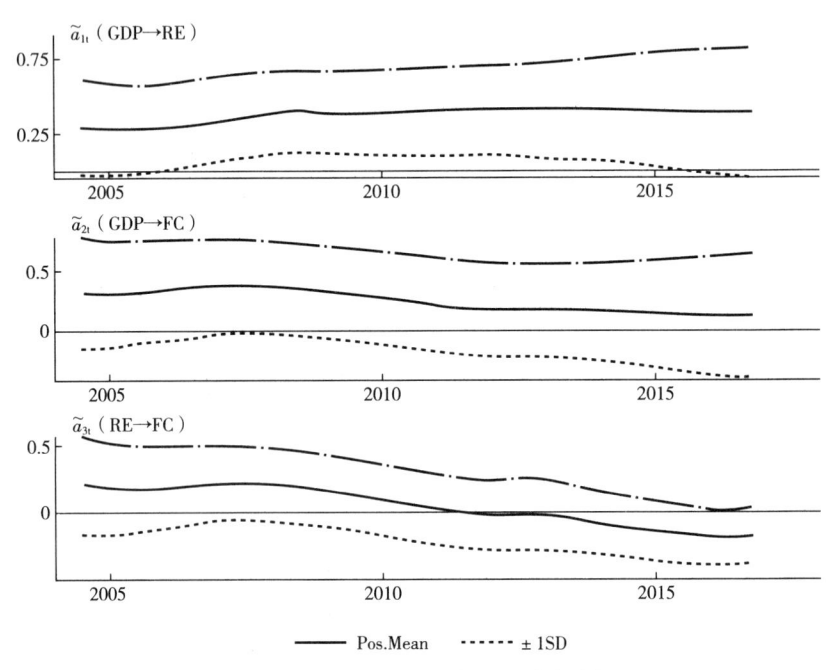

附图 12.5 稳健性检验变量同期关系时变特征（FC3）

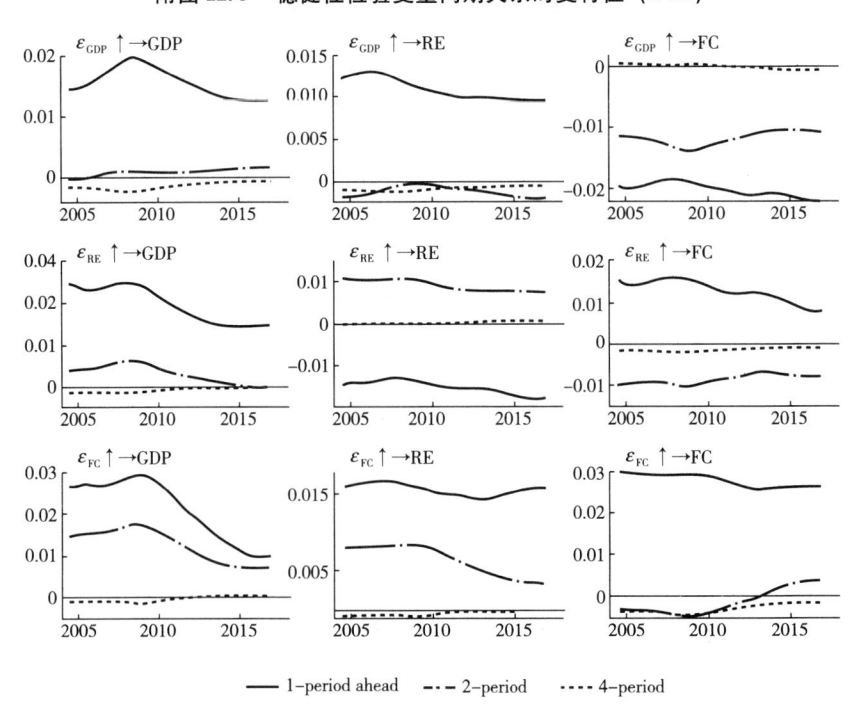

附图 12.6 稳健性检验等间隔脉冲响应函数图（FC3）

附表 12.3　　　　稳健性检验参数估计结果（FC4）

参数	均值	标准差	95%置信区间	CD 统计量	无效因子
$(\sum_\beta)_1$	0.0229	0.0027	[0.0184, 0.0289]	0.034	2.95
$(\sum_\beta)_2$	0.0229	0.0027	[0.0184, 0.0288]	0.495	3.97
$(\sum_\beta)_3$	0.0242	0.0030	[0.0193, 0.0308]	0.642	3.25
$(\sum_\beta)_4$	0.0227	0.0026	[0.0182, 0.0284]	0.067	2.09
$(\sum_\beta)_5$	0.0228	0.0026	[0.0183, 0.0286]	0.144	3.17
$(\sum_\beta)_6$	0.0231	0.0027	[0.0186, 0.0293]	0.520	3.61
$(\sum_\beta)_7$	0.0229	0.0027	[0.0183, 0.0288]	0.933	3.24
$(\sum_\beta)_8$	0.0228	0.0026	[0.0183, 0.0285]	0.250	4.55
$(\sum_\beta)_9$	0.0228	0.0027	[0.0183, 0.0287]	0.405	2.44
$(\sum_a)_1$	0.0759	0.0271	[0.0407, 0.1457]	0.526	21.73
$(\sum_a)_2$	0.0956	0.0514	[0.0433, 0.2344]	0.813	33.03
$(\sum_a)_3$	0.0958	0.0453	[0.0447, 0.2165]	0.109	32.94
$(\sum_h)_1$	0.3643	0.1561	[0.1221, 0.7246]	0.358	55.98
$(\sum_h)_2$	0.1553	0.0797	[0.0596, 0.3589]	0.793	54.04
$(\sum_h)_3$	0.1132	0.0560	[0.0485, 0.2639]	0.846	30.11

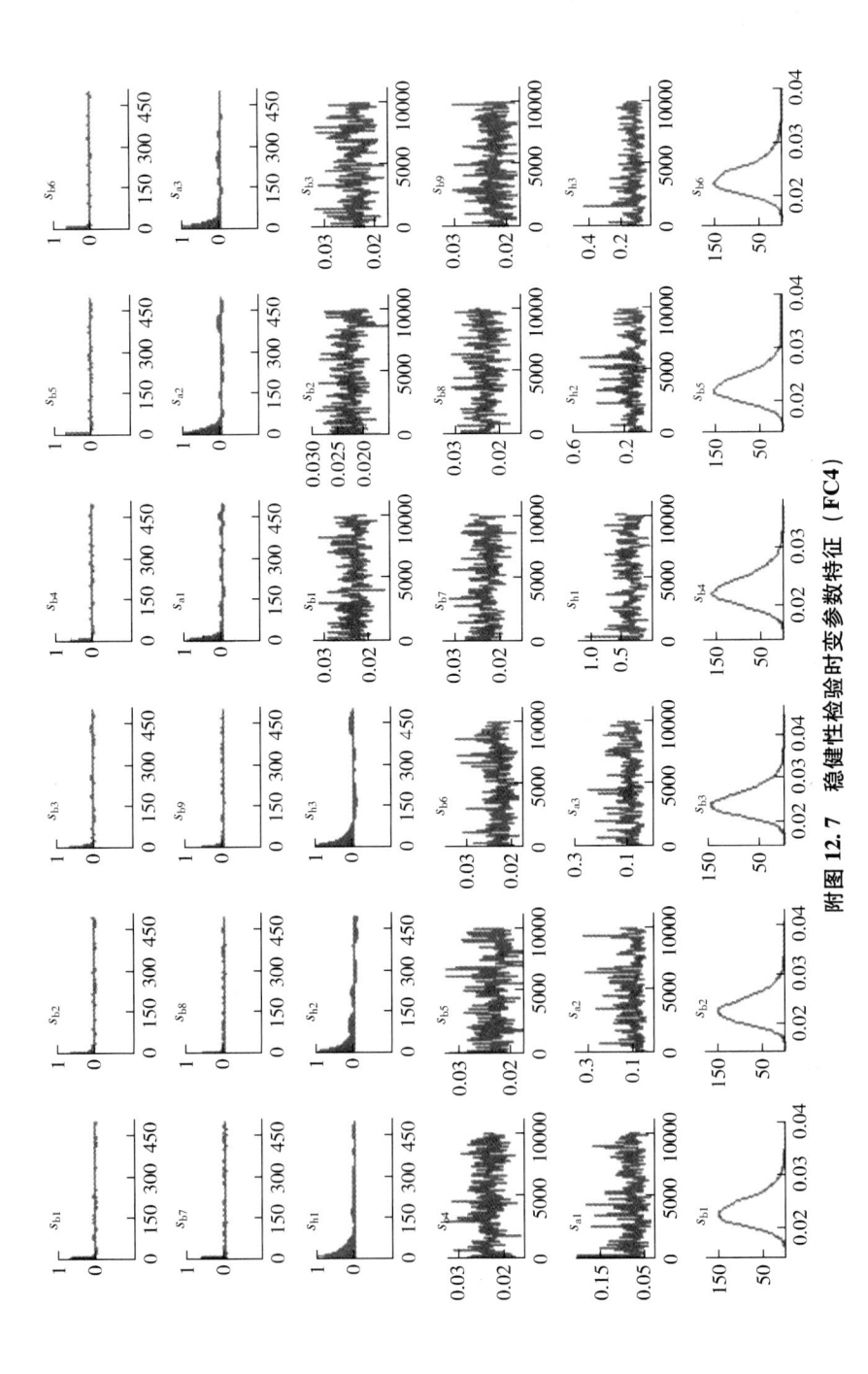

附图 12.7 稳健性检验时变参数特征（FC4）

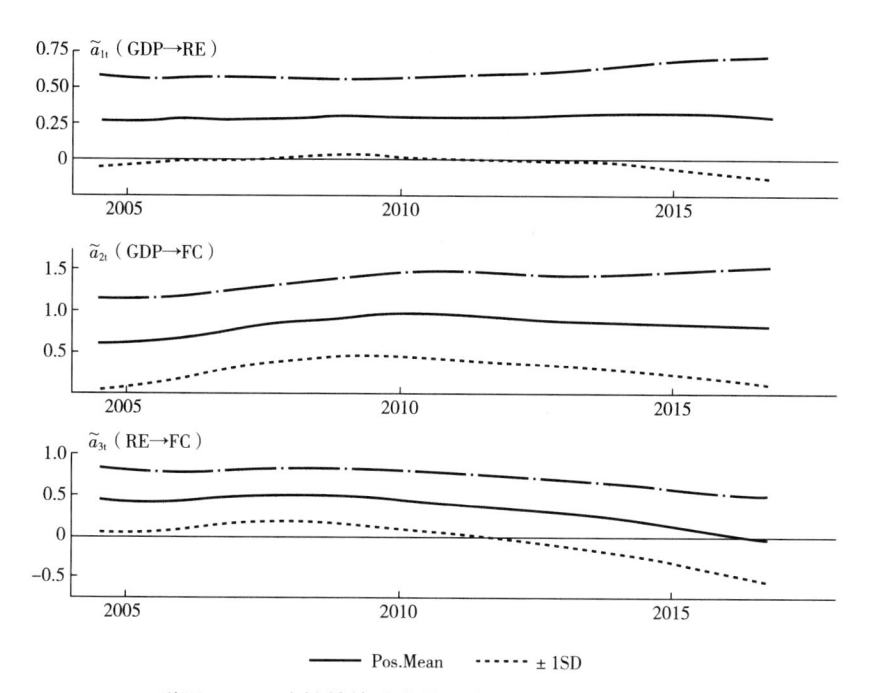

附图12.8 稳健性检验变量同期关系时变特征（FC4）

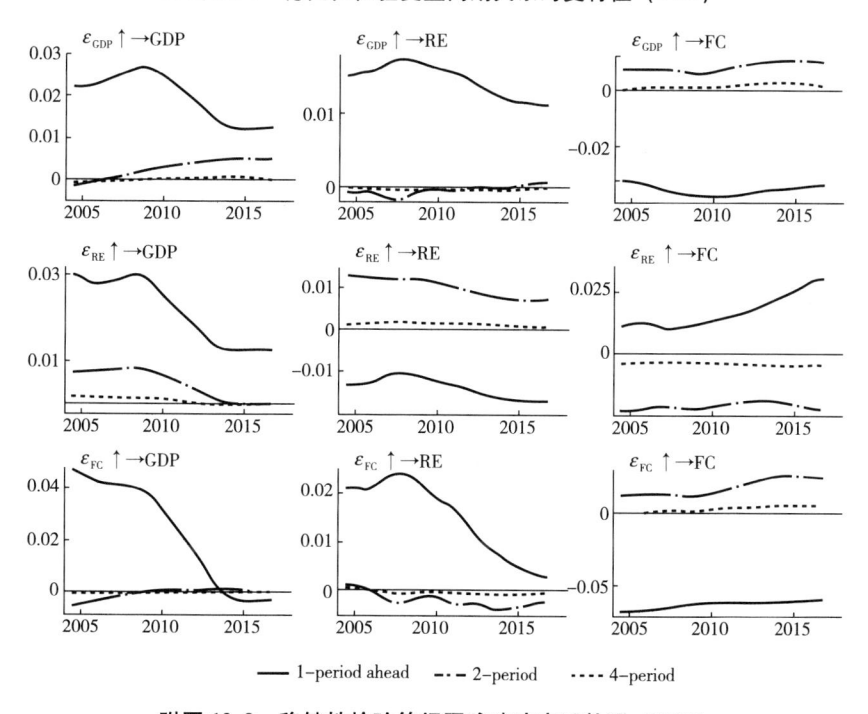

附图12.9 稳健性检验等间隔脉冲响应函数图（FC4）

附表12.4　　　　稳健性检验参数估计结果（FC5）

参数	均值	标准差	95%置信区间	CD统计量	无效因子
$(\sum_\beta)_1$	0.0229	0.0027	[0.0183, 0.0290]	0.038	4.91
$(\sum_\beta)_2$	0.0228	0.0027	[0.0183, 0.0286]	0.380	3.09
$(\sum_\beta)_3$	0.0238	0.0029	[0.0189, 0.0302]	0.955	4.35
$(\sum_\beta)_4$	0.0229	0.0027	[0.0184, 0.0288]	0.456	3.15
$(\sum_\beta)_5$	0.0227	0.0026	[0.0183, 0.0285]	0.395	2.78
$(\sum_\beta)_6$	0.0227	0.0026	[0.0182, 0.0285]	0.898	2.52
$(\sum_\beta)_7$	0.0228	0.0027	[0.0183, 0.0287]	0.487	3.46
$(\sum_\beta)_8$	0.0228	0.0026	[0.0183, 0.0286]	0.391	3.50
$(\sum_\beta)_9$	0.0228	0.0026	[0.0184, 0.0285]	0.307	2.04
$(\sum_a)_1$	0.0802	0.0316	[0.0415, 0.1597]	0.414	26.91
$(\sum_a)_2$	0.0803	0.0325	[0.0414, 0.1645]	0.032	31.90
$(\sum_a)_3$	0.0815	0.0340	[0.0409, 0.1711]	0.462	27.13
$(\sum_h)_1$	0.5296	0.1917	[0.2276, 0.9798]	0.077	38.22
$(\sum_h)_2$	0.1636	0.0799	[0.0620, 0.3694]	0.521	49.07
$(\sum_h)_3$	0.1298	0.0784	[0.0498, 0.3321]	0.557	39.71

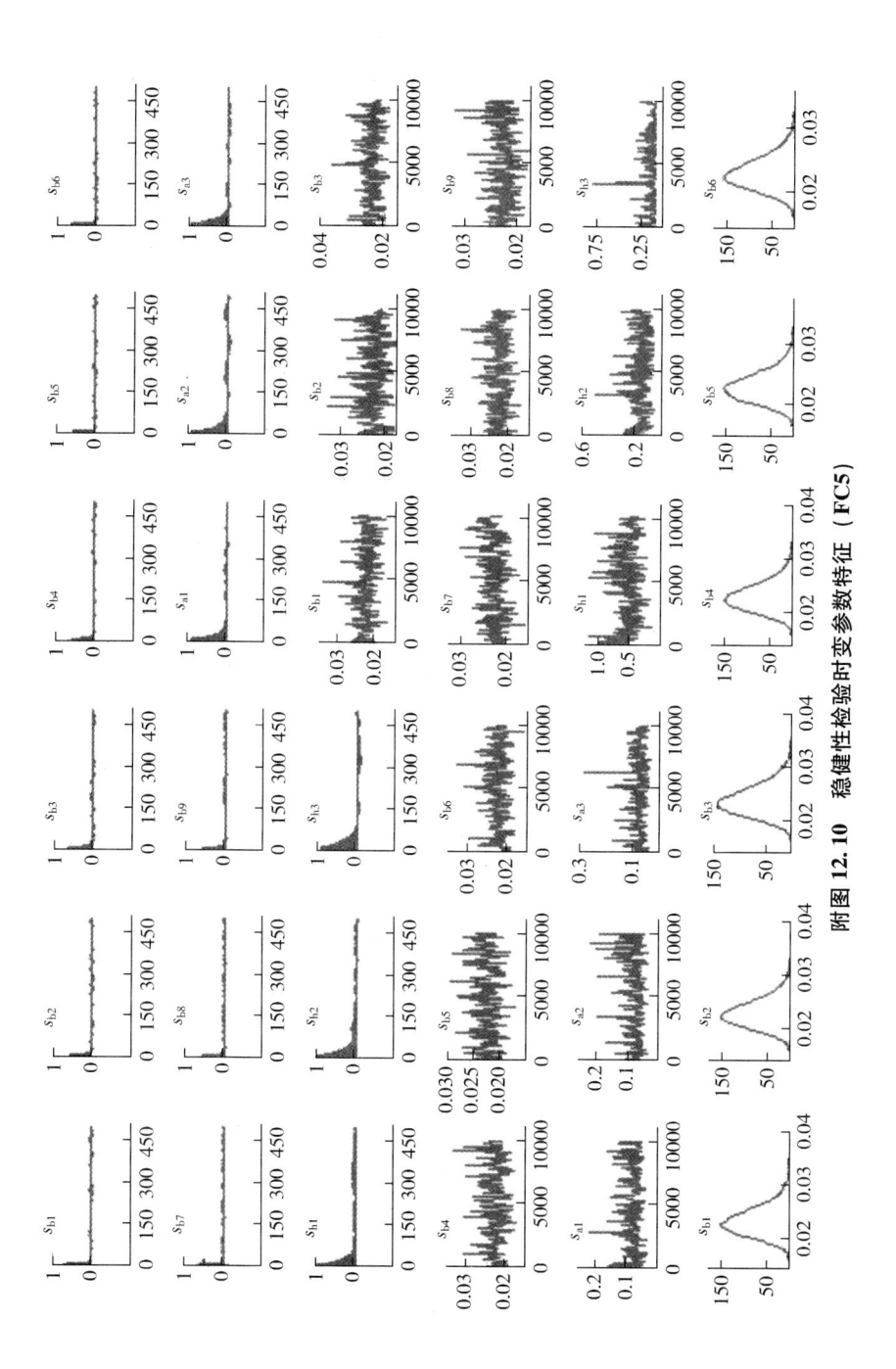

附图 12.10 稳健性检验时变参数特征（FC5）

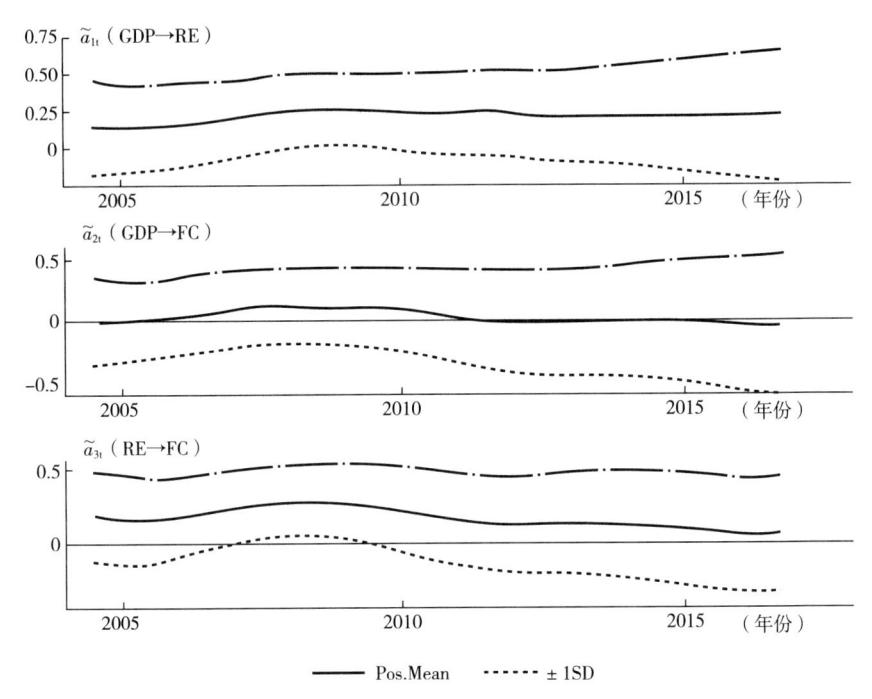

附图 12.11 稳健性检验变量同期关系时变特征（FC5）

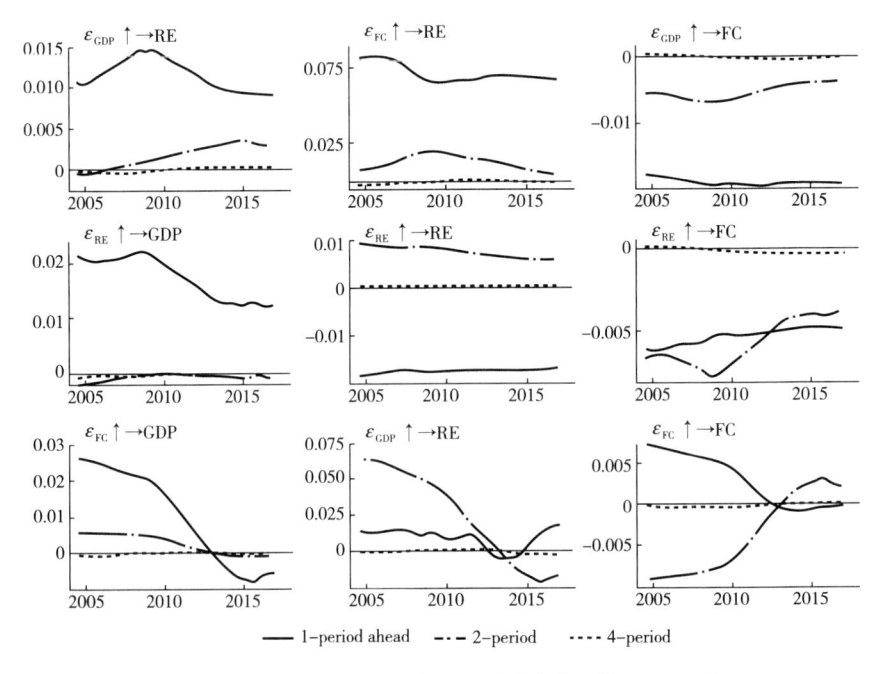

附图 12.12 稳健性检验等间隔脉冲响应函数图（FC5）

第十二章 附录二

附表 12.5　　稳健性检验参数估计结果
（FC6，金融变量波动性倒数加权）

参数	均值	标准差	95%置信区间	CD 统计量	无效因子
$(\sum_\beta)_1$	0.0229	0.0026	[0.0185, 0.0288]	0.236	2.80
$(\sum_\beta)_2$	0.0230	0.0027	[0.0185, 0.0290]	0.151	3.53
$(\sum_\beta)_3$	0.0253	0.0030	[0.0203, 0.0321]	0.002	3.97
$(\sum_\beta)_4$	0.0229	0.0026	[0.0184, 0.0287]	0.638	3.16
$(\sum_\beta)_5$	0.0227	0.0026	[0.0183, 0.0284]	0.068	3.09
$(\sum_\beta)_6$	0.0228	0.0026	[0.0183, 0.0286]	0.379	3.83
$(\sum_\beta)_7$	0.0228	0.0026	[0.0183, 0.0287]	0.089	3.00
$(\sum_\beta)_8$	0.0228	0.0027	[0.0184, 0.0289]	0.112	2.36
$(\sum_\beta)_9$	0.0228	0.0026	[0.0184, 0.0287]	0.757	3.56
$(\sum_a)_1$	0.0863	0.0377	[0.0423, 0.1911]	0.521	57.28
$(\sum_a)_2$	0.0893	0.0423	[0.0430, 0.2121]	0.030	38.37
$(\sum_a)_3$	0.0856	0.0396	[0.0422, 0.1934]	0.346	32.38
$(\sum_h)_1$	0.3431	0.1553	[0.0931, 0.6900]	0.351	51.92
$(\sum_h)_2$	0.1674	0.0926	[0.0569, 0.4038]	0.607	54.61
$(\sum_h)_3$	0.1039	0.0461	[0.0487, 0.2200]	0.229	32.16

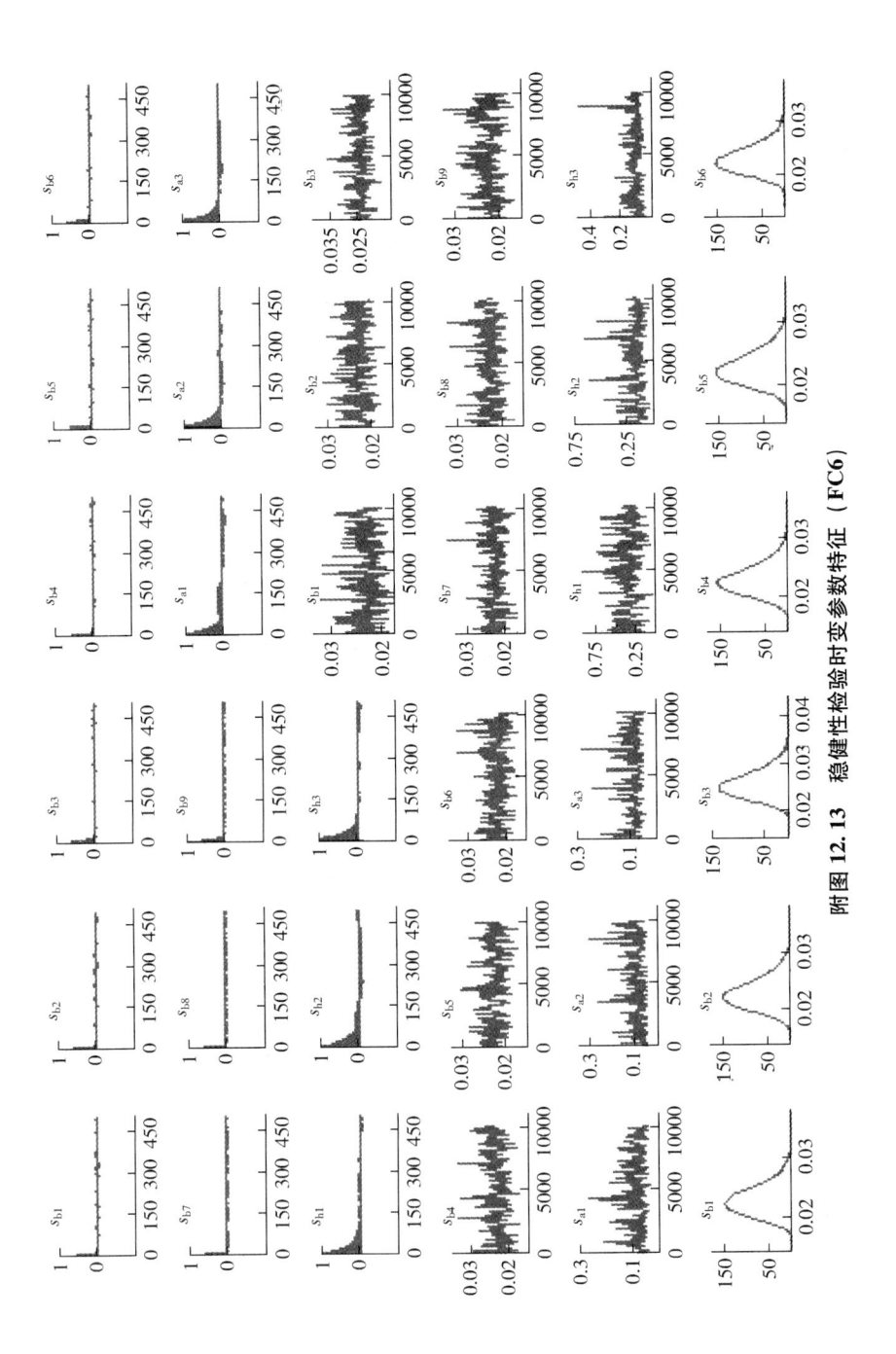

附图 12.13 稳健性检验时变参数特征（FC6）

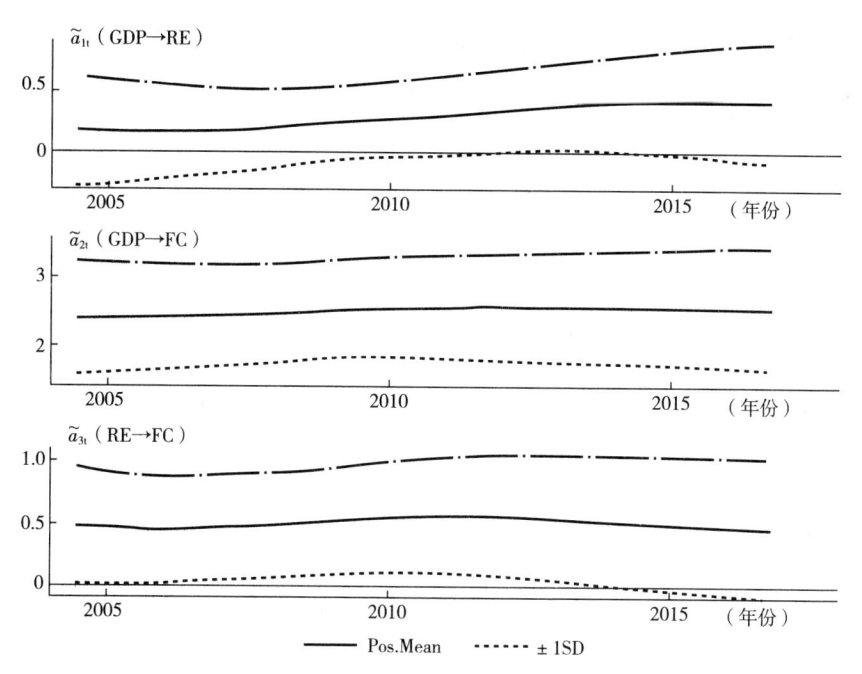

附图 12.14　稳健性检验变量同期关系时变特征（FC6）

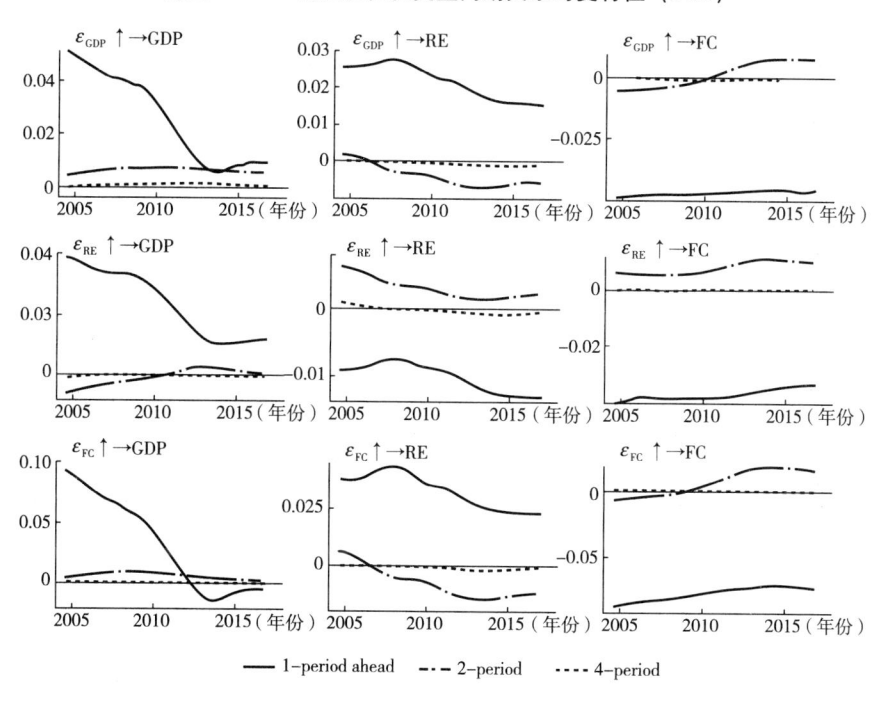

附图 12.15　稳健性检验等间隔脉冲响应函数图（FC6）

附表12.6　　　　稳健性检验参数估计结果
（FC7，金融变量与产出水平相关性加权）

参数	均值	标准差	95%置信区间	CD统计量	无效因子
$(\sum_\beta)_1$	0.0228	0.0027	[0.0183, 0.0288]	0.061	2.96
$(\sum_\beta)_2$	0.0228	0.0026	[0.0184, 0.0286]	0.000	2.86
$(\sum_\beta)_3$	0.0235	0.0027	[0.0190, 0.0294]	0.330	4.68
$(\sum_\beta)_4$	0.0228	0.0027	[0.0183, 0.0287]	0.001	3.31
$(\sum_\beta)_5$	0.0227	0.0026	[0.0183, 0.0285]	0.117	2.47
$(\sum_\beta)_6$	0.0234	0.0026	[0.0190, 0.0292]	0.243	3.58
$(\sum_\beta)_7$	0.0228	0.0027	[0.0183, 0.0288]	0.000	3.29
$(\sum_\beta)_8$	0.0228	0.0026	[0.0183, 0.0285]	0.977	3.71
$(\sum_\beta)_9$	0.0228	0.0026	[0.0184, 0.0285]	0.720	4.04
$(\sum_a)_1$	0.0818	0.0349	[0.0422, 0.1751]	0.961	28.64
$(\sum_a)_2$	0.0882	0.0413	[0.0414, 0.2062]	0.643	35.01
$(\sum_a)_3$	0.0894	0.0388	[0.0441, 0.1869]	0.089	27.90
$(\sum_h)_1$	0.1946	0.0970	[0.0680, 0.4353]	0.082	48.39
$(\sum_h)_2$	0.1946	0.0769	[0.0791, 0.3780]	0.897	37.14
$(\sum_h)_3$	0.1656	0.0931	[0.0573, 0.4102]	0.705	42.86

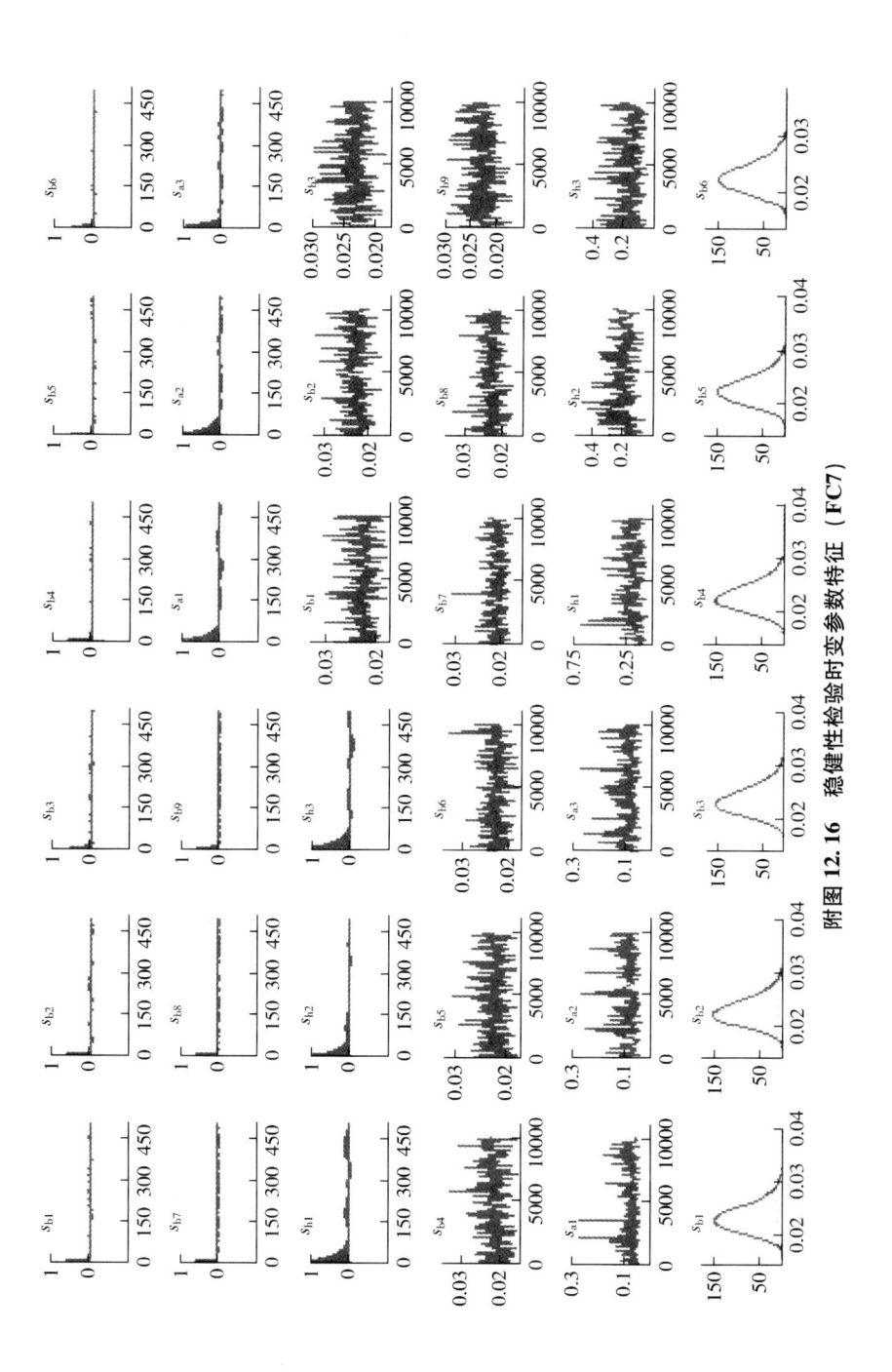

附图 12.16 稳健性检验时变参数特征（FC7）

541

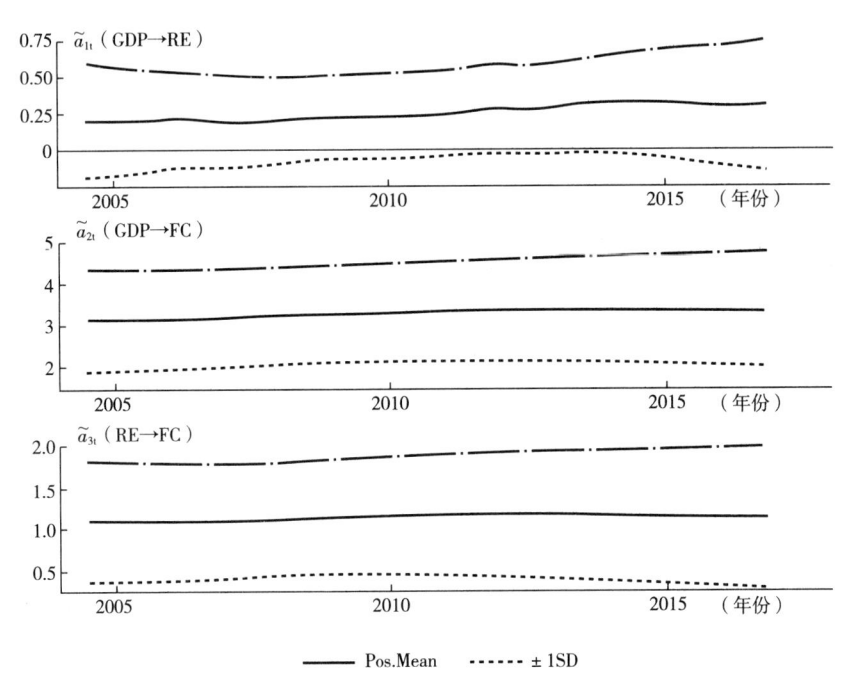

附图 12.17 稳健性检验变量同期关系时变特征（FC7）

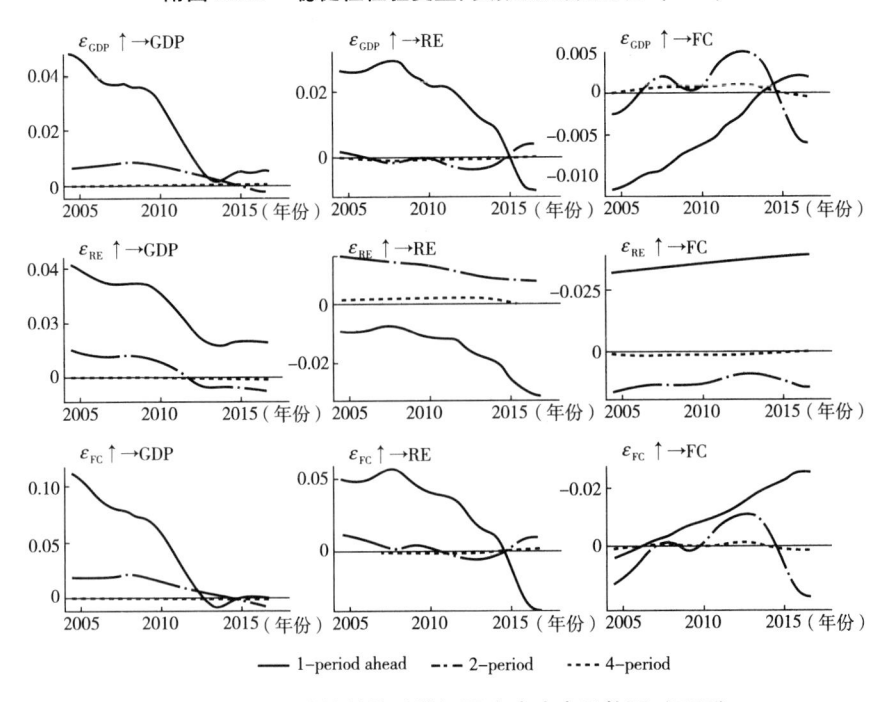

附图 12.18 稳健性检验等间隔脉冲响应函数图（FC7）

附表12.7 　　　　稳健性检验参数估计结果
（FC8，金融变量主成分分析法合成）

参数	均值	标准差	95%置信区间	CD统计量	无效因子
$(\sum_\beta)_1$	0.0229	0.0026	[0.0184, 0.0288]	0.557	4.30
$(\sum_\beta)_2$	0.0229	0.0026	[0.0183, 0.0284]	0.469	4.01
$(\sum_\beta)_3$	0.0217	0.0023	[0.0177, 0.0267]	0.150	2.98
$(\sum_\beta)_4$	0.0228	0.0027	[0.0183, 0.0287]	0.010	4.40
$(\sum_\beta)_5$	0.0227	0.0026	[0.0184, 0.0286]	0.001	2.89
$(\sum_\beta)_6$	0.0222	0.0024	[0.0181, 0.0274]	0.620	2.86
$(\sum_\beta)_7$	0.0228	0.0026	[0.0183, 0.0286]	0.814	2.28
$(\sum_\beta)_8$	0.0228	0.0026	[0.0183, 0.0285]	0.959	2.78
$(\sum_\beta)_9$	0.0227	0.0026	[0.0184, 0.0285]	0.220	3.63
$(\sum_a)_1$	0.0830	0.0367	[0.0410, 0.1803]	0.172	32.13
$(\sum_a)_2$	0.0912	0.0476	[0.0424, 0.2241]	0.769	55.65
$(\sum_a)_3$	0.0969	0.0594	[0.0440, 0.2527]	0.545	39.64
$(\sum_h)_1$	0.3144	0.1440	[0.1074, 0.6500]	0.135	47.37
$(\sum_h)_2$	0.1625	0.0868	[0.0598, 0.3841]	0.927	52.57
$(\sum_h)_3$	0.9826	0.2555	[0.5899, 1.5992]	0.595	27.51

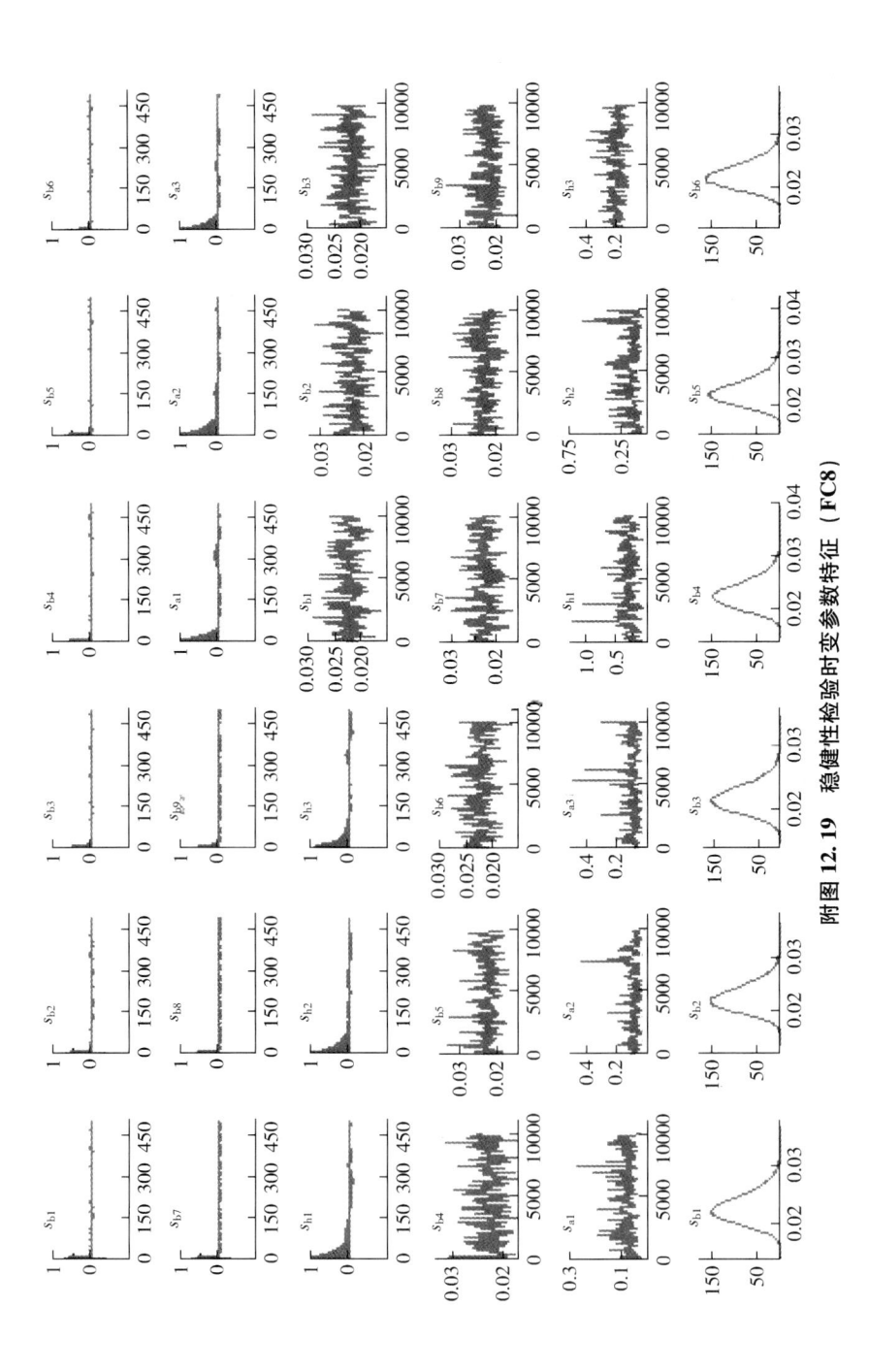

附图 12.19 稳健性检验时变参数特征（FC8）

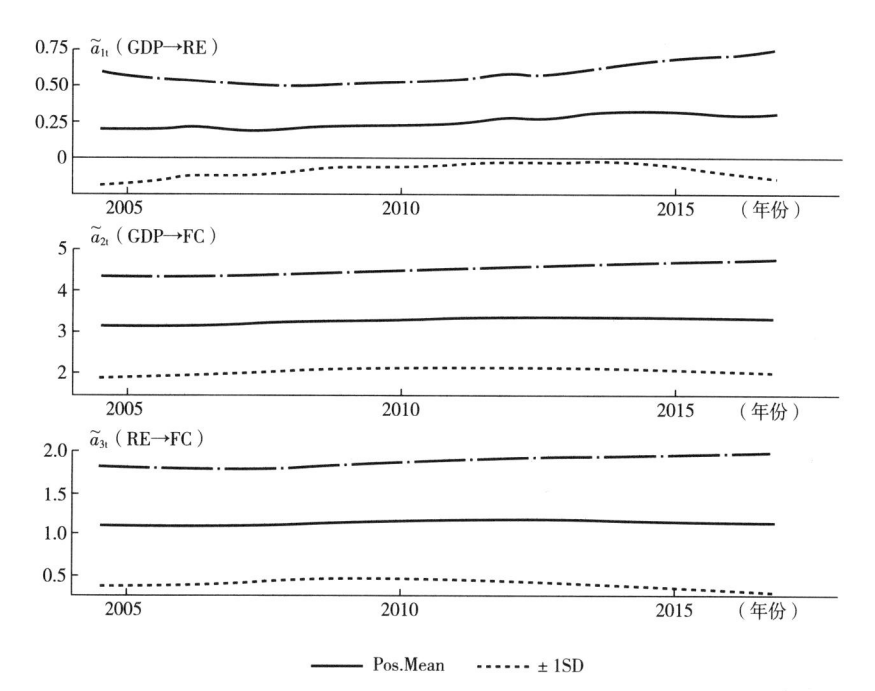

附图12.20 稳健性检验变量同期关系时变特征（FC8）

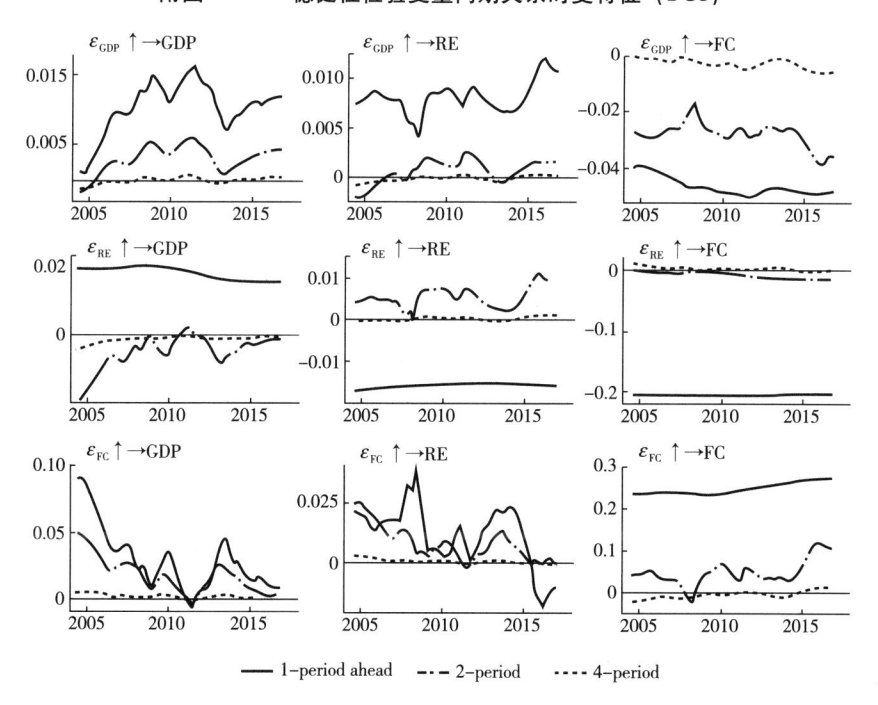

附图12.21 稳健性检验等间隔脉冲响应函数图（FC8）

第十二章 附录三

附表 12.8　稳健性检验参数估计结果（FC9）

参数	均值	标准差	95%置信区间	CD 统计量	无效因子
$(\sum_\beta)_1$	0.0229	0.0027	[0.0184, 0.0288]	0.346	2.96
$(\sum_\beta)_2$	0.0227	0.0026	[0.0183, 0.0285]	0.436	3.36
$(\sum_\beta)_3$	0.0235	0.0028	[0.0189, 0.0297]	0.859	3.41
$(\sum_\beta)_4$	0.0229	0.0027	[0.0183, 0.0288]	0.773	4.34
$(\sum_\beta)_5$	0.0228	0.0026	[0.0183, 0.0284]	0.294	3.01
$(\sum_\beta)_6$	0.0229	0.0027	[0.0184, 0.0287]	0.005	3.91
$(\sum_\beta)_7$	0.0228	0.0026	[0.0183, 0.0284]	0.126	4.84
$(\sum_\beta)_8$	0.0228	0.0026	[0.0183, 0.0285]	0.689	2.70
$(\sum_\beta)_9$	0.0228	0.0026	[0.0185, 0.0287]	0.728	2.58
$(\sum_a)_1$	0.0810	0.0312	[0.0419, 0.1613]	0.375	14.59
$(\sum_a)_2$	0.0832	0.0383	[0.0410, 0.1727]	0.146	28.00
$(\sum_a)_3$	0.0862	0.0403	[0.0423, 0.1921]	0.174	38.99
$(\sum_h)_1$	0.4053	0.1428	[0.1784, 0.7309]	0.000	33.29
$(\sum_h)_2$	0.1814	0.0910	[0.0676, 0.4155]	0.932	47.22
$(\sum_h)_3$	0.1097	0.0571	[0.0488, 0.2502]	0.976	41.13

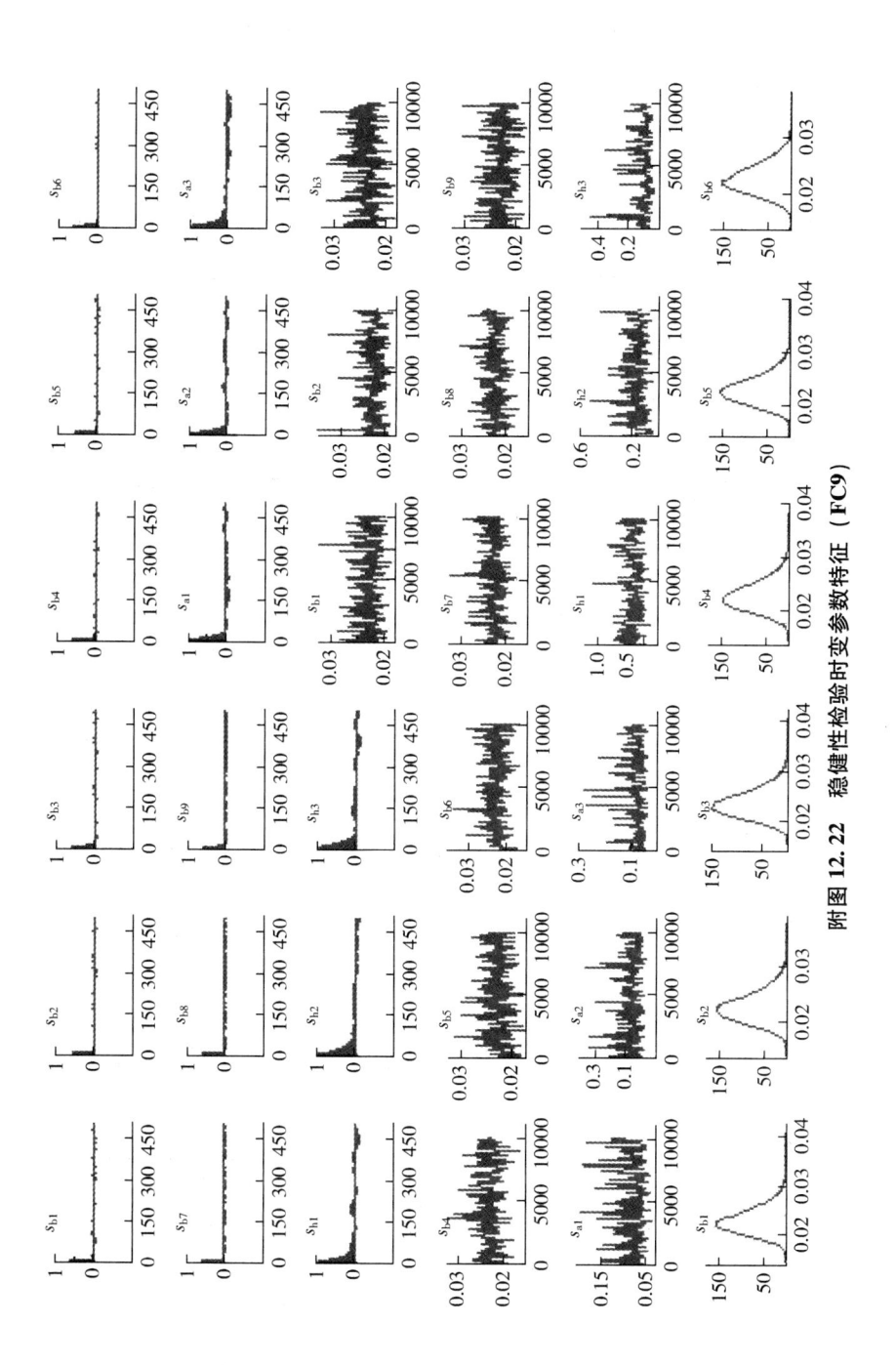

附图 12.22 稳健性检验时变参数特征（FC9）

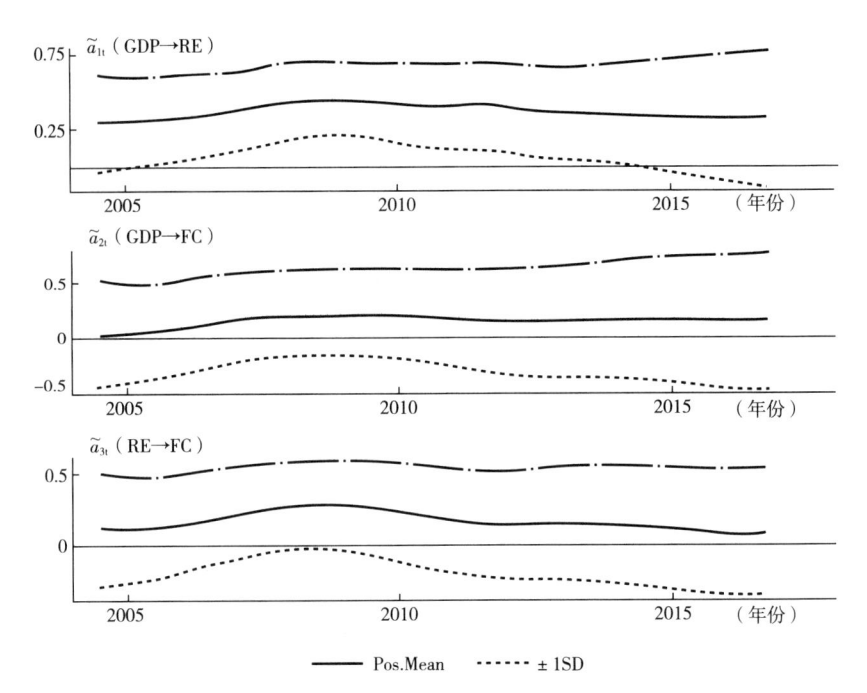

附图 12.23　稳健性检验变量同期关系时变特征（FC9）

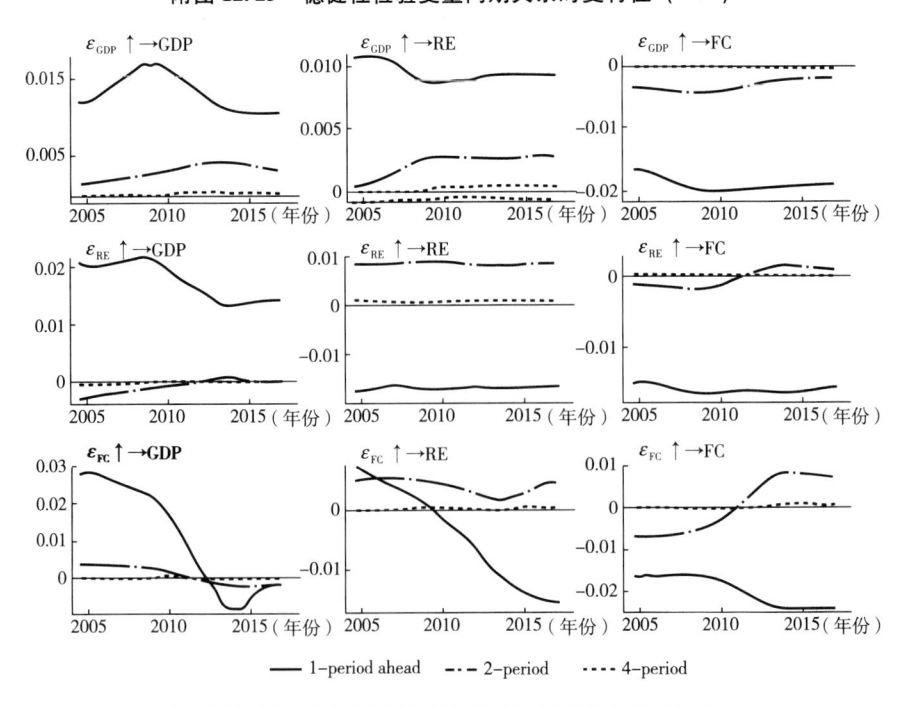

附图 12.24　稳健性检验等间隔脉冲响应函数图（FC9）

第十二章 附录四

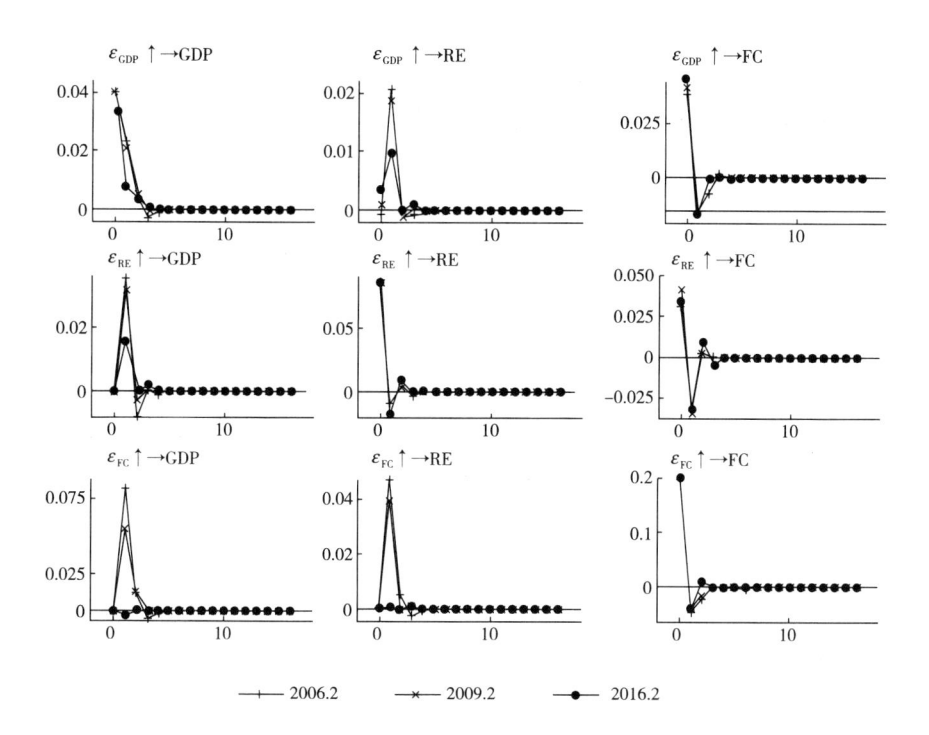

附图 12.25 稳健性检验时点脉冲响应图季节性检验第二季度

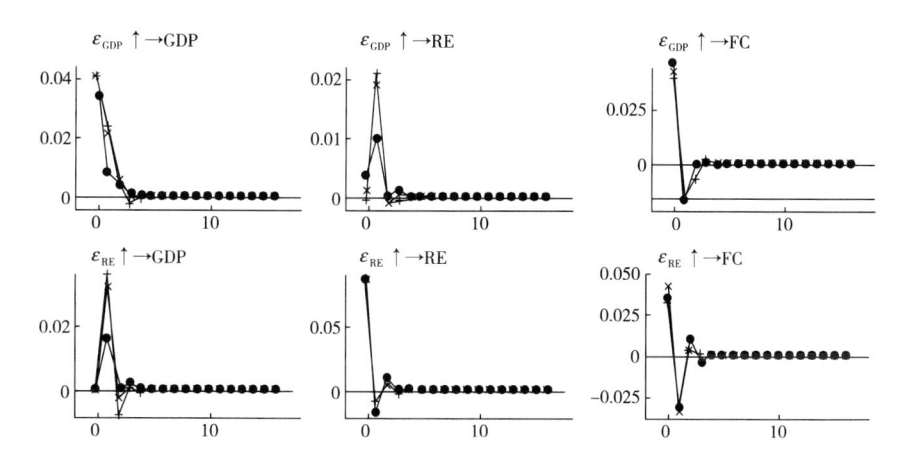

附图 12.26 稳健性检验时点脉冲响应图季节性检验第三季度

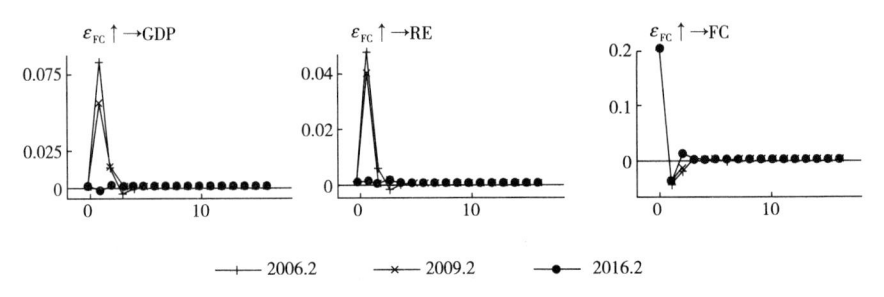

附图12.27 稳健性检验时点脉冲响应图季节性检验第三季度（续）

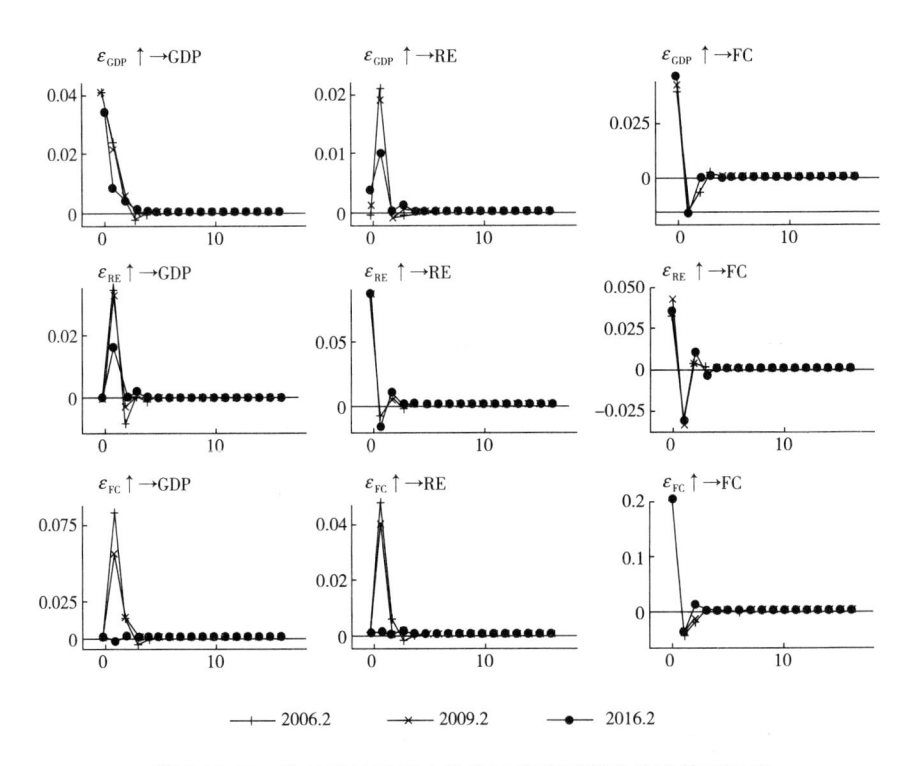

附图12.28 稳健性检验时点脉冲响应图季节性检验第四季度

第十二章 附录五

附表12.9 稳健性检验参数估计结果（改变先验分布假设）

参数	均值	标准差	95%置信区间	CD统计量	无效因子
$(\sum_\beta)_1$	0.0230	0.0027	[0.0185, 0.0290]	0.646	3.11

续表

参数	均值	标准差	95%置信区间	CD 统计量	无效因子
$(\sum_\beta)_2$	0.0228	0.0026	[0.0184, 0.0285]	0.005	3.53
$(\sum_\beta)_3$	0.0282	0.0038	[0.0216, 0.0366]	0.806	5.64
$(\sum_\beta)_4$	0.0228	0.0026	[0.0183, 0.0287]	0.201	3.51
$(\sum_\beta)_5$	0.0227	0.0026	[0.0182, 0.0285]	0.141	2.71
$(\sum_\beta)_6$	0.0238	0.0029	[0.0190, 0.0304]	0.431	4.58
$(\sum_\beta)_7$	0.0228	0.0026	[0.0184, 0.0286]	0.600	2.77
$(\sum_\beta)_8$	0.0229	0.0027	[0.0183, 0.0290]	0.771	3.79
$(\sum_\beta)_9$	0.0227	0.0026	[0.0183, 0.0284]	0.390	3.19
$(\sum_a)_1$	0.0836	0.0341	[0.0430, 0.1715]	0.882	31.15
$(\sum_a)_2$	0.0901	0.0417	[0.0429, 0.2026]	0.115	37.58
$(\sum_a)_3$	0.0837	0.0380	[0.0423, 0.1866]	0.724	23.59
$(\sum_h)_1$	0.3069	0.1151	[0.1293, 0.5812]	0.286	30.41
$(\sum_h)_2$	0.1633	0.0874	[0.0577, 0.3753]	0.013	68.55
$(\sum_h)_3$	0.1149	0.0617	[0.0485, 0.2798]	0.403	39.65

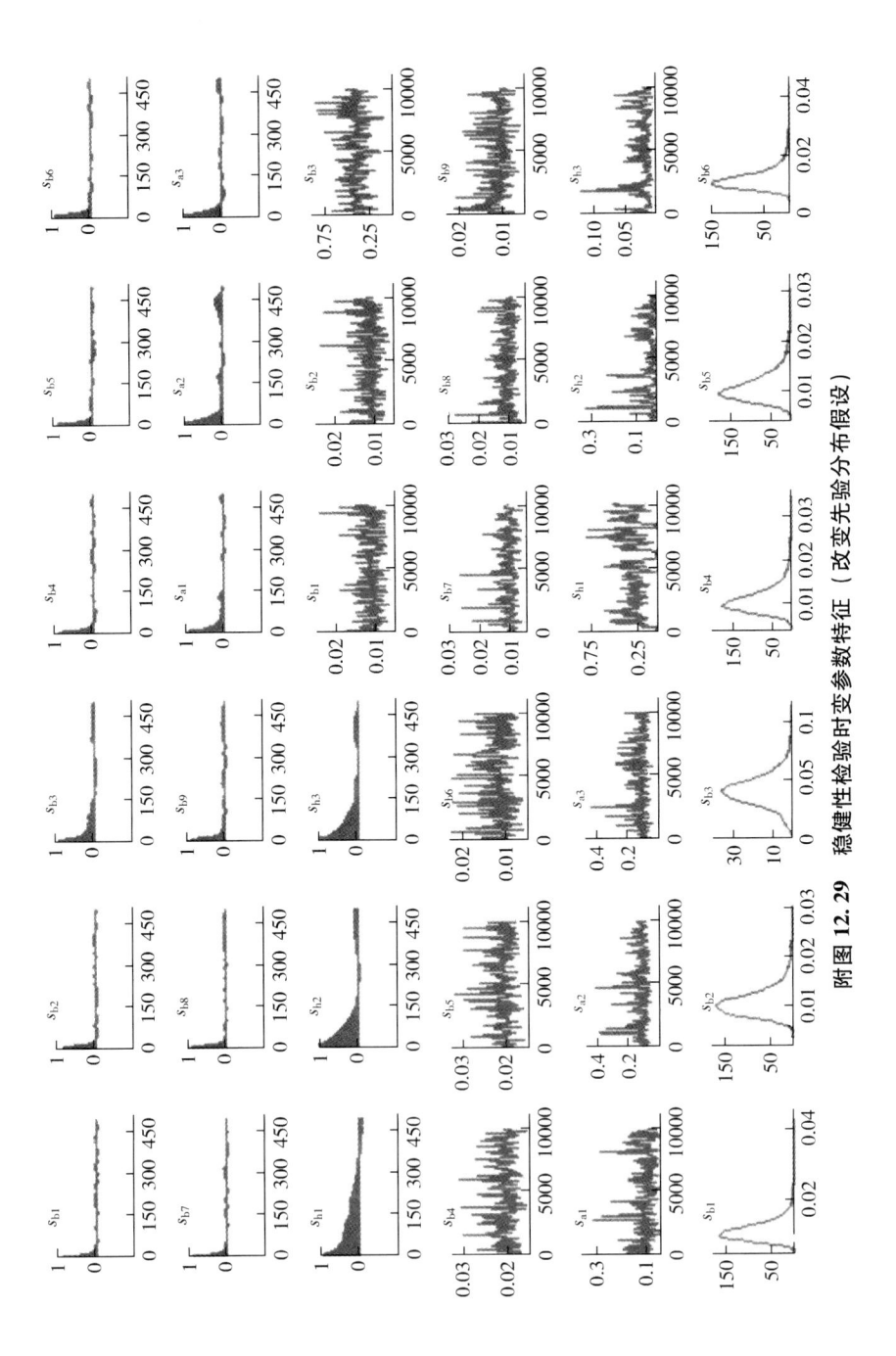

附图 12.29 稳健性检验时变参数特征（改变先验分布假设）

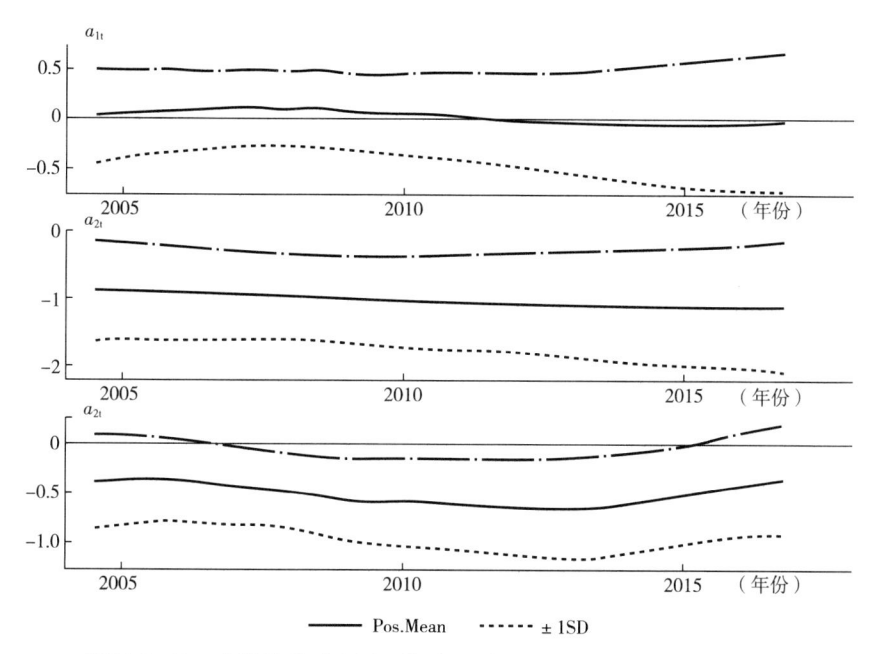

附图 12.30 稳健性检验变量同期关系时变特征（改变先验分布假设）

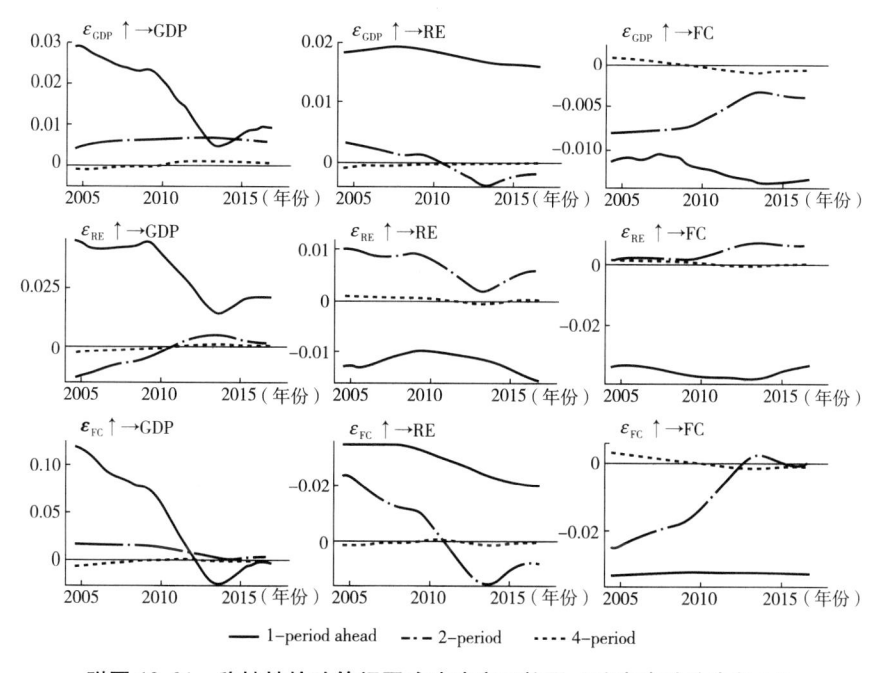

附图 12.31 稳健性检验等间隔脉冲响应函数图（改变先验分布假设）

第十三章 附录一

附表13.1 中国城市分布与时间序列增长率（2003—2005年） 单位：%

省份	城市	人均国内生产总值	收入	消费
Hebei	11	8.23	7.58	7.14
Shanxi	6	10.46	8.05	7.35
Inner Mongolia	4	14.49	9.55	7.84
Liaoning	14	9.93	8.67	7.75
Jilin	7	11.47	7.60	8.76
Heilongjiang	11	7.81	8.67	9.31
Jiangsu	11	11.27	8.28	7.59
Zhejiang	9	9.92	8.27	7.20
Anhui	11	10.85	8.83	7.85
Fujian	8	9.78	7.23	7.25
Jiangxi	6	12.37	9.00	8.34
Shandong	14	10.31	8.02	7.27
Henan	13	9.54	8.58	8.39
Hubei	10	10.05	8.01	6.76
Hunan	11	10.65	7.69	7.15
Guangdong	18	9.40	7.12	6.11
Guangxi	8	9.66	7.86	6.75
Hainan	2	10.00	7.83	6.62
Sichuan	12	10.80	8.39	7.62
Guizhou	3	13.24	8.22	8.28
Yunnan	3	9.11	8.25	9.02
Shannxi	7	12.74	9.60	8.88
Ningxia	5	9.54	7.55	6.94
Qinghai	1	13.42	6.58	7.33
Gansu	2	12.88	7.47	7.09
Xijiang	2	7.99	6.27	7.36

注：我们展示了每个样本省内样本城市的几个关键变量的年平均增长率。收入是城镇家庭可支配收入和农村家庭纯收入的平均值。消费是衡量城乡人均消费支出的平均值。增长率以每年的实际人民币计算，取2003—2015年的平均值。所有增长率均为该省样本城市的平均值。

资料来源：城市住户调查、农村住户调查、《中国城市统计年鉴》、《新中国60年综合统计资料》、国家统计局。

附表 13.2　　　　变量定义和数据来源

变量	定义	数据来源
Spec	industrial specialization index following Kalemli-Ozcan et al. (2003)	Annual Survey of Industrial Firms
HHI	industry Herfindahl index based on Herfindahl index, measuring industry concentration in a city	Annual Survey of Industrial Firms
Gini	industry Gini index based on Gini Coefficient, measuring the distribution of different industries in a city	Annual Survey of Industrial Firms
RS	whole risk sharing index	Urban Household Survey, Rural Household Survey, China City Statistics Yearbooks
Ex ante RS	Ex ante risk sharing index	Urban Household Survey, Rural Household Survey, China City Statistics Yearbooks
Ex post RS	Ex post risk sharing index	Urban Household Survey, Rural Household Survey, China City Statistics Yearbooks
Migration ratio	the ratio of migration outflow and inflow over population	China City Statistics Yearbooks
Capital market	the ratio of stock market capitalization and corporate bond (long-term and short-term) outstanding principal balance to GDP	China City Statistics Yearbooks; Wind Financial Terminal
General transfer	the ratio of net general transfer (inflow minus outflow) to GDP	China City Finance Statistics Yearbooks

续表

变量	定义	数据来源
Special transfer	the ratio of net special transfer (inflow minus outflow) to GDP	China City Finance Statistics Yearbooks
Credit market	the ratio of loans and deposits to GDP	China City Statistics Yearbooks
POP	the logarithm of population (10 thousand)	China City Statistics Yearbooks
POPDEN	population density (10 thousand/sq km)	China City Statistics Yearbooks
GPC	gross domestic product per capita (real million yuan)	China City Statistics Yearbooks
AGR	the ratio of agricultural sector GDP to total GDP (%)	China City Statistics Yearbooks
MIN	the ratio of mining sector gross output ($\div 10$) to total GDP (%)	Annual Survey of Industrial Firms, China City Statistics Yearbooks
FAI	the logarithm of fixed asset investment per capita	China City Statistics Yearbooks
EDU	the ratio of primary and secondary school enrollment to population (100%)	China City Statistics Yearbooks
FISCAL	the ratio of fiscalexpenditure to total GDP	China City Statistics Yearbooks
FREIGHT	the logarithm of freight (in million tons)	China City Statistics Yearbooks
Clanship	the logarithm of the number of genealogies	Shanghai Library
Dialect	the distance between local dialect and Beijing Mandarin	*LanguageAtlas of China*

注：各省份物价均来自《新中国60年综合统计资料》和国家统计局。

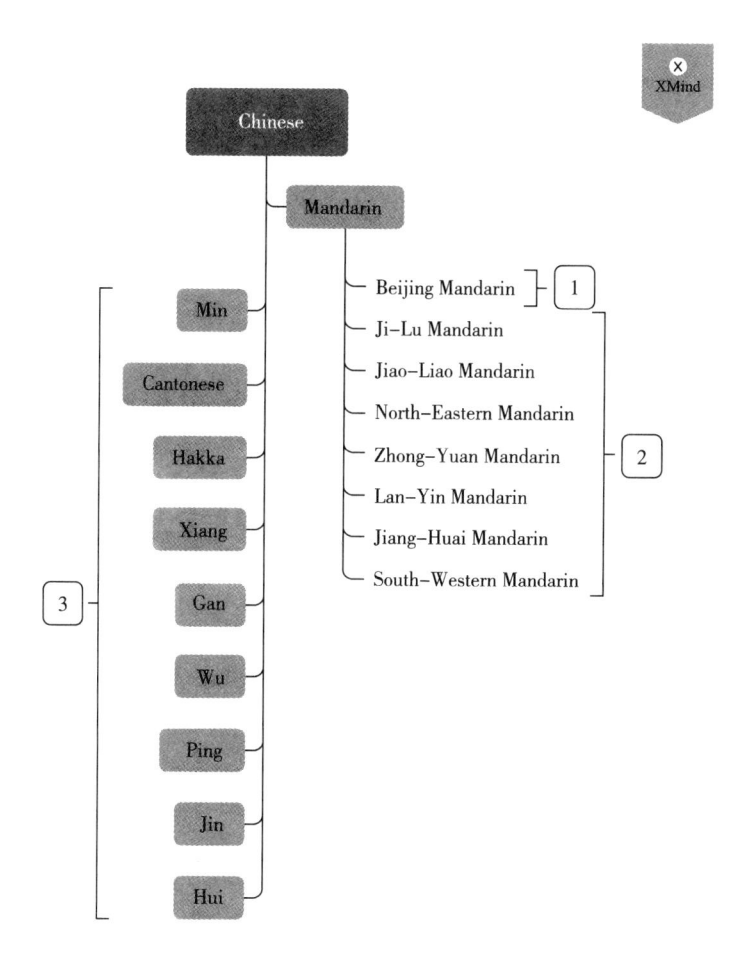

```
                              Chinese
                                 │
                              Mandarin
                                 │
                    ┌─ Beijing Mandarin ─┐ 1
                    ├─ Ji-Lu Mandarin
      ┌─ Min        ├─ Jiao-Liao Mandarin
      │             ├─ North-Eastern Mandarin
      ├─ Cantonese  ├─ Zhong-Yuan Mandarin  ┤ 2
      │             ├─ Lan-Yin Mandarin
      ├─ Hakka      ├─ Jiang-Huai Mandarin
      │             └─ South-Western Mandarin
   3 ─┤─ Xiang
      │
      ├─ Gan
      │
      ├─ Wu
      │
      ├─ Ping
      │
      ├─ Jin
      │
      └─ Hui
```

附图 13.1　中国方言树

注：该图提供了每种方言的语言树和详细差距分数。不光普通话，其他方言也有分支，但都等于 3 分，这里就不一一列举了。

资料来源：中国语言图谱。

附表13.3 Spearman 等级相关性

		1	2	3	4	5	6	7	8	9	10	11	12	13
1	Spec	1												
2	RS	0.30*	1											
3	Ex ante RS	0.35*	0.83*	1										
4	Ex post RS	-0.01	0.33*	-0.17	1									
5	POP	-0.52*	-0.34*	-0.40*	0.03	1								
6	POPDEN	-0.41*	-0.28*	-0.34*	0.05	0.42*	1							
7	GPC	-0.01	0.08	0.11	-0.03	-0.18	0.20*	1						
8	AGR	-0.09	-0.04	-0.09	0.08	0.18	-0.24*	-0.81*	1					
9	MIN	0.24*	0.22*	0.20*	0.09	-0.22*	-0.31*	-0.17	0.05	1				
10	FAI	-0.04	0.12	0.13	-0.02	-0.19*	0.19*	0.93*	-0.80*	-0.13	1			
11	EDU	0.12	-0.01	0.10	-0.23*	0.00	0.21*	-0.10	-0.11	-0.03	-0.08	1		
12	FISCAL	0.25*	0.09	0.09	0.02	-0.23*	-0.50*	-0.69*	0.53*	0.23*	-0.56*	-0.03	1	
13	FREIGHT	-0.37*	-0.14	-0.22*	0.10	0.62*	0.38*	0.36*	-0.36*	-0.09	0.36*	-0.05	-0.47*	1

注：此表提供了风险分担指标和专业化的spearman等级相关性。* 表示1%水平的统计显著性。

附表 13.4　　工具变量回归的具体结果

变量	(1) 第一步	(1) 第二步	(2) 第一步	(2) 第二步	(3) 第一步	(3) 第二步	(4) 第一步	(4) 第二步
RS		0.51***				0.50**		
		(3.04)				(2.52)		
Ex ante RS				0.78***				0.66***
				(3.07)				(2.72)
Clanship	-0.03***		-0.02***					
	(-4.15)		(-3.63)					
Dialect					-0.10***		-0.08***	
					(-3.16)		(-3.35)	
POP	-0.01	-0.06***	0.02	-0.08***	-0.06*	-0.06***	-0.01	-0.07***
	(-0.32)	(-2.96)	(0.85)	(-3.57)	(-1.96)	(-2.96)	(-0.60)	(-3.97)
POPDEN	0.25	-0.62*	0.18	-0.69*	-0.46	-0.36	-0.26	-0.46
	(0.48)	(-1.74)	(0.44)	(-1.84)	(-0.86)	(-1.10)	(-0.61)	(-1.36)
GPC	-15.22**	16.20***	-3.90	12.00**	-11.90	18.03***	-0.81	13.09***
	(-2.12)	(3.08)	(-0.70)	(2.33)	(-1.62)	(3.44)	(-0.14)	(2.80)
GPC2	209.07**	-152.89**	96.95	-129.18*	168.46*	-183.18**	54.28	-140.94**
	(2.14)	(-2.10)	(1.27)	(-1.79)	(1.67)	(-2.50)	(0.69)	(-2.14)
AGR	0.15	-0.06	-0.06	0.00	-0.05	0.17	-0.15	0.21**
	(0.95)	(-0.50)	(-0.51)	(0.03)	(-0.29)	(1.61)	(-1.09)	(2.05)
MIN	0.16	-0.09	0.13	-0.16	0.09	0.04	0.010	-0.00
	(1.04)	(-0.78)	(1.07)	(-1.35)	(0.56)	(0.39)	(0.75)	(-0.01)
FAI	0.07	-0.10***	-0.04	-0.04	0.03	-0.09***	-0.06*	-0.04
	(1.59)	(-3.35)	(-1.08)	(-1.20)	(0.61)	(-3.24)	(-1.82)	(-1.34)
EDU	-1.14***	1.14***	-0.54*	1.04***	-0.36	0.92***	0.05	0.73***
	(-3.20)	(3.59)	(-1.87)	(3.46)	(-0.81)	(2.85)	(0.14)	(2.60)
FISCAL	-0.99***	0.62**	-0.54**	0.55**	-0.73**	0.31	-0.46*	0.25
	(-3.43)	(2.49)	(-2.37)	(2.30)	(-2.41)	(1.31)	(-1.95)	(1.14)
FREIGHT	-0.03	0.02	-0.02	0.03	-0.02	0.01	-0.02	0.01
	(-0.96)	(1.25)	(-1.14)	(1.24)	(-0.59)	(0.61)	(-0.95)	(0.68)
Constant	0.77***	-0.04	0.31**	0.10	1.07***	-0.00	0.56***	0.17
	(4.64)	(-0.21)	(2.29)	(0.63)	(5.44)	(-0.00)	(3.55)	(1.13)

续表

变量	(1)		(2)		(3)		(4)	
	第一步	第二步	第一步	第二步	第一步	第二步	第一步	第二步
Observations	209	209	209	209	209	209	209	209
R-squared	0.61	0.34	0.70	0.29	0.60	0.46	0.69	0.45

注：此表提供有关工具变量模型计量方法和第一阶段和第二阶段估计结果的详细信息。括号中为稳健 t 统计量，*、**、*** 分别代表10%、5%、1%水平的统计显著性。

参考文献

［德］马克思：《马克思恩格斯全集》第 13 卷，人民出版社 1962 年版。

［德］马克思：《马克思恩格斯全集》第 46 卷（上），人民出版社 1979 年版。

［德］马克思：《马克思恩格斯全集》第 48 卷，人民出版社 1985 年版。

［德］马克思：《马克思恩格斯全集》第 50 卷，人民出版社 1985 年版。

［德］马克思：《剩余价值理论》第三册，人民出版社 1975 年版。

［德］马克思：《政治经济学批判》，人民出版社 1876 年版。

［德］马克思：《资本论》第 1—3 卷，人民出版社 2004 年版。

［加］戴维·欧瑞尔、［捷］罗曼·克鲁帕提：《人类货币史》，中信出版社 2017 年版。

［美］L. 兰德尔·雷：《现代货币理论》，中信出版社 2017 年版。

［美］查尔斯·金德尔伯格：《西欧金融史》，中国金融出版社 2010 年版。

［美］弗雷德里克·S. 米什金：《货币金融学》（第九版），中国人民大学出版社 2011 年版。

［美］雷蒙德·W. 戈德史密斯：《金融结构与金融发展》，周朔等译，上海三联出版社 1994 年版。

［美］米尔顿·弗里德曼、安娜·J. 施瓦茨：《美国货币史》，北京大学出版社 2009 年版。

［美］欧文·费雪：《货币购买力》，台湾银行经济研究出版社1988年版。

［美］威廉·L.萨托里斯、耐德·C.希尔：《36小时现金管理课程》，王霞译，上海人民出版社1994年版。

［美］约翰·S.戈登：《伟大的博弈——华尔街金融帝国的崛起（1653—2004）》，中信出版社2005年版。

［英］阿尔弗雷德·马歇尔：《货币、信用与商业》，商务印书馆1997年版。

［英］菲利克斯·马汀：《货币野史》，中信出版社2015年版。

［英］伊特韦尔：《新帕尔格雷夫经济学大词典》第3卷，经济科学出版社1992年版。

［英］约翰·劳：《论货币和贸易：兼向国家供应货币的建议》，商务印书馆1986年版。

［英］约翰·梅纳德·凯恩斯：《货币论》（上卷），载李春荣、崔人元主持编译《凯恩斯文集》中卷，中国社会科学出版社2013年版。

［英］约翰·梅纳德·凯恩斯：《就业、利息和货币通论》第四卷，华夏出版社2012年版。

［英］约翰·梅纳德·凯恩斯：《凯恩斯文集》上卷，中国社会科学出版社2013年版。

［英］约翰·伊特韦尔等：《新帕尔格雷夫经济学大辞典》第三卷，经济科学出版社1992年版。

《习近平主持中共中央政治局第十三次集体学习并讲话》，中国政府网http：//www.gov.cn/xinwen/2019-02/23/content_5367953.htm。

巴曙松、韩明睿：《基于SVAR模型的金融形势指数》，《宏观经济研究》2011年第4期。

卞志村等：《金融形势指数与货币政策反应函数在中国的实证检验》，《金融研究》2012年第8期。

卜永祥：《流动性过剩的特征、成因及调控》，《经济学动态》2007年第3期。

蔡如海、沈伟基：《流动性过剩：分层界定、判定指标及成因分析》，《经济理论与经济管理》2008年第7期。

参考文献

曹廷求、朱博文：《银行治理影响货币政策传导的信贷渠道吗？——来自中国银行业的证据》，《金融研究》2013 年第 1 期。

陈雨露：《四十年来中央银行的研究进展及中国的实践》，《金融研究》2019 年第 2 期。

陈雨露等：《金融周期和金融波动如何影响经济增长与金融稳定》，《金融研究》2016 年第 2 期。

储小俊、刘思峰：《货币政策、市场状态对中国股市微观流动性影响的实证分析》，《数理统计与管理》2008 年第 3 期。

邓向荣，张嘉明：《货币政策、银行风险承担与银行流动性创造》，《世界经济》2018 年第 4 期。

狄剑光、武康平：《房地产因素对我国货币流通速度影响的研究》，《中国经济问题》2013 年第 3 期。

刁节文、章虎：《基于金融形势指数对我国货币政策效果非线性的实证研究》，《金融研究》2012 年第 4 期。

丁焕强、陶永诚：《货币政策与市场流动性》，《现代管理科学》2011 年第 1 期。

丁孜山：《信用媒介说和信用创造说评价及同现代银行存贷关系思考》，《中央财政金融学院学报》1992 年第 3 期。

董华平、干杏娣：《我国货币政策银行贷款渠道传导效率研究——基于银行业结构的古诺模型》，《金融研究》2015 年第 10 期。

杜金富：《货币与金融统计学（第四版）》，中国金融出版社 2018 年版。

樊雪志、梁金修：《美元霸权体系的中国流动性过剩》，《中央财经大学学报》2009 年第 9 期。

范小云等：《理解中国的金融周期：理论、测算与分析》，《国际金融研究》2017 年第 1 期。

方意：《宏观审慎政策有效性研究》，《世界经济》2016 年第 8 期。

方意：《货币政策与房地产价格冲击下的银行风险承担分析》，《世界经济》2015 年第 7 期。

方意、陈敏：《经济波动、银行风险承担与中国金融周期》，《世界经济》2019 年第 2 期。

高爱武：《中国金融周期的测度及其风险阈值研究》，《上海金融》2018年第3期。

高磊等：《中国商业银行系统流动性风险度量——基于流动性错配视角》，《华东经济管理》2018年第4期。

高磊等：《资产证券化、风险贷款与商业银行流动性风险》，《金融论坛》2019年第3期。

高士英等：《经济"新常态"下的商业银行流动性研究与压力测试》，《现代财经》2016年第2期。

郭红玉等：《资产证券化对商业银行流动性风险的影响——基于流动性缓冲视角》，《金融论坛》2018年第2期。

郭璐庆：《过半A股公司买理财　有的一手发债一手理财》，《第一财经日报》2019年11月15日第A03版。

郭晔、杨娇：《货币政策的指示器——FCI的实证检验和比较》，《金融研究》2012年第8期。

郭晔等：《货币政策、同业业务与银行流动性创造》，《金融研究》2018年第5期。

国际货币基金组织：《货币与金融统计手册》，国际货币基金组织语言局2000年版。

国务院：《保障中小企业款项支付条例》，国令第728号。

国务院：《国务院关于解决农民工问题的若干意见》，2006年第10号国发（2006）5号。

国务院办公厅：《国务院办公厅关于全面治理拖欠农民工工资问题的意见》，2016年第3号国办发（2016）1号。

国务院办公厅：《中华人民共和国国务院公报（1955）》第9辑。

韩艾等：《广义动态因子模型在景气指数构建中的应用——中国金融周期景气分析》，《系统工程理论与实践》2010年第5期。

韩汉君：《什么是流动性过剩》，《解放日报》2007年3月5日第13版。

韩媒：《韩国加密货币犯罪升温　两年经济损失约23亿美元》，参考消息网 https：//baijiahao.baidu.com/s？id＝1640185926904170489&wfr＝spider&for＝pc。

何光辉、杨咸月：《融资约束对企业生产率的影响——基于系统GMM方法的国企与民企差异检验》，《数量经济技术经济研究》2012年第5期。

何雅婷：《我国商业银行流动性对货币政策贷款传导渠道的影响研究》，硕士学位论文，重庆大学，2017年。

胡聪慧、刘学良：《大宗商品与股票市场联动性研究：基于融资流动性的视角》，《金融研究》2017年第7期。

胡泽等：《金融发展，流动性与商业信用：基于全球金融危机的实证研究》，《南开管理评论》2013年第3期。

黄步添、蔡亮：《区块链解密——构建基于信用的下一代互联网》，清华大学出版社2016年版。

黄达：《新中国货币制度的建立》，载中国人民大学财政金融学院编《黄达文集（1952—1986）》（论文集），中国人民大学出版社1999年版。

黄达、张杰：《金融学（第五版）》，中国人民大学出版社2020年版。

黄益平等：《货币政策与宏观审慎政策共同支持宏观经济稳定》，《金融研究》2019年第12期。

计承江：《流动性过剩形成原因及对策》，《金融研究》2008年第7期。

纪志宏：《金融市场创新与发展》，中国金融出版社2018年版。

江西财经大学九银票据研究院：《票据史》，中国金融出版社2020年版。

雷霖：《影子银行规模、房地产价格与金融稳定性》，《经济与管理研究》2018年第11期。

李斌：《经济发展、结构变化与"货币消失"——兼对"中国之谜"的再解释》，《经济研究》2004年第6期。

李斌、吴恒宇：《对货币政策和宏观审慎政策双支柱调控框架内在逻辑的思考》，《金融研究》2019年第12期。

李炳、袁威：《货币信贷结构对宏观经济的机理性影响——兼对"中国货币迷失之谜"的再解释》，《金融研究》2015年第11期。

李建军：《中国货币状况指数与未观测货币金融状况指数——理论设计、实证方法与货币政策意义》，《金融研究》2008年第11期。

李健：《结构变化："中国货币之谜"的一种新解》，《金融研究》2007年第1期。

李健：《金融学（第三版）》，高等教育出版社2018年版。

李明辉等：《巴塞尔协议Ⅲ净稳定融资比率对商业银行的影响——来自中国银行业的证据》，《国际金融研究》2016年第3期。

李戎等：《我国货币政策有效性及其与股票市场的交互影响——基于SVAR模型的实证研究》，《经济理论与经济管理》2017年第3期。

李少昆等：《融资流动性、融资流动性风险与公司债信用价差》，《证券市场导报》2017年第6期。

李研妮、冉茂盛：《金融系统流动性及其风险的框架研究综述》，《预测》2012年第1期。

李焰、曹晋文：《对我国国债市场流动性的实证研究》，《财贸经济》2005年第9期。

李扬：《必须重视Libra的挑战》，《中国外汇》2019年第15期。

李元、王擎：《删除的红线：存贷比约束如何影响货币政策的信贷传导》，《财经科学》2018年第6期。

林毅夫等：《经济发展中的最优金融结构理论初探》，《经济研究》2009年第8期。

刘海龙、仲黎明：《证券市场流动性风险管理》，上海交通大学出版社2006年版。

刘平：《近代中国银行监管制度研究》，上海远东出版社2018年版。

刘絜敖：《国外货币金融学说》，中国展望出版社1983年版。

刘书祥、吴昊天：《货币政策冲击与银行信贷行为的差异——基于银行信贷渠道理论的一种解释》，《宏观经济研究》2013年第9期。

刘献中：《基于Z评分模型对我国股份制银行和证券公司信用风险的度量》，《金融经济》2010年第6期。

刘晓星、王金定：《我国商业银行流动性风险研究——基于Copula和高阶ES测度的分析》，《广东商学院学报》2010年第5期。

罗富政等：《货币供给与通货膨胀的背离——基于虚拟经济虹吸效应的解释》，《经济学动态》2019年第5期。

罗明雄等：《互联网金融》，中国财政经济出版社2013年版。

马骏、何晓贝：《货币政策与宏观审慎政策的协调》，《金融研究》2019年第12期。

马勇：《"双支柱"调控框架的理论与经验基础》，《金融研究》2019年第12期。

马勇等：《金融周期与货币政策》，《金融研究》2017年第3期。

马勇等：《金融周期与经济周期——基于中国的实证研究》，《国际金融研究》2016年第10期。

苗文龙等：《金融周期、行业技术周期与经济结构优化》，《金融研究》2018年第3期。

努力埃尔·鲁比尼：《加密货币领域已成为一个不受监管的大赌场》，第一财经网 https：//3g.163.com/dy/article_cambrian/EL9DIHS80519DDQ2.html。

庞晓波、钱锟：《货币政策、流动性监管与银行风险承担》，《金融论坛》2018年第1期。

彭建刚等：《融资流动性对商业银行资产配置行为的动态影响》，《财经理论与实践》2015年第3期。

彭小林：《货币流动性和市场流动性：波动与风险》，《商业研究》2012年第10期。

彭兴韵：《流动性、流动性过剩与货币政策》，《经济研究》2007年第11期。

齐红倩、李民强：《我国流动性过剩、CPI变化机制与通货膨胀度量》，《财经问题研究》2013年第2期。

钱小安：《流动性过剩与货币调控》，《金融研究》2007年第8期。

邱兆祥、王涛：《我国房地产经济周期划分研究（1950—2008年）》，《经济研究参考》2009年第71期。

裘翔：《期限错配与商业银行利差》，《金融研究》2015年第5期。

任庆华等：《商业银行流动性风险的信贷维度分解：模型与实证》，《金融经济学研究》2013年第2期。

尚玉皇、郑挺国：《中国金融形势指数混频测度及其预警行为研究》，《金融研究》2018年第3期。

盛松成：《"信用媒介说"与"信用创造说"之争》，《金融研究》1985年第1期。

盛松成等：《Libra项目为何会被叫停》，《中国金融》2019年第15期。

时文朝：《我国银行间债券市场透明度对流动性的影响研究》，博士学位论文，湖南大学，2008年。

孙彬等：《融资流动性与市场流动性》，《管理科学》2010年第1期。

孙国峰：《货币创造的逻辑形成和历史演进——对传统货币理论的批判》，《经济研究》2019年第4期。

孙国峰：《信用货币制度下的货币创造和银行运行》，《经济研究》2001年第2期。

孙莎等：《商业银行流动性创造与资本充足率关系研究——来自中国银行业的经验证据》，《财经研究》2014年第7期。

陶玲、朱迎：《系统性金融风险的监测和度量——基于中国金融体系的研究》，《金融研究》2016年第6期。

万建华：《金融e时代 数字化时代的金融变局》，中信出版社2013年版。

万孝园、杨朝军：《流动性风险定价研究综述》，《投资研究》2017年第2期。

王爱俭、王璟怡：《宏观审慎政策效应及其与货币政策关系研究》，《经济研究》2014年第4期。

王春峰等：《资本成本与资产流动性关系的经验验证》，《现代财经》2012年第9期。

王飞：《当前国际上商业银行流动性风险的变化与监管趋势》，《南方金融》2011年第1期。

王国刚：《金融风险之点和可选防控之策》，中国社会科学出版社2017年版。

王含、郑尊信：《我国新三板市场流动性风险测度及分析》，《当代经济研究》2017年第11期。

王佳佳：《后金融危机时期抑制我国资产泡沫的对策》，《经济纵横》2011年第9期。

王灵芝、杨朝军：《中国证券市场流动性风险内涵与特征分析》，《现代管理科学》2009年第7期。

王洛林、李扬：《金融结构与金融危机》，经济管理出版社2002年版。

王明涛、何浔丽：《货币政策与股票市场流动性风险——来自中国股票市场的经验证据》，《上海金融》2010年第12期。

王明涛、庄雅明：《股票市场流动性风险计量模型研究》，《中国管理科学》2011年第2期。

王信、贾彦东：《货币政策和宏观审慎政策的关联及启示——基于英格兰银行的经验》，《金融研究》第12期。

王茵田、文志瑛：《股票市场和债券市场的流动性溢出效应研究》，《金融研究》2010年第3期。

吴恒煜等：《我国银行业系统性风险研究——基于拓展的未定权益分析法》，《国际金融研究》2013年第7期。

吴卫星等：《融资流动性与系统性风险——兼论市场机制能否在流动性危机中起到作用》，《经济学动态》2015年第3期。

习近平：《习近平在省部级主要领导干部学习贯彻党的十九届五中全会精神专题研讨班开班式上发表重要讲话强调：深入学习坚决贯彻党的十九届五中全会精神　确保全面建设社会主义现代化国家开好局》，中华人民共和国中央人民政府门户网站，http：//www.gov.cn/xinwen/2021-01/11/content_5578954.htm，2021年1月11日。

肖强、司颖华：《我国FCI的构建及对宏观经济变量影响的非对称性》，《金融研究》2015年第8期。

熊海芳、齐玉录：《一种考虑特殊市场制度的流动性指标的改进及应用》，《数量经济技术经济研究》2019年第5期。

徐明东、陈学彬：《中国微观银行特征与银行贷款渠道检验》，《管理世界》2011年第5期。

徐晓光等：《我国新三板市场流动性风险测度及分析》，《当代经济研究》2017年第11期。

许睿等：《影响中国A股市场流动性的政策和因素》，《上海交通大学学报》2004年第3期。

许小年：《中国化解流动性过剩的根本之道》，《金融经济》2007年第7期。

杨晓兰：《流动性、预期与资产价格泡沫的关系：实验与行为金融的视角》，《世界经济文汇》2010年第2期。

姚长辉：《商业银行流动性风险的影响因素分析》，《经济科学》1997年第4期。

姚前、陈华：《数字货币经济分析》，中国金融出版社2018年版。

姚亚伟等：《流动性风险特征：基于中国证券市场的经验数据分析》，《上海金融》2012年第4期。

伊楠、张斌：《度量中国的金融周期》，《国际金融研究》2016年第6期。

易纲：《货币政策回顾与展望》，《中国金融》2018年第3期。

易建平等：《二级市场流动性风险对上市公司融资行为影响研究——来自中国A股上市公司的经验证据》，《中央财经大学学报》2013年第3期。

易宪容、王国刚：《美国次贷危机的流动性传导机制的金融分析》，《金融研究》2010年第5期。

易卓睿、李振：《债券违约、资产流动性与融资流动性风险》，《上海金融》2021年第12期。

羿建华等：《房地产周期、货币扩张与经济增长的关联度分析》，《统计与决策》2014年第24期。

余辉、余剑：《我国金融状况指数构建及其对货币政策传导效应的启示——基于时变参数状态空间模型的研究》，《金融研究》2013年第4期。

张成思、刘贯春：《经济增长进程中金融结构的边际效应演化分析》，《经济研究》2015年第12期。

张力菠：《基于系统动力学的企业资金流动性研究》，《统计与决策》2009年第16期。

张明:《流动性过剩的测量、根源和风险涵义》,《世界经济》2007年第11期。

张晓晶、孙涛:《中国房地产周期与金融稳定》,《经济研究》2006年第1期。

张旭:《流动性与资产价格关系研究》,《经济问题》2011年第2期。

张峥等:《IPO的行业效应——从竞争和关注的角度》,《金融研究》2013年第9期。

张宗新、张秀秀:《引入国债期货合约能否发挥现货市场稳定效应?——基于中国金融周期的研究视角》,《金融研究》2019年第6期。

赵威等:《订单驱动市场流动性风险与新股发行抑价关系》,《系统工程学报》2008年第2期。

赵昕东:《中国房地产价格波动与宏观经济——基于SVAR模型的研究》,《经济评论》2010年第1期。

政务院财政经济委员会:《中央财经政策法令汇编(第二辑)》,新华书店1951年版。

中国农业银行股份有限公司北京市分行:《中国农业银行股份有限公司北京市分行债务催收公告》,《北京日报》2020年10月20日第13-28版。

中国人民银行:《贷款通则(96)》,中国人民银行令(1996年2号)。

中国人民银行:《电子商业汇票业务管理办法》,中国人民银行令(2009)第2号。

中国人民银行:《关于加强商业汇票管理的通知》,银发(1991)258号。

中国人民银行:《关于金融信托投资公司委托贷款业务规定》,银发(1993)49号。

中国人民银行:《关于以外汇交存人民币存款准备金的通知》,华律网 https://www.66law.cn/tiaoli/89297.aspx。

中国人民银行:《金融信托投资机构资金管理暂行办法》,银发字(1986)第97号。

中国人民银行:《票据管理实施办法》,中国人民银行令(1997)第2号。

中国人民银行:《商业汇票承兑、贴现暂行办法》,《天津金融研究》1985年第3期。

中国银行业监督管理委员会:《关于2015年小微企业金融服务工作的指导意见》,银监发〔2015〕8号。

中国银行业监督管理委员会:《商业银行委托贷款管理办法》,银监发(2018)2号。

中华人民共和国银行业监督管理委员会:《商业银行流动性风险管理办法(试行)》,中国政府网。

钟文琴:《流动性监管、货币政策对商业银行贷款行为的影响研究》,硕士学位论文,浙江工商大学,2015年。

周芳、张维:《中国股票市场流动性风险溢价研究》,《金融研究》2011年第5期。

周建军等:《金融政策对中国房地产周期波动的影响》,《经济问题探索》2011年第11期。

周力、潭曙娟:《我国高额外汇储备下"流动性过剩"问题探析》,《经济纵横》2007年第22期。

周立:《流动性过剩:本轮通货膨胀的根本原因》,《现代财经(天津财经大学学报)》2011年第8期。

周英章、蒋振声:《货币渠道、信用渠道与货币政策有效性的实证分析》,《金融研究》2002年第9期。

朱太辉、黄海晶:《中国金融周期:指标、方法和实证》,《金融研究》2018年第12期。

Abdi, F., and Ranaldo, A., "A Simple Estimation of Bid – Ask Spreads from Daily Close, High, And Low Prices", *The Review of Financial Studies*, Vol. 30, No. 12, August 2017, pp. 4437–4480.

Acemoglu, Daron and Zilibotti, Fabrizio, "Was Prometheus Unbound by Chance? Risk, Diversification, And Growth", *Journal of Political Economy*, Vol. 105, No. 4, August 1997, pp. 709–751.

Acharya Viral and Pedersen Lasse Heje, "Asset Pricing with Liquidity

Risk", *Journal of Financial Economics*, Vol. 77, No. 2, August 2005, pp. 375–410.

Acharya V. and Naqvi H. , "The Seeds of a Crisis: A Theory of Bank Liquidity and Risk Taking Over the Business Cycle", *Journal of Financial Economics*, Vol. 106, No. 2, November 2012, pp. 349–366.

Acharya, V. V. , and Mora, N. , "A Crisis of Banks as Liquidity Providers", *The Journal of Finance*, Vol. 70, No. 1, June 2014, pp. 1–43.

Adrian, T. , and Shin, H. S. , "Liquidity and Leverage", *Journal of Financial Intermediation*, Vol. 19, No. 3, July 2010, pp. 418–437.

Aikman D. , et al. , "Curbing the Credit Cycle", *Economic Journal*, Vol. 125, No. 585, June 2015, pp. 1072–1109.

Ajello, A. , "Financial Intermediation, Investment Dynamics, And Business Cycle Fluctuations", *American Economic Review*, Vol. 106, No. 8, August 2016, pp. 2256–2303.

Alessi L. and Detken C. , "Quasi Real Time Early Warning Indicators for Costly Asset Price Boom/Bust Cycles: A Role for Global Liquidity", *European Journal of Political Economy*, Vol. 27, No. 3, September 2011, pp. 520–533.

Allen F. and Gale D. , *In Achieving Financial Stability: Challenges to Prudential Regulation*, Singapore: World Scientific, 2018, pp. 135–157.

Allen F. and Gale D. , "Diversity of Opinion and Financing of New Technologies", *Journal of Financial Intermediation*, Vol. 8, January 1999, pp. 68–89.

Allen F. and Gale D. , "Financial Contagion", *Journal of Political Economy*. Vol. 108, No. 1, February 2000, pp. 1–33.

Allen, F. , and Gale, D. , "Financial Fragility, Liquidity, And Asset Prices", *Journal of the European Economic Association*, Vol. 2, No. 6, December 2004, pp. 1015–1048.

Allen, F. , and Gale, D. , "How Should Bank Liquidity Be Regulated?", *Achieving Financial Stability: Challenges to Prudential Regulation*, 2018, pp. 135–157.

Allen, F., et al., "Entrusted Loans: A Close Look at China's Shadow Banking System", *Journal of Financial Economics*, Vol. 133, No. 1, July 2019, pp. 18-41.

Altunbas et al., "Bank Risk and Monetary Policy", *Journal of Financial Stability*, Vol. 6, No. 3, September 2010, pp. 121-129.

Altunbas Y., et al., "Securitisation and the Bank Lending Channel", *European Economic Review*, Vol. 53, No. 8, November 2009, pp. 996-1009.

Ambrose B., et al., "Does Regulatory Capital Arbitrage, Reputation, or Asymmetric Information Drive Securitization?", *Journal of Financial Services Research*, Vol. 28, No. 1, October 2005, pp. 113-133.

AmihudY. and Mendelson H., "The Effects of Beta, Bid-Ask Spread, Residual Risk, and Size on Stock Returns", *The Journal of Finance*, Vol. 44, No. 2, February 1989, pp. 479-486.

AmihudY., "Illiquidity and Stock Returns: Cross-Section and Time-Series Effects", *Journal of Financial Markets*, Vol. 5, No. 1, January 2002, pp. 31-56.

Andrén Niclas, et al., "Exposure-Based Cash-Flow-at-Risk: An Alternative to VaR for Industrial Companies", *Journal of Applied Corporate Finance*, Vol. 17, No. 3, October 2005, pp. 76-86.

Angell J. W. and Ficek K. F., "The Expansion of Bank Credit", *Journal of Political Economy*, Vol. 41, No. 1, 1933, pp. 1-32.

Arellano M. and Bover O., "Another Look at the Instrumental Variable Estimation of Error-components Models", *Journal of Econometrics*, Vol. 68, No. 1, July 1995, pp. 29-51.

Arndt, H. W., "The Concept of Liquidity in International Monetary Theory", *The Review of Economic Studies*, Vol. 15, No. 1, 1947-1948, pp. 20-26.

Arsenault M., et al., "Mortgage Fund Flows, Capital Appreciation, and Real Estate Cycles", *Journal of Real Estate Finance and Economics*, Vol. 47, No. 2, August 2013, pp. 243-265.

Asdrubali, P., et al., "Channels of Interstate Risk Sharing: United

States 1963–1990", *Quarterly Journal of Economics*, Vol. 111, No. 4, November 1996, pp. 1081–1110.

Asdrubali, P., et al., "New Risk Sharing Channels in OECD Countries: A Heterogeneous Panel VAR", *Working Paper*, No. 2018/13, Joint Research Centre, European Commission, Brussels, 2018.

Asquith et al., "Short Sales and Trade Classification Algorithms", *Journal of Financial Markets*, Vol. 13, No. 1, February 2010, pp. 157–173.

Backus, David K, et al., "International Real Business Cycles", *Journal of Political Economy*, Vol. 100, No. 4, August 1992, pp. 745–775.

Bagehot W., *Lombard Street: A Description of the Money Market*, London: Henry S. King & Co., 1873, pp. 6–10.

Bai J. and Perron P., "Estimating and Testing Linear Models with Multiple Structural Changes", *Econometrica*, Vol. 66, No. 1, 1998, pp. 47–78.

Bai, Chong-En, et al., "Bureaucratic Integration and Regional Specialization in China", *China Economic Review*, Vol. 19, No. 2, June 2008, pp. 308–319.

Bai, Chong-En, et al., "Local Protectionism and Regional Specialization: Evidence from China's Industries", *Journal of International Economics*, Vol. 63, No. 2, July 2004, pp. 397–417.

Bai, et al., "Measuring Liquidity Mismatch in The Banking Sector", *The Journal of Finance*, Vol. 73, No. 1, February 2018, pp. 51–93.

Baks K. and Kramer C. F., "Global Liquidity and Asset Prices: Measurement, Implications, and Spillovers", IMF Working Papers, December 1999.

Balli, F. and Rana, F., "Determinants of Risk Sharing Through Remittances", *Journal of Banking & Finance*, Vol. 55, June 2015, pp. 107–116.

Banerjee R. N. and H. Mio, "The Impact of Liquidity Regulation on Banks", *Journal of Financial Intermediation*, Vol. 35, July 2018, pp. 30–44.

Banerjee, R. N., "Banking Sector Liquidity Mismatch and The Financial Crisis", *Bank of England*, 2012.

Bangia Anil, et al., "Liquidity on the outside", *Risk*, Vol. 12, No. 6, 1999, pp. 68–73.

Bangia Anil, et al., "Modeling Liquidity Risk, With Implications for Traditional Market Risk Measurement and Management", *Wharton School Center for Financial Institutions Working Papers* 99–06, *University of Pennsylvania*, November 1998.

Banks Erik, *Liquidity Risk: Managing Asset and Funding Risks*, Berlin: Springer, 2004, pp. 4–5, 133.

Bao et al., "The Illiquidity of Corporate Bonds", *The Journal of Finance*, Vol. 66, No. 3, June 2011, pp. 911–946.

Basile, R. and Girardi, A., "Specialization and Risk Sharing in European Regions", *Journal of Economic Geography*, Vol. 10, No. 5, September 2010, pp. 645–659.

Bates et al., "Why Do Us Firms Hold So Much More Cash Than They Used To?", *The Journal of Finance*, Vol. 64, No. 5, October 2009, pp. 1985–2021.

Baum, D. J., and Hourigan, P. P. D., "New Sec Rules on Bank Broker-Dealer Activities", *Business Law Today*, Vol. 17, No. 3, 2007–2008, pp. 64–64.

Beaton K., et al., A Financial Conditions Index for the United States, Bank of Canada No. 2009–11, August, 2009.

Beck Thorsten, et al., "Financial Structure and Economic Development: Firm, Industry, And Country Evidence", *Policy Research Working Paper* No. 2423, 2000.

Berger, A. N., and Bouwman, C. H., "Bank Liquidity Creation", *The Review of Financial Studies*, Vol. 22, No. 9, September 2009, pp. 3779–3837,

Bernanke B. S. and Gertler M., "Inside the Black Box: The Credit Channel of Monetary Policy Transmission", *Journal of Economic Perspectives*, Vol. 9, No. 4, June 1995, pp. 27–48.

Bernanke B. S., and Eliasz B. P., "Measuring the Effects of Monetary

Policy: A Factor-Augmented Vector Autoregressive (Favar) Approach", *The Quarterly Journal of Economics*, Vol. 120, No. 1, February 2005, pp. 387–422.

Bernanke B. S., "The Federal Funds Rate and the Channels of Monetary Transmission", *NBER Working Paper* No. 3487, 1990.

Bernanke, B. S. and Blinder A. S., "The Federal Funds Rate and the Transmission of Monetary Policy", *American Economic Review*, Vol. 82, No. 4, 1992, pp. 901–921.

Bernanke, B. S. andBlinder A. S., "Credit, Money, and Aggregate Demand", *NBER Working Paper* No. 2534, 1988.

Bessembinder et al., "Market Transparency, Liquidity Externalities, And Institutional Trading Costs In Corporate Bonds", *Journal of Financial Economics*, Vol. 82, No. 2, November 2006, pp. 251–288.

Bhattacharya Sudipto and Thakor Anjan, "Contemporary Banking Theory", *Journal of Financial Intermediation*, Vol. 3, No. 1, October 1993, pp. 2–50.

Bianchi, J., and Bigio, S., "Banks, Liquidity Management and Monetary Policy", *Econometrica*, Vol. 90, No. 1, January 2022, pp. 391–454.

Black, F., "Toward A Fully Automated Stock Exchange, Part I", *Financial Analysts Journal*, Vol. 27, No. 4, 1971, pp. 28–35.

Blundell R. and Bond S., "Initial Conditions and Moment Restrictions in Dynamic Panel Data Models", *Journal of Econometrics*, Vol. 87, No. 1, 1998, pp. 115–143.

Boivin J. and Giannoni M. P., "Has Monetary Policy Become More Effective?", *Review of Economics & Statistics*, Vol. 88, No. 3, February 2006, pp. 445–462.

Boivina J. and Ngb S, "Are More Data Always Better for Factor Analysis?", *Journal of Econometrics*, Vol. 132, No. 1, May 2006, pp. 169–194.

Bonfim, D., and Kim, M., "Liquidity Risk in Banking: Is There Herding", *European Banking Center Discussion Paper*, No. 24, July 2012, pp. 1–31.

Bonner C. and Eijffinger S. C., "The Impact of Liquidity Regulation on Bank Intermediation", *Review of Finance*, Vol. 20, No. 5, 2016, pp. 1945-1979.

Boot A. W. A., and Thakor A., "Financial System Architecture", *Review of Financial Studies*, Vol. 10, July 1997, pp. 693-733.

Borio C. and White W. R., "Whither Monetary and Financial Stability? The Implications of Evolving Policy Regimes", *BIS Working Paper* No. 147, 2004.

Borio C. and Zhu H., "Capital Regulation, Risk-taking and Monetary Policy: A Missing Link in the Transmission Mechanism", *Journal of Financial Stability*, Vol. 8, No. 4, 2012, pp. 236-251.

Borio C., "Market Liquidity and Stress: Selected Issues and Policy Implications", *BIS Quarterly Review*, November 2000, pp. 38-51.

Borio C., "Ten Propositions about Liquidity Crises", *CESifo Economic Studies*, Vol. 56, No. 1, February 2010, pp. 70-95.

Borio, C., "Iii. Special Feature: Market Liquidity and Stress: Selected Issues and Policy Implications", *BIS Quarterly Review*, November 2000, pp. 38-51.

Borio, C., "Ten Propositions About Liquidity Crises", *CESifo Economic Studies*, Vol. 56, No. 1, March 2010, pp. 70-95.

Brainard, William C and Cooper, Richard N, "Uncertainty and Diversification in International Trade", *Food Research Institute Studies*, Vol. 8, 1968, pp. 1-29.

Brandt, Loren, et al., "From Divergence to Convergence: Reevaluating the History Behind China's Economic Boom", *Journal of Economic Literature*, Vol. 52, No. 1, March 2014, pp. 45-123.

Bronfenbrenner, M., "Some Fundamentals in Liquidity Theory", *The Quarterly Journal of Economics*, Vol. 59, No. 3, May 1945, pp. 405-426.

Brunnermeier et al., *Liquidity Mismatch Measurement. Risk Topography: Systemic Risk and Macro Modeling*, Chicago: University of Chicago Press, 2014, pp. 99-112.

Brunnermeier Markus, et al., "Liquidity Mismatch Measurement", *Working Paper*, *North Western University*, 2011.

Brunnermeier M. and Pedersen L. H., "Market Liquidity and Funding Liquidity", *The Review of Financial Studies*, Vol. 22, No. 6, June 2009, pp. 2201–2238.

Brunnermeier M. and Pedersen L. H., "Predatory Trading", *The Journal of Finance*, Vol. 60, No. 4, August 2005, pp. 1825–1863.

Brunnermeier M. and Yogo M., "A note on liquidity risk management", *American Economic Review*, Vol. 99, No. 2, 2009, pp. 578–583.

Brunnermeier M., "Deciphering the Liquidity and Credit Crunch 2007–08", *Journal of Economic Perspectives*, Vol. 23, No. 1, 2009, pp. 77–100.

Brunnermeier, M. K., and Oehmke, M., "Bubbles, Financial Crises, And Systemic Risk", *Handbook of the Economics of Finance*, Vol. 2, Part B, 2013, pp. 1221–1288.

Brunnermeier, M. K., and Pedersen, L. H., "Market Liquidity and Funding Liquidity", *The Review of Financial Studies*, Vol. 22, No. 6, June 2009, pp. 2201–2238.

Brülhart, Marius and Trionfetti, Federico, "Industrial Specialisation And Public Procurement: Theory and Empirical Evidence", *Journal of Economic Integration*, Vol. 16, No. 1, March 2001, pp. 106–127.

Cade Eddie, *Managing Banking Risk*, Sawston Cambridge: Woodhead Publishing Ltd., 1997, pp. 55–76.

Cagan P., *Determinants and Effects of Changes in the Stock of Money*, 1875–1960, New York: Columbia University Press for National Bureau of Economic Research, 1965, pp. 181–188.

Campbell, John Y and Mankiw, N Gregory, "Are Output Fluctuations Transitory?", *Quarterly Journal of Economics*, Vol. 102, No. 4, November 1987, pp. 857–880.

Campbell, J. Y., and Ammer, J., "What Moves the Stock and Bond Markets? A Variance Decomposition For Long-Term Asset Returns", *The Journal of Finance*, Vol. 48, No. 1, March 1993, pp. 3–37.

Campello et al., "Liquidity Management and Corporate Investment During A Financial Crisis", *The Review of Financial Studies*, Vol. 24, No. 6, June 2011, pp. 1944–1979.

Carey, M. S., Feeding the Fad: the Federal Land Banks, Land Market Efficiency, and the Farm Credit Crises, Ph. D. Dissertation, University of California at Berkeley, 1990.

Catin, Maurice, et al., "Openness, Industrialization, And Geographic Concentration of Activities in China", *Working Paper*, No. 3706. World Bank, Washington D. C., September 2005.

Cebenoyan, A. S., and Strahan, PP. E., "Risk Management, Capital Structure and Lending at Banks", *Journal of Banking and Finance*, Vol. 28, No. 1, January 2004, pp. 19–43.

Cetorelli N. and Goldberg L. S., "Banking Globalization, Monetary Transmission, and the Lending Channel", *NBER Working Paper* No. 14101, 2008.

Chan Kalok, et al., "The Intraday Behavior of Bid–Ask Spreads for NYSE Stocks and CBOE Options", *Journal of Financial and Quantitative Analysis*, Vol. 30, No. 3, 1995, pp. 329–346.

Chan, J. C. C. and Eisenstat E., "Bayesian Model Comparison for Time-varying Parameter VARs with Stochastic Volatility", *Journal of Applied Econometrics*, Vol. 33, No. 4, March 2018, pp. 509–532.

Chen Yuanquan, "Chinese Economy and Excess Liquidity", *China & World Economy*, Vol. 16, No. 5, September 2008, pp. 63–82.

Cheng, Leonard K and Kwan, Yum K, "What Are the Determinants of The Location of Foreign Direct Investment? The Chinese Experience", *Journal of International Economics*, Vol. 51, No. 2, August 2000, pp. 379–400.

Chiaramonte, L., *Bank Liquidity and The Global Financial Crisis*, London: Palgrave Macmillan Studies in Banking and Financial Institutions, 2018.

Chick, V., *Macroeconomics After Keynes: A Reconsideration of The General Theory*, Cambridge: MIT Press, 1983.

Chor, Davin, "Unpacking Sources of Comparative Advantage: A Quantitative Approach", *Journal of International Economics*, Vol. 82, No. 2, November 2010, pp. 152-167.

Chordia Tarun, et al., "An Empirical Analysis of Stock and Bond Market Liquidity", *The Review of Financial Studies*, Vol. 18, No. 1, Spring 2005, pp. 85-129.

Choudhry, M., *Bank Asset and Liability Management: Strategy, Trading, Analysis*, New Jersey: John Wiley and Sons, 2011.

Chung, K. H., and Zhang, H., "A Simple Approximation of Intraday Spreads Using Daily Data", *Journal of Financial Markets*, Vol. 17, January 2014, pp. 94-120.

Copeland M., "Social Accounting for Money flows", *The Accounting Review*, Vol. 24, No. 3, July 1949, pp. 254-264.

Cornett Marcia Millon, et al., "Liquidity Risk Management and Credit Supply in the Financial Crisis", *Journal of Financial Economics*, Vol. 101, No. 2, August 2011, pp. 297-312.

Corsetti, Giancarlo, et al., "International Risk Sharing and The Transmission of Productivity Shocks", *Review of Economic Studies*, Vol. 75, No. 2, April 2008, pp. 443-473.

Corwin, S. A., and Schultz, P. P., "A Simple Way to Estimate Bid-Ask Spreads from Daily High and Low Prices", *The Journal of Finance*, Vol. 67, No. 2, April 2012, pp. 719-760.

Crucini, Mario J, "On International and National Dimensions of Risk Sharing", *Review of Economics and Statistics*, Vol. 81, No. 1, February 1999, pp. 73-84.

Culham, J., "Revisiting the Concept of Liquidity in Liquidity Preference", *Cambridge Journal of Economics*, Vol. 44, No. 3, May 2020, pp. 491-505.

Dahir Ahmed Mohamed, et al., "Funding Liquidity Risk and Bank Risk-Taking in BRICS Countries: An Application of System GMM Approach", *International Journal of Emerging Markets*, Vol. 13, No. 1, 2018, pp. 231-248.

Davenport H. J., *The Economics of Enterprise*, New York: Macmillan Company, 1913, p. 263.

Davis E. P. and Zhu H., "Bank Lending and Commercial Property Cycles: Some Cross-country Evidence", *Journal of International Money & Finance*, Vol. 30, No. 1, February 2011, pp. 0-21.

Davis, D. R and Weinstein, D. E., "Economic Geography and Regional Production Structure: An Empirical Investigation", *European Economic Review*, Vol. 43, No. 2, February 1999, pp. 379-407.

De Brauw, A. and Giles, J., "Migrant Opportunity and The Educational Attainment of Youth in Rural China", *Working Paper*, No. 4526. World Bank, Washington D. C., 2008.

Deep, A., and Schaefer, G. K., "Are Banks Liquidity Transformers?", *KSG Working Paper*, No. RWP04-022, 2004.

Demsetz, H., "The Cost of Transacting", *The Quarterly Journal of Economics*, Vol. 82, No. 1, February 1968, pp. 33-53.

Diamond Douglas and Dybvig Philip, "Bank Runs, Deposit Insurance, and Liquidity", *Journal of Political Economy*, Vol. 91, No. 3, June 1983, pp. 401-419.

Diamond Douglas and Rajan Raghuram, "Liquidity Risk, Liquidity Creation, and Financial Fragility: A Theory of Banking", *Journal of Political Economy*, Vol. 109, No. 2, April 2001, pp. 287-327.

Diamond D. W., "Financial Intermediation and Delegated Monitoring", *Review of Economic Studies*, Vol. 51, July 1984, pp. 393-414.

Dietrich A., Hess K., and Wanzenried G., "The Good and Bad News About the New Liquidity Rules of Basel III in Western European Countries", *Journal of Banking & Finance*, Vol. 44, 2014, pp. 13-25.

Disyatat P., "The Bank Lending Channel Revisited", *Journal of Money, Credit and Banking*, Vol. 43, No. 4, 2011, pp. 711-734.

Dittmar et al., "International Corporate Governance and Corporate Cash Holdings", *Journal of Financial and Quantitative Analysis*, Vol. 38, No. 1,

March 2003, pp. 111-133.

Dittmar, A., and Duchin, R., "The Dynamics of Cash", *Ross School of Business Paper*, No. 1138, May 2010.

Drehmanna Mathias and Nikolaou Kleopatra, "Funding Liquidity Risk: Definition and Measurement", *Journal of Banking & Finance*, Vol. 37, No. 7, July 2013, pp. 2173-2182.

Du, Julan, et al., "Channels of Interprovincial Risk Sharing in China", *Journal of Comparative Economics*, Vol. 39, No. 3, September 2011, pp. 383-405.

Du, Julan, et al., "Does Financial Deepening Promote Risk Sharing in China?", *Journal of the Asia Pacific Economy*, Vol. 15, No. 4, November 2010, pp. 369-387.

Dubofsky, D. A., and Groth, J. C., "Exchange Listing and Stock Liquidity", *Journal of Financial Research*, Vol. 7, No. 4, Winter 1984, pp. 291-302.

Duranton, Gilles and Puga, Diego, "Micro-Foundations of Urban Agglomeration Economies", *Handbook of Regional and Urban Economics*, Vol. 4, 2004, pp. 2063-2117.

d'Avernas Adrien, et al., "Unconventional Monetary Policy and Funding Liquidity Risk", *Working Paper Series* 2350, *European Central Bank*, December 2019.

Eckaus, Richard S, "China's Exports, Subsidies to State-Owned Enterprises and the WTO", *China Economic Review*, Vol. 17, No. 1, 2006, pp. 1-13.

Edwards et al., "Corporate Bond Market Transaction Costs and Transparency", *The Journal of Finance*, Vol. 62, No. 3, June 2007, pp. 1421-1451.

Eggertsson Gauti and Woodford Michael, "Optimal Monetary Policy in a Liquidity Trap", *NBER Working Paper*, No. 9, September 2003.

Ehrmann M., Gambacorta L., Martínez-Pagés J., Sevestre P., and Worms A., "Financial Systems and the Role of Banks in Monetary Policy

Transmission in the Euro Area", *ECB Working Paper* No. 105, 2001.

Ellison, Glenn and Glaeser, Edward L, "The Geographic Concentration of Industry: Does Natural Advantage Explain Agglomeration?", *American Economic Review*, Vol. 89, May 1999, pp. 311-316.

English W., Tsatsaronis K., and Zoli E., "Assessing the Predictive Power of Measures of Financial Conditions for Macroeconomic Variables", *BIS Papers*, Vol. 22, 2005, pp. 228-252.

Fan, Haichao, et al., "Clan Culture And Patterns Of Industrial Specialization In China", *Working Paper* No. E2021004. China Center for Economic Research, Beijing, 2021.

Fang H., et al., "Demystifying the Chinese Housing Boom", *NBER Macroeconomic Annual*, Vol. 30, No. 1, pp. 105-166.

Farhi, E., and Tirole, J., "Collective Moral Hazard, Maturity Mismatch, And Systemic Bailouts", *American Economic Review*, Vol. 102, No. 1, Febrary 2012, 60-93.

Federal Reserve Bank of Chicago, Chicago Fed National Financial Conditions Index [NFCI], retrieved from FRED, https://fred.stlouisfed.org/series/NFCI.

Feeney, JoAnne, "International Risk Sharing, Learning by Doing, And Growth", *Journal of Development Economics*, Vol. 58, NO. 2, April 1999, pp. 297-318.

Ferguson Roger, et al., *International Financial Stability*, Geneva Reports on the World Economy 9, November 2007.

Ferguson, R. W., "Asset Prices and Monetary Liquidity", in remarks given to the Seventh Deutsche Bundesbank Spring Conference, Berlin, Germany, May 27, 2005.

Flannery, M. J., "Financial Crises, Payment System Problems, And Discount Window Lending", *Journal of Money, Credit and Banking*, Vol. 28, No. 4, Novenmber 1996, pp. 804-824.

Fleming et al., "The Economic Value of Volatility Timing Using 'Realized' Volatility", *Journal of Financial Economics*, Vol. 67, No. 3, March

2003, pp. 473-509.

Fleming, M. J., "Measuring Treasury Market Liquidity", *FRB of New York Staff Report*, No. 133, July 2001.

Fong et al., "What Are the Best Liquidity Proxies for Global Research?", *Review of Finance*, Vol. 21, No. 4, July 2017, pp. 1355-1401.

Frederik et al., "Divestitures and The Liquidity of The Market for Corporate Assets", *Journal of Financial Economics*, Vol. 64, No. 1, April 2002, pp. 117-144.

Freixas et al., "Bank Liquidity, Interbank Markets, And Monetary Policy", *The Review of Financial Studies*, Vol. 24, No. 8, August 2011, pp. 2656-2692.

Freixas, X., and Jorge, J., "The Role of Interbank Markets in Monetary Policy: A Model with Rationing", *Journal of Money, Credit and Banking*, Vol. 40, No. 6, August 2008, pp. 1151-1176.

Friedman M. and Schwartz A. J., *A Monetary History of The United States*, 1867-1960, Princeton: Princeton University Press, 2008, pp. 512-523.

Gale, D., and Yorulmazer, T., "Liquidity Hoarding", *Theoretical Economics*, Vol. 8, No. 2, May 2013, pp. 291-324.

Gallitschke Janek, et al., "Interbank Interest Rates: Funding Liquidity Risk and XIBOR Basis Spreads", *Journal of Banking & Finance*, Vol. 78, May 2017, pp. 142-152.

Gambacorta L., "Inside the Bank Lending Channel", *European Economic Review*, Vol. 49, No. 7, October 2005, pp. 1737-1759.

Garleanu Nicolae and Pedersen Lasse Heje, "Liquidity and Risk Management", *American Economic Review*, Vol. 97, No. 2, May 2007, pp. 193-197.

Gatev et al., "How Do Banks Manage Liquidity Risk? Evidence from The Equity and Deposit Markets in The Fall of 1998", *The Risks of Financial Institutions*, January 2007, pp. 105-132.

Gatev, E., and Strahan, PP. E., "Banks' Advantage in Hedging Liquidity Risk: Theory and Evidence from The Commercial Paper Market", *The Journal of Finance*, Vol. 61, No. 2, April 2006, pp. 867–892.

Gauthier C., et al., "Financial Conditions Indexes for Canada", *Bank of Canada Working Paper* 2004-22, June, 2004.

Geweke J. F., "The Dynamic Factor Analysis of Economic Time Series Models", SSRI workshop series, Social Systems Research Institute, University of Wisconsin-Madison, 1977.

Giordana G. A. and Schumacher I., "Bank Liquidity Risk and Monetary Policy. Empirical Evidence on the Impact of Basel III Liquidity Standards", *International Review of Applied Economics*, Vol. 27, No. 5, June, 2013, pp. 633–655.

Goldstein et al., "Transparency and Liquidity: A Controlled Experiment on Corporate Bonds", *The Review of Financial Studies*, Vol. 20, No. 2, March 2007, pp. 235–273.

Goodfriend, M., and King, R. G., "Financial Deregulation, Monetary Policy, And Central Banking", *Federal Reserve Bank of Richmond Working Paper*, No. 88-1, October 2012.

Goodhart C. A. E. and Hofmann B., "Asset Prices and The Conduct of Monetary Policy", paper delivered to Royal Economic Society Conference, sponsored by The Royal Economic Society, University of Warwick, Coventry, March 25, 2002.

Goodhart C. A. E., "The Determination of the Money Supply: Flexibility Versus Control", *The Manchester School*, Vol. 85, No. S1, June 2017, pp. 33–56.

Goodhart, C. and Hofmann, B., "Do Asset Prices Help to Predict Consumer Price Inflation?", *The Manchester School*, Vol. 68, Supplement, 2000, pp. 122–140.

Gopalan et al., "Asset Liquidity and Stock Liquidity", *Journal of Financial and Quantitative Analysis*, Vol. 47, No. 2, April 2012, pp. 333–364.

Gorton G., and Pennacchi G., "Financial intermediaries and liquidity creation", *Journal of Finance*, Vol. 45, No. 1, March 1990, pp. 49-71.

Goyenko et al., "Do Liquidity Measures Measure Liquidity?", *Journal of Financial Economics*, Vol. 92, No. 2, May 2009, pp. 153-181.

Goyenko, R. Y., and Ukhov, A. D., "Stock and Bond Market Liquidity: A Long-Run Empirical Analysis", *Journal of Financial and Quantitative Analysis*, Vol. 44, No. 1, February 2009, pp. 189-212.

Greenwood, Jeremy and Jovanovic, Boyan, "Financial Development, Growth, And the Distribution of Income", *Journal of Political Economy*, Vol. 98, No. 5, October 1990, pp. 1076-1107.

Grinblatt, Mark and Keloharju, Matti, "How Distance, Language, And Culture Influence Stockholdings and Trades", *Journal of Finance*, Vol. 56, No. 3, June 2001, pp. 1053-1073.

Grossman, S. J., and Miller, M. H., "Liquidity and Market Structure", *The Journal of Finance*, Vol. 43, No. 3, July 1988, pp. 617-633.

Guichard S. and Turner D., "Quantifying the Effect of Financial Conditions on US Activity", *Economics Department Working Papers* No. 9, 2008.

Hanson S. G., et al., "Banks as patient fixed-income investors", *Journal of Financial Economics*, Vol. 117, No. 3, September 2015, pp. 449-469.

Harlow W. V. and Rao Ramesh K. S., "Asset Pricing in a Generalized Mean-Lower Partial Moment Framework: Theory and Evidence", *Journal of Financial and Quantitative Analysis*, Vol. 24, No. 3, September 1989, pp. 285-311.

Harrigan, James and Zakrajsek, Egon, "Factor Suppliesand Specialization in The World Economy", *NBER Working Paper* No. w7848, New York, 2000.

Harrigan, James, "Estimation of Cross-Country Differences in Industry Production Functions", *Journal of International Economics*, Vol. 47, No. 2, April 1999, pp. 267-293.

Harris J. C., "The Effect of Real Rates of Interest on Housing Prices", *The Journal of Real Estate Finance and Economics*, Vol. 2, No. 1, February

1989, pp. 47-60.

Hasbrouck, J., "Trading Costs and Returns for Us Equities: Estimating Effective Costs from Daily Data", *The Journal of Finance*, Vol. 64, No. 3, June 2009, pp. 1445-1477.

Hatzius J., et al., "Financial Conditions Indexes: A Fresh Look After the Financial Crisis", *NBER Working Paper* 16150, July 2010, pp. 3-59.

Hausken Kjell and Plumper Thomas, "Containing Contagious Financial Crises: The Political Economy of Joint Intervention into The Asian Crisis", *Public Choice*, Vol. 111, No. 3, April 2002, pp. 209-236.

Hayes, M. G., "The Liquidity of Money", *Cambridge Journal of Economics*, Vol. 42, No. 5, September 2018, pp. 1205-1218.

Heider et al., "Liquidity Hoarding and Interbank Market Rates: The Role of Counterparty Risk", *Journal of Financial Economics*, Vol. 118, No. 2, November 2015, pp. 336-354.

Helpman, Elhanan and Razin, Assaf, "Uncertainty and International Trade in The Presence of Stock Markets", *Review of Economic Studies*, Vol. 45, No. 2, June 1978, pp. 239-250.

Hendershott et al., "Does Algorithmic Trading Improve Liquidity?", *The Journal of Finance*, Vol. 66, No. 1, February 2011, pp. 1-33.

Hesse et al., "Transmission of Liquidity Shocks: Evidence from the 2007 Subprime Crisis", *IMF Working Paper*, No. 08/200, September 2008.

Hevia, Constantino and Servén, Luis, "Assessing the Degree of International Consumption Risk Sharing", *Journal of Development Economics*, Vol. 134, May 2018, pp. 176-190.

Hicks J. R., "Mr. Keynes and the 'Classics'; A Suggested Interpretation", *Econometrica*, Vol. 5, No. 2, April 1937, pp. 147-159.

Hicks, J. R., "Liquidity", *The Economic Journal*, Vol. 72, No. 288, December 1962, pp. 787-802.

Hirshleifer, J., *Liquidity, Uncertainty and The Accumulation of Information*, Los Angeles: Western management Science Institute, University of California, 1971.

Ho, Chun-Yu, et al., "Intranational Risk Sharing and Its Determinants", *Journal of International Money and Finance*, Vol. 51, March 2015, pp. 89-113.

Hoggarth Glenn, et al., "Costs of Banking System Instability: Some Empirical Evidence", *Journal of Banking & Finance*, Vol. 26, No. 5, May 2002, pp. 825-855.

Holden et al., "The Empirical Analysis of Liquidity", *Foundations and Trends in Finance*, No. 4, 2015, pp. 263-365.

Holden, C. W., "New Low-Frequency Spread Measures", *Journal of Financial Markets*, Vol. 12, No. 4, November 2009, pp. 778-813.

Holmstrom Bengt and Tirole Jean, "Private and Public Supply of Liquidity", *Journal of Political Economy*, Vol. 106, No. 1, February 1998, pp. 1-40.

Holz M., "A Financial Conditions Index as Indicator for Monetary Policy in Times of Low, Stable Inflation and High Financial Market Volatility", paper delivered to 9th workshop of the research network Alternative Macroeconomic Policies, Macroeconomic and Macroeconomics Policies-Alternatives to the Orthodoxy, Berlin, Germany, October 28-29, 2005.

Horvath Roman, et al., "Bank Capital and Liquidity Creation: Granger-Causality Evidence", *Journal of Financial Services Research*, Vol. 45, No. 3, June 2014, pp. 341-361.

Huang et al., "Portfolio Choice and Life Insurance: The Crra Case", *The Journal of Risk and Insurance*, Vol. 75, No. 4, December 2008, pp. 847-872.

Huang Rocco and Ratnovski Lev, "The Dark Side of Bank Wholesale Funding", *Journal of Financial Intermediation*, Vol. 20, No. 2, April 2011, pp. 248-263.

Imbs, Jean and Wacziarg, Romain, "Stages of Diversification", *American Economic Review*, Vol. 93, No. 1, March 2003, pp. 63-86.

Imbs, Jean, "Trade, Finance, Specialization, And Synchronization", *Review of Economics and Statistics*, Vol. 86, No. 3, August 2004, pp. 723-

734.

IMF Multimedia Services Division, Global financial stability report. International Monetary Fund Washington DC ISBN 978-1-58906-720-2, April 8, 2008.

Jakab Zoltan and Kumhof Michael, "Banks are Not Intermediaries of Loanable Funds - And Why This Matters", *Bank of England Working Paper* No. 529, May 2015.

Jensen, M. C., "Agency Costs of Free Cash Flow, Corporate Finance, And Takeovers", *The American Economic Review*, Vol. 76, No. 2, May 1986, pp. 323-329.

Jiang et al., "Multifractal Analysis of Financial Markets: A Review", *Reports on Progress in Physics*, Vol. 82, No. 12, November 2019.

Johansson, Åsa and Olaberría, Eduardo, "New Evidenceon The Determinants of Industrial Specialisation", *Working Paper* No. 1112. OECD Economics Department, Paris, 2014.

Joplin T., *The Cause and Cure of Our Commercial Embarrassments*, London: J. Ridgway, 1841, pp. 23-52.

Josh Ryan-Collins, et al., *Where Does Money Come From? A Guide to the UK Monetary and Banking System*, London: New Economics Foundation, 2011.

Kahn R. F., "The relation of home investment to unemployment", *The Economic Journal*, Vol. 41, No. 162, 1931, pp. 173-198.

Kaldor, N., "Speculation and Economic Stability", *The Economics of Futures Trading*, 1976, pp. 111-123.

Kalemli-Ozcan, Sebnem, et al., "Risk Sharing and Industrial Specialization: Regional and International Evidence", *American Economic Review*, Vol. 93, No. 3, June 2003, pp. 903-918.

Kannan, P., et al., "Monetary and Macroprudential Policy Rules in a Model with House Price Booms", *The B. E. Journal of Macroeconomics*, Vol. 12, No. 1, June 2012, pp. 1-44.

Kashyap A. K. and Stein J. C., "The Impact of Monetary Policy on

Bank Balance Sheets", *Carnegie-Rochester Conference Series on Public Policy*, Vol. 42, 1995, pp. 151-195.

Kashyap A. K. and Stein J. C., "What Do a Million Observations on Banks Say About the Transmission of Monetary Policy", *American Economic Review*, Vol. 90, No. 3, June 2000, pp. 407-428.

Kashyap et al., "Banks as Liquidity Providers: An Explanation for The Coexistence of Lending and Deposit-Taking", *The Journal of Finance*, Vol. 57, No. 1, February 2002, pp. 33-73.

Kemp, et al., "Production and Trade Patterns Under Uncertainty", *Economic Record*, Vol. 49, No. 2, June 1973, pp. 215-227.

Kenny and Geoff, "Modelling the Demand and Supply Sides of the Housing Market: Evidence from Ireland", *Economic Modelling*, Vol. 16, No. 3, August 1999, pp. 389-409.

Khan Muhammad Saifuddin, et al., "Funding Liquidity and Bank Risk Taking", *Journal of Banking & Finance*, Vol. 82, September 2017, pp. 203-216.

Kim, W. C., and Mauborgne, R., "Procedural Justice, Strategic Decision Making, And the Knowledge Economy", *Strategic Management Journal*, Vol. 19, No. 4, April 1998, pp. 323-338.

Kindleberger Charles, "Manias, Panics, and Crashes: A History of Financial Crises", *The Scriblerian and the Kit-Cats*, Vol. 32, No. 2, 2000, pp. 379-380.

King M. R., "The Basel III Net Stable Funding Ratio and Bank Net Interest Margins", *Journal of Banking & Finance*, Vol. 37, No. 11, November 2013, pp. 4144-4156.

Kishan R. P. and Opiela T. P., "Bank Size, Bank Capital, and the Bank Lending Channel", *Journal of Money, Credit and Banking*, Vol. 32, No. 1, February 2000, pp. 121-141.

Koop G. and Korobilis D., "A New Index of Financial Conditions", *European Economic Review*, Vol. 71, October 2014, pp. 101-116.

Koop G. and Korobilis D., "Large Time-Varying Parameter Vars",

Journal of Econometrics, Vol. 177, No. 2, December 2013, pp. 185-198.

Koop G. and Korobilis D., "Manual to Accompany MATLAB Package for Bayesian VAR Models", *unpublished manuscript*, 2009.

Kose, Ayhan M, et al., "Does Financial Globalization Promote Risk Sharing?", *Journal of Development Economics*, Vol. 89, No. 2, July 2009, pp. 258-270.

Kroszner, R. S., "Liquidity and Monetary Policy", in speech delivered at the US Monetary Policy Forum, Vol. 9, Washington, March 2007.

Krugman Paul, et al., "It's Baaack: Japan's Slump and the Return of the Liquidity Trap", *Brookings Papers on Economic Activity*, No. 2, 1998, pp. 137-205.

Krugman Paul, "Thinking About the Liquidity Trap", *Journal of the Japanese and International Economics*, Vol. 14, No. 4, February 2000, pp. 221-237.

Krugman, Paul, "Increasing Returns and Economic Geography", *Journal of Political Economy*, Vol. 99, No. 3, June 1991, pp. 483-499.

Krugman, P., "Thinking About the Liquidity Trapp", *Journal of the Japanese and International Economies*, Vol. 14, No. 4, December 2000, pp. 221-237.

Kyle, A. S., "Continuous Auctions and Insider Trading", *Econometrica: Journal of the Econometric Society*, Vol. 53, No. 6, November 1985, pp. 1315-1335.

Lesmond et al., "A New Estimate of Transaction Costs", *The Review of Financial Studies*, Vol. 12, No. 5, October 1999, pp. 1113-1141.

Lewis, Karen K, "What Can Explain the Apparent Lack of International Consumption Risk Sharing?", *Journal of Political Economy*, Vol. 104, No. 2, April 1996, pp. 267-297.

Li B., et al., "The Impact of the Liquidity Coverage Ratio on Money Creation: A Stock-Flow Based Dynamic Approach", *Economic Modelling*, Vol. 67, December 2017, pp. 193-202.

Lippman, S. A., and McCall, J. J., "An Operational Measure of Liquidity", *The American Economic Review*, Vol. 76, No. 1, March 1986, pp. 43-55.

Lou Xiaoxia and Sadka Ronnie, "Liquidity Level or Liquidity Risk? Evidence from the Financial Crisis", *Financial Analysts Journal*, Vol. 67, No. 3, May 2011, pp. 51-62.

Lowenstein Roger, *When Genius Failed: The Rise and Fall of Long-Term Capital Management*, New York: Random House Chapter 3, 2001, pp. 40-60.

Lu, Jiangyong and Tao, Zhigang, "Trends and Determinants of China's Industrial Agglomeration", *Journal of Urban Economics*, Vol. 65, No. 2, March 2009, pp. 167-180.

Macleod H., *The Theory and Practice of Banking; with the elementary principles of currency, prices, credit and exchanges*, in 2 volumes Citations from the. (6th ed.), London: Longman, Greens and Co, 1905, pp. 310, 370.

Macleod H., *The Theory of Credit*, London: Longmans, Green, and Co., 1889, p. 364.

Mahanti et al., "Latent Liquidity: A New Measure of Liquidity, With an Application to Corporate Bonds", *Journal of Financial Economics*, Vol. 88, No. 2, May 2008, pp. 272-298.

Marsh, T. A., and Rock, K., "Exchange Listing and Liquidity: A Comparison of The American Stock Exchange with The Nasdaq National Market System", *American Stock Exchange*, January 1986.

Masten, Arjana Brezigar, et al., "Non-Linear Growth Effects of Financial Development: Does Financial Integration Matter?", *Journal of International Money and Finance*, Vol. 27, No. 2, March 2008, pp. 295-313.

Matheson T., "New Indicators for Tracking Growth in Real Time", *IMF Working Papers*, No. 2, 2013, pp. 51-71.

Matz Leonard and Neu Peter, eds., *Liquidity Risk Measurement and Management: A practitioner's guide to global best practices*, Singapore: John Wiley & Sons, 2006, pp. 18-19.

Matz Leonard and NeuPeter, eds., *Liquidity Risk Measurement and Management: A practitioner's guide to global best practices*, Singapore: John Wiley & Sons, 2006, p. 4.

Mayes D. G. and Virén M., "The Exchange Rate and Monetary Conditions in The Euro Area", *Review of World Economics*, Vol. 136, No. 2, June 2000, pp. 199-231.

Mcleay Michael, et al., "Money in the Modern Economy: An Introduction", *Bank of England Quarterly Bulletin* 2014 Q1, March 2014, pp. 4-13.

Meade J. E., "The Amount of Money and the Banking System", *The Economic Journal*, Vol. 44, No. 173, 1934, pp. 77-83.

Melitz, Jacques and Toubal, Farid, "Native Language, Spoken Language, Translation and Trade", *Journal of International Economics*, Vol. 93, No. 2, July 2014, pp. 351-363.

Mishkin F. S., "Symposium on the Monetary Transmission Mechanism", *Journal of Economic Perspectives*, Vol. 9, No. 4, November 1995, pp. 3-10.

Mohamed Aymen Ben Moussa, "The Determinants of Bank Liquidity: Case of Tunisia", *International Journal of Economics and Financial Issues*, Vol. 5, No. 1, 2015, pp. 249-259.

Montagnoli A. and Napolitano O., "Financial Condition Index and Interest Rate Settings: A Comparative Analysis", paper delivered to Money Macro and Finance (MMF) Research Group Conference 2004, sponsored by Cass Business School, September 17, 2004.

Moorthy, S., "Liquidity in The Equity Market: A Portfolio Trader'S Perspective", in Avinash Persaud, editor. *Liquidity black holes: Understanding, quantifying and managing financial liquidity risk*, London: Risk Books, 2003, pp. 21-40.

Myers, S. C., and Rajan, R. G., "The Paradox of Liquidity", *The Quarterly Journal of Economics*, Vol. 113, No. 3, August 1998, pp. 733-771.

Nakajima J. , "Time-varying Parameter VAR Model with Stochastic Volatility: An Overview of Methodology and Empirical Applications", *Institute for Monetary and Economic Studies*, vol. 29, 2011, pp. 107-142.

Nieto, B. , "Bid-Ask Spread Estimator from High and Low Daily Prices: Practical Implementation for Corporate Bonds", *Journal of Empirical Finance*, Vol. 48, September 2018, pp. 36-57.

Nikolaou Kleopatra, "Liquidity (Risk) Concepts: Definitions and Interactions", *ECB Working Paper*, No. 1008, February 2009.

Nunn, Nathan and Trefler, Daniel, "Domestic Institutions as A Source of Comparative Advantage", *Handbook of International Economics*, Vol. 4, 2014, pp. 263-315.

Nyborg, K. G. , and Strebulaev, I. A. , "Multiple Unit Auctions and Short Squeezes", *The Review of Financial Studies*, Vol. 17, No. 2, April 2004, pp. 545-580.

O'Hara, M. , "Presidential Address: Liquidity and Price Discovery", *The Journal of Finance*, Vol. 58, No. 4, August 2003, pp. 1335-1354.

Obstfeld, Maurice, "Risk-Taking, Global Diversification, And Growth", *American Economic Review*, Vol. 84, No. 5, December 1994, pp. 1310-1329.

Opler et al. , "The Determinants and Implications of Corporate Cash Holdings", *Journal of Financial Economics*, Vol. 52, No. 1, April 1999, pp. 3-46.

Ozkan, A. , and Ozkan, N. , "Corporate Cash Holdings: An Empirical Investigation of Uk Companies", *Journal of Banking and Finance*, Vol. 28, No. 9, September 2004, pp. 2103-2134.

Pastor Lubos and Stambaugh Robert, "Liquidity Risk and Expected Stock Returns", *Journal of Political Economy*, Vol. 111, No. 3, 2003, pp. 642-685.

Pavlov, A. and Wachter, S. , "Mortgage Put Options and Real Estate Markets", *Journal of Real Estate Finance and Economics*, Vol. 38, No. 1, 2009, pp. 89-103.

Peek J. and Rosengren E. S. , "Bank Lending and the Transmission of Monetary Policy", *Conference Series - Federal Reserve Bank of Boston*, Vol. 39, 1995, pp. 47-68.

Peng. R. and Wheaton. W. C. , "Effects of Restrictive of Land Supply on Housing in Hong Kong: An Econometric Analysis", *Journal of Housing Research*, Vol. 5, No. 2, January 1994, pp. 263-291.

Pennington J. , *Economic Writings of James Pennington*, London: London School of Economics, 1826, pp. 45-51.

Persaud Avinash, "Liquidity Black Holes: What They Are and How They Are Generated", *Singapore Foreign Exchange Market Committee Biennial Report*, 2002.

Petersen, Bruce and Strongin, Steven, "Why Are Some Industries More Cyclical Than Others?", *Journal of Business & Economic Statistics*, Vol. 14, No. 2, April 1996, pp. 189-198.

Phillips C. A. , *Bank Credit: A Study of the Principles and Factors Underlying Advances Made by Banks to Borrowers*, New York: Macmillan, 1920.

Pigou Arthur Cecil, "The Value of Money", *The Quarterly Journal of Economics*, Vol. 32, No. 1, November 1917, pp. 38-65.

Primiceri G. E. , "Time Varying Structural Vector Autoregressions and Monetary Policy", *The Review of Economic Studies*, Vol. 72, No. 3, July 2005, pp. 821-852.

Purnanandam, A. , "Originate-To-Distribute Model and The Subprime Mortgage Crisis", *The Review of Financial Studies*, Vol. 24, No. 6, June 2011, pp. 1881-1915.

Qing, H. , et al. , "Financial Development and Patterns of Industrial Specialization: Evidence from China", *Review of Finance*, Vol. 21, No. 4, July 2017, pp. 1593-1638.

Ricks, M. , *The Money Problem: Rethinking Financial Regulation*, Chicago: University of Chicago Press, 2016.

Risk Management Group, Sound Practices for Managing Liquidity in

Banking Organisations, Basel Committee on Banking Supervision, February 2000.

Roll, R., "A Simple Implicit Measure of The Effective Bid-Ask Spread in An Efficient Market", *The Journal of Finance*, Vol. 39, No. 4, September 1984, pp. 1127-1139.

Rosenthal, Stuart S and Strange, William C, "The Determinants of Agglomeration", *Journal of Urban Economics*, Vol. 50, No. 2, September 2001, pp. 191-229.

Rothbard Murray ed., *The Ethics of Liberty*, New York: New York University Press, 2003.

Rudebusch G. D., "Do Measures of Monetary Policy in A Var Make Sense? A Reply to Christopher A. Sims", *International Economic Review*, Vol. 39, No. 4, 1998, pp. 943-948.

Ruffin, Roy J, "Comparative Advantage Under Uncertainty", *Journal of International Economics*, Vol. 4, No. 3, August 1974, pp. 261-273.

Saint-Paul, Gilles, "Technological Choice, Financial Markets and Economic Development", *European Economic Review*, Vol. 36, No. 4, May 1992, pp. 763-781.

Schestag et al., "Measuring Liquidity in Bond Markets", *The Review of Financial Studies*, Vol. 29, No. 5, May 2016, pp. 1170-1219.

Shen, Ashley Chunli, et al., "Fiscal Decentralization in China: History, Impact, Challenges and Next Steps", *Annals of Economics and Finance*, Vol. 13, No. 1, 2012, pp. 1-51.

Shin Hyun Song. "Risk and Liquidity in a System Context", *Journal of Financial Intermediation*, Vol. 17, No. 3, 2008, pp. 315-329.

Shleifer, A., and Vishny, R. W., "Liquidation Values and Debt Capacity: A Market Equilibrium Approach", *The Journal of Finance*, Vol. 47, No. 4, September 1992, pp. 1343-1366.

Sibilkov, V., "Asset Liquidity and Capital Structure", *Journal of Financial and Quantitative Analysis*, Vol. 44, No. 5, October 2009, pp. 1173-1196.

Sims C. A., "Macroeconomics and Reality", *Econometrica*, Vol. 48, No. 1, January 1980, pp. 1-48.

Spolaore, Enrico and Wacziarg, Romain, "Ancestry, Language And Culture", *NBER Working Paper* No. w21243, New York, 2015.

Staiger, Douglas and Stock, James H, "Instrumental Variables Regression with Weak Instruments", *Econometrica*, Vol. 65, No. 3, May 1997, pp. 557-586.

Stein and Jeremy, "Prices and Trading Volume in the Housing Market: A Model with Downpayment Constraints", *Quarterly Journal of Economics*, Vol. 110, No. 2, May 1995, pp. 379-406.

Stiglitz Joseph E., and Walsh Carl E., *Economics (Fourth Edition)*, New York: W. W. Norton & Company, 2006, p. 626.

Strahan, PP., "Liquidity Production In 21st Century Banking", *National Bureau of Economic Research*, No. 13798, February 2008.

Su, Yaqin, et al., "Where Are the Migrants From? Inter-Vs. Intra-Provincial Rural-Urban Migration In China", *China Economic Review*, Vol. 47, February 2018, pp. 142-155.

Svensson, L. E., "What Is Wrong with Taylor Rules? Using Judgment in Monetary Policy Through Targeting Rules", *Journal of Economic Literature*, Vol. 41, No. 2, June 2003, pp. 426-477.

Swiston A., A U. S. "Financial Conditions Index: Putting Credit Where Credit is Due", *IMF Working Paper*, June, 2008.

Sørensen, Bent E and Yosha, Oved, "International Risk Sharing and European Monetary Unification", *Journal of International Economics*, Vol. 45, No. 2, August 1998, pp. 211-238.

Tirole, J., "Illiquidity and All Its Friends", *Journal of Economic Literature*, Vol. 49, No. 2, June 2011, pp. 287-325.

Torrens R., *A Letter to the Right Honourable Lord Viscount Melbourne, on the Causes of the Recent Derangement in the Money Market, and on Bank Reform*, London: Longman, Rees, Orme, Brown, & Green, 1837, pp. 8-19.

Van der Merwe, E. J., "Monetary Policy Operating Procedures in Emerging-Market Economies", *BIS Policy Papers*, No. 5, June 1999, pp. 261.

Van Riet, Ad, et al., "Sectoral Specialisation In the EU A Macroeconomic Perspective", *ECB Occasional Paper* No. 019. ECB, Frankfurt, 2004.

Van Wincoop, Eric, "Welfare Gains from International Risk Sharing", *Journal of Monetary Economics*, Vol. 34, No. 2, October 1994, pp. 175-200.

Vayanos, D., and Wang, J., "Market Liquidity—Theory and Empirical Evidence", *Handbook of the Economics of Finance*, Vol. 2, Part B, 2013, pp. 1289-1361.

Vodova Pavla Klepkova, "Liquidity of Czech Commercial Banks and Its Determinants", *International Journal of Mathematical Models and Methods in Applied Sciences*, Vol. 5, No. 6, January 2011, pp. 1060-1067.

Wagner, W., "The Liquidity of Bank Assets and Banking Stability", *Journal of Banking and Finance*, Vol. 31, No. 1, January 2007, pp. 121-139.

Wang, Ling and Ruan, Jianqing, "Dialect, Transaction Cost and Intra-National Trade: Evidence from China", *Applied Economics*, Vol. 51, No. 57, August 2019, pp. 6113-6126.

Werner Richard A., "Can Banks Individually Create Money Out of Nothing? The Theories and the Empirical Evidence", *International Review of Financial Analysis*, Vol. 36, December 2014, pp. 1-19.

Werner Richard A., "How Do Banks Create Money, and Why Can Other Firms Not Do the Same? An Explanation for the Coexistence of Lending and Deposit-Taking", *International Review of Financial Analysis*, Vol. 36, December 2014, pp. 71-77.

Williamson, S., "Liquidity Constraints", in Steven N. Durlauf and Lawrence E. Blume, eds. *New Palgrave Dictionary of Economics*, Second Edition, Palgrave Macmillan, 2008.

Woodford M., "Financial Intermediation and Macroeconomic Analysis", *Journal of Economic Perspectives*, Vol. 24, No. 4, November 2010, pp. 21–44.

Wu Deming and Yang Jiawen, "Securitization, Liquidity, Risk and Banks' Risk Exposure", *Working Paper*, 2008, pp. 1–46.

Xu, Xinpeng, "Consumption Risk Sharing in China", *Economica*, Vol. 75, No. 298, May 2008, pp. 326–341.

Yan Meilan, et al., "Estimating Liquidity Risk Using the Exposure-Based Cash-Flow-at-Risk Approach: An Application to the UK Banking Sector", *International Journal of Finance & Economics*, Vol. 19, No. 3, 2014, pp. 225–238.

Young, Alwyn, "The Razor's Edge: Distortions and Incremental Reform in The People's Republic of China", *Quarterly Journal of Economics*, Vol. 115, No. 4, November 2000, pp. 1091–1135.

Zhang, Chuanchuan, "Clans, Entrepreneurship, And Development of The Private Sector in China", *Journal of Comparative Economics*, Vol. 48, No. 1, March 2020, pp. 100–123.

Zhang, Ruishen, "Language Commonality and Sell-Side Information Production", *Management Science*, *Forthcoming*, 2021.